网络犯罪办案实务指南

Cybercrime
Practical Guidelines for Handling Cases

任留存　金嬿　程睿
马飞　陆旭　孙浩　著

法律出版社
LAW PRESS · CHINA
北京

图书在版编目(CIP)数据

网络犯罪办案实务指南 / 任留存等著. -- 北京 : 法律出版社, 2024

ISBN 978 -7 -5197 -9138 -4

Ⅰ. ①网… Ⅱ. ①任… Ⅲ. ①互联网络-计算机犯罪-研究-中国 Ⅳ. ①D924.364

中国国家版本馆 CIP 数据核字(2024)第 095296 号

网络犯罪办案实务指南
WANGLUO FANZUI BAN'AN SHIWU ZHINAN

任留存 等 著

出 品 人 戴 奎
策划编辑 董 昱
责任编辑 董 昱
装帧设计 汪奇峰

出版发行 法律出版社
编辑统筹 法规出版分社
责任校对 张红蕊
责任印制 耿润瑜
经　　销 新华书店

开本 A5
印张 17.625　字数 595 千
版本 2024 年 8 月第 1 版
印次 2024 年 8 月第 1 次印刷
印刷 北京中科印刷有限公司

地址:北京市丰台区莲花池西里 7 号(100073)
网址:www.lawpress.com.cn
投稿邮箱:info@lawpress.com.cn
举报盗版邮箱:jbwq@lawpress.com.cn
销售电话:010-83938349
客服电话:010-83938350
咨询电话:010-63939796

书号:ISBN 978-7-5197-9138-4
定价:86.00 元
凡购买本社图书,如有印装错误,我社负责退换。电话:010-83938349

任留存

西北政法大学法学学士，上海交通大学法律硕士。江苏省南通市人民检察院第四检察部副主任，一级检察官。长期从事经济犯罪、网络犯罪案件办理工作，入选首批全国网络犯罪检察人才库，受聘公安部网络安全法律咨询委员会委员，获评江苏省检察业务专家，荣立个人三等功1次、二等功1次。编著《网络犯罪办案手册》，在《人民检察》《中国检察官》等国家级期刊发表文章10余篇。

金　嫣

浙江大学法律硕士。浙江天册律师事务所律师，浙江工业大学和浙江财经大学硕士研究生社会导师，浙江省法学会网络法治研究会副秘书长、浙籍法学家研究会理事、数字法治研究会理事。曾就职省级司法机关，阿里巴巴、蚂蚁金服集团法务专家，华策影视集团法务总监。曾获“湖州十佳公诉人”、集体二等功、省直机关“改革先锋”等荣誉称号。在《人民检察》等刊物发表文章多篇。

程　睿

广西大学法学学士。广西壮族自治区人民检察院第四检察部副主任、三级高级检察官，广西壮族自治区十四届人大常委会立法专家顾问。长期从事刑事检察工作，入选首批全国网络犯罪检察人才库。荣立个人二等功2次，所办案件2次入选最高人民检察院典型案例。

马　飞

武汉大学法律硕士。包头市中级人民法院刑二庭副庭长、一级法官。长期从事经济犯罪、职务犯罪案件审理工作。编著《刑法解释与适用指引》，在《人民法院报》《刑事审判参考》等书刊上发表文章多篇，多次在中国审判论坛、全国法院系统征文中获奖，多次参与最高人民法院、自治区高院重点司法调研课题，包头市中院专家讲师团、包头市普法讲师团成员。

陆　旭

中国政法大学刑法学博士。天津市人民检察院第一检察部副主任、四级高级检察官，全国检察业务专家，全国重罪检察人才，全国检察教育培训讲师团成员，天津市社会治理研究中心特聘研究员，天津市法学会首席法律咨询专家。获评天津市政法系统人民满意政法干警，荣立个人二等功1次。在《中国刑事法杂志》《刑法论丛》《人民检察》等核心、知名期刊发表文章40余篇，出版学术著作《中立帮助行为研究》，主持、参与国家社科基金项目等国家级、省部级课题12项，获最高检重罪检察实务论坛一等奖、中国检察基础理论论坛三等奖等多个论坛奖项。

孙　浩

南京大学经济法硕士。江苏省常州市律协刑事业务委员会主任，北京德恒（常州）律师事务所创始合伙人。拥有18年检察官从业经历，在市、区两级检察机关历任科长、副处长、处长等职。曾获2005年常州市“十佳公诉人”比赛第一名，2019年获“江苏省优秀党员律师”，2023年获“常州市第二届优秀刑辩律师”。

序

网络犯罪是21世纪人类社会的艰巨挑战。在我国，网络犯罪呈现高发多发态势，成为危害国家政治安全、网络安全、社会安全、经济安全等的重要风险之一。据最高人民检察院发布的数据，2023年1月至11月检察机关起诉各类网络犯罪同比上升35.5%，占全部刑事犯罪的18.8%。为有效打击和治理网络犯罪提供智力支持，是法律人群体需要共同承担的时代使命。

我所在的中国人民大学电子证据研究团队做了一些力所能及的工作。2020年，同最高人民检察院网络犯罪研究中心联合推出“电子证据与网络犯罪检察论坛”，一直举办至今，旨在推进网络犯罪司法工作发展，推动网络犯罪办案专门人才的出现。2021年，我在中国人民大学法学院正式开设“网络犯罪治理概论”课程，旨在引导同学们从网络犯罪治理的角度切入，探讨国家治理现代化的理论和实践问题。此外，中国人民大学物证技术鉴定中心一直开展网络犯罪案件的实务支撑服务……在这些工作之余，我不时冒出的学术感受是，国内缺少打通网络犯罪案件办理之实践与理论的法学著作。

令我欣喜的是，《网络犯罪办案实务指南》是因时推出的这样一本书。其作者群体涵盖法官、检察官、律师等一线法律工作者，他们面对网络犯罪的新形态、新问题和新挑战，写自己所见、所为、所思，为破解网络犯罪司法实务诸多难题贡献了独到的智慧。

我想用三个关键词来概括本书的特点——“求实”“求深”“求新”。

“求实”在于源于实践、落到实处。本书将视角着眼于司法办案中存在较大争议的问题、法律未完全涵盖的领域及司法证明中的疑难情形等司法实务难点，从国家治理新型网络犯罪案件的创新逻辑出发、从指导性案例及典型案例入手，结合一线法律工作者自身办案工作经验，将“说案”与“释理”相结合，在深入分析法理的同时，更是提出了实务中有效解决问题的途径和方法，真正把网络犯罪司法处理难题解决在“实”处。

例如，本书对短信类聊天记录如何调取做了详尽可操作的阐释。它既论证了侦查人员一般可以从运营商处调取其服务器保存期限内的完整短信内容，也指出微信、QQ、钉钉等部分网络服务提供商可能无法满足侦查人员的所有调取需求。书中直面此等真正问题，尝试着推动问题解决。

“求深”在于深入原理、挖掘实质。网络犯罪的一大特点在于技术更新迭代快、围绕技术手段演变的犯罪样态多。本书介绍了网络黑灰产常见的技术手段、产业链、产业术语，为全面、深入了解网络犯罪提供了丰富的素材。特别是通过近年来案例的梳理，将网络黑灰产区分为针对计算机（信息）系统、网络交易、网络数据、网络金融、网络身份的黑灰产等类别。

同时，针对伴随网络犯罪不断发展的新技术，本书从技术原理出发抽丝剥茧，针对同类技术衍生的犯罪形态，回归技术本质，做好技术语言与法律语言的对接，综合判断技术的违法性、犯罪形态的社会危害性，为清晰“定性”提供判断路径。

“求新”在于着眼新题、探索“新”道。例如，本书第一编第二章对于网络犯罪特有的“电子数据”作了专章分析。我与电子证据缘分可以追溯到 1998 年，彼时我刚刚留校任教，在授课之余初步起草了一份电子证据的研究大纲，从此开启了交叉学科的研究之旅。本书既对海量同质电子证据的采信规则、瑕疵电子证据补证等司法实务难题作出回应、提出新的解决思路，又对收集、提取电子证据给出了实操指引。而本书倡导“树立以电子证据为中心的网络犯罪证据收集、审查新模式”，强调“坚持以真实性为底线，形成符合电子证据特征的侦查审查机制”，显然为有效惩治犯罪提出新一代的真知灼见。

值得人们警醒的是，网络犯罪蔓延发展至今，犯罪形态繁芜丛杂、新型技术迭代呈新、犯罪产业链盘根错节，而网络犯罪治理同网络犯罪存在代际错位问题：一方面，当下网络犯罪呈现传统犯罪纷纷网络化、网络犯罪急剧聚合化、犯罪证明负担空前巨量化等新态势；另一方面，网络犯罪治理仍停留在传统手工时代，司法实务人员仍在沿用传统机制办理网络犯罪案件。我一直推崇“写有用的书，做有用的研究”。总体而言，本书是化解“代际错位”问题的重要成果。

大数据与智能化时代是急剧变化的时代，也是充满无限生机、孕育一切可能的时代。在浩浩荡荡的浪潮下，法律实务工作者和理论研究者求道析理，需要与时代脉搏同频共振。本书的作者群体协同创新、敢为人先，令人感佩；本书面向实践前沿、条分缕析，值得阅览！

中国人民大学法学院教授、博士生导师

刘品新

2024年5月1日于北京

法律法规司法解释简称表

全称	文号、发布施行时间	简称
《人民检察院办理网络犯罪案件规定》	2021年1月22日起施行	《办理网络犯罪案件规定》
《最高人民法院、最高人民检察院、公安部关于办理网络犯罪案件适用刑事诉讼程序若干问题的意见》（已失效）	公通字〔2014〕10号，2014年5月4日发布	《2014年办理网络犯罪程序意见》
《最高人民法院、最高人民检察院、公安部关于办理信息网络犯罪案件适用刑事诉讼程序若干问题的意见》	法发〔2022〕23号，2022年9月1日起施行	《2022年办理信息网络犯罪程序意见》
《最高人民法院、最高人民检察院、公安部关于办理电信网络诈骗等刑事案件适用法律若干问题的意见》	法发〔2016〕32号，2016年12月19日发布	《电诈意见（一）》
《最高人民法院、最高人民检察院、公安部关于办理电信网络诈骗等刑事案件适用法律若干问题的意见（二）》	法发〔2021〕22号，2021年6月17日发布	《电诈意见（二）》
《最高人民法院、最高人民检察院、公安部关于办理网络赌博犯罪案件适用法律若干问题的意见》	公通字〔2010〕40号，2010年8月31日发布	《办理网络赌博犯罪案件意见》
《最高人民法院关于适用〈中华人民共和国刑事诉讼法〉的解释》	法释〔2021〕1号，2021年3月1日起施行	《刑诉法解释》
《最高人民法院、最高人民检察院、公安部关于办理刑事案件收集提取和审查判断电子数据若干问题的规定》	法发〔2016〕22号，2016年10月1日起施行	《收集提取和审查判断电子数据规定》

续表

全称	文号、发布施行时间	简称
《公安机关办理刑事案件电子数据取证规则》	2019 年 2 月 1 日起施行	《电子数据取证规则》
《最高人民法院、最高人民检察院关于办理非法利用信息网络、帮助信息网络犯罪活动等刑事案件适用法律若干问题的解释》	法释〔2019〕15 号，2019 年 11 月 1 日起施行	《办理非法利用信息网络、帮助信息网络犯罪活动案件解释》
《最高人民法院、最高人民检察院、公安部关于办理组织领导传销活动刑事案件适用法律若干问题的意见》	公通字〔2013〕37 号，2013 年 11 月 14 日公布	2013 年《传销意见》
《最高人民法院、最高人民检察院关于办理诈骗刑事案件具体应用法律若干问题的解释》	法释〔2011〕7 号，2011 年 4 月 8 日起施行	《办理诈骗案件解释》
《最高人民法院关于审理掩饰、隐瞒犯罪所得、犯罪所得收益刑事案件适用法律若干问题的解释》	法释〔2015〕11 号，2021 年 4 月 15 日起修正施行	《审理掩饰、隐瞒案件解释》
《关于深入推进“断卡”行动有关问题的会议纪要》	高检四厅〔2020〕12 号，2020 年 12 月 21 日公布	《2020 年“断卡”会议纪要》
《关于“断卡”行动中有关法律适用问题的会议纪要》	2022 年 3 月 22 日公布	《2022 年“断卡”会议纪要》
《最高人民法院、最高人民检察院关于办理妨害信用卡管理刑事案件具体应用法律若干问题的解释》	法释〔2009〕19 号，2018 年 12 月 1 日修正施行	《妨害信用卡管理刑事案件解释》
《办理跨境赌博犯罪案件若干问题的意见》	公通字〔2020〕14 号，2020 年 10 月 16 日印发	《办理跨境赌博意见》
《最高人民法院、最高人民检察院关于办理危害计算机信息系统安全刑事案件应用法律若干问题的解释》	法释〔2011〕19 号，2011 年 9 月 1 日起施行	《办理计算机案件解释》

续表

全称	文号、发布施行时间	简称
《最高人民法院、最高人民检察院关于办理利用信息网络实施诽谤等刑事案件适用法律若干问题的解释》	法释〔2013〕21号，2013年9月10日起施行	《网络诽谤司法解释》
《最高人民法院、最高人民检察院关于办理赌博刑事案件具体应用法律若干问题的解释》	法释〔2005〕3号，2005年5月13日起施行	《办理赌博刑事案件解释》
《最高人民法院关于情节严重的传销或者变相传销行为如何定性问题的批复》（已失效）	法释〔2001〕11号，2001年4月18日起施行	2001年《传销行为定性批复》
2010年《最高人民检察院　公安部关于公安机关管辖的刑事案件立案追诉标准的规定（二）》（已失效）	公通字〔2010〕23号，2010年5月7日起施行	2010年《立案追诉标准的规定（二）
2022年《最高人民检察院、公安部关于公安机关管辖的刑事案件立案追诉标准的规定（二）》	公通字〔2022〕12号，2022年5月15日起施行	2022年《立案追诉标准的规定（二）》
《最高人民法院、最高人民检察院、公安部关于办理利用赌博机开设赌场案件适用法律若干问题的意见》	公通字〔2014〕17号，2014年3月26日发布	《办理利用赌博机开设赌场案件意见》
《最高人民法院、最高人民检察院关于办理侵犯公民个人信息刑事案件适用法律若干问题的解释》	法释〔2017〕10号，2017年6月1日起施行	《办理公民个人信息案件解释》

目　　录

第一编　信息网络犯罪办案总论

第二编　信息网络犯罪案件的办理

第一编

信息网络犯罪办案总论

第一章 信息网络犯罪概述

001 什么是信息网络犯罪

最高人民检察院于2021年1月22日印发的《办理网络犯罪案件规定》第62条第1款将信息网络界定为包括以计算机、电视机、固定电话机、移动电话机等电子设备为终端的计算机互联网、广播电视网、固定通信网、移动通信网等信息网络，以及局域网络。以信息网络在犯罪中的地位看，信息网络犯罪先后经历了信息网络作为“犯罪对象”的信息网络犯罪、信息网络作为“犯罪工具”的信息网络犯罪、信息网络作为“犯罪空间”的信息网络犯罪3个发展阶段。到目前为止，对信息网络犯罪尚未形成确切、统一的概念；基于信息网络技术的发展，信息网络犯罪的概念仍是动态发展的。

一、信息网络犯罪的界定

从目前收集、整理的相关文件或司法解释来看，对信息网络犯罪大抵有如下界定。

（1）欧盟于2001年签署的《网络犯罪公约》规定，网络犯罪是指危害计算机系统、网络和计算机数据的保密性、完整性和可用性，以及对这些系统、网络和数据进行滥用的行为。

（2）《2014年办理网络犯罪程序意见》（公通字〔2014〕10号，2014年5月4日起施行，已失效）第1条根据网络犯罪的案件特点，从预防和控制网络犯罪的需要出发，对网络犯罪案件的范围作了限定：

①危害计算机信息系统安全犯罪案件，主要涉及《刑法》第285条、第286条规定的非法侵入计算机信息系统罪，非法获取计算机信息系统数据、非法控制计算机信息系统罪，提供侵入、非法控制计算机信息系统程序、工具罪，破坏计算机信息系统罪4个罪名。这类犯罪危害了计算机信息系统、网络和数据的保密

性、完整性和可用性，属于以网络为对象的犯罪。

②通过危害计算机信息系统安全实施的盗窃、诈骗、敲诈勒索等犯罪案件，属于以网络为工具的犯罪。

③在网络上发布信息或者设立主要用于实施犯罪活动的网站、通讯群组，针对或者组织、教唆、帮助不特定多数人实施的犯罪案件，属于以网络为工具的犯罪。

④主要犯罪行为在网络上实施的其他案件。只是将网络作为联络工具，但主要犯罪行为还在线下实施的，一般不认为属于网络犯罪。

（3）《办理网络犯罪案件规定》第 2 条将网络犯罪界定为针对信息网络实施的犯罪，利用信息网络实施的犯罪，以及其他上下游关联犯罪。其中，针对信息网络实施的犯罪在外延上与危害计算机信息系统安全犯罪案件大致相当，包含《刑法》第 285 条至第 287 条规定的非法侵入计算机信息系统罪、破坏计算机信息系统罪、非法控制计算机信息系统罪等直接危害信息网络安全的犯罪；利用信息网络实施的犯罪范围相对宽泛，基本可囊括前述第 2 点的后 3 种犯罪，如通过危害计算机信息系统安全实施的盗窃、诈骗、敲诈勒索等犯罪案件，利用信息网络实施的诈骗、赌博、开设赌场、非法集资等犯罪；其他上下游关联犯罪则进一步拓展了网络犯罪的范畴，具体指向帮助信息网络犯罪活动罪、非法利用信息网络罪等罪名，将网络犯罪黑灰产业链上的相关行为，如提供公民个人信息、手机卡、银行卡以及技术帮助等行为均囊括在内。

（4）《2022 年办理信息网络犯罪程序意见》在《2014 年办理网络犯罪程序意见》的基础上与时俱进，坚持以习近平新时代中国特色社会主义思想为指导，深入贯彻习近平法治思想和习近平总书记关于网络强国的重要思想，深化信息网络犯罪治理工作，完善了相关程序规则。其中，《2022 年办理信息网络犯罪程序意见》第 1 条再次对网络犯罪案件的范围作出了明确界定，并将原网络犯罪的表述统一为信息网络犯罪，具体案件范围包括：

①危害计算机信息系统安全犯罪案件；

②拒不履行信息网络安全管理义务、非法利用信息网络、帮助信息网络犯罪活动的犯罪案件；

③主要行为通过信息网络实施的诈骗、赌博、侵犯公民个人信息等其他犯罪案件。

对比《2014 年办理网络犯罪程序意见》，《2022 年办理信息网络犯罪程序意见》顺应信息网络技术发展，结合《刑法》修正，将拒不履行信息网络安全管理义务、非法利用信息网络、帮助信息网络犯罪活动等犯罪行为纳入信息网络犯罪范畴；将原规定中的部分行为进行整合，统一界定为主要犯罪行为通过信息网络实施；第 1 条第 3 项虽仅列举了诈骗、赌博、侵犯公民个人信息 3 种行为，但应对其中的“等”做等外解释，只要属于主要犯罪行为通过信息网络实施的，一般即可认定为信息网络犯罪。

综合上述规定，信息网络犯罪并非特定罪名，仅系犯罪的网络化体现，在界定信息网络犯罪概念时，应结合法律及司法解释的最新规定，作出最符合当下规定的解释。根据信息网络犯罪的对象和侵犯客体的不同，信息网络犯罪的主要类型包括互联网金融犯罪、数据信息类犯罪、网络支付类犯罪、网络诈骗犯罪、危害计算机信息系统安全犯罪、网络黄赌毒犯罪等。实践中，信息网络犯罪主要涉及的罪名有非法吸收公众存款罪、集资诈骗罪、非法经营罪、寻衅滋事罪、诽谤罪、侵犯公民个人信息罪、盗窃罪、诈骗罪、信用卡诈骗罪、非法获取计算机信息系统数据罪、破坏计算机信息系统罪、非法利用信息网络罪、帮助信息网络犯罪活动罪、开设赌场罪、贩卖毒品罪、传播淫秽物品（牟利）罪、组织淫秽表演罪等。

二、信息网络犯罪案件的特点

随着信息网络犯罪手段的不断翻新，信息网络犯罪的链条性、跨地域性、涉众性特征更加凸显，犯罪形态愈加复杂，社会危害愈加严重，防范、查处难度进一步加大。因此，为更好打击信息网络犯罪，针对信息网络犯罪特点，国家层面出台了一系列规定，从信息网络犯罪案件管辖到证据收集、提取、审查、采信等均作出了专门的规定。

（一）信息网络犯罪案件的管辖节点更为宽泛

《刑事诉讼法》第 25 条确立了刑事案件由犯罪地管辖为主，犯罪嫌疑人、被告人居住地管辖为辅的原则，相关司法解释又进一步将犯罪地明确为犯罪行为地和结果发生地。实践中，信息网络犯罪多系跨区域、远程匿名实施，因此《2022 年办理信息网络犯罪程序意见》将信息网络犯罪案件的犯罪地作了进一步拓展，明确规定信息网络犯罪案件的犯罪地包括用于实施犯罪行为的网络服务使用的服务器所在地，网络服务提供者所在地，被侵害的信息网络系统及其管理者所在地，犯罪过程中犯罪嫌疑人、被害人或者其他涉案人员使用的信息网络系统所在地，被害人被侵害时所在地以及被害人财产遭受损失地等。涉及多个环节的信息网络犯罪案件，犯罪嫌疑人为信息网络犯罪提供帮助的，其犯罪地、居住地或者被帮助对象的犯罪地公安机关可以立案侦查。《电诈意见（二）》还专门针对电信网络诈骗犯罪的犯罪地做了更为详尽的规定，形成了相较于普通诈骗犯罪更为宽泛的管辖连接点。

（二）信息网络犯罪案件的社会危害性更大

信息网络犯罪案件由于具有跨地域性、非接触性和涉众性，其传播的速度和广度远大于线下的普通刑事犯罪，因而社会危害往往更大。有鉴于此，针对常见多发的电信网络诈骗犯罪，在严密其管辖权范围的同时，对追诉立案做了相对统一且更低的入罪、量刑标准。《电诈意见（一）》规定，利用电信网络技术手段实施诈骗，诈骗公私财物价值3000元以上、3万元以上、50万元以上的，应当分别认定为《刑法》第266条规定的“数额较大”“数额巨大”“数额特别巨大”。

（三）信息网络犯罪案件的取证方式更为灵活

一是可采用数据电文形式收集、提取信息网络犯罪案件电子数据。如跨地域调取微信、支付宝等第三方支付账户主体资料、交易记录等，可以采用数据电文形式，并通过公安机关信息化系统传输相关数据电文。网络服务提供者向公安机关提供电子数据的，可以采用数据电文形式，应当使用电子签名、数字水印等方式保证数据完整性。二是可通过远程网络视频等方式进行异地询（讯）问。办理信息网络犯罪案件，可以由办案地公安机关通过远程网络视频等进行异地询（讯）问并制作笔录和询（讯）问同步录音录像。

（四）信息网络犯罪案件的证据审查兼具技术性和科学性

一是办案应以技术性审查为基础。信息网络犯罪案件尤其是危害计算机信息系统安全犯罪多具有一定的技术性，办案时应注重把技术性语言转化为法律语言，评价为犯罪构成行为。只有在充分了解相关行为的技术性特征的前提下，才能真正地把握行为的实质特征，进而作出准确的事实认定和法律评价。二是办案应以科学性审查为保障。信息网络犯罪案件证据多以电子数据的形式呈现，对电子数据尤其是海量电子数据的审查，需要重点审查电子数据的取证方法、呈现过程是否科学，以确保电子数据的原始性和真实性。经审查认为取证不科学的，应当由原取证机关作出补充说明或者重新取证。

（五）信息网络犯罪案件可以采取抽样的方式验证批量同质证据

《2022 年办理信息网络犯罪程序意见》第 20 条规定，办理信息网络犯罪案件，对于数量特别众多且具有同类性质、特征或者功能的物证、书证、证人证言、被害人陈述、视听资料、电子数据等证据材料，确因客观条件限制无法逐一收集的，应当按照一定比例或者数量选取证据，并对选取情况作出说明和论证。人民检察院、人民法院应当结合其他证据材料，以及犯罪嫌疑人、被告人及其辩护人所提辩解、辩护意见，审查认定取得的证据。经审查，对相关事实不能排除合理怀疑的，应当作出有利于犯罪嫌疑人、被告人的认定。需要特别说明的是，抽样验证针对的是数量众多且具有同质性的证据，虽数量众多，但各证据类型不具有相同性质、特征或功能的，不适用抽样验证。如针对集资诈骗案件、电信网络诈骗案件，确定海量被害人损失数额时一般可适用抽样验证。

（六）信息网络犯罪案件可以采取综合认定的方式确定犯罪数额

综合认定一般用于主观明知的审查，在犯罪数额的认定上，早先在非法集资、组织领导传销活动等涉众型犯罪的司法解释中曾有明确规定。由于信息网络犯罪多为涉及人员众多的案件，因此，《2022 年办理信息网络犯罪程序意见》第 21 条在《2014 年办理网络犯罪程序意见》第 20 条的基础上再次明确，对于涉案人数特别众多的信息网络犯罪案件，确因客观条件限制无法收集证据逐一证明、逐人核实涉案账户的资金来源，但根据银行账户、非银行支付账户等交易记录和其他证据材料，足以认定有关账户主要用于接收、流转涉案资金的，可以按照该账户接收的资金数额认定犯罪数额，但犯罪嫌疑人、被告人能够作出合理说明的除外。案外人提出异议的，应当依法审查。

002 信息网络违法犯罪及黑灰产分类治理的实践

2023 年 3 月 2 日，中国互联网络信息中心（CNNIC）发布第 51 次《中国互联网络发展状况统计报告》，显示中国互联网普及率 75.6%，网民规模达 10.67 亿。[①] 网络已成为一种生态，一种生活方式。随着互联网技术的快速发展和应用，特别是移动互联网、云计算、大数据、物联网等新技术、新业务的风起云涌，人民群众日常工作、生活对互联网的依赖程度越来越高。与此同时，受经济

---

① 参见中国互联网络信息中心：《第 51 次〈中国互联网络发展状况统计报告〉》，载中国互联网络信息中心网，https：//www. cnnic. cn/n4/2023/0303/c88－10757. html。

利益驱动，以拒绝服务攻击、窃取公民个人信息、网页篡改、网络钓鱼、恶意程序、恶意移动应用程序（App）等为代表的网络黑灰产也愈演愈烈。2018 年发布的《数字金融反欺诈白皮书》显示，2017 年黑产从业人员超 150 万，年产值达千亿级别。然而，网络黑灰产并不是典型的法律规范语言，一般认为是网络从业者的自述。目前，该表述已逐渐被法律文件所吸纳。① 但网络黑灰产仍缺乏统一的法律概念，缺乏规范性的法律适用意见。基于网络安全的重要性，有必要对网络黑灰产做系统梳理并提出治理对策。

一、网络黑灰产涉及的行为类型和法律适用问题

网络黑灰产是网络黑产和网络灰产的统称。其中，网络黑产即网络黑色产业，是指通过网络技术架构衍生的非法产业体系，是直接触犯国家法律的各类违法犯罪行为；网络灰产即网络灰色产业，是指通过网络技术架构衍生的通过“打擦边球”等方式不当获利的产业体系，是缺乏国家法律法规明确规定的行为类型。需要注意的是，网络黑产和网络灰产的外延并不是一成不变的，在某些条件下可以相互转化。网络黑产与灰产相互依附、相互交织，网络灰产更多的是为黑产服务，是一种准黑产，稍有不慎，就会触犯刑事法规。经梳理近年来网络黑灰产的案例，本书认为可根据网络黑灰产侵犯的对象不同，将其区分为针对计算机（信息）系统、网络交易、网络数据、网络金融、网络身份的黑灰产等类别。现结合司法实践的具体案例，分类介绍上述黑灰产所涉及的具体行为类型和一般法律适用。

（一）针对计算机（信息）系统的黑灰产

针对计算机（信息）系统的黑灰产，主要包括流量劫持和网络入侵等。根据最高人民检察院第一检察厅于 2019 年 7 月整理汇编的《网络犯罪案件技术法律术语解释汇编（一）》，流量劫持是指攻击者通过技术手段，非法拦截、修改或控制用户上网的行为，以此达到网络流量的引流甚至诱导用户安装木马程序、获取用户数据的非法行为；其主要的攻击手段有域名服务器（Domain Name Server，DNS）劫持、拒绝服务（Denial of Service，DoS）攻击、分布式拒绝服务（Distributed Denial of Service，DDoS）攻击、反射型 DDoS 攻击和挑战黑洞

---

① 例如在《最高人民检察院关于充分发挥检察职能服务保障“六稳”“六保”的意见》中，出现了网络黑灰产业链的表述。

(Challenge Collapsar，CC）攻击。网络入侵主要是指通过 WiFi 劫持或利用跨站脚本漏洞、技术漏洞、网站恶意代码进入目标计算机信息系统，进而控制或窃取目标计算机的行为；其主要的攻击手段有 WiFi 劫持、网页挂马、上传后门等。

1. DDoS 攻击

DDoS 攻击是一种黑客常用的分布、协作的大规模攻击方式，以处于不同位置的多个攻击者同时向一个或数个目标计算机（包括服务器，下同），或者利用一批受控制的计算机向目标计算机短时间内发送海量服务请求，消耗目标计算机大量系统资源，造成目标计算机无法工作，甚至导致系统瘫痪。其中，受控制的计算机又称“肉鸡”“傀儡机”。

如姚某杰等破坏计算机信息系统案[①]：被告人姚某杰等接受王某某（另案处理）雇用，招募多名网络技术人员，在境外成立“暗夜小组”黑客组织。“暗夜小组”从被告人丁某子等3人处购买大量服务器资源，再利用木马软件操控控制端服务器实施 DDoS 攻击。2017 年 2 月至 3 月间，“暗夜小组”成员 3 次利用 14 台控制端服务器下的计算机，持续对某互联网公司云服务器运营的 3 家游戏公司的客户端 IP 进行 DDoS 攻击。攻击导致 3 家游戏公司的 IP 被封堵，出现游戏无法登录、用户频繁掉线、游戏无法正常运行等问题。为恢复云服务器的正常运营，某互联网公司组织人员对服务器进行了抢修并为此支付 4 万余元。

信息网络黑灰产犯罪分子利用 DDoS 攻击等手段攻击目标服务器，以此向其他网络服务商的竞争对手收取一定费用。该案中，被告人姚某杰等人组成的黑客组织，违反国家规定，利用控制的服务器对网络运营商进行 DDoS 攻击，造成网络运营商 IP 被封堵、无法正常运行，后果严重，构成破坏计算机信息系统罪。

2. 硬件木马

硬件木马指在芯片或者其他电子系统中嵌入的木马病毒，经触发具备攻击或阻碍该硬件系统正常运行的功效。比如，嵌入木马病毒的手机只要插入电话卡，主板里的木马程序就会运行，通过向后台发送短信，可以实现对该手机的控制。

如吴某等 19 人非法控制计算机信息系统、侵犯公民个人信息案[②]：深圳云某科技有限公司（以下简称云某公司）实际控制人吴某等人在与多家手机主板生产商合作过程中，将木马程序植入手机主板内。装有上述主板的手机出售后，

---

① 参见最高人民检察院指导性案例第 69 号。

② 参见最高人民检察院：《充分发挥检察职能 推进网络空间治理典型案例》，载微信公众号“最高人民检察院 2021 年 1 月 25 日，https：//mp. weixin. qq. com/s/R0IJyGPurLYOIo1V0ZDMaQ。

吴某等人通过之前植入的木马程序控制手机回传短信，获取手机号码、验证码等信息，并传至公司后台数据库，后由该公司商务组人员联系李某理（在逃）、管某辉等人非法出售手机号码和对应的验证码。其间，云某公司以此作为公司主要获利方式，通过非法控制330万余部手机，获取相关手机号码及验证码数据500万余条，出售这些数据后获利人民币790万余元。其中，李某理等人向云某公司购买非法获取的手机号码和验证码后，利用自行开发的“番薯”平台软件贩卖给陈某峰等人。陈某峰等人将从李某理处非法购买的个人信息用于平台用户注册、积分返现以及“拉新”“刷粉”等，非法获利人民币80万余元。管某辉从云某公司购买手机号码和对应的验证码后，也将其用于进行上述行为，非法获利人民币3万余元。被告人吴某等人对他人手机终端实施非法控制，情节特别严重，构成非法控制计算机信息系统罪；被告人陈某峰等人非法获取公民个人信息，情节特别严重，构成侵犯公民个人信息罪。

非法获取公民个人信息往往是实施电信网络诈骗等信息网络犯罪的重要前置条件，因此信息网络黑灰产通过硬件木马等各种手段非法控制计算机、手机等网络终端，以此非法获取公民个人信息。该案中，被告人吴某以预设硬件木马的手段非法控制手机终端330万余部并获取相关手机号码及验证码数据500万余条，出售后获利人民币790万余元，情节特别严重，构成非法控制计算机信息系统罪。

3. 解封

解封指利用某些社交平台的账号辅助解除他人被封禁账号的功能，即为因涉电信网络诈骗等被社交平台封禁的账号解除封禁。

如高某等帮助信息网络犯罪活动案①：被告人高某、张某设立“super 工作室”，雇用安某、刘某等人（均另案处理）共同经营“帮助微信解封”业务。高某、张某在明知他人利用信息网络进行诈骗等犯罪活动的情况下，仍伙同上述其他人员多次为信息网络犯罪行为人以“预加好友”或“人脸解封”的方式解封微信号，致使多名被害人遭受重大财产损失。截至案发，被告人高某、张某违法所得至少人民币50万元。被告人高某等人明知他人利用信息网络实施犯罪，仍为其犯罪提供帮助，情节严重，构成帮助信息网络犯罪活动罪。

社交网络平台为保护正常客户权益，对可能涉信息网络违法犯罪等使用异常

---

① 参见浙江省杭州市江干区人民法院刑事判决书，（2020）浙0104刑初413号。

的账号进行暂时或永久地“封号”，属于一种安全措施。该案中，被告人高某等人明知他人利用信息网络实施诈骗活动，仍为他人提供涉电信网络诈骗社交账号解除封禁等帮助，构成帮助信息网络犯罪活动罪。

4. 流量劫持

流量劫持指利用各种恶意软件，通过修改浏览器、锁定主页或者强行弹出新窗口等方式，强制用户访问某些网站。

如付某某等破坏计算机信息系统案①：被告人付某某、黄某等人租赁多台服务器，使用恶意代码修改互联网用户路由器的 DNS 设置，进而使用户登录“2345. com”等导航网站时跳转至其设置的“5w. com”导航网站，被告人付某某、黄某等人再将获取的互联网用户流量出售给杭州某公司（系“5w. com”导航网站所有者），违法所得合计人民币 75462. 34 元。法院判决认为，被告人付某某等人违反国家规定，对计算机信息系统数据中存储的数据进行修改，后果特别严重，构成破坏计算机信息系统罪。

随着互联网发展，数据流量成为互联网经济的重要资源，因此信息网络黑灰产犯罪分子利用各种技术手段劫持流量，达到牟利的目的。该案中，被告人付某某等人违反国家规定，为非法获取数据流量，通过恶意代码修改他人计算机信息系统中存储的数据，后果特别严重，构成破坏计算机信息系统罪。

实践中，流量劫持和网络入侵行为常伴随敲诈、打击报复、恶意竞争等，主要针对系统漏洞、脚本漏洞，依靠木马病毒、“肉鸡”、钓鱼链接等技术手段，通过植入恶意代码、异常流量等实施。相关案件的处理，主要分为两类：一类是以网页中带有误导性广告、下拉框、菜单等手段，诱导用户进入特定网站，并未控制、破坏他人计算机系统，一般以不正当竞争论处，应承担侵权赔偿责任；另一类是以非法控制、破坏他人计算机信息系统等方法，强制改变他人网站访问路径，应予刑事打击。司法判决中主要涉及非法侵入计算机信息系统罪，非法获取计算机信息系统数据、非法控制计算机信息系统罪，破坏计算机信息系统罪等罪名。

（二）针对网络交易的黑灰产

针对网络交易的黑灰产，主要包括虚假交易“薅羊毛”、“杀猪盘”和刷单炒信等。

---

① 参见上海市浦东新区人民法院刑事判决书，（2015）浦刑初字第 1460 号。

1. “薅羊毛”

“薅羊毛”原指消费者通过搜集和利用各大线上平台的优惠信息，以实现最低代价的交易，正常使用平台优惠并不违法。信息网络违法犯罪的“薅羊毛”，则是指行为人利用商家营销活动的交易规则或漏洞，通过各类黑灰产工具或通过各种交流渠道组织、招募大量人员进行虚假注册、虚假交易，骗取商家营销资金的行为。①

如杨某诈骗案②：被告人杨某发现“鱼泡泡”软件邀请注册的活动存在漏洞，即当“鱼泡泡”注册用户向其他“网鱼网咖”会员发出邀请注册“鱼泡泡”的链接并注册成功后，作为邀请人的“鱼泡泡”注册用户获得一张“鱼泡泡”赠送的“充50送50”的优惠券。后杨某从网上下载了身份证数据包，利用“PKAVHTTPFuzzer1.5.6”软件筛选出属于“网鱼网咖”会员的身份信息，然后利用FD软件和“逍遥安卓”手机模拟软件使用上述身份信息虚假注册“鱼泡泡”用户。之后，被告人杨某在淘宝网开设网店，专门出售“鱼泡泡”优惠券，共计交易成功2623笔，非法获利共计人民币80537元。法院判决认为，被告人杨某采用虚构事实、隐瞒真相的方式，骗取他人钱款，数额巨大，构成诈骗罪。

网络运营商会通过自主平台赠送优惠券等方式吸引用户。但在信息网络违法犯罪中，犯罪分子利用网络运营商给予的平台优惠，通过注册或生成大量虚构新账户，骗取网络运营商给予的优惠，并出售获取非法利益。该案中，被告人杨某通过非法获取的公民个人信息以及虚拟的号码，使网络运营商平台终端产生错误认识，自动将优惠券给予杨某，杨某骗取优惠券后出售获利，构成诈骗罪。

2. “杀猪盘”

“杀猪盘”是电信网络诈骗的手段之一，是指以恋爱、交友等手段为幌子获取被害人信任，诱导被害人在虚假网站和平台进行赌博、投资，骗取被害人财产的一种诈骗方式。如诈骗对象为外籍人员，则称“杀羊盘”。“杀猪盘”“杀羊盘”的从业者又统称“屠夫”。

“金主”“大老板”，指电信网络诈骗团伙的头目、资金提供者、最终受益者等人员；

“菜商”“猪头”，指掌握大量公民个人信息，以及出售公民个人信息的

① 参见董文辉、程汀：《网络交易“薅羊毛”行为的刑法分析》，载《中国检察官》2019年第6期。

② 参见上海市徐汇区人民法院刑事判决书，（2018）沪0104刑初944号。

人员；

"猪圈"，指用于引流被害人的社交软件、交友网站等；

"猪仔"，指经过精选的目标被害人；

"话务员""键盘手"，指使用各种通讯工具，用各种话术对受害人实施诈骗的人员；

"饲料"，指"话务员""键盘手"用于与被害人"培养感情"的剧本；

"养猪"，指"话务员""键盘手"与被害人"培养感情"的过程；

"杀猪"，指对被害人实施诈骗的具体行为。

如胡某某等人诈骗、组织他人偷越国境、偷越国境案①：2020 年 11 月，胡某某等人在缅甸佤邦地区成立"兴旺公司"，开发上线"软银集团"App，招揽多个电信网络诈骗犯罪团伙进驻其租用的作案场所，统一购买、提供电脑、手机、社交软件账号等作案工具，雇佣安保人员管理人员出入，明确奖惩制度，逐步发展为层级分明、分工明确、成员众多的电信诈骗犯罪集团。该犯罪集团设置老板、总监、代理、组长、组员五个层级，胡某某为老板，负责整个犯罪集团的管理；任某某自 2021 年 2 月起任总监，协助胡某某进行管理；下设若干小组，直接实施诈骗活动。该电信网络诈骗集团采用"杀猪盘"手段实施诈骗，即在短视频、交友类 App 上选择中青年女性进行聊天，以虚假成功男性人设诱导对方添加微信，通过男女朋友交往的方式培养感情，伺机掌握对方财产状况；在确定恋人关系后，更换聊天工具为其他软件，引诱被害人下载登录"软银集团"App，以提供高息回报等方式诱骗被害人投资；通过更改后台数据，操控被害人先期获取小额盈利，再以充值赠送、注册会员等名义诱导被害人大额投资，待大额投资到账后关闭提现功能，并以操作错误、涉嫌洗钱等名义要求被害人交纳"保证金"，以继续实施诈骗。截至 2021 年 8 月案发，该电信网络诈骗集团共诈骗 121 名被害人 2900 余万元。

电信网络诈骗犯罪分子借助信息网络等现代化通讯手段，编造各种虚假信息，设置如"杀猪盘""假冒公检法""刷单""信贷"等各种骗局，对被害人实施非接触式诈骗，非法获取被害人财物。该案中，被告人胡某某以非法占有为目的，成立电信诈骗犯罪集团，通过聊天培养感情、伺机掌握对方财产，进而引

① 参见《最高检发布"依法惩治网络犯罪 助力网络空间综合治理"典型案例》，载微信公众号"最高人民检察院"2024 年 2 月 23 日，https：//mp. weixin. qq. com/s/6uFuWHC9pNwmUmhUhjLdhA。

诱被害人“投资”的方式实施诈骗，诈骗数额达2900余万元。

3. 刷单炒信

刷单炒信，是指在网络交易平台上，通过刷单、刷量、刷钻等方式炒作商家信用的行为。[①] 根据炒信效果的不同，可以将刷单炒信划分为正向刷单炒信（追求好评）和反向刷单炒信（恶意差评、恶意好评）的行为。

如董某某、谢某某刷单炒信案[②]：2014年4月，在淘宝网经营论文相似度检测业务的被告人董某某为谋取市场竞争优势，雇用并指使被告人谢某某多次以同一账号恶意大量购买某某科技南京公司淘宝网店铺的商品，致使淘宝对该店铺作出商品搜索降权的处罚，消费者在数日内无法通过淘宝网搜索栏搜索到某某科技南京公司淘宝网店铺的商品，导致订单损失。董某某、谢某某被法院以破坏生产经营罪追究刑事责任。

该案属于反向刷单入刑的典型案例。与之相对，还存在为追求更好的评价，雇用人员采取虚假交易的方式刷单，获取好评的案件[③]。实践中大都以非法经营罪定罪处罚，其处罚理由在于行为人违反国家规定，以营利为目的，明知是虚假商品交易的信息，仍通过信息网络有偿提供发布信息服务，组织他人进行刷单业务，扰乱市场秩序，其行为已构成非法经营罪。

实践中，还有一些利用系统或平台规则，刷单获取补贴的案件。相应的案件中，不法分子以非法占有为目的，发出虚假的交易需求，使系统或平台误以为符合交易补贴规则并基于错误认识给予行为人补贴的，符合诈骗罪的本质特征。

如董某等4人虚假交易案[④]：2015年，某网约车平台注册登记司机董某等人，分别用购买、租赁未实名登记的手机号注册网约车乘客端。随后，他们各自虚构用车订单，并用本人或其实际控制的其他司机端账户接单，发起较短距离用车需求，后又故意变更目的地延长乘车距离，分别非法获取网约车公司垫付车费及公司给予司机承接订单的补贴。董某等人被法院以诈骗罪追究刑事责任。

实践中，虚假交易“薅羊毛”、刷单炒信和恶意评价行为常伴随敲诈、恶意竞争、网站引流等，主要针对网络交易，依靠恶意注册、虚假认证等手段，通过

---

① 参见叶良芳：《刷单炒信行为的规范分析及其治理路径》，载《法学》2018年第3期。

② 参见江苏省南京市雨花台区人民检察院诉董某某、谢某某破坏生产经营案，载《最高人民法院公报》2018年第8期。

③ 参见安徽省庐江县人民法院刑事判决书，（2020）皖0124刑初240号。

④ 参见最高人民检察院指导性案例第38号。

批量交易、发包平台、非法支付平台等实施。相关案件的处理，主要分为两类：一类是出于提升自身竞价排名，雇佣人员刷单、刷好评，即所谓的正向刷单，并未直接侵害他人利益，目前司法判例中有个别平台诉刷手违约案，其余尚无规制途径。另一类是以非法占有或打击竞争对手为目的，利用网络平台规则，直接占有他人财物或使他人财物遭受损失的行为，如“薅羊毛”、反向刷单炒信等，情节严重的，应予刑事打击。司法判决中主要涉及诈骗罪、敲诈勒索罪、非法经营罪、破坏生产经营罪等罪名。

（三）针对网络数据的黑灰产

针对网络数据的黑灰产，主要包括网络爬虫、过度收集和滥用公民个人信息、“撞库”（“托库”“洗库”）、钓鱼网站和“嗅探”等。过度收集和滥用公民个人信息则是针对网络运营商或手机 App 而言的，在开通或注册某个网站、App 会员时，其往往会要求读取通讯录、获取手机存储、后台自启等权限，导致过度采集信息、侵犯用户隐私、滥用数据牟利等情况时有发生。一般而言，网站都会有相应的防护机制，避免数据被“爬取”或被“撞库”。

1. 网络爬虫

网络爬虫（web crawler）是指利用“机器人”、“蜘蛛”或“网络浏览器”等程序从数据网站、手机 App、小程序、搜索引擎中检索、提取、收集数据的行为。网络爬虫一方面具有技术的中立性，另一方面也对数据所有权、数据管理、数据搜集权、隐私保护以及其他数据保护提出了政策挑战。① 恶意利用“爬虫”技术突破和绕过目标计算机信息系统的安全防护措施，侵入目标网站后批量获取系统内数据，常用于侵犯著作权、非法批量获取公民个人数据信息等。

如马某非法获取计算机信息系统数据案②：被告人马某与张某商定，由张某开发智能英语学习系统网站，利用“爬虫”程序获取山东某某教育科技有限公司英语学习系统中的内容，以此为基础创建爱闻思智能英语学习系统。此后，张某通过“爬虫”程序从山东某某教育科技有限公司网站非法获取大量英语教材内容，作为爱闻思智能英语学习系统的教材。马某等人成立山东丸子教育科技有限公司，运营爱闻思智能英语学习系统并对外收取招商加盟费，违法所得 12.4 万元。法院判决认为，被告人马某、张某违反国家规定，非法获取他人计算机信

① 参见杨志琼：《数据时代网络爬虫的刑法规制》，载《比较法研究》2020 年第 4 期。

② 参见山东省济南市历下区人民法院刑事判决书，（2020）鲁 0102 刑初 351 号。

息系统中的数据，情节特别严重，构成非法获取计算机信息系统数据罪。

“爬虫”技术如正确使用，有利于互联网上的信息交流与共享，但一定要正确区分技术中立与违法犯罪的界限。在使用该技术时，不得侵犯他人的隐私以及对数据资源的保护，更不得使用“黑爬虫”技术非法获取公民个人信息或者侵犯他人相关知识产权。该案中，被告人马某、张某正是恶意利用了网络“黑爬虫”技术，未经他人授权或者同意，非法获取被害公司的大量英语教材内容等数据，并用于自己开发网站，违法所得12.4万元，情节特别严重，符合非法获取计算机信息系统数据罪的构成要件。

2. “打码”“撞库”

“打码”，又称打码平台，主要针对的是网络平台为了验证身份以及防止网络攻击等，要求用户登录时进行身份验证的防护机制。打码平台通过自动化程序抓取网络平台注册接口，批量破解图文验证码，突破平台的安全防护机制，从而侵入平台非法获取相关信息。“撞库”，是指通过收集已泄露的用户和密码信息，生成对应的字典表，利用相同用户在多平台有使用相同用户名和密码的习惯等，尝试批量登录其他网站，从而非法获取可登录的用户信息的行为。信息网络黑灰产中，一般会将“打码”“撞库”一起使用。

如叶某星、张某秋提供侵入计算机信息系统程序，谭某妹非法获取计算机信息系统数据案①：被告人叶某星编写了用于批量登录某电商平台账户的“小黄伞”撞库软件供他人免费使用。“小黄伞”撞库软件运行时，配合叶某星编写的打码软件可以完成撞库过程中对大量验证码的识别。叶某星通过网络向他人有偿提供打码软件的验证码识别服务，同时将其中的人工输入验证码任务交由被告人张某秋完成，并向张某支付费用。被告人谭某妹通过下载使用“小黄伞”撞库软件，向叶某星购买打码服务，获取某电商平台用户信息2.2万余组。

网络平台设置图文等验证码的目的，一是防止恶意破解密码、“灌水”、“刷屏”等；二是避免大量、短时间的访问导致计算机信息系统崩溃。信息网络黑产犯罪分子使用“打码”“撞库”等专门用于侵入、非法控制计算机信息系统的程序，批量破解图文验证码，常被用于侵入计算机后非法获取公民个人信息等违法犯罪。同时，这催生出信息网络黑产犯罪分子编写“打码”“撞库”程序提供给他人使用，以及创建打码平台等提供相应服务等。该案中，被告人叶某星、张

① 参见最高人民检察院指导性案例第68号。

某秋提供具有避开和突破计算机信息系统安全保护措施的“打码”“撞库”软件及相关服务，情节特别严重，均已构成提供侵入计算机信息系统程序罪；被告人谭某妹违反国家规定，使用叶某星、张某秋提供的技术手段及相关服务，获取计算机信息系统中存储的数据，并进行出售牟利，情节特别严重，构成非法获取计算机信息系统数据罪。

实践中，网络爬虫、公民个人信息被过度收集和滥用、撞库（托库、洗库）行为依靠爬虫软件或暴力破解口令等手段实施，一般不会造成直接损害，但确是各类违法犯罪的源头。相关案件的处理，主要分为三类：（1）突破网站反爬虫技术，抓取网站公开数据，整理后再次通过己方网站展示并使用的，一般以不正当竞争论处，应承担侵权赔偿责任；（2）突破网站反爬虫技术，抓取网站采取技术措施防护，具有特定属性的数据的，如会员注册信息等公民个人信息、影视作品等他人享有著作权的文件、产品技术数据等商业秘密、虚拟财产等，一般以侵犯公民个人信息罪、侵犯著作权罪、侵犯商业秘密罪等罪名定罪处罚；（3）对于无法归类到特定属性的虚拟财产等，实践中常以非法获取计算机信息系统数据罪处理。

3. “猫池”

“猫池”（modem pool）是一种网络通讯设备，可同时支持多个甚至上百个手机卡在计算机软件操作下模拟手机批量拨号及批量收发短信。“猫池”一般被用于发送诈骗短信，或者以群收发短信功能接收验证码并将其售卖。

如胡某等侵犯公民个人信息案①：被告人胡某、吴某贺、陈某乐通过“猫池”设备养卡，再出售手机卡接收的验证码获利，将他人提供的真实用户个人信息最终录入到插入读卡器上的空白电话卡内，对空白电话卡进行实名认证。之后，胡某通过QQ群寻找具有购买手机验证码需求的买家，胡某和陈某乐明知对方将手机验证码用于注册平台账户用于刷单电信诈骗，以及电信诈骗推广引流，仍将手机验证码出售给对方获利。胡某、吴某贺、陈某乐通过“猫池”养卡出售手机验证码非法获利人民币约140万元。法院判决认为，被告人胡某等人违反国家规定，向他人出售公民个人信息，构成侵犯公民个人信息罪。

信息网络黑灰产犯罪分子利用“猫池”群发信息，通过群发信息收取验证码并将其出售谋利；手机验证码被出售后常用于电信网络刷单诈骗等。该案中，

---

① 参见江西省金溪县人民法院刑事判决书，（2022）赣1027刑初142号。

被告人胡某等人通过使用“猫池”设备非法获取手机验证码，将其出售后非法获利，情节特别严重，构成侵犯公民个人信息罪。

4. “空包”

“空包”指为规避电商平台从物流公司核实商品物流信息以确认交易是否真实发货等一系列风控措施，在收取信息网络违法犯罪资金后，通过电商平台虚假销售商品，并与一些物流从业者勾结，形成专门提供无真实商品的“空包”，在物流公司形成“真实”的物流信息，以“洗白”资金来源的行为。

如李某掩饰、隐瞒犯罪所得罪案[①]：被告人李某通过其经营的淘宝网店，帮别人套现支付宝充值卡。2016年5月中旬，廖某诈骗集团（均已判决）诈骗了被害人王某24.325万元支付宝充值卡提供给李某套现，其中李某收取套现的手续费5元/笔，单次最高可拍4000元的虚假商品。2016年5月13日至5月17日，李某在明知廖某诈骗集团提供给其套现的支付宝卡系诈骗赃物的情况下，在其淘宝店内进行虚假交易，共帮助廖某诈骗集团套现17.975万元。被告人李某明知是诈骗赃物，仍积极帮助套现，构成掩饰、隐瞒犯罪所得罪。

“空包”系跑分平台等用于掩盖资金来源的重要手段，增加了司法机关追查资金来源、打击信息网络违法犯罪的难度。该案中，被告人李某明知是电信网络诈骗资金，仍通过提供虚假交易等方式，积极为电信网络诈骗集团套现，构成掩饰、隐瞒犯罪所得罪。

5. GOIP

GOIP（Gsm Over Internet Protocol）又称插卡语音网关，是一种能够将传统电话信号转化为网络信号的虚拟网络通讯设备，该设备接入手机SIM卡后，能将传统电话信号转化为网络信号，同时支持多条线路并发，可通过“卡池”远程控制异地设备收发短信和拨打电话，实现人机分离、人卡分离、机卡分离，能为电信网络诈骗等违法犯罪逃避监管。

如董某等人帮助信息网络犯罪活动案[②]：被告人董某等人明知他人实施信息网络犯罪，仍非法购买GOIP设备1台及20张以上的电话卡，为他人提供通信传输等技术支持，非法获利共计人民币2.2万元。经查，上述GOIP设备被用于实施网络诈骗使用，骗取被害人张某、陈某等人共计人民币89954元。

---

① 参见江西省宁都县人民法院刑事判决书，（2020）赣0730刑初22号。

② 参见山东省鄄城县人民法院刑事判决书，（2021）鲁1726刑初492号。

在电信网络诈骗犯罪中，犯罪分子利用GOIP设备可以人机分离、人卡分离、机卡分离的功能，远程控制GOIP设备收发短信和拨打电话，实施诈骗活动。该案中，被告人董某明知他人利用信息网络实施犯罪，仍为他人架设GOIP设备拨打诈骗电话提供帮助，构成帮助信息网络犯罪活动罪。

实践中，网络爬虫、公民个人信息被过度收集和滥用、“撞库”（“托库”“洗库”）行为以爬虫软件或暴力破解口令等手段实施，一般不会造成直接损害，但确实是各类违法犯罪的源头。相关案件的处理，主要分为两类：一类是突破网站反爬虫技术，抓取网站公开数据，整理后再次通过己方网站展示并使用的，一般以不正当竞争论处，应承担侵权赔偿责任；另一类是突破网站反爬虫技术，抓取网站采取技术措施防护、具有特定属性的数据的，如会员注册信息等公民个人信息、影视作品等他人享有著作权的文件、产品技术数据等商业秘密、虚拟财产等，一般以侵犯公民个人信息罪、侵犯著作权罪、侵犯商业秘密罪等罪名定罪处罚；对于无法归类到特定属性的虚拟财产等，实践中常以非法获取计算机信息系统数据罪处理。

（四）针对网络金融的黑灰产

针对网络金融的黑灰产，主要包括虚拟资产套现、跑分平台、网络支付安全、网络借贷安全、出租（售）银行卡或账户等，这其中又以跑分平台和出租（售）银行卡或账户最为突出。现阶段，跑分平台已经成为网络黑灰产开展非法支付结算的最新手段，是出租（售）银行卡或账户的进阶，往往为黑灰产业（网络诈骗、黄赌毒等）规避打击、洗钱所利用，看似“稳赚不赔”，实则面临个人信息泄露、保证金难以追回甚至受到刑事处罚的危险。

1. “水房”

“水房”是指电信网络诈骗集团中，负责将诈骗资金进行“洗白”的人员。

如刘某某等人诈骗案①：2018年11月，刘某某纠集张某某、何某某前往柬埔寨王国西哈努克港市组建电信网络诈骗犯罪集团。其间，刘某某提供前期运营资金、安排人员培训和联系洗钱团伙（俗称“水房”）等。自2019年3月起，刘某某与张某某、何某某指挥上述诈骗集团采用下列方式实施诈骗：一线话务人

① 参见《最高检发布检察机关依法惩治电信网络诈骗及其关联犯罪典型案例》，载微信公众号“最高人民检察院”2023年11月30日，https：//mp. weixin. qq. com/s/fxcTzjm7cTdBenCycUi_CQ。

员冒充各类科技公司财务人员拨打目标公司财务人员座机电话，向对方虚构将有业务款转账至目标公司等事实，诱使对方使用QQ进行联系；二线话务人员以科技公司财务人员名义与对方进行QQ聊天，伺机获取对方收款账户信息等，再制作并发送虚假跨行转账凭证，并谎称转账款将延时到账；三线话务人员使用与目标公司法定代表人姓名相同的QQ昵称冒充目标公司法定代表人加入前述双方QQ聊天，采用佯装确认前述转账事宜等方法骗取对方信任，再询问并掌握目标公司账户余额等信息后，以需向其他公司支付业务款等虚构事实诱骗对方将钱款转账至洗钱团伙控制的账户。经查，2019年3月至7月，该诈骗犯罪集团共骗取北京、上海、新疆等地147家被害单位人民币9683万余元。

在电信网络诈骗初期，根据电信网络诈骗集团分工分组，专门负责通过银行卡层层资金账户转移以及反复拆分、混同的方式，隐匿信息网络违法犯罪资金来源的人员，被称为“水房”。该案中，被告人刘某某等人在境外组建电信网络诈骗集团，通过冒充司法机关工作人员等方式诈骗我国境内公民财物，并将诈骗所得通过“水房”洗钱，被告人刘某某等人的行为构成诈骗罪。

2. 地下钱庄

地下钱庄是对从事地下非法金融业务组织的俗称，其未经国家金融主管部门批准，擅自从事跨境汇款、资金结算业务，将大量来源不明的资金置于国家监管体系之外，这是“洗白”资金的重要手段。

“对敲”是地下钱庄在境内与境外同时设立多个人民币与外币账户，无须真正兑换即可在境内账户收取人民币，再以境外账户将等额外汇存入“客户”指定的账户的一种方式。“对敲”虽不是人民币与外币的直接兑换，但实质上仍属于非法买卖外汇的行为。

如章某虎、章某娴非法经营案①：2017年，章某虎结识从事非法买卖外汇活动的吴某朋等人（均另案处理），产生了居间介绍本地客户通过外省地下钱庄兑换外汇并抽成获利的想法。章某虎负责招揽有购汇需求的客户以及确定合作的地下钱庄，章某娴在章某虎的安排下，负责与吴某朋、地下钱庄沟通联络客户需购汇的币种、金额、外汇收款账户等具体信息。章某虎联系客户将需换汇的人民币先转入其控制的本人或其亲戚名下银行账户，再由章某娴通过网银转账方式转入

---

① 参见《最高检、国家外汇局联合发布惩治涉外汇违法犯罪典型案例》，载微信公众号“最高人民检察院”2023年12月27日，https://mp.weixin.qq.com/s/HKt_shVQdKpBhVuiOfCDhA。

地下钱庄指定账户。地下钱庄收款后，向客户指定的境外账户支付对应外币，并将已存入客户外汇账户的银行交易截图经吴某朋发送给章某娴，从而完成跨境“对敲”非法买卖外汇行为。章某虎、章某娴按照约每10万美元收取300元人民币的比例，采用从客户转账款中扣除或者单独收取的方式赚取差价获利。2017年9月至2019年12月，章某虎、章某娴通过上述手段非法买卖外汇折合人民币1.96亿余元。

随着经济发展，地下钱庄不仅从事原来的资金存储、借贷等业务，还从事非法外汇买卖、跨境兑付等业务，同时又是信息网络犯罪洗钱的重要途径。被告人章某虎、章某娴通过地下钱庄以资金“对敲”方式非法买卖外汇，构成非法经营罪。

3. “跑分”平台

“跑分”平台为目前最常见的非法支付结算方式，指通过银行通道以及第三方、第四方支付等手段，非法提供支付结算业务的非法网络支付平台。“跑分”平台往往是电信网络诈骗、网络赌博等犯罪团伙套取、“漂白”违法犯罪资金的“通道”。本书以网络赌博为例，说明“跑分”平台运行的基本流程：

（1）网络赌博网站直接或通过层层代理方式建立与“跑分”平台的联系。实践中，网络赌博网站与“跑分”平台的服务器大多在境外。

（2）“跑分”平台与“码商”建立联系，“码商”通过“跑分”平台获得抽佣。“码商”是指在网购平台等注册所谓的商家，通过收购的电话卡、银行卡（以下简称“两卡”）等渠道收购用于支付的二维码。

（3）“跑分”平台招聘国内的平台会员（又称“码农”），将资金拆散以分包的方式让“码农”实施具体的非法支付结算行为。一般“码农”需要给“跑分”平台交纳一定的保证金，保证金的数额通常是其能支付结算数额的上限。

（4）网络赌博网站通过各种渠道、广告等方式吸引赌客。

（5）赌客需要在赌博网站上充值，赌博网站上则显示“码商”的支付二维码并由赌客扫码支付赌资，支付后赌博网站发放筹码给赌客。赌客充值又称为“上分”，“跑分”平台因此得名（“跑分”最初的意思为使用特定软件对电脑硬件的测试，如使用软件测显卡的性能，显卡“跑”的分数越高则表示性能越好）。

（6）“跑分”平台通过类似于网约车抢单的方式将任务分发给“码农”。

（7）“码农”通过其持有的银行卡按“跑分”平台的要求进行转账，将“码商”提供赌客充值的支付二维码形成“空包”网络交易，将赌资“洗白”。

“空包”指以在网购平台虚构销售商品，收取信息网络违法犯罪资金，以达到“洗白”资金的目的。在这个过程中，为规避网购平台从物流公司核实商品物流信息，形成了专门提供“空包”的产业，即通过物流公司虚构真实的物流信息，或发出无真实商品的快递，达到逃避网购平台核验交易是否真实发货等一系列风控措施。

（8）“码农”将资金通过反复拆分后归集到“跑分”平台，“码农”获得抽佣。

（9）“跑分”平台直接或者通过地下钱庄等间接方式将资金结算给赌博网站，“跑分”平台获得抽佣。

如林某甲等非法经营案①：林某甲以杭州某智能科技有限公司名义，在未获得支付结算业务资质的情况下，伙同林某乙、张某等人，以支付宝、微信等第三方支付平台为接口，自建非法第四方支付系统。林某甲等人通过向他人收买、要求本公司员工注册等方式收集大量无实际经营业务的空壳公司资料（包括工商资料、对公银行账户、法人资料等），利用上述资料在支付宝、微信等第三方支付平台注册数百个公司支付宝、微信等账户，再将上述账户绑定在其自建的支付平台上，实现资金的非法支付结算。上述非法第四方支付系统与境外赌博网站联通，协助资金支付转移。赌客在赌博网站点击充值后，赌博网站即向该系统发送指令，系统随机调用已接通的空壳公司支付宝、微信等账户，与赌客间生成一笔虚假商业交易（如购买电子书等），并给赌客发送收款码。赌客扫描收款码支付赌博资金，资金直接进入空壳公司支付宝、微信等账户，再转移到空壳公司的对公银行账户，经过层层转账后，最终转入赌博平台实际控制的账户。林某甲等人以上述方法为境外赌博网站等非法提供资金支付结算服务，结算金额共计人民币46亿余元。

“跑分”平台等非法第四方支付平台为获取非法利益，在未取得国家支付结算许可的情况下，违反国家金融管理制度，通过大量的银行卡、对公账户、第三方支付等账户伪造正常商业交易，在短时间内进行快速资金流转，达到掩盖资金来源的目的，成为信息网络犯罪“洗白”资金的重要手段。该案中，被告人林某甲等人违反国家金融管理制度，通过自建非法第四方支付系统与境外赌博网站联通，为赌博资金层层转账，进行非法支付结算，最终资金转入赌博平台控制的

---

① 参见最高人民检察院：《充分发挥检察职能 推进网络空间治理典型案例》，载微信公众号“最高人民检察院”2021 年 1 月 25 日，https：//mp. weixin. qq. com/s/R0IJyGPurLYOIo1V0ZDMaQ。

账户，同时构成开设赌场罪和非法经营罪，属想象竞合从一重处罚，构成非法经营罪。

4. “车手”“骑手”“背包客”

“车手”“骑手”“背包客”为各地的不同称谓，指专门为违法犯罪所得取款的人，一般处于信息网络黑灰产的链条末端，负责将“洗白”的资金取出后交给上家。在一些边境地区，“背包客”还指将地下钱庄兑换的黄金等化整为零运到境外的人。

“车队”，指为规避银行卡取款数额的限制而召集多名“车手”取出大额资金的行为，因“车手”人员较多故俗称“车队”。

如泮某波掩饰、隐瞒犯罪所得案①：被告人泮某波伙同张某燕、杨某红等人（均另案处理）充当电信网络诈骗犯罪“背包客”“骑手”，通过提供信用卡、资金支付结算账户，多次帮助转移、套现、取现，共计人民币646.19余万元。其中，被害人陈某被骗14.97万元中的6万元被泮某波等人取出并转移。法院判决认为，被告人泮某波明知是犯罪所得，而帮助隐瞒、转移，情节严重，构成掩饰、隐瞒犯罪所得罪。

“背包客”“车手”等处于资金“洗白”的末端，信息网络黑灰产犯罪分子利用“背包客”“车手”将账户资金经取款后混同再存入其他账户，造成资金来源更难以被追查。该案中，被告人泮某波明知是电信网络诈骗犯罪资金，多次帮助套现、取现，构成掩饰、隐瞒犯罪所得罪。

实践中，跑分平台、出租（售）银行卡或账户行为往往被电信网络诈骗、网络赌博等流转资金所利用。相关行为因缺乏合法性依据，均属于违法行为，情节严重的均构成刑事犯罪。相关刑事案件的处理，主要分为两类：一类是以牟利为目的，出租、出借账户的，因缺乏共谋和确切的明知，司法判决中主要涉及非法经营罪、帮助信息网络犯罪活动罪等罪名。另一类是明知他人实施犯罪，仍为其提供账户用于流转资金的，司法判决中主要涉及上游犯罪共犯，洗钱罪，掩饰、隐瞒犯罪所得、犯罪所得收益罪等。

（五）针对网络身份的黑灰产

针对网络身份的黑灰产，主要包括恶意注册、虚假认证和隐藏身份等。常见的方法包括使用虚拟机、虚拟服务器、代理服务器或上网卡异地漫游等，这些往

---

① 参见河南省周口市中级人民法院刑事裁定书，(2020) 豫16刑终78号。

往是黑灰产的源头。

1. “钓鱼网站”

“钓鱼网站”一般是指为非法获取公民个人信息，通过搭建与真实网站页面界面基本一致的虚假页面等欺骗手段，让访问者陷入错误认识而提交其个人信息甚至银行账号和密码等相关信息。“钓鱼网站”的网址可以使用邮件广告、手机短信等方式传播，渗透力极强。

如陈某慧等人诈骗案[①]：被告人陈某慧、熊某江密谋通过发送虚假中奖信息的诈骗方法骗取他人财物。陈某慧通过QQ聊天软件向他人购买了多个“钓鱼网站”域名、4万个手机号码，后雇用同案人“信通”（QQ昵称，另案处理）向前述手机号码群发“淘宝”“奔跑吧兄弟”等相关虚假中奖信息，诱导接到信息的“中奖者”登录“钓鱼网站”填写个人信息认领奖品。之后，陈某慧纠集被告人高某忠、同案人“阿妹”“肥哥”“弟农”（均另案处理）等人与熊某江一起冒充“淘宝”或“奔跑吧兄弟”的客服人员（“话务组”），根据陈某慧从“钓鱼网站”后台获取的“中奖者”个人信息，经由“一号通”改号软件设置的特定电话，拨打或者接听“中奖者”的电话，以兑奖需要缴纳保证金或公证费、税款等为由，骗取“中奖者”的财物。2016年6月至8月，陈某慧等人骗取被害人蔡某等财物合计104万余元。法院判决认为，被告人陈某慧等人以非法占有为目的，采用虚构事实的方法，骗取多人财物并造成一人自杀，诈骗数额特别巨大，情节特别严重，均已构成诈骗罪。

信息网络黑灰产犯罪分子常通过群发手机信息或电子邮件等方式，诱骗被害人登录与正规网站极为相似的“钓鱼网站”，让被害人误以为访问正规网站后输入其个人信息以及信用卡账号、密码等，以此非法获取公民个人信息甚至信用卡账号、密码，进而对被害人实施诈骗。该案中，被告人陈某慧等人发送诈骗信息、拨打诈骗电话，引诱被害人登录“钓鱼网站”后提交公民个人信息，得以针对不特定多数人实施诈骗，骗取多人财物并造成一人自杀，诈骗数额特别巨大，情节特别严重，均已构成诈骗罪。

2. “嗅探”

“嗅探”指通过改变物理（Media Access Control，MAC）地址等手段，欺骗交换机将数据包发给自己，常用工具主要包括嗅探器主机、信号扩大器、频点手

① 参见广东省高级人民法院刑事判决书，（2018）粤刑终27号。

机等。

如蒋某兴非法获取计算机信息系统数据、非法控制计算机信息系统案[①]：被告人蒋某兴在网上向一名QQ好友学习“嗅探”设备的组装及使用技术后，从网上购买摩托罗拉c118手机主板、杜邦线、天线棒、笔记本电脑等物品进行组装，利用“嗅探”设备非法获取被害人刘某等人的手机号码及短信验证码等数据，通过微信好友“套话费王者”等提供的某游戏账号，将获取的手机号码内的电话费用于某游戏账号充值并以此获利，共计6000余元。

“嗅探”原是网络管理员用于查找网络漏洞和检测网络性能等的网络工具。而信息网络黑灰产犯罪分子利用“嗅探”工具拦截并获取周边手机用户的短信验证码、验证邮件等，利用验证码注册账号，进而用于诈骗或窃取被害人财物。该案中，被告人蒋某兴通过“嗅探”工具非法获取他人的手机号码及短信验证码等数据并出售谋利，情节严重，构成非法获取计算机信息系统数据、非法控制计算机信息系统罪。

3. 恶意注册

恶意注册指个人或团伙非出于正常生产、生活的需要，在网络上批量创建服务账户的行为，多表现为批量化操作、通过软件的技术性操作或利用打码（人工大量输入验证码的行为）平台的协作，自动不间断进行账号注册。

如陆某等人恶意注册案[②]：2015年，浙江某技术有限公司推出某双倍积分卡促销活动。2015年10月，被告人陆某等人针对该活动规则，共谋通过合资购买并实际控制的6家店铺，同时大量购买新注册的消费者账号（行内称“白号”），雇佣数十名员工，进行批量虚假交易，骗取某公司赠送的生日积分，并在上述自己控制的网店使用骗取的积分进行虚假交易，将积分套现。陆某等人被法院以诈骗罪追究刑事责任。

4. 虚假认证

虚假认证指利用无效、虚假身份信息或冒用他人身份信息，在网络上进行实名身份认证的行为，主要通过线下购买、获取身份信息或利用软件技术修改伪造相关材料。与虚假认证类似的还有隐藏身份，隐藏身份即电子代理人，是指目标用户通过使用虚拟设备，变更或伪造IP地址、账户等方式隐藏目标用户真实身

---

① 参见广西壮族自治区兴安县人民法院刑事判决书，（2021）桂0325刑初6号。

② 参见江苏省南通市中级人民法院刑事判决书，（2017）苏06刑终140号。

份的行为。

如陈某、张某虚假认证案[①]：2019 年 2 月，被告人陈某与张某合谋在“轻松筹”平台发布虚假募捐项目诈骗他人捐款。陈某购买了虚假身份证、虚假户口证件、虚假病历等资料，并与张某在“轻松筹”平台发布名为“想捐遗体的白血病的孩子”的虚假募捐项目，诈骗他人捐款。陈某、张某被法院以诈骗罪追究刑事责任。

实践中，恶意注册、虚假认证行为属于典型的灰产，与网络交易、网络金融如影随形，主要针对网络注册和认证的规则漏洞，依托于网络实名制的不健全、不完善，通过号商、打码平台等实施。相关案件主要分为两类处理。一类是以牟利为目的，招聘人员注册网店，转手倒卖或自己使用：对未发现后续用于犯罪活动的，一般可由工商部门以违反网络实名制为依据，对其行政处罚，并责令纠正；对后续存在犯罪行为的，视情节和参与程度不同，可分别适用正犯处罚或帮助信息网络犯罪活动罪等罪名。另一类是以恶意注册、虚假认证为手段，实施网络交易、网络金融类违法犯罪活动，司法判决中主要涉及诈骗罪、信用卡诈骗罪、贷款诈骗罪、盗窃罪等罪名。

以上情形只是网络黑灰产的冰山一角，其危害性可见一斑；有效打击网络黑灰产，净化网络环境，十分必要。

二、网络黑灰产的治理

随着互联网产业的迅猛发展，网络黑灰产支撑着网络违法犯罪活动不断升级演化。基于上文的类型化分析，网络黑灰产的高发，既有其共性的原因，如技术门槛低、安防水平低、打击难度高等；也有个性因素，如平台责任不明、虚拟财产属性不清等。因此，本书建议结合不同的行为类型，分别采取有针对性的行业治理、行政处罚甚至是刑事规制等措施。

（一）共性的治理对策

1. 技术语言的法律化，打破技术与法律的壁垒，让法律越过技术的门槛

网络黑灰产依托网络而生，依靠技术发展，与科技进步同步。相关的网络黑灰产术语均来源于计算机网络技术术语，因而有其专业性，与法律术语分属不同的专业类别，无法做到一一对应，甚至相关的概念有天壤之别，如“肉鸡”、

---

① 参见广东省潮州市湘桥区人民法院刑事判决书，（2019）粤 5102 刑初 460 号。

"流量黑洞"、封堵等。为规范技术发展，让内行人管内行事，需要法律和技术的相互对接，将技术语言转化为法律上的构成要件、规范性表述。实践中，可采取法律实务部门人员、高新科技企业技术人员分别跟班学习等方式，提升法律实务人员的技术知识、网络技术人员的法律素养，培养精通法律和计算机的专业人才；同时，还应强化相关互联网企业、司法机关、立法机关和专家教授的沟通、研讨，建立互联网企业第一时间发现问题，司法机关、立法机关和专家教授第一时间分析研讨、解决问题的机制。

2. 加强计算机（信息）系统软硬件的建设和防护

只有强化计算机（信息）系统的软硬件建设，加强抵御能力，方能有效防御和阻止此类网络黑灰产的发生。正如在计算机发明的早期，杀毒软件是装机必备，而现在鲜有杀毒软件的身影，这正是技术发展的结果。目前，流量劫持、"钓鱼链接"类案件居高不下，亟待网络安全技术的提升，应加快研发和推广数据加密技术、指纹扫描登录技术等，通过改善通信协议，提升发现、阻止"钓鱼链接"、异常流量的能力，在不影响用户体验的前提下，提高用户登录系统的安全性。

3. 提高用户网络安全意识

一方面，要提升广大人民群众和互联网企业的防范意识，可通过加大案件宣传力度，通过个案宣传、指导性案例发布、网络有奖竞猜等活动向群众及企业宣传网络安全知识，明确法律、司法解释的模糊地带，界分刑事犯罪和民事侵权，引导大众规范网络行为。另一方面，要加大对此类违法犯罪的查处力度，对于实施帮助信息网络犯罪活动罪、非法利用信息网络罪等被判处刑罚的，原则上应根据犯罪情况和预防再犯罪的需要，依法宣告职业禁止和判处罚金，进而剥夺其再次实施犯罪的经济能力和现实基础。同时从有效预防犯罪的角度，还应努力探索此类案件职业禁止的范围。

（二）分类治理对策

1. 针对计算机（信息）系统的黑灰产

（1）制定预案，建立跨部门联动机制。由于网络犯罪的跨时空性、跨地域性，其预防或惩治都需要多部门（通讯、银行、工商、司法机关等）的协调或跨地区的配合，[①] 因此可以参照国务院打击治理电信网络新型违法犯罪工作组建部际联席会议等方式，形成类似于《防范治理电信网络新型违法犯罪工作机制》的文件预案，建立网络威胁信息共享机制，以形成责任明确、快速响应、密切配合、齐抓共管的工作格局，切实减少网络黑产的发生，有效规制网络灰产。具体工作主要包括网络黑灰产的分析研判及预警，网络黑灰产犯罪线索的发现、情报交换，犯罪分子的落地追踪，犯罪证据的侦查和保全，审查起诉、审判等方面的配合，共同治理网络黑灰产。

（2）解决难点，统一法律适用尺度。鉴于流量劫持和网络入侵类案件具有侦查取证难、因果关系证明难、事实认定难和法律适用难的特点，此类刑事案件难以达到"排除一切合理怀疑"的证明标准，故可借鉴毒品类犯罪的认定方式，在认定特定犯罪构成要件时根据证明的基础事实直接推定事实的成立，但允许犯罪嫌疑人、被告人提出反证。同时，需要明确的是，《刑法》第 287 条仅是一种提示性规定，而非法律拟制，对利用计算机实施金融诈骗、盗窃、贪污、挪用公款、窃取国家秘密或者其他犯罪成立牵连犯的，应当从一重罪处断。

2. 针对网络交易的黑灰产

（1）明确平台责任。"薅羊毛"事件屡次发生，平台或多或少都存在一些设置的疏忽：要么是规则设置问题，比如天猫双倍积分案，"羊毛党"抓住了双倍积分中退货不退生日积分规则；要么是程序漏洞，比如拼多多优惠券事件，"羊毛党"抓住了过期优惠券漏洞；要么是人为疏忽，如"果小云旗舰店"脐橙事件，"羊毛党"抓住了其重量标注错误。基于平台的优势地位，在妥善处理相关事件、追究相关人员责任的时候，要首先审核、判断平台有无审慎尽责，比如平台有无相应的识别机制、处罚机制等。对于平台不存在明显过错（过失）的，才可由相关执法部门追究行为人的刑事或行政责任。

（2）强化打击力度。一般而言，"薅羊毛"、刷单炒信是通过虚假交易实施的；恶意评价虽通过真实交易实施，但后续也会存在取消交易并退款的行为。因此，在综合运用刑事和行业治理等各种手段的同时，平台方可依托大数据，据此研究相关的行为模型，采取数据监控、数据清洗等方式，提升刷单交易的监管力度，并严格对刷单行为的处罚，如信用降级、降低竞价排名甚至关闭店铺，起诉

---

① 参见任彦君：《网络黑客产业链的发展趋势与治理对策分析》，载《犯罪研究》2018 年第 1 期。

刷手要求承担侵权责任等。对虚假交易中涉及“猫池”“打码”平台等帮助行为的，可区分主观明知，积极适用帮助信息网络犯罪活动罪和非法利用信息网络罪，以威慑相关黑灰产；对反向恶意刷单的竞争行为，可通过破坏生产经营罪的适用来规制；对正向虚假刷单的，可通过商业规则予以规制。要综合运用刑事和行业治理等各种手段。强化打击规制的同时，不能唯刑事论，商家诚信的道德品质、社会均衡的经济分配、网络成熟的检测技术等，是治理刷单炒信的重要条件。除此之外，合理的电商平台规模控制、科学的电商信用评价机制、理性的电商行业规则等，则是治理刷单炒信的最佳药方。①

3. 针对网络数据的黑灰产

（1）技术治理。网络爬虫多通过嗅探设备、爬虫机器人等技术手段实施。上述技术手段本身虽不构成违法事实，但如爬取数据后再做处理和存储，则超出了合理的使用范围。为此，虽无法规制技术本身，但可以限缩技术的使用范围和场所。通过制定相应技术的行为规范，引导对技术的合理、合法使用。同时，还要强化网站的技术配置，设置反爬虫程序，提高自身防护能力。

（2）数据的分类分级保护。根据数据的属性，区分商业秘密、公民个人信息、权利人享有著作权的文字、享有版权的视频等，分别采取对应的民事侵权、行政违法或刑事犯罪予以规制；对于不具备特殊属性的数据，可考虑计算机信息系统数据予以规制。同时，探索个人信息的分级保护，落实好《电信和互联网用户个人信息保护规定》中的信息收集和使用规范，杜绝《App 违法违规收集使用个人信息行为认定方法》中明确的 6 大类违法违规收集使用个人信息的行为。

4. 针对网络金融的黑灰产

（1）强化账户监管力度。目前，出租（售）银行卡或账户情况多发，据办案实践反映相关银行卡四件套（含银行卡、身份证、电话卡、U 盾）的市场价为 5000 元左右，虽可以依据帮助信息网络犯罪活动罪等刑事犯罪予以规制，但仍有部分人员为谋求一时小利触犯法律。因此，应强化刑事处罚和行政处罚的合力，各发卡行应履行自身职责，严格贯彻落实《银行卡业务管理办法》关于银行卡不得出租和转借的规定，重点针对异地用卡、频繁交易、大额交易等开展监管，不能一发卡了之，对违规出租、出借账户的除罚款外，还可通过计入个人征

---

① 参见叶良芳：《刷单炒信行为的规范分析及其治理路径》，载《法学》2018 年第 3 期。

信予以警示。建立资金流转生物信息识别机制，依托网络传输的优势，改密码支付为生物信息支付（刷脸、指纹支付等）。中国人民银行还应加强对相关银行的监管，督促银行尽责履职。

（2）明确部分虚拟财产的财产性利益属性。一般认为，虚拟财产与货币、金钱、财物等有形资产，电、气等无形资产存在明显差别，其法律属性为计算机信息系统数据，目前缺乏对其金额认定的标准和依据，故法律未明确其财产属性，导致虚拟财产类案件，多以非法获取计算机信息系统数据罪定罪量刑，往往处罚过轻，罪责刑不能相适应。因此，有必要通过立法，逐渐明确部分虚拟财产如Q币、流量等的财产属性，探索用侵财类罪名予以规制的路径，具体涉案金额建议根据被害人实际支出的数额予以认定。

5. 针对网络身份的黑灰产

（1）落实网络实名制。网络实名制是指将网络用户的身份与其个人的真实身份建立一一对应关系的一种制度。2017 年 6 月 1 日起正式施行的《网络安全法》规定，网络运营者为用户办理网络接入、域名注册服务，办理固定电话、移动电话等入网手续，或者为用户提供信息发布、即时通讯等服务，应当要求用户提供真实身份信息；用户不提供真实身份信息的，网络运营者不得为其提供相关服务。因此，应建立通讯机构、网络服务提供者和公安机关的联网，通过人员信息（基础信息资料、人脸识别等生物信息）的单向智能审核，杜绝黑卡的使用空间。

（2）落实网店工商登记。2018 年 12 月 3 日，国家市场监督管理总局对外公布了《关于做好电子商务经营者登记工作的意见》，明确了电商经营者应依法办理市场主体登记。从近两年的实践来看，市场主体登记落实不够彻底，仍有部分未登记主体从事电商经营；部分人员存在将已登记电商店铺转卖的情况，甚至发展成了产业链，使得登记空有其名，使用者仍另有其人。通过这一现象可以看到，仅仅“实名”或许已经无法保障网络交易环境的安全，对虚假认证行为还需立法完善并明确罚则。

网络黑灰产以及因网络黑灰产而引发的行政违法和刑事犯罪呈逐年上升态势。对其有效治理，非一日一时之功，需要打通技术与法律的壁垒，实现技术语言、技术场景向法律语言、构成要件的衔接、转换；需要提高互联网用户的网络安全意识，以及全社会的共同参与；运营商、互联网平台、国家三位一体，站在更高的层面对打击网络黑灰产进行战略谋划和战术运用，要拥有比网络黑灰产更高明的智慧和专业手段,[①] 方能建立长效机制，营造清朗的网络空间。

003 确定网络犯罪案件的管辖

网络犯罪行为通常形成犯罪链，上下游犯罪环节多、涉及犯罪主体多，犯罪地范围广，且关联不同的犯罪行为与管辖连接点，对于如何确定网络犯罪案件的管辖存在争议。根据《2022 年办理信息网络犯罪程序意见》的规定，公安机关的侦查管辖可以决定后续检察院、法院的管辖情况，因此确定公安机关在网络犯罪案件中的侦查管辖具备较强的实践指导意义。

一、网络犯罪案件的地域管辖思路

根据《2022 年办理信息网络犯罪程序意见》第 2 条的规定，公安机关对网络犯罪案件的立案管辖整体原则是：优先由犯罪地公安机关立案侦查，包括公安机关接受群众报案后侦查与发现线索主动开启侦查，必要时可由犯罪嫌疑人居住地公安机关立案侦查。该原则符合《刑事诉讼法》第 25 条的规定与诉讼管辖原理，由于犯罪地与相关犯罪行为的关联性更强、更利于后续侦查，一般刑事案件均以犯罪地公安机关管辖为主，犯罪嫌疑人居住地管辖为辅。

（一）犯罪地的理解

传统意义上的犯罪地一般仅包括犯罪行为地与犯罪结果地，但对于网络犯罪案件而言，行为人依赖互联网渠道实施犯罪行为，往往会随之形成黑灰产业链，导致实践中相关案件影响范围广泛（通常跨越多个省市，甚至跨国）、涉及人员（包括所有的参与人员）众多。随着当前网络犯罪案件的频发现状、新型犯罪模式的持续出现，基于打击犯罪的需要与公安机关启动侦查的及时性、便利性，“两高一部”对于犯罪地的认定边界呈现不断扩张的态势，该趋势集中体现于《2022 年办理信息网络犯罪程序意见》之中。根据该规定，可被认定为犯罪地的地点包括：①用于实施犯罪行为的网络服务使用的服务器所在地；②网络服务提供者所在地；③被侵害的信息网络系统及其管理者所在地；④犯罪过程中犯罪嫌疑人、被害人或者其他涉案人员使用的信息网络系统所在地；⑤被害人被侵害时所在地；⑥被害人财产遭受损失地。另外，当信息网络犯罪案件涉及多个环节

---

① 参见刘权、李东格：《网络黑产：从暗涌到奔流》，载《互联网经济》2018 年第 6 期。

（形成黑灰产业链）时，实施帮助行为的犯罪嫌疑人犯罪地、居住地或者被帮助对象的犯罪地公安机关均可以立案侦查。在具体理解上述地点时，应注意把握以下方面。

（1）无论是旧规还是新规，用于实施犯罪行为的网络服务使用的服务器所在地、犯罪过程中犯罪嫌疑人使用的信息网络系统所在地始终被规定为信息网络犯罪案件的犯罪地。基于信息网络犯罪案件的特性，犯罪嫌疑人使用的网络服务器或者信息网络系统中普遍存储了大量犯罪行为相关的信息、记录，与犯罪的关联极强，由服务器所在地或犯罪嫌疑人使用的信息网络系统所在地公安机关侦查有助于快速固定证据、掌握犯罪情况，便于侦查。

（2）网络服务提供者所在地。相较《2014 年办理网络犯罪程序意见》，《2022 年办理信息网络犯罪程序意见》对该犯罪地的表述发生了重大变化，前者表述为“网络接入地，网站建立者、管理者所在地”，表述方式更偏向于列举，后者将其替换为“网络服务提供者所在地”后，由于“网络服务”这一概念的延展性，实践中与犯罪行为产生关联的任何上下游网络服务，包括但不限于网站的制作与维护、网络加速、服务器托管、通信传输、广告推广、支付结算等诸多类型，无论其提供者系犯罪参与人，还是没有犯意联络或犯罪嫌疑的中性帮助第三人，其所在地均成为犯罪地，当地公安机关均可以对案件进行侦查。

近年来，网络犯罪的形态愈发呈现出链条化的特征，网络环境下可以由大量分布于全国各地的不同人群通过分工实现完整的犯罪。现行规定将犯罪地扩张至所有网络服务提供者所在地后，结合分案与并案管辖机制，公安机关可以对犯罪链的每个环节均展开侦查，有利于对帮助行为、预备行为的规制，以及对犯罪产业、犯罪团伙的整体打击。

（3）被侵害的信息网络系统及其管理者所在地、犯罪过程中被害人使用的信息网络系统所在地、被害人被侵害时所在地、被害人财产遭受损失地。以上地点均属于犯罪结果地，与犯罪行为具备直接联系，当地公安机关往往也是最先接到报案、受理案件的侦查机关，可以充分进行侦查。

（4）其他涉案人员使用的信息网络系统所在地。该地点系《2022 年办理信息网络犯罪程序意见》的新规定，属于特殊的管辖连接点。按照《2022 年办理信息网络犯罪程序意见》的起草说明，由于部分信息网络犯罪案件的作案人不在国内，且使用境外网络平台或设备实施犯罪，在国内也没有具体被害人，故需要将重要线索人员使用的信息网络系统所在地作为管辖连接点。[①] 换言之，将该地点作为犯罪地是专用于处理实践中的一类特殊情形：境内既无犯罪行为人也无被害人的跨境网络犯罪案件。典型如跨境网络赌博案件，开设赌场的犯罪嫌疑人位于境外，位于境内的参赌人员（不构成赌博罪的情况下）既非犯罪行为人，也非被害人，并未直接形成犯罪行为地或结果地。但是，以境内参赌人员为代表的涉案人员在实践中往往是此类犯罪的重要线索来源甚至报案人员，为便于案件办理，由涉案人员使用的信息网络系统所在地公安机关负责侦查。

如阮某等开设赌场案[②]：阮某等人自2018年至2020年，在安徽全椒、浙江新昌、江苏扬中等地通过运营麻将软件供人赌博，以售卖“钻石”给代理的方式从中抽头渔利，非法获利总金额达697626元。针对辩护人提出全椒县司法机关对该案没有管辖权的辩护意见，法院明确指出，根据《办理网络赌博犯罪案件意见》的规定，网络赌博犯罪案件的地域管辖，应当坚持以犯罪地管辖为主、被告人居住地管辖为辅的原则。犯罪地包括赌博网站服务器所在地、网络接入地，赌博网站建立者、管理者所在地，以及赌博网站代理人、参赌人实施网络赌博行为地等。全椒县是赌博网站代理人、参赌人实施网络赌博行为地，故全椒县司法机关对该案具有管辖权。该案中，网站代理人、参赌人员并非犯罪行为人或被害人，但是作为重要线索来源，实践中此类涉案人员所在地可以作为犯罪地，当地公安机关具有管辖权。

（5）实施帮助行为的犯罪嫌疑人犯罪地、居住地或者被帮助对象的犯罪地。上述地点被单独列举于《2022年办理信息网络犯罪程序意见》第2条第3款中，主要用于处理实践中网络犯罪系统分工、形成多环节产业链的普遍情形。以公安机关办理帮助信息网络犯罪活动犯罪案件为例，该罪的犯罪嫌疑人因上游诈骗罪被害人报案而被关联抓获；若此时诈骗犯罪嫌疑人尚未到案，由于该罪不存在直接被害人，且帮助行为和诈骗行为的犯罪地不同，公安机关无论移送管辖还是指定管辖，均不利于案件的高效办理，被帮助对象的犯罪地成为管辖连接点后，公安机关可以直接管辖全案，有利于案件的高效、便利侦查与犯罪嫌疑人的及时控制。[③]

---

① 参见周加海等：《〈关于办理信息网络犯罪案件适用刑事诉讼程序若干问题的意见〉的理解与适用》，载《中国应用法学》2022年第5期。

② 参见安徽省全椒县人民法院刑事判决书，（2021）皖1124刑初9号。

③ 参见程雷等：《〈关于办理信息网络犯罪案件适用刑事诉讼程序若干问题的意见〉的理解与适用》，载《人民检察》2022年第19期。

（二）电信网络诈骗案件的特殊规定

电信网络诈骗案件发生频率高、影响人群大，该类案件的犯罪地认定更为细化。相关犯罪地被具体规定为：

（1）诈骗电话、短信息、电子邮件等的拨打地、发送地、到达地、接受地；

（2）用于犯罪活动的手机卡、流量卡、物联网卡的开立地、销售地、转移地、藏匿地；

（3）用于犯罪活动的信用卡的开立地、销售地、转移地、藏匿地、使用地以及资金交易对手资金交付和汇出地；

（4）用于犯罪活动的银行账户、非银行支付账户的开立地、销售地、使用地以及资金交易对手资金交付和汇出地；

（5）用于犯罪活动的即时通讯信息、广告推广信息的发送地、接受地、到达地；

（6）用于犯罪活动的“猫池”、GOIP 设备、多卡宝等硬件设备的销售地、入网地、藏匿地；

（7）用于犯罪活动的互联网账号的销售地、登录地。

当然，本质上，上述地点并未超出信息网络犯罪案件犯罪地的范畴，当地公安机关均享有管辖权。

总体而言，现行的信息网络犯罪案件地域管辖规则为了应对日渐复杂、高度虚拟化的网络犯罪形态，保证公安机关办案的时效性、便利性、灵活性，已经一定程度上突破了传统犯罪地的限制，将可以与犯罪行为产生联系即犯罪线索所在地设定为犯罪地。换言之，实践中任何掌握信息网络犯罪线索的公安机关均可以享有犯罪链上下游案件的管辖权，及时开展侦查活动。

根据《2022 年办理信息网络犯罪程序意见》的规定，当地域管辖出现竞合时，由最初受理的公安机关或者主要犯罪地公安机关立案侦查。对此有争议的，按照有利于查清犯罪事实、有利于诉讼的原则，协商解决；经协商无法达成一致的，由共同上级公安机关指定有关公安机关立案侦查。

二、网络犯罪案件的并案与分案管辖思路

网络犯罪的侦查中，并案与分案管辖制度具有重要意义。由于实践中网络犯罪呈现明显的链条化、生态化特点，于不同地点存在多个环节与分工，因此公安机关予以适当的并案处理有利于提高侦查效率，节约成本。但是，并案处理要求

多个犯罪行为之间存在的关联性较强，彼此形成上下游链条或者平级分工关系，若为关联程度较远的案件，仍需移送其他有管辖权且与犯罪连接更紧密的公安机关，否则机械并案处理可能造成案件久拖不决，羁押期限过长。

根据《2022年办理信息网络犯罪程序意见》与《刑诉法解释》的规定，下列情形中，负责侦查的公安机关可将多个存在关联的网络犯罪案件并案处理，包括：（1）一个犯罪嫌疑人犯数罪的情形；（2）共同犯罪的情形；（3）共同犯罪的犯罪嫌疑人、被告人还实施其他犯罪的情形；（4）多个犯罪嫌疑人、被告人实施的犯罪行为存在关联，并案处理有利于查明全部案件事实的情形；（5）为信息网络犯罪提供程序开发、互联网接入、服务器托管、网络存储、通讯传输等技术支持，或者广告推广、支付结算等帮助，且涉嫌犯罪的情形。

基于上述规定，当信息网络犯罪案件中多个行为人的实行行为、帮助行为系多环节分散实施、犯罪地彼此分离时，任意一处犯罪地的公安机关均可在有利于案件侦查的情形下对案件进行全面管辖；对存在关联的其他犯罪，也可一并侦查。

如王某等诈骗案①：2014年起，王某、周某等人在网上销售未经国家批准的“重庆时时彩”，并先后在河南省郑州市、洛阳市租民房，购买电脑等设备，通过事先包装好的QQ身份添加QQ好友，借机向QQ好友推荐购买“重庆时时彩”。2015年7月，周某以代刘某某购买“重庆时时彩”为由，骗取刘某1万元。该案法院指出，因被害人刘某某在网上购买“重庆时时彩”被诈骗报案而案发，被害人刘某某系江苏靖江人，诈骗结果发生地在靖江。因此，靖江公安机关根据上述相关法律的一般管辖原则，对该案中涉及的诈骗事实部分依法行使管辖权。周某因涉嫌诈骗被抓，同时其又参与了网络非法经营行为，属于一人犯数罪，且其与该案其他被告人共同实施了非法经营犯罪行为，属于共同犯罪。从相关事实的关联性、紧密性来看，该案并案处理符合相关法律规定，有利于查明案件事实。

相反，当信息网络案件涉嫌的犯罪链条过于复杂、环节过多时，根据《2022年办理信息网络犯罪程序意见》的规定，并案侦查的共同犯罪或者关联犯罪案件，犯罪嫌疑人人数众多、案情复杂的，公安机关可以分案移送审查起诉。此时可能出现的一种情形是，原本具有管辖权的案件，特别是已经指定管辖的案件，

---

① 参见江苏省泰州市中级人民法院刑事判决书，（2017）苏12刑终274号。

因涉案人数众多而分案，导致部分分案后的案件失去管辖连接点，由于信息网络犯罪案件涉案人数众多、先后到案问题较为常见，分并案处理（包括先分后并、先并后分等情形）符合实践中的办案需要，因此分案前有管辖权的侦查及司法机关，分案后应同样具备管辖权。

三、网络犯罪案件的指定管辖思路

根据《2022 年办理信息网络犯罪程序意见》与《刑诉法解释》的规定，在部分特定情形下，由共同上级公安机关或公安部指定管辖，具体为：

第一，有多个犯罪地的网络犯罪案件，各地公安机关对于管辖权存在争议且经协商无法达成一致，由共同上级公安机关指定侦查；第二，存在特殊情况，跨省指定侦查有利于查清犯罪事实、保证案件公正处理的重大网络犯罪案件（实践中通常为涉案人数超过 80 人的案件），或在境外实施的网络犯罪案件，公安部可以商最高人民检察院和最高人民法院指定侦查管辖；第三，犯罪嫌疑人被多个公安机关立案侦查且彼此协商不成的，可报请共同上级公安机关指定侦查。

如陈某等跨国电信诈骗案[①]：2020 年 3 月至 2020 年 9 月初，陈某等人结伙出境至缅甸，参加电信网络诈骗犯罪团伙，分别以“炒股”老师、助理等身份，添加被害人微信进行聊天并将被害人拉入微信群，各被告人同时分别以“股民”身份使用微信小号在微信群内相互当“托”，骗取被害人信任，以“涨停新股”需要在专门“炒股”软件上申购等名义，诱骗被害人下载“智多星”虚假炒股软件并向该犯罪团伙提供的银行账户转账充值，骗取被害人钱财。因该案存在多个犯罪地，且系涉外网络犯罪案件，最终由江苏省公安厅、江苏省人民检察院、江苏省高级人民法院分别指定徐州经济技术开发区公安机关、检察机关和审判机关对本案行使管辖权。

四、总结

网络犯罪案件的管辖较传统案件的管辖有所扩展，关联的犯罪线索所在地均可成为连接点，所在地公安机关均享有管辖权。若进一步考虑网络犯罪的多链条、多环节、多参与人群特质，实践中往往针对性地适用并案管辖，将相关犯罪线索集中由一个公安机关处理。总体而言，网络犯罪案件的管辖，在规则上具备

---

① 参见江苏省徐州经济技术开发区人民法院刑事判决书，（2021）苏 0391 刑初 130 号。

较高的自由度，因而可以更充分地围绕公安机关办案的便利与侦查的效率而展开。

004 信息网络犯罪案件的办理要点

信息网络犯罪呈现出明显的集团化、产业化、智能化特征，犯罪手法变异快，犯罪手段技术性强，给侦查取证、事实认定等带来难度。当前办理信息网络犯罪还有不少难点需要破解。

首先，证据收集、提取证据难问题需要破解。司法实践中，信息网络犯罪案件大多是涉众型案件，要么被害人众多，要么犯罪嫌疑人众多，对应案件往往表现为海量的电子数据、遍布全国的被害人，全面收集、提取证据难度大，侦查机关囿于技术水平限制、缺乏应对信息网络犯罪的经验以及对新类型犯罪的预判不足，对证据的取证不够及时精准。

其次，法律认定难问题需要破解。由于信息网络犯罪在方式和手段上往往都是以前没见过的花样，在司法实践中缺少例证可循，给司法机关适用法律、准确定性带来极大挑战。如"薅羊毛"是否符合诈骗罪的构成要件，"恶意刷单""反向刷单"等行为能否以破坏生产经营罪认定，网络直播平台淫秽表演能否认定传播淫秽物品牟利罪、深度链接是否侵犯著作权等问题在实践中意见不一。

再次，跨区域办案协作难的问题需要破解。虽然法律赋予了网络犯罪相对宽泛的管辖权，但实践中还存在分散管辖、各管一段、协作不够顺畅等情况。

最后，国际司法协作机制还不够顺畅的问题需要破解。因为信息网络犯罪有明显的跨境特征，犯罪人员跨境流动、网络资源跨境使用、犯罪行为跨境实施，这些都对国际司法协作提出了更高的要求。

面对信息网络犯罪办案中的难点，在程序方面，"两高一部"先后颁布了《2014 年办理网络犯罪程序意见》和《2022 年办理信息网络犯罪程序意见》两个相对系统的程序性规定。针对电子数据的收集、提取，2016 年"两高一部"颁布了《收集提取和审查判断电子数据规定》；2019 年《电子数据取证规则》出台；2021 年最高人民检察院针对网络犯罪案件办理，专门出台《办理网络犯罪案件规定》（2021 年 1 月 22 日起施行）。在实体方面，《关于办理利用互联网、移动通讯终端、声讯台制作、复制、出版、贩卖、传播淫秽电子信息刑事案件具体应用法律若干问题的解释》《关于办理利用互联网、移动通讯终端、声讯台制作、复制、出版、贩卖、传播淫秽电子信息刑事案件具体应用法律若干问题的解释（二）》《最高人民检察院关于办理涉互联网金融犯罪案件有关问题座谈会纪要》《电诈意见（一）》《电诈意见（二）》《办理非法利用信息网络、帮助信息网络犯罪活动案件解释》等一批司法解释或司法解释性文件陆续出台。上述文件在规范信息网络犯罪案件办理程序的同时，也严密了法网，明确了法律适用意见。结合上述文件的规定，办好信息网络犯罪案件应把握以下要点。

一、发挥电子数据的多元关联证明作用

电子数据在信息网络犯罪案件办理过程中发挥着越来越重要的作用。办理信息网络犯罪案件过程中，侦查机关应注重对电子数据，尤其是即时聊天工具的聊天记录、银行及第三方支付平台的交易记录等电子数据的收集和提取；检察机关应按照《办理网络犯罪案件规定》，重点围绕主体身份同一性、技术手段违法性、上下游行为关联性等方面全面审查案件事实和证据，注重电子数据与其他证据之间的相互印证，构建完整的证据体系。

在引导侦查方面，人民检察院可以根据案件侦查情况，向公安机关提出以下取证意见：

（1）能够扣押、封存原始存储介质的，及时扣押、封存；

（2）扣押可联网设备时，及时采取信号屏蔽、信号阻断或者切断电源等方式，防止电子数据被远程破坏；

（3）及时提取账户密码及相应数据，如电子设备、网络账户、应用软件等的账户密码，以及存储于其中的聊天记录、电子邮件、交易记录等；

（4）及时提取动态数据，如内存数据、缓存数据、网络连接数据等；

（5）及时提取依赖于特定网络环境的数据，如点对点网络传输数据、虚拟专线网络中的数据等；

（6）及时提取书证、物证等客观证据，注意与电子数据相互印证。

在证据审查方面，人民检察院应当做到加强对电子数据收集、提取、保全、固定等的审查，充分运用同一电子数据往往具有的多元关联证明作用，综合运用电子数据与其他证据，准确认定案件事实。同时，建立检察技术人员、其他有专门知识的人参与网络犯罪案件办理制度。根据案件办理需要，吸收检察技术人员加入办案组辅助案件办理。积极探索运用大数据、云计算、人工智能等信息技术辅助办案，提高网络犯罪案件办理的专业化水平。

如果说传统犯罪的“证据之王”是犯罪嫌疑人供述，那么信息网络犯罪的

“证据之王”无疑是电子数据。电子数据虽具有易毁损性，容易被篡改，但只要严格按照程序收集、提取，电子数据往往是最能真实还原案件客观事实的，在一定程度上，电子数据可以将法律事实彻底还原为客观事实。因而，本书认为办理信息网络犯罪案件，应构建以电子数据为中心的指控证明体系。关于电子数据的具体收集、审查方法，本书特设置专章予以论述。

二、综合认定海量同质性证据

《刑事诉讼法》第55条第2款对刑事诉讼的证明标准做了明确，证据已达“确实、充分”标准的条件是：定罪量刑的事实都有证据证明；据以定案的证据均经法定程序查证属实；综合全案证据，对所认定事实已“排除合理怀疑”。在此基础上，针对信息网络犯罪特点，尤其是涉众型信息网络犯罪，《2014年办理网络犯罪程序意见》第20条明确规定：对针对或者组织、教唆、帮助不特定多数人实施的网络犯罪案件，确因客观条件限制无法逐一收集相关言词证据的，可以根据记录被害人数、被侵害的计算机信息系统数量、涉案资金数额等犯罪事实的电子数据、书证等证据材料，在慎重审查被告人及其辩护人所提辩解、辩护意见的基础上，综合全案证据材料，对相关犯罪事实作出认定。后续的2013年《传销意见》、《关于公安机关办理经济犯罪案件的若干规定》等文件中也均有综合认定犯罪事实的表述。2022年，最高人民法院、最高人民检察院、公安部对《2014年办理网络犯罪程序意见》进行修订，颁布的《2022年办理信息网络犯罪程序意见》第21条，明确了依据涉案账户资金数额综合认定犯罪数额的规则，即对于涉案人数特别众多的信息网络犯罪案件，确因客观条件限制无法收集证据逐一证明、逐人核实涉案账户的资金来源，但根据银行账户、非银行支付账户等交易记录和其他证据材料，足以认定有关账户主要用于接收、流转涉案资金的，可以按照该账户接收的资金数额认定犯罪数额，但犯罪嫌疑人、被告人能够作出合理说明的除外。案外人提出异议的，应当依法审查。对此，检察机关在办案中，应秉持上述意见规定，对确因客观条件限制无法逐一收集相关言词证据的，可以根据银行账户、非银行支付账户等交易记录以及记录被害人人数、被侵害的计算机信息系统数量、涉案资金数额等犯罪事实的电子数据、书证等证据材料，在审查犯罪嫌疑人、被告人及其辩护人所提辩解、辩护意见的基础上，综合全案证据材料，对相关犯罪事实作出认定。对于数量特别众多且具有同类性质、特征或者功能的物证、书证、证人证言、被害人陈述、视听资料、电子数据等证据材料，确因客观条件限制无法逐一收集的，可以进行抽样验证。抽样应当按照一定比例或者数量选取证据，应具有随机性、代表性，以确保抽样方法、过程科学，同时还应对选取情况作出说明，并对抽样的科学性进行论证。抽样取证不科学的，应当由原取证机关作出补充说明或者重新取证。对相关事实不能排除合理怀疑的，应当作出有利于犯罪嫌疑人、被告人的认定。

三、实质性审查信息网络犯罪的行为性质

准确认定事实是适用法律的前提。实践中，绝大多数的案件疑难问题都是基于案件事实的认定产生的，这一点在信息网络犯罪办案中更为常见。比如同样是涉第三方支付侵财类犯罪案件，侵财的对象可能是账户余额、绑定的银行卡资金、对应的理财基金或者借贷资金等，采取的行为可能是利用已知密码直接转账、冒用他人身份开通借贷账户或绑定银行卡后转移资金。侵财对象不同、实施的行为不同，表现为对应的犯罪构成要件行为也不同，罪名适用也不同。在“两卡”（银行卡、手机卡）类案件中，单纯为上游信息网络犯罪提供银行卡的帮助行为和供卡后又实施了帮助转账、取现等协助资金转移行为，在法律适用上也应有所不同。因而准确事实认定是正确法律适用的基础，如果事实认定存在缺陷，那么公正裁判的能力可能就会受到损害。

透过形式看本质，穿透式审查信息网络犯罪案件。“刑事看行为，民事看关系”，在办理信息网络犯罪案件中，应当以行为性质来界定案件性质。比如最高人民检察院指导性案例第 175 号张某强等人非法集资案是一起涉私募基金的新型犯罪案件：张某强等人以发行销售私募基金为由，通过公开宣传的方式，向不特定投资者募集资金，并承诺还本付息，造成集资参与人本金损失 28.53 亿余元。该案涉及的 133 只私募基金中有 119 只按规定进行了备案；然而，登记备案等表面证据并不能证明私募基金的合法性。判断私募基金是否合规，应对照《证券投资基金法》和《私募投资基金监督管理暂行办法》，穿透其募集、投资、管理、退出等全过程，对募集行为进行实质性把握。违反私募基金管理有关规定，以发行销售私募基金形式公开宣传，向社会公众吸收资金，并承诺还本付息的，属于变相非法集资。信息网络犯罪手段隐蔽、专业性强，办案人员应透过形式看本质，在全面、客观评判行为性质的前提下，方能做到准确适用法律。

四、落实分类分层处理的打击思路

针对链条化特征突出的信息网络犯罪案件，应坚持全链条惩治，全方位打

击。当前，信息网络犯罪呈现出明显的链条化特征，各个环节分工协作，互相配合、互相支持。办案中，各司法机关均应坚持全链条惩治理念，由已经查获的案件出发，由点及面，深挖细查案件线索，注重从账号提供、网站开发、技术支持、通讯维护、引流推广、支付结算等方面，全面审查关联案件线索，加强证据的比对碰撞，全面梳理案件人员流、资金流、信息流，对于发现的案件线索要深挖细查。比如在办理“两卡”类案件时，不能仅局限于打击供卡人员，还要在梳理资金流、信息流的基础上，深挖、彻查上游诈骗等侵财犯罪；办理上游犯罪时，又要注重对提供相关帮助的人员一并打击，实现全方位惩治。

在厘清犯罪链条的同时，还应根据主客观证据，准确认定各环节行为性质。构成某一特定罪名，要求主客观相统一。分处犯罪链条不同环节的人员，法律适用不尽相同也是惯常的司法现象。对于信息网络犯罪团伙涉案人员，应采取“先分类后分层”的思路，对于不同环节、不同类型的关联犯罪团伙，依法认定罪名罪数，准确区分地位作用。以电信网络诈骗为例，往往存在“平台搭建、技术支持、账号维护、推广引流、诈骗实施、支付结算”等在内的犯罪链条。对于诈骗的直接实施者，或者与诈骗人员事前通谋、事中勾连，以及长期提供支持帮助、形成稳定协作关系、主观上“心知肚明”“心照不宣”的，构成诈骗罪共犯；对于明知是诈骗犯罪所得，仍为其提供转账、套现、取现等帮助的，构成掩饰、隐瞒犯罪所得罪；对于明知他人利用信息网络实施犯罪，仍提供软件开发、技术支持、账号维护等帮助的，构成帮助信息网络犯罪活动罪；对于设立用于实施诈骗违法犯罪活动的网站、通讯群组以及在网络上发布有关诈骗违法犯罪信息的，构成非法利用信息网络罪。在准确定性基础上，按照“组织者、领导者”、“积极参加者”和“一般参与人员”的标准区分各自地位作用，准确认定主从犯。对于“组织者、领导者”以及在犯罪中起指挥管理、牵头联络作用的，依法认定为主犯，符合犯罪集团的，“组织者、领导者”还应认定为首要分子。对于内部各小组的组织者和骨干人员，可认定为积极参加者，严格限制从宽幅度。对于其他人员，如被蒙蔽参与的推广引流人员等，可认定为一般参加者，一般可认定为从犯。

五、贯彻宽严相济刑事政策

在打击治理信息网络犯罪中，应坚持依法精准打击，准确把握依法从严和宽严相济刑事司法政策之间的关系，不能一概从重打击也不能一律从宽处理，而应当区分情况、区别对待，做到宽严有度、宽严相济。

一是法律适用从严。以“两卡”犯罪为例，在罪名认定上，要按照诈骗罪到掩饰、隐瞒犯罪所得罪再到帮助信息网络犯罪活动罪的认定过程。结合具体的犯罪行为，对照犯罪构成，首先要考虑是不是构成诈骗罪，不构成诈骗罪再考虑是不是构成掩饰、隐瞒犯罪所得罪，其次要考虑帮助信息网络犯罪活动罪。因为帮助信息网络犯罪活动罪的证据标准最低，按照帮助信息网络犯罪活动罪起诉、审判，可能不能全面评价客观事实。同时，在罪名竞合时要择一重罪处断，帮助信息网络犯罪活动罪的法定最高刑为有期徒刑 3 年，一概适用帮助信息网络犯罪活动罪将不符合罪责刑相适应的基本原则。

二是重点对象从严。对犯罪集团中的组织者、指挥者、策划者和骨干分子，要依法从严处理；对利用未成年人、老年人、残疾人等特殊群体实施信息网络犯罪的，要依法从严处理；对累犯、多次实施犯罪的要依法从严处理。与此同时，检察机关对于公安移送的案件既要客观公正审查，也要加大监督力度，发挥刑事检察和公益诉讼检察的合力，一案双查，共同加大对违法犯罪的打击力度。

三是依法贯彻宽严相济。对于系初犯、偶犯的帮助犯罪分子，应结合其主观认知、地位作用、非法获利等情况，准确评估社会危险性，在落实认罪认罚从宽制度的同时，积极适用非羁押强制措施，做好羁押必要性审查。尤其是面对帮助信息网络犯罪活动案件多发态势，对于单纯的供卡人员仍应坚持少捕原则。区分对象，对于按照工作指示从事辅助性劳务性工作、参与时间较短、仅领取少量报酬等发挥作用较小的人员依法从宽处理。对于初犯、偶犯特别是未成年人、在校学生，受诱骗参加，违法所得、涉案数额较少，认罪认罚且退赃退赔的，也可以考虑酌定不起诉或者免于刑事处罚；情节显著轻微危害不大的，不以犯罪论处。

005 信息网络犯罪量刑步骤及要点

对于普通民众而言，案件处理是否公正，最直观的感受是量刑结果是否公允。在办理信息网络犯罪案件中，要根据信息网络犯罪的事实，犯罪的性质、情节和对于社会的危害程度，准确量刑，做到罪刑相当。

一、单人单罪的一般量刑步骤及要点

（一）确定量刑起点与基准刑

信息网络犯罪中单人单罪处理的情形实际上并不普遍，但为便于探讨，本书

先从单人单罪的情形切入。首先要根据信息网络犯罪个罪中“信用卡张数”“手机卡、流量卡、物联网卡张数”“身份认证信息组数”“计算机信息系统台数”“违法所得数额”“经济损失数额”“提供程序、工具的人次”“违法视频文件个数”“违法信息个数、条数”“用户账号个数”“通讯群组个数”“违法信息被点击数”“泄露用户信息条数”“注册账号数量”“网站数量”“提供帮助对象数量”“支付结算金额”“提供资金数额”“拨打电话人次”“页面浏览量”等客观犯罪构成事实确定法定刑幅度、起刑点及基准刑，判断是否属于情节加重犯、结果加重犯等。

这些可量化的客观事实对于法定刑幅度的选择、基准刑的确定具有至关重要的意义，是判断行为社会危害性严重程度的主要标尺，是宣告刑的主要依据。如果以上事实认定错误，可谓办案质效上的“硬伤”。相对于上述可量化的犯罪事实，另外诸如“其他情节特别严重的情形”“致使生产、生活受到严重影响或者造成恶劣社会影响的”“严重扰乱秩序”“造成其他特别严重后果”“其他致使违法信息大量传播的情形”等要素则更不易把握。

在确定基准刑的过程中，相关信用卡的张数、违法视频的个数、拨打电话人次等的统计核算较为复杂，要通过业务交流、研讨等形式，针对不同的犯罪对象、存储介质、行为模式、社会危害等确立较为合理、统一的核算口径，在委托审计、鉴定时明确针对同一对象是否累计计算，是否需要去除重复信息、无效信息、不实信息、过期卡、虚拟无效点击数等，确保对于同一地区同一时期案情相似的案件有较为统一的处理。①

在确认相关金额、时长、人次等信息时，如果依据书证、电子数据等客观证据仅能锁定大概的区间范围，无法精准认定，此时不建议以事实不清为由不予认定或拒绝裁判。法律事实本就难以和客观事实完全契合，需要结合各被告人的供述、证人证言等证据，本着证据存疑时有利于被告人的原则予以确认。而且如果被告人的供述超出上述合理区间范围，也并非一律依据被告人多次供述中的最低数量来认定，可以以该区间的最低值予以确认。尤其在接近立案标准、法定刑升格条件时，更要慎重。

在确定罚金判处数额时，尤其要注意“并处二万元以上二十万元以下罚金”“并处违法所得一倍以上五倍以下罚金”等规定，除非案件有减轻量刑情节，罚

---

① 参见《办理公民个人信息案件解释》第11条。

金判处的数额应当在该幅度之内。

在判断“其他情节特别严重的情形”“致使生产、生活受到严重影响或者造成恶劣社会影响的”等事实时，可以参照《办理诈骗案件解释》《电诈意见（一）》等规定，要尽可能将“绝大多数”“情节严重”“情节恶劣”等兜底性的、抽象性、概括性的事实表述具体化为诈骗救灾、抢险、防汛、优抚、扶贫、移民、救济、医疗款物，以赈灾募捐名义实施诈骗，诈骗残疾人、老年人或者丧失劳动能力人的财物，冒充司法机关等国家机关工作人员实施诈骗，利用电话追呼系统等技术手段严重干扰公安机关等部门工作等通常反映行为人主观恶性的时间、地点、方式、次数、比例、对象、后果等的要素，并注重收集相关媒体报道、信访记录、警情统计等客观证据。对“造成他人死亡、重伤、精神失常或者被绑架等严重后果的”“严重扰乱社会秩序”“造成重大经济损失”“造成严重后果”“造成严重影响”等危害结果中的严重程度、与行为之间的直接或间接因果关系，行为人对于结果发生的追求、放任、过失等认知程度和意志状态进行细化分析，逐一证明。要充分考虑“多因一果”的情节。

（二）调节基准刑，确定宣告刑

在根据《刑法》分则的规定确定基准刑后，一般还要根据《刑法》总则规定的自首、立功、累犯等法定或酌定的从重、从轻、减轻处罚量刑情节调节基准刑，确定宣告刑。对于如何调节基准刑，确定宣告刑，实务可以参照《最高人民法院、最高人民检察院关于常见犯罪的量刑指导意见（试行）》的规定执行。

需要强调的是，对于多种量刑情节并存的，先要考查案件各量刑情节对于量刑的影响程度，然后进行分析比较。对于显著优势情节，一般应当在综合案情的前提下优先适用。如果逆向情节相互间并无优势而大致相当，则先考虑从重情节估量出刑种与刑度，然后考虑从轻情节，确定最终的刑罚。适用优势量刑情节应当把握罪中情节一般优于罪前、罪后情节。单一的应当型情节与可以型情节相比，单一的法定情节与酌定情节相比，前者一般为优势情节。从重与减轻情节并存时，减轻情节一般为优势情节。从重与免刑情节并存时，免刑情节一般为优势情节。优势情节可以由多个同向情节累计形成。应当型情节相对于可以型情节、法定情节相对于酌定情节的优势不是绝对的。从重情节与从轻情节并存难以确定优势情节时一般应当先考虑所有的从重处罚的情节，在此基础上先拟定一个要判处的刑罚，之后在从重处罚的基础上再考虑所有的从轻处罚情节，“先从重再从轻”。①

在适用减轻处罚量刑情节时，要注意法定刑与刑种是不同的概念。故意杀人罪中“死刑、无期徒刑或者十年以上有期徒刑”只是一个法定刑，当需要减轻处罚时，只能判处低于十年有期徒刑的刑罚。还需要注意如果只有一个减轻处罚情节，至多只能在下一个量刑幅度内判处刑罚。但当有多个减轻处罚情节时，可以在法定量刑幅度的下两个量刑幅度内判处刑罚。如果没有减轻处罚情节，根据案情特殊情况需要在法定刑以下判处刑罚的，要根据《刑法》第 63 条第 2 款的规定，报经最高人民法院批准。还要注意，根据减轻处罚情节在法定量刑幅度的下一个量刑幅度内判处刑罚，不能减至免予刑事处罚。②

在根据以上步骤最终确定宣告刑时，如果发现量刑结果明显罪刑失衡，则要重新审视对卡数、钱数、人次等的统计、计算方式是否妥当。在理解具体犯罪构成要件的时候不仅要看罪状，而且要注意法定刑。罪责刑相适应原则制约着司法人员对刑法用语的解释、对证明标准的把握、对责任大小的认定等各种裁量行为，避免片面、机械地理解和适用法条造成量刑畸轻、畸重的状况。因为法定刑的设置往往与犯罪的本质，即罪质相联系。要重视法定刑的制约，不能脱离法定刑孤立地解释罪状，因为法定刑明确地表达了立法者对某种罪行的评价和惩罚意图，这就是所谓的法定刑对罪质解释的制约意义。③

二、共犯量刑时的注意事项

共犯的量刑均衡问题非常复杂。尤其对于网络犯罪而言，由于在犯罪形态及立法实践中逐步呈现实行行为分割化、职业化，帮助行为正犯化等特点，对犯罪集团、犯罪组织主从犯的认定、划分等也需要有全新的认识。④ 在网络犯罪中，对主从犯的区分应当遵循“尽量分、不强分”的原则。在同案犯都是实行犯的

① 参见《刑事审判参考》指导案例第 994 号“黄某故意杀人案——逆向情节并存时如何把握量刑的一般原则以及因民间纠纷激化行凶杀人，既具有杀死纠纷一方成年人，杀死、杀伤无辜儿童等从重处罚情节，又具有自首等从轻处罚情节的，如何准确把握量刑尺度”。

② 参见《刑事审判参考》指导案例第 786 号“刘某贪污案——适用减轻处罚情节能否减至免予刑事处罚”。

③ 参见《刑事审判参考》第 435 号案例“胡某等非法拘禁案——为寻找他人而挟持人质的行为构成何罪”。

④ 参见张某闵等 52 人电信网络诈骗案，最高人民检察院指导性案例第 67 号。

案件中，要考虑各实行犯在案件中的具体分工、地位、作用，考察各实行犯在案件中的活跃程度、参与犯罪过程的时间长短，综合量刑。

要注意“总公司”“分公司”“总代理”“分代理”“代理商”“渠道商”“业务部门”“后勤服务部门”等之间的独立性和关联性。如果上下级组织之间、同级组织部门之间、共同犯罪人之间的犯罪数额可以独立核算，则各局部组织部门的负责人，可根据其组织、指挥的该局部组织实施的全部犯罪处罚。既然以局部组织的犯罪数额定罪量刑，则不宜同时认定为整个犯罪集团中的从犯。但如果该下级组织受上级组织的控制程度较高，违法所得被上级组织控制、分配，也不宜绝对排除该局部组织的组织者、领导者可以同时认定为从犯。

对于犯罪集团中无法独立核算犯罪数额的部分成员，既要考虑横向同一局部组织中主、从犯量刑的均衡，也要注意纵向上下层级组织中主犯与主犯、主犯与从犯、从犯与从犯之间的量刑均衡。犯罪集团成员的作案方式是一种交叉兼独立的作案方式。将成员参与期间集团的犯罪数额作为认定成员犯罪数额的基础，强调集团的共同体特征。在此基础上，再认定各被告人在集团犯罪中的主犯、从犯地位，对各个被告人进行量刑上的个别评价。

对于中途退出的普通成员，原则上犯罪数额计算至其退出节点，因为后续集团的犯罪一般与其参与行为无刑法上的因果关系。对于中途退出的集团骨干成员，因为骨干成员的参与行为，其危害后果可能继续延伸，故除非其采取措施尽力消除其行为对犯罪集团的影响和作用，否则犯罪数额可以持续计算。为解决个别被告人参与时间较短、犯罪数额畸高的问题，一要注意贯彻宽严相济的刑事政策，尽量排除参与时间较短，主观故意尚不明确的参与人员；二要注意结合是否参与实行行为进行评价，对于未直接实施诈骗的行政人员或直接实施诈骗数额较小、行为较少的参与人员应当认定为从犯。① 在从轻的幅度上，综合考虑从犯在共同犯罪中的地位、作用等情况，一般减少基准刑的20%～50%，如果仍无法达到罪刑均衡，可减少50%以上甚至免除处罚。②

---

① 参见《刑事审判参考》指导案例第1421号“何某等人诈骗案——利用传销性质组织实施网络交友诈骗的犯罪数额如何认定”。

② 参见最高人民法院、最高人民检察院印发《关于常见犯罪的量刑指导意见（试行）》的通知。

三、数罪并罚时的量刑注意事项

定罪是量刑的基础，确定此罪还是彼罪、一罪还是数罪，对于准确量刑具有重要意义。当需要数罪并罚时，一般采用限制加重的方式予以处理，不能对所犯情节“估堆”评价，从而增加刑期甚至提高刑种。①

对数罪分别量刑时，要先考虑自首、立功等情节对个罪依法从轻或者减轻处罚，然后再按照数罪并罚的原则，决定执行的刑罚。在决定执行的刑罚时，达到从轻或者减轻处罚的目的就可以了，不需对所有数罪均分别予以从轻或者减轻处罚。②

在审理过程中，法院发现被告人犯有同种数罪但被人为分案处理的，可以建议检察机关并案起诉；检察机关不予并案处理的，应仅就起诉的犯罪事实作出裁判。在审理后起诉的犯罪事实时，可以适用《刑法》第70条关于漏罪并罚的规定。对同种数罪并案处理，并非一种强制性规定。对人为分案处理的同种数罪实行并罚时，决定执行的刑罚应当与并案以一罪处理时应判处的刑罚基本相当，不得加重被告人的处罚。③

四、犯罪停止形态下的量刑注意事项

在网络盗窃、诈骗等数额犯中，犯罪既遂部分与未遂部分分别对应不同法定刑幅度的，应当先决定对未遂部分是否减轻处罚，确定未遂部分对应的法定刑幅度，再与既遂部分对应的法定刑幅度进行比较，选择适用处罚较重的法定刑幅度，并酌情从重处罚。二者在同一量刑幅度的，以犯罪既遂酌情从重处罚。④

网络盗窃等犯罪既遂之后就不可能再存在预备、中止、未遂等犯罪形态，更不可能出现部分行为既遂、部分行为未遂的情况。既然犯罪行为已经既遂，行为人事后对赃物的处置以及被害人事后为防止损失扩大而采取的止损措施都是犯罪

---

① 参见《刑事审判参考》第613号案例“王某抢劫、强奸、盗窃案——如何把握抢劫犯罪案件中加重情节的认定”。

② 参见《刑事审判参考》第46号案例“林某等受贿、玩忽职守案——玩忽职守罪适用法律时效应如何理解”。

③ 参见《刑事审判参考》第1191号案例“陈某非法进行节育手术案——判决宣告前犯有同种数罪但被分案起诉后罪判决时能否与前罪并罚”。

④ 参见王某明合同诈骗案，最高人民法院指导性案例62号。

实施后的行为，对行为人的犯罪停止形态不构成任何影响。①

网络洗钱、掩饰、隐瞒犯罪所得等行为一般被定义为行为犯。但要注意的是，行为犯也存在预备、未遂、中止的停止形态。行为犯是否以法定的犯罪行为完成作为犯罪，为犯罪是否既遂的标志；而行为完成与否的判断应紧密结合犯罪构成要件，以对法益的侵害是否实现为标准。这种法益侵害的实现具有一定的过程，且要达到一定的程度才能过渡到既遂形态，并非一着手即能完成。在这个过程中，完全可能出现因各种因素而停止的情形。对于未完成法定的犯罪行为或者实行行为未达到一定程度的，应认定为犯罪未遂。②

附：相关规定

《人民检察院办理网络犯罪案件规定》（2021 年 1 月 22 日起施行）

《最高人民法院、最高人民检察院、公安部关于办理信息网络犯罪案件适用刑事诉讼程序若干问题的意见》（法发〔2022〕23 号，2022 年 9 月 1 日起施行）

《公安机关办理刑事案件程序规定》（公安部令第 159 号，2020 年 9 月 1 日起施行）

《人民检察院刑事诉讼规则》（高检发释字〔2019〕4 号，2019 年 12 月 30 日起施行）

《最高人民法院关于适用〈中华人民共和国刑事诉讼法〉的解释》（法释〔2021〕1 号，2021 年 3 月 1 日起施行）

---

① 参见《刑事审判参考》第 795 号案例“陈某盗窃案——窃取公司提供充值服务的密保卡数据，并进行非法充值，使公司 QQ 密保卡对应的等值服务资费遭受损失的，是否构成盗窃罪？”。

② 参见《刑事审判参考》第 1415 号案例“王某等销售假药案——未及销售的假药应否计入销售金额及其犯罪形态的认定”。

第二章　电子数据取证及审查

001 收集、审查涉信息网络犯罪电子数据

随着科学技术的突飞猛进，网络社会得以形成、构建和逐步崛起，网络正渗透至社会生活的各个角落，成为人们赖以生存和发展的重要工具。然而，网络作为一把双刃剑，为人们带来创造性改变的同时，也伴随着严重的网络安全问题，犯罪的网络化趋势越来越明显。这主要体现在传统的接触式盗窃、诈骗犯罪数量日趋减少，但相对应的电信网络诈骗犯罪数量却在以每年 30% 的速度递增。在信息网络犯罪案件中，由于犯罪现场的虚拟化、网络化，并不存在如传统犯罪类型的犯罪现场，也几乎没有传统案件中证明案件事实的物证和书证。因此，即使犯罪嫌疑人能如实供述犯罪事实，也要客观准确还原信息网络犯罪事实，以及认定涉案金额等，电子数据起到越来越至关重要的作用。

实务中，信息网络犯罪案件因客观条件的限制，往往无法逐一收集被害人等涉案人员的言词证据、转账凭证等证据，所以涉案人员自身或第三方服务器上存储的聊天记录、交易记录、业务记录等电子数据成为定案的主要依据。因此，电子数据来源的合法，内容的真实、全面、客观成为影响定罪量刑的关键因素。本书根据司法实践，梳理当下侦查机关在电子数据收集、提取方面存在的问题，并提出规范收集和审查建议。

一、实务中常见电子数据收集、提取存在的问题

2012 年修正的《刑事诉讼法》正式将“电子数据”规定为法定证据种类之一。此后关于电子数据收集、提取、使用的规范陆续出台，如 2014 年 5 月，“两高一部”颁布了《2014 年办理网络犯罪程序意见》；2016 年 9 月，“两高一部”共同制定并颁布了《收集提取和审查判断电子数据规定》；2019 年 2 月，公安部颁布了《电子数据取证规则》。以上规范均对电子数据的取证程序作出了严格规

定。然而，实践中对电子数据的收集、提取仍存在不规范之处，导致证据来源和证据效力存疑。

（一）忽视电子数据存储介质的扣押、封存

诉讼中要求提交原件、原物是世界上一条古老的证据法则。根据《收集提取和审查判断电子数据规定》第 1 条第 1 款的规定，电子数据是案件发生过程中形成的，以数字化形式存储、处理、传输的，能够证明案件事实的数据。然而，电子数据的实质是存储于一定介质上“1”与“0”的二进制代码的组合排列，其内容无法被人们直接感知，只能经过信息技术的处理转化为人们可识别的图形、文字、音频、视频等各种信息形式。因电子数据的介质依赖性决定了其取证对象不同于传统证据，故对于存储介质的固定、保全等不仅能确保获得原始的电子数据，而且还能保留部分电子证据的应用环境，对后续的电子证据的提取、出示等都有关键作用。

《收集提取和审查判断电子数据规定》第 8 条、第 9 条，以及《电子数据取证规则》第 10 条等对电子数据原始介质扣押、封存等均有明确规定，主要是：“能够扣押原始存储介质的，应当扣押、封存原始存储介质”；“无法扣押原始存储介质的，可以提取电子数据，但应当在笔录中注明不能扣押原始存储介质的原因、原始存储介质的存放地点或者电子数据的来源等情况，并计算电子数据的完整性校验值”。然而，由于侦查中对电子数据原始存储介质的重要性认识不足，有的未能扣押、封存涉案的电脑、手机、U 盘等原始存储介质；有的让涉案单位或人员自行收集、提取电子数据后交给侦查机关；有的虽扣押了原始存储介质，但未能规范地进行封存，甚至未提取电子数据就将原始存储介质予以发还等问题。例如某诈骗案中，侦查人员虽然依法扣押犯罪嫌疑人手机，但仅采取拍照的形式对手机内部分电子数据进行提取，还随即将该手机予以发还。之后，侦查人员发现犯罪嫌疑人可能还存在其他犯罪事实，再一次扣押犯罪嫌疑人手机并提取相关电子数据。经审查两次提取电子数据中的微信内容，虽微信号相同，但昵称、照片等信息却均不相同，经核实系犯罪嫌疑人在第一次扣押手机并发还后进行了更改。可见，原始存储介质的缺失极易造成电子数据被篡改、删除，导致对电子数据的真实性和完整性存在合理怀疑。

（二）未及时、全面收集、提取电子数据

依法全面、客观、及时收集证据是刑事诉讼的基本要求。根据《收集提取和审查判断电子数据规定》第 2 条、《电子数据取证规则》第 2 条的规定，侦查

机关应当遵循有关技术标准，全面、客观、及时地收集、提取涉案电子数据，确保电子数据的真实、完整。对此，主要存在的问题是：

1. 收集、提取电子数据不及时

电子数据在网络环境下具有高速流转性，不受地域空间的限制，同时，电子数据本身及其存储介质的特殊性决定了电子数据在收集、保存、流转过程中存在失真的可能性较大。收集、提取电子数据不及时包括收集电子数据原始存储介质不及时和提取电子数据不及时两种情况，极易造成电子数据被人为篡改甚至灭失；同时，扣押、封存相关原始存储介质后，若不及时提取相关电子数据，则电子数据所依赖的介质原因可能致使数据无法读取，如手机、电脑长时间处于关机、亏电状态，可能会影响数据的再现功能，无法对其中的电子数据进行提取，进而导致犯罪事实因证据不足而难以认定。例如，某伪造国家机关证件案中，侦查人员选择性提取电子数据致使认定案件事实的证据不足。虽然在审查起诉阶段，检察人员要求侦查部门全面提取电子数据，但因原始介质手机已不能打开，经多方努力仍无法提取其中的电子数据，致使部分犯罪事实因证据不足而难以认定。

2. 收集、提取电子数据不全面

电子数据的完整性和真实性是相辅相成的关系，完整性的缺失直接影响其真实性，要通过全面取证确保电子数据的完整性。根据《电子数据取证规则》第10条等相关规定，在办案中要注意收集能够证实犯罪嫌疑人有罪或者无罪、犯罪情节轻重的所有电子数据，既要调取证明犯罪嫌疑人有罪、罪重的电子数据，也要调取证明犯罪嫌疑人无罪和罪轻的电子数据。然而，电信网络诈骗犯罪案件大多呈团伙性作案，因涉及人员众多，所涉及电子数据存储介质数量庞大，收集、提取工作的难度大、时间长，不能全面收集、提取电子数据的情形时有发生。例如某诈骗案中，侦查机关扣押手机近百部，但仅对主要犯罪嫌疑人的手机进行了提取，对其余犯罪嫌疑人的手机则采取部分截屏、部分录屏的方式予以提取，未能全面提取电子数据，大大削弱了电子数据的证明效力，从而影响案件最终的定罪量刑。

（三）收集、提取电子数据程序、措施不规范

电子数据取证程序、技术措施是否规范，不仅是合法性问题，还直接影响电子数据的真实性。收集、提取电子数据程序、措施的不规范，一是会造成电子数据合法性瑕疵问题，甚至导致非法证据排除；二是可能会导致电子数据被篡改、

丢失等，影响其真实性。

1. 收集、提取电子数据程序不规范

虽然《电子数据取证规则》《收集提取和审查判断电子数据规定》等对收集、提取电子数据作出了明确的规定，但由于实践的复杂性和现实的紧迫性，收集、提取电子数据程序不规范的情况仍时有发生。例如扣押电子数据原始存储介质时，未附扣押笔录、清单；没有持有人（提供人）签名或者盖章的，也未注明原因；对电子数据的类别、文件格式等未注明清楚；无见证人或见证人不符合有关规定；等等。此外，《收集提取和审查判断电子数据规定》《电子数据取证规则》都对提取电子数据应当制作提取笔录做了详细的要求，但仍有部分案件未制作提取笔录，或虽制作提取笔录但只记录了提取人、提取时间、地点，缺乏提取的方法、过程、电子数据清单、完整性校验值和电子数据持有人（提供人）签名等内容。如伍某诈骗案，侦查机关未制作提取笔录，仅出具加盖公章的相关收集、提取情况说明。

2. 收集、提取电子数据措施不规范

电子数据客观上具有抽象性、易删改性、易复制性、来源与制作信息隐蔽性等特性。因此，《收集提取和审查判断电子数据规定》第 8 条，《电子数据取证规则》第 11 条、第 17 条等规定，封存具有无线通讯功能的原始存储介质，为防止现场提取可能被远程控制的计算机信息系统，应当及时采取信号屏蔽、信号阻断、断开网络连接等措施。但在司法实践中，部分侦查人员对电子数据的特性认识不足，导致出现收集、提取电子数据措施不规范的问题，致使电子数据被删改破坏。如某诈骗案，侦查人员扣押犯罪嫌疑人手机时，未能发现手机微信显示有电脑同步登录，在未退出电脑同步登录切断远程控制源的情况下，即设置飞行模式断开手机网络，后侦查人员为读取相关数据再次连接网络时，相关数据已被远程控制删除。

（四）流转、送检电子数据程序不规范

电子数据从收集到提交法庭要经历多个流转环节，包括收集、提取、保存、移交，以及检查、侦查实验、鉴定等环节。若相关流转程序不规范则无法保证电子数据的同一性，导致其不能作为定案依据。

根据《收集提取和审查判断电子数据规定》《电子数据取证规则》的规定，对电子数据涉及的专门性问题难以确定的，由司法鉴定机构出具鉴定意见，或者由公安部指定的机构出具报告。在鉴定过程中，应当做好检材的保管和送检工

作，并注明检材送检环节的责任人，确保检材在流转环节中的同一性和不被污染。但实践中，送检及鉴定程序不规范的情况仍时有发生。如某诈骗案中，侦查机关出具的情况说明、提取笔录等均记载提取涉案电子数据截图共计 77 页，但在随案移送的电子数据截图仅有 66 页，同一性受到质疑。最后为保证电子数据的真实性，由侦查机关重新提取电子数据。

本书建议，针对实践中电子数据收集、提取过程中存在的问题，检察机关应积极主动作为，努力构建以提前介入为常态的对接机制、以电子数据为中心的审查机制，可以通过制定相关“办案指引”全覆盖办案流程，引导侦查要点表格化，细化各阶段工作内容，建立完善的全流程办案机制。同时，针对办案过程中发现的侦查机关在电子证据取证工作中普遍存在收集提取不及时、不全面、不规范等问题，要及时对侦查机关明确取证要求，有针对性地化解取证不全、认定不准的风险。

电子数据是刑事证据之一，更是诸如电信网络诈骗等网络犯罪案件能够顺利诉讼的关键，电子数据收集、提取等程序问题，会对电子数据的真实性、合法性造成不可逆转的损害，使电子数据面临不能作为定案证据的巨大风险，甚至使案件办理工作前功尽弃。防范和解决上述司法实践中的问题，关键是要根据电子数据自身的特征，把合法性、真实性的要求具体落实到电子数据的侦查取证全过程。检察机关则要在引导侦查和审查过程中，围绕电子数据的合法性、真实性履行好主导责任。

二、坚持以合法性为前提，规范电子数据侦查取证工作

电子数据取证以合法性为前提，只有法定主体依照法定取证程序合法、规范地收集证据，才能保障证据的合法性。对电子数据侦查取证的合法性要求，主要包括三个方面的内容。

（一）取证主体合法

电子数据因其不同于传统证据的特点，对取证主体有一定的要求。《2014 年办理网络犯罪程序意见》第 13 条规定：“收集、提取电子证据，应当由二名以上具备相关专业知识的侦查人员进行。”但该规定对于“具备相关专业知识”没有明确具体的标准。随着信息网络技术的发展，在侦查实践中，收集、提取电子数据已经成为一项基础性、普遍性的工作，故 2016 年《收集提取和审查判断电子数据规定》第 7 条删除了“具备相关专业知识”，仅要求收集、提取电子证据

应当由二名以上侦查人员进行。另外，对实践中常见的当事人自行提供电子数据的情形，本书持肯定态度，因为法律未禁止当事人提供证据材料，对于当事人自行收集的证据材料，应由侦查机关进一步核实，并根据办案需要由侦查人员重新收集、提取。经审查，对当事人所提供的材料无法核实真实性的不应作为定案依据；对经侦查人员依法转化具有合法性，且与案件其他证据形成完整证据锁链具有关联性的，可以作为定案依据。

（二）取证程序合法、措施规范

1. 注重合法规范收集提取电子数据

因电子数据具有形式多样、内容易被篡改等特征，要求侦查人员不仅要遵循刑事诉讼法关于传统证据取证的相关程序，还要根据电子数据的特殊性进行取证。具体到办案中，一是电子数据的取证必须严格依照法律程序进行，侦查人员依法出具证明文件后，需利用合法的技术手段收集、提取电子数据；二是由于电子数据收集、提取的专业性较强，还需要规范的取证程序和措施。按照《收集提取和审查判断电子数据规定》《电子数据取证规则》等相关规定，收集提取电子数据的取证方式应当符合相关技术标准，确保数据的客观性和真实性；提取电子数据后应及时备份，避免使用存储于原始介质中的电子数据进行勘验、分析和鉴定等。

实践中，对于书证、物证而言，其客观真实性与证据载体的物理特性有关，应当提交原物、原件。而电子数据的特性决定不完全依赖于载体是否为原件，不会因复制件而失去真实性，但需要特别注意的是确保电子数据复制件与原件的哈希函数或数字签名等具有一致性。根据《收集提取和审查判断电子数据规定》《电子数据取证规则》的要求，电子数据取证时虽以获取原始存储介质为原则，但也规定对无法获取原始存储介质的可以提取电子数据，并要求应在笔录中注明不能获取原始存储介质的原因。对侦查人员依照法定程序取证，且通过哈希函数、数字签名等技术对比方式确保所获取电子数据复制件与原始存储介质一致的，也属于合法、规范收集电子数据的情形。

2. 注重规范保管移送电子数据

电子数据提取、移送、检查、鉴定、封存等任何一个环节出问题，都会影响其证明力。为了确保提交法庭的电子数据与侦查人员所收集的一致性，应注意电子数据自收集时起至提交法庭止，一直都处于连续保管状态，保证每个流转阶段的电子数据都处于实质上相同的状态。办案人员应严格执行《收集提取和审查判断电子数据规定》《电子数据取证规则》等规定，高度重视电子数据收集、提取程序的合法性，数据的完整性和技术标准的专业性，引导侦查机关建立证据链保管制度，创建完整的电子数据原始介质扣押、封存、移送，电子数据提取、保存、移送、检查、鉴定等书面记录来证明整个保管链条的完整性，以确保电子数据的真实性、同一性。

（三）严格非法电子数据排除

为了规范取证程序，保障被取证人的合法权利，《刑事诉讼法》对非法证据排除作出相对明确的规定。虽然《刑事诉讼法》及相关司法解释规定的非法证据排除并未明确包括电子数据，但实务中常有取证程序瑕疵、取证程序违法等情形。因此，电子数据作为法定证据之一，同样应注意非法证据排除问题。根据违法程度的不同，获取电子数据又有一般程序违法和严重程序违法之分。一般程序违法获得的证据通常被认定为有瑕疵的证据，不应认定为非法证据而一律予以排除。鉴于电子数据和物证、书证等具有基本相同的实物证据的特征，可以参照2017年《关于办理刑事案件严格排除非法证据若干问题的规定》第7条物证、书证非法证据排除的原则，即收集、提取电子数据不符合法定程序，可能严重影响司法公正的，应当予以补正或者作出合理解释，不能补正或者作出合理解释的，对该证据应当予以排除。具体到司法实务，应根据《收集提取和审查判断电子数据规定》第27条、第28条的规定，对电子数据的收集、提取程序存在未以封存状态移送，笔录或者清单上没有侦查人员、电子数据持有人（提供人）、见证人签名或者盖章，对电子数据的名称、类别、格式注明不清等瑕疵的，在经补正或者作出合理解释后，可以采用。不能补正或者作出合理解释的，不得作为定案根据。此外，电子数据系篡改、伪造或者无法确定真伪，电子数据有增加、删除、修改影响电子数据真实性等情形时，对该电子数据则应当予以排除。

三、坚持以真实性为底线，形成符合电子数据特征的侦查审查机制

传统证据中，一般“耳听”得来的为“传闻证据”，“眼见”的属于“原始证据”。然而，电子数据因不能被直接感知而有别于传统证据，需要通过信息技术转化后电子显示或打印呈现，故电子数据的审查判断应当建立在电子数据自身属性及特点上。如2018年《最高人民法院关于互联网法院审理案件若干问题的规定》第11条规定，电子数据真实性审查内容包括电子数据生成平台、存储介质、保管方式、提取主体、传输过程和验证形式等多个方面，并应鼓励和引导运

用电子签名、可信时间戳、哈希值校验、区块链等技术手段进行审查。具体而言，应当注意以下几个方面。

（一）注重及时、全面取证

1. 电子数据的易删改性要求及时取证

有些电子数据被删改后难以恢复，甚至无从发现被删改的痕迹，故应及时、全面取证，确保电子数据的完整性、真实性，同时保证电子数据在流转过程中不被删改。如电信网络诈骗犯罪活动可能没有具体的案发现场，其中的电子数据极易被销毁且并不限地点。为有效打击电信网络诈骗犯罪，必须以极强的时效性弥补无地域性的特点；一旦错过了时机，不仅电子数据取证难度增大，甚至可能造成电子数据的灭失而无法取证的情况。基于此，《电子数据取证规则》规定了几种可以现场提取电子数据的情况：原始存储介质不便封存的；提取非存储在存储介质上的电子数据；案件情况紧急，不立即提取电子数据可能会造成电子数据灭失或者其他严重后果的；关闭电子设备会导致重要信息系统停止服务的；需通过现场提取电子数据排查可疑存储介质的；正在运行的计算机信息系统功能或者应用程序关闭后，没有密码无法提取的；等等。司法实践中，应当强化侦查人员及时收集、提取电子数据的紧迫感，严格执行《收集提取和审查判断电子数据规定》《电子数据取证规则》的相关规定，及时扣押、封存电子数据存储介质、及时提取电子数据。

2. 电子数据的介质依赖性要求全面取证

电子数据的存在方式及显示方式都与其他证据种类不同，其介质依赖性决定其无法像传统证据那样直观地为人所感知，这很容易造成取证时忽略、遗漏相关电子数据的情形。而电子数据的完整性既包括数据本身的完整性，也包括其所依赖的计算机系统的完整性。因此，在对信息网络犯罪案件取证时，不仅要全面收集主体数据，还要注重收集包括附属数据在内的全案数据资料，从而使电子数据本身形成一个完整的证据链条。一方面侦查人员不能片面提取自以为和案件有关的部分数据内容；另一方面除了主体数据外，附属数据也应当一并提取，用以佐证证据链条的完整性，保证电子数据的真实性。

在提前介入阶段，检察机关应注重对侦查机关取证的及时性、全面性，同时还要注重对证据收集、提取需要达到的证据标准等提出引导侦查意见，对于涉外电子数据的提取还应注重原始存储介质的封存、移交以及同一性鉴定等。

（二）注重电子数据的技术性审查

电子数据具有无形、易被破坏等特点，这在一定程度上决定了有时收集、提取的电子数据所反映的事实并不是案件的真实情况，而仅仅是表象上的真实。与物证、书证相同，电子数据也存在被伪造、被删改的可能性。不同的是，由于电子数据本身的特性，其一旦被删改，就无法凭感官来进行判定，只能依法聘请具有专门技术知识的人进行检查、鉴定。实践中，电子数据会被有权限的人员修改，且经删改后不留痕。一般而言，单个电子数据无法证明其自身的真实性，对电子数据真实性的审查，应综合判断。首先通过审查相关取证笔录，明确取证程序和方法是否合法、规范；其次将电子数据与其他证据相对比，审查电子数据的内容与其他证据之间有无矛盾，存在的矛盾是否能够得到合理解释或排除；必要时，根据《电子数据取证规则》第55条的规定，可委托专业技术人员对电子数据进行鉴定，通过数据分析、检验鉴定综合判断确认其真伪。检察机关对鉴定意见、电子数据等技术性证据材料，需要进行专门审查的，也应当指派检察技术人员或者聘请其他有专门知识的人进行审查并提出意见。

（三）重视收集、提取等相关笔录的辅助性审查

1. 重视电子数据收集、提取笔录的审查

电子数据收集、提取笔录能够客观反映电子数据获取、移转的过程，是对电子数据进行鉴真的重要依据，它既能够连接电子数据与案件事实，又反映了取证过程的合法性和保管链条的完整性。一方面，应当严格执行《收集提取和审查判断电子数据规定》《电子数据取证规则》对电子数据提取笔录的规定和要求。提取电子数据时应当制作笔录，记录案由、对象、内容，提取电子数据的时间、地点、方法、过程，并附电子数据清单，注明类别、文件格式、完整性校验值等内容，保证电子数据的真实性以证实犯罪事实。另一方面，可以通过同步录音录像对电子数据提取笔录进行补强，由于电子数据相较于其他证据的取证技术含量更高且程序更为复杂，如采取同步录音录像等方式，不仅可以直观地呈现这一过程，还能与电子数据笔录相互印证，证明电子数据提取过程的规范性和合法性。

2. 重视电子数据保管、流转笔录的审查

实践中，对电子数据的真实性，应重点审查取证主体是否合法，取证过程、措施是否合法、规范以及保管链条是否完整等方面。保管链条完整性审查的实质是审查电子数据及其存储介质在收集、流转、保管、鉴定、移送等过程中是否保持同一性，是否形成完整的保管链，这是保障向法庭所提交的电子数据不被污染、损坏、篡改或替换的基本要求。在这一过程中，需要重点审查：一是书面记录内容，包括但不限于接触电子数据的时间、人员信息、证据形态、保存方式

等；二是收集、提取、移送、存储和分析过程中改变原始的电子数据的情形是否存在；三是通过哈希函数、数字签名等比对技术手段，审查相关电子数据的检验分析结果是否同原件具有一致性。

四、发挥电子数据多元证明作用，开展实质性审查

《办理网络犯罪案件规定》第 7 条规定："人民检察院办理网络犯罪案件应当加强对电子数据收集、提取、保全、固定等的审查，充分运用同一电子数据往往具有的多元关联证明作用，综合运用电子数据与其他证据，准确认定案件事实。"因而，面对海量电子数据，仍需要根据个案"缺什么补什么"策略，有针对性、快速、准确地挖掘出证据潜在价值。

（一）电子数据审查的基本要求

电子数据审查，是指围绕主体身份同一性、技术手段违法性、上下游行为关联性等全案事实和证据开展的客观性、合法性、关联性审查工作。检察机关在案件办理过程中应对电子数据全面审查，注重发现有利于定案的证据。对包括手机通话及短信记录、微信、QQ 等即时通信信息，支付宝、财付通等网络平台的交易结算记录、银行账户交易明细，以及设备信息、软件程序代码、系统日志、域名、IP 地址、WiFi 信息、地理位置信息、网站操作记录、网络浏览记录、物流信息等电子数据应重点审查。相关审查工作应全面、具体，包括对电子数据进行程序性、实体性的审查。程序性审查包括电子数据来源、形式是否合法，提取机构及人员是否具有资质，提取和保存方式是否规范等；实体性审查包括证据是否全面、有无遗漏，证据是否完整、有无删减或修改、依据材料是否充足、采用技术标准是否准确，以及证据之间是否相互印证等。针对软件程序代码、手机国际移动设备识别码（International Mobile Equipment Identity，IMEI）串号、CDR（Call Detail Records）电话清单、语音网关设备、路由设备、交换设备、手持终端、打码平台、"撞库"、生物识别信息等专业性较强的技术性材料，还应重点审查技术性证据形成过程中分析论证方法是否科学，因果关系是否清楚等。检察机关开展电子数据审查还应注重发挥多部门合力，刑事检察部门在证据审查中，遇有涉及电子数据的关键性证据本身存疑，或与在案其他证据存在矛盾影响案件定罪量刑的，针对同一案件相同问题的鉴定意见、专家意见有两个以上不同的，需要通过电子数据提取并进一步审查的，或者案件当事人对证据提出异议的，应主动要求检察技术部门予以协助。检察技术部门协助审查完成后，应制作相应的

电子数据审查意见书，针对审查要求明确提出审查意见，并说明依据和理由。刑事检察部门应结合具体案情对技术性证据审查意见书进行审查，作出采信、不采信、补充鉴定、重新鉴定等处理决定，并向检察技术部门反馈。

（二）区分犯罪构成开展实质性审查

对于涉案主体审查，可以通过通讯录、好友信息、第三方 App 注册信息等通讯流进行确定，明确行为人网络身份和现实身份的一致性。如在分析聊天记录时，可以生成较为直观的通讯流向图，通过社交网络可视化呈现账号中哪些群组更加活跃、哪些好友联系更加紧密、主账号在哪些群组的发言更加热络等，这些均可以作为研判案件事实的重要依据。如某虚假金融网络平台投资理财诈骗案件中，能够将同案人员成功追捕追诉，主要取决于对主犯通讯流进行分析筛查，并经过数据的检测和消除解决冲突，解析数据特征，最终将 50GB 的数据浓缩为人员组织架构、职责作用、资金流转 3 张表格，进而既做到还原事实，又做到一目了然。

对于主观明知审查，可以结合行为人与被害人接触过程中是否有身份伪装，与同案犯交流中是否有谋划、协商等综合判断。如某诈骗案，作为“上粉”服务资源商的犯罪嫌疑人否认对于下游诈骗行为的明知，但经审查聊天记录，发现其与诈骗团伙主犯系男女朋友关系，且曾共谋以“资源”入股，二人共同“创业”。通过对电子数据的审查，足以证明行为人系“明知”他人实施诈骗而提供帮助，应以诈骗共犯论处。

对于涉案金额的审查，可以通过对特定时间段内被害人账户、资金流转账户、赃款账户之间的关联和资金流向进行比对分析，根据平台导出账户信息、客户资料表、已报案被害人材料、未到案被害人银行流水记录、第三方支付平台交易记录等证据，确定被害人与犯罪团伙之间的关联，综合认定案件被害人人数，被害人入金金额、出金金额、诈骗金额等事实。另外，对于如何挖掘潜在的受害者、上下游勾连或者团伙组织架构、个人参与情况地位作用等，需要结合证据情况进行个别化判断。如某“跑分”案件中，虽然行为人辩解在“跑分”当日其在家中，在对其聊天记录进行恢复检索后也未发现有用信息，但经对其相册中照片属性进行审查，发现该照片的拍摄“位置”，通过照片显示的经纬度发现其当日曾前往福建泉州。实践中，信息网络犯罪的个案各有特点，需要办案人员深度分析并不断假设试探，寻求解决问题的多种可能性。

002 收集、提取聊天记录

一、聊天记录属于电子证据

当前，微信等即时通讯软件已成为我国主要个人通讯方式，生成的网络聊天记录在各类刑事案件中出现频率高，且往往作为认定案件事实的证据发挥着直接、关键作用。在证据类型上，聊天记录属于电子证据。《刑事诉讼法》第50条已经明确将电子证据规定为一类刑事证据，《收集提取和审查判断电子数据规定》第1条将电子证据定义为“在案件发生过程中形成的，以数字化形式存储、处理、传输的，能够证明案件事实的数据”，并列举了手机短信、电子邮件、即时通信、通讯群组等网络应用服务的通信信息（聊天记录）等典型的电子证据。

二、收集、提取聊天记录的一般途径

司法实践中，侦查人员具备多种提取、收集聊天记录的途径，通常根据侦查场景及需求的差异，选取相应的适用途径。

（一）扣押、封存手机等聊天记录原始存储介质后由侦查人员自行提取

司法实践中，当聊天记录可被用于印证案情事实时，基于证据真实性、完整性的要求，在可以取得相关犯罪嫌疑人（或受害人、其他相关人员）手机、平板电脑等存储聊天记录的电子设备的情形下，侦查人员通常优先扣押、封存这类原始存储介质。

具体而言，《电子数据取证规则》与《收集提取和审查判断电子数据规定》对扣押、封存过程作出的规范要求有：（1）侦查人员对手机等设备封存前、封存后的状态分别进行拍照固定；（2）侦查人员对手机等设备采取信号屏蔽、信号阻断、切断电源等措施；（3）扣押、封存后，侦查人员需会同在场的见证人、持有设备的犯罪嫌疑人或其余提供人查点封存、扣押的设备，并开列3份《扣押清单》，写明设备名称、编号、数量、特征及其来源等信息，由侦查人员、设备持有人或提供人、见证人签名或者盖章；（4）封存状态下的手机等设备不得使用或启动。

侦查人员将存储介质扣押、封存后，通常若设备硬件内已存储有相对完整的聊天记录，侦查人员后续可以使用手机取证专用硬件设备配合取证软件，在提权后可采取直接提取、镜像提取、降级提取、互传提取、备份提取等多种方式，提取手机设备内的微信聊天记录数据，最终将数据文件制作、刻录为证据光盘或以

其他形式固定聊天记录数据。当聊天记录数据数量较少时，侦查人员也可直接采取拍照、截图等补充方式固定聊天记录证据。

（二）存在聊天记录被删除、设备无法开启等情况时，扣押、封存原始存储介质后送检

司法实践中，侦查人员扣押、封存手机等原始存储介质后，可能出现聊天记录被删除、设备硬件部分损坏等导致自行提取聊天记录数据存在困难的情形，基于此，侦查人员一般会将涉案存储介质送检公安机关技术部门或电子数据司法鉴定机构，进行专业聊天记录数据提取。

以手机微信聊天记录为例，若侦查人员将扣押、封存的手机设备送检技术部门或鉴定机构，当存在聊天记录被删除、存储聊天记录的设备无法开启等特殊情形时，技术部门或鉴定机构使用专门的设备和技术尽力恢复被删除的聊天记录。实践中，若聊天记录被相关人员有意删除，通常意味着其可以作为电子数据证据在案件事实认定中起到重要作用。

如王某、谢某福非法收购、出售珍贵、濒危野生动物案[1]：在办案中，侦查机关恢复了谢某福、王某、彭某手机删除的短信、微信后，提取了王某、谢某福长时间大量发布的买卖鹦鹉信息，证明了王某发布公告出售鹦鹉及其与谢某福交易鹦鹉的事实。法院据此认为，王某是一个鹦鹉 QQ 群的群主，曾在多个鹦鹉 QQ 群中高密度发布价格远高于普通鹦鹉的买卖广告，其微信聊天使用大量的鹦鹉术语，内容涉及国家保护的多种鹦鹉，具备主观故意。王某行为已构成非法收购、出售珍贵、濒危野生动物罪。该案中，行为人手机中删除的短信、微信聊天记录被鉴定机构恢复后，通过对聊天记录内容的分析，成为法院认定行为人具备主观故意的主要证据。

（三）特定情形下，侦查人员现场收集、提取聊天记录

根据《电子数据取证规则》与《收集提取和审查判断电子数据规定》的规定，特定情形下侦查人员可以不对原始存储介质作封存、扣押，而是直接在现场提取电子数据：（1）涉案聊天记录的原始存储介质不便封存的情形；（2）涉案聊天记录属于网络传输数据等并非存储于硬件设备数据的情形；（3）案件情况紧急，不立即提取聊天记录可能会造成其灭失或者其他严重后果的情形；（4）需通过现场提取从而排查可疑存储介质的情形；（5）若正在运行的聊天应

---

① 参见广东省深圳市中级人民法院刑事判决书，（2017）粤 03 刑终 1098 号。

用程序等关闭后，没有密码无法提取聊天记录的情形。上述情形下，侦查人员可以在确认涉案聊天记录的存储设备后，现场及时使用外部软件等措施将设备内所需的聊天记录数据导出至其余存储介质予以固定。

《电子数据取证规则》与《收集提取和审查判断电子数据规定》对侦查人员现场收集、提取聊天记录作出的规范要求为：（1）及时将犯罪嫌疑人或者其他相关人员与存储涉案聊天记录的电子设备分离；（2）确定是否容易丢失存储的聊天记录数据前，不关闭正在运行的电子设备；（3）若存储聊天记录的电子设备的系统可能被远程控制，应当在现场及时采取信号屏蔽、信号阻断、断开网络连接等措施；（4）保护电子设备的电源；（5）现场提取的聊天记录数据不得被继续存储在原始介质中。

司法实践中，基于聊天记录数据一般存储于相关人员常用的手机、平板电脑等常见电子设备中，容易查看，当聊天记录数据数量可控时，在满足特定要求的前提下，侦查人员考虑使用相对便利的手段，即直接使用录像、截图、拍照、打印等方式固定聊天记录数据。以这类方法固定聊天记录时，侦查人员需要注意涉案聊天记录被呈现的清晰程度以及固定过程的程序合法性，以确保后续形成电子证据的证明效力。

（四）后台调取聊天记录

司法实践中，另外存在涉案聊天记录的存储设备已丢失或损毁导致侦查人员无法直接通过硬件设备收集、提取聊天记录的特殊情形。基于短信、即时通讯软件等常规聊天途径均由网络服务商提供对应服务，聊天记录可能在网络服务提供者的服务器等云端内得到保存，因此，侦查人员可以通过网络服务提供者等单位或个人的后台调取涉案聊天记录并予以固定。

《电子数据取证规则》与《收集提取和审查判断电子数据规定》对侦查人员调取聊天记录作出的规范要求为：（1）调取前应当经相关办案部门负责人批准，开具《调取证据通知书》，注明需要调取聊天记录数据的相关信息；（2）调取时通知网络服务提供者等执行，被调取方应当在通知书回执上签名或者盖章，并附有保护聊天记录数据完整性的说明。

在司法实践中，侦查人员对于通过后台调取聊天记录一般持谨慎态度：（1）基于不同需求以及客观条件限制，后台调取的内容可能存在差异。对于短信类聊天记录，侦查人员一般可以从运营商处调取其服务器保存期限内的完整短信内容；对于软件类聊天记录（例如微信、QQ、钉钉等），部分网络服务提供商可能无法满足侦查人员所有调取需求。以微信聊天记录为例，腾讯公司对外称其仅将聊天记录以“点对点”方式存储于用户硬件设备，未在云端存储，因此无法调取聊天记录；（2）通过后台调取的流程复杂，不利于侦查时效性。由于存在负责人批准、被调取方接到通知后主动执行等多项规范要求，整体不可控因素可能较多，耗时可能较久。

三、收集、提取聊天记录的具体操作方法

司法实践中，侦查人员自行收集、提取聊天记录时，存在几类常见的措施。聊天记录可分为短信类聊天记录、软件类聊天记录等，针对不同类型的聊天记录，侦查人员可根据需求自行使用对应的收集、提取方法。

针对软件类聊天记录，以微信为例，微信聊天记录具体又可分为文字微信记录、图片微信记录、语音微信记录、视频微信记录等类型。实践中常见的收集、提取方法包括以下几种。

（一）使用软件自身功能提取

使用微信自身功能，将移动端聊天记录备份至电脑端，生成保存聊天记录的文件夹。具体步骤为：

（1）在电脑端下载安装微信应用程序，移动端和电脑端登录同一个需备份聊天记录数据的微信账号；

（2）点击电脑端微信界面左下角的“≡”符号，选择“备份与恢复”功能，其中包含“备份聊天记录至电脑”和“恢复聊天记录至手机”两个功能；

（3）点击“备份聊天记录至电脑”，可按照移动端提示备份所需聊天记录数据至电脑端，电脑端将生成文件夹储存数据，可将数据继续备份至云盘等储存，但是此种方式备份的聊天记录数据只能通过微信官方“恢复聊天记录至手机”的功能予以查看。

（二）使用第三方软件导出

使用第三方软件，将微信聊天记录数据导出。通过外部第三方软件，侦查人员可以将储存在设备中的聊天记录数据以 Excel、Word 文档等更利于直接查看的形式导出至外部设备。

其一，侦查人员可以利用“留痕”等需要设备 root 权限的程序，直接从移动端将微信聊天记录批量导出。

其二，侦查人员可以使用“楼月”、“微信备份助手”、“WX Backup”（专

用于 IOS 系统设备）等程序，从电脑端将微信聊天记录批量导出，直接形成可视化文档。具体步骤为：

（1）使用微信自身的备份功能，将移动端聊天记录备份至电脑端，生成文件夹；

（2）在电脑端使用上述导出程序，将微信账号与程序绑定并给予授权，选取需要的聊天记录予以导出。

（三）使用拍照、录像等方式收集

实践中，常见的方式还有使用拍照、截图、录像等补充方式收集、提取聊天记录。其中，对于文字记录与图片记录，使用截图、拍照并打印的方式固定；对于视频记录，使用录像、录屏的方式固定；语音记录则较为特殊，实践中通常将相关语音记录同声转化为文字予以固定。

针对短信类聊天记录，司法实践中侦查人员同样可使用第三方软件将短信内容数据从设备中导出或使用拍照、截图等方式固定证据。此外，运营商通常向用户提供获取短信详单的服务，侦查人员可以实地至线下营业厅或者通过运营商网上营业厅软件，使用运营商提供的详单查询服务获取特定号码的短信详单，详单内容包含特定时间段内短信发送的时间和发送对象的号码，通常不包含短信的具体内容。

四、收集、提取聊天记录的程序性要求

基于聊天记录的电子证据性质，司法实践中侦查人员对于聊天记录的收集、提取应符合法律法规对于相关取证过程的程序性要求，从而保证所形成电子证据的证明效力，主要遵循的规范即《电子数据取证规则》与《收集提取和审查判断电子数据规定》，前述司法解释性质文件已经对于收集、提取电子证据（聊天记录）的整体程序均作出明确规定。

具体而言，侦查人员在收集、提取聊天记录需注意的一般程序性要求包括以下几点。

（一）人员要求

无论采取何种方法收集、提取聊天记录，均应当由二名以上侦查人员进行；此外，若侦查人员实施扣押、封存原始存储介质等重要行为，要求现场有符合资格的见证人。

（二）记录要求

侦查人员以任何方式收集、提取聊天记录，均应制作完整、详实的笔录，明

确记录聊天记录的来源、提取目的，提取聊天记录的时间、地点、过程、方法以及使用该方法的原因、存储设备状态等事项。特定情形下，侦查人员还需制作扣押清单、提取固定清单等，清楚记录存储介质以及聊天记录数据的类型、数量、文件格式等事项。另外，侦查人员还可以对设备封存状态、取证过程等进行拍照、录像记录。

（三）内容确认要求

侦查人员在收集、提取聊天记录过程中生成的笔录、清单等记录程序性质文件均应经由侦查人员、聊天记录或设备的持有人（提供人）等相关人员确认后签名、盖章。

同时，司法实践中应特别注意收集、提取聊天记录的程序合法性。当侦查人员在收集、提取过程中出现一般性程序违法时，所生成的聊天记录证据并不会被当然认定为非法证据而不予采信，而通常被认定为瑕疵证据，需要进行证据补正。当形成聊天记录证据的程序重大违法，且相关证据的真实性受到影响时，此类证据极有可能被认定为非法证据继而被予以排除。

如蒋某等人诈骗案①：辩护人提出侦查机关收集、提取电子证据不符合法定程序，申请对全案证据予以排除。法院经审理认为，公安机关在查获被告人作案所用的手机后，未严格依照相关要求对涉案电子数据原始存储介质进行封存及拍照固定；而后，由侦查人员从上述手机中提取了部分数据，在打印、交由被告人签字确认后作为证据随案移送，并将相关手机交某刑侦所进行数据恢复和采集，将检验结果打包为压缩文件刻录光盘保存证据，在侦查过程中确有不当之处。在公安机关、公诉机关已经作出合理解释，就电子数据证据运送、保管、提取等环节作出有效说明的情况下，相关电子数据应当符合刑事案件的证据要求，可以作为证据在庭审中出示、质证。从被告人手机中提取的微信聊天记录与被害人提供的微信聊天记录的内容相一致。此外，7 名被告人均对电子数据内容的真实性、合法性、关联性予以认可，也在相关微信聊天记录打印稿上签字确认。综上，该案中多组电子数据之间能够相互印证，且电子数据亦能与在案的其他证据相互印证，共同指向同一待证事实，不存在无法排除的矛盾和无法解释的疑问，应当依法予以采信并作为定案依据。

该案中，侦查人员未完全遵循《电子数据取证规则》与《收集提取和审查

---

① 参见上海市崇明区人民法院刑事判决书，（2021）沪 0151 刑初 443 号。

判断电子数据规定》的要求，在具备条件的情况下未及时进行聊天记录储存设备的封存及拍照固定措施，程序上存在瑕疵，由司法机关明确指出。但是，基于涉案聊天记录证据可与其他证据印证的真实性以及侦查人员对于提取程序作出的合理解释，瑕疵得到补正，司法机关仍采信聊天记录证据。

如宋某破坏计算机信息系统案①：2016 年 6 月至 10 月，宋某非法购买 QQ 邮箱账号和密码，通过软件比对出苹果 iCloud 账号和密码，进而登录苹果 iCloud 系统非法修改数据并将他人苹果设备远程锁定，共计 15 部（台），以此向被害人索要解锁费，共计 5707 元。公安机关在第一个被害人报案后，考虑到数额及情节难以达到立案追诉标准，所以没有立案，而是先进行了初查。初查过程中，除了调取被害人的陈述、被害人提供的手机 QQ 聊天记录外，还对犯罪嫌疑人的 QQ 进行了监控。在此过程中又有 14 名被害人遭受损失，立案后现场搜查了犯罪嫌疑人的电脑，由一名民警和一名聘用制技术人员对宋某的电脑进行了数据提取。另外对多名被害人的 QQ 聊天记录进行了截屏并打印照片。

审查起诉阶段，检察机关经审查发现，公安机关在初查过程中，对犯罪嫌疑人的 QQ 聊天内容进行了监控，属于技术侦查措施，但程序上没有办理审批手续，且监控是在立案之前实施，严重违反程序规定，监控获取的 QQ 聊天记录属于非法证据，应当予以排除，不得作为定案根据。公安机关初查过程中调取被害人提供的手机 QQ 聊天记录，取得的证据具有证据能力，可以作为定案根据。

综上，未经批准且在立案前实施技术侦查措施，如监控取得 QQ 聊天记录，属于严重的程序性违法，直接侵害公民的隐私权、通信自由权等基本权利，检察机关在审查起诉过程中予以排除是准确的。

五、收集、提取聊天记录的证据性要求

为确保聊天记录作为电子证据的证明效力，司法实践中，侦查人员在收集、提取聊天记录时，还应保证所形成的聊天记录证据符合证据三性要求，即真实性、关联性、合法性。其中，对于证据的合法性要求即对于收集、提取过程的程序性要求，上文已有论述，而真实性与关联性的要求则相对更取决于证据的内容本身。

（一）收集、提取的聊天记录应符合真实性要求

真实性是衡量聊天记录电子证据是否可以作为定案依据的核心属性，“对于

① 参见江苏省南京市建邺区人民法院刑事判决书，（2017）苏 0105 刑初 7 号。

电子数据应当着重审查其真实性，如果通过综合审查判断，仍然无法保证真实性的，则应当排除”①。因此，侦查人员在收集、提取聊天记录时，应格外注重保证聊天记录的真实性。

第一，补强聊天记录的真实性。使用录像、截图、拍照、打印等方式固定聊天记录时，侦查人员在取证过程中可采取补强措施证实聊天记录证据的真实性，包括：

（1）将涉案聊天记录证据打印后，要求聊天记录的持有人或提供人逐页签名、按指印、确认。

（2）对使用补充方式收集、提取聊天记录的过程另外进行全程录像记录等。

第二，保证聊天记录证据的完整性。聊天记录在硬件设备中易被删除，但难以被添加，因此聊天记录证据的完整性能高度反映其真实性。司法实践中，侦查人员通常关注所形成聊天记录证据的内容完整、连续、没有缺失、具备文字上的逻辑性。当聊天记录被删除时，一般会考虑通过技术手段予以恢复。另外以微信聊天记录为例，侦查人员可分别提取聊天双方微信内的信息记录，用以彼此比对，从而验证提取聊天记录的完整性。

第三，保证聊天记录证据可与其他证据相印证，形成证据锁链。司法实践中，侦查人员通过收集证人证言、犯罪嫌疑人供述和辩解等其他类型的证据，与聊天记录证据形成证据锁链。

如邓某诈骗案②：法院经审理查明：2016 年 1 月 12 日至 2018 年 7 月 22 日期间，邓某冒充并使用名为“李佳瑶”的女性身份，通过微信添加徐某为好友，博取徐某信任并确立“恋爱关系”，随后多次骗得徐某通过微信、支付宝转账、发红包及手机充值等方式向其支付共计人民币 5 万余元。公诉方提交微信信息截图、支付宝聊天记录截图、短信聊天记录截图等作为证据。邓某提出聊天记录是虚构、不真实的，因徐某知道其微信号和密码。

法院认为，公诉机关提交的证据符合证据三性，且互相印证，形成证据锁链，能够证明案件事实，予以采信。公诉人提交的微信、支付宝聊天记录系在邓某的手机中提取，与徐某提交的聊天记录能够相互印证，且提取的聊天记录反映了被告人与被害人较长时间内的聊天内容，并非一两天内形成，邓某提出微信、

① 周加海、喻海松：《〈关于办理刑事案件收集提取和审查判断电子数据若干问题的规定〉的理解与适用》，载《人民司法（应用）》2017 年第 28 期。

② 参见四川省成都市龙泉驿区人民法院刑事判决书，（2019）川 0112 刑初 155 号。

支付宝聊天记录不真实的质证意见，不予采信。

该案中，公诉方提交的聊天记录电子证据系聊天记录截图，司法机关通过聊天记录与其他记录的相互印证、双方聊天记录的彼此印证以及聊天记录所包含的较完整内容，认可涉案聊天记录证据的真实性。

（二）收集、提取的聊天记录应符合关联性要求

关联性要求侦查人员收集、提取聊天记录后所形成的聊天记录证据，应当能体现与犯罪嫌疑人、被害人等案件相关人员的明确、直接联系，从而可证明相应的案件事实。

参考《广州市南沙区人民法院（广东自由贸易区南沙片区人民法院）互联网电子数据证据举证、认证规程（试行）》的规定，侦查人员收集、提取后生成的聊天记录证据内容应包含聊天双方的头像、昵称等可关联特定自然人的信息，且一并展示聊天双方的个人信息界面。

如逯某诈骗案①：法院经审理查明：2014 年 2 月，逯某虚构能够帮李某办理小客车指标的事实，以办事需要费用为由骗取 6 万元，并将赃款用于个人消费；2014 年 4 月，逯某虚构银行总行工作人员身份及可以帮迪某办理融资的事实，以办事费为由骗取 5 万元。公诉方提交迪某与逯某的聊天记录照片，未附提取经过，无法显示聊天人身份信息。辩护人对聊天记录提出异议，认为与本案无关。法院经审理认为，聊天记录提取程序不合法，亦无法显示聊天人具体身份信息，对其证明效力不予确认。该案中，公诉方提交的聊天记录照片证据既没有说明提取过程的笔录，也不能显示身份信息，司法机关无法认可该证据与相关人员、案件事实的关联性。

实践中，聊天记录的提取、收集已经形成了较为成熟的模式手段。侦查人员既可以扣押、封存手机等聊天记录原始存储介质后自行提取，也可以将原始存储介质送检。特定情形下，侦查人员还可以根据法律规定，在现场提取或后台调取聊天记录。必须指出的是，上述收集、提取过程必须满足法定的程序性要求，最终形成的聊天记录等电子证据才能作为刑事诉讼中的证据被采信。

---

① 参见北京市海淀区人民法院刑事判决书，（2015）海刑初字第 274 号。

003 收集、提取交易记录

一、交易记录属于电子数据

交易记录在刑事案件中作为证据广泛出现。案件中出现资金流通时，即会产生相应的交易记录，交易记录通常可以作为认定案件事实的重要证据。在证据类型上，交易记录属于电子证据。根据《收集提取和审查判断电子数据规定》第1条的规定，电子交易记录被明确列举为一类电子数据。

司法实践中，可供使用的交易方式、工具较多，存在多种交易记录的类型，包括个人通过银行的交易记录、个人使用应用软件的交易记录、商家后台的交易记录等。

二、交易记录的内容与作用

实践中，可收集、提取交易记录作为证据的场景多样，适用于所有涉及资金流转的网络犯罪类型，包括但不限于危害计算机信息系统安全类犯罪、信息网络类犯罪以及通过网络实施的一般犯罪，如网络诈骗犯罪、网络赌博犯罪、网络非法经营犯罪等。

从交易主体出发，大部分场景下侦查人员均可从个人端通过平台或金融机构提供的服务收集、提取账户中的交易记录，但是若相关犯罪出现犯罪嫌疑人从商家（实体或电商）处购买物品、服务的情形，或者商家本身涉嫌犯罪（如非法经营罪、虚假广告罪等），则侦查人员可以直接从商家处提取交易记录。

从交易路径出发，若交易通过支付宝、微信等第三方支付平台完成，则侦查人员可从第三方支付平台处获取交易流水明细，内容可包括交易单号、交易状态、交易时间、交易双方ID、交易金额、交易类型等。若导出商家交易明细，还可包括商品名称、收货地址等，但该动作无法直接取得交易对方的具体身份信息，侦查人员需通过上述信息，进一步从平台处匹配获取相关个人信息。若交易通过银行转账完成，则侦查人员可以直接从银行处一次性获取详细信息，包括交易日期、交易时间、交易种类、交易金额、交易对手的名称及账号卡号、流水号码、交易地点、户主开户时留存的个人身份信息等。

交易记录作为证据所起到的作用包括但不限于以下方面：第一，若被害人为转账方，可从被害人处形成初步线索，确定侦查思路；第二，若涉及犯罪类型的成立要求有财产移转行为，且犯罪嫌疑人为转账对象，可以作为其犯罪行为的直接证据；第三，通过收集、提取单个账户固定时期内的交易记录，通过分析交易频率、交易金额特征、交易对象等，可判断账户使用者在犯罪链中的分工、地位，从而进一步侦查上下游犯罪；第四，通过收集、提取多个账户固定时期内的交易记录，可以形成资金链信息，用于分析资金特征，明确犯罪链中的资金流转情况，锁定资金沉淀方式。

三、收集、提取交易记录的具体操作方法

从收集、提取交易记录的一般途径出发，司法实践中，除部分特定情形外，侦查人员通常使用的具体操作方法有以下两种类型。

（一）法律对交易记录保存的时间要求

司法实践中，交易记录的主要持有主体为个人与商家，主要生成途径为电子商务平台、电子支付服务平台与以银行为主要代表的金融机构平台。根据《电子商务法》第53条规定，电子支付服务提供者应当向用户免费提供对账服务以及最近3年的交易记录；第31条规定，电子商务平台经营者应当记录、保存交易信息，并确保信息的完整性、保密性、可用性。交易信息保存时间自交易完成之日起不少于3年。根据《金融机构客户尽职调查和客户身份资料及交易记录保存管理办法》第46条的规定，金融机构对于客户交易记录，自交易结束后至少保存5年。基于上述规定的要求，交易记录不仅存储于持有者的硬件设备中，同时会在服务提供者的服务器云端得到系统、完善的保留。在此基础上，提供相关服务的平台方通常会直接向用户提供获取一定期限内交易记录的路径，侦查人员可以直接使用这类服务，导出所需的交易记录。相较于从硬件设备中采用额外程序导出数据，这种方式更便于操作。

（二）使用平台方提供的服务导出交易记录

第一，通过支付宝导出交易流水证明。侦查人员需要登录所需交易记录持有人或提供人的账户，可以根据情况选择现场登录或远程登录，登录后按照以下步骤操作：

（1）点击“我的”，选择“账单”，点击右上角导航栏“…”，选择“开具交易流水证明”，选择“用于材料证明”；

（2）点击“申请”，经交易记录持有人或提供人配合，输入其账号密码或进行生物识别验证，进入“选择交易流水范围”界面，根据需求选择账单时间（一次申请只能获取连续一年的账单，如果需一年以上连续的账单则需逐年申

请)，交易类型选择“全部交易”，填写接收交易流水证明文件的侦查人员指定邮箱，系统将向该邮箱发送交易流水证明；

(3) 登录指定邮箱，接收发件人“支付宝提醒”发送的“支付宝业务凭证”邮件，内含流水证明的附件，根据邮件提示输入支付宝账号实名认证身份证号后6位的解压密码，获得流水证明的PDF文档，即侦查人员所需的交易记录，该文档带有支付宝公司的电子印章。

第二，通过微信导出交易明细证明。侦查人员需要登录所需交易记录持有人或提供人的账户，可以根据情况选择现场登录或远程登录，登录后按照以下步骤操作：

(1) 点击“我”，选择“服务”，点击“钱包”，选择右上角“账单”；

(2) 点击右上角“常见问题”，点击“下载账单”，选择“用作证明材料”；

(3) 进入“申请交易明细证明”界面，根据侦查需求填写账单时间（一次申请只能获取连续一年的账单，如果需一年以上的账单则需逐年申请)，填写接收文件的侦查人员指定邮箱，点击“下一步”“确认邮箱”，输入账户所有人的姓名与身份证号码，并输入账户支付密码进行身份验证，显示“申请已提交”后，点击“确定”；

(4) 登录指定邮箱，接收发件人“微信支付”发送的“交易明细证明”邮件，内含压缩文件附件，输入微信自动发送至聊天页面的解压密码，获得内容为“微信支付交易明细证明”的PDF文档，即侦查人员所需的交易记录，该文档带有财付通支付科技有限公司的电子印章。

第三，通过手机银行导出交易流水。侦查人员收集、提取涉案人员的银行账户流水时，可以直接使用各银行的手机银行App或者“云闪付”App导出交易流水。以招商银行手机银行为例，侦查人员需要登录所需交易记录持有人或提供人的账户，可以根据情况选择现场登录或远程登录，登录后按照以下步骤操作：

(1) 点击“我的”，登录后在首页上方找到搜索栏，并输入“交易明细打印”或“流水打印”，点击相应功能进入下一步；

(2) 根据侦查需求选择需要查询的时间段，选择“展示交易对手信息”，输入能接收流水文件的侦查人员指定邮箱，点击同意协议，确认并提交；

(3) 点击“查看申请记录”，输入“取款密码”并进行人脸识别后，取得文件解压密码；

(4) 登录指定邮箱，接收邮件，内含压缩文件附件，使用解压码下载，取得银行账户交易明细，该文档带有招商银行股份有限公司的电子回单专用章。

其他银行查询交易明细的步骤一般均与上述过程相似。

第四，商家导出收款、交易记录。实践中，除个人可生成交易记录以外，商家也可通过平台方提供的服务生成交易记录，侦查人员可以对此类商家交易记录进行收集，具体包括：

（1）在支付宝中点击“收付款”，选择“收钱”，点击“收款记录”，或选择“支付宝商家服务”小程序，点击“收款分析”，可以查看收款明细，但是以上记录或明细均无法直接以文件形式导出，侦查人员只能使用拍照、截图的固定方法；

（2）在微信中点击“服务”，选择“收付款”，点击“二维码收款”，选择“收款小账本”，进入小程序，点击“查看全部”，即可查询收款记录，但是同样只能使用拍照、截图的固定方法；

（3）通过“生意参谋”等平台服务程序，直接收集商家交易记录数据。以“生意参谋”（由淘宝推出的服务程序）为例，侦查人员登录需收集交易记录的商家账户后，点击“商品”“交易”等选项，可直接取得历史销售数据等交易记录，且可以通过点击“竞争”选项，取得其他商家的交易信息，上述信息可以使用第三方插件导出。

（三）向网络服务提供者调取交易记录

实践中，侦查人员在部分情形下可前往网络服务提供者所在地调取相关交易记录。以向蚂蚁集团、腾讯公司调取资金流水为例进行介绍，这类调取路径和被调取公司的内部规定相关，调取方式会随之变更。

第一，侦查人员经相关办案部门负责人批准后，前往蚂蚁集团协查中心调取支付宝交易流水明细，地址为杭州市西湖区西溪路569号蚂蚁A空间东门1号楼大安全接待中心。两名及以上侦查人员携带《调取证据通知书》、相关证件等文件，现场登记预约后取得来访证，至协查中心办公室后将相关材料提交至窗口，所调取的支付宝流水明细一般以光盘为载体。

第二，侦查人员经相关办案部门负责人批准后，前往财付通支付科技有限公司调取微信钱包的账户转账记录，地址为深圳市南山区科技园9996号松日鼎盛大厦附属楼1楼。准备材料包括两名侦查人员工作证原件及复印件、调取证据通知书、带有光驱的笔记本电脑等，另外尽可能提供调取对象的微信账号和财付通账号。侦查人员将相关证件和文书交由工作人员审核验证后，可至操作室按要求录入信息，选择调取内容“交易明细”和调取时间，一般等待 2 ~ 5 个工作日后，由短信通知调取结果，侦查人员可再次前往法务调证室，按照提示下载数据、刻录光盘，所形成的光盘需装入信封密封，由腾讯公司审核盖章。

此外，实践中侦查人员也可以前往交易记录持有人或提供人的开户行实地调取银行流水。

四、收集、提取交易记录的证据性要求

司法实践中，侦查人员在收集、提取交易记录时，还应保证形成的交易记录证据符合真实性、关联性、合法性的要求，从而保证其证明效力。

（一）收集、提取的交易记录应符合真实性要求

真实性是衡量交易记录电子证据是否可以作为定案依据的核心属性。具体来说，侦查人员应做到以下几点。

（1）保证来源的真实性。交易记录证据必须由刑事案件的相关侦查人员操作形成，并且通过满足程序上的规范要求，清晰、可见地保证交易记录的原始存储设备安全。

（2）保证内容的真实性。主要体现在保证交易记录完整性，选定时期内的交易明细应内容完整、没有缺失、没有删改痕迹。

（3）可采取真实性补强及保障措施，包括防止第三方支付平台提供的程序被恶意攻击、病毒感染等改变信息内容，交易记录证据打印后要求持有人或提供人逐页签名、按指印、确认，对取证过程全程录像，等等。

（二）收集、提取的交易记录应符合关联性要求

关联性要求交易记录证据应当能清晰体现与案件的直接联系，从而证明某部分案件事实。司法实践中，交易记录通常数据量庞大，侦查人员取得交易记录数据的过程本身并不复杂，需要注意的是在批量交易记录数据中确定所需的信息和内容。

以支付宝交易明细为例，侦查人员取得刻录交易记录的光盘后，司法实践中，交易记录数据中交易相对人的信息只显示支付宝 ID，由于无法直接联系特定个体的身份信息，意味着证据关联性不充分。因此，侦查人员通常采取以下措施。

（1）积极向交易对方一方核实相关交易的时间与数额，在交易记录数据中确定吻合的记录。

（2）要求被害人一方提供其账户中存储的转账记录或账单详情等凭证，据此确定交易订单号，经比对后确定交易记录数据中的涉案交易记录；确定一笔交易记录后，即可确定交易相对方的支付宝 ID，经数据筛选后可提取出全部犯罪嫌疑人与该被害人的资金往来情况。

（3）进一步侦查，确定交易相对方的支付宝 ID 后，向支付宝所属公司继续调取交易相对方的身份信息。

此外，实践中经常出现个人使用绑定银行卡通过第三方支付平台或者个人使用第三方支付平台在另一购物平台完成转账的情形，此时一个转账行为会生成两个及以上的订单号，且不同主体生成的订单号无法通用，侦查人员需注意区分。

（三）收集、提取的交易记录应符合合法性要求

对于交易记录证据的合法性要求，即对侦查人员收集、提取证据过程的程序性要求，主要遵循的规范为《电子数据取证规则》与《收集提取和审查判断电子数据规定》，前述司法解释性质文件已经对于收集、提取电子证据（交易记录）的整体程序均作出了明确规定。

由于绝大多数犯罪均涉及资金，交易记录是犯罪侦查中的重要证据。就交易记录的收集、提取而言，伴随着移动支付的发展，实践中交易记录大量保存于蚂蚁集团（支付宝）、财付通支付科技有限公司（微信）等互联网平台企业中。侦查人员可以选择利用平台方在自身 App 中提供的服务，自助导出交易记录，也可以向平台企业线下调取交易记录。与其他电子证据相同，最终形成的交易记录证据必须符合真实性、关联性、合法性的要求，才可具备证据效力。

004 审查电子数据的真实性

随着刑事犯罪网络化的发展，电子数据成为重要的证据之一，但由于电子数据的易被篡改性和可复制性，为了保证电子数据的真实性，必须对电子数据的真伪进行审查。对此，《办理网络犯罪案件规定》第 44 条①规定了电子数据存在被篡改、伪造、无法确定真伪等情形，以及其他无法保证电子数据客观、真实性的

---

① 《办理网络犯罪案件规定》第 44 条：“电子数据系篡改、伪造、无法确定真伪的，或者有其他无法保证电子数据客观、真实情形的，不得作为定案的根据。电子数据有增加、删除、修改等情形，但经司法鉴定、当事人确认等方式确定与案件相关的重要数据未发生变化，或者能够还原电子数据原始状态、查清变化过程的，可以作为定案的根据。”

情形时，不得作为定案依据。另外，还规定了电子数据有增、删、修等情形但能够有其他证据说明的，可以作为定案依据。本书将就实践中常见电子数据被篡改、伪造、无法确定真伪的原因及如何进行真伪的审查进行说明。

一、电子数据被篡改、伪造以及无法确定真伪的原因

（一）电子数据被篡改、伪造的原因

电子数据虽具有可靠性，不会因为时间的流逝而改变或者损坏，但同样也有易篡改性，容易被篡改、伪造，主要原因如下。

（1）电子数据的可复制性，意味着其可以在复制和传播过程中被篡改或伪造，如无完整性校验值（哈希值）等，可能被篡改或伪造仍不自知。如复制过程中通过 Photoshop 等软件对图片进行修改或者合成，使其看起来是一张非常真实的图片，但该电子数据已被篡改、伪造。

（2）电子数据的可编辑性。因电子数据可在未被保护的情况下随时进行修改和编辑，可能以修改原始电子数据等方式来伪造电子数据。如一些专用软件可以修改电子数据的内容或者源头，使得该电子数据看起来具有真实性，但实际已被篡改、伪造。

（3）存储和传输的易受攻击性。因电子数据存储在计算机或网络上，很容易受到黑客攻击、病毒感染，甚至因自身因素导致数据泄露等，在存储传输过程中可能会被篡改、伪造。并且，电子数据的来源和传输路径可以被追踪和记录，这也使得电子数据容易在受到跟踪和攻击后被篡改、伪造。

（4）数字签名、加密技术的不足。电子数据可以通过数字签名或加密技术以保护其真实性和完整性，但是并不代表万无一失。如私钥的泄露、数字证书的伪造等问题都可能导致数字签名和加密技术失效，从而不能确定电子数据是否被篡改、伪造。因此，在处理和传输电子数据时，需要采取一系列措施来确保数据的安全和可信度，如加强访问控制，使用更加安全的加密技术、数字签名等。

（5）数据丢失。电子数据通常存储在计算机等终端设备上，这些设备可能会由于病毒攻击、硬件故障、误操作等各种问题使得数据丢失，而电子数据的丢失也会造成失真。

需要说明的是，识别电子数据的真伪不包括审查行为人为隐匿行踪、逃避侦查而进行的伪造，因为其虽然从全案看是伪造的证据，但从电子数据的角度来说是真实的，没有被篡改、伪造或丢失。如行为人为逃避侦查制作了两个电子账

目，则从电子数据的角度看这两个电子账目都是真实的，不存在客观或真实的问题，只是在全案审查或采信证据时，要结合其他证据证明哪个电子数据与案件具有关联性；另一个伪造的电子账目虽在案件综合证据后认定为行为人故意伪造，但电子数据本身是真实的，可以作为定案依据，能证明行为人具有逃避侦查的行为等。

（二）出现“其他无法保证电子数据客观、真实情形”的原因

电子数据被篡改、伪造是典型的“伪”，另外《办理网络犯罪案件规定》还规定了其他无法确定电子数据的真伪的情形。实践中，还出现一些“其他无法保证电子数据客观、真实情形”的主要原因如下。

（1）数据提取过程中的误差和偏差。如侦查时在电子数据提取的过程中，可能会因侦查人员使用的软件或操作不规范等出现误差和偏差，有可能是传感器误差、测量误差等，这些误差和偏差可能会导致电子数据的不准确。

（2）数据处理过程中的误差和偏差。提取电子数据后，还涉及对电子数据的检查、侦查实验、检验、鉴定等处理，在处理过程中也有可能会出现误差和偏差。比如算法选择不当、数据清洗不完全等，这些误差和偏差可能会导致电子数据的不准确。

（3）数据来源的不确定性。在一些情况下，数据的来源可能无法确定，例如匿名数据、非结构化数据等，这些电子数据可能存在不确定性，难以确定其客观、真实情况。如匿名社交媒体数据，行为人在社交媒体上可以发布匿名的内容，因为有的社交媒体不需要用户提供真实的个人信息，使得这些匿名的电子数据来源无法确定，难以确定其客观、真实性。此外，社交媒体上的非结构化数据也可能存在不确定性。例如，用户可能会在社交媒体上发布不准确或虚假的信息，或者发布带有个人情感倾向的信息，这些电子数据难以确定其客观、真实情况。如这些电子数据与其他客观、真实的电子数据混杂在一起，可能就无法保证整个电子数据具有客观性、真实性。

（4）数据的过时性。一些数据可能已经过时，不再反映当前的情况，例如历史数据、过时的市场报价等，这些电子数据可能与其他真实、客观的数据混杂在一起且极易被忽略，无法保证整个电子数据具有客观性、真实性。

因此，除了伪造、篡改之外，还有各种因素都可能会导致电子数据无法保证其客观性、真实性，需要仔细审查电子数据来源、采集过程、处理过程等，以确保电子数据的真实性和客观性。

二、篡改、伪造电子数据的手段

篡改、伪造电子数据主要是通过各种软硬件的技术手段进行，实践中，篡改、伪造电子数据的技术手段主要有以下几种。

（1）修改数据，即直接通过修改现有的电子数据，比如修改文档、图片、音频或视频文件的内容篡改、伪造电子数据。一是直接编辑，如直接在文档、电子表格中修改文字等；二是数据库操作，如通过一些计算机语言或其他数据库管理软件修改数据库中的电子数据；三是数据转换，如将数据从一种格式转换为另一种格式，像将字符分隔值（Comma - Separated Values，CSV）文件转换为 Excel 文件等；四是使用程序脚本，如使用一些编程语言编写程序脚本，可以实现自动化修改电子数据；五是数据库注入，如通过应用程序的一些漏洞，向数据库中注入恶意数据来修改电子数据；六是恶意软件，如利用病毒、木马程序等，可以修改或破坏计算机系统中的电子数据。

（2）伪造数字签名。数字签名是一种用于验证数据完整性和身份的技术，有的行为人通过伪造数字签名，使电子数据表面看起来具有真实性，但实际已被篡改、伪造。较常见的手段如通过私钥泄露、强制的“字典攻击”、伪造数字证书等。

（3）恶意软件。恶意软件可以控制电脑或手机等电子设备，从而获得对数据的控制权并伪造电子数据。这一恶意软件可能是被动植入，如木马病毒、蠕虫病毒甚至是常见的恶意广告插件等，被植入这些恶意软件均非行为人主动所为，故行为人可能也不知道电子数据被篡改，因此在案件相应的供述或证言中也体现不出电子数据可能会被篡改、伪造。

（4）窃取身份信息，即通过窃取他人的身份信息，如用户名和密码，然后使用这些信息来制造伪造数据。如窃取到用户名和密码后，通过云空间存储即可实现篡改、伪造电子数据。

（5）使用特殊工具、技术，即通过一些工具、技术可以伪造、篡改电子数据。一是虚拟机，可以伪造软件或操作系统的版本号。二是网络代理，可以通过修改超文件传输协议（Hypertext Transfer Protocol，HTTP）请求头部信息来伪装用户的 IP 地址和浏览器信息，以便访问某些被限制的网站，或者隐藏用户的真实身份和位置。如行为人想要伪造一封电子邮件，可以使用代理服务器来隐藏真实 IP 地址和电子邮件客户端信息，并将电子邮件发送到目标邮件服务器。此外，行为人还可以使用一些软件工具来伪造电子邮件的数据包，比如伪造发送者、接收者、主题、正文等信息。三是深度学习模型。深度学习模型是一类基于人工神经网络的机器学习模型，可以从大量的数据中学习复杂的特征和模式，如图像和语音识别、自然语言处理、推荐系统等。深度学习模型本身并不能直接篡改、伪造电子数据，然而深度学习模型可以被用来训练生成对抗网络（Generative Adversarial Networks，GANs）等生成模型，这些模型可以学习原始数据的分布，以此生成与原始电子数据相似的新电子数据。如果这些模型被恶意使用，就可能被用来伪造或篡改电子数据。如 GANs 可以被用来生成逼真的假图像、视频、音频等，被用来篡改、伪造电子数据。

以上所列举的工具、技术大多是中立技术，但如网络黑灰产犯罪的行为人利用中立技术篡改、伪造电子数据的行为已经成为一个严重的威胁，需要在办案时特别注意。

三、审查电子数据真伪的常用方法

审查电子数据是否有篡改、伪造或其他无法确定真伪的情形，一是要提取程序，二是要技术验证，三是要与案中其他证据相印证。

（一）提取程序

审查提取程序的完整性，即通过审查提取电子数据过程中的技术方式等，发现提取电子数据时存储、传输和处理过程中其没有被意外或故意地篡改、损坏、丢失的可能性。电子数据完整性在电子数据的审查中非常重要，是确定电子数据真伪的基础。如果电子数据在存储、传输和处理过程中没有被保护好，就会面临被篡改、损坏或丢失的风险，从而导致数据的真实性受到质疑。因此，确保电子数据的完整性是确认电子数据真伪的一个重要前提。

在提取过程中，需要采取一系列措施来保证电子数据完整性。如在提取电子数据过程中，使用加密技术保护数据传输的安全性，使用数字签名技术验证电子数据的来源和完整性，使用访问控制和身份验证技术确保只有授权的人员才能访问和修改数据，使用安全存储设备和备份策略保护数据的存储和备份，等等。因此，在审查电子数据时，需要注意数据的完整性的保护，采取相应的技术和管理措施，确保电子数据不被篡改、伪造。

（二）技术验证

审查电子数据的真伪自然不能像审查实物证据那样仅靠目测，对电子数据的来源、是否曾被增加、删除或修改以及真伪可能性等问题，需要采取一系列的技术和方法加以验证。因此无论是在侦查、审查起诉还是审判环节，均需要技术人员的支持。实践中主要有以下验证方式。

1. 检查文件元数据

文件元数据是指描述文件属性和特征的信息，包含有关文件的各种数据，如文件名称、创建日期、修改日期、文件大小、文件类型、文件格式、文件权限等。元数据通常与文件本身分开存储，以便操作系统、应用程序和用户更方便地访问和管理这些信息，这些信息可以帮助确定文件的真实性和来源。

如在 Windows 操作系统中，可以通过右键点击文件，选择“属性”选项，然后切换到“详细信息”选项卡，即可查看文件的元数据，包括文件名称、大小、创建和修改日期等信息。对于一些特定类型的电子数据，如图片、音频和视频等数据文件，也可以使用专门的元数据查看工具，查看文件的大小、分辨率、色彩模式等信息，如果这些信息与文件的内容不符，就可能表明文件被篡改过。另外常见的还有，如果文件的修改时间比创建时间早，就可能证明文件已经被篡改。

因此，在电子数字的检查中，元数据可以提供有关文件的许多重要信息，这些信息可以帮助还原文件的使用历史和轨迹，发现可能存在的篡改、伪造以及其他可能存在的影响电子数据真伪的情形。

2. 检查文件完整性校验值

“完整性校验值”通常用于网络通信、数据备份和存储、文件下载等领域，是一种用于检验数据完整性的算法生成的值，可以将要检验的电子数据转换为固定长度的二进制字符串，验证电子数据在传输或存储过程中是否被篡改、伪造。实践中，常用的是哈希值，虽然哈希值与完整性校验值还是有一些区别，但大多数情况下是相同的，目的都是验证电子数据的完整性，在办理案件中除非有什么特殊需要，也无须去区分。

完整性校验值是一个文件的数字指纹，可以用来验证文件的完整性，并且其中如哈希值具有更高的复杂性和安全性，适合于需要高度保护数据完整性和真实性的场合。因此，检查电子数据的完整性检验值，是确保电子数据完整性和真实性的有效方式。

3. 检查文件的电子签名

电子签名又叫数字签名、数据签名，通常包括数字证书、公钥加密等技术，简单地说就是一种用于验证文件身份的技术，可以证明文件来自确定的机构或个人，并且没有被篡改、伪造。实践中，审查电子签名的真伪有以下几种方式：一是确认电子签名是否来自可信的签名机构或证书颁发机构，对一些不知来源的签名机构提供的电子签名，在审查时应当慎重。二是确认签名是否使用了合法的数字证书，审查数字证书中包含的签名者的公钥、签名机构的信息及数字签名等信息。三是确认签名的时间戳是否正确。时间戳是指为电子签名所附加的时间标记，用于证明签名的时间，故签名的时间戳应该是在签名相关的数字证书的有效期之内的。如果签名的时间戳不正确，那么签名的真实性就无法得到保证。四是确认签名是否与原始文档匹配。在验证签名真实性时，需要将签名与原始文档进行比较，以确保签名是针对该文档进行的，可以让技术部门使用数字签名验证的工具来检查签名是否与原始文档相匹配。五是确认签名是否被篡改，可以通过使用数字签名验证的专门工具，检查电子签名是否被篡改。六是确认签名是否被吊销。签名机构或证书颁发机构有权吊销数字证书，如果签名者的数字证书被吊销，那么签名的真实性就无法得到保证。

4. 检查文件的元素

如果电子数据文件是图像或视频，也可以检查文件中的元素是否合理和一致。在办案和生活中都有经目测就可发现的一张照片中的人物比例不正确，如经过美图修饰的图像等；如视频文件中的音频和视频不同步，那么该视频文件可能曾被篡改。

（三）与案中其他证据相印证

审查电子数据提取程序及使用技术手段进行检查、验证等，还是有一定的局限性，需要进一步与案件其他相关证据进行比对。实践中，可以注意以下几个问题。

1. 物证

如扣押在案的硬盘、U 盘、手机等，在审查电子数据真伪时，物证可以提供有关电子数据来源和完整性的证据。例如，可以通过检查物证中的数字签名、时间戳等信息，与提取的电子数据相关信息进行比对、校验，以确定电子数据的真实性和完整性。

2. 书证

如扣押行为人的一些手动记录或合同、文书等，检验其是否与提取电子数据的信息一致；若不一致，既有可能是手动记录错误或试图进行伪造，也有可能是电子数据被篡改等，此时应当审查书证、电子数据的信息是否与在案的其他证据相互印证，以确定电子数据的真伪。

3. 犯罪嫌疑人供述、证人证言等言词证据

在审查电子数据真伪时，相关言词证据可以证明提供的有关电子数据创建、修改等情况。如某贩卖毒品案件中，行为人称向同案人发送微信信息的时间在毒品“出货”前，但经检验从行为人手机上提取的电子数据，该微信信息的创建时间在毒品“出货”后，则该电子数据有可能系被篡改、伪造，需要结合行为人的记忆与其他物证书证等综合认定。另外，如证人证言证明特定的电子数据是由某人创建或修改的，但电子数据又与该人无关联性，则需要综合证明确定电子数据的真伪。

4. 鉴定意见或检验报告

电子数据的鉴定意见或检验报告等是由专业技术人员根据技术标准对证据进行分析、检测和鉴定得出的结论。在审查电子数据真伪时，鉴定意见可以提供有关电子数据的技术特征和技术细节的证据，如鉴定意见可以帮助确定电子数据是否被篡改或者是否存在技术瑕疵等。

5. 其他证据

除上述证据外，还可以考虑其他证据对电子数据真伪的影响。监控录像可以用于监控物理空间中的活动，提供与电子数据相关的现场证据；网络日志可以帮助确定电子数据的来源和时间等。如二者存在一些时间、来源等的矛盾，有可能是相关行为人在远程控制，也有可能是电子数据被篡改、伪造，此时则需要综合在案证据证明电子数据的真伪。

综上，在审查电子数据的真伪时，需要综合全案多种证据类型，以确保审查的全面性和准确性。而且，不同证据类型对电子数据真伪性的影响可能不同，需要根据实际情况进行综合判断。

四、必要但不影响真实性的情形

实践中，电子数据有增加、删除、修改的情形，主要原因是：一是行为人对电子数据进行了增加、删除或修改（不包括无中生有的伪造），但没有涉及重要数据的情形；二是在行为人操作电子数据，或者进行提取、检查、侦查实验时，可能对电子数据进行必要的增加、删除或修改。因此，《办理网络犯罪案件规定》第 44 条第 2 款认为，虽然电子数据有增加、删除或修改等情形，造成原始

电子数据的变动，也属于第 1 款中可能“系篡改、伪造、无法确定真伪”的范围，但并非不得作为定案依据，在能够查清核心数据未发生变化，或者能够还原电子数据原始状态并查清变化过程时，其仍可以作为定案的根据。

本书认为，对于涉案的电子数据，确定电子数据的真实性和完整性最为重要，但同时也要肯定并不是所有的数据变化都会影响案件的定案结果。如果经过一定方法和程序的确认，能够证明电子数据中关键部分没有发生变化或者能够还原原始状态，那么这些电子数据就可以作为定案的根据。这也需要在电子数据提取、检验等过程中，严格遵守法律程序，采取科学合理的技术手段和方法，以确保电子数据的真实性和完整性。同时，在审查案件时也要根据实际情况进行综合判断，确定哪些数据可以作为定案的有效证据。无论如何，电子数据如有增加、删除或修改等情形，只有在能够确保数据的真实性和完整性的基础上，才能作为定案的依据。

实践中，有的行为人可能因为设备终端或电子数据本身的问题，以及侦查机关在提取、检查电子数据或者对电子数据进行侦查实验时，会对原始电子数据进行必要的操作。这些操作并非因为人为故意对数据进行增加、删除或修改，但属技术上已“破坏”电子数据的一些原始状态，主要包括以下几种情形。

（一）破解设备终端或原始电子数据密码

虽然在破解密码的过程中，一般来说不会直接对原始的电子数据造成破坏，因为破解密码的过程主要是使用各种方法和技术来获取访问受保护数据的权限，这通常是通过破解密码或绕过密码保护来实现。但是，如果使用暴力破解或其他攻击技术，可能会对系统或设备终端造成破坏，从而间接地对原始电子数据造成影响。如暴力破解可能会导致系统崩溃或设备损坏，这进而可能会导致电子数据的丢失或损坏。

实践中，需要破解行为人的原始电子数据密码以获取案件证据的情形亦不少见。如在毒品案件中，侦查机关扣押行为人的手机或电脑等终端设备，其中有些通讯记录、交易记录等电子数据，可能会记载行为人的上下家、路线及一些转账或毒品数量等信息，这些数据可能会被行为人进行加密保护，而行为人又不在案或行为人在案但拒绝提供相应密码。在这种情况下，可以采取刑事诉讼所允许的强制行为人提供密码等手段，还可以采取刑事诉讼所允许的侦查措施如使用密码破解软件等。因此，有强制破解密码等情形的，需要相关技术人员说明未造成原始电子数据被破坏，能够确保电子数据的真实性和完整性。

（二）电子数据备份

提取电子数据后，根据《收集提取和审查判断电子数据规定》第 16 条的规定，应当对提取的电子数据进行备份。在备份过程中，一般情况下不会造成原始电子数据的破坏，但也有可能会对电子数据进行增加、删除、修改（实际这些均不是破坏）。如使用加密技术来保护备份电子数据，或者将备份电子数据存储在安全的云存储服务端或离线存储介质中，这些是备份电子数据时保护原始电子数据的重要措施之一，因此在使用这些手段备份电子数据时，也应做好记录并同步录像，以保护电子数据的完整性和安全性。

（三）电子数据清理

提取电子数据后，如一些诈骗类的案件，行为人（特别的如单位犯罪）的相关电子邮件、聊天记录等，存在大量与案件无关甚至涉及隐私的数据（如有的公司的商业秘密等），完全进行检查分析实无必要。因此，为了释放存储空间或保护隐私，有时需要对电子数据进行清理，在清理过程中操作得当，使用适当的工具和方法，是不会造成原始电子数据破坏的。但是，在对电子数据进行清理时，如清理电子数据的工具或方法不当，可能会导致原始数据的破坏，甚至可能会将整个磁盘或分区格式化，从而完全删除所有数据，这时如果没有备份重要数据，可能会导致电子数据的永久丢失。

因此，为了确保在清理数据时不会破坏原始数据，可以在清理电子数据时采取以下措施：一是备份重要数据，在清理数据之前，应该备份重要的数据，以防误删除；二是使用适当的清理工具和方法，特别要求应当由有专门技术的侦查人员，或邀请相关专业人员使用专业的数据清理工具和方法进行备份；三是在清理数据之后，应该仔细检查清理的结果。

（四）电子数据修复

在提取电子数据时，有的涉案电子数据被意外删除或者硬件问题导致电子数据被损坏，有的涉案电子数据因为技术故障等而出现损坏或错误，在这种情况下就需要对数据进行修复操作。修复的过程中，可能需要对原始数据进行操作，例如更改、删除或添加部分数据，这些操作可能会改变原始数据的内容和结构，进而对原始数据造成破坏。因此，提取电子数据时需要采取一系列的措施以确保修复电子数据过程不会对原始数据造成进一步的破坏，修复时记录好使用的工具和技术，并遵循严格的操作规程，以最大限度地减少对原始数据的影响。

（五）数据格式转换

这主要涉及处理提取的电子数据的过程，特别是检查电子数据或进行侦查实验时，可能会需要对电子数据进行转换，原因在于电子数据可能以不同的格式存储，而这些格式可能不兼容或不适合进行特定类型的分析或处理。如一些涉案的电子数据可能以文本文件格式存储，而另一些电子数据可能以数据库格式存储，因案件需要会对这些电子数据进行合并或比较，此时就要将它们转换为相同的格式，以便进行有效的数据处理和分析。另外，不同类型的数据可能需要不同的软件或工具进行分析和处理。如对涉案的图像文件可能需要进行必要的图像处理和分析，故需要将电子数据转换为适当的格式和类型。

对数据格式进行转换也可能破坏原始电子数据，特别是转换的过程和所用的工具不当时，甚至可能引入新的错误或不一致性。因此，需要在对电子数据进行格式转换前，将电子数据进行备份，以便在出现问题时恢复原始数据。同时，也应该定期进行电子数据备份和验证，以确保数据的完整性和可用性。

（六）数据合并

提取电子数据后，有时需要将其中多个数据文件合并成一个文件，以便数据处理或使用。主要原因是合并数据可以填补缺失的数据，使数据更完整，从而提高数据的质量和可信度。如传销案件，各条线有各自的层级、人数、金额等数据，需要合并相关电子数据后才能分析传销组织的整体情况。有时为电子数据整体分析节省时间和成本，也会通过合并数据，避免重复收集和处理数据的工作，合并数据可以填补缺失的数据，使数据更完整。

数据合并通常不会破坏原始电子数据，因为数据合并只是将不同来源、不同格式的数据整合到一起，组合成一个更大的数据集。但是，在合并数据的过程中，如果存在数据不一致或冲突的情况，可能需要进行数据清洗或解决冲突，这就会导致一些数据被修改或删除。因此，在进行数据合并时，首先需要备份电子数据，其次需要仔细考虑如何处理数据不一致或冲突的情况，以避免破坏电子数据。

因此，在审查上述电子数据时要注意：一是使用这些技术手段时是否均按照刑事诉讼相关规定进行，是否规定了必要的审批手续等；二是向相关技术人员了解使用这些手段是不是案件所必需的，以及使用的技术手段是否符合国家规定的技术标准等；三是对该电子数据采用技术手段前是否已备份。另外，经过上述手段处理的电子数据，在告知行为人结果时，还要注意行为人是否对其真实性、完整性表示质疑或否认，还需要根据案件情况让侦查机关对上述手段没有影响电子数据的真实性、完整性做必要的说明等。

五、审查重要数据未发生变化的情形

《办理网络犯罪案件规定》第44条第2款规定，“电子数据有增加、删除、修改等情形，但经司法鉴定、当事人确认等方式确定与案件相关的重要数据未发生变化……可以作为定案的根据”，主要是指在刑事案件中，电子数据中存在部分数据发生了增加、删除或修改等情况，但是该数据对于案件的重要性不受影响，仍然能够保持数据的完整性和可信度。在这种情况下，该电子数据可以作为定案的依据。

在审查电子数据时，如发现增加、删除或修改等情况，需要进行相关的鉴定或经涉案当事人的确认，通过综合认定的方式确定这些数据对于案件的重要性和可信度是否受到影响。如果经过鉴定、检验或经涉案人员确认等方式，确定这些数据与案件相关的重要性不受增加、删除或修改等情况的影响，该电子数据仍可以作为定案依据。实际无论电子数据是否被增加、删除或修改，实践中为保证所提取或用于检验、鉴定的电子数据未被篡改或伪造，也可以通过对相关当事人进行询问或调查，通过综合判断以确定电子数据的真实性。

需要说明的是“电子数据有增加、删除、修改等情形”中的“等”应是“等外等”，即可以存在相关的鉴定或涉案当事人确认以外的情形，但这些情形应当与“司法鉴定、当事人确认”相当，如不能以侦查机关的“情况说明”等代替司法鉴定或当事人确认。

六、审查能够还原电子数据原始状态、查清变化过程的情形

《办理网络犯罪案件规定》第44条第2款规定，“能够还原电子数据原始状态、查清变化过程的，可以作为定案的根据”，是指在刑事案件中，如果能够对电子数据进行还原，以查清数据的原始状态和变化过程，可以将该数据作为定案的根据，用于确定案件事实和证据。

因为电子数据的变化和篡改可能会对案件相关的事实认定和证据产生影响，所以在电子数据的提取、检验、检查、侦查实验等过程中，对于电子数据的还原和分析非常重要。因此，在电子数据存在曾被增加、删除或修改等情形时，如果能够通过还原电子数据的原始状态和查清变化过程确定电子数据真实性，该数据

仍可以作为定案的根据。如提取了行为人的手机等设备终端数据，但发现其中部分电子数据被增加、删除或修改，就需要技术人员对原始的电子数据进行取证和还原，以确定电子数据的真实性，要求技术人员根据刑事诉讼相关规定，采用国家技术标准，通过还原电子数据的原始状态和查清变化过程，确定电子数据的来源、修改时间和修改人员等信息。只有能够还原原始状态、查清变化过程的电子数据，才能作为定案的根据。

005 刑事案件瑕疵电子数据证据的补正

刑事瑕疵证据，是指刑事侦查人员在收集、提取证据时轻微地违反刑事诉讼程序或者方法不符合刑事诉讼相关规定，且并不会影响到其客观性、真实性的刑事证据。刑事案件中瑕疵证据较为常见，主要原因是对刑事诉讼的一些细节性、程序性内容缺乏更为细化的规定，或者在侦查过程中情况紧急，忽略某些程序性要求等。

司法实践中面临的现状是，如果在刑事诉讼中只区分合法证据与非法证据，而对其中间地带的瑕疵证据硬性规定为合法或不合法，还不符合现实的司法实际状况。《刑事诉讼法》第 56 条规定，收集物证、书证不符合法定程序，可能严重影响司法公正的，应当予以补正或者作出合理解释；不能补正或者作出合理解释的，对该证据应当予以排除。因此，刑事诉讼的证据原则是“合法采信、非法排除、瑕疵补正”，即对瑕疵证据允许按规定进行一定的补正，如补正后符合规定则可以作为证据使用，否则将予以排除。这体现了瑕疵证据的中间性，补正合理可归于合法证据，否则归于非法证据予以排除。

电子数据作为刑事案件的主要证据之一，同样存在瑕疵证据问题。本书根据 2016 年“两高一部”《收集提取和审查判断电子数据规定》[①] 以及 2021 年《办

① 《收集提取和审查判断电子数据规定》第 27 条规定：“电子数据的收集、提取程序有下列瑕疵，经补正或者作出合理解释的，可以采用；不能补正或者作出合理解释的，不得作为定案的根据：（一）未以封存状态移送的；（二）笔录或者清单上没有侦查人员、电子数据持有人（提供人）、见证人签名或者盖章的；（三）对电子数据的名称、类别、格式等注明不清的；（四）有其他瑕疵的。”

理网络犯罪案件规定》①，说明实践办案中如何对瑕疵电子数据进行补正。

一、电子数据的原始介质、备份未以封存状态移送的问题

根据《收集提取和审查判断电子数据规定》②，为保证电子数据的完整性，一是在扣押或提取电子数据的原始存储介质如设备终端手机、计算机等，需要对手机、计算机等进行封存；二是对电子数据的备份进行封存。因此，对未以封存状态移送电子数据原始存储介质或电子数据备份的情形，补正的要求就必须围绕是否能够保证电子数据的完整性，即电子数据在提取和保管等环节中没有被篡改进行。实践中，应注意以下问题。

（一）封存电子数据

根据《收集提取和审查判断电子数据规定》和《电子数据取证规则》③ 的规定，封存原始介质是保证电子数据完整性的方式之一，而不是只能采取封存一种方式。《电子数据取证规则》还使用了“可以”的表述，故没有对原始介质进行封存不会必然导致认定电子数据不具有完整性的结论。如在现场提取电子数据，提取笔录记载的流程规范并按规定对提取的电子数据进行了计算完整性校验值等，在移送原始介质时，没有“封存”就不会必然引起对电子数据完整性的质疑。同样，电子数据备份未封存的，如备份的完整性校验值与提取电子数据笔录中记载的完整性检验值一致，也不会必然引起对电子数据完整性的质疑。

但要注意的是，如果存在对电子数据真实性、完整性的质疑，由于电子数据或其备份均来源于原始介质，而重新从原始介质中提取电子数据是最直接有效的回应方式，此时原始介质是否封存就变成了关键性问题。

---

① 《办理网络犯罪案件规定》第 43 条规定：“电子数据的收集、提取程序有下列瑕疵，经补正或者作出合理解释的，可以采用；不能补正或者作出合理解释的，不得作为定案的根据：（一）未以封存状态移送的；（二）笔录或者清单上没有取证人员、见证人、持有人（提供人）签名或者盖章的；（三）对电子数据的名称、类别、格式等注明不清的；（四）有其他瑕疵的。”

② 《收集提取和审查判断电子数据规定》第 5 条规定：“对作为证据使用的电子数据，应当采取以下一种或者几种方法保护电子数据的完整性：（一）扣押、封存电子数据原始存储介质；（二）计算电子数据完整性校验值；（三）制作、封存电子数据备份；（四）冻结电子数据；（五）对收集、提取电子数据的相关活动进行录像；（六）其他保护电子数据完整性的方法。”

③ 《电子数据取证规则》第 7 条规定：“收集、提取电子数据，可以根据案情需要采取以下一种或者几种措施、方法：（一）扣押、封存原始存储介质；（二）现场提取电子数据；（三）网络在线提取电子数据；（四）冻结电子数据；（五）调取电子数据。”

（二）对“未以封存状态移送”的补正或解释

一是对电子数据原始介质未封存的，需要补正说明从扣押到移送的全过程。以手机为例，扣押笔录中要有扣押手机的相关记录，包括手机外观、IMEI 序列号等；相应的程序性证据包括移送清单中手机移交保管的记录，以及从保管到提出后移送的记录等。补正或解释时需要提交相关清单及手续，以补充说明该手机从扣押到移送的全过程，即不存在侦查人员以外的人可能接触到手机的情形。

二是对电子数据未封存的，需要补正说明电子数据提取的全过程。这里的全过程，包括提取电子数据的笔录是否记载所提取的电子数据的完整性校验值，是否记录电子数据备份的标准情况，以及电子数据备份移送的全过程手续文件等。补正或解释时需要提交上述记录或清单等，证明电子数据的备份自提取到移送的过程中不存在可能被调换的情形。

三是需要对未封存进行合理解释。本书认为，合理解释的目的不仅是说明电子数据原始介质或备份的扣押、提取以及保存方式合理，更重要的是排除未封存对原始介质中存储电子数据完整性的影响，或者排除电子数据的备份存在被调换等可能性。因此，合理解释首先要说明未封存可能存在的原因，如未及时找到相应的封存手机的物证袋等；其次要说明的是，在未封存的情况下也不存在使用电子数据或其他可能造成对其中电子数据增、删、修的情形。如果确有必要，可以由技术人员进行检验，证明原始介质在被扣押期间不存在被使用或其他可能破坏电子数据完整性的情形。对电子数据备份未封存的，可以查看电子数据完整性校验值是否与提取笔录记载的一致，确有必要的可以重新提取电子数据。

二、笔录或者清单上缺少签名或者盖章的问题

笔录或者清单是指相应提取电子数据或者扣押存储介质的笔录、扣押（提取）清单等，存在在笔录或清单上应当签字的侦查人员、见证人、持有人等未签字的情形。实践中，上述人员未签字可能的原因一是制作笔录时情况紧急，二是制作笔录时疏忽，等等。无论原因如何，笔录无上述人员签名的，电子数据的来源就会受到质疑。

（一）缺少侦查人员签名的

笔录上无侦查人员的签名，则涉及侦查人员是否适格的问题。根据《收集提取和审查判断电子数据规定》第 7 条，收集、提取电子数据，应当由 2 名以上侦查人员进行，即如在笔录或者清单上没有取证人员签字，则可能违反了取证人

员资格及人数的要求，导致取证因不合法而被排除。本书认为，对此问题的审查及补正要注意以下几个问题：

（1）是否为适格的侦查人员。一是取证人员应为立案或者调查核实侦查机关的侦查人员。如系甲公安局立案，除非有联合办案等相关文件，则乙公安局的侦查人员并无侦查权，属侦查主体不适格。二是取证人员不能是辅警等非侦查人员以外的人员。因此，在笔录或清单上除侦查人员的签字外，还要求记载侦查人员所在的部门、身份，在补正或说明理由时同样要予以注明。

（2）侦查人员的人数要求。《收集提取和审查判断电子数据规定》要求 2 名或以上的侦查人员，要注意补正时相关侦查人员的人数必须与相关证据吻合。如现场勘验笔录记载系 3 名侦查人员提取相关电子数据或扣押存储介质，则 3 名侦查人员均要补充说明未签字的理由，因为瑕疵证据的补正更要严格，不能以《收集提取和审查判断电子数据规定》规定 2 名侦查人员，就只让其中 2 名侦查人员补充说明。

（3）补正或说明的理由的要求。一是要实事求是。如因情况紧急则要说明情况的事由，或在制作提取笔录或清单后现场又发生其他紧急情况没来得及签字，则要说明其他紧急情况的事项；如因侦查工作上的疏忽忘记签字，直接承认并不会导致成为非法证据予以排除，但要说明取证过程均依法进行，以及侦查人员在取证过程中没有违法行为，即补正或说明的理由一定要保证没有签名并非由于取证的非法性。二是不能以直接在案卷上补充签字代替补正或说明。在笔录或清单已制作完成并提交后，就不能在笔录或者清单上进行更改或添加。实践中也有直接在案卷上补充签名的情形，这是非常不可取的，会直接破坏笔录的原始形态，不仅合法性没得到补正，反而更容易被质疑笔录的真实性与客观性。因此，在对瑕疵证据进行补正时，只要实事求是说明理由即可，经审查认为不属非法证据的仍可以作为定案依据，直接在案卷上补充签名的做法得不偿失。

（二）缺少见证人签名的

笔录或清单上无见证人签名，不仅是信息网络犯罪，也是大部分刑事案件存在的情形，较常见的如毒品犯罪等，因现场扣押毒品时无见证人，故清单上没有见证人签名。笔录或清单上无见证人签名的原因有多种，常见的一是现场确实没有见证人；二是现场有见证人但不愿意签名；三是制作笔录后未让见证人签名。

1. 现场无见证人或见证人不愿签名

一是扣押原始介质时无见证人或没有符合条件的见证人。根据《公安机关办理刑事案件程序规定》第229条的规定，查封、扣押的情况应当制作笔录，由侦查人员、持有人和见证人签名，持有人拒绝签名的，侦查人员应当在笔录中注明，但该规定中没有说明无见证人或见证人拒绝签名时应如何处理。对此，本书认为可以借鉴《办理毒品犯罪案件毒品提取、扣押、称量、取样和送检程序若干问题的规定》，“由于客观原因无法由符合条件的人员担任见证人或者见证人不愿签名的，应当在笔录材料中注明情况，并对相关活动进行拍照并录像”。因此，如现场确无见证人，应当注明此情况并进行拍照及录像。如笔录或清单上无见证人签名，又没有注明情况并进行拍照及录像，在补正或说明时，既要说明如情况紧急等没有采取现场录像的原因，又要说明如何保证扣押过程符合法律规定，特别要说明如何保证如实记录提取原始介质或电子数据的相关信息等。

二是提取电子数据时无见证人或没有符合条件的见证人。《收集提取和审查判断电子数据规定》第15条第1款规定：“收集、提取电子数据，应当根据刑事诉讼法的规定，由符合条件的人员担任见证人。由于客观原因无法由符合条件的人员担任见证人的，应当在笔录中注明情况，并对相关活动进行录像。”实践中，出现见证人未在笔录上签字的情形，有的是因现场情况紧急，需要立即提取电子数据，否则可能会被远程删除数据（如犯罪分子使用的终端设备具有防断网删除等功能，在一定时间未使用或者回复信息，则自动删除设备的数据），此时不能立即找到合适的见证人，又不能及时启动现场拍照、录像，需要补正说明现场紧急情况的原因。必要时，可以由技术人员对电子数据进行检验，证明提取的时间与侦查人员在现场提取笔录的时间吻合，且电子数据不存在被增加、删除、修改等情形。

2. 制作笔录后未让见证人签名

对此情形的补正方式，可以是要求侦查人员对见证人进行补充询问，证明见证人全程参与扣押原始介质或者提取电子数据全过程，并需要再次对笔录或清单予以确认。特别要注意的是不能让见证人在原始笔录或清单上签名，否则有可能会将原本只是瑕疵的证据变成伪造的证据。另外在实践中还有一种情形，即提取电子数据可能需要几天甚至几个月的时间，这时不可能让见证人全程参与提取过程。本书认为，见证人可以在提取开始时，见证提取的设备、软件以及提取方式等，不必要一直参与提取过程；但是在提取时应对提取全程录像，因为提取电子数据的程序在设置好后可以无人值守，全程录像能够完全显示提取全过程。因此，在提取笔录中可以记录见证人参与提取的时间而无须是全程，但要详细记录提取的方式、技术标准等。

（三）缺少持有人签名的

持有人未在笔录等文件上签名可能存在的情形，一是扣押原始介质时持有人不在现场，或者持有人不愿签名，但侦查人员没有注明该情形；二是制作笔录时忘记让持有人签名。根据《公安机关办理刑事案件程序规定》第 229 条的规定，查封、扣押的情况应当制作笔录，由侦查人员、持有人和见证人签名。对于无法确定持有人或者持有人拒绝签名的，侦查人员应当在笔录中注明。因此，如现场没有持有人或者持有人拒绝签字，侦查人员应当在笔录中注明情况。如笔录中既没有持有人签名又没有侦查人员注明，则需要侦查人员同时补充说明笔录或清单上无持有人签名的原因，以及为何不在笔录上记录持有人不在场或拒绝签名的情形，还可以就该扣押原始介质或者提取电子数据的过程询问见证人、持有人。

对侦查人员忘记让持有人签名的情形，应当由侦查人员说明该情况，并就扣押原始介质或提取电子数据的笔录、清单让持有人重新确认。需要强调的是，切忌让持有人重新在笔录或清单上签名，这将会让原来只是瑕疵的证据变为伪造的证据。

三、电子数据的名称、类别、格式等注明不清的问题

（一）瑕疵原因是注明不清而不是未记载

需要注意的是，这里的注明不清仅限于电子数据，不包括原始介质等，并且证据瑕疵仅是指注明不清，而不是笔录中没有记载。如在电子数据提取笔录中没有列明在硬盘中提取 Excel 表格文件“公民个人信息表 1. xlsx”，但在移送的证据中又有该电子数据文件，则该证据不具有客观性，这就不属瑕疵证据能够补正说明的情形。对这一情形，因电子数据不像物证等，如现场勘验中没有记录相关物证，不可能再将物证放回后重新勘验提取，而电子数据还可以从原始介质中重新提取。因此，如提取笔录没有记载提取相关电子数据而移送清单上又有该电子数据的，就需要重新从原始介质中提取电子数据，不能仅以说明等形式补正。

但是，如果案中没有对原始介质进行扣押，或者实际扣押但在笔录、清单上没有记载又无同步录音录像证明，或者扣押了未封存又无合理解释的，则再次提取电子数据就不具有真实性，未在扣押笔录上记载的电子数据就不能作为定案的依据。

（二）注明不清的补正或合理解释

实践中注明不清的情况，主要可能只是笔录记载时没记录完全或者书写错

误，并不是完全没记载。如之前的例子，在硬盘中提取了表格文件“公民个人信息表 1. xlsx”，但仅记载文件名“公民个人信息表 1”，而没有记载后缀名“. xlsx”，就要补充说明记载不全系笔录记录时的失误，以及提取的文件名“公民个人信息表 1”只有该文件，不存在其他同名文件的情形，即要保证注明不清的情况下该电子数据的唯一性。确有必要的，也可以重新提取电子数据。

006 审查认定海量同质性电子数据

非法集资类案件往往存在海量同质性电子数据，如反映集资投入本金、返还本金、返还利息、实际损失等的电子数据，在认定数额时，可通过对在案各种证据，包括公司会计账簿、会计凭证、银行转账记录、交款凭证等综合比对，必要时可委托专门机构审计，明确非法集资参与人的投资金额、损失金额及各被告人应当负责的金额。

如某非法吸收公众存款案涉及两家总公司、30 余家分公司、10 余家项目公司、1 万余名投资人、涉案金额高达 26 亿元。该类案件存在投资人多次、重复投资，报案人报案数据和后台数据不一致，各被告人地位作用和任职期间不同等问题，如何准确认定非法集资数额及各被告人应当负责的金额是办案的关键。为准确、及时认定案件事实，可结合海量同质性电子数据的特性，开展相应的审查证据工作。

所谓同质性电子数据，是指虽然数值不同，但均具有相同的特点、规律的电子数据。如在非法吸收公众存款案件中，反映集资投入本金、返还本金、返还利息、实际损失等的电子数据虽然庞杂，但仍有规律可循：一是集资投入本金减去返还本金，再减去返还利息等于实际损失；二是返还利息和集资投入本金、集资收益率、投资时间之间也存在相应的公式关系。在审查上述数据的过程中，可依据《最高人民法院、最高人民检察院、公安部关于办理非法集资刑事案件适用法律若干问题的意见》第 6 条的规定，以投资人为计算主体，综合公司会计账簿、会计凭证、银行转账记录、交款凭证等证据综合比对，必要时可委托专门机构审计。

在计算数额时，可以通过以下步骤保证案件中投资金额、损失金额计算的准确性：

第一步，对全案证据根据类别进行分类汇总，形成后台数据、会计账册、投资人笔录材料等证据类别，分别请审计部门出具审计意见，要求审计意见中包含投资金额、损失金额、计算的损失金额（按照合同到期日、不能兑付日、合同利率计算）。

第二步，对第一步中制作的表格，按照人员身份信息进行汇总，即对于存在多次投资的，整合在一个栏目内，统一计算其投资金额和损失金额；需要说明的是，损失金额应按照多次投资的总额扣除已收回的全部本息计算，因为参与非法集资本身违法，任何人不得从自己的违法行为中获利。

第三步，制作投资比对明细表，通过与在案证据的比对、筛选，明确非法集资参与人的投资金额、损失金额。对于案件中存在特殊情形，不能辨识如何取舍时，还应进行二次人工核对；在最终部分金额认定仍存疑的情况下，应秉持存疑有利于被告人的原则进行认定。

第四步，制作被告人职责作用、任职时间的人员责任表，明确各被告人应当负责的产品、项目和具体时间段。

第五步，依据投资对比明细表和人员责任表，利用两个表格所具有的项目和时间的关联性，通过表格透视形成各被告人应当负责的投资金额、损失金额表格，进而明确各被告人应当负责的刑事责任范围。

附：相关规定

《最高人民法院关于适用〈中华人民共和国刑事诉讼法〉的解释》（法释〔2021〕1号，2021年3月1日起施行）

《人民检察院办理网络犯罪案件规定》（2021年1月22日起施行）

《公安机关办理刑事案件电子数据取证规则》（2019年2月1日起施行）

《最高人民法院、最高人民检察院、公安部关于办理刑事案件收集提取和审查判断电子数据若干问题的规定》（法发〔2016〕22号，2016年10月1日起施行）

第三章　信息网络犯罪涉案财产处置

001 网络犯罪违法所得的证明标准与举证责任

网络犯罪手段的高度隐蔽性使得追赃挽损难度异常之大，机械照搬定罪量刑“证据确实、充分”“排除一切合理怀疑”“证据存疑有利于被告人”等原则来认定网络犯罪的违法所得明显不符司法实际，有必要审慎思考网络犯罪违法所得证明标准及举证责任机制的重构问题。

一、证明标准

证明标准是运用证据证明案件事实所应达到的程度。我国《刑事诉讼法》在定罪量刑程序中业已确立了客观上“确实、充分”，主观上“排除一切合理怀疑”的证明标准。[①] 但追赃程序应否适用同样的标准，并无法律明确规定，实务中存有较大争议。有的法院严格采用“排除一切合理怀疑”的标准来认定违法所得。[②] 有的法院则采取“高度盖然性”的标准来认定违法所得。[③]

采取“排除一切合理怀疑”证明标准的不足日趋凸显，本书倾向于赞同“高度盖然性”的证明标准，主要基于以下几点考虑。

（一）满足追赃实际需求

长期的司法实践经验业已表明，在违法所得审查认定上苛求泾渭分明，每笔资金均要求流向清晰、权属明确，违背客观规律。金钱乃种类物，市场赋予财产样态多般变化，在剥夺网络犯罪分子违法所得的过程中，如若机械套用“排除一切合理怀疑”的证明标准，仅因倒卡取现、黑白混用、公私混同、来源不明等原因即认为“无法证明”“不得追缴”，甚至将查控到案冻结在电信诈骗、网

① 参见邓子滨：《刑事诉讼原理》，北京大学出版社 2019 年版，第 288 页。

② 参见海南省高级人民法院刑事判决书，（2015）琼刑二终字第 6 号。

③ 参见湖南省桃源县人民法院刑事判决书，（2018）湘 0725 刑初 254 号。

络赌博、非法集资等犯罪分子资金池或流转通道内的巨额资金退还犯罪分子，有违基本正义，难以让普通民众所接受。此种做法无异于给犯罪分子隐匿财产大开方便之门，追赃挽损可谓寸步难行。

（二）符合立法精神

在现代产权社会，刑事追赃挽损作为“对物诉讼”程序日益受到关注。采用“高度盖然性”的标准有法可依，符合立法精神，顺应立法趋势。《反有组织犯罪法》第45条第3款、《刑诉法解释》第621条、《最高人民法院、最高人民检察院关于适用犯罪嫌疑人、被告人逃匿、死亡案件违法所得没收程序若干问题的规定》以及最高人民检察院指导性案例第128号彭某峰受贿，贾某语受贿、洗钱违法所得没收案等均阐明了涉案财产具有高度可能属于违法所得且被告人不能说明合法来源的，可以认定为违法所得的理念。既然犯罪嫌疑人、被告人逃匿、死亡等缺席审判程序可采用“高度盖然性”的证明标准，那么业已查清犯罪事实，确认受领赃款赃物的普通刑事案件在证明违法所得时采取“高度盖然性”的证明标准无疑更符合立法精神。① 而且《电诈意见（一）》第7条第2款明确规定，确因客观原因无法查实全部被害人，但有证据证明该账户系用于电信网络诈骗犯罪，且被告人无法说明款项合法来源的，根据《刑法》第64条的规定，应认定为违法所得，予以追缴。该规则的确立无疑对于所有网络犯罪案件办理均有重要的指导意义。

（三）契合规范目的

追赃挽损规定与定罪量刑条款的立法目的、规则价值、程序架构等迥然有别。追赃挽损是源于犯罪事实，重在剥夺不当利益的制裁措施，具有“对利不对人”的典型特征，而相应财产利益的流动性、可替代性特征较为明显。可以说，不当利益流向哪里，剥夺需求就指向哪里，本质上是处理一种财产关系，采取“高度盖然性”的证明标准相对更为适当；而定罪量刑程序奉行“罪责自负”“刑罚止于犯罪分子一身”等理念，刑罚只针对犯罪分子本人的人身和财产，不可株连，也无法替代，关乎生命与自由，务求证据确实、充分。忽视二者的上述区别难免会犯脱离实际的错误，导致追赃挽损工作捉襟见肘。

二、举证责任

与证明标准紧密伴随的就是举证责任的分配问题。举证责任的分配实则是处

---

① 参见广东省深圳市中级人民法院刑事判决书，(2014) 深中法刑二初字第273号。

理当举证不能时不利后果由谁来承担的问题。我国《刑事诉讼法》明确规定证明被告人有罪的责任在控方，但追赃活动中举证责任如何分配却历来有争议。（如表3－1所示）

表3－1 举证责任分配规则一览表

控方证明非法	被追缴方证明合法
在案证据不能证明资金来源系其违法所得或供犯罪所用的本人财物，不属于涉案财物范围，原判予以追缴缺乏法律依据①	杨某与他人共同诈骗1900余万元，均未返赃，在没有证据证明所查封的房屋及车辆不是赃物的情况下均应依法予以追缴②
对已冻结的被告人周某账户内的存款，其中有案外人黄某甲向周某支付的借款30万元，因无证据证明该款系黄某甲购买走私柴油的款项，因此该款不属于该案的赃款，应予返还黄某甲③	对于开设赌场犯罪中用于接收、流转赌资的银行账户内的资金，被告人不能说明合法来源的，可以认定为赌资④
公诉机关没有证据证实查封在案的房产属于违法所得，根据有利于被告人原则，认定被查封房产属于被告人合法财产⑤	辩护人提出的公安机关从被告人身上查获的5036元现金系被告人合法财产的辩护意见无证据支持，对该5036元现金应作为赃款返还给被害人⑥
原判认定宋某丽账户上的资金属于张某田等人的违法犯罪所得或者依法应当追缴的涉案财物，存在不能排除的合理怀疑。原判将本应由公诉机关负担的证明犯罪的举证责任倒置给被告人及案外人，违反《刑事诉讼法》第49条的规定，显属适用法律错误⑦	被告人张某小账户已支付的1178.6万元购房款中有1158.6万元是从杨某处转账的，在被害人巨额资金未能收回的情况下，应判定系集资赃款。另外支付的20万元，发生于该案的集资行为持续期间，集资款和被告人的合法财产在张某小的账户内混同，应认定为赃款并予追缴⑧

① 参见贵州省高级人民法院刑事判决书，（2019）黔刑终244号。
② 参见吉林省高级人民法院刑事判决书，（2013）吉刑一终字第150号。
③ 参见海南省高级人民法院刑事判决书，（2014）琼刑二终字第11号。
④ 参见河南省许昌市魏都区人民法院刑事判决书，（2019）豫1002刑初498号。
⑤ 参见广西壮族自治区北海市铁山港区人民法院刑事判决书，（2019）桂0512刑初220号。
⑥ 参见甘肃省和政县人民法院刑事判决书，（2019）甘2925刑初13号。
⑦ 参见海南省高级人民法院刑事判决书，（2015）琼刑二终字第6号。
⑧ 参见浙江省温州市中级人民法院刑事裁定书，（2017）浙03刑终1387号。

续表

控方证明非法	被追缴方证明合法
随案移送审查处理的作案工具摩托车，因无证据证明系被告人合法财产或系其非法所得财物，由公安机关依法处理①	证据显示，莫某波支付房款在毒品犯罪获利之后，没有证据证明莫某波有巨额合法收入的途径，因此应认定该房产属于非法所得，应予以没收②
二被告人曾供述其从保险柜内取出现金用于购买毒品，被告人对该41万元现金来源的辩解不合常理且相互不能吻合，又不能作出合理解释，也无其他证据印证，故该41万元现金应认定为被告人贩卖毒品犯罪所得或用于毒品犯罪的资金，应予追缴或没收③	邵某伟给其前妻的钱款，无证据表明是贾某莹合法所得，原判将该钱款认定为黑社会组织财产并依法予以追缴，符合法律规定，并无不当④
现有证据尚不足以确认案外人取得该财产非善意取得，因此该案尚不宜对该房屋进行处置⑤	张某虽非本案当事人，但案涉部分赃款在张某处，无证据证明张某取得该赃款属于善意。故原审法院判决向张某追缴赃款，正当合法⑥

在追赃挽损程序中首先应当由控方证明犯罪分子或案外人处有违法所得，然后区分犯罪分子本人与案外人进一步划分举证责任。

（1）针对犯罪分子本人而言，因其通过违法犯罪活动牟取经济利益，其实施犯罪活动期间获得的可疑财产可先推定为非法财产，之后由犯罪分子说明合法来源，犯罪分子无法说明的，可认定为违法所得。犯罪分子违反财经制度、逃避金融监管，混同使用资金，隐匿资金来源，冒用他人合法账户掩盖非法交易等行为属自陷风险，应当承担账户内资金被推定为违法所得财物的不利后果。当然，这种否定性评价及“先入为主”的怀疑并非绝对，不仅允许当事人反证，且关于这种合法来源的说明同样只需达到“高度可能”的程度即可。

（2）对案外人而言，普通公民持有的财产首先应被推定为合法财产，这是

① 参见广东省普宁市人民法院刑事判决书，（2020）粤5281刑初1008号。

② 参见广东省清远市中级人民法院刑事判决书，（2014）清中法刑一初字第26号。

③ 参见湖南省桃源县人民法院刑事判决书，（2018）湘0725刑初254号。

④ 参见天津市第一中级人民法院刑事裁定书，（2020）津01刑终287号。

⑤ 参见广西壮族自治区柳州市中级人民法院刑事判决书，（2014）柳市刑二初字第2号。

⑥ 参见辽宁省大连市中级人民法院驳回申诉通知书，（2019）辽02刑申95号。

现代产权社会的基本共识。所以理应首先由控方承担证明违法所得流入案外人处的责任，以更好地保护无辜者免受侵害。但当控方完成举证责任后，则应当由案外人证明其系善意取得，以平衡追赃挽损与保护善意第三人之间的关系。

在打击网络犯罪过程中，建议参照《刑法》第395条的立法模式及前述《电诈意见（一）》第7条的规则，确立更为符合追赃挽损实际的举证责任分配模式，即在控方的举证达到相应证明标准之后，如果被追缴方认为涉案财产全部或部分系合法财产或善意取得，理应由其承担证明涉案财产系合法财产或已支付对价的责任。这样可以避免侦控机关负担过多举证责任而影响及时查控涉案财产的效率和积极性，具有较强的合理性。当然，举证责任的分配更多依赖顶层设计，可谓“牵一发而动全身”，有待更加深入的研究。

三、网络犯罪违法所得证明标准及举证责任的实践把握

采用“高度盖然性”的证明标准及给被追缴方分配说明财产合法来源的举证责任，意味着对于参与网络赌博、电信诈骗等网络犯罪活动的人员，只要存在冒用他人身份，将巨额现金散存于多个银行账户，或在不同银行账户之间频繁划转，逃避监管等异常交易行为，即可推定其对账户资金可能因为从事违法活动而被追缴有清醒认识，将该账户内资金全部视为违法所得具有合理性。对于受领非法交易资金的单位和个人，若非法资金在整个企业或账户财产中占比较大，而又无规范账目记载，交易对手信息无法查询，账户持有人无法提供合法来源的证据，此时将剩余少额资金推定为非法所得即使可能存在一定的偏差，也有理由让被追缴人承担不利后果。

当然，采用相较定罪量刑较低的证明标准，给被追缴方分配一定的举证责任虽然有助于高效处置财产，但也有人担心，如此分配举证责任是否会造成追赃范围的不当扩大，以致发生“一颗老鼠屎坏掉整锅汤”的问题？这种担心确实并非多余，而且必须引起高度重视。在更新网络犯罪违法所得证明标准和举证责任理念的同时，应注意以下问题。

1. 应遵循平等对待的原则

既然对控方而言采用“高度盖然性”的证明标准，那么被追缴方提出反证，其证明标准不应高于控方。不是必须提供当初的借条、交易合同、账册等书证。而应结合犯罪分子、案外人在实施犯罪活动或受领违法所得期间的职业、收入来源、资金用途、使用方式、说明资金去向时的态度、其大额交易对手的证言及其

他辅助证据材料等综合判断被追缴方说法的可信度。只要系合法财产的可能性较大，即可阻却被认定为违法所得的后果。

2. 应遵循比例原则

从实务的经验来看，如若被追缴方偶然牵涉犯罪或受领赃款，其非法资金流特征比较明显，在整个企业或家庭财产中占比较少，流向相对清晰，易于取证。此时不能因为某一账户汇入了非法资金便将整个账户视作非法账户，而应结合账户的原有余额，非法资金对应收益等，以非法资金及其孳息、收益总额为限采取追缴措施，避免超标的查封、冻结涉案财产，影响被追缴方的正常生活及经营。

3. 应遵循适当推定的原则

推定作为一种认定事实的方法，有其自身规则；要避免在没有基础证据的情况下主观猜测，过分推定。要在对同时期多个账户资金流向、交易特征进行系统分析的前提下，在符合生活经验、逻辑规律的情况下推断某笔资金系非法资金，要求被追缴方说明来源。

002 网络犯罪追缴赃款取证重点指引

网络诈骗、非法集资等犯罪活动往往牵涉人数众多，波及地域广泛，涉案财产种类繁多，金额巨大，相关案件的追赃挽损工作甚至比定罪量刑更为困难。不少裁判文书财产处置判项要么笼统表述为“由查封、扣押、冻结机关依法处理”“犯罪工具予以没收”“违法所得继续追缴”，要么干脆不予处置。然而，刑事涉案财产处置判项不明引发的“懒追赃”“乱追赃”问题日益严重，有必要从源头出发，加强刑事涉财产部分取证活动的针对性、有效性。可重点围绕以下几方面展开调查取证工作。

一、查清被害人的损失数额

挽损是追赃的重要功能之一，应当查明被害人损失情况及已获退赔的情况。根据司法经验，被害人众多的，可通过媒体公告、电子送达等形式发放资金返还申请表或报案表进行格式化取证，要求被害人填报交款理由、数额、时间、地点、方式、返利、身份信息、联系方式等内容并提供转账凭证等证据。之后还可根据已收集的被害人陈述、被告人供述、银行转账凭证、银行交易明细、第三方支付结算账户交易记录、通话记录等电子数据等证据，选取被骗资金量大、空间距离相对较近、被害对象特殊、犯罪方法有代表性的已报案或未报案被害人进行询问，完善证据体系，修正犯罪金额。将返还资金申请表、汇总被害人信息清单等附卷一并随案移送。

二、查明涉案账户持有人

查明赃款流经银行账户、非银行支付账户及绑定手机卡、借记卡等的实名状态对于查明账户持有人（实际管控账户内资金的人）至关重要。尤其要查清资金集中分配、结算账户持有人的身份、职业、收入来源及关联账户交易记录。充分收集、提取相关银行账户、非银行支付账户等交易记录及短信、QQ、微信、Skype 等即时通讯工具聊天记录等。第一时间将证据固定，争取尽早锁定专门用于违法犯罪活动的账户。据此即可对账户中性质相同，但因被害人众多、下游犯罪分子闻风潜逃等原因无法收集的证据在逐一证明、逐人核实涉案账户资金来源时予以法律上的推断定性。

三、查明前后手账户持有人之间的相互关系

查明账户持有人之间究竟是共犯关系还是上下游产业链关系、是合作关系还是雇佣关系、是夫妻关系还是情人关系、是亲密关系还是陌生关系等，对于分辨资金性质，判断受领人究竟出于善意或恶意，确定追缴对象和退赔主体等均具有重要意义。

四、查明资金流动的原因，确定财产性质、权属

追赃时务必查清前后手交易的原因究竟是基于隐匿财物还是等价交易、担保、偿还债务、赠予等。查明资金流动的原因主要依赖于前后手账户持有人的供述、证言等。

（1）账户持有人故意隐匿资金的，可以通过提取电子数据、证人证言，发现前后手交易方的特殊关系、异常的交易方式、辩解的反常情况等。侦查机关要注意对比司法解释列明的相关典型行为方式，对帮助他人将巨额现金散存于多个银行账户，或在不同银行账户之间频繁划转，或频繁采用隐蔽上网、加密通信、销毁数据等措施，或者使用虚假身份、逃避风控监管、规避调查等异常交易方式进行重点表述。对受领财物的家庭成员、情人、亲属等，要及时进行询问，取得“无偿取得”“赠予”“为家庭生活支出”“挂名购置”“假离婚”“无收入来源”等相关方面的证据。对于贷款购房、购车的，务必核实后续还本付息资金的支付

主体、支付方式、资金来源等。

（2）基于等价交易的，要查明等价交易的时间、场所、标的物、交易价格、合同履行程度等情况，以判断受领人是否存在过错，能否认定善意取得。如果查实系善意取得的，要及时查清违法所得的替代物、转化物、衍生收益的去向并予以控制。将违法所得用于投资或者置业的，对因此形成的财产及其收益，亦应追缴。

（3）基于偿还债务的，要查明债务形成原因，借款合同履行情况，物权变动情况等，以判断债务的大小及合法性。尤其注意是否存在偿还赌债、高利贷等非法债务的情况。如果存在，尚需要确定本金和利息的数额。对于物权尚未完成变更、动产尚未交付的，因赔偿被害人损失在执行中具有优先地位，要及时对相关财产采取保全措施。

（4）基于履行缔约定金、违约金、预付款、赔偿款等原因的，要查清资金去向、合同履行情况，及时采取保全措施。此种情形一般并不存在善意取得等价交易的特性，没有替代物可供执行，具备进一步追缴可能。①

（5）基于缴纳税费、公益慈善、购买日用品、生活服务或参与赌博等用途的，此类交易要么涉及法律关系复杂，要么资金交易数额小但长期、多次积累，难以查证，要么资金去向不清，难以追缴，故要及时查清账户持有人的现存其他财产，以备责令退赔之需。

（6）对于支付至电信业务经营者、银行业金融机构、非银行支付机构、通信技术公司、电子信息技术公司、公关广告公司等单位及个人用于违法犯罪活动相关的广告费、推广费、机房空间、光纤收发器租借费、语音中继业务、手机数据流量和话费充值服务费、信息咨询费、通信服务费、互联网专线流量费、托管费、手续费、存储费、工资、提成、利息、返点等费用的，或用于收购他人手机卡、流量卡、物联网卡、搜索引擎、即时通讯软件、改号软件、公民个人信息等的，要查清受领方有无过错，是否遵守行业规范，是否履行谨慎审查义务，对于涉嫌帮助信息网络犯罪活动罪，掩饰、隐瞒犯罪所得、犯罪所得收益罪、洗钱罪的，或用于贩毒、行贿②等新罪的，对相关费用要及时采取保全措施。

---

① 参见北京市第三中级人民法院刑事判决书，（2015）三中刑初字第00836号。

② 要注意此处追缴或责令退赔违法所得与下一步从受贿人处追缴行贿款的不同之处，二者并不矛盾。

五、查清前后手账户流转资金的具体数额

前后手账户流转资金数额的取证涉及书证、电子数据较多，较为复杂，一般需要专业机构进行审计梳理。从实务经验来看，大致可以将账户资金分为三类进行梳理。一为犯罪所得原款原物，此类财产具备返还特定被害人的可能；二为来源不明资金，此类财产可能被推定为违法所得或合法财产；三为合法资金，此类资金有可能被用于执行财产刑、责令退赔等。对于存在三类资金混流或者资金流因取现而中断等复杂情形的，可以比对账户持有人及其密切关系人同时段关联账户资金流，查明关联账户流入资金的来源或同时段购置大额资产项目的情况，结合资金存取流转的书证、电子数据、证人证言、被告人供述和辩解等证据分析认定，制作资金流向图，并标明各节点三类资金的比例值。然后按照“违法所得先出”“违法所得沉淀”“混合比例追缴”等原则，予以概括追缴。至于究竟采取何种方式，需要各地根据个案情况、当地刑事政策、追赃挽损效率与保护交易安全需求等因素，本着政治效果、社会效果、法律效果有机统一的宗旨慎重作出选择。要尽可能确保侦控人员、审计人员、财务人员、审判人员在审查认定规则上取得一致意见，以同一尺度衡量资金流，避免无效审计。

六、查明账户持有人的其他财产线索

违法所得资金几经辗转，难免出现灭失无法追寻的情况，此时就会涉及违法所得退赔的问题。在违法所得与合法资金混合投资等情形下，也存在按比例分割现有财产的需求。在持有人无正当职业和稳定收入来源，而巨额财产来源不明的情形下，有将财产类推为违法所得的可能。基于此，侦查机关在追查资金去向的同时可以一并就犯罪嫌疑人、被告人、账户持有人的房产、车辆、存款、保险、基金、股票等其他等值财产进行查控。

上述取证工作基本可以满足追赃的需求，但仍难免出现违法所得灭失的情形。违法所得的灭失包括物理上的灭失和法律上的灭失，如毁损、丢失、被他人善意取得且无替代物、线索中断，去向无法查清、不具追缴可能等。出现此类情形时，侦查机关有必要作出事实认定，表述于移送起诉意见书或财产处置意见书中，以备后续宣判时明确继续追缴或责令退赔的主体及具体数额。

003 网络犯罪追赃讯问、询问笔录模板

一、讯问、询问时间、地点、身份信息（略）

二、告知权利（略）

三、简历（因有追赃需求，讯问、询问时需加强对犯罪嫌疑人、被告人、罪犯及其密切关系人、案外人在涉案期间的职业、收入、不动产、动产、债权债务等情况的调查，为后续有针对性地确定具体财产的来源、性质、权属奠定基础）

四、定罪量刑部分（略）

五、追赃挽损部分（亦可穿插于定罪量刑事实中进行）

（一）整体把握资金流转账户的情况，锁定专门用于违法犯罪活动的账户

例句：(1)“你（家庭、公司）使用过哪些账户（卡)?”“分别都用来干什么?”“这些账户分别都是谁在控制使用?”“你平时日常消费用哪几个账户转账?”（如系利用公司外壳从事网络犯罪活动，注意通过对公司多名业务员的讯问、询问查清“一人多卡”“多人一卡”的情况）

如果仅回答了部分账户，但没有主动交代涉案账户，可以继续追问：“请你认真想想还有其他账户吗?”“这个账户是不是你在使用?”“是干什么用的?”“这个账户资金流水这么多，刚才问你，为什么不说?”

(2）如果系非实名账户，可以追问：“你有没有使用他人名下的账户进行资金流转?”“既然你自己有账户，为什么要使用别人的账户?”“这个账户是怎么来的?”“这个账户是专门流转×××资金的吗?”

如果回答因为征信问题、和别人有经济纠纷担心被冻结等而使用他人账户，可以继续追问：“你说的这个情况是什么时候发生的事情?”“既然你名下有可以交易的账户为什么仍要使用别人名下的新卡?”“为什么要使用多个别人的账户?”“哪几个账户是专门用来流转×××资金的?”

以上取证目的在于尽早划清非法资金与合法资金界限，锁定专门用于违法犯罪活动的账户，为下一步推定账户内资金性质打下基础。如果在此环节犯罪嫌疑人已主动交代经其手处理的财产全部为非法财产，后续即可直截了当询问、讯问赃款赃物去向，笔录可随之简化。

（二）摸清合法财产状况

例句：“你在入×××这行（根据个案情况确定具体时间节点）之前，以何

为业?”“收入情况怎么样?”“当时有没有大额的存款、房产、车辆、金银首饰、债权、理财、基金、保险、股权或其他财产?”（呼应简历部分的回答，辨别真伪）“后来这些财产哪儿去了?”

（1）如果回答中涉及“做生意、做买卖、做贸易”等收益不固定的商业模式，可以继续追问：“和谁，在什么地方做什么生意?”“从哪里进货? 销往哪里?”“做这个生意收入稳定吗?”“做了几年?”“一年平均能赚多少?”“生意有账目吗?”“做这个生意的收益怎么结算?”“多久结算一次?”“结算之后保存在哪里?”“怎么可以分辨出来账户流入的钱是做这个生意的收益，有什么特点?”

（2）如果回答“上班、打工”等收益较为固定的职业，可以继续追问：“在什么公司上班?”“工资是多少?”“工资都怎么发?”“发到哪个卡里?”“除了上班还有其他收入吗?”“当时有什么支出项目，收支能否平衡?”为下一步核实相关情况，有必要要求其提供合作伙伴或者客户、公司负责人、同事的名字、联系方式。如果回答“电话丢了，找不到了，很久没联系了”。可以继续要求提供他可以提供的具体证人的名字、住址等线索。

上述取证目的在于排除财产的正当来源，从而为推定其控制的财产系违法所得奠定基础。

（三）逐笔核实具体财产的来源、性质

1. 核实账户资金

例句：“他（你）为什么给你（他）转这笔钱，这是什么钱?”“我们搜查、冻结在你×××卡里的钱是什么钱?”“根据你前面的回答，在此期间，你是干什么工作的? 你账户里哪儿来的这么多钱?”“你是什么时间和谁购买的×××财产?（怎么得到的这个财产?）”

（1）如果往来资金频繁，针对较为典型的资金交易进行调查，之后总结规律，继续追问：“类似这样的资金是不是都是×××资金?”如果前面的调查已经确认该账户系专门用于违法犯罪活动的资金，可以不再逐笔调查。

（2）如果回答“这是货款、房款”等，可以继续追问“买这个财产你花了多少钱?”“怎么支付的?”“签没签合同?”“为什么要买这个财产?”“当时这个财产市场价是多少?”“这个财产办理过户、抵押手续了吗?”“后续尾款是什么支付的?”等。

（3）如果回答“这是还我的借款、利息”等，可以继续追问“还的是什么债务?”“什么时候借给他的?”“借款的来源是什么?”“他当时借款说干什么

用?”“有没有借条?”“利息多少?”“还清了吗?”等。

（4）如果回答“付得租金、预付款、违约给我的补偿款”等，可以继续追问“你们后续的合同履行了吗?”“你有没有给他供货?”“这个财产过户了吗?谁在使用?”“你当时有哪些损失?”等。

如果在前面各环节已主动交代现有资产均为非法所得，即可直截了当询问、讯问违法所得大小及去向，笔录可随之简化。

2. 核实可疑财产

例如“你的房子（车子、存款、某公司的股票、基金、保险等）（呼应简历部分及经其他取证方式发现的可疑财产）是什么时候买的?拿什么钱买的?”等。

（1）如果回答“不清楚、不知道”等，可以警告：“如果你不积极配合我们工作，不提供财产线索证据，不说明你（家庭、公司）这些财产的合法来源，那么这些财产我们可能会视为违法所得及其收益予以追缴没收，你听明白了吗?”

（2）如果回答“是亲戚朋友送的，做生意赚的，用积蓄买的”等，可以继续追问“你这个亲戚是干什么的?”“为什么要送你这个房子?”“什么时间送的?”“你做的什么生意?”等。发现被询问、讯问人临时编造事实的，可以警告：“我们会去和相关人员核实，去相关部门调取证据，你要认清形势，积极退赃退赔，争取从宽处理，如果发现你今天说的是假话，刻意掩饰、隐瞒这些财产的来源，你的行为会另涉嫌洗钱（或掩饰、隐瞒犯罪所得及其收益）犯罪?你要想清楚了。”

（四）核实非法获利的大小及去向

1. 针对案外人

例句：“你认识×××吗?”“你和他是什么关系?”“你们之间有什么经济往来?”

（1）如果回答“网友、普通朋友”，但又回答有正常经济往来，可以继续追问“什么经济往来?”“金额多大?”“什么时间通过什么渠道支付的?”“往来资金有什么特点?”“他的情况你了解吗?”“你们俩有没有共同的朋友?”“你知不知道×××是做什么的?”等。上述取证目的主要在于以彼此关系的紧密程度判断合法交易的可能性。

（2）如果是关系密切的亲属、情人等关系，可以继续追问“你们是什么时间确立的这种关系?”“你们之间的经济关系是怎样的?”“他（你）平时给你（他）多少零花钱?”“在没有认识他之前你是干什么的?”“有什么生活来源?积蓄?”“你知不知道他给你的钱是哪儿来的?”“你知不知道×××是做什么的?”等。上述取证目的主要在于确定特殊关系人系无偿取得涉案财产的证据。

如果在此环节已主动交代无偿取得的事实，后续即可直截了当询问、讯问其现有财产来源，笔录可随之简化。

2. 针对共犯

例句：“你做×××这个事情工资是多少?”“约定怎么提成（分红等）的?”“提成是怎么支付? 是现金还是转账? 是直接在你手里扣留，还是你把钱交给×××后再给你返利（分清毛利和纯利)?”“在×××期间你一共获利多少?”“×××和你的获利一样多吗?”“为什么他的获利比你多（少)?”等。

“这些获利都存在哪个账户?”“这些获利你都干什么用了?”（1）如果回答“日常花销了”，可以继续追问“主要花销在哪些地方?”“购置过哪些大件物品?”“经常去哪些娱乐场所?”“办没办会员卡?”等。（2）如果回答“买房交了首付了等”，可以继续追问“买了哪个房? 交了多少? 后续贷款是谁还的? 用什么钱还的? 还到什么时候?”等。

如果根据前阶段的主动交代内容已可明确非法资金性质、数额、流向，即可针对其他人员信息进行侧面调查，笔录可随之简化。

004 网络犯罪违法所得处置判项的写作要点

违法所得处置判项是刑事裁判文书制作中的重要组成部分，对于全面追赃挽损具有特别重要意义，该判项的写作要点主要包括处置主体、处置理由、处置对象、处置方式、其他重要事项等几个部分。

一、判项的核心要素

（1）要明确违法所得的名称、价值（数额）。该违法所得不仅包括赃款赃物本身，还包括赃款赃物的转化物、替代物，而且还包括违法所得的财物投资、置业形成的财产性收益等;[①] 不仅包括已追缴到案的部分，还包括尚未追缴到案的部分。

① 参见张明楷:《刑法学》（第5版），法律出版社2016年版，第642页。

（2）明确已经查封、扣押、冻结到案的财产的相关信息及与违法所得的关联性。至于具体冻结账户的账号、开户行，查封房屋的具体位置、产权证号，扣押车辆的车牌号、发动机号、大架号等信息可以小括号备注、事实查明部分列明、在移送执行表中载明等方式依具体情况而定。

（3）明确执行主体和执行对象。尤其对于涉案财产虽然追缴到案，但并未移送人民法院的，在判项中需要明确执行主体，一般表述为“查封（扣押、冻结）到案的张三违法所得房产，由×××公安局依法没收，上缴国库”。[①] 对于尚有继续追缴需求的，需要明确向谁追缴。

（4）明确处置方式。此时需要注意仅写明“追缴”或“责令退赔”尚不足以明确处置方式，判项还需作出“依法没收，上缴国库”“返还给被害人”“依法销毁”等实体处置。其中要判决返还被害人的，要明确被害人的姓名、住址、联系方式等信息。

（5）如果有需要继续追缴，有待侦控机关继续补充核实，有财产刑需要合并执行，有尚未报案的被害人权益需要考虑等特殊情况，还需要对这些重要事项作出专门性的说明。

有必要强调的是，按照《刑事诉讼法》等相关规定的要求，违法所得的数额、违法所得的赃物具体情况等必须清晰明确，但实务中往往难以达到这一要求。需要形成从执行部门到刑事审判部门、公诉机关、侦查部门的倒逼机制，推动刑事涉案财产处置判项不明确问题的彻底解决。当然，执行机构同样具有一定的审查职能。比如执行过程中可能持续产生的孳息及自然发生的溢价、亏损等，可以根据刑事审判庭确定的同类规则处理。[②]

---

① 《刑诉法解释》第447条规定：“随案移送的或者人民法院查封、扣押的财物及其孳息，由第一审人民法院在判决生效后负责处理。实物未随案移送、由扣押机关保管的，人民法院应当在判决生效后十日以内，将判决书、裁定书送达扣押机关，并告知其在一个月以内将执行回单送回，确因客观原因无法按时完成的，应当说明原因。”

② 《刑诉法解释》第444条规定：“对查封、扣押、冻结的财物及其孳息，应当在判决书中写明名称、金额、数量、存放地点及其处理方式等。涉案财物较多，不宜在判决主文中详细列明的，可以附清单。判决追缴违法所得或者责令退赔的，应当写明追缴、退赔的金额或者财物的名称、数量等情况；已经发还的，应当在判决书中写明。”

二、判项的具体表述

（一）针对已经追缴到案的违法所得

如果查封、扣押、冻结到案的是现金、存款、汇款、债券、股票、基金份额等财产，此时判项可以直接表述为“扣押（追缴）在案张三违法所得（根据具体案情，可表述为抢劫所得、盗窃所得等）现金人民币×××元，依法没收，上缴国库”“冻结在案（某账户）张三违法所得资金×××元及其孳息，返还给被害人李四”“冻结在案登记在×××名下的张三违法所得×××公司20%的股权，依法返还给被害人李四”“张三主动退赔的违法所得×××元，依法返还给被害人李四”。

值得注意的是，如果财产登记在案外人名下，需要在审判前既已确认该案外人并非善意取得，才可表述为“冻结在王五名下的张三违法所得资金×××元”。鉴于执行程序中具体的处置方式多样，可以拍卖变现也可能以物抵顶等，①故刑事裁判文书判项仅表述“依法没收，上缴国库”“返还给被害人”等即可，具体的执行方式可以在协助执行通知书等中明确。

如果查封、扣押的系不动产、车辆、船舶、航空器、其他动产等赃物，判项可以表述为“查封到案的张三违法所得房产（登记在×××名下，坐落于×××，产权证号为×××），依法没收，上缴国库”“查封（或扣押）到案的张三违法所得汽车，依法返还给被害人李四”。

值得注意的是，如果刑事审判部门认为只需将赃物本身没收即可满足追赃需求，那么就无须表述赃物具体价值，直接判处没收即可，执行机关实际执行到位多少，在所不问。但如果刑事审判部门认为执行赃物本身尚不能满足追赃需求，则需另立判项表述关于“多退少补”的内容。

（二）针对尚未追缴到案的违法所得

此时主要是涉及已追缴到位和尚未追缴到位违法所得数额如何计算及表述的问题。已追缴到位的财产可以参照前文所述的表述方式处理。对于尚未追缴到位

---

① 《最高人民法院关于刑事裁判涉财产部分执行的若干规定》第12条规定：“被执行财产需要变价的，人民法院执行机构应当依法采取拍卖、变卖等变价措施。涉案财物最后一次拍卖未能成交，需要上缴国库的，人民法院应当通知有关财政机关以该次拍卖保留价予以接收；有关财政机关要求继续变价的，可以进行无保留价拍卖。需要退赔被害人的，以该次拍卖保留价以物退赔；被害人不同意以物退赔的，可以进行无保留价拍卖。”

的一般可以表述为“尚未追缴到位的张三违法所得×××元，继续追缴或责令退赔，返还被害人李四”。继续追缴或责令退赔的数额应当明确，但明确的前提是在审判时即对已追赃、退赃的数额作出终局性认定。若依据执行中实际执行到位的价值来判断，则该数额将长期处于不确定状态，不利于认定当事人的量刑情节。

之所以仍然表述“继续追缴”，是基于在侦控阶段可能并未查实相关赃物线索，有待进一步推进相关工作。但如果只表述“继续追缴”，往往会使执行机关在发现赃款赃物灭失，无法继续追缴时，对能否执行被追缴人其他等值财产产生争议。所以为稳妥起见，一并表述“责令退赔”较为适宜。从而便于执行机关在无法查找到赃物下落的情况下，可以直接执行被告人其他等值财产。

对于尚有财产需要继续追缴的情况，如果该违法所得已被无偿转让给他人，那么在判项中究竟应否表述向他人追缴？有观点建议表述为“尚未追缴到位的张三违法所得×××元，向不当获利人王五继续追缴或责令退赔，返还给被害人李四”。① 但也有观点认为在判项中直接处分案外人权益是不妥当的，建议表述为“尚未追缴到位的张三违法所得×××元，根据财产转移线索向不当获利的相关单位和个人继续追缴或责令退赔，返还给被害人李四”，然后在判决书或执行通知书后另附财产转移线索。

以上做法各有道理，但如果违法所得财物去向未经查证、查控财产权属不明、案外人取得违法所得财物原因不清，裁判文书又不明确向谁追缴的话，执行机关在追缴的过程中必然涉及权属确认、性质辨别、善意认定、分割析产等诸多实体性判断，而这些法律事实的认定已经明显超出了执行机构的职责和能力范畴，这一难题实际上是侦查、指控不到位，刑事涉案财产部分审查不清的“后遗症”，尤其在扫黑除恶、网络诈骗、非法集资、传销等涉案财产多、金额大的案件中较为常见。刑事审判庭应当尽可能通过要求侦控机关补充证据、充分听取案外人意见、保障利害相关人诉讼权利等方式解决，审判庭庭审之时即要提前考虑判项如何表述、能否执行的问题，如果依靠现有证据确实无法查清，可以事实不清、证据不足为由不予处置。

对于极个别性质特殊需要及时定罪量刑的案件，有必要在宣判前在当地政法委的统一协调下，通过侦控审执的有效沟通，达成一致意见，明确证据认定标

---

① 参见北京市第三中级人民法院刑事判决书，(2015) 三中刑初字第 00836 号。

准，畅通下一步涉案财产关于“查漏补缺”“维权救济”“集中处置”的渠道。此类案件裁判文书可以对涉案财产处置判项进行笼统表述，只列追缴及责令退赔原则、处置方式，不明确具体数额、不指向具体对象。比如集资参与人获取的超过本金部分的利息、分红等回报，帮助吸收资金人员获取的代理费、好处费、返点费、佣金、提成等费用，依法追缴，返还给本金尚未收回的集资参与人。①

（三）共犯及被害人众多情形下涉案财产处置判项的特殊表述

如果系共同犯罪，首先要明确各被告人之间的责任划分。在此问题上理论界和实务界一直存有较大争议，短时间难以形成统一认识。有观点认为，共犯之间应当承担连带退赃责任。所以判项可表述为“被告人张三、张四违法所得共计×××元，继续追缴或责令退赔，依法没收，上缴国库，各被告人承担连带责任”“向被告人张三、张四继续追缴或责令退赔违法所得共计×××元，依法没收，上缴国库”等。这种观点对于全面追赃挽损具有积极意义，但容易致使共犯内部之间的责任承担丧失公平，尤其对于罪责较轻、未有获利的从犯而言极为不利，弊端明显。所以也有观点认为，应当根据各被告人的实际违法所得情况，个别追缴。判项表述为“被告人张三违法所得×××元，被告人张四违法所得×××元，分别继续追缴或责令退赔，依法没收，上缴国库”。还有观点认为，应当以个别追赃为原则，以连带退赃为例外。在查清流向的情况下，个别追缴；在无法查清去向的情况下，进行连带退赔；或者根据案情实际，由主犯之间承担连带退赃责任，从犯只承担各自的退赃责任。判项表述为“违法所得×××元，继续追缴或责令退赔，返还给被害人李四。由张三、张四对以上退赃内容承担连带责任；张五违法所得×××元，继续追缴或责令退赔，返还给被害人李四”。本书赞成以个别追赃为原则的做法。

如果被害人众多，可以表述为“违法所得×××元、×××元，按受损比例返还被害人李四、李五”。如果其中有需要优先退赔的被害人，可以表述为“×××元，优先返还被害人李四×××元，剩余部分按受损比例返还被害人李五、李六”。如果只有部分被害人报案，其他被害人信息不明，实务中对应按序足额退赔还是按受损比例退赔，是否处理未报案的被害人事项等存在争议，一般表述为“追缴到案违法所得×××元，按受损比例返还给被害人李四×××元、

① 参见《最高人民法院、最高人民检察院、公安部关于办理非法集资刑事案件适用法律若干问题的意见》第5条。

李五×××元，剩余部分上缴国库”“追缴到案违法所得×××元，返还给被害人李四×××元、李五×××元，剩余部分上缴国库”“追缴到案违法所得×××元，返还给被害人李四×××元，剩余部分返还给其他被害人，无人认领的，上缴国库”。① 如果部分被害人已经获得过部分退赔，或者存在通过其他诉讼途径获得补偿的情形，可表述为“本判决宣告前已获得退赔×××元”。

（四）违法所得与合法财产发生混合情况的处理

如果查封、扣押、冻结的财产中有其他合法财产，可以表述为“查封到案的房产，将其中2/3部分作为违法所得及其收益，依法没收，上缴国库。剩余部分退还给被告人”“查封到案的房产，将其中2/3部分作为违法所得及其收益，返还给被害人李四。剩余部分予以没收，上缴国库”等。② 因违法所得与合法财产混合情形较为复杂，往往系长期、频繁混合而成，为提高财产处置效率，应允许存在合理误差，重在确定整体的分割原则和比例。这种表述同样可以适用于对合法资金与违法所得资金混合账户中的孳息问题的处理。如果被告人还负担财产刑责任，可以表述为“查封到案的房产，将其中2/3部分作为违法所得及其收益，依法没收，上缴国库，另外1/3作为张三合法财产折抵罚金”。

005　如何精准、高效返还被害人财产

如何精准、高效返还涉案财产，及时弥补被害人损失，对于维护法律权威，保护人民群众合法权益意义重大。鉴于网络犯罪的特殊性，涉案财产来源不明、权属不清，被害人范围、损失数额难以确定等问题在办理网络犯罪案件中较为突出，加之网络犯罪中被害人涉足违法犯罪活动的情形较多，导致办案人员常在应不应该返还、应该返还给谁的问题上难以抉择。

一、关于被害人用于违法犯罪活动的财产应否返还的争议解决

以往司法实践中，基于避免激化矛盾、滋生社会不稳定因素等方面的考虑，对

---

① 《刑诉法解释》第445条第3款规定：“判决返还被害人的涉案财物，应当通知被害人认领；无人认领的，应当公告通知；公告满一年无人认领的，应当上缴国库；上缴国库后有人认领，经查证属实的，应当申请退库予以返还；原物已经拍卖、变卖的，应当返还价款。”

② 《刑诉法解释》第443条规定：“被告人将依法应当追缴的涉案财物用于投资或者置业的，对因此形成的财产及其收益，应当追缴。被告人将依法应当追缴的涉案财物与其他合法财产共同用于投资或者置业的，对因此形成的财产中与涉案财物对应的份额及其收益，应当追缴。”

于诸如被害人因购买枪支弹药、毒品、假发票等违禁品或因意图从事赌博、性交易、行贿国家工作人员等违法犯罪活动而被骗的财产，一般均判决追缴后予以返还。

[案例一] 陈某某等人诈骗案[①]

2016年5月至2017年1月，被告人陈某某以山东潍坊市某小区为诈骗窝点，陆续吸收被告人杨某某等人组成诈骗犯罪团伙实施诈骗活动。该犯罪团伙通过建立虚假赌博网站，采取手机微信加好友的方式联系被害人，诱使被害人在其建立的网站上建立私人账户参与赌博，并承诺稳赚不赔，以小额获奖提现诱骗被害人汇入大额资金，并以继续充值成为VIP，交纳账户解冻款、保证金才能提现为借口诱使被害人继续充值后不予提现，并将网站关闭。陈某某等人以上述方式对被害人张某某等人实施诈骗，诈骗金额共计160.504万元。案发后瑞昌市公安局依法冻结陈某某等人的银行账户，追回赃款共计105.273万元。

法院经审判认为，被告人陈某某等人以非法占有为目的，共同通过电信网络技术手段，采取虚构事实、隐瞒真相的方法，骗取他人财物，数额特别巨大，应当以诈骗罪追究其刑事责任；被告人陈某某已退赔了被害人张某某的经济损失，酌情予以从轻处罚；公安机关依法追回的未随案移送的赃款105.273万元、扣押陈某某的人民币0.08万元由公安机关负责返还被害人；责令被告人继续退赔被害人经济损失24.962万元；公安机关依法扣押的电脑、手机、身份证、银行卡、手机卡、文字信息纸张等作案工具予以没收。

该案例中，被害人将资金用于参赌，明显具有违法性。如果该案被定性为开设赌场罪或赌博罪，被害人的财产一般会予以没收，实务中基本没有争议。但因为该案被定性为诈骗罪，参赌人同时成为诈骗罪中的被害人，此时被害人即可向国家机关主张保护其赌资，要求返还，确实难言合理。基于被害人行为的违法性及其财产在诱发犯罪中所起的重要作用，前述案例主张的“返还派”观点常被诟病，不少法院对被害人的上述财产作出了否定性评价。

[案例二] 谭某某等人诈骗案[②]

2015年3月起，被告人谭某某组织、招募被告人罗某某等人实施网络诈骗。由谭某某事先购置多张他人名字开户的银行卡、U盾，以及从网上购买QQ号和各地的会计、银行业等从业资格考试的考生信息资料。然后谭某某将购买的QQ

---

① 参见江西省瑞昌市人民法院刑事判决书，(2017)赣0481刑初242号。

② 参见广西壮族自治区防城港市中级人民法院刑事判决书，(2018)桂06刑终126号。

号码分给周某某等人用于诈骗，并根据全国各地的会计、银行业等从业资格考试时间，安排周某某等人以提供考试答案和修改成绩等手段对考生实施诈骗。谭某某根据周某某等人使用的QQ号码编辑包含“提供某某从业资格考试试卷、答案等，请联系QQ号……”等内容的信息，并给各人分配好发送信息的数量后，其联系手机群发平台，通过手机群发平台把信息发送到考生手机上。之后就等需要试卷、答案的考生主动添加信息上留的QQ号码为好友，然后再由谭某某等人通过QQ聊天使考生相信他们有考试的试题和答案，并以卖考试试题和答案等方式实施诈骗。当考生需要购买“试卷”或者“答案”时，就让考生将钱款打到指定的银行卡，等确认考生汇钱后，他们就将一份有密码的虚假的文档发给考生。考生收到该文档后无法打开，他们再以让考生交密码费、保密金、保证金等手段骗取考生继续汇款；并且在考试过后，又通过修改成绩的方式继续诱骗考生的钱财。考生需要修改成绩的，让考生先汇钱，等考生汇钱后，由谭某某等人根据考生的信息编辑虚假的成绩单，然后发给考生，之后就将考生的QQ拉黑或者不再用该QQ号。诈骗成功后，予以分成。案发后，侦查机关冻结涉案资金共计1579060.40元，其中报案的46名被害人的被骗金额为614934元。

一审法院经审理认为，鉴于该冻结的违法所得款超过该案已经报案的被害人损失，首先应将其退还给各被害人，冻结的剩余部分资金，确实出于客观原因无法查实全部被害人，有证据证明该账户系用于电信网络诈骗犯罪，且被告人无法说明款项合法来源的，应当依法予以没收或者予以追缴。故判决将冻结款项退还给被害人蒙某等，并判决将剩余资金予以没收，上缴国库。一审宣判后，被告人谭某某不服，提起上诉。二审法院经审理认为，原判认定的事实清楚，证据确实、充分，适用法律正确，量刑适当，但由于被害人将其财产用于非法目的，理应受到法律否定性评价，原判将部分钱款返还被害人的处理方式不当，应予纠正。故二审法院改判将全部涉案款项予以没收，上缴国库。

[案例三] 李某某诈骗案①

2014年至2019年，被告人李某某虚构国网青海省电力公司、青海黄河能源工程咨询有限公司等公司有工程项目要招投标的事实，以向领导送礼或收取介绍费、保证金等为由，先后收取被害人蒋某某等人资金共计2214.966万元，至案发均未偿还。

---

① 参见青海省高级人民法院刑事裁定书，(2020)青刑终59号。

一审法院经审理认为，被告人李某某以非法占有为目的，虚构电力工程项目招投标的事实，私刻公司及个人印章，以“帮助”被害人拿到该工程项目，需向领导送礼及收取保证金等为由，先后骗取14名被害人资金共计2214.966万元，数额特别巨大，其行为已构成诈骗罪，判处无期徒刑，剥夺政治权利终身，并处没收个人财产人民币500万元；向被告人李某某继续追缴违法所得2214.966万元，发还各被害人。一审宣判后，被告人李某某不服，提起上诉，二审经审理驳回上诉，维持原判。

该案虽然不属于网络犯罪案件，但对于介绍“返还派”“没收派”之外的第三种思路有积极意义，所以在此列出。以上三个案例中的被害人均将财产用于非法目的，所不同的是，案例一和案例二中的被害人均将财产给付犯罪分子用于违法犯罪行为，有学者将其称为“不法原因给付”。例如，将财物给付受领人用于赌博、嫖娼、考试作弊、行贿等用途均属此种情形。[①] 而案例三中的被害人是委托犯罪分子将财产转交相关领导以获取不法利益，称为“不法原因委托”。例如委托他人找关系办理假证、购买发票、违禁品，将财产出租、出借给犯罪分子使用等均属此类。区别“不法原因给付”与“不法原因委托”的关键在于被害人是否有终局性放弃财物所有权的意思。该学者认为，对于“不法原因给付”的情形，被害人有彻底放弃其财物所有权的意思，而且意图破坏法秩序，且已付诸实施，威胁法益，虽未得逞但基于一般预防的考虑，应否定其不当得利或所有物返还请求权。但是如果不法给付的原因主要系财物受领方单方引起，典型的如被索贿等情形，则应肯定被害人的返还请求权。同时认为，如果不法给付的原因系被欺骗产生，因主要过错在于财物受领方，故为防止受领方保有不法利益，亦应肯定被害人的返还请求权。对于“不法原因委托”的情形，被害人并无彻底将财物所有权转移至受领人的意思，不法给付尚未完成，为抑制财物受领人的进一步不法行为，应肯定被害人的返还请求权。然而，实践中“不法原因给付”与“不法原因委托”之间的关系确属微妙，往往难以精准把握。

[案例四] 杨某甲诈骗案[②]

被告人杨某甲向货车车主杨某乙谎称其在宜宾市某超限超载检测站内有熟

---

① 参见王钢：《不法原因给付对于认定财产犯罪的影响——立足于财产概念与“非法”占有的考察》，载《法学家》2017年第3期。

② 参见四川省宜宾市中级人民法院刑事判决书，(2018) 川15刑终158号。

人，可以让杨某乙超载的载重货车在经过南广超限超载检测站时不进站检测，但要按车收取通行费，杨某乙应允。2016 年 12 月至 2017 年 6 月期间，杨某甲指挥杨某乙的严重超载货车逾百次在某超限超载检测站冲岗，以此，杨某甲前后 39 次向杨某乙收取货车通行费共计 3.2 万元。2018 年 1 月 23 日，在一审判决宣判当日杨某甲退赔了车主杨某乙现金 3.2 万元。

一审法院经审理认为，被告人杨某甲的行为已构成诈骗罪。杨某甲积极退赔被害人杨某乙经济损失，可从轻处罚。故判处杨某甲有期徒刑 1 年，缓刑 2 年，并处罚金 4000 元。宣判后，检察机关提起抗诉，认为杨某甲不符合缓刑条件。原审被告人杨某甲的违法所得 3.2 万元，系杨某乙经营货车存在超限超载的违法行为，为逃避处罚而给原审被告人杨某甲用于行贿支付工作人员的财物，财物用途违法，应予以追缴，属涉案财物处置不当。二审法院认为，刑事犯罪中，涉案财产一般分为两类：一类是被害人的合法财产，另一类是供违法犯罪所用的财物。在犯罪分子的违法所得中，对于被害人因出于犯罪目的或严重违法目的而遭受的财产损失，不予发还。车主杨某乙为让其严重超载的重型货车在超限超载检测站不进站检测，基于行贿和冲岗的目的拿钱给杨某甲，其遭受的财产损失是出于自身行为的严重违法性。依照《刑法》第 64 条的规定，对被害人供犯罪所用的财物，应当予以没收。鉴于在一审宣判前，原审被告人已将涉案财产不当退还杨某乙，因此应对涉案财产予以追缴。故判决撤销原判，改判杨某甲实刑，并对杨某甲不当退还给车主杨某乙的涉案财物予以追缴。

该案例中，被告人杨某甲本身并非国家机关工作人员，被害人可谓基于“转交”行贿款的目的而给予杨某甲财物。但同时被害人对于杨某甲是否将财物转交给检测站内国家工作人员并不关心，具有彻底放弃“通行费”的目的。“不法原因给付”与“不法原因委托”之间界限模糊，不宜判断。

以上案例为实务中处理刑事被害人用于违法犯罪活动的财物提供了几种可行思路，本书倾向于认为，追缴到位的被害人用于违法犯罪活动而遭受损失的财产，一概予以返还或没收均不甚妥当。

对于被害人将财物用于明显违法的黄赌毒等交易的情形，无论是“不法原因给付”还是“不法原因委托”，被害人自始藐视法秩序，完全可以意识到其从事违法行为的不利后果，其自陷风险而追求不法结果，自不应期待法律予以保护，此时对于被害人和被告人双方的行为均应予以否定。若将耗费大量刑事司法资源追回的财产返还给被害人，难免有保护非法交易、弥补被害人违法成本之嫌，破坏法秩序的整体统一，不利于一般预防效果的发挥。

当然，被害人的违法意志范围对其财产性质的评价有着重要价值。对于不法给付的原因系财物受领方单方引起的情形，诸如被索贿，招嫖过程中被敲诈勒索，参赌过程中被盗等情形，相应超出被害人意欲放弃的嫖资、赌资等之外的部分应予以保护。

对于被害人基于就业、索要工程款等正当目的而委托他人找关系疏通等情形，虽然被害人选择的手段行为不当，但毕竟处于违法的预备阶段，主观恶性亦较轻，一般预防的必要性较低，可予以返还。但如果被害人直面国家工作人员本人，此类行为可罚性增强，不宜再评价为《刑法》第64条的“被害人的合法财产”而返还。当然，此问题涉及较为复杂的价值评判与利益平衡问题，不可轻易下定论，上述案例对实务而言均有参考价值。不论作何选择，应尽可能在一定区域范围之内统一适用并一以贯之，以期形成规范效应。

二、返还不同被害人之间的平衡

追缴或退赔到案的财产毕竟有限，各被害人之间不可避免存在利益冲突。对于被害人众多的案件，如何平衡形式报案人与实际受损人及先后报案各被害人之间的利益较为棘手。对于犯罪分子从各被害人处取得的财产，应当按照财产的来源原路返还各特定被害人，还是由所有的被害人一起按比例进行分配或者按照一定的顺位依次分配一直存有争议。

本书认为，如果有确切证据证明犯罪分子的某部分违法所得的财物系从某特定被害人处取得，建议返还给此特定被害人，由此可激励被害人及时主张权利，亦符合“先追缴后退赔”的追赃规则；否则以此被害人的财产来弥补彼被害人的损失，有违公平。如果各被害人的财物在犯罪分子的“资金池”中被混合使用，与其他被害人的财物、被告人的合法财产、其他不明来源的财产等难以分清，则宜统一按比例在各被害人之间分配；其中设置了优先权的，可以优先受偿。

在存有民事代理、担保、雇佣、保管等法律关系的案件中，经常出现刑事案件的报案人与最终实际受损人并不一致的情况。在“套路贷”“两头骗”等刑民交叉案件中，如何确定实际受损被害人同样是至关重要的问题。所以，在此类案件中，刑事侦查环节需注重保留被害人、报案人、案外利害关系人等的联系方式，详细记载当事人各方关于法律关系的陈述，明确告知其作虚假陈述、随意变更联系方式的法律后果，充分告知、保障其参与诉讼的权利，在刑事诉讼过程中同步审查当事人之间的民事法律关系，合理确定被害人。为了确保刑事诉讼高效推进，同时尽可能一次性解决纠纷，减轻当事人诉累，建议刑事案件在宣判时要充分考虑实际损失的负担情况，合理确定返还对象。如果刑事案件宣判前，刑事报案人的全部或部分损失已经其他途径实际获得补偿或已确定转由他人负担，可将追缴或退赔到案的违法所得直接判决返还给实际负担损失的人，而不宜没收上缴国库或重复赔付给报案人。在此过程中，需要注意畅通案外利害关系人参与诉讼的渠道，听取刑事报案人、实际受损人等的意见，确保各方对刑事案件宣判前损失的负担情况没有争议。

三、及时发还的程序要求

其一，从侦查阶段开始就需要特别注重及时清点、登记所查获财产，统计、汇总被害人身份信息、联系方式、损失数额等数据。其二，要随时保持与其他地区办案机关的沟通联系，确保信息通报准确、高效，为审判、执行阶段涉案财产的集中处置奠定基础。其三，在诉讼进行期间，对于因被害人及时报案、撤销交易等而从银行、第三方交易平台查控到位的权属明确的财产，可及时返还特定被害人。其四，判决生效后，对于应当返还被害人的财物，应通知被害人认领；被害人无法联系的，应当公告；公告期满仍无人认领的，应上缴国库；上缴国库之后又申领的，可予支持。

006 网络犯罪其他涉案财产的处置原则和方式

“其他涉案财产”主要是指除违法所得之外的违禁品、供犯罪所用的本人财物、被害人的合法财产及其他不明性质财产等。网络犯罪往往涉案财产种类较多，财产处置工作相对复杂。依据《刑法》第 64 条的规定，结合办案实际，现主要就目前网络犯罪中较为常见的几类其他涉案财产处置原则和方式进行探讨。

一、手机

手机是网络犯罪中常见的扣押物。根据它们在犯罪活动中扮演的角色，实务中对于在犯罪窝点现场查获的装载有专用 App 等软件、工具，用作传播病毒木马、淫秽视频，破解账号密码、非法获取信息、诈骗财物等供犯罪所用的批量手机，一般均作为供犯罪所用的财物予以没收。① 所附的证据一般是搜查笔录、扣押清单、被告人供述、证人证言等，也有的另附有每个手机安装绑定犯罪软件的证据。②

对于现场查获或者事后扣押的犯罪分子使用的私人手机该如何处理，实践中做法不一。有的法院认为与案件无关，③ 属于犯罪分子个人合法财产，应予退还给犯罪分子或其家属；④ 有的法院还要考察该手机是否曾用于与同案犯进行犯意联络、⑤ 接收违法所得、⑥ 登录观看淫秽视频等与犯罪相关的其他活动，⑦ 再决定是否没收；⑧ 还有的法院将其作为被告人的合法财产，用于折抵罚金刑或作为退赔违法所得的等价物。⑨

然而，尽管涉案手机可能与犯罪行为实施没有直接关联，但手机内很有可能存储有犯罪活动相关信息等，如果直接返还给被告人及其家属，有人担心会引起串供、再犯等风险。将犯罪分子是否用手机与同案犯联络或者是否接收提成、工资等作为认定作案工具的标准依据不够充足，争议较大。⑩ 将手机作为合法财产用于执行财产刑或退赔违法所得也存在一定问题。因为手机价值本就不大，刑事诉讼周期又长，待到执行阶段已大幅贬值，有时保管、评估、拍卖等变现成本较高，甚至超过了手机本身的价值，导致法院执行积极性不高，长期搁置，无法达到预期挽损目的。⑪

基于以上实际问题，本书建议一般情况下，在判决生效前，应先对涉案手机予以暂扣，以满足补充提取电子证据等补证需求。判决生效后，除非此类手机价值较大或需要将其作为证据载体保存外，可作为经审查与案件无关的物品退还给被告人及其家属。

---

① 参见四川省成都市中级人民法院刑事判决书，（2021）川01刑终790号。

② 参见四川省高级人民法院刑事判决书，（2020）川刑终173号。

③ 参见浙江省绍兴市越城区人民法院刑事判决书，（2020）浙0602刑初419号。

④ 参见广西壮族自治区玉林市中级人民法院刑事判决书，（2021）桂09刑终463号。

⑤ 参见四川省成都市中级人民法院刑事判决书，（2020）川01刑终397号。

⑥ 参见湖北省武汉市中级人民法院刑事裁定书，（2020）鄂01刑终628号。

⑦ 参见辽宁省大连市中级人民法院刑事判决书，（2020）辽02刑终229号。

⑧ 参见内蒙古自治区鄂尔多斯市准格尔旗人民法院刑事判决书，（2016）内0622刑初373号。

⑨ 参见四川省成都市中级人民法院刑事判决书，（2021）川01刑终480号。

⑩ 参见云南省文山壮族苗族自治州中级人民法院刑事判决书，（2021）云26刑终202号。

⑪ 参见河南省平顶山市新华区人民法院刑事判决书，（2020）豫0402刑初40号。

二、银行卡

网络犯罪中查获银行卡的机会和数量均较大。实务中查获的银行卡一般有以下几种：一是由犯罪分子控制用于接收、流转非法资金的银行卡；二是犯罪分子持有的准备出租、出售或提供给他人非法使用的实名银行卡；三是用于植入非法收集的公民身份信息等以伪造、变造、骗领信用卡使用的空白卡及已经制作而成的银行卡；四是犯罪分子持有自用的其他银行卡。

对于第一类卡，具有实际意义的是如何理清资金性质，处置卡内资金。① 所以需要查询、冻结相应银行账户等。② 银行卡载体本身尽管可以形式地理解为供犯罪所用的物品，但扣押银行卡本身无法达到保安处分的需求，所以没收该类物品并无多少实际意义。③

对于第二类卡，其虽不是典型的违禁品，但配合其他套件物品，流入社会仍存在一定被非法利用的风险，不宜以该卡尚未流转非法资金为由认为与案件无关，予以退还。④ 而且此类卡的证据价值较高，有必要予以扣押、没收。

对于第三类卡，可谓犯罪所生之物，是典型的违禁品，具有证据价值但并无合法市场交易价值，应当没收。

对于第四类卡以及第一类卡中剩余的无法证实系所流转违法所得的资金部分该如何处理一直存有争议。有的法院认为应当扣押用作退赔违法所得或执行财产刑；⑤ 有的法院认为既然无证据证明系违法所得即应退还给被告人；⑥ 还有的法院认为应当由被告人证明其卡内资金的合法性，如无法证实即视为违法所得没收。以上争议涉嫌违法所得的证明标准和举证责任问题，相对复杂，各地实践做法不一，本书另设专章予以探讨。

三、汽车

对于犯罪分子利用违法所得购买的车辆，认识较为一致，应用于退赔或上缴

---

① 参见湖南省邵阳市中级人民法院刑事判决书，(2021) 湘 05 刑终 237 号。
② 参见广西壮族自治区柳州市中级人民法院刑事判决书，(2014) 柳市刑二初字第 2 号。
③ 参见贵州省贵阳市中级人民法院刑事判决书，(2021) 黔 01 刑终 430 号。
④ 参见贵州省毕节市中级人民法院刑事判决书，(2020) 黔 05 刑终 31 号。
⑤ 参见海南省海口市中级人民法院刑事判决书，(2019) 琼 01 刑终 329 号。
⑥ 参见山西省太原市中级人民法院刑事判决书，(2020) 晋 01 刑终 277 号。

国库。但对查获的在犯罪活动中使用的其他车辆该如何处理却存在很大争议。有的法院认为汽车曾在接送组织成员、赌客、逃跑等犯罪活动中使用过，即属于作案工具，应予以没收;[①] 有的法院认为如果汽车并非专用之物，在犯罪活动中未起重要作用，如果没收则违反比例原则，可予以退还;[②] 还有的法院认为，可以没收用于退赔违法所得或折抵财产刑。[③]

与手机等通讯工具不同的是，将汽车作为作案工具没收往往涉及罪罚均衡的评价问题。[④] 如果犯罪分子仅属从犯，罪行较轻，没收其价值较大的汽车似乎违反比例原则。[⑤] 我们认为，如果汽车系犯罪分子日常生活所用，只是临时、偶尔参与犯罪，可以作为其合法财产用于退赔违法所得或折抵财产刑。无此需求的，可予以退还。但如果是定制购买、拆改伪装,[⑥] 常备、专用于犯罪活动，不论其价值大小，均应作为供犯罪所用的财物没收。

四、硬盘、光盘、U 盘、记忆棒、存储卡等存储设备、载体

一般情况下，上述物品均系供犯罪所用的财物，应予没收。其中如系证明网络犯罪的重要证据载体，需要封存随案附卷保存。如果上述存储介质并无收集、提取电子证据的价值，可予没收，价值较大的可拍卖变现用于退赔违法所得或折抵财产刑等。

五、其他专用软件、设备

手机卡、流量卡、物联网卡、“伪基站”设备、“猫池”、“多卡宝”、“变声卡”、GOIP 设备、基于 IP 的语音传输（Voice over Internet Protocol，VoIP）设备、虚拟定位器等软硬件程序、设备通常被用于伪装身份，突破网络安全监管系统等，对于网络犯罪的蔓延起了重要作用，有的属于违禁品，有的属于供犯罪所用的物品，还有的既属于违禁品又属供犯罪所用的财物，除需封存附卷随案移送外，应当予以没收，并进行技术或物理销毁。

---

① 参见江西省赣州市中级人民法院刑事判决书，（2020）赣 07 刑终 602 号。

② 参见广西壮族自治区东兴市人民法院刑事判决书，（2018）桂 0681 刑初 5 号。

③ 参见吉林省高级人民法院刑事判决书，（2020）吉刑终 8 号。

④ 参见安徽省滁州市中级人民法院刑事判决书，（2020）皖 11 刑终 285 号。

⑤ 参见浙江省温州市中级人民法院刑事裁定书，（2019）浙 03 刑终 388 号。

⑥ 参见河南省驻马店市中级人民法院刑事判决书，（2021）豫 17 刑终 190 号。

六、身份证、护照、驾驶证、社保卡等物品

上述物品个人身份属性较强，实务中一般均会判决退还给被告人。[①] 如存在监视居住、限制出境等特殊需求，可能仍有扣押必要，应根据实际情况而定，但不宜判决没收。[②] 当然，对于犯罪分子收购的用于非法活动的他人身份证、[③] 医保卡等，可予以没收。[④]

七、印章、证照、合同、牌匾、工商登记资料、公民个人信息记录表等财物

根据上述物品的性质不同，对于犯罪分子成立的“道具”公司、“空壳”公司等相关材料，可以作为物证、书证予以出示的，需要附卷留存；对于没有证据价值的，可不予扣押；对于伪造的印章、证照等，属于违禁品，应予以没收后销毁，避免有人利用上述材料继续实施诈骗等违法犯罪活动。[⑤] 其中存在伪造真实国家机关、公司、企业、事业单位印章、证照的，可作为另案指控事实的证据使用。

八、手表、首饰、随身携带现金等物品

此类物品一般系犯罪分子私人用品，并非用于违法犯罪，如果系犯罪分子用违法所得购买，可追缴之后用于退赔给被害人；[⑥] 如果确实与案件无关或无法证实系违法所得，[⑦] 也可用于退赔违法所得或执行财产刑；[⑧] 如无此需求，可以返还给被告人。

九、电脑、打印机等办公物品

实务中一般将上述物品作为犯罪工具予以没收。[⑨] 实际上，此类物品本身并

---

① 参见河南省周口市中级人民法院刑事判决书，（2021）豫16刑终727号。
② 参见江西省赣州市中级人民法院刑事判决书，（2021）赣07刑终752号。
③ 参见四川省广安市中级人民法院刑事判决书，（2018）川16刑终66号。
④ 参见山西省晋城市中级人民法院刑事判决书，（2021）晋05刑终148号。
⑤ 参见广东省佛山市中级人民法院刑事判决书，（2015）佛中法刑二终字第126号。
⑥ 参见江西省赣州市中级人民法院刑事判决书，（2020）赣07刑终602号。
⑦ 参见山东省德州市中级人民法院刑事判决书，（2019）鲁14刑终208号。
⑧ 参见四川省达州市中级人民法院刑事判决书，（2019）川17刑终119号。
⑨ 参见四川省资阳市中级人民法院刑事裁定书，（2020）川20刑终50号。

非违禁品，可替代性强，和专用于犯罪活动的作案工具似乎无法等同。此类物品和犯罪分子自用手机、汽车等的认定方式相似，除非常备、专用于犯罪活动，相较而言，将之用以退赔违法所得或执行财产刑更为适宜。

在以上物品的处置过程中，一要注意对涉案物品的名称、处置方式等表述的规范性。比如“手机”“电话”“电脑一体机”“台式电脑”“笔记本电脑”“手提电脑”“笔记本”“平板电脑”“交换机”“机上盒”“机顶盒”等。尤其对于处置方式、处置对象等的表述需要特别斟酌，避免引发歧义。比如“退赃”“退赔”“返还”“退缴”“违法所得”“犯罪所得”“非法获利”“赃款赃物”“涉案资金”“犯罪所得”“作案工具”“供犯罪所用的本人财物”“追缴”“没收”等，应引起实务的足够重视。① 二要注意主物和从物、整体和部分的统一表述。例如汽车和车钥匙，电视和遥控器，银行卡和U盾、K令（中国农业银行推出的安全认证工具），电脑和鼠标、键盘、显示器、主机箱、内存条、硬盘，手机和充电器、电池、天线等。建议实务中尽量成套扣押，简要表述，便于登记和处理；其中无法成套的，予以特别标注。三要注意防止遗漏处置或重复处置涉案财产。个别案件的裁判文书在证据罗列部分载明有查封、扣押清单甚至查封、扣押清单上明确载明存在查控财产，② 但在判项中并未予以处置、③ 部分处置或仅笼统表述由扣押机关依法处理，④ 或者在共同犯罪分案审理过程中，重复追缴、⑤ 没收涉案物品，⑥ 这样的做法明显是欠妥的。

007 网络犯罪涉案财产处置意见书的制作要点和意义

根据各地司法实务操作习惯的不同，关于网络犯罪案件涉财产部分的处置内容，有的在起诉意见书、起诉书中分段表述，有的以专门的涉案财产处置意见书、建议书等形式体现。当然，对网络犯罪中的涉案财产“视而不见”，不移送财产、不提出处置意见、不列财产处置判项或笼统表述财产处置方式等现象也存在。确有必要通过规范制作涉案财产处置文书来推动刑事涉案财产处置工作。

---

① 参见河南省许昌市中级人民法院刑事判决书，（2020）豫10刑终367号。
② 参见福建省龙岩市中级人民法院刑事判决书，（2018）闽08刑终58号。
③ 参见辽宁省阜新市中级人民法院刑事判决书，（2022）辽09刑终17号。
④ 参见河北省沧州市中级人民法院刑事判决书，（2021）冀09刑终527号。
⑤ 参见吉林省长春市中级人民法院刑事判决书，（2022）吉01刑终288号。
⑥ 参见浙江省温州市中级人民法院刑事判决书，（2019）浙03刑终634号。

一、涉案财产处置意见书的制作要点

公安机关、人民检察院应当对涉案财产进行审查甄别。在移送审查起诉、提起公诉时，应当制作涉案财产处置意见书，并将采取措施的涉案财产及其清单随案移送。人民检察院经审查，除对随案移送的涉案财产提出处理意见外，还要对需要继续追缴的尚未被足额查封、扣押的其他违法所得提出处理意见建议。涉案财产实物不宜随案移送的，应当按照相关法律、司法解释的规定，提供相应的清单、照片、录像、封存手续、存放地点说明、鉴定和评估意见、变价处理凭证等材料。

涉案财产处置意见书应当载明以下内容：

（1）犯罪嫌疑人、被告人、其他利害关系人的基本情况，包括姓名、性别、公民身份证号码、民族、文化程度、职业、工作单位及职务、联系方式、住址、羁押场所等信息；

（2）案由及案件来源；

（3）申请参加诉讼的犯罪嫌疑人、被告人的近亲属与犯罪嫌疑人、被告人的关系证明，其他利害关系人对违法所得及其他涉案财产主张权利的证据材料；

（4）建议应当作为违法所得的财物予以追缴或责令退赔的财产名称、权属、来源、数量、价值、所在地以及查封、扣押、冻结财产手续和相关事实及证据材料；

（5）建议应当作为供犯罪所用的财物、违禁品予以没收的财物名称、权属、来源、数量、所在地以及查封、扣押、冻结财产手续和相关事实及证据材料；

（6）建议应当返还被害人及其他利害关系人的财物名称、权属、来源、数量、价值、所在地以及查封、扣押、冻结财产手续和相关事实及证据材料；

（7）建议应当作为无主物上缴国库或作为财产刑执行标的的财物名称、权属、来源、数量、价值、所在地以及查封、扣押、冻结财产手续和相关事实及证据材料；

（8）审前已经返还被害人、犯罪嫌疑人、被告人的财产名称、权属、来源、数量、价值、所在地及处置依据；

（9）提出涉案财产处置意见的理由和法律依据，同时附被害人、犯罪嫌疑人、被告人、利害关系人的相关供述、陈述，相关交易合同、资金流水等证据；

（10）其他应当载明的内容。

涉案财产较少的，涉案财产处置意见书内容可在起诉意见书、起诉书中专项列明。

在提出涉案财产处置意见时，首先应注意对以下前提性问题形成统一认识。

（1）涉财产处置相关法律用语的规范性、系统性。诸如赃款赃物、违法所得、非法所得、犯罪所得、非法获利、涉案资金、涉案财产、供犯罪所用的财物、作案工具、犯罪成本、返还、发还、退还、退出、退缴、退赔、追缴、没收等。

（2）同一个财产是否可能同时具有多重属性，比如既是违法所得又是被害人的财物、违禁品、供犯罪所用财物等。

（3）处置财产范围仅限于本案当事人支配的财产还是可以一并处置其他利害关系人、案外人掌控的财产。

（4）追缴和责令退赔都是追赃的有效手段，可否通过“责令退赔”的方式剥夺责任人等值的其他财产。①

（5）在共同犯罪追赃过程中，应个别追缴还是连带追缴。

（6）对于被害人意图或已经用于违法活动而受损失的财物是一概没收还是返还，还是应根据个案具体情况处理。

（7）对于主要用于日常生活的手机、车辆等通讯、交通工具，被偶尔用于犯罪活动的，能否直接认定为供犯罪所用的财物而没收。

（8）在追赃挽损时采用的证明标准、举证责任与定罪量刑程序中“排除合理怀疑”“存疑有利于被告”等原则应否有所区别。对于已采取措施的“来源不清”“权属不定”“性质不明”的涉案财产，能否及怎样进行法律上、事实上的推定。

以上内容，实务中长期存在争议，但也逐渐在达成一部分共识。在现阶段，为尽量减少个案中的争议，建议加强公检法监各机关的沟通，积极共同起草出台相关地方性指导文件，推动刑事涉案财产查控处置工作顺畅进行。②

---

① 参见重庆市第五中级人民法院刑事判决书，（2019）渝05刑终455号。

② 参见浙江省高级人民法院、浙江省人民检察院、浙江省公安厅《关于办理电信网络诈骗犯罪案件若干问题的解答》；河南省高级人民法院《刑事裁判涉财产部分执行异议复议案件办理指南》；四川省高级人民法院《关于规范刑事裁判涉财产部分执行工作的意见》；吉林省高级人民法院《关于扫黑除恶专项斗争中刑事裁判涉财产部分执行的意见》；包头市中级人民法院、包头市人民检察院、包头市监察委员会、包头市公安局《刑事涉案财产查控、处置工作指引》；等等。

二、对涉案财产处置意见书的审查认定

法庭审理过程中，应当对公诉机关要求予以处理的涉案财产权属、来源、名称、数量、价值、保管场所以及查封、扣押、冻结财产手续等相关事实及证据材料进行调查，由公诉人说明情况、出示证据、提出处理建议，并听取被告人、辩护人及其他诉讼参与人的意见。

案外人对涉案财产处理意见提出异议的，由案外人说明情况，出示证据，并听取被告人、辩护人、公诉人等诉讼参与人的意见。

对查封、扣押、冻结的涉案财产，应当在判决书中写明名称、金额、数量、存放地点，财产性质①及其处理方式等。涉案财物较多，不宜在判决主文中详细列明的，可以附清单。

判决追缴违法所得或者责令退赔的，应当写明追缴、退赔的金额或者财物的名称、数量等情况；已经发还的，应当在判决书中写明。

二审期间发现一审判决未对随案移送的涉案财物及其孳息作出处理的，可以裁定撤销原判，发回原审人民法院重新审判，由原审人民法院依法对涉案财物及其孳息一并作出处理。

判决生效后，发现原判未对随案移送的涉案财物及其孳息作出处理的，由原审人民法院依法对涉案财物及其孳息另行作出处理。

三、不明确提出涉案财产处置意见的后果

实践中，不少案件的刑事侦查卷宗材料中附有零星查封、扣押、发还财产手续，或者裁判文书证据罗列部分显示在侦查过程中查封、扣押、冻结了部分财产，但缺乏涉案财产移送手续及清单，最终在裁判文书判项中并未涉及这一部分财产，② 或者扣押到案财产与判项处置财产范围明显不符。这样的情况极易给办案人员带来不可低估的法律风险。按照法律的规定，如果已经查实采取强制措施的财产系与“案件无关的财产”，即应予以退还，切不可滞留于各办案场所或账户不闻不问。③

如果侦控机关经审查认为查扣财产有可能或者确系违法所得原款原物、替代

① 参见吉林省高级人民法院刑事判决书，（2020）吉刑终 8 号。

② 参见广东省惠州市中级人民法院刑事判决书，（2019）粤 13 刑再 1 号。

③ 参见湖南省郴州市中级人民法院刑事裁定书，（2018）湘 10 刑终 99 号。

物、转化物或犯罪所用之物等，较为稳妥的做法是及时采取保全措施，然后将可疑财产实物或清单随案移送人民法院，并同时在起诉意见书、起诉书或者专门的涉案财产处置意见书中将所有查扣财产列明，可以依据《刑法》第64条、《行政处罚法》相关规定，提出处置意见，作为待追缴或退赔违法所得、待没收的供犯罪所用财物等涉案财产予以指控，要求人民法院予以处置。之后待法庭查明“确系无关财产”或系合法财产且无须折抵罚金、无退赔违法所得需求时再予以解封。该部分涉案财产查控手续应单独成册、成章，何时采取什么保全措施，什么时间需要续封、续冻或解除保全措施清晰明了。不能只重视定罪量刑，对涉案财产处置意见只字不提，将扣押、发还清单散装于各处，导致遗漏指控。

人民法院在审理过程中发现公诉机关查控了部分财产，但并未随案移送涉案财产，也未制作刑事涉案财产处置意见书，或者在起诉书、出庭意见书中未对随案移送的涉案财产提出明确处理意见的，人民法院可以书面征求公诉机关意见，提示公诉机关补充指控内容。公诉机关逾期未答复的或者虽答复但未提出明确意见的，基于“控审分离”的权责划分，人民法院可以不予处置或判决由公诉机关依法处理等。

附：相关规定

《公安机关办理刑事案件程序规定》（公安部令第159号，2020年9月1日起施行）

《最高人民法院关于适用〈中华人民共和国刑事诉讼法〉的解释》（法释〔2021〕1号，2021年3月1日起施行）

《最高人民法院关于刑事裁判涉财产部分执行的若干规定》（法释〔2014〕13号，2014年11月6日起施行）

《最高人民法院、最高人民检察院、公安部关于办理信息网络犯罪案件适用刑事诉讼程序若干问题的意见》（法发〔2022〕23号，2022年9月1日起施行）

《中国银监会办公厅、公安部办公厅关于印发电信网络新型违法犯罪案件冻结资金返还若干规定实施细则的通知》（银监办发〔2016〕170号，2016年12月2日起施行）

《中国银监会、公安部关于印发电信网络新型违法犯罪案件冻结资金返还若干规定的通知》（银监发〔2016〕41号，2016年8月4日起施行）

第二编

信息网络犯罪案件的办理

第一章　电信网络诈骗犯罪案件办理

001 准确界定电信网络诈骗犯罪

近年来，电信网络诈骗犯罪发案总量持续高位运行，呈现集团化、产业化、链条化、跨境化等趋势，涉案金额更是屡创新高，严重侵害人民群众财产权，社会危害性极大。仅 2020 年一年，公安部与有关部门紧密配合，共破获电信网络诈骗案件 32.2 万起，抓获犯罪嫌疑人 36.1 万名，止付冻结涉案资金 2720 余亿元，劝阻 870 万名群众免于被骗，累计挽回经济损失达 1870 亿元。然而，电信网络诈骗犯罪在我国刑法体系中既不是一类犯罪的类罪名，也不是一种犯罪的罪名，属我国刑法规定的诈骗罪在客观方面的一种表现形式，是诈骗罪的一种特别的方式或者手段。

一、电信网络诈骗犯罪的概念

根据 2018 年最高人民检察院印发的《检察机关办理电信网络诈骗案件指引》，电信网络诈骗犯罪是指以非法占有为目的，通过电话、互联网和短信等电信网络技术手段，编造虚假信息，设置骗局，对不特定人员实施远程、非接触式诈骗，诱使被害人打款或者转账，骗取公私财物的犯罪行为。2022 年 12 月 1 日起实施的《反电信网络诈骗法》第 2 条规定："本法所称电信网络诈骗，是指以非法占有为目的，利用电信网络技术手段，通过远程、非接触等方式，诈骗公私财物的行为。"从文义上看，以上两个概念并无差别，《检察机关办理电信网络诈骗案件指引》的概念较为详细地说明了电信网络诈骗的手段方式，而《反电信网络诈骗法》的概念则更为简练。对此，本书结合两个具体案例分析如何界定电信网络诈骗。

[案例一] 吴某富诈骗案①

被告人吴某富利用疫情期间口罩等防控物资稀缺的特殊情境，通过在微信朋友圈发布虚假销售口罩的信息实施诈骗。2020年2月1日，被害人王某经朋友介绍得知吴某富在微信朋友圈宣传销售口罩的信息，添加吴某富为好友后提出购买口罩。吴某富通过向王某发送其从互联网上下载的口罩图片、视频，虚构有口罩现货销售的事实骗取王某的信任，王某遂通过微信、支付宝转账的方式先后向吴某富支付货款共计6000元。之后，吴某富以各种借口拖延、搪塞王某的发货催促，并通过关闭手机和拉黑微信好友的方式断绝与王某的联系。经查，吴某富将骗取的6000元用于网络赌博支出。

2020年2月5日，被害人金某文通过朋友介绍得知吴某富在朋友圈发布销售口罩的信息后，添加吴某富的微信。吴某富利用金某文急于购买口罩的心情，通过推送其从互联网下载的口罩图片，虚构有越南生产的每个2.5元的口罩现货销售的事实，骗取金某文的信任。2月6日，金某文通过微信向吴某富转账6250元欲购买2500个口罩，吴某富随即收取钱款。当日14时53分，吴某富因得知已有人报警，谎称货源已断不能发货，将其收取的6250元通过微信转账退还金某文。

有意见认为，电信网络诈骗犯罪中针对不特定人员是对犯罪对象数量的客观要求，即行为人虚假陈述时的犯罪对象必须处于一种不确定多数的状态。单从文义解释的角度来看，这种理解似乎并无不当，但对法律规定的理解不仅要受到法律文本文义的约束，同时还应当接受现实生活和司法实践的检验，只有兼具文义符合性和现实适应性的解释才能具有联结法律应然和实然的能力。以常见的短信诈骗为例，不特定不是对人员数量的刚性限定，而是对诈骗行为人无差别对不特定多数人虚假陈述的客观描述。申言之，用动态的眼光来看，不特定人员并非对诈骗行为人虚假陈述时犯罪对象数量特定化与否的刚性限定，因此即使在朋友圈发布的信息，也是针对不特定人员的无差别发布。具体而言，虽然在微信朋友圈发布虚假信息的初始阶段，信息受众的数量和产生也是特定和无差别的，但随着时间的推移和事物的发展，这些初始受众会基于各种原因（例如转发、分享等）自发地破除朋友圈壁垒，将这些信息传播给其他非微信好友的次级受众。这个传播过程会不断衍生反复，进而导致虚假信息受众为不特定多数人员。对此，行为

① 参见贵州省兴义市人民法院刑事判决书，（2020）黔2301刑初62号。

人对初级受众的自发传播行为在主观心态上至少是认同的。因此，本书认为对不特定的多数人实施诈骗，意指对多数人无差别虚假陈述以及对虚假陈述受众从特定多数向不特定多数演变的认同。

[案例二]《刑事审判参考》第1320号案例"王某诈骗案"[①]

该案中被告人王某于防控新冠病毒疫情期间，通过他人的推荐与被害人杜某东成为微信好友。王某在无供应口罩能力的情况下，对杜某东谎称有1000只现货口罩出售，杜某东通过支付宝转账方式向王某支付购买口罩的定金5000元。随后，王某将杜某东的微信删除，所得赃款被其用于个人花销。案发后，王某退赔被害人杜某东5000元并取得杜某东的谅解。

该案并非电信网络诈骗，其区别在于对象仅限于特定的杜某东。实践中，不宜将利用电话、网络联络的诈骗犯罪均认定为电信网络诈骗犯罪。首先，"对不特定人员"是电信网络诈骗犯罪行为区别于普通诈骗行为的显著特征之一。电信网络诈骗是一种点对面的犯罪，行为人通过电信网络散布和传播虚假信息，并非针对特定人实施诈骗行为。其次，普通诈骗犯罪无论是使用电话、短信，还是即时通信软件，行为人与特定人之间点对点的联系，仍囿于特定的空间范畴，具有一定的私密性，没有对其他不特定人产生影响，没有干扰正常的网络秩序。因此，电信网络诈骗系"对不特定人员"实施犯罪，其危害后果更为严重、犯罪波及面更广、需加大打击力度，体现出电信网络诈骗较普通诈骗更为严重的社会危害性。

二、电信网络诈骗与普通诈骗的区分

对于借助电信网络实施的诈骗犯罪，当被害人数量众多时，一般较易区分电信网络诈骗与普通诈骗。而当被害人较少时，则应综合在案因素进行判断。本书认为可以从以下几方面进行分析。

一是行为人是否向不特定人员发布了虚假信息，包括主动发布以及在他人询问时对不特定人员发布。电信网络诈骗是一种点对面的诈骗，受害群体往往具有广泛性和不特定性，因而社会危害性更为严重。对此，可以调取微信聊天记录、通话记录等证据材料，核实行为人是否具有"广撒网"的特征。

---

① 最高人民法院刑事审判第一、二、三、四、五庭编：《刑事审判参考》总第121集，法律出版社2020年版，第42－47页。

二是行为人是否对不特定人员实施非接触式诈骗犯罪。行为人通过电信、网络等手段实施远程的“背靠背”式诈骗，双方是否不接触、不明身份，是电信网络诈骗区别于传统诈骗的标准之一，也是案件侦破难、认定难的主要原因。对此，要重点核实行为人与被害人是否相识，或被害人是否知悉行为人的真实身份等。

三是对于行为人利用其掌握的公民个人信息通过电话、网络实施“精准诈骗”的，需调查核实其获取公民个人信息的目的，以及获取公民个人信息的手段。行为人有目的地获取具有某类共同特征的公民个人信息，据此“量身定做”诈骗“剧本”并实施诈骗，或通过购买等手段获取批量公民个人信息，依照诈骗“剧本”实施诈骗的，此时诈骗受众虽在一定范围内但仍具有不特定性，还是属于电信网络诈骗。

需要注意的是，如果通过电信网络技术向不特定多数人发送诈骗信息后又转入接触式诈骗，或者为实现诈骗目的，线上线下并行同时进行接触式和非接触式诈骗，虽然行为人使用电信网络技术，但被害人基于接触被诈骗，其行为在本质上仍是普通诈骗。

综上，电信网络诈骗和普通诈骗的判断标准在于：手段上是否具有技术性、空间上是否具有非接触性、犯罪对象上是否具有不特定性、控制力上是否具有远程性。

三、区分电信网络诈骗与普通诈骗的意义

之所以需要区分电信网络诈骗和普通诈骗，主要在于根据目前的法律和司法解释，电信网络诈骗犯罪与普通诈骗犯罪在追诉、量刑标准以及案件管辖等方面有着不同的规定。具体表现为以下两个方面。

（一）追诉量刑标准不同

因电信网络诈骗犯罪的跨地域性，犯罪的时空界限越来越模糊，社会危害性较普通诈骗更为严重，故2016年《电诈意见（一）》第2条对电信网络诈骗的追诉、量刑标准进行了统一的规定，以诈骗公私财物价值3000元为追诉标准，并确定了以3万元、50万元分别为“数额巨大”“数额特别巨大”的认定标准；另外，还确定了具有10种特定情形的，可在诈骗数额接近“数额巨大”“数额特别巨大”的标准时，认定为《刑法》第266条规定的“其他严重情节”“其他特别严重情节”，其中“接近”是指“一般应掌握在相应数额标准的百分之八十

以上”。

（二）管辖要求不同

法律和司法解释对电信网络诈骗犯罪的管辖，明确了犯罪地公安机关立案侦查为主，犯罪嫌疑人居住地公安机关立案侦查为辅原则，同时还对犯罪行为发生地和犯罪结果发生地做了更为详尽、更为宽泛的界定。

《电诈意见（一）》规定，“犯罪行为发生地”包括用于电信网络诈骗犯罪的网站服务器所在地，网站建立者、管理者所在地，被侵害的计算机信息系统或其管理者所在地，犯罪嫌疑人、被害人使用的计算机信息系统所在地，诈骗电话、短信息、电子邮件等的拨打地、发送地、到达地、接受地，以及诈骗行为持续发生的实施地、预备地、开始地、途经地、结束地。“犯罪结果发生地”包括被害人被骗时所在地，以及诈骗所得财物的实际取得地、藏匿地、转移地、使用地、销售地等。

在此基础上，2021 年《电诈意见（二）》第 1 条在《电诈意见（一）》的基础上，为适应网络犯罪发展趋势，有利于侦查、有利于诉讼，对管辖作出了必要补充和完善，将用于电信网络诈骗犯罪的手机卡、信用卡的开立地、转移地、藏匿地等，即时通讯信息的发送地、到达地等，以及硬件设备的销售地、入网地、藏匿地等认定为电信网络诈骗犯罪地。同时，围绕电信网络诈骗犯罪上下游关联犯罪链条长、环节多且相互交织，以及利用同一网站、通讯群组、资金账户、作案窝点实施电信网络诈骗犯罪等情形，为有利于全面查清犯罪事实，方便诉讼，提高诉讼效率，实现对电信网络诈骗全链条、全方位、一体化打击，明确可将上述案件并案处理，由同一地公安、司法机关进行侦查、起诉和审判。

002 准确认定电诈共同犯罪的主从犯

电信网络诈骗等信息网络犯罪大多均非单个个体所能完成，需要形成多人多层级的分工，通过信息网络手段共同实施对不特定人的诈骗。电信网络诈骗共同犯罪有广义和狭义之分，狭义的电信网络诈骗共同犯罪，指具体实施电信网络诈骗的一般共同犯罪、犯罪团伙或者犯罪集团；广义的电信网络诈骗，除狭义的电信网络诈骗共同犯罪外，还包括明知他人实施电信网络诈骗，仍为电信网络诈骗提供帮助的上、下游犯罪的行为。因电信网络诈骗犯罪的特点有别于传统犯罪，各行为人在共同犯罪中起的作用有所不同，如何认定电信网络诈骗共同犯罪的主从犯成为实践中需要解决的问题。

一、电信网络诈骗共同犯罪的特点

根据传统共同犯罪理论，成立共同犯罪必须具备3个条件。一是“共同犯罪的主体，必须是两个以上达到刑事责任年龄、具有刑事责任能力的人或者单位”。二是构成共同犯罪必须2人以上具有共同的犯罪行为。所谓共同的犯罪行为，指“各行为人的行为都指向同一犯罪，相互联系，互相配合，形成一个统一的犯罪活动整体”。三是“构成共同犯罪必须二人以上具有共同的犯罪故意”。①

但是，电信网络诈骗犯罪链条中的共同犯罪，与传统共同犯罪体现出不同特征：一是人员匿名化，即各共同犯罪行为人之间只是建立信息网络联系，相互间可能只知道网名等，并不知道对方线下真实身份；二是分工模块化，特别是现阶段网络黑灰产已分工明细，以及犯罪团伙（集团）分工明确，相互间只完成自己的任务，各犯罪行为人不仅是网络黑灰产之间，即使是犯罪集团之间也可能相互间不知道对方线下的真实身份，更有甚者可能还不知道自己在电信网络诈骗环节中所起的具体作用；三是意思模糊化，即相互间可能不存在共谋过程，只是按一定流程分工配合实施犯罪，没有详细的沟通甚至可能从未交流，意思联络非常模糊。另外，电信网络诈骗犯罪团伙（或犯罪集团）在组织者的领导下，总体上看又显得组织结构严密，涉案人数众多且分工合作，如易某锋、连某仁等38人诈骗、组织他人偷越国境、偷越国境、帮助信息网络犯罪活动、掩饰、隐瞒犯罪所得案②，其特点就是行为人在缅甸创建“远峰公司”利用公司化运作模式实施诈骗，集团内部层级严密，分工明确，组织特征鲜明。而在电信网络诈骗整个犯罪链条中，为电信网络诈骗提供帮助的信息、技术、资金等各环节又相对独立，如王某希等诈骗案③，被告人王某希等人按上线指令架设GOIP设备，即为电信网络诈骗犯罪活动的一个环节，王某希与“上家”联系为“蝙蝠”通讯软件，虽然知道系用于电信网络诈骗，但并未与“上家”见面，也不知道具体的诈骗手段。

---

① 参见高铭暄、马克昌主编：《刑法学》（第9版），北京大学出版社、高等教育出版社2019年版，第160~161页。

② 参见《人民法院依法惩治电信网络诈骗犯罪及其关联犯罪典型案例》，载最高人民法院网2022年9月6日，https://www.court.gov.cn/zixun/xiangqing/371131.html。

③ 参见广西壮族自治区南宁市武鸣区人民法院刑事判决书，（2022）桂0110刑初310号。

因此，《电诈意见（二）》规定，在侦查、审查起诉、审判过程中，应当全面收集证据、准确甄别犯罪嫌疑人、被告人在共同犯罪中的层级地位及作用大小，结合其认罪态度和悔罪表现，区别对待，宽严并用，科学量刑，确保罚当其罪，认定电信网络诈骗共同犯罪的主从犯应从全案进行综合判断。

二、狭义的电信网络诈骗集团的主从犯问题

实践中，电信网络诈骗共同犯罪按组织形式分为一般共同犯罪、犯罪团伙、犯罪集团等3种形式。其中一般共同犯罪是指2名以上行为人临时或随机聚合在一起实施电信网络诈骗犯罪，一般不具有组织性且时间通常较短，也有可能只有2名行为人组成。在电信网络诈骗发展初期还有该形式的共同犯罪，但随着电信网络诈骗各种手段翻新，如“杀猪盘”“冒充公检法”等均需要多人多层配合，因此一般共同犯罪形式已很少见。

犯罪团伙与犯罪集团为现实中常见的电信网络诈骗共同犯罪，但二者仍有区别，主要体现在规模、组织结构、作案手段、地域范围、危害大小等方面：犯罪团伙通常规模较小，组织结构相对简单，成员之间的意思联系比较紧密，一般由几个人或一小群人组成，诈骗手段以电话或网络为主，较为单一；犯罪集团通常规模更大，组织结构更为复杂，有的成员可能分别从事策划、组织、指挥、资金“洗白”等各个方面的工作但成员间又互不认识，作案手段也更为多样化和高级化，如可能还有利用网络攻击、设立虚假网站等手段。此外，犯罪集团的犯罪活动通常会跨越多个地区甚至多个国家，行为更为隐蔽以逃避打击，其犯罪行为造成的危害更为巨大。以下，本书主要说明电信网络诈骗犯罪团伙、犯罪集团的主从犯认定。

（一）犯罪团伙

犯罪团伙，是指由首要分子组织、策划、指挥多人所实施的电信网络诈骗犯罪，成员相对固定，意思联络较为紧密，管理较为松散，尚未形成组织性或层级性。

如徐某强等人诈骗案①：被告人徐某强、张某波共同出资开设虚假博彩网站并购买作案工具，组织徐某福等人为业务员并进行培训，共同实施电信网络诈骗。其中徐某福、陈某德、王某英等人分别被指定对陕西省渭南市、云南省文山

---

① 参见陕西省高级人民法院刑事裁定书，（2020）陕刑终256号。

市、湖北省随州市实施诈骗。该案中，徐某强、张某波为策划者、组织者，徐某福、陈某德、王某英等人为参与者，人员相对较少且分工相对简单，意识联络也较为紧密，均明知在共同实施电信网络诈骗。

电信网络诈骗犯罪团伙的主从犯的特征与传统普通犯罪团伙的区别不大，各成员的作用相对明显，可以根据各行为人参与的时间、作用等区分主从犯，在认定时不会引起太大争议。实践中，电信网络诈骗犯罪团伙的主犯通常是策划、组织、指挥诈骗行动的核心人物，而从犯则是为主犯提供帮助或者参与到诈骗行动中的其他成员，需要结合案件的具体情况进行判断。本书认为，一般可以从以下几方面综合认定犯罪团伙的主从犯。

一是电信网络犯罪行为的主导作用。主犯通常会在犯罪行为的策划、组织、指挥等方面起主导作用；从犯则通常是在实施犯罪行为的过程中按要求完成一定的行为或是提供帮助。如徐某强等人诈骗案中，徐某强、张某波实施了策划、组织等行为，且在整个电信网络诈骗中起主导作用，系主犯；徐某福、陈某德、王某英等人经徐某强、张某波组织并培训后，按要求实施诈骗行为，在案中未起主导作用，系从犯。

二是犯罪动机。主犯通常犯罪动机明显，为追求个人的利益或者其他目的主动参与犯罪活动；从犯可能是被主犯或者其他人利用、胁迫而参与。如实践中有的行为人因“招工”等加入电信网络诈骗犯罪团伙，体现一定的被利用性。

三是犯罪所得的分配方式。在犯罪所得的分配上，主犯通常会占据更大的份额，而从犯则往往只能获得较少的报酬。如徐某强等人诈骗案中，该电信网络诈骗犯罪团伙共骗取被害人吉某甲等人611余万元，经徐某强和张某波将诈骗所得钱款通过洗钱团伙变现后，其中徐某强、张某波各分得170余万元，其余赃款按照比例分配，徐某福分得75万余元、陈某德分得7万元、王某英分得2万元。在赃款的分配上，主犯徐某强、张某波所占份额较大，从犯徐某福、陈某德、王某英以其诈骗所得按比例分得赃款。

四是犯罪行为的时间长短。电信网络诈骗犯罪团伙主犯通常会参与犯罪活动的始终，而从犯可能只是在特定的环节或者某个时间段内参与。如徐某强等人诈骗案中，徐某强和张某波作为主犯，参与策划、购买作案工具、组织并培训、分配其他各成员的诈骗方式、诈骗所得的“洗白”及分配等整个过程；徐某福、陈某德、王某英等人主要通过网络添加被害人为好友，引诱被害人进入赌博网站投注、汇款，未参与整个诈骗流程。

（二）犯罪集团

根据《电诈意见（一）》规定，3 人以上为实施电信网络诈骗犯罪而组成的较为固定的犯罪组织，应依法认定为诈骗犯罪集团。

1. 电信网络诈骗犯罪集团的特点及认定主从犯的基本原则

（1）电信网络诈骗犯罪集团的特点。

一是层级分明，集团内部通常会存在不同级别的成员。如魏某双等 60 人诈骗案①，黄某海在整个犯罪集团中起组织、领导作用，为首要分子，属最高层级；魏某双、罗某俊、谢某林、刘某飞担任团队经理负责各自团队的日常运营，属第二层级；其余 56 名被告人分别担任业务组长、业务员具体实施诈骗活动，分别为第三、第四层级。

二是分工明确，犯罪集团内部通常会按照不同的职能进行分工。如王某辉诈骗案②中，王某辉等人参与张某和何某等人组织的在柬埔寨王国对中国境内企业实施电信网络诈骗的数百人犯罪集团，其中，一线“话务员”拨打诈骗电话，虚构将转账给被害单位钱款的事实，骗取被害单位人员（一般为财务人员）初步信任，并引导被害人添加诈骗 QQ 号码，待其添加 QQ 好友后，由二线网络聊天人员利用伪造的转账凭证继续强化对方信任。同时，二线网络聊天人员利用 QQ 聊天冒充被害单位负责人，先向接线人员佯装询问之前的转账情况，再诱骗其向指定账户转账。除此之外，还有负责打印被害单位信息、分发诈骗材料、收款账户等的辅助人员，计算、分发工资及提成的财务人员，保障餐饮交通等的厨师、司机等。

三是组织紧密，犯罪集团内部成员之间通常有着紧密的联系和配合。如王某辉诈骗案，该犯罪集团按照公司化运营模式，对成员进行角色分工，集中安排食宿、统一管理，在犯罪手段上一线、二线之间配合紧密。

四是跨地域作案，犯罪集团通常会跨越多个地区甚至多个国家进行作案，利用不同地区的法律制度差异和执法疏漏来逃避打击。如魏某双等 60 人诈骗案，该犯罪团伙先后在柬埔寨王国、蒙古国等地实施电信网络诈骗。

---

① 参见《最高检发布打击治理电信网络诈骗及关联犯罪典型案例》，载最高人民检察院网，https：//www.spp.gov.cn/spp/xwfbh/wsfbt/202204/t20220421_554307.shtml#1。

② 参见上海市第一中级人民法院刑事裁定书，（2020）沪 01 刑终 1102 号。

（2）认定电信网络诈骗犯罪集团主从犯的基本原则。

根据《电诈意见（二）》的规定，办理电信网络诈骗犯罪案件，应当充分贯彻宽严相济刑事政策。在侦查、审查起诉、审判过程中，应当全面收集证据、准确甄别犯罪嫌疑人、被告人在共同犯罪中的层级地位及作用大小，结合其认罪态度和悔罪表现，区别对待，宽严并用，科学量刑，确保罚当其罪。在认定主从犯时，电信网络诈骗犯罪团伙主从犯的认定原则也可以适用于犯罪集团，但因电信网络诈骗犯罪集团人数众多且分工明确，在认定主从犯时还可以综合以下几点判断。

一是在诈骗行为中是否起决定作用，是否为不可或缺。主犯通常是诈骗犯罪行为的策划者和组织者，具有明确的犯罪意图，在全部或部分环节起决定作用，成为不可或缺的一环；从犯则是被主犯或其他集团成员指使或协助实施犯罪行为的人员，其犯罪意图可能相对模糊，在其所处的环节中不起决定作用，缺少其行为对整个诈骗行为影响不大。如罗某、郑某星等 21 人诈骗案①，最高人民法院就认为，“电信网络诈骗一般是长期设置窝点作案，有明确的组织、指挥者，骨干成员固定，结构严密，层级分明，各个环节分工明确，各司其职，衔接有序，多已形成犯罪集团，其中起组织、指挥作用的，依法认定为犯罪集团首要分子，其中起主要作用的骨干成员，包括各个环节的负责人，一般认定为主犯，按照其所参与或者组织、指挥的全部犯罪处罚。本案中，黄某某犯罪集团各部门之间分工明确，相互协作，共同完成电信网络诈骗犯罪，其中后台服务部门和地下钱庄均系犯罪链条上不可或缺的一环。人民法院对负责后台服务的负责人罗某、骨干成员王某菲、地下钱庄人员郑某星依法认定为主犯”。

二是犯罪行为在诈骗过程中的作用。主犯通常是直接实施犯罪行为的人员，例如通过电信网络诈骗手段骗取钱财，直接作用更为显著；从犯则通常是协助实施犯罪行为的人员，例如提供虚假的身份信息或协助转移资金，主要为电信网络诈骗实行行为提供帮助起间接作用。

三是犯罪所得的分配。主犯通常获得更多的犯罪收益，且在分配中起决定作用；从犯则可能只获得相对较少的犯罪收益，一般为按比例分得赃款。如温某艳等人诈骗案②，一线话务员每月领取保底工资 4000 元至 6000 元，每单诈骗成功

---

① 参见《人民法院依法惩治电信网络诈骗犯罪及其关联犯罪典型案例》，载最高人民法院网 2022 年 9 月 6 日，https：//www. court. gov. cn/xinshidai－xiangqing－371131. html。

② 参见四川省高级人民法院刑事裁定书，（2020）川刑终 173 号。

可提成诈骗金额6%，二线、三线话务员每单诈骗成功可提成诈骗金额8%。

2. 电信网络诈骗犯罪集团具体人员主从犯的区分

（1）组织者、领导者。

电信网络诈骗犯罪集团的组织者、领导者又称“金主”“老板”，不仅创建电信网络诈骗集团，还在整个诈骗活动中处于核心管理地位，系首要分子。根据《刑法》第26条第3款的规定，对组织、领导犯罪集团的首要分子，按照集团所犯的全部罪行处罚。《电诈意见（一）》也规定，对组织、领导犯罪集团的首要分子，按照集团所犯的全部罪行处罚。

如易某锋、连某仁等38人诈骗、组织他人偷越国境、帮助信息网络犯罪活动、掩饰、隐瞒犯罪所得案①：易某锋在缅甸创建“远峰集团”，采取公司化运作模式，编写话术剧本，开展业务培训，配备作案工具，制定奖惩制度，形成组织严密、结构完整的犯罪集团。易某锋作为诈骗犯罪集团的“老板”，组织、领导该集团实施跨国电信网络诈骗，纠集被告人连某仁加入该集团并逐步成为负责人，二人系诈骗集团的首要分子。该案中易某锋不仅创建电信网络诈骗集团，纠集他人成为诈骗集团成员，还编写“剧本”、开展业务培训等，在整个电信网络诈骗活动中处于核心管理地位；连某仁加入电信网络诈骗集团成为集团的负责人，与易某锋成为电信网络诈骗集团的首要分子。因此，法院判决易某锋、连某仁系诈骗集团首要分子，按照集团所犯的全部罪行处罚。

（2）中上层管理人员。

有的规模较大的电信网络诈骗犯罪集团，除组织、领导的首要分子外，还有负责其中某一区域或某一窝点的管理人员。相对而言，这些管理人员虽在整个犯罪集团内听命于首要分子，但在该区域或窝点内起组织、指挥、控制等作用，属《电诈意见（一）》中规定的“犯罪集团首要分子以外的主犯”，应当按照其所参与的或者组织、指挥的全部犯罪处罚。

如前述温某艳等人诈骗案，其中被告人林某暐、李某宏均各自负责管理所在诈骗窝点，虽然其二人并不是整个犯罪集团的组织、谋划者，身份和地位都无法与集团核心层相比，但对犯罪集团的诈骗活动发挥了重要作用。因此，一般将电信网络诈骗犯罪集团中负责其中某一区域或某一窝点的中上层管理人员认定为主

① 参见《人民法院依法惩治电信网络诈骗犯罪及其关联犯罪典型案例》，载最高人民法院网2022年9月6日，https：//www.court.gov.cn/xinshidai-xiangqing-371131.html。

犯，按照其所负责的其中某一区域或某一窝点的全部诈骗犯罪处罚。

（3）“话务组”人员。

电信网络诈骗犯罪集团的“话务组”负责以打电话、发短信或网络聊天等具体方式直接对被害人进行诈骗，使被害人产生错误认识，并“指挥”被害人进行转账完成整个诈骗行为。“话务组”人员是电信网络诈骗共同犯罪中典型的正犯，在犯罪集团中往往占大多数且所处层级较低。一般“话务组”人员加入犯罪集团后会被进行专门“培训”，按犯罪集团所提供的“话术剧本”诈骗被害人。有的犯罪集团还会按诈骗被害人的顺序不同将“话务组”分成若干“线”，如冒充公检法诈骗中，一线负责“告知”被害人被冻结账号；二线负责假冒公检法人员让被害人陷于被通缉或涉案等错误认识；三线负责假冒银行或公检法具体处理账号的人员“指挥”被害人进行转账等。

“话务组”的人员特别是“组员”的作用虽然明显不如集团中的首要分子及管理人员重要，但对其在诈骗活动中的具体作用与责任也应当认真分析，不能一味地将“话务组”人员直接归入主犯或从犯。一般可从以下几方面综合考虑：一是作案时的主动性和自愿性，需要确定其在作案中是出于自愿还是被迫，以及参加诈骗集团的时间长短等；二是对诈骗的知情程度和犯罪意识，如是否知道自己参与的是犯罪集团的活动，以及其是否具有主动实施诈骗犯罪意识；三是在诈骗犯罪中所起的作用程度，包括其在具体诈骗活动中所起的作用，骗取的金额等各种因素，以及是否对其他“话务组”人员有支配作用等；四是是否具有诈骗的犯罪前科，如是否有诈骗的犯罪前科仍积极参与诈骗集团的情形等。本书认为，在司法实践中对诈骗集团“话务组”人员主从犯的认定要根据具体案件情况进行，需要在全面、客观地收集证据基础上，综合考虑以上因素进行分析和评估，以准确地认定“话务组”人员的主从犯身份，追究其相应的刑事责任。因“话务组”人员大多处于电信网络诈骗集团的底层，对其中主要根据上级指令从事犯罪行为，参与时间短，涉案数额小，违法所得少的人员，应综合认定其社会危险性，可以依法从宽处理。

实践中，具体区分“话务组”人员主从犯有以下几种情形。

①可根据“话务组”人员在各“线”的作用大小等具体情况区分主从犯。电信网络诈骗中各“线”共同对被害人实施诈骗，一般是由一线的“撒网”、二线的铺垫、三线人员实际骗取，在作用上一线一般较二线、三线的作用较小，可根据在整个电信网络诈骗环节中所起的作用区别对待。如最高人民检察院在指导

性案例张某闵诈骗案[①]中认为，在案证据能够证实二线、三线话务员不仅实施了冒充警察、检察官接听拨打电话的行为，还在犯罪集团中承担了组织管理工作，在共同犯罪中起主要作用，应认定为主犯。对从事一线接听拨打诈骗电话的被告人，已作区别对待。该犯罪集团在印度尼西亚和肯尼亚先后设立3个窝点，参加过2个以上窝点犯罪的一线人员属于积极参加犯罪，在犯罪中起主要作用，应认定为主犯；仅参加其中1个窝点犯罪的一线人员，参与时间相对较短，实际获利较少，可认定为从犯。因此，对二线、三线人员如还同时参与一定管理作用的，可认定为主犯；一线人员参加诈骗次数较多的也可以认定为主犯。

另外，实践中有的“话务组”人员以其仅为一线为由，辩解其不明知所参与的是诈骗集团。本书认为，一是“话务组”人员均接受“培训”，知道其使用不同的“话术剧本”；二是即使没有被明确告知其参与的是诈骗集团，但是作为具有刑事责任能力的成年人，应知道自己是按“话术剧本”在实施欺诈的行为。因此，“话务组”人员主观上至少是放任态度，故其并不知道为犯罪集团实施诈骗的理由不能成立。

②“话务组”中的“组长”。“组长”主要负责管理、协调“话务组”人员，一般具有一定的组织能力，熟悉其负责分工的诈骗技巧，诈骗经验也比较丰富，对其“组员”的行为有一定支配作用。有的诈骗集团层级较少，“组长”可能就是中上层管理人员，一般认定为主犯，按照其所管理“话务组”所犯的所有诈骗行为负责。

有的诈骗集团层级较多，各“话务组”的数量同样也较多且起的作用大小不一，“组长”的作用大小亦有不同。如张某闵诈骗案，被告人张某闵3次参加诈骗犯罪集团，历时5个月11天，参与诈骗期间该犯罪集团的诈骗数额为2318.724万元，其主要充当三线话务员，在肯尼亚犯罪期间系组织管理者，因此认定其为主犯。但是，如“组长”仅起传达任务作用并不起管理作用，参与程度不深且非法获利少，或者该“话务组”成立时间较短且未造成严重危害结果，对该“组长”也可以根据实际到案证据认定为从犯。

最后在数额的认定上，实践中对于“组长”，以本组诈骗总额认定其犯罪数额；对于“组员”，以其参与期间本组诈骗总额认定其犯罪数额。如吴某凯等人

---

① 参见最高人民检察院指导性案例第67号。

诈骗案①，被告人蒋某国为组长，组织其组内业务员被告人张某、王某楠骗取被害人黄某 1、陈某 1 钱款共计 63093 元，其中张某骗取陈某 1 共计 52893 元，王某楠骗取黄某 1 共计 10200 元。法院判决蒋某国对该组诈骗的全部金额负责；张某、王某楠对其参与的诈骗数额负责。

（4）电信网络诈骗犯罪集团的其他主要成员。

一是制作“剧本”人员的主从犯认定。电信网络诈骗犯罪的“剧本”，系根据被害人的心理弱点，利用各种话术诈骗被害人的方案。实践中，电信网络诈骗犯罪特别是“话务组”均按一定的“剧本”完成整个诈骗流程，可见“剧本”的制作在电信网络诈骗中起较为关键作用。《电诈意见（一）》规定，负责招募他人实施电信网络诈骗犯罪活动，或者制作、提供诈骗方案、术语清单、语音包、信息等的，以诈骗共同犯罪论处，其中将制作“剧本”的行为与招募等组织行为并列。因此，一般情况下，对制作“剧本”的人员，应认定为电信网络诈骗共同犯罪的主犯。

二是培训人员的主从犯认定。电信网络诈骗犯罪集团中，有专门的人员对新成员进行所谓的“培训”，在这类培训人员的作用下可以快速组建新的电信网络诈骗团伙。实践中，这些培训人员可以是参加诈骗时间较长的人员，如张某闵诈骗案，张某闵即同时培训新招募的电信网络诈骗人员。可见，培训人员在电信网络诈骗犯罪中起主要作用，一般情况下应认定为主犯。

三是司机、厨师等人员的主从犯认定。电信网络诈骗集团中，有的组织者为电信网络诈骗分子的生活提供便利，而雇请司机、厨师等为电信网络诈骗分子提供后勤保障。对这些人员，虽然客观上确实为电信网络诈骗提供必要的物质生活保障，为电信网络诈骗提供了促进的帮助作用，但该行为本身不影响电信网络诈骗的行为过程，在认定为共同犯罪时应慎重。即便要认定为电信网络诈骗的共同犯罪，也应认定为从犯。如赵某娜诈骗案②，其中被告人黄某金在电信网络诈骗集团中为厨师，起次要作用，认定其为从犯。

三、广义的电信网络诈骗共同犯罪链条中的主从犯问题

在电信网络诈骗犯罪链条中，除狭义的电信网络诈骗共同犯罪外，还包括明

---

① 参见天津市第三中级人民法院刑事裁定书，（2021）津 03 刑终 347 号。

② 参见浙江省瑞安市人民法院刑事判决书，（2019）浙 0381 刑初 347 号。

知他人实施电信网络诈骗，仍为电信网络诈骗上、下游提供帮助的犯罪行为，该行为人既可能是电信诈骗集团的参与者，也可能只是专门从事帮助信息网络犯罪的“黑灰产”从业人员。实践中，明知是电信网络诈骗仍提供帮助的行为人一般不是组织者、领导者，也未直接对被害人实施诈骗，不属于犯罪集团的首要分子，因此无论认定为主犯还是从犯，只对其参与的犯罪负责。

（一）广义的电信网络诈骗共同犯罪链条中帮助行为的特点

广义的电信网络诈骗共同犯罪链条中的共同犯罪，主要指为实施电信网络诈骗提供帮助、支持的行为。这些行为虽然并没有直接对被害人实施，但从电信网络诈骗的犯罪预备到犯罪既遂，均起到不可或缺的作用。

一是提供便利条件。帮助行为通常为诈骗提供便利条件，如提供账号、提供网络资源、提供被害人信息等，以协助诈骗团伙实施犯罪。

二是具有明确的分工。帮助行为通常在诈骗犯罪中具有明确的分工，其职责清晰、分工协作，使整个犯罪活动更加高效。如提供 GOIP 技术支持的仅架设设备并保证其运行，取款人仅负责为诈骗所得取现等，但这些共同犯罪行为人并不参与其他诈骗犯罪行为。

三是有明确的利益分配。帮助行为通常与诈骗犯罪团伙之间有明确的利益分配，会从电信网络诈骗犯罪团伙中获取相应的报酬。如跑分平台会按为电信网络诈骗犯罪团伙“洗白”资金的数额收取所谓的“手续费”等。

（二）电信网络诈骗犯罪链条上共同犯罪主从犯的认定

1. 提供技术支持帮助的

常见的情形主要是明知是电信网络诈骗犯罪团伙或犯罪集团仍提供技术支持的行为，主要是制作假网站、架设 GOIP 设备等。确定提供技术支持共同犯罪的主从犯，具体取决于其提供的技术在整个诈骗犯罪行为中的作用和责任程度，如果提供的技术支持对电信网络诈骗的实施起到至关重要的作用，可以认定为主犯；如果仅仅提供了一些辅助性质的技术支持，一般认定为从犯。

如龚某政等 17 人诈骗案①：其中被告人刘某在犯罪集团中负责协助龚某政维护平台，更换微信公众号，维护并更换被查封的后台“入金”“出金”通道。该案中，刘某提供技术支持在诈骗犯罪中起关键性的作用，且其积极参与诈骗集团犯罪，刘某被认定为主犯。

---

① 参见吉林省高级人民法院刑事裁定书，（2020）吉刑终 8 号。

如李某林等诈骗案[①]：李某林等人明知他人实施诈骗犯罪，仍架设GOIP设备为其提供通讯传输通道、网络技术支持等帮助，是共同犯罪，构成诈骗罪。在共同犯罪中，李某林等人起次要作用，是从犯。该案中，由于GOIP设备拨打电话功能在整个电信网络诈骗环节中为辅助扩大的作用，李某林等人虽积极为他人提供技术支持，但其提供技术支持并非至关重要，因此认定李某林等人为从犯。

2. 提供“引流”帮助的

电信网络诈骗犯罪链条的“引流”，是指通过电话、短信、网络信息等手段将被害人引导到特定网站、组群等进行诈骗的行为。虽然“引流”与电信网络诈骗中“一线”的作用相近，但一些电信网络诈骗犯罪团伙或犯罪集团为了更准确地区分易受骗人群，会交由专门从事“引流”的行为人完成。从“引流”所处电信网络诈骗的环节看，其作用较“一线”轻，且处于电信网络诈骗实行行为最初始阶段甚至是预备阶段。因此，如行为人明知他人实施电信网络诈骗，仍提供“引流”等帮助，构成诈骗共同犯罪，综合其作用，一般认定为从犯。

如袁某松诈骗案[②]：被告人袁某松组织他人形成犯罪团伙，假冒多家证券公司和同花顺公司工作人员向不特定社会公众拨打电信诈骗电话，在确认对方股民身份后诱使其添加微信，向其推荐所谓的“股票大师”或将股民拉入由所谓的“股票大师”主导的股票交流群，由“股票大师”对股民实施诈骗，再由诈骗人员向该团伙支付费用。法院判决认为被告人袁某松旨在以电信网络诈骗的方法帮助诈骗人员实施诈骗，从而达到获取非法利益的目的，情节特别严重，其行为均已构成诈骗罪；因在诈骗犯罪中起次要或者辅助作用，认定袁某松等人为从犯。该案中，袁某松组织他人将被害人“引流”至电信网络诈骗的交流群组，已着手实施犯罪，其“引流”的作用只是更精确地识别被害人，并未参与之后的诈骗行为，故其“引流”的作用在整个电信网络诈骗中起次要作用，因此将袁某松等人均认定为从犯。但袁某松作为“引流”的组织者，虽认定为从犯，但相对其他组织者作用更大，处罚上应有所区别。

3. 提供转移诈骗犯罪所得及其产生的收益，套现、取现等帮助的

根据《电诈意见（一）》的规定，在电信网络诈骗共同犯罪中，明知他人实施电信网络诈骗犯罪，帮助转移诈骗犯罪所得及其产生的收益，套现、取现的，

---

① 参见广西壮族自治区玉林市中级人民法院刑事判决书，（2022）桂09刑终372号。

② 参见湖北省荆州市中级人民法院刑事裁定书，（2021）鄂10刑终75号。

应认定为诈骗共同犯罪。实践中，因主观故意认定等原因，为电信网络诈骗提供套现、取现等帮助行为的，大多认定为掩饰、隐瞒犯罪所得罪。本书认为，前述套现、取现等行为亦为整个诈骗的重要环节，如长期帮助诈骗犯罪套现、取现，即使没有实际加入电信网络诈骗团伙（或犯罪集团），仍可以根据案件实际情况认定为诈骗罪的共同犯罪，只是取款人并非像电信网络诈骗集团组织者、领导者以及中上层管理者那样不可替代，且没有实施电信网络诈骗犯罪的实行行为，一般可以认定为从犯。

如陈某权等 3 人诈骗案①：被告人陈某权找到被告人王某东、熊某武，让二人提供身份信息和银行卡办理用于实施诈骗的 POS 机，王某东、熊某武明知他人实施电信诈骗仍将自己的身份信息和银行卡提供给电信网络诈骗分子用于办理 POS 机，并帮助电信网络诈骗分子取现，从中牟利，涉案数额为人民币 116.95 万元。一审法院认为陈某权等人积极实施犯罪，将其认定为诈骗共同犯罪的主犯。但二审法院判决认为，被告人陈某权等人与诈骗犯罪的上线没有明确预谋，没有参与实施具体的诈骗行为，所取诈骗赃款也都交给上游诈骗分子，只得到少数好处费或劳务费，在共同诈骗犯罪中为上游诈骗分子提供帮助，起次要和辅助作用，应认定为从犯，依法分别对陈某权等人减轻处罚。

003 准确认定电诈犯罪集团或团伙的犯罪数额

电信网络诈骗日渐形成完整的产业链，每个犯罪团伙之间都是相互联系又相对“物理隔断”的作案单元，层级分明、各个环节分工明确，各司其职，衔接有序，有的甚至实行公司化管理。② 电信网络诈骗的实施先后包括犯意策划、窝点搭建、技术服务、推送引流、实施作案及资金变现等环节，同时辅以资金、通信、网络、物流等方面的支持。

根据《电诈意见（一）》的规定，多人共同实施电信网络诈骗，犯罪嫌疑人、被告人应对其参与期间该诈骗团伙实施的全部诈骗行为承担责任。然而电信网络诈骗呈现链条化、产业化特点，诈骗行为人间、诈骗行为人与帮助行为人间以及帮助行为人间因地位、分工、作用大小和联系紧密程度等均有自身特殊性，

---

① 参见河南省驻马店市中级人民法院刑事判决书，(2019) 豫 17 刑终 121 号。

② 参见戴长林主编：《网络犯罪司法实务研究及相关司法解释理解与适用》，人民法院出版社 2014 年版，第 57 页。

如果不加区分简单适用该规定，容易导致罪责刑不相适应的结果。本书认为，共同犯罪的处罚根据在于直接或者间接侵害法益的因果共犯论，进而主张以因果性为“部分实行全部责任”的归责根据。如果行为人与他人相互利用、相互补充共同导致危害后果的发生，因其行为与犯罪结果间存在物理性或者心理性的因果关系，故要求其对全部结果负责并没有超出其个人责任的范围。然而如果行为人主观上对其他人的行为有概括认识，但客观上对他人造成的犯罪结果并无促进作用，且仅对自己参与的部分获取违法所得，则应只对自己的行为承担责任。

目前的电信网络诈骗团伙中大多存在多个作案单元，各作案单元又由单个或多个行为人组成，作案单元内各行为人实施的犯罪行为基本相同。根据前述电信网络诈骗刑事责任承担原则，认定各行为人犯罪数额的关键在于厘清各作案单元内部以及相互间的关系。实践中，虽然电信网络诈骗实施行为的方式多种多样，但整体上可以分为平行式诈骗和分工式诈骗两种，可以根据不同模式下组织诈骗实施方式的不同，认定行为人的责任范围。

一、平行式诈骗模式及责任认定

所谓平行式诈骗，是指受诈骗团伙组织人、策划人指示或共同预谋，多个作案单元同时实施基本类似的诈骗犯罪行为。该模式中，诈骗团伙存在多个作案单元，各作案单元又由单个或多个行为人组成，作案单元内各行为人实施的诈骗犯罪行为基本相同。

如邹某等17人系列诈骗案[①]：2018年下半年，邹某、黄某与“马总”共同出资，邹某、黄某组织多人前往马来西亚吉隆坡，搭建虚假的投资平台、直播平台，购买客户资源、招募员工，成立跨境电信网络诈骗集团，实施网络荐股诈骗犯罪。该诈骗集团通过购买已“上粉”的“老师号”设立微信群，由集团内成员分层级使用“水军号”“助理号”“讲师号”等相互配合，以“直播荐股”的方式实施诈骗。当被害人的资金进入平台方控制的多个洗钱账户，经多级流转后通过“车手”取款，按比例将现金交给邹某妻子。经查，2019年8月至11月，该犯罪集团通过上述方式诈骗南通市崇川区等全国各地的47名被害人钱款共计人民币480万余元。

该案中，邹某等人诈骗实施先后包括犯意策划、窝点搭建、技术服务、推送

---

① 参见江苏省南通市崇川区人民法院刑事判决书，（2020）苏0602刑初263号。

引流、实施作案及资金变现等环节，同时辅以资金、通信、网络、物流等方面的支持，应对诈骗集团的全部行为承担责任。诈骗集团设立A和B两个诈骗小组，虽然两小组间人员相对独立，但是小组间人员互为“水军”、共同在直播间点赞吹捧“老师”、发送虚假盈利截图骗取被害人信任，小组成员的行为与法益侵害结果间均有因果性，故应对参与期间的诈骗团伙全部诈骗行为承担责任。

如何某成等19人诈骗案①：2018年7月，邱某林（未到案）在广东省惠州市惠城区某室成立惠州市聚美星信息科技有限公司，安排被告人李某任法定代表人兼团队经理，被告人何某成、刘某洋为团队经理，并由团队经理招揽业务人员，利用虚假炒作“火币”平台实施诈骗活动。公司向业务人员统一提供住宿，发放工作手机、电脑、微信号。业务员通过加入微信群，以虚假的美女身份并发布虚假的炒币盈利图片，引诱被害人进入其提供的虚假平台投资。之后，被告人何某成、刘某洋、李某使用邱某林提供的账号密码，通过后台操作将被害人投资款进行“做亏”，造成被害人投资亏损的假象，从中骗取被害人的资金。至2019年3月，该犯罪集团通过上述手段实际骗取江苏、内蒙古、广东等地19名被害人投资款共计人民币107万余元。其中刘某洋团队的诈骗金额为46万余元，李某团队的诈骗金额为31万余元，何某成团队的诈骗金额为29万余元。

该案中，何某成等3人分别担任团队经理，各自招揽业务人员，利用虚假平台实施诈骗。3个团队虽在同一场所、以相同的方式同时实施诈骗行为，但因3个团队“各自为战”、互不交叉、没有相互配合，仅对各自团队部分获取提成，故行为人以参与期间所在团队诈骗金额为限承担刑事责任。

二、分工式诈骗模式及责任认定

分工式诈骗模式是指多个作案单元分别负责某一阶段的行为，分工合作，共同完成诈骗行为。以“直播荐股”诈骗为例，常见的分工包括“吸粉组”“水军组”“讲师组”“取款组”等，以直接实施诈骗作案为中心，前后辐射出银行卡、手机卡、语音线路、吸粉微信号、虚拟专用网络（Virtual Private Network，VPN）服务器、第三方和第四方支付平台、取现回款、地下钱庄等帮助行为的作案单元，这些作案单元可以是诈骗团伙的一部分，也可以游离在诈骗团伙外自成一体。虽然根据《电诈意见（一）》的规定，行为人对参与期间该诈骗团伙实施

① 参见江苏省南通市崇川区人民法院刑事判决书，（2019）苏0602刑初514号。

的全部诈骗行为承担责任，但实践中还是存在后参与实行行为的行为人是否对先前的实行行为承担刑事责任的争议问题。对此，如果事先有共谋，均成立共同犯罪；如果事先没有共谋，成立承继的共同犯罪，后行为人对与自己的行为没有因果关系的先行行为或结果不承担责任；如果先行行为的效果处于持续状态，后行为人利用了这种状态，并且与先行为人共同占有诈骗所得，则后行为人需要承担相应的责任。①

三、犯罪数额的综合认定

实践中，电信网络诈骗案件的被害人往往人数众多，有的案件虽然对单个被害人诈骗的数额不大，但因被害人总体人数众多，且多为跨地域分布，有的甚至涉及全国十余省市，涉案人数成千上万。同时，由于有的被害人没有报案，或者分别向不同地区的公安机关报案而未能并案处理，使办案的公安机关难以向被害人一一取证，这也往往使在犯罪数额的认定方面存在较大困难。②

《电诈意见（一）》规定，确因客观条件限制无法逐一收集被害人陈述的，可以结合已收集的被害人陈述和查证属实的银行账户交易记录、第三方支付结算账户交易记录、通话记录、电子数据等证据，综合认定被害人人数及诈骗资金数额。本书认为，实践中不宜简单地套用该规定，将赃款账户的数额一律认定为诈骗金额，关键在于对未到案被害人能否与诈骗案件建立联系以进行综合认定。如欧阳某等人诈骗案③，通过在案被害人名单、诈骗平台账户信息、犯罪嫌疑人自制客户资料表、业绩对账单、微信聊天记录显示的被害人信息等证据，明确未到案被害人名单，建立未到案被害人与案件之间的联系；经公安机关补充相关银行账号交易记录及第三方支付结算账户交易记录后，综合认定诈骗犯罪的数额。

四、犯罪数额的扣除

实践中，对行为人为实施犯罪购买作案工具、伪装道具、交通工具和租用场地甚至雇佣他人等付出的诈骗成本不能从诈骗数额中扣除；对通过向被害人交付

---

① 参见魏静华、陆旭：《电信网络诈骗共同犯罪疑难问题探析》，载《西华大学学报》2018年第3期。

② 参见李睿懿、王珂：《惩治电信网络诈骗犯罪的主要法律适用疑难问题》，载《法律适用》2017年第9期。

③ 参见江苏省南通市崇川区人民法院刑事判决书，（2019）苏0602刑初333号。

一定财物，进而骗取其信任并实施诈骗的，由于财物具有流通性和经济价值，该部分财物可以从诈骗数额中扣除。

如《刑事审判参考》第1373号阚某诈骗案：被告人阚某在从事茶叶生意的过程中，与被害人马某峰熟识，获得了对方的信任。在得知马某峰对茶叶收藏很感兴趣且有一定的经济实力后，阚某谎称其有一提七饼“97水蓝印”普洱茶出售，每饼价格34000元，骗取马某峰支付货款238000元。后阚某以云南海鑫堂普洱茶冒充“97水蓝印”普洱茶向马某峰发货。经鉴定，该云南海鑫堂普洱茶的实际价值仅为4389元。

该案中，马某峰以投资、收藏的目的向阚某购买高档普洱茶，阚某实际交付的却是低档普洱茶。虽然该低档普洱茶也有确定的市场价值，但是高档普洱茶所具有的收藏和投资价值是其独有的个性特征，也是低档普洱茶所不具备的，且低档普洱茶没有货币、黄金所特有的一般等价物属性，对弥补马某峰所受的财产损失没有实际意义。因阚某交付低档普洱茶并非出于弥补被害人马某峰损失的主观意愿，而是为了更稳妥地实现非法占有对方财产的犯罪目的，故该低档普洱茶的市场价值可不从被告人阚某的诈骗数额中进行扣除。

五、针对犯罪数额的证据收集

实践中，为解决诈骗数额认定的问题，在取证上应注意收集以下证据：

第一，根据犯罪集团诈骗账目登记表、犯罪嫌疑人提成表等书证，结合证人证言、犯罪嫌疑人供述和辩解等言词证据，认定犯罪嫌疑人的诈骗数额。

第二，根据经查证属实的银行账户交易记录、第三方支付结算账户交易记录、通话记录、电子数据等证据，结合已收集的被害人陈述，认定被害人人数及诈骗资金数额。

第三，对于确因客观因素无法查实全部被害人，即使有证据证明该账户系用于电信网络诈骗犯罪，且犯罪嫌疑人无法说明资金合法来源的，也不宜简单将账户内的资金全部推定为“犯罪数额”。要根据在案其他证据，考虑犯罪集团是否有其他收入来源，“违法所得”有无其他可能性等情形。如果在案证据足以证实“违法所得”的排他性，则可以将“违法所得”认定为犯罪数额。

004 电信网络诈骗犯罪既未遂并存时应如何处罚

电信网络诈骗犯罪样态多样，且具有明显的跨地域性，犯罪链条产业化，来自全国各地的买卖银行卡及账户的“卡农”“卡商”和转账取款的“车商”等相互协作，使电信网络诈骗钱款流转侦查难度大，而且部分案件往往因为证据问题无法查实存在的具体被害人，也就无法认定犯罪数额。为此，2016 年《电诈意见（一）》和 2021 年《电诈意见（二）》均对电信网络诈骗的犯罪未遂进行了规制。

一、电信网络诈骗犯罪的既未遂标准

《电诈意见（一）》第 2 条第 4 项规定，实施电信网络诈骗犯罪，犯罪嫌疑人、被告人实际骗得财物的，以诈骗罪（既遂）定罪处罚。诈骗罪的既遂以被害人公私财物遭受一定损失为成立条件，然而如何判断犯罪的完成形态，理论界则存在“失控说”“控制说”“失控 + 控制说”“占有说”等学说的纷争。①

当前，电信网络诈骗犯罪的既未遂以被害人“失控说”为主流观点。一方面，被害人钱款一旦进入行为人提供的账户，即破坏了被害人对财物的合法占有状态，造成了被害人的财产损失，侵害了被害人的财产法益。另一方面，非法占有并不要求行为人本人占有，也包含通过第三人占有。② 基于此本书认为，因被害人钱款进入行为人提供的账户，行为人就已经占有该钱款，故被害人将钱款转入诈骗行为人提供或指定的账户即为犯罪既遂。例外情形是，“两高一部”、工业和信息化部、中国人民银行、原中国银行业监督管理委员会于 2016 年 9 月 23 日联合发布了《关于防范和打击电信网络诈骗犯罪的通告》，要求从 2016 年 12 月 1 日起，个人通过银行自助柜员机向非同名账户转账的，转账人在 24 小时之内，可以取消转账或通过银行止付。③ 换言之，虽然被害人将资金汇入行为人指定的账户，但是由于时间限制、跨行、异地等还未到账，被害人仍可以通过冻结、止付等方式挽回损失的，不应认定为诈骗犯罪既遂。④ 当然，如果行为人被

---

① 参见焦艳鹏：《法益解释机能的司法实现——以污染环境罪的司法判定为线索》，载《现代法学》2014 年第 1 期。

② 参见张明楷：《刑法学》（第 5 版），法律出版社 2016 年版，第 1004 页。

③ 参见张明楷：《电信诈骗取款人的刑事责任》，载《政治与法律》2019 年第 3 期。

④ 参见魏静华、陆旭：《电信网络诈骗共同犯罪疑难问题探析》，载《西华大学学报》2018 年第 3 期。

抓获时该款项尚未到账，但该笔款项因未及时止付而最终还是转入行为人账户的，即使行为人已无法实际控制该笔款项，也应认定为既遂。①

一般而言，诈骗罪的基本犯罪构成属于数额犯，故诈骗犯罪的既遂应以实际骗得财物的数额或价值计算。为明确诈骗未遂的处罚范围，2011 年《办理诈骗案件解释》第 5 条对诈骗未遂的处罚范围进行了界定，明确了以数额巨大的财物为诈骗目标的，或者具有其他严重情节的，应当定罪处罚。同时，还明确了对利用发送短信、拨打电话、互联网等电信技术手段对不特定多数人实施诈骗应予以处罚。之后，《电诈意见（一）》针对电信网络诈骗犯罪的具体情形，明确了在互联网上发布诈骗信息的处罚标准和数量认定标准，《电诈意见（二）》又明确了在境外实施电信网络诈骗犯罪的具体处罚标准等。

二、电信网络诈骗犯罪未遂认定的注意事项

在适用上述规定，认定为电信网络诈骗犯罪未遂时，需要注意以下几点。

（一）关于发送短信、拨打电话的计算

《电诈意见（一）》规定，反复拨打、接听同一电话号码，以及反复向同一被害人发送诈骗信息的，拨打、接听电话次数，发送短信条数累计计算。这样规定有其实质合理性。行为人通过对同一被害人多次反复行骗才最终导致被害人受骗，因此每一次通话或者短信对犯罪进程而言都是不可或缺的，且不具有可替代性或者重复性。同时，认定发送短信、拨打电话等的数量时，也要求证据确实、充分，一般情况下需要查明通话记录及相关电子数据等。当诈骗电话、短信的数量等都难以收集和统计时，《电诈意见（一）》根据实践中的具体情况，规定了可以根据经查证属实的日拨打人次数、日发送信息条数，结合犯罪嫌疑人、被告人实施犯罪的时间，犯罪嫌疑人、被告人的供述等相关证据，综合予以认定。在适用上述规定时应当注意以下三点。

一是拨打电话次数、发送短信条数证据难以收集的前提是犯罪嫌疑人、被告人故意隐匿、毁灭证据等情形，而不能是侦查机关怠于侦查取证。如有的犯罪嫌疑人采用先进犯罪技术，导致伪基站发送诈骗短信、拨打诈骗电话后数据即刻清零，即属于上述规定的适用推定的前提条件。

---

① 参见薛美琴：《电信网络诈骗犯罪司法适用疑难问题研究》，载《人民司法（案例）》2017 年第 14 期。

二是推定的基础是已经查证属实的日拨打人次数、日发送信息条数，不能凭主观臆断。如不能简单依据犯罪嫌疑人获利数额，直接计算其拨打电话、发送短信的数量。

三是必须结合犯罪嫌疑人、被告人实施犯罪的时间、供述等情况予以综合认定，确定拨打电话、发送信息的合理数量。

（二）关于在境外针对境内居民实施电信网络诈骗的认定

根据最高人民检察院发布的对《电诈意见（二）》的解读，在认定属于在境外针对境内居民实施电信网络诈骗，诈骗数额难以查证时，可以出境一定时间或次数等认定为“其他严重情节”。实践中需要注意以下四个方面。

一是必须是行为人参与境外电信网络诈骗犯罪集团或犯罪团伙，实施具体的诈骗犯罪行为。如有充分的证据证明行为人在境外实施针对境内居民发送诈骗信息、拨打诈骗电话、在诈骗通讯群组内有烘托气氛或者“养号”等行为，只是客观原因导致诈骗数额难以查证。如果现有证据不足以证实行为人系在境外针对境内居民实施诈骗行为，则不能适用该条规定。

二是只适用于行为人在境外对境内居民实施的电信网络诈骗犯罪，不适用于在境内实施的诈骗行为。

三是犯罪情节须达到一定的严重程度，即一年内出境赴境外诈骗窝点累计时间 30 日以上，或者多次出境赴境外诈骗窝点。如此规定，是考虑出境的时间和次数体现了犯罪嫌疑人参与境外诈骗团伙的程度，反映了行为人的主观恶性和社会危害程度。设置 30 日的入罪标准，主要是犯罪分子到达犯罪窝点后，还需要经过一段时间的培训。一般而言，经过 30 日犯罪分子已经能够较为熟练掌握电信网络诈骗犯罪基本技巧，并实施了相关诈骗行为，具有较大的社会危害性。对于规定中“多次”的理解，至少是 3 次。

四是允许行为人提出反证，即有证据证明其出境从事正当活动的除外。需要说明的是，犯罪嫌疑人仅需提出反证即可，此时的侦查和证明责任仍属于公诉一方，即本规定并不发生举证责任倒置的法律效果。

三、电信网络诈骗犯罪的既未遂并存的处罚情形

《办理诈骗案件解释》第 6 条规定：“诈骗既有既遂，又有未遂，分别达到不同量刑幅度的，依照处罚较重的规定处罚；达到同一量刑幅度的，以诈骗罪既遂处罚。”实践中，根据上述规定在对电信网络诈骗犯罪行为确定法定刑时，应

注意以下情形。

一是电信网络诈骗犯罪只存在既遂或者只存在未遂的，直接按照既遂或未遂数额确定基准刑和宣告刑。

二是电信网络诈骗犯罪既存在既遂又存在未遂，但只有一个达到定罪条件的，仍按照构成犯罪的既遂或者未遂数额确定量刑幅度和宣告刑。

三是电信网络诈骗犯罪既存在既遂又存在未遂，且均达到定罪条件的，全案的量刑幅度根据两者中对应的量刑幅度较重的确定。其中，对于未遂部分应先决定是否减轻处罚，进而确定未遂部分对应的量刑幅度，再与既遂部分对应的量刑幅度进行比较，选择适用处罚较重的量刑幅度。如两者在同一量刑幅度，以犯罪既遂处罚。在确定宣告刑时，应综合全案情节，酌情从重处罚。

四是电信网络诈骗犯罪既存在既遂又存在未遂，均未达到定罪条件的，但总数额累计达到数额巨大标准的，不应认定行为人不构成犯罪，而应根据全案数额以犯罪未遂处罚。

四、电信网络诈骗犯罪的既未遂并存时的具体处罚

关于电信网络诈骗犯罪既未遂刑罚轻重的比较，尤其是第三种情形的，可参照最高人民法院指导性案例第 62 号——王某明合同诈骗案确定的处罚规则。

该案中，被告人王某明使用伪造的户口本、身份证，冒充房主即王某明之父的身份，在北京市石景山区链家房地产经纪有限公司古城公园店，以出售该区古城路 28 号楼一处房屋为由，与被害人徐某签订房屋买卖合同，约定购房款为 100 万元，并当场收取徐某定金 1 万元。之后王某明又收取徐某支付的购房首付款 29 万元，并约定余款过户后交付房屋。在办理房产过户手续时，因王某明虚假身份被石景山区住建委工作人员发现，王某明未取得余款。王某明被公安机关查获次日，王某明的亲属将赃款退还被害人徐某，被害人徐某对王某明表示谅解。

基于指导性案例在执法办案过程中具有的指导作用，本书认为对数额犯中犯罪既遂与未遂并存且均构成犯罪的情况，在确定全案适用的法定刑幅度时，应先就未遂部分进行是否减轻处罚的评价，确定未遂部分所对应的法定刑幅度，再与既遂部分对应的法定刑幅度比较，确定全案适用的法定刑幅度。如果既遂部分对应的法定刑幅度较重或者既未遂法定刑幅度相同，应当以既遂部分对应的法定刑幅度确定全案适用的法定刑幅度，将包括未遂部分在内的其他情节作为确定量刑起点的调节要素进而确定基准刑。如果未遂部分对应的法定刑幅度较重，应当以未遂

部分对应的法定刑幅度确定全案适用的法定刑幅度，将包括既遂部分在内的其他情节，连同未遂部分的未遂情节一并作为量刑起点的调节要素进而确定基准刑。

005 利用虚假交易骗取平台补贴行为的认定

随着平台经济的发展，利用虚假交易骗取平台补贴（积分）的案件屡见不鲜。比如浙江省温州市瓯海区人民法院对通过刷空单套取支付宝“满立减”优惠补贴的21名水果卖场店主、员工等，分别以诈骗罪判处拘役或有期徒刑；北京市海淀区人民法院对骗取滴滴公司优惠券的行为人，以诈骗罪判处其有期徒刑8个月，并处罚金4000元，全部非法所得返还滴滴公司。最高人民检察院指导性案例第38号董某等4人诈骗案中，对恶意刷单、非法套取补贴获利的滴滴专车司机王某、董某等4人，以诈骗罪分别判处8个月至1年不等有期徒刑。可见，实践中对于利用虚假交易骗取平台补贴（积分）的行为，一般以诈骗罪定罪处罚，但也存在罪与非罪，侵占罪、盗窃罪或诈骗罪的法律适用争议。本书将通过解读一起典型案例①，对此类行为进行系统化梳理和分析。

一、基本案情

被告人陆某，男，1993年6月出生，原系南通市瑞阳电子商务有限公司法定代表人。

被告人朱某，男，1988年10月出生，原系上海岁宁实业发展有限公司、北京康盟优视科技发展有限公司法定代表人。

被告人潘某明，男，1989年10月出生，原系个体工商户。

被告人项某国，男，1972年8月出生，原系个体工商户。

被告人邱某，男，1987年10月28日出生，原系某电子商务公司职员。

被告人颜某，男，1988年11月28日出生，原系某商贸有限公司法定代表人。

被告人叶某军，男，1978年11月23日出生，原系某贸易公司法定代表人。

被告人魏某超，男，1985年12月11日出生，原系某保险公司业务员。

2015年，浙江某技术有限公司推出双倍积分卡促销活动。活动规则是：会员在生日周内通过网络平台购买商品每消费2元，即获赠购物积分1分，浙江某

① 《陆某等8人诈骗案》，载最高人民检察院第一检察厅编著：《最高人民检察院第十八批指导性案例适用指引（电信网络犯罪）》，中国检察出版社2020年版，第136～142页。

技术有限公司还赠送等额生日积分1分，以5000积分为限，该积分在消费者购买商品并确认收货后即发至消费者的积分账户，发生退货也不收回。消费者再次向电商购买商品，可按100积分抵扣人民币1元。

2015年10月下旬，被告人陆某、朱某、潘某明等针对该活动规则，共谋通过合资购买并实际控制南通、天津、上海、温州等地6家网络店铺，同时大量购买新注册的消费者账号（行内称“白号”），雇用数十名员工，进行批量虚假交易，骗取浙江某技术有限公司赠送的生日积分，并在上述店铺内使用该积分抵款购物，将积分套现。被告人项某国从潘某明、朱某处了解到刷积分套现的大致原理后，决定出资让潘某明帮其具体操作。

各被告人具体操作流程为：（1）批量虚设账号生日。将“白号”激活成为会员，之后利用软件将这些账号的生日改为操作当日或后几日，激活生日特权。（2）虚假交易骗积分。用“白号”批量拍下所控制店铺的10000元“商品”，通过绑定银行卡的“U盾”付款，卖家店铺设置成自动发货，然后通过软件一键确认收货和维权退款，卖家店铺设置自动同意退货退款。在确认收货后，骗取的5000生日积分（相当于人民币50元）即进入“白号”账户。（3）积分套现。通过拍下实际控制的另一家店铺中的50.01元“商品”，使用骗取的5000生日积分抵扣付款，每成交一笔，浙江某技术有限公司就支付50元（交易费除外）到卖家店铺账户。

被告人陆某等人通过上述手段形成虚假交易额达14亿余元，骗取浙江某技术有限公司7亿多积分，实际骗取人民币671万余元。

2016年3月28日，公安机关以陆某等人涉嫌诈骗罪移送南通市崇川区人民检察院审查起诉，其间两次退回南通市公安局崇川分局补充侦查；2016年9月20日，南通市崇川区人民检察院以被告人陆某等人涉嫌诈骗罪向南通市崇川区人民法院提起公诉；2017年4月1日南通市崇川区人民法院经审理，认定被告人陆某、朱某、潘某明、项某国等人利用自己控制的网络店铺进行虚假交易、骗取浙江某技术有限公司资金，数额均特别巨大，其行为均已构成诈骗罪。法院以诈骗罪判处各被告人有期徒刑12年6个月至8年不等，并处罚金人民币50万元至20万元不等，责令相关被告人退赔浙江某技术有限公司，相关扣押的作案工具予以没收，上缴国库。一审宣判后，陆某、潘某明、项某国等人提出上诉。江苏省南通市中级人民法院于2018年2月5日作出（2017）苏06刑终140号刑事判决，认为原判决认定事实清楚，证据确实、充分，定性准确，量刑适当，审判程序合法，但鉴于在二审期间，陆某、潘某明、项某国等人的家属均代为退出部分赃款，依照宽严相济的刑事政策，适当降低了部分被告人的刑期。

二、法律分析

（一）区分民事侵权与刑事犯罪的关键点在于行为人对涉案财物是否具有非法占有的目的

网络购物过程中利用电商平台交易规则骗取积分并套现属于刑民交叉案件，涉及民事违法性与刑事违法性问题。民事违法性主要涉及民事侵权问题，刑事违法性主要涉及侵财犯罪问题。民事侵权与侵财犯罪并非对立关系，当民事侵权行为符合刑法中特定侵财犯罪的构成要件时，该行为就应从民法评价上升为刑法评价。因此，准确区分民事违法性与刑事违法性是办理此类案件的关键，区分民事侵权行为与刑事犯罪行为的关键点在于判断行为人对涉案财物是否具有非法占有的目的。本案中，行为人在本身不具备获取相关积分、不具备后续使用积分抵款交易条件的情况下，没有任何合法根据来获得被害单位涉案财物，却以虚设的会员账号，批量购买自己实际控制网络店铺中虚设的商品，完成批量的虚假交易，最终获取了自己通过合法手段无法得到的被害单位财物，上述行为不仅体现出行为人存在欺骗的手段，更体现出行为人存在非法占有的目的。

需要注意的是，根据《民法典》第 122 条规定，因他人没有法律根据，取得不当利益，受损失的人有权请求其返还不当利益。不当得利的成立需要排除行为人主观上的过错和积极制造不当得利行为。不当得利人在获得利益之前，并不具有非法占有他人财产的故意；不当得利事实的出现，往往是对方或第三者的过错造成，而非不当得利人的违法行为造成。本案中，被告人陆某等人明知双倍积分规则属于一种营销活动，获得被害单位双倍积分的前提是进行真实的商品交易，却组织、雇佣员工，利用自己控制的网络店铺，使用恶意软件批量进行虚假的商品交易，致使被害单位产生错误认识进而赠予双倍积分。在获取积分后，各被告人将积分再通过虚假的商品交易进行套现。其主观上具有非法占有的目的，客观上采取了虚构事实、隐瞒真相的方法，该行为具有主动性、掠夺性，故不属于不当得利。

（二）区分盗窃罪与诈骗罪的关键点在于行为人取得财物是否基于被害人的主动处分

此类案件盗骗交织，涉及的罪名主要有盗窃罪和诈骗罪。盗窃说认为，被害单位的财产占有的转移系基于被害单位机器的错误判断而转移，被害单位本身没有发现行为人虚假交易、获取积分后套现的行为。行为人在被害单位不知情的情况下，通过秘密窃取的形式获取积分，符合盗窃罪的构成要件。本书认为，在确定罪名时，固然应当将本案纳入新型网络犯罪这一语境进行探讨，但同时更要注重界定犯罪行为的本质特征。本案中，行为人自买自卖的虚假交易行为贯穿犯罪的始终，其目的在于使被害单位基于行为人的虚假交易行为，产生行为人符合获得积分的错误认识，最终将单位财物（或者说财产性利益）转至行为人控制的账户。其行为模式以及本案的发案过程均符合诈骗罪的特征，即“行为人虚构事实满足交易规则—被害人陷入规则满足的错误认识—被害人因而处分积分—行为人获取财物”。在此过程中，被害单位并不像盗窃犯罪的被害人对自己丧失财物的占有是毫不知情的；相反，被害单位是根据行为人虚假交易的行为形成了自己要交付财物的判断后，主动交付了财物，对于财产的丧失是明知的，因此本案不符合盗窃罪的构成要件。

（三）电商平台的规则设置不存在合法操作情形下的漏洞，不能成为阻却违法性的理由

电商平台设置获取积分以及使用积分的规则属于一种营销行为，其向社会公开承诺上述规则，目的是想通过向平台内卖家商铺积分返现以促进和鼓励消费者在电商平台进行真实的购物消费，从而繁荣市场，扩大本平台的影响力，并不存在合法操作情形下的漏洞。本案中，辩护人提出电商平台设置规则存在的漏洞，旨在证明被害单位存在过错。对此本书认为，刑法意义上的被害人过错，是指被害人出于故意，实施违背社会伦理或违反法律的行为，侵犯了被告人的合法权利或者正当利益，引发被告人实施犯罪或者激化加害行为危害程度的情形。具体到本案中，判断被害单位是否存在过错需要全面考察双倍积分规则的初衷和积分套现行为的性质。本书认为，被害单位的双倍积分规则并不意图引诱他人犯罪，若非采取虚假交易、软件盗刷等违法方式，双倍积分规则可以有效地激励用户进行真实消费，故不存在刑法上的被害人过错，也不得成为行为人违法性的阻却理由。

（四）网络共同犯罪应以被告人所起的实质作用为重点，考察其应承担的责任范围

在电商平台背景下，因作案环境涉及网络，各被告人彼此之间或多人分别结伙或交叉结伙，以相互配合、分工合作的方式共同实施犯罪，那么各人该如何依

据法律规定对于各自参与的共同犯罪承担相应的刑事责任就成为一个值得研究的问题。网络共同犯罪的犯意联络往往通过网络形成，相对于传统普通共同犯罪来说具有隐蔽性、模糊性、不确定性等特点。网络共同犯罪的合作方式和组织结构又呈现出“点对点”“组对组”的特征，配合形式更加多元，分工方式更加细致。因此，在此类案件中，应以被告人在共同犯罪中所起的实质作用为重点，结合具体的组织形式，考察各被告人应承担的责任范围。具体到本案中，被告人陆某等人相互配合、分工合作，共同实施犯罪，均应对其参与或组织、指挥的共同犯罪承担相应的刑事责任，这与《电诈意见（一）》关于准确认定共同犯罪与主观故意的规定是契合的。

三、借鉴意义

办理网络诈骗类的刑民交叉案件，需要准确区分利用规则获利的民事行为与虚构事实、隐瞒真相的诈骗行为，需要判断行为人对涉案财物是否具有非法占有的目的。

（一）准确区分利用规则获利的民事行为与虚构事实、隐瞒真相的诈骗行为

利用规则获利的民事行为与虚构事实、隐瞒真相的诈骗行为之间存在类似性。有观点认为，行为人在自己控制的网络店铺购物、退货、获得奖励积分的行为符合电商平台承诺的“购物赠送积分”规则和程序，获取的奖励积分和资金是电商平台营销规则认可的馈赠和福利，属于民事行为。准确判断利用规则获利的民事行为与虚构事实、隐瞒真相的诈骗行为，需要注意把握以下两点。一是要把握电商平台交易规则的实质内涵。在类似网络犯罪案件处理中，不能仅局限于电商平台规则的形式要件，更要从实质上把握电商平台交易规则预设的同意条件，这些条件具体包含交易主体信息、交易主体资格、商品信息、交易过程等的真实性。合理利用规则应在规则约束范围之内，不能人为恶意创设条件突破规则适用前提，无真实交易则不能适用交易规则。当然，受技术手段、监管能力的限制以及吸引更多消费者等的现实考虑，电商平台交易规则的设立并非完美，也将因此承担具体的风险，但要注意把握交易规则的实质内涵，衡平行为的欺诈性和结果的规则允许性，恪守刑事法律的谦抑性，刑事案件不能民事化处理，民事案件也不能刑事化处理。二是要把握网络背景下诈骗行为的基本构造。在类似网络犯罪案件处理中，仍应对照诈骗罪“欺骗行为—认识错误—处分行为—取得占

有一财产损失”的基本行为构造。在评判过程中，应着重考量会员信息、商品信息和交易过程的虚假性，把握行为的批量特征、技术特征和金额特征，注意行为人对电商平台店铺的控制性，在网络商品交易与现实商品交易的区别中把握“虚假交易”型网络诈骗犯罪本质。对以非法占有为目的，利用电商平台交易规则进行批量虚假交易，骗取财产性利益的，应以诈骗罪定罪量刑。

（二）准确认定网络诈骗犯罪行为非法占有的目的

一般来说，行为人没有占有他人财产的合法根据，或者说没有使他人转移财产给行为人或第三者的合法根据，却具有占有他人财产的目的，就属于非法占有目的。与此同时，网络犯罪区别于传统犯罪的一个重要方面是作案手段技术性强，往往存在大量技术问题与专业性语言。准确认定此类犯罪行为非法占有的目的，需要从技术角度、法律角度详尽考察其“排除意思”与“利用意思”。在类似网络犯罪案件处理中，可结合以下几个方面来考察行为人是否具有非法占有目的：一是在“排除意思”方面，要考察行为人是否具有返还的意思。此类诈骗案件，多是通过虚假交易、退换货等，排除了他人对自己财物的占有和利用，事后也不存在返还行为。二是在“利用意思”方面，要考察行为人在获取相关财产性利益后是否具有变现的意图和行为等。三是在证据审查认定方面，要结合银行卡交易记录、电商平台关联支付宝账户信息、买家账号信息、支付宝开户资料信息、积分发放记录等证据，审查涉案账号数量的批量性，虚构会员生日、填写手机号码、下单、支付、退货、积分套现等全流程的批量性，从而将诈骗意图与正常消费意图进行区分；审查行为的技术特征，行为人是否定制、购买为完成批量行为提供技术支持的恶意软件；还要审查行为人的现金流情况，是否存在以自有资金自买自卖的方式套取积分的恶意行为，形成逻辑连贯、内容一致的证据体系，排除其他可能性，进而认定行为人的非法占有目的。

006　为境外诈骗长期提供银行卡及转账行为的认定

近年来，随着我国对电信网络诈骗犯罪的持续高压打击，诈骗团伙多转移至境外作案，电信网络诈骗案件呈现明显的境内外人员勾结或分工负责态势，严重侵害人民群众财产安全。实践中，由于电信网络诈骗人员分工的精细化，境内从事资金流转、提供即时通讯账户的人员往往辩解其不具有确切的主观明知，以不知道境外人员实施电信网络诈骗为由，企图降低对自己刑事处罚的力度。因此，办理此类电诈案件，需要充分研究各行为人的主观明知和客观行为，做到法律适用准确和刑罚承担均衡，实现刑法的预防目的。对于明知他人虚构事实、隐瞒真相以骗取财物，仍提供银行卡、帮助转账的，应以诈骗罪追究刑事责任。

一、基本案情

朱某诈骗案①：2017 年，被告人朱某通过国际交友软件先后结识 Arick、osagie（均身份不明，未到案），为两人提供注册好的微信号、QQ 号、陌陌号等即时通讯软件账号以及银行卡并协助其转账。2019 年 6 月，朱某的银行卡被银行冻结，并被告知系用于电信网络诈骗。2021 年 10 月，朱某明知上述两人以谈感情为由通过电信网络骗取他人钱财，仍继续提供注册好的微信号、QQ 号、陌陌号等即时通讯软件账号以及银行卡；同时，朱某在收到被害人的转账后还通过购汇、发汇、购买比特币等方式转移至 Arick、osagie 指定账户。经查，被告人朱某协助转移资金中包含被害人徐某英、李某华、江某云等人被骗钱款共计 412931 元，朱某获利共计 24217 元。

法院经审理认为：被告人朱某在被告知银行卡、即时通讯账号系被用于电信网络诈骗后，为牟利仍继续提供银行卡、即时通讯账号，并协助转移诈骗资金，数额巨大，构成诈骗罪。本案系共同犯罪，被告人朱某虽未直接实施诈骗行为，且事后获利相对较少，在共同犯罪中起次要作用，但仍应以诈骗罪定罪量刑。判决被告人朱某犯诈骗罪，判处有期徒刑 5 年，并处罚金 5 万元。宣判后，被告人朱某未提出上诉，判决已发生法律效力。

二、案例注解

（一）对“明知他人在境外实施电信网络诈骗”应综合认定

实践中，境外电信网络诈骗分子为顺利实施犯罪，往往拉拢、联络境内人员为其提供帮助行为，包括提供即时通讯账号、资金转移等帮助。由于犯罪行为跨国、跨境，对境外诈骗分子的处理，往往以打击回流为主，时间上具有一定的滞后性；对境内犯罪分子的打击则相对靠前，造成同一案件中国内的犯罪分子往往先到案。由于上游诈骗分子不在案，往往会出现指控国内提供帮助的行为人特别是在主观认定等方面的证据相对不够充分的情况。因此，实践中应根据《电诈意见（一）》的规定，结合被告人的认知能力、既往经历、行为次数和手段、与

---

① 参见江苏省南通市崇川区人民法院刑事判决书，（2022）苏 0602 刑初 595 号。

他人关系、获利情况、是否曾因电信网络诈骗受过处罚、是否故意规避调查等主客观因素进行综合分析认定。

2022 年 4 月 21 日，最高人民检察院发布了 10 件打击治理电信网络诈骗及关联犯罪典型案例，其中在案例三“张某等 3 人诈骗案、戴某等 3 人掩饰、隐瞒犯罪所得案”的“典型意义”中指出：对于这类犯罪行为，检察人员既要认定其利用银行卡和二维码实施收取、转账赃款的客观行为，又要根据被告人实施转账行为的次数、持续时间，资金流入的频率、数额，对帮助对象的了解程度，银行卡和二维码被封控提示等主客观因素综合认定其主观明知，对于构成掩饰、隐瞒犯罪所得罪的，依法可以该罪论处。案例六“罗某杰诈骗案”的“典型意义”同时指出：专门为诈骗犯罪分子提供资金转移通道，形成较为稳定协作关系的，应以诈骗罪共犯认定。检察机关在办理此类案件时，要坚持主客观相统一原则，全面收集行为人与境外犯罪分子联络、帮助转移资金数额、次数、频率等方面的证据，对于行为人长期帮助诈骗团伙转账、套现、取现或者提供专门资金转移通道，形成较为稳定协作关系的，在综合全案证据基础上，应认定其与境外诈骗分子通谋，以诈骗罪共犯认定，实现罪责刑相适应。

结合两案的典型意义，对“明知他人在境外实施电信网络诈骗”应根据在案证据综合认定，其中对于形成较为稳定协作关系的，应认定与境外诈骗分子通谋。在朱某诈骗案中，被告人朱某在帮助境外人员收款转账过程中，公安机关根据被害人报警找到朱某，明确告知其银行卡内资金系诈骗所得，朱某也协助退出该资金。之后，朱某依然帮助境外人员进行了长时间的转账。虽朱某辩称只是境外人员答应为其办理移民，其就帮助境外人员转账，对他人实施诈骗行为并不明知，但结合朱某与境外人员的聊天记录和公安机关的明确告知，可推定朱某明知他人在实施电信网络诈骗，仍提供帮助，且朱某未能提出合理辩解，因而根据在案证据综合认定其主观明知。

（二）明知他人实施电信网络诈骗犯罪，仍提供转账等帮助的，以共同犯罪论处

在电信网络诈骗及关联犯罪中，往往因行为人具体行为和主观明知的不同，可能会涉及不同罪名。具体到将银行卡提供给他人用于电信网络诈骗并协助转账帮助的行为人，根据其明知的程度、内容和后续行为的不同，可能构成的罪名也不同。其中，存在确切的主观明知，如事先有共谋、有告知等，应认定诈骗犯罪共犯；虽对他人实施电信网络诈骗并无确切的明知，但知道他人实施信息网络犯

罪的，构成帮助信息网络犯罪活动罪；经查实明知是犯罪所得或其产生的收益仍转移的，可能构成掩饰、隐瞒犯罪所得罪。本案中，朱某明知他人在境外实施电信网络诈骗，仍然提供银行卡接受被害人转账，并将卡内资金转入上家指定的银行账户。朱某的行为同时符合帮助信息网络犯罪活动罪，掩饰、隐瞒犯罪所得罪和诈骗罪的构成要件。

根据《电诈意见（一）》的规定，明知是电信网络诈骗犯罪所得及其产生的收益，以该意见规定的方式之一予以转账、套现、取现的，依照《刑法》第312条第1款的规定，以掩饰、隐瞒犯罪所得、犯罪所得收益罪追究刑事责任。实施上述行为，同时构成其他犯罪的，依照处罚较重的规定定罪处罚。实施《刑法》第287条之一、第287条之二规定的行为，构成非法利用信息网络罪、帮助信息网络犯罪活动罪，同时构成诈骗罪的，依照处罚较重的规定定罪处罚。根据上述规定，朱某的行为均应以处罚较重的罪名处罚，即应以诈骗罪定罪处罚，不再认定为帮助信息网络犯罪活动罪或掩饰、隐瞒犯罪所得罪。

（三）根据共同犯罪归责原则，区分主从犯

准确认定跨境电信网络诈骗案件在案各行为人的具体行为，评价个体在犯罪中所起的作用，准确区分主从犯，准确指控犯罪，是刑法罪责刑相适应的具体要求。《电诈意见（一）》规定，多人共同实施电信网络诈骗，犯罪嫌疑人、被告人应对其参与期间该诈骗团伙实施的全部诈骗行为承担责任。在其所参与的犯罪环节中起主要作用的，可以认定为主犯；起次要作用的，可以认定为从犯。朱某诈骗案中，朱某虽然明知境外人员在实施电信网络诈骗犯罪，仍为他人顺利实施诈骗犯罪提供银行卡和即时通讯账号，系境外诈骗的一个环节，属电信网络诈骗的共同犯罪。但其本人并未直接实施诈骗行为，且不属于组织者、策划者，违法所得亦相对不多，因此综合全案犯罪情节，对朱某依法认定为从犯，在量刑上从轻处罚更为适宜。

附：相关规定

《中华人民共和国刑法》第二百六十六条

《中华人民共和国反电信网络诈骗法》（主席令第119号，2022年12月1日起施行）

《最高人民法院、最高人民检察院关于办理妨害信用卡管理刑事案件具体应用法律若干问题的解释》（法释〔2018〕19号，2018年12月1日起施行）

《最高人民法院、最高人民检察院关于办理盗窃刑事案件适用法律若干问题的解释》（法释〔2013〕8号，2013年4月4日起施行）

《最高人民法院、最高人民检察院关于办理诈骗刑事案件具体应用法律若干问题的解释》（法释〔2011〕7号，2011年4月8日起施行）

《最高人民法院、最高人民检察院、公安部关于办理电信网络诈骗等刑事案件适用法律若干问题的意见》（法发〔2016〕32号，2016年12月19日发布）

《最高人民法院、最高人民检察院、公安部关于办理电信网络诈骗等刑事案件适用法律若干问题的意见（二）》（法发〔2021〕22号，2021年6月17日起施行）

《检察机关办理电信网络诈骗案件指引》（高检发侦监字〔2018〕12号，2018年11月9日印发）

第二章　信息网络关联犯罪案件办理

001 电信网络诈骗及关联犯罪的认定

在电信网络诈骗犯罪链条中，除具体实施诈骗的行为人外，相关联的黑灰产行为人可能还构成诈骗罪（共犯），掩饰、隐瞒犯罪所得、犯罪所得收益罪，帮助信息网络犯罪活动罪。如在电信网络诈骗链条中提供支付结算的行为，可能构成片面共犯的诈骗共同犯罪，下游犯罪的掩饰、隐瞒犯罪所得、犯罪所得收益罪，帮助行为正犯化的帮助信息网络犯罪活动罪。实践中，认定诈骗罪（共犯），掩饰、隐瞒犯罪所得、犯罪所得收益罪，帮助信息网络犯罪活动罪的相关（诈骗）犯罪时，是否需要查实达到犯罪程度，以及如何认定行为人对相关犯罪的认识程度，成为需要明确的问题。

一、电信网络诈骗链条间的共同犯罪问题

（一）电信网络诈骗链条的共同犯罪符合片面共犯的特征

片面共犯，是指“参与同一犯罪的人中，一方认识到自己是在和他人共同实施符合构成要件的违法行为，而另一方没有认识到有他人和自己共同实施的情形”①。实践中，电信网络诈骗链条间共同犯罪的主要特点：一是行为人之间的意思联络较为模糊；二是行为人之间通常互不相识；三是行为人可能不知道其在电信网络诈骗链条中所起的作用。因此，电信网络诈骗链条中的共同犯罪符合片面共犯的特征。

虽然对片面共犯仍有争议，但根据《办理诈骗案件解释》第 7 条的规定，明知他人实施诈骗犯罪，为其提供信用卡、手机卡、通讯工具、通讯传输通道、网络技术支持、费用结算等帮助的，以共同犯罪论处，这实际上认同了对片面共

---

① 张明楷：《刑法学》（第 6 版），法律出版社 2021 年版，第 597 页。

犯的认定。在电信网络诈骗犯罪中，《电诈意见（一）》亦有相同规定①。因此，认定电信网络诈骗链条的共同犯罪可以适用片面共犯的理论。

（二）是否需要查实具体的电信网络诈骗行为达到犯罪程度

无论根据《办理诈骗案件解释》还是《电诈意见（一）》等规定，认定诈骗罪的共同犯罪要求行为人明知他人实施电信网络诈骗犯罪，仍实施了提供支付结算、技术支持等行为，即相对具体实施电信网络诈骗的正犯而言，电信网络诈骗链条中提供帮助的行为人并未直接参与诈骗，在共同犯罪起帮助作用，为帮助犯，一般属电信网络诈骗共同犯罪中的从犯。

另外，根据《电诈意见（二）》的规定，为他人实施电信网络诈骗犯罪提供技术支持、广告推广、支付结算等帮助，或者窝藏、转移、收购、代为销售及以其他方法掩饰、隐瞒电信网络诈骗犯罪所得及其产生的收益，诈骗犯罪行为可以确认，但实施诈骗的行为人尚未到案，可以依法先行追究已到案的上述犯罪嫌疑人、被告人的刑事责任。因此，认定电信网络诈骗链条中提供帮助的行为人构成共同犯罪，并不要求具体实施诈骗的行为人已到案，甚至不要求对具体实施诈骗的行为有生效判决，只要求证明所帮助的电信网络诈骗行为已达到犯罪的程度。

（三）对“明知他人实施电信网络诈骗犯罪”的认定

传统理论认为，构成共同犯罪必须二人以上具有共同的犯罪故意。② 而根据《电诈意见（一）》的规定，认定共同犯罪主观的标准为“明知他人实施电信网络诈骗犯罪”，而非“共同的犯罪故意”，即电信网络诈骗链条上的共同犯罪只要行为人明知他人实施电信网络诈骗犯罪仍提供帮助即可认定，这一标准明显低于传统理论共同犯罪故意。

---

① 《电诈意见（一）》第4条第3款规定：“明知他人实施电信网络诈骗犯罪，具有下列情形之一的，以共同犯罪论处，但法律和司法解释另有规定的除外：1. 提供信用卡、资金支付结算账户、手机卡、通讯工具的；2. 非法获取、出售、提供公民个人信息的；3. 制作、销售、提供‘木马’程序和‘钓鱼软件’等恶意程序的；4. 提供‘伪基站’设备或相关服务的；5. 提供互联网接入、服务器托管、网络存储、通讯传输等技术支持，或者提供支付结算等帮助的；6. 在提供改号软件、通话线路等技术服务时，发现主叫号码被修改为国内党政机关、司法机关、公共服务部门号码，或者境外用户改为境内号码，仍提供服务的；7. 提供资金、场所、交通、生活保障等帮助的；8. 帮助转移诈骗犯罪所得及其产生的收益，套现、取现的。上述规定的‘明知他人实施电信网络诈骗犯罪’，应当结合被告人的认知能力，既往经历，行为次数和手段，与他人关系，获利情况，是否曾因电信网络诈骗受过处罚，是否故意规避调查等主客观因素进行综合分析认定。”

② 参见高铭暄、马克昌：《刑法学》（第9版），北京大学出版社、高等教育出版社2019年版，第160~161页。

就具体如何认定“明知他人实施电信网络诈骗犯罪”，《电诈意见（一）》规定“应当结合被告人的认知能力，既往经历，行为次数和手段，与他人关系，获利情况，是否曾因电信网络诈骗受过处罚，是否故意规避调查等主客观因素进行综合分析认定”。

如王某希等诈骗案①：被告人王某希等人经使用“蝙蝠”聊天软件与“上家”联系，并购买GOIP设备、手机卡，组织同案人黄某铭、廖某等为“上家”操作设备向不特定多数人拨打诈骗电话，导致被害人鹿某等被诈骗人民币236258.61元，王某希从中获利52429元。法院判决认为，被告人王某希等人为谋取非法利益，明知他人实施电信网络诈骗犯罪，仍提供网络技术支持，涉案金额巨大，应当以诈骗罪共犯论处。该案中，一是王某希曾因犯抢夺罪被判处拘役，其通过“蝙蝠”聊天软件与“上家”联系后组织他人架设GOIP设备，故结合其既往经历，具有对诈骗的认知能力；二是王某希购买GOIP设备、手机卡为“上家”拨打电话，短短8日获利5万余元，属获利情况明显异常；三是王某希知道手机卡使用异常容易被监控，所以使用后就丢弃手机卡，属故意规避调查；四是有同案人及证人证言证明王某希说这些GOIP设备是缅北的诈骗犯用于打电话的，短信记录证明GOIP设备上使用的手机卡收到涉诈风险提醒，王某希的供述亦承认其发现手机卡收到涉诈风险提醒短信就确定GOIP设备系“上家”用于实施诈骗。因此，结合案件证据证明王某希的认知能力和既往经历、获利情况、故意规避调查等，综合认定王某希“明知他人实施电信网络诈骗犯罪”仍提供技术支持，构成诈骗共犯。

二、电信网络诈骗犯罪下游掩饰、隐瞒犯罪所得、犯罪所得收益的问题

（一）上游电信网络诈骗犯罪的查证

掩饰、隐瞒犯罪所得、犯罪所得收益罪的行为对象为犯罪所得及收益，即掩饰、隐瞒犯罪所得、犯罪所得收益罪行为人的行为时间点必须在电信网络诈骗行为之后，属电信网络诈骗链条中的下游犯罪。

《审理掩饰、隐瞒案件解释》第8条规定，认定掩饰、隐瞒犯罪所得、犯罪所得收益罪，以上游犯罪事实成立为前提。上游犯罪事实经查证属实，但因行为人未达到刑事责任年龄等原因依法不予追究刑事责任的，不影响掩饰、隐瞒犯罪所得、犯罪所得收益罪的认定。实践中，电信网络诈骗与掩饰、隐瞒犯罪所得又几

---

① 参见广西壮族自治区南宁市武鸣区人民法院刑事判决书，（2022）桂0110刑初310号。

乎是前后连续的事实状态，但电信网络诈骗犯罪链条长，且大部分电信网络诈骗犯罪分子在境外，查处难度更大。如果要求认定掩饰、隐瞒犯罪所得、犯罪所得收益罪的前提是侦破上游电信网络诈骗犯罪甚至是刑事判决所认定的犯罪，必然会导致掩饰、隐瞒犯罪所得、犯罪所得收益罪无法处理。因此，认定电信网络诈骗链条中的掩饰、隐瞒犯罪所得、犯罪所得收益罪，需要有相关证据证明“上游犯罪事实成立”，但不要求是侦破，甚至不要求是刑事判决所确认的电信网络诈骗犯罪。

“上游犯罪事实成立”，不能完全从犯罪构成要件齐备的角度去理解，而应当从上游犯罪行为是否具有社会危害性和刑事违法性去理解。至于是否具有刑事可罚性，不影响对上游犯罪是否成立的判断。①《电诈意见（一）》亦规定，电信网络诈骗犯罪嫌疑人尚未到案或案件尚未依法裁判，但现有证据足以证明该犯罪行为确实存在的，不影响掩饰、隐瞒犯罪所得、犯罪所得收益罪的认定。

因此本书认为，作为上游的电信网络诈骗犯罪，亦不要求查证诈骗的所有主客观要件，只需要查证有电信网络诈骗行为并达到情节严重的标准即可。除相关电信网络诈骗的刑事案件登记表、立案决定书、被害人陈述等证据材料外，一般还要有转账的银行账户、具有支付结算功能的互联网账户相关资金情况予以相互印证，即可以认定为“上游犯罪事实成立”。

（二）“明知是电信网络诈骗犯罪所得及其产生的收益”的认定

根据《电诈意见（一）》规定②，对电信网络诈骗犯罪所得及其产生的收益的明知是认定掩饰、隐瞒犯罪所得、犯罪所得收益罪的构成要件。具体认定标

---

① 参见陆建红等：《〈关于审理掩饰、隐瞒犯罪所得、犯罪所得收益刑事案件适用法律若干问题的解释〉的理解与适用》，载最高人民法院刑事审判第一、二、三、四、五庭编：《刑事审判参考》（总第104集），法律出版社2016年版，第165页。

② 《电诈意见（一）》第3条第5款规定：“明知是电信网络诈骗犯罪所得及其产生的收益，以下列方式之一予以转账、套现、取现的，依照刑法第三百一十二条第一款的规定，以掩饰、隐瞒犯罪所得、犯罪所得收益罪追究刑事责任。但有证据证明确实不知道的除外：1. 通过使用销售点终端机具（POS机）刷卡套现等非法途径，协助转换或者转移财物的；2. 帮助他人将巨额现金散存于多个银行账户，或在不同银行账户之间频繁划转的；3. 多次使用或者使用多个非本人身份证明开设的信用卡、资金支付结算账户或者多次采用遮蔽摄像头、伪装等异常手段，帮助他人转账、套现、取现的；4. 为他人提供非本人身份证明开设的信用卡、资金支付结算账户后，又帮助他人转账、套现、取现的；5. 以明显异于市场的价格，通过手机充值、交易游戏点卡等方式套现的。实施上述行为，事前通谋的，以共同犯罪论处。实施上述行为，电信网络诈骗犯罪嫌疑人尚未到案或案件尚未依法裁判，但现有证据足以证明该犯罪行为确实存在的，不影响掩饰、隐瞒犯罪所得、犯罪所得收益罪的认定。实施上述行为，同时构成其他犯罪的，依照处罚较重的规定定罪处罚。法律和司法解释另有规定的除外。”

准，可以参照本书第二章“如何准确认定掩饰、隐瞒犯罪所得、犯罪所得收益罪的主观明知”的内容。

三、电信网络诈骗犯罪链条中帮助信息网络犯罪活动罪的问题

（一）被帮助对象实施电信网络诈骗行为的认定问题

根据《刑法》第287条之二的规定，帮助信息网络犯罪活动罪是“明知他人利用信息网络实施犯罪，为其犯罪提供互联网接入、服务器托管、网络存储、通讯传输等技术支持，或者提供广告推广、支付结算等帮助”的行为。另根据《办理非法利用信息网络、帮助信息网络犯罪活动案件解释》第13条的规定，“被帮助对象实施的犯罪行为可以确认，但尚未到案、尚未依法裁判或者因未达到刑事责任年龄等原因依法未予追究刑事责任的，不影响帮助信息网络犯罪活动罪的认定”。因此，帮助信息网络犯罪活动罪中，要证明被帮助对象“实施的犯罪行为可以确认”，不要求被帮助对象到案或经法院判决；如果被帮助对象的行为符合刑法规定的其他构成要件，即使基于行为人未达到刑事责任年龄等原因依法未予追究其刑事责任，也不应影响帮助信息网络犯罪活动罪的认定。

1. 如何认定“实施的犯罪行为可以确认”

具体到电信网络诈骗链条，一般情况下应当证明被帮助的对象实施了电信网络诈骗的行为并达到犯罪的程度。无论向3个以上的个人（团伙）出租、出售电话卡、信用卡还是出租、出售的信用卡被用于实施电信网络诈骗，均要求被帮助对象达到犯罪程度。因此，在认定帮助信息网络犯罪活动罪被帮助对象时，一般需要证明有电信网络诈骗的行为并达到犯罪程度。

实践中，认定被帮助的对象实施了电信网络诈骗的行为并达到犯罪的程度，一般需要案中有相关电信网络诈骗的刑事案件登记表、立案决定书、被害人陈述以及相关银行账户、具有支付结算的互联网账户资金流水等证据材料，证明被帮助的行为人实施了电信网络诈骗，且诈骗金额已达到电信网络诈骗罪的立案标准，即需要认定被帮助对象诈骗公私财物价值达到3000元以上。①

2. 如何认定“确因客观条件限制无法查证被帮助对象是否达到犯罪的程度”

---

① 《电诈意见（一）》第2条第1款规定：根据《办理诈骗案件解释》第1条的规定，利用电信网络技术手段实施诈骗，诈骗公私财物价值3000元以上、3万元以上、50万元以上的，应当分别认定为《刑法》第266条规定的“数额较大”“数额巨大”“数额特别巨大”。2年内多次实施电信网络诈骗未经处理，诈骗数额累计计算构成犯罪的，应当依法定罪处罚。

电信网络诈骗犯罪链条中，有的被帮助对象实施电信网络诈骗犯罪针对人数众多但诈骗数额较少，如利用游戏充值的电信网络诈骗，虽然针对众多的不特定人，但每个人被骗取的金额仅为几十元或几百元，能够查证已报案的数额可能未能达到犯罪的程度；有的行为人有为多个甚至众多的电信网络诈骗提供帮助的行为，但又难以查清所有被帮助的电信网络诈骗是否达到犯罪程度；等等。

针对上述情况，结合《办理非法利用信息网络、帮助信息网络犯罪活动案件解释》第 12 条第 2 款规定，帮助电信网络诈骗犯罪中的"犯罪"，不仅包括《刑法》分则规定应受到刑罚处罚的行为，还包括符合《刑法》分则规定的行为类型但尚未构成犯罪的行为。① 在认定电信网络诈骗链条中帮助行为需要适用《办理非法利用信息网络、帮助信息网络犯罪活动案件解释》第 12 条第 2 款，应当注意以下几种情形。

一是行为人仅系收购、出售、出租信用卡的，因行为人未实施可配合他人实施转账、套现、取现等行为，故仅收购、出售、出租不属于《办理非法利用信息网络、帮助信息网络犯罪活动案件解释》第 12 条规定的支付结算行为，不得适用第 12 条第 2 款关于支付结算 5 倍的认定标准。根据有关规定，认定仅收购、出售、出租信用卡的帮助行为，情节严重必须达到单向流入涉案信用卡中的资金超过 30 万元，且其中至少 3000 元经查证系涉诈骗资金的标准。

二是需要适用《办理非法利用信息网络、帮助信息网络犯罪活动案件解释》第 12 条第 2 款的，并不是不用证明被帮助对象实施电信网络诈骗的行为，而是仍需要证明被帮助对象实施了电信网络诈骗等利用信息网络实施的犯罪行为，以及为何"确因客观条件限制无法查证被帮助对象是否达到犯罪的程度"。如被帮助的对象只是一般的违法行为，仍不能适用该条款。

三是对"造成特别严重结果"的理解，是指帮助行为本身造成的后果远高于"情节严重"的程度。对电信网络诈骗犯罪链条的帮助行为，可参照《电诈意见（一）》的规定，将帮助电信网络诈骗行为"造成被害人或其近亲属自杀、死亡或者精神失常等严重后果的"，认定为"造成特别严重结果"。

（二）如何认定"明知他人利用信息网络实施犯罪"

《办理非法利用信息网络、帮助信息网络犯罪活动案件解释》第 11 条规定

---

① 参见喻海松：《网络犯罪二十讲》（第 2 版），法律出版社 2022 年版，第 163 页。

了认定行为人“明知他人利用信息网络实施犯罪”的推定情形①，《2022年“断卡”会议纪要》也针对“两卡”犯罪的帮助信息网络犯罪活动罪中如何理解及如何推定行为人的“明知”做了相应规定。具体认定标准，可以参照本书第二章“如何准确认定帮助信息网络犯罪活动罪的主观故意”部分。

002 准确认定非法利用信息网络罪

随着信息网络技术的发展，互联网成为日常工作、生活不可或缺的工具，但同时无法回避的是与之相伴的各种犯罪行为也向信息网络空间迅速扩张，网络犯罪上升趋势明显。基于信息网络犯罪的严峻性，刑事立法者为了预防、减少利用信息网络实施犯罪，特别是打击利用信息网络影响范围广、持续时间长且隐蔽性强的特点而传播违法犯罪信息的行为，结合“打早打小”的刑事政策，通过《刑法修正案（九）》增设了非法利用信息网络罪。实践中，对非法利用信息网络罪既要防止过度适用成为“口袋罪名”，又要避免不会适用造成“僵尸罪名”，因此需要在司法中进一步准确认定。

一、非法利用信息网络罪的概念及立法目的

非法利用信息网络罪，是指利用信息网络设立用于实施诈骗、传授犯罪方法、制作或者销售违禁物品、管制物品等违法犯罪活动的网站、通讯群组的，或者发布有关制作或者销售毒品、枪支、淫秽物品等违禁物品、管制物品或者其他违法犯罪信息的，或者为实施诈骗等违法犯罪活动发布信息的，情节严重的行为。

虽然《刑法》在立法原则上处罚所有故意犯罪的预备行为，但也同时规定“对于预备犯，可以比照既遂犯从轻、减轻处罚或免除处罚”，在司法实务中形成了对预备犯处罚力度轻甚至不处罚等情形。但是，随着社会发展，进入信息网络化时代，传统犯罪特别是诈骗、赌博、非法经营等犯罪信息网络化趋势明显，

---

① 《办理非法利用信息网络、帮助信息网络犯罪活动案件解释》第11条规定：“为他人实施犯罪提供技术支持或者帮助，具有下列情形之一的，可以认定行为人明知他人利用信息网络实施犯罪，但是有相反证据的除外：（一）经监管部门告知后仍然实施有关行为的；（二）接到举报后不履行法定管理职责的；（三）交易价格或者方式明显异常的；（四）提供专门用于违法犯罪的程序、工具或者其他技术支持、帮助的；（五）频繁采用隐蔽上网、加密通信、销毁数据等措施或者使用虚假身份，逃避监管或者规避调查的；（六）为他人逃避监管或者规避调查提供技术支持、帮助的；（七）其他足以认定行为人明知的情形。”

利用信息网络实施犯罪对社会危害性明显增大，如利用信息网络发送诈骗信息的传播及危害均是传统犯罪无法比拟的。非法利用信息网络罪的立法目的，主要是打击利用信息网络传播违法犯罪信息，将实施信息网络犯罪的预备行为独立成罪。

1. 贯彻信息网络犯罪“打早打小”的原则

大量网络犯罪案件中，仅能查实行为人在网络上实施联络或者其他活动，对于线下实施的各种危害性行为，很难一一查实、查全。因此，设立非法利用信息网络罪，目的是解决网络犯罪中带有预备性质的行为如何处理的问题，将刑法规制的环节前移，以适应惩治犯罪的需要。①

2. 以传统犯罪理论，按犯罪预备或未遂定罪处罚难以适应打击信息网络犯罪的需要

随着信息网络的发展，越来越多的犯罪活动也向信息网络空间扩张，并借助信息网络传播快、受众多、影响广泛、隐蔽性强以及持续时间长等特点，社会危害性较传统犯罪呈指数性增长。但传统犯罪理论中，对犯罪预备或犯罪未遂的定罪处罚难以在利用信息网络的犯罪中得到有效规制。

3. 相关司法解释不可能涵盖所有利用信息网络的犯罪行为

针对利用信息网络实施的犯罪行为，虽然有相关司法解释予以规定，如为实施电信网络诈骗而发送信息的以诈骗罪（未遂）定罪处罚，② 但不可能对所有为犯罪而利用信息网络发布信息等的行为均出台相应的司法解释。

二、非法利用信息网络罪的客观行为

（一）设立用于实施诈骗，传授犯罪方法，制作或者销售违禁物品、管制物品等违法犯罪活动的网站、通讯群组的

[案例一]③ 被告人毛某平、贾某永明知他人使用钓鱼网站以非法获取公民

---

① 参见雷建斌主编、全国人大常委会法制工作委员会刑法室编著：《〈中华人民共和国刑法修正案（九）〉释解与适用》，人民法院出版社2015年版，第157～158页。

② 《电诈意见（一）》第2条第4款中规定，“实施电信网络诈骗犯罪，犯罪嫌疑人、被告人实际骗得财物的，以诈骗罪（既遂）定罪处罚。诈骗数额难以查证，但具有下列情形之一的，应当认定为刑法第二百六十六条规定的‘其他严重情节’，以诈骗罪（未遂）定罪处罚：1. 发送诈骗信息五千条以上的，或者拨打诈骗电话五百人次以上的；2. 在互联网上发布诈骗信息，页面浏览量累计五千次以上的”。

③ 参见江苏省无锡市中级人民法院刑事裁定书，（2022）苏02刑终257号。

的银行卡号、密码及公民身份证号码等个人信息，进而非法获取银行卡内财物，仍制作了虚假的饿了么、高速 ETC 等钓鱼网站 10 个。后上家利用上述钓鱼网站非法获取公民银行卡、密码等信息后盗刷程某等 13 人银行卡共计人民币 90000 余元。法院判决认为，被告人毛某平、贾某永利用信息网络设立用于实施违法犯罪活动的网站，情节严重，均已构成非法利用信息网络罪。

[案例二][①] 被告人薛某掌握骗取百度公司广告分成的方法，与被告人杨某等通过在网上招收学员收取学费并创建微信群，向学员传授骗取百度公司广告分成的犯罪方法。法院判决认为，被告人杨某、薛某等利用信息网络，设立用于实施诈骗、传授犯罪方法的通讯群组，情节严重，均构成了非法利用信息网络罪。

[案例三][②] 被告人蒲某为牟取非法利益，通过他人制作了 3 个网站，发布女性裸露图片用于宣传卖淫信息。法院判决认为，被告人蒲某利用信息网络组建违法网站，发布违法信息，情节严重，其行为已构成非法利用信息网络罪。

上述 3 个案例，均为典型的设立用于实施诈骗，传授犯罪方法，制作或者销售违禁物品、管制物品等违法犯罪活动的网站、通讯群组的行为。另外，实践中常见的还有架设视频平台提供聚众吸毒虚拟空间，[③] 设立网站为他人传播黑客技术、软件等提供平台[④]等行为。以上案例中，对设立的网站、通讯群组，行为人既可以是为自己设立也可以是为他人设立，或者通过他人为自己设立。行为人设立网站、通讯群组后，其本人或他人均实施了发布违法犯罪信息行为甚至实施了相关犯罪行为，如案例一系他人利用行为人制作的网站实施信用卡诈骗；案例二、案例三系行为人设立通讯群组后发送了违法犯罪信息。

实践中，设立网站、通讯群组同时也是日常生活、工作中普遍存在的行为，在认定是否构成非法利用信息网络罪时，应从建立网站、通讯群组后主要从事的活动来予以客观甄别。如行为人设立网站、通讯群组时不具有实施违法犯罪活动的主观故意，但之后被他人用于发布违法犯罪信息，可根据行为人对他人发布违法犯罪信息是否明知即行为人设立的目的是否改变，以及是否具有信息网络安全管理义务、是否经监管部门责令采取改正措施等，认定行为人的行为性质。

---

① 参见江苏省常州市金坛区人民法院刑事判决书，（2020）苏 0413 刑初 240 号。
② 参见四川省南部县人民法院刑事判决书，（2020）川 1321 刑初 305 号。
③ 参见黑龙江省伊春市带岭区人民法院刑事判决书，（2019）黑 0713 刑初 6 号。
④ 参见北京市第一中级人民法院刑事裁定书，（2019）京 01 刑终 246 号。

（二）发布有关制作或者销售毒品、枪支、淫秽物品等违禁物品、管制物品或者其他违法犯罪信息的

[案例四][①] 2017年7月至2019年2月，被告人黄某明使用昵称为“刀剑阁”的微信，在朋友圈发布其拍摄的管制刀具图片、视频和文字信息合计12322条，用以销售管制刀具，并从中非法获利。被告人陶某新、李某祥、陶某、曾某杰在微信朋友圈发布从他人的微信朋友圈转载的管制刀具图片、视频和文字信息，数量分别为6677条、16540条、15210条、5316条，用以销售管制刀具，并从中非法获利。2018年5月至7月，宋某林（已判刑）先后3次通过微信联系陶某新，购买管制刀具。陶某新通过微信与黄某明联系，由黄某明直接发货给宋某林，被告人陶某新从中赚取差价。宋某林购得刀具后实施了故意伤害致人死亡的犯罪行为。黄某明违法所得人民币329元，陶某新违法所得人民币858元。法院判决认为：被告人黄某明、陶某新、李某祥、曾某杰、陶某利用信息网络，发布有关销售管制物品的违法犯罪信息，其行为已构成非法利用信息网络罪。

在案例四中，行为人均发布了制作或销售管制刀具等违禁物品，以及刀具等管制物品的违法犯罪信息。关于何为“违禁物品、管制物品”，除《刑法》第64条对“违禁品”有相关规定外[②]，《刑法》及相关司法解释没有明确规定。可参照的是《治安管理处罚法》第11条，将毒品、淫秽物品等规定为违禁品；[③]第32条将枪支、弹药或者弩、匕首等规定为管制器具。[④] 对此，本书认为“违禁物品、管制物品”的范围，应当限于在《刑法》中有明确规定，且为国家禁止或限制制作、销售、持有的物品。如《刑法》第130条规定的非法携带管制

---

① 参见最高人民法院：《非法利用信息网络罪、帮助信息网络犯罪活动罪典型案例》，载微信公众号“最高人民法院”2019年10月25日，https：//mp. weixin. qq. com/s/Z_ sx2F0K0WrZ2lo4MDVbCg。

② 《刑法》第64条规定：“犯罪分子违法所得的一切财物，应当予以追缴或者责令退赔；对被害人的合法财产，应当及时返还；违禁品和供犯罪所用的本人财物，应当予以没收。没收的财物和罚金，一律上缴国库，不得挪用和自行处理。”

③ 《治安管理处罚法》第11条第1款规定：“办理治安案件所查获的毒品、淫秽物品等违禁品，赌具、赌资，吸食、注射毒品的用具以及直接用于实施违反治安管理行为的本人所有的工具，应当收缴，按照规定处理。”

④ 《治安管理处罚法》第32条第1款规定：“非法携带枪支、弹药或者弩、匕首等国家规定的管制器具的，处五日以下拘留，可以并处五百元以下罚款；情节较轻的，处警告或者二百元以下罚款。”

刀具危及公共安全罪，第297条规定的非法携带管制刀具参加集会、游行、示威罪，第348条规定的非法持有毒品罪等，并结合《治安管理处罚法》对“违禁品”“管制器具”的规定，认定“违禁物品、管制物品”的范围。

（三）为实施诈骗等违法犯罪活动发布信息的

[案例五][①] 被告人谭某羽、张某商定在网络上从事为他人发送“刷单获取佣金”的诈骗信息业务，即通过“阿里旺旺”向不特定的淘宝用户发送信息，信息内容大致为“亲，我是×××，最近库存压力比较大，请你来刷单，一单能赚10~30元，一天能赚几百元，详情加QQ×××，阿里旺旺不回复”。通常每100个人添加上述信息里的QQ号，谭某羽、张某即可从让其发送信息的上家处获取平均约5000元的费用。谭某羽、张某雇用被告人秦某发等具体负责发送诈骗信息。张某主要负责购买“阿里旺旺”账号、软件、租赁电脑服务器等；秦某发主要负责招揽、联系有发送诈骗信息需求的上家、接收上家支付的费用及带领其他人发送诈骗信息。2016年12月至2017年3月，谭某羽、张某通过上述方式共非法获利人民币80万余元，秦某发在此期间以“工资”的形式非法获利人民币约2万元。被害人王某甲、洪某因添加谭某羽、张某等人组织发送的诈骗信息中的QQ号，后分别被骗31000元和30049元。法院判决认为：被告人谭某羽、张某、秦某发以非法获利为目的，通过信息网络发送刷单诈骗信息，其行为本质上属于诈骗犯罪预备，构成非法利用信息网络罪。虽然该案中并无证据证实具体实施诈骗的行为人归案并受到刑事追究，但不影响非法利用信息网络罪的成立。

《刑法》第287条之一第1款第2项、第3项所规定的“发布信息”有所重叠，一般来说，第2项指的是买卖违禁物品、管制物品等明显违法犯罪信息；第3项更偏重诈骗等侵财类犯罪的预备行为，在内容上可能无法辨别是否违法犯罪，需要与下游其他行为综合判断。在案例五中，行为人发布“刷单”等诈骗信息，如仅从信息内容上看不必然得出系诈骗信息的结论，但该信息与之后被害人被诈骗存在因果关系，故应认定为通过信息网络发送诈骗信息。

另外，根据《电诈意见（一）》的规定，发送诈骗信息、拨打诈骗电话、在互联网上发布诈骗信息，达到一定条件的，以诈骗罪（未遂）定罪处罚。作为

---

① 参见最高人民法院：《非法利用信息网络罪、帮助信息网络犯罪活动罪典型案例》，载微信公众号“最高人民法院”2019年10月25日，https://mp.weixin.qq.com/s/Z_sx2F0K0WrZ2lo4MDVbCg。

法条竞合，非法利用信息网络罪为普通条款，诈骗罪（未遂）为特别条款，如均达到构罪标准的，一般适用特别条款即诈骗罪（未遂）定罪处罚，但如果按非法利用信息网络罪处罚更重时，则按非法利用信息网络罪定罪处罚。

三、如何认定“违法犯罪”中的“违法”

非法利用信息网络罪条文所列举的3项行为类型中，“违法犯罪”属共同的构成要件。根据《办理非法利用信息网络、帮助信息网络犯罪活动案件解释》第7条的规定，该“违法犯罪”包括犯罪行为和属于《刑法》分则规定的行为类型但尚未构成犯罪的违法行为，即明确其中的“违法”必须是《刑法》分则规定的行为类型。

非法利用信息网络罪属预备行为的实行化，“违法”为《刑法》分则规定的行为类型的应有之义。但同时，实践中也要认识到非法利用信息网络罪的立法目的为适应各种信息网络犯罪日新月异及传播迅速的新形势，而切实贯彻“打早打小”原则。因此结合司法实践，本书认为理解“违法犯罪”，除考虑非法利用信息网络的行为本身是否为《刑法》分则规定的具体行为外，还要考虑其作为预备行为的下游犯罪行为的以下几种特殊情况。

1. 在典型案例中体现

未经批准销售管制刀具是否属于《办理非法利用信息网络、帮助信息网络犯罪活动案件解释》规定的“违法犯罪”范畴仍有争议，但前述案例四为“两高”与《办理非法利用信息网络、帮助信息网络犯罪活动案件解释》同步发布的典型案例。从案例四所体现的后果来看，他人在购得刀具后实施了故意伤害致人死亡的犯罪行为，即案例所体现的是下游行为可能构成的犯罪与所发布信息的“违法犯罪”性质所关联。如《刑法》规定了与管制刀具有关的非法携带管制刀具参加集会、游行、示威罪，非法携带管制刀具危及公共安全罪等罪名，行为人黄某明等利用信息网络发布销售管制刀具的信息，就销售管制刀具行为本身仅是行政违法，[①] 并不属《刑法》分则规定的犯罪行为，但仍构成非法利用信息网络

---

① 《公安部对部分刀具实行管制的暂行规定》第6条规定：“经销上述管制范围内刀具的商店，必须经县、市以上主管部门审查同意和所在地县、市公安局批准。购销要建立登记制度，备公安机关检查。”第13条规定：“违反本规定，非法制造、销售、携带和私自保存管制范围刀具的，公安机关应予取缔，没收其刀具，并按照《中华人民共和国治安管理处罚条例》有关条款予以治安处罚；有妨害公共安全行为，情节严重，触犯刑律的，依法追究刑事责任。”

罪；同理，虽然吸毒本身是行政违法行为不构成犯罪，但《刑法》也规定了引诱、教唆、欺骗他人吸毒罪，强迫他人吸毒罪，容留吸毒罪等罪名，架设视频平台提供聚众吸毒虚拟空间的行为亦构成非法利用信息网络罪。因此，非法利用信息网络罪体现的是预备行为实行化，将案例四作为与《办理非法利用信息网络、帮助信息网络犯罪活动案件解释》同时发布的典型案例，也体现了“两高”的共同认识。

2. 与相关司法解释衔接

违法必须是《刑法》分则规定的行为类型系非法利用信息网络罪的原则性规定，但同时相关司法解释等也有特别规定。如设立招嫖网站、通讯组群，利用信息网络发布招嫖信息，虽然实务中将一般的卖淫、嫖娼认定为行政违法行为，不应纳入刑事处罚范围，但根据《最高人民法院、最高人民检察院关于办理组织、强迫、引诱、容留、介绍卖淫刑事案件适用法律若干问题的解释》第8条第2款的规定，利用信息网络发布招嫖违法信息，情节严重的，依照《刑法》第287条之一的规定，以非法利用信息网络罪定罪处罚。同时构成介绍卖淫罪的，依照处罚较重的规定定罪处罚。如孟某非法利用信息网络案①，被告人孟某为牟取非法利益，使用其微信账号加入杨某等人组建的“兔宝宝常州”等43个微信群，并利用“兔宝宝”微信插件工具在上述微信群内发布介绍卖淫的信息，构成非法利用信息网络罪。

四、认定非法利用信息网络罪应注意的问题

（一）非法利用信息网络罪对行为有严格限制

《刑法》第287条之一对非法利用信息网络罪的罪状有明确描述，与其他犯罪如帮助信息网络犯罪活动罪规定的“……等帮助”不同，没有采用“等”作为犯罪行为的兜底扩充。因此，认定非法利用信息网络罪仅限于法条中规定的行为。

（二）对“发布……信息”的理解

一是在所发布信息的形式上，包括直接信息与间接信息。直接信息是指直接展示违法犯罪的信息；间接信息是指虽然没有直接展示，但他人可根据其指引获取相关违法犯罪信息，如相关信息的链接、截屏、二维码、访问账号密码及其他

---

① 参见江苏省常州市新北区人民法院刑事判决书，（2021）苏0411刑初781号。

指引访问服务。对其中信息的来源，无论是行为人自己编发还是转发他人的信息，均应认定为“发布……信息”。

二是在所发布信息的内容上，应当体现“违法犯罪”的性质，即包括犯罪行为和属于《刑法》分则规定的行为类型但尚未构成犯罪的违法行为。除此之外，如发布“驾驶执照消分”等内容，并没有违反《刑法》相关规定，也没有产生相关犯罪行为（排除诈骗等的情况下），则其内容只是行政违法而不具有非法利用信息网络罪违法犯罪的性质。

（三）行为人实施非法利用信息网络的行为后又实施相关其他犯罪的情形

《刑法》第287条之一第3款规定，“有前两款行为，同时构成其他犯罪的，依照处罚较重的规定定罪处罚”。在理解上，行为人利用信息网络发布违法犯罪信息的行为又同时构成其他犯罪的，应从一重处罚无争议。但如行为人利用信息网络发布违法犯罪信息后，又实施了发布违法犯罪信息相关的其他犯罪行为，即存在数个有关联的行为，则会出现从一重处罚还是数罪并罚的问题。

本书认为，行为人实施数个有关联的行为，如既有为诈骗发布信息的行为又具体实施了所发布信息相关的诈骗行为，在认定上按处罚较重的一罪处罚即可，不宜数罪并罚。主要理由如下：一是非法利用信息网络罪为预备行为实行化①，即本罪的立法目的是处罚预备行为，在行为人实施相关联的具体犯罪后，不宜再另行处罚预备行为；二是无论按牵连犯还是吸收犯的理论，通常都应从一重罪处罚。如行为人设立发布买卖枪支信息的通讯组群又贩卖枪支，其发布买卖枪支信息为手段行为，贩卖枪支为目的行为，根据牵连犯的理论，应从一重处罚；如行为人发布刷单的诈骗信息，诱使他人刷单后又实施相关诈骗行为，其之前发布信息的行为被后续诈骗行为所吸收，应按处罚较重的诈骗罪定罪处罚。

但是，如行为人实施的两个以上的行为并无关联，侵犯不同的法益，又不存在牵连或者吸收关系，则应数罪并罚。如设立非法获取公民个人信息的网站或通讯组群，在获取公民个人信用卡信息后又用于信用卡诈骗，则行为人侵犯了不同的法益，且设立非法获取公民个人信息网站或通讯组群又与之后的信用卡诈骗没有关联，则应对行为人数罪并罚。

---

① 参见缐杰、吴峤滨：《〈关于办理非法利用信息网络、帮助信息网络犯罪活动等刑事案件适用法律若干问题的解释〉重点难点问题解读》，载《检察日报》2019年10月27日，第3版。

另外，需要注意的是，在对行为人一个行为“从一重处罚”时，还需要考虑是否有相关特别规定。如根据《办理公民个人信息解释》第 8 条①规定，同时构成非法利用信息网络罪与侵犯公民个人信息罪时，无论哪个罪的处罚重，均按侵犯公民个人信息罪定罪处罚。

003 帮助信息网络犯罪活动罪主观明知辩解的审查

帮助信息网络犯罪活动罪随着“断卡”行动案发量激增，实践中，对行为人的信用卡被电信网络诈骗等信息网络犯罪利用进行支付结算的证据一般较为充分，但对行为人是否主观“明知”他人利用信息网络实施犯罪仍为其提供帮助，则在具体认定上争议较大。在传统刑法理论上，“明知”要求行为人对犯罪有明确的认知，但在信息网络犯罪特别是帮助信息网络犯罪活动罪中，一是有的帮助者与被帮助对象互相不认识；二是随着黑灰产的发展，为信息网络犯罪提供帮助的行为已自成行业；三是信息网络犯罪行为均较为隐蔽，以传统刑法理论对主观“明知”进行认定难以实现。因此，《办理非法利用信息网络、帮助信息网络犯罪活动案件解释》第 11 条规定了可以推定主观明知的 6 种具体情形及一个兜底条款，同时还规定“但是有相反证据的除外”，即允许行为人提出反证，因此在具体案件中要重视行为人对其主观是否明知提出的辩解。

本书认为，可以通过判断辩解的目的——辩解是否符合相关规定的否认条件——辩解是否属合理解释的三步法，审查行为人是否明知他人利用信息网络实施犯罪。以下通过实践中常见的将信用卡出借给他人用于申请贷款刷流水的辩解为例，对三步法进行说明。

一、判断辩解的目的

司法实践中，行为人的辩解有确实其主观不明知的事由，如被他人欺骗等；也有行为人被他人授意为应对侦查事先准备的“辩解”，如某地几乎所有涉信用卡被用于信息网络犯罪的行为人，均辩解其将信用卡给他人使用是“为申请贷

---

① 《办理公民个人信息案件解释》第 8 条规定：“设立用于实施非法获取、出售或者提供公民个人信息违法犯罪活动的网站、通讯群组，情节严重的，应当依照刑法第二百八十七条之一的规定，以非法利用信息网络罪定罪处罚；同时构成侵犯公民个人信息罪的，依照侵犯公民个人信息罪定罪处罚。”

款需要刷流水”。其实在《2022 年“断卡”会议纪要》的规定中，已经意识到信息网络犯罪中会有“事先串通设计应对调查的话术口径的”情形，并将此作为判断行为人主观明知的情形。因此，我们在审查行为人针对其主观明知提出的辩解时，首先要确定行为人所提出辩解的目的是什么。如行为人辩解“将信用卡出借给他人用于申请贷款刷流水”，其目的有二：一是“出借”信用卡不属于《电诈意见（二）》明确规定的“出售、出租信用卡”行为；① 二是主观上并无为他人信息网络犯罪提供帮助的故意。

二、辩解是否符合相关规定的否认条件

实践中，行为人的行为如符合相关规定可推定其主观明知。因此，要审查其提出的辩解是否为相关规定的例外情形，即符合否认其主观明知的条件。如《办理非法利用信息网络、帮助信息网络犯罪活动案件解释》第 11 条规定对推定主观明知的情形，其否认条件为“但是有相反证据的除外”。如《2022 年“断卡”会议纪要》将其作为推定行为人主观明知的否认条件。针对“将信用卡出借给他人用于申请贷款刷流水”的辩解，可结合以下方面判断是否符合推定主观明知的否认条件。

（一）“出借”是否属于出售、出租信用卡的例外情形

1. “出借”是否属于帮助信息网络犯罪活动罪的“帮助”行为

一般来说，如果行为人仅出售、出租信用卡而没有参与刷脸、取现等行为，情节严重，构成帮助信息网络犯罪活动罪。但是，《电诈意见（二）》仅将行为人“出售、出租信用卡”认定为帮助信息网络犯罪活动罪中的“帮助”行为，该意见没有明确“出借”信用卡如何定性。同样，《2022 年“断卡”会议纪要》也没有明确“出借”信用卡是否属于帮助行为。

行为人辩解其“出借”信用卡后被用于信息网络犯罪的支付结算，主要原因一是行为人出于与他人系亲友关系，主观上的确不明知所出借的信用卡会被用于信息网络犯罪；二是在行为人“出售、出租”时一手交付信用卡一手给付现金的情况下，可能无法查实行为人收取对价。如“将信用卡出借给他人用于申

---

① 《电诈意见（二）》第 7 条规定：“为他人利用信息网络实施犯罪而实施下列行为，可以认定为刑法第二百八十七条之二规定的‘帮助’行为：（一）收购、出售、出租信用卡、银行账户、非银行支付账户、具有支付结算功能的互联网账号密码、网络支付接口、网上银行数字证书的；（二）收购、出售、出租他人手机卡、流量卡、物联网卡的。”

请贷款刷流水”的辩解，其一是出于对“相关金融机构业务员”的信任，主观上的确没意识到他人可能利用信用卡实施信息网络犯罪；其二是将信用卡提供给他人使用并未得到“出售、出租”的对价，且在“可提供贷款人员”不到案的情况下该辩解无法反驳。对此，《2022 年“断卡”会议纪要》虽然也注意到“事先串通设计应对调查的话术口径的”情形为“明知”，但由于“相关金融机构业务员”无法到案，造成实践中认定行为人主观是否明知存在争议。

帮助信息网络犯罪活动罪是帮助行为的正犯化，[①] 而帮助犯是指故意对正犯提供帮助，使正犯的犯罪更容易得逞。[②] 具体到帮助信息网络犯罪活动罪的帮助行为，在行为人明知其行为会为信息网络犯罪提供帮助的情况下仍向他人提供信用卡的，帮助行为当然不能仅限于“出售、出租信用卡”，不能因为《电诈意见（二）》等规定中没有“出借”，而否认明知他人实施信息网络犯罪仍“出借”信用卡同样也是一种“提供帮助”的行为。如在案证据证明行为人明知他人会利用其信用卡实施信息网络犯罪仍提供信用卡，无论是“出售、出租”还是“出借”，均可以根据《办理非法利用信息网络、帮助信息网络犯罪活动案件解释》认定为“帮助”行为。

2. 该辩解是否仍属“出售、出租信用卡”

“出借”作为出罪理由，通常只出现在亲友之间，“特别是对于交易双方存在亲友关系等信赖基础，一方确系偶尔向另一方出租、出售‘两卡’的，要根据在案事实证据，审慎认定‘明知’”，即应承认现实中亲友之间的确偶尔“出借”甚至“出售、出租”信用卡，但也强调防止片面倚重行为人的供述认定“明知”，应综合辩解提出“亲友”的情况，以及提供信用卡的时间、方式等。

根据词义，出售是指商品与货币的交换形式；出租是指收取一定的代价，让别人在约定期限内使用；出借是指可供借用，把东西借出去。一般来说出售、出租需要支付一定的对价，而出借可以不支付对价。

本书认为，对“出售、出租”支付对价的理解，不能仅限于支付现金，也应当包括财产性利益，如增加信用卡的流水后持卡人提升的信用，以及增加流水后银行赠与的积分、返利等。类似于“刷流水”等的辩解，其实质仍是以财产性利益为对价，将信用卡提供给他人使用，广义上来说也是一种“出售、出租”

---

① 参见缐杰、吴峤滨：《〈关于办理非法利用信息网络、帮助信息网络犯罪活动等刑事案件适用法律若干问题的解释〉重点难点问题解读》，载《检察日报》2019 年 10 月 27 日，第 3 版。

② 参见陈兴良主编：《刑法总论精释》（第 3 版），人民法院出版社 2016 年版，第 519 页。

信用卡的行为。因此，即使按照行为人提出“将信用卡出借给他人用于申请贷款刷流水”，“出借”信用卡同样是为获取一定对价。

（二）辩解是否属于推定主观明知的例外情形

实践中，大量出现行为人辩解将信用卡提供给他人，系用于“为申请贷款需要刷流水”以及“刷抖音流量”“玩游戏充值”等情形。上述辩解均是行为人提供信用卡给他人的“目的”。根据《个人贷款管理暂行办法》①，申请贷款时银行和贷款机构为审查申请人的信用状况、还款能力等，一般都会要求借款人提供流水账单，以此来评估借款人的经济生活、收入水平；行为人辩解“将信用卡出借给他人用于申请贷款刷流水”是为了说明其目的并不是为帮助他人实施信息网络犯罪，并说明其行为最多是违反《反电信网络诈骗法》② 的一般违法行为。

本书认为，“将信用卡出借给他人用于申请贷款刷流水”这一“目的”的辩解并不能否认对其主观明知的推定，主要理由如下：一是虽然有的犯罪需要证明行为人行为的目的，如传播淫秽物品牟利罪需要证明行为人“以牟利为目的”，但帮助信息网络犯罪活动罪是“明知他人利用信息网络实施犯罪”，行为人提供信用卡的目的如何，并非犯罪构成的要件；二是辩解提供信用卡给他人的目的是“申请贷款需要刷流水”“刷抖音流量”“玩游戏充值”等，都反而更说明行为人知道信用卡提供给他人是被用于资金的流转，即其提供信用卡时就知道信用卡会被用于支付结算；三是即使采纳“将信用卡出借给他人用于申请贷款刷流水”，但银行在审查贷款人资信时，所谓“出借”信用卡后短期内资金的快进快出，并不会给行为人带来更好的资信，反而在银行审查时带来“洗钱”等嫌疑，并不符合其提升资信的目的。

三、辩解是否属合理解释

认定行为人是否“明知”他人利用信息网络实施犯罪，应当坚持主客观相

---

① 《个人贷款管理暂行办法》第 11 条规定：“个人贷款申请应具备以下条件：（一）借款人为具有完全民事行为能力的中华人民共和国公民或符合国家有关规定的境外自然人；（二）贷款用途明确合法；（三）贷款申请数额、期限和币种合理；（四）借款人具备还款意愿和还款能力；（五）借款人信用状况良好，无重大不良信用记录；（六）贷款人要求的其他条件。”

② 《反电信网络诈骗法》第 31 条第 1 款规定：“任何单位和个人不得非法买卖、出租、出借电话卡、物联网卡、电信线路、短信端口、银行账户、支付账户、互联网账号等，不得提供实名核验帮助；不得假冒他人身份或者虚构代理关系开立上述卡、账户、账号等。”

一致原则，即要结合行为人的认知能力、既往经历、交易对象、与信息网络犯罪行为人的关系，提供技术支持或者帮助的时间和方式、获利情况，出租、出售“两卡”的次数、张数、个数，以及行为人的供述等主客观因素，同时注重听取行为人的辩解并根据其辩解合理与否，予以综合认定。因此，在审查行为人主观明知时一定要重视行为人的辩解是否合理。对行为人提出的“将信用卡出借给他人用于申请贷款刷流水”的辩解，还需要根据案件综合情况判断其辩解合理与否。实践中有以下几种常见的情形。

（一）行为人辩解出借信用卡为贷款刷流水，且向他人支付报酬

行为人将信用卡提供给他人使用，无论目的是否正当，根据《反电信网络诈骗法》等规定均系违法行为。在现实中，的确有将信用卡提供给他人使用的情形，如委托或给亲友购物提供便利等。此时，行为人主观上基于对他人的信任，认识因素上并不明知他人会使用信用卡实施或者帮助实施信息网络犯罪。因此，如行为人辩解“将信用卡出借给他人用于申请贷款刷流水”时提出所“出借”的他人系行为人的亲友，或者行为人能够提供如微信记录等能够证明“他人”系相关金融机构的人员，自己还支付了一定的报酬，说明行为人主观上不知道信用卡会被他人用于信息网络犯罪，其辩解具有合理性。

但是，行为人明知该亲友或所谓的金融机构业务员系“卡头”“卡贩”，或者明知他人会利用其信用卡进行“跑分”等信息网络犯罪，仍继续提供信用卡，为“卡头”、“卡贩”或“跑分”等提供帮助，涉嫌帮助信息网络犯罪活动罪。

（二）行为人辩解出借信用卡为贷款刷流水，但不能提供他人基本情况

1. 行为人辩解“出借”信用卡但并不认识对方，或者根本无法提供对方的基本情况，仍“出借”信用卡给他人使用的情形

无论是“出借”还是“收购、出租、出售”信用卡，均为经济社会中的行为，人作为经济社会中的主体，原则上不会对一个自己完全不了解的人给予这一无偿的“出借”，而且信用卡会被用于电信网络诈骗等的宣传已经在全社会铺开，正常情况下不会有无偿“出借”的情况发生。对此，可以根据行为人的认知能力、既往经历等情况综合判断，如行为人系未成年人或在校生等，可能会基于社会阅历等原因被他人欺骗；如行为人系成年人，且有一定的社会阅历，则可推定其明知将信用卡提供给他人会被用于信息网络犯罪。

2. 行为人辩解为贷款刷流水而出借的对象是以前曾在同一公司工作的同事，或者“相关金融机构业务员”，但不能提供真实姓名等信息的情形

一是“出借”信用卡及密码，又不能完全否定该“友”或“相关金融机构业务员”的存在，如案中证据证明的确有该“友”或“相关金融机构业务员”，但基于侦查等原因无法找该人核实，不能完全排除行为人出于信任关系提供信用卡给他人时主观上确实不知道他人会用其提供的信用卡实施犯罪，在认定行为人主观明知时应慎重。

二是“出借”银行卡四件套，又无法提供该“友”或“相关金融机构业务员”具体个人情况的。如果将银行卡四件套提供给他人，意味着对他人怎样使用完全放任；将四件套“出借”给一个自己都无法再找到的“友”（连公安机关都无法查实此“友”），可以说是完全不符合常理。据此，可综合行为人的社会阅历等，认定行为人提出的辩解是否成立。

三是“出借”信用卡的张数。如行为人只是“出借”一两张信用卡“刷流水”尚可能在情理之中，但是如“出借”多张，则其应当认识到不属于正常的行为。对此，可以根据行为人向他人提供信用卡的张数、“出借”时间（现实中可能存在为购买大额物品而需要刷多张信用卡的情形，但使用时间一般不会太长），结合行为人对该“友”或“相关金融机构业务员”连基本信息都不知道等情形，综合判断其主观明知。

四是“出借”信用卡后的行为。如行为人在“出借”信用卡用于“刷流水”后，信用卡因涉诈骗资金等异常而被冻结，其为该“友”或“相关金融机构业务员”解冻，之后仍继续“出借”信用卡，可以认定其主观明知信用卡被用于信息网络犯罪。

（三）着重审查行为人提供的证据

现实中，的确有行为人轻信“刷流水”可以为申请贷款提供帮助，也能提供微信聊天记录等证据，证明其的确与他人就“刷流水”的目的、方式以及行为人所要支付的报酬等进行交流。这时要审查行为人的先行行为，如购房、装修等现实需求，再结合行为人的阅历以及是否与他人有信任基础等情形，综合判断行为人的辩解是否合理。

004 准确认定帮助信息网络犯罪活动罪的主观故意

自2020年10月"断卡"行动开展以来，帮助信息网络犯罪活动案件激增。根据最高人民检察院发布的数据，2022年1月至9月，以帮助信息网络犯罪活动罪起诉92576人，该罪名成为各类刑事犯罪中起诉人数排名第3的罪名。[①] 随着案件量的"井喷"，实践中也面临不少争议，特别是如何认定"明知他人利用信息网络实施犯罪"成为难点。

一、基本案情

被告人易某帮助信息网络犯罪活动案[②]：2021年2月至3月，被告人易某在吴某（在逃）的介绍下认识了吴某2、郑某等人，其明知吴某2等人系组织人利用银行卡进行非法资金转账，在吴某的邀约下仍帮助该团伙从外收卡。吴某2团伙通过易某联系收购了蒋某、陈某1各1套，雷某、吴某1各2套银行卡、U盾及绑定的手机卡。所涉银行卡单向流入资金共计1415万余元，包含多名电诈被害人资金[③]。其中，易某非法获利1700余元。

另查明，本案6张银行卡交易均由易某居中联系达成，交易时易某均在场，蒋某的卖卡费1000元由郑某通过微信支付给易某，易某当场退回800元，要郑某将该800元直接给蒋某，郑某随即通过微信扫码形式将800元付给蒋某。其余5张银行卡卖卡费用均由易某交付给卖卡人。所卖银行卡在使用过程中出现问题时吴某2团伙直接联系易某，再由易某联系卖卡人重新刷脸验证。郑某还曾找易某购买了两三台旧手机。郑某、吴某2、雷某、蒋某等人均已因犯帮助信息网络犯罪活动罪被判处刑罚。

湖南省安乡县人民法院判决认为，被告人易某明知他人利用信息网络活动实施犯罪，仍为其联系购买银行卡，提供支付结算帮助，情节严重，其行为已构成帮助信息网络犯罪活动罪。

---

① 参见最高人民检察院：《今年1月至9月起诉帮信罪9.2万余人》，载微信公众号"最高人民法院"2022年10月30日，https：//mp. weixin. qq. com/s/tTgKeApsWDZ9gqwoqEsDig。

② 参见湖南省安乡县人民法院刑事判决书，（2022）湘0721刑初198号。

③ 裁判文书网的判决书中未列明电信网络诈骗被害人资金的具体数额，本书引用该案例主要是要说明如何论述被告人易某的主观明知。

二、案例注解

（一）“明知他人利用信息网络实施犯罪”应与在案其他证据相互印证

《刑事诉讼法》第55条规定，对一切案件的判处都要重证据，重调查研究，不轻信口供。只有被告人供述，没有其他证据的，不能认定被告人有罪和处以刑罚；没有被告人供述，证据确实、充分的，可以认定被告人有罪和处以刑罚。对于“明知他人利用信息网络实施犯罪”的证据标准同样不能只有犯罪嫌疑人或被告人的供述，应当与在案的其他证据相互印证，形成证据锁链、排除合理怀疑。

本案例中，认定被告人易某具有主观“明知”的证据，不仅有易某的供述，还有电子数据、同案人供述、证人证言等证据。一是同案犯及证人均证实易某在其楼下杂物间实施了买卖银行卡的行为，且在他人使用银行卡过程中有帮助刷脸行为；二是微信转账记录可以证实易某收取了买卖银行卡的好处费。

相反，如果仅有被告人供述，仍不宜认定明知。如张某某涉嫌帮助信息网络犯罪活动不起诉一案①，张某某虽有一次供述其对接码平台通过其发验证码注册的账户实施违法犯罪活动持放任态度，但在主观上明知或者应当明知接码平台对通过其发送验证码注册的账户实施信息网络违法犯罪活动，张某某的供述前后矛盾，且无其他证据予以证实。最终，检察机关对张某某作出证据不足不起诉的决定。

（二）“明知他人利用信息网络实施犯罪”可综合客观行为加以推定

根据刑法通说，“明知”包括明确知道与推定知道。明确知道是指有直接证据认定行为人明知他人实施的是信息网络犯罪，如行为人供述时明确承认知道；推定知道是指行为人不承认知道被帮助对象在利用信息网络实施犯罪，但结合同案犯供述以及其他在案证据所证明其外在的行为过程，综合判断所认定的“明知”。

《办理非法利用信息网络、帮助信息网络犯罪活动案件解释》第11条，规定了可推定“明知他人利用信息网络实施犯罪”的7种情形；《2022年“断卡”会议纪要》规定了出租、出售“两卡”犯罪中可推定“明知他人利用信息网络实施犯罪”的7种常见情形。

---

① 参见江西省南昌市东湖区人民检察院不起诉决定书，东检刑检刑不诉〔2021〕Z1500号。

上述规定虽已相对全面，但适用中仍存争议：一是规定内容在实践中找不到合法的参考标准，如《办理非法利用信息网络、帮助信息网络犯罪活动案件解释》规定“交易价格或者方式明显异常的”可推定明知，但信息网络各技术、软件等没有统一收费标准或提成比率，实践中难以准确判断；二是信息网络犯罪中提供帮助的行为人与正犯之间在时间、空间上往往无交集，增加了主观明知判断的难度，且信息网络犯罪帮助行为层出不穷，规定不可能全部囊括。对此，《电诈意见（二）》第8条规定，应当结合行为人的认知能力、既往经历、交易对象，与实施信息网络犯罪的行为人的关系，提供技术支持或者帮助的时间和方式、获利情况以及行为人的供述等主客观因素，予以综合认定。

本案例中，被告人易某一是为获利，多次非法买卖银行卡，涉及数量多；二是其中部分交易地点选择在其楼下杂物间等相对隐蔽空间；三是其不能供述出售银行卡的合理理由，相反明确表示知道买卖银行卡可能被用于犯罪。综合被告人易某的帮助次数、提供交易的方式，并结合其供述等主客观因素，其行为既不合理又不合法，可以推定易某“明知他人利用信息网络实施犯罪”。

（三）适用推定时应重视行为人的辩解

推定事实并非等同于客观事实，是从证据所证明的案件基础事实到待证事实的一种推断，所以在适用中必须允许反证。如该反证足以形成合理怀疑，则举证责任又转移到控方。对此，《2022年“断卡”会议纪要》强调坚持主客观相一致原则，结合主客观因素，同时注重听取行为人的辩解并根据其辩解合理与否，予以综合认定。

本案例中，被告人易某辩解只是介绍双方办理贷款，自己被郑某等人欺骗，对银行卡被用于违法犯罪不知情。法院判决认为，如双方系办理贷款，贷款人只需提供银行账号，并不需要提供银行卡，更不需要进行刷脸验证，放贷方亦不可能给贷款人给付报酬，据此得出该辩解明显违背常理，不予以采信。可以看出，该判决一是体现对被告人辩解的重视，并非简单地推定易某的主观明知；二是结合案中证据，如行为人组织卖卡人刷脸，以及办理贷款的正常程序不需要提供银行卡等各方面进行反驳，得出该辩解明显违背常理的结论，据此认定易某“明知他人利用信息网络实施犯罪”。

针对“断卡”行动实践中行为人的常见辩解，本书认为在审查时应注意以下几个问题。

一是区分“明知”与“目的”。如行为人辩解其出售、出租信用卡是为了给他人“刷流水”，对他人利用信息网络实施犯罪并不明知。在这一辩解中，“刷流水”是行为人的“目的”，从常识判断，在所谓“刷流水”可以获得报酬尤其是高额报酬的场合，“刷流水”往往缺乏正当性，反而还证明了行为人“明知他人利用信息网络实施犯罪”。

二是区分“明知”与“结果”。如行为人辩解不知道出售、出租“两卡”后的用途，否认明知“两卡”会被用于实施信息网络犯罪。对此辩解，因“明知他人利用信息网络实施犯罪”是主观故意中认识因素的前提，要根据案中证据证明行为人出售、出租“两卡”的张数、次数以及其提供的方式等，认定其应当知道“两卡”会被他人利用信息网络实施犯罪；而被帮助对象是否实际利用“两卡”实施网络犯罪，是对出售、出租“两卡”后危害结果的希望或者放任。因此，不能以不知道出售、出租“两卡”的确切用途，否认“明知他人利用信息网络实施犯罪”。

三是区分“合理辩解”与“不合理辩解”。《2022 年“断卡”会议纪要》要求“注重听取行为人的辩解”，同时也要求判断“其辩解合理与否”。如行为人辩解他人称只是用于“做生意”转账，但又提供不出他人的具体情况，这就是我们常说的“灵魂抗辩”。“对于交易双方存在亲友关系等信赖基础”要审慎认定，对辩解提出无任何关系的陌生人，或不能根据其提供的信息找到所谓的“朋友”等，就属明显违背常理的辩解，该反证不足以形成合理怀疑。如本案例中，法院的判决就注重被告人易某的辩解，并在判决书中说明了该辩解的不合理之处，据以说明该辩解属“不合理辩解”。

005 帮助信息网络犯罪活动罪的客观行为

近年来，随着信息网络技术飞速发展，网络犯罪普遍呈现产业链条化，导致帮助信息网络犯罪活动的案发量激增。对此，《刑法修正案（九）》增设帮助信息网络犯罪活动罪，针对常见的为帮助信息网络犯罪提供互联网接入等客观行为进行刑法规制。

一、帮助信息网络犯罪活动罪客观行为的特点

帮助信息网络犯罪活动的客观行为具有不确定性，以传统犯罪理论难以完全认定其行为性质。帮助信息网络犯罪活动罪中客观行为有以下主要特点：

一是客观行为具有看似中立帮助的特殊性。从帮助信息网络犯罪活动罪的罪

状描述看，无论是提供互联网接入、服务器托管、网络存储、通讯传输等技术支持，还是广告推广、支付结算等帮助行为，仅从行为本身看属于在信息网络中的中立行为，需要结合行为人的主观故意予以综合认定。

二是客观行为与被帮助对象实施犯罪的行为看似关联性不强。帮助信息网络犯罪活动罪的被帮助对象大多没有到案，帮助信息网络犯罪活动罪的客观行为并非直接导致被帮助犯罪行为法益侵害结果的发生，故仅从表面看难以与被帮助对象实施的行为相关联。

二、帮助信息网络犯罪活动罪客观行为的类型

根据《刑法》第287条之二的规定，帮助信息网络犯罪活动罪客观行为包括以下几种。

（一）互联网接入

互联网接入是指通过电信网络、有线网络、无线网络等方式连接到互联网的行为，包括使用计算机、手机等设备互联、访问网站、在线交流、下载文件等。互联网接入行为是互联网使用的必要环节，也是网络安全和信息安全的重要组成部分。互联网接入为人们提供信息资源和网络交流渠道，但也为信息网络犯罪创造机会。

为信息网络犯罪提供互联网接入帮助的，主要是互联网接入服务提供者。对此，需要重点审查行为人提供帮助的行为是否符合互联网接入的规范要求，以及是否促成他人利用信息网络实施犯罪。

如周某平、施某青帮助信息网络犯罪活动罪一案①：被告人周某平、施某青为某通信公司宽带网点负责人及工作人员，周某平在网上获悉他人求购宽带账号的信息后，向施某青提出购买需求。施某青利用负责面向在校学生的“办理手机卡加1元即可办理校园宽带”服务的工作便利，在学生申请手机卡后，私自出资1元利用申请手机卡的学生信息办理校园宽带账号500余个，以每个宽带账号人民币200元的价格出售给周某平，周某平联系买家出售。周某平、施某青作为电信行业从业人员，明知宽带账号不能私下买卖，且买卖后极有可能被用于电信网络诈骗等犯罪，仍私下办理并出售给上游买家。同时，为帮助他人逃避监管或

---

① 参见《最高人民检察院发布打击治理电信网络诈骗及关联犯罪典型案例》，载微信公众号“最高人民检察院”2022年4月21日，https：//mp. weixin. qq. com/s/3O4PGcyqz－GU78ayuOw1_ w。

规避调查，两人还违规帮助上游买家架设服务器，改变宽带账号的真实IP地址，并对服务器进行日常维护。周某平、施某青分别获利人民币8万余元、10万余元。经查，二人出售的一校园宽带账号被他人用于电信网络诈骗，致一被害人被骗人民币约158万元。

该案中，周某平、施某青一是作为电信行业从业人员，明知宽带账号不能私下买卖，且买卖后极有可能被用于电信网络诈骗等犯罪，仍私下办理并出售给上游买家；二是明知改变宽带账号的真实IP地址会为他人逃避监管或规避调查，仍为上游买家架设服务器提供隐藏IP地址等技术支持，属《刑法》规定的帮助信息网络犯罪活动罪中明知他人利用信息网络实施犯罪仍提供互联网接入技术支持的客观行为。

（二）服务器托管

服务器托管是指将网站或者应用程序放置在物理服务器或相关设备中，提供互联网在线服务的行为。服务器托管是常见的网络中立行为，但行为人明知其托管的服务器被用于信息网络犯罪，仍提供托管服务器帮助的客观行为，情节严重的，则可能构成帮助信息网络犯罪活动罪。

如邱某敏帮助信息网络犯罪活动罪案[①]：被告人邱某敏根据他人提供的源代码和运行软件，为对方搭建网站并向对方出租服务器。其间，邱某敏对该网站进行测试，发现其系赌博网站后，仍继续为该赌博网站提供服务器租赁，共收取租赁费、服务费2300元。法院裁定认为，被告人邱某敏明知他人利用信息网络实施犯罪，为他人犯罪提供服务器托管等技术支持，情节严重，其行为已构成帮助信息网络犯罪活动罪。

该案中，邱某敏在提供服务器托管服务过程中发现他人利用托管的服务器进行赌博等信息网络违法犯罪，仍为他人提供服务器的托管服务，主观上明知他人利用信息网络实施犯罪，仍实施为他人信息网络犯罪提供服务器托管的帮助行为，符合帮助信息网络犯罪活动罪规定的客观行为。

（三）网络存储

网络存储是指通过网络空间载体存储相关数据的行为，常见的网络存储由服务器、数据库、存储设备、网络连接等组成。随着网盘等以网络空间为载体存储方式的普及，网络存储亦为信息网络常见的中立行为。行为人明知他人利用信息

---

① 参见福建省龙岩市中级人民法院刑事裁定书，（2018）闽08刑终259号。

网络实施犯罪，仍实施为他人提供网络存储服务的客观行为，情节严重的，则可能构成帮助信息网络犯罪活动罪。

如程某等人贩卖淫秽物品牟利、帮助信息网络犯罪活动罪案①：被告人程某系某科技公司法定代表人，同案的被告人陈某等人收购乐盘网盘并放任会员上传大量涉嫌淫秽信息，将下载链接向外发布后引流到网盘下载，以此带来网络会员充值及广告收益。被告人程某在明知“乐盘”“千军万马”网盘存在会员传播淫秽电子文件的情况下，仍为陈某等人提供服务器托管、租赁服务。至案发，被告人程某收取托管、租赁服务器费用共计人民币50余万元。法院判决认为，被告人程某明知他人利用信息网络传播淫秽电子信息牟利，仍为其提供服务器托管、租赁及互联网接入等技术服务，情节严重，其行为构成帮助信息网络犯罪活动罪。

该案中，程某为他人提供网络存储服务，是在明知同案的陈某等人通过信息网络传播淫秽电子信息牟利的情况下，仍向其提供网盘存储服务，符合帮助信息网络犯罪活动罪客观行为的特征。

（四）通讯传输

通讯传输是指在信息网络中进行的信息传输行为，主要有网络数据传输、通讯媒体传输以及文件传输、实时流媒体传输等。正常通讯传输行为能够实现网络更快速、高效地发送和接收信息，促进信息网络发展。但行为人明知他人利用信息网络实施犯罪，仍提供通讯传输技术支持，情节严重的，则可能构成帮助信息网络犯罪活动罪。

如唐某琪、方某帮助信息网络犯罪活动案②：被告人唐某琪系某科技公司法定代表人，方某系某信息工程公司销售经理。唐某琪曾因其销售的GOIP设备涉及违法犯罪被公安机关查扣并口头警告，之后其仍以乔尚公司名义向方某购买该设备，并通过网络销售给他人。方某明知唐某琪将GOIP设备出售给从事电信网络诈骗犯罪的人员，仍然长期向唐某琪出售。唐某琪从方某处购买130台GOIP设备并销售给他人，并提供后续安装、调试及配置系统等技术支持。其间，公安机关在广西北海、钦州以及贵州六盘水、铜仁等地查获唐某琪、方某出售的

---

① 参见山东省沂源县人民法院刑事判决书，(2017) 鲁0323刑初46号。

② 参见《最高人民检察院发布打击治理电信网络诈骗及关联犯罪典型案例》，载微信公众号“最高人民检察院”2022年4月21日，https://mp.weixin.qq.com/s/3O4PGcyqz-GU78ayuOw1_w。

GOIP 设备 20 台。经查，其中 5 台设备被他人用于实施电信网络诈骗，造成张某淘、李某兰等人被诈骗人民币共计 34 万余元。

该案中，唐某琪、方某一是具有信息网络从业经历，对 GOIP 设备会被电信网络诈骗用于拨打电话、发送信息等通讯传输有所了解；二是曾因实施有关技术支持或帮助行为，被监管部门告诫、处罚后，明知他人利用信息网络实施犯罪，仍然实施提供通讯传输的行为，符合帮助信息网络犯罪活动罪客观行为的特征。

（五）广告推广

网络的广告推广，是指以互联网为主要媒介，通过网络广告渠道向受众推广商品或服务的一种营销方式，一般包括搜索引擎广告、社交媒体广告、移动广告、视频广告等形式。帮助信息网络犯罪活动罪中的广告推广，一是为利用信息网络犯罪制作广告、拉客户；二是为他人设立信息网络犯罪网站制作广告等，支持信息网络犯罪网站运营。

如冼某文等人帮助信息网络犯罪活动案①：被告人冼某文等人明知万泰公司的 App 内播放淫秽短视频的情况下，为获取利润，帮助推广上述 App；万泰公司还通过冼某文控制的银行账户汇入下线渠道商账户。经查，万泰公司汇入冼某文控制的银行账户资金 4488 万余元。法院判决认为，被告人冼某文等人明知他人利用信息网络实施犯罪，仍为其犯罪提供广告推广、支付结算等帮助，情节严重，构成帮助信息网络犯罪活动罪。

该案中，被告人冼某文等人明知涉案 App 涉黄且收益明显过高，仍为获取利润提供广告推广、支付结算等帮助，情节严重，符合帮助信息网络犯罪活动罪中进行广告推广的客观行为特征。

（六）支付结算

信息网络的支付结算是指通过互联网支付平台提供资金收账、转账等服务。常见的网络支付结算包括第三方支付、信用卡支付等，因其支付效率高，推动了互联网商业的发展，但同时也为信息网络犯罪转移资金提供了便利。

如刘某 1 等人帮助信息网络犯罪活动案②：被告人刘某 1 系某“跑分平台”的“码农”，为赌博网站提供支付结算帮助。当赌客在赌博网站充值赌资时，选择用支付宝充值并输入充值金额后，赌博网站便把该笔充值订单发送给“跑分”

① 参见广东省江门市中级人民法院刑事判决书，（2019）粤 07 刑终 139 号。

② 参见山西省大同市云冈区人民法院刑事判决书，（2021）晋 0214 刑初 44 号。

平台客服，客服再将该订单发送在由“码农”组成的QQ群等通讯群组内，在“跑分”平台充值的“码农”看到客服发送的充值订单后便可以抢单。之后，网站会显示抢单成功的“码农”提供的支付宝二维码，赌客便将赌资充值到该“码农”的支付宝账户。“跑分”平台在“码农”收取赌资后，会扣除“码农”在平台相应的充值分，充值分被扣除完毕后，“码农”便不能再收取赌资，欲收取赌资需继续向平台充值。“码农”在此过程中抽取提成。法院判决认为，被告人刘某1等人明知他人利用信息网络实施犯罪，仍提供支付结算帮助，情节严重，构成帮助信息网络犯罪活动罪。因此，刘某1等人为赌博网站提供“跑分”帮助，实为赌博网站提供支付结算帮助，符合帮助信息网络犯罪活动罪中支付结算的客观行为特征。

三、信息网络中立行为的判断

帮助信息网络犯罪活动罪客观行为中的技术支持与广告推广等均为信息网络活动中的常见的中立行为，但信息网络中立行为如满足犯罪的主客观要件，就应受到刑法规制。本书认为，可以从以下几点判断系信息网络中立行为还是帮助信息网络犯罪活动行为。

一是实施该行为时是否违反法律法规的规定。网络中立行为并非可以肆意妄为，需要按法律法规的规定行使。根据《反电信网络诈骗法》第14条①的规定，任何单位和个人不得非法制造、买卖、提供或者使用电话卡批量插入设备（俗称“猫池”）。虽然电话卡批量插入设备最初也可用于信息网络的广告等，但违反规定非法买卖甚至使用，则可能实施帮助信息网络犯罪活动的行为。

二是实施该行为是否有合法目的。有的行为在行使时无法判断其是中立行为还是帮助实施信息网络犯罪，需要根据在案证据所认定行为人的行为目的加以区分。如使用网络爬虫技术虽是中立行为，但目的是非法获取公民个人信息等，就不属于正常的中立行为，情节严重的可能构成相关犯罪。

---

① 《反电信网络诈骗法》第14条规定：“任何单位和个人不得非法制造、买卖、提供或者使用下列设备、软件：（一）电话卡批量插入设备；（二）具有改变主叫号码、虚拟拨号、互联网电话违规接入公用电信网络等功能的设备、软件；（三）批量账号、网络地址自动切换系统，批量接收提供短信验证、语音验证的平台；（四）其他用于实施电信网络诈骗等违法犯罪的设备、软件。电信业务经营者、互联网服务提供者应当采取技术措施，及时识别、阻断前款规定的非法设备、软件接入网络，并向公安机关和相关行业主管部门报告。”

三是实施该行为时违反了相关法律规定的义务。特别是网络服务提供者需要按法律规定履行一定的信息网络安全保障等义务，实施行为时不得违反相关义务规定。如电信业务经营者违反《反电信网络诈骗法》的规定①，在开展业务时不要求用户提供真实身份信息，造成提供的互联网接入服务被他人利用实施信息网络犯罪，情节严重可能构成帮助信息网络犯罪活动罪。

四是实施该行为是否为正常的商业动机。是否为正常的商业动机的判断，主要体现在行为人获利是否合理。如行为人虽然提供该行为属网络商业行为，但其获利明显超出正常商业行为的合理范畴，那么可能属于帮助信息网络犯罪活动的行为。

006 帮助信息网络犯罪活动罪中支付结算行为的认定

2022 年 3 月，最高人民法院刑事审判第三庭、最高人民检察院第四检察厅和公安部刑事侦查局联合发布了《2022 年“断卡”会议纪要》。《2022 年“断卡”会议纪要》对于帮助信息网络犯罪活动罪的对象数量认定标准、违法所得、支付结算等均予以了明确。由于《2022 年“断卡”会议纪要》限缩了支付结算的认定情形，给司法实践带来了一定的困惑。

《2022 年“断卡”会议纪要》第 4 条第 2 款的规定不涉及法律适用，旨在明确单纯提供银行卡的行为不宜认定为“支付结算”，不能据此适用帮助信息网络犯罪活动罪支付结算 20 万元的追诉立案标准。是否属于支付结算，应严格遵照《支付结算办法》第 3 条和《最高人民法院、最高人民检察院关于办理非法从事资金支付结算业务、非法买卖外汇刑事案件适用法律若干问题的解释》第 1 条的规定。故对于单纯提供个人银行卡被用于电信网络诈骗的，可适用《2022 年“断卡”会议纪要》规定的 3000 元 + 30 万元标准，但不宜适用 20 万元标准；对使用受理终端或者网络支付接口帮助他人支付结算或非法为他人提供单位银行结算账户套现或者单位银行结算账户转个人账户服务等可认定属于支付结算情形

---

① 《反电信网络诈骗法》第 21 条规定：“电信业务经营者、互联网服务提供者为用户提供下列服务，在与用户签订协议或者确认提供服务时，应当依法要求用户提供真实身份信息，用户不提供真实身份信息的，不得提供服务：（一）提供互联网接入服务；（二）提供网络代理等网络地址转换服务；（三）提供互联网域名注册、服务器托管、空间租用、云服务、内容分发服务；（四）提供信息、软件发布服务，或者提供即时通讯、网络交易、网络游戏、网络直播发布、广告推广服务。”

的，可适用20万元标准。同时，《2022年"断卡"会议纪要》第4条第2款和第5条均将"为配合他人转账、套现、取现而提供刷脸等验证服务"与"转账、套现、取现等行为"并列规定，认可两者具有同质性，因而法律适用也应统一。明知他人利用信息网络实施犯罪，仍提供银行卡帮助支付结算，情节严重的，构成帮助信息网络犯罪活动罪。确因客观条件限制无法查证被帮助对象是否达到犯罪的程度，但有证据证实涉案银行卡被用于信息网络违法犯罪活动，支付结算金额总计超过100万元的，仍应以帮助信息网络犯罪活动罪定罪处罚。

一、基本案情

如肖某甲等人帮助信息网络犯罪活动案①：该案经审理查明，2021年5月中旬至6月10日期间，被告人肖某甲明知他人利用信息网络实施网络赌博等违法犯罪活动，仍提供银行卡并帮助网络赌博等违法犯罪活动转账。其间，肖某甲先后招募被告人李某（2021年5月20日加入）、肖某乙（2021年5月20日加入）、林某（2021年6月4日加入）等人加入团伙。被告人肖某甲负责管理该犯罪团伙，被告人李某、肖某乙、林某等人明知是违法犯罪资金，仍通过Telegram聊天软件，按照上线指令，使用银行卡接收资金并将资金转移至指定账户。被告人肖某甲、李某、肖某乙、林某等人按照约定获取报酬。被告人肖某甲、李某、肖某乙参与期间共帮助转移资金人民币1049万余元，被告人林某参与期间共帮助转移资金276万余元。经查明，被告人肖某甲、李某、肖某乙、林某帮助转移的资金中包含赌博网站支付给赌客的赌资7489元。法院生效裁判认为：被告人肖某甲、李某、肖某乙、林某为他人犯罪提供银行卡并协助操作转账，因其转账的资金未查实存在符合犯罪所得的情形，但其转账行为可评价为支付结算。被告人肖某甲、李某、肖某乙、林某明知他人利用信息网络实施犯罪，仍为其提供支付结算帮助，情节严重，构成帮助信息网络犯罪活动罪，遂分别判处肖某甲等人有期徒刑1年9个月至6个月不等，并处罚金。宣判后，被告人肖某甲、李某、肖某乙、林某未提出上诉，判决已发生法律效力。

二、案例注解

"断卡"行动以来，为电信网络诈骗犯罪、网络赌博平台提供转账帮助的案

① 参见江苏省南通市崇川区人民法院刑事判决书，（2022）苏0602刑初701号。

件频发，在此类案件办理中，为网络赌博平台提现并帮助转账的行为认定及法律适用往往存在争议。

（一）提供银行卡并帮助赌博平台提现的转账行为是支付结算行为

“支付结算”具有特定含义，根据《最高人民法院、最高人民检察院关于办理非法从事资金支付结算业务、非法买卖外汇刑事案件适用法律若干问题的解释》第1条和《办理非法利用信息网络、帮助信息网络犯罪活动案件解释》第12条第1款第2项的规定，行为人向他人出售、出租信用卡后，又代为转账、套现、取现等，或者为配合他人转账、套现、取现而提供刷脸等验证服务的，属于“支付结算”。根据《2022年“断卡”会议纪要》第4条第2款、第5条的规定，对“断卡”案件中支付结算的情形予以明确，将其限定为提供银行卡后不仅要有资金流入，还要有帮助转账、套现、取现或者为转账、套现、取现提供刷脸帮助等行为。据此规定，帮助网络赌博平台“上分”（赌客转账到赌博平台）、“下分”（为赌客提现）的转账行为属于支付结算行为，而单纯提供银行卡后流经其中的资金数额不能径直认定为支付结算数额。行为人明知他人实施信息网络犯罪，仍帮助支付结算金额达到20万元的，构成帮助信息网络犯罪活动罪。

需要特别说明的是，此处的20万元标准为帮助信息网络犯罪活动罪支付结算情形的追诉立案标准，单向流入涉案信用卡中的资金超过30万元，且其中至少有3000元经查证系涉诈骗资金的情形不属于支付结算，该标准不属于《办理非法利用信息网络、帮助信息网络犯罪活动案件解释》第12条第1款第2项规定的情形，应归类为第12条第1款第7项规定的“其他情节严重的情形”。

（二）提供银行卡并帮助赌博平台提现的转账行为不是掩饰、隐瞒犯罪所得的行为

根据《审理掩饰、隐瞒案件解释》第10条的规定，通过犯罪直接得到的赃款、赃物，应当认定为《刑法》第312条规定的“犯罪所得”。上游犯罪的行为人对犯罪所得进行处理后得到的孳息、租金等，应当认定为《刑法》第312条规定的“犯罪所得产生的收益”。因此，支付结算的对象不是犯罪所得的，不构成掩饰、隐瞒犯罪所得罪。本案中，肖某甲等人明知上游人员使用他们的银行卡用于网络赌博等违法犯罪活动，但不明知上游所涉具体罪名，因而不构成开设赌场的共犯。同时，网络赌博平台引导赌客通过赌博网站参与赌博投注，赌客将赌资汇入相关账户，赌客及网络赌博平台都可以通过相关账户提现，其中包括被告

人提供的账户。只有最终转入网络赌博平台控制的账户，并且不再返还赌客的赌博抽成等资金才属于网络赌博平台的犯罪所得。被告人肖某甲等人提供账户用作赌客提现使用，不仅仅是网络赌博平台为转移犯罪所得使用，因此本案也不构成掩饰、隐瞒犯罪所得罪。

实践中，除根据行为人的主观明知内容区分帮助信息网络犯罪活动罪和掩饰、隐瞒犯罪所得罪外，还应重点关注行为人实施的具体犯罪行为和上游犯罪的性质。除事先共谋外，单纯提供银行卡的行为，一般不能起到掩饰、隐瞒犯罪所得的作用。行为人向他人出售、出租信用卡后，又代为转账、套现、取现等，或者为配合他人转账、套现、取现而提供刷脸等验证服务的，相关资金不能被评价为犯罪所得或犯罪所得收益，也不构成掩饰、隐瞒犯罪所得、犯罪所得收益罪，但相应行为可评价为“支付结算”，行为人同时符合明知他人利用信息网络实施犯罪且情节严重情形的，仍可构成帮助信息网络犯罪活动罪。

（三）上游行为无法查证达到犯罪程度，支付结算数额达到 20 万元标准 5 倍以上的，也可构成帮助信息网络犯罪活动罪

《办理非法利用信息网络、帮助信息网络犯罪活动案件解释》第 12 条第 2 款同时规定，确因客观条件限制无法查证被帮助对象是否达到犯罪的程度，但相关数额总计达到前款第 2 项至第 4 项规定标准 5 倍以上，或者造成特别严重后果的，应当以帮助信息网络犯罪活动罪追究行为人的刑事责任。该规定的适用前提是确因客观条件限制无法查证，相应的客观条件包括资金经过多次流转，根据资金流转情况不能找到直接的转入人员，不能明确资金性质等。对于作为一级卡使用的银行卡，还是应针对具体的人员形成笔录，调取相应书证、电子数据等，以查明是否达到犯罪程度。对于有证据证实涉案银行卡确系用于违法犯罪活动，比如同案犯罪嫌疑人均向同一上家提供银行卡或均为同一平台实施支付结算行为，但经查证，仅有部分行为人提供的银行卡包含犯罪资金的，但该平台无正当业务，犯罪嫌疑人也未提出合理辩解的，仍可综合全案情形，适用 5 倍标准即支付结算金额超过 100 万元，以帮助信息网络犯罪活动罪定罪处罚。

007 非法利用信息网络罪与帮助信息网络犯罪活动罪的界分

随着网络社会的发展，相应的信息网络犯罪及相关黑灰产违法犯罪等也呈现去中心化等特征，行为与意识的共同性、各主体之间的参与性等问题通过传统共同犯罪理论难以完全解释。为此，《刑法修正案（九）》同时增设了非法利用信

息网络罪和帮助信息网络犯罪活动罪。这两个罪名的设立都是为了解决司法实践中规制网络犯罪的现实障碍，无论在刑法理论界还是司法实务界都创设了一些新规则；两者不仅都属于网络相关犯罪范畴，具有一定的共性，可能出现竞合的情况，同时也在犯罪构成要件层面存在显著差别，因此，在理解和适用中需要进行仔细辨别分析。

一、两罪的概念及相同点

非法利用信息网络罪，是指利用信息网络设立用于实施诈骗，传授犯罪方法，制作或者销售违禁物品、管制物品等违法犯罪活动的网站、通讯群组，或者发布有关制作或者销售毒品、枪支、淫秽物品等违禁物品、管制物品或者其他违法犯罪信息，或者为实施诈骗等违法犯罪活动发布信息，情节严重的行为。该行为既可以是行为人为自己实施犯罪行为进行预备，也可以是为他人将实施的犯罪行为进行预备。帮助信息网络犯罪活动罪，是指明知他人利用信息网络实施犯罪，为其犯罪提供互联网接入、服务器托管、网络存储、通讯传输等技术支持，或者提供广告推广、支付结算等帮助，情节严重的行为。

同样作为网络犯罪行为类型，两罪具有一些相同之处：一是犯罪主体相同，自然人和单位均可以构成两罪。二是行为需要达到“情节严重”才构成犯罪。司法实践中，由于两罪均易出现在网络犯罪场合，特别是会成为一些网络犯罪活动的上下游犯罪，甚至成为黑灰产业链。因此，往往较难准确区分两罪，甚至在行为模式、犯罪事实极其相似或大体相同的案件中，会出现一定定罪分歧。如谭某羽、张某非法利用信息网络案①中，对于谭某羽、张某等通过在 QQ 软件发送信息添加被害人为好友后出卖该 QQ 账号的行为，法院判决认为谭某羽、张某为实施诈骗等违法犯罪活动发布信息，认定为非法利用信息网络罪，该案被最高人民法院评为典型案例。在张某、王某琦等帮助信息网络犯罪活动案②中，张某、王某琦等人通过拨打电话使被害人加入微信群组后，按照加入微信群组人数获取提成，法院判决认为张某、王某琦组织人员进行“吸粉引流”，为他人犯罪提供广告推广帮助，认定为帮助信息网络犯罪活动罪。因此，针对非法利用信息网络罪与帮助信息网络犯罪活动罪既有共同点又有所区别的特点，需要在司法实践中

---

① 参见江苏省常州市金坛区人民法院刑事判决书，（2020）苏 0413 刑初 240 号。

② 参见黑龙江省大庆市中级人民法院刑事裁定书，（2022）黑 06 刑终 113 号。

加以分清后准确适用。审视上述两案，确实在行为方式等方面较为相似，但司法机关最终以两个不同罪名定罪处罚，更进一步印证了两罪在界分上的难度之大。

二、两罪的主要区别

（一）两罪的立法目的不同

《刑法修正案（九）》增设这两个罪名，均基于我国当前网络犯罪的严峻态势和网络犯罪查处难的特点，出于一般预防和有效打击网络犯罪的考虑。但具体而言，两个罪名在立法目的上尚有所不同。对于非法利用信息网络罪，体现的是预备行为实行化的立法宗旨，[①] 意图贯彻对网络犯罪“打早打小”的刑事政策，因而将设立用于实施违法犯罪活动的网站、通讯群组或发布违法犯罪信息等原本只是为实施其他犯罪而作准备工作的行为径直按照实行犯定罪处罚，从而遏制网络犯罪发展蔓延、做大成势的趋势。如卞某晨等贩卖毒品、非法利用信息网络案[②]：被告人卞某晨明知“园丁丁”是一个从事大麻种植经验交流、大麻种子及成品买卖、传授反侦查手段等非法活动的网络论坛，于2015年1月7日注册账号“白振业”加入“园丁丁”论坛，成为该论坛版主，负责管理内部教程板块，共发布有关大麻知识及种植技术的主题帖19个，回帖交流大麻种植技术164次。被告人卞某晨后被人民法院以非法利用信息网络罪判处有期徒刑1年4个月，并处罚金5000元。

对于帮助信息网络犯罪活动罪，立法机关考虑到网络共同犯罪人之间在犯意联络等方面不同于传统犯罪，由于网络的虚拟性，共同犯罪人之间可能并不认识甚至不曾谋面，为此按照传统的共同犯罪理论在定罪处罚上将面临显著困难，从而影响对网络犯罪的依法打击力度；同时，一些网络犯罪的帮助行为已经凸显出独立的社会危害属性，具有单独予以刑事规制的必要性。鉴于此，《刑法修正案（九）》出于“共犯正犯化”的立法目的，[③] 将为他人实施网络犯罪提供帮助的

---

① 参见缐杰、吴峤滨：《〈关于办理非法利用信息网络、帮助信息网络犯罪活动等刑事案件适用法律若干问题的解释〉重点难点问题解读》，载《检察日报》2019年10月27日，第3版。

② 参见浙江省诸暨市人民法院刑事判决书，（2019）浙0681刑初944号。

③ 参见缐杰、吴峤滨：《〈关于办理非法利用信息网络、帮助信息网络犯罪活动等刑事案件适用法律若干问题的解释〉重点难点问题解读》，载《检察日报》2019年10月27日，第3版。

行为予以独立成罪。如侯某元、刘某祈等帮助信息网络犯罪活动案[①]：2018 年 5 月 28 日，被告人侯某元、刘某祈在我国台湾地区受人指派，带领被告人刘某民、蔡某彦等进入大陆到银行办理银行卡，用于电信网络诈骗等违法犯罪活动。刘某民、蔡某彦明知开办的银行卡可能用于电信网络诈骗等犯罪活动，但为了高额回报，依然积极参加。2018 年 5 月 28 日下午，抵达杭州机场，后乘坐高铁来到金华市区并入住酒店。当晚，侯某元、刘某祈告知其他人办理银行卡时谎称系来大陆投资，并交代了注意事项及具体操作细节。2018 年 5 月 29 日上午，在金华多家银行网点共开办了 12 张银行卡，并开通网银功能。2018 年 5 月 14 日至 18 日，被告人侯某元、刘某祈以同样的方式在金华市区、义乌两地办理银行卡，并带回我国台湾地区。

因此，在审查办理案件中，办案人应注意审查行为人的犯罪目的，是为实施其他犯罪活动而提前准备网站、平台或发布违法信息，还是为他人实施网络犯罪活动提供帮助；并且还要注意审查网络犯罪的实行犯是否实施了相应犯罪以及是否构成犯罪，以查明被帮助对象是否实施了犯罪，从而对两罪进行区分。

（二）两罪的主观故意程度不同

非法利用信息网络罪与帮助信息网络犯罪活动罪虽均为故意犯罪，但故意犯罪所偏重的内容不同，一般非法利用信息网络罪的故意更为积极，多为直接故意；帮助信息网络犯罪活动罪更多表现为放任，多为间接故意。

非法利用信息网络罪的主观故意体现为行为人明知在网络上设立网站等系用于犯罪，仍然积极实施或者推动该犯罪；或者明知所发布的信息包括相关链接、二维码等系在传播违法犯罪信息以及销售违禁品等，且行为人对危害结果有清楚的认识。因此，非法利用信息网络罪偏重直接故意。

帮助信息网络犯罪活动罪的主观故意体现为行为人明知他人利用信息网络实施犯罪，仍提供互联网接入、服务器托管、网络存储、通讯传输等技术支持，或者为他人从事信息网络犯罪提供广告推广、支付结算等帮助，行为人对危害结果大多持放任的态度。因此，帮助信息网络犯罪活动罪偏重间接故意，司法实践中，对于证明行为人具有主观故意，往往采取刑事推定的方式。

---

① 最高人民法院：《非法利用信息网络罪、帮助信息网络犯罪活动罪典型案例》，载微信公众号“最高人民法院”2019 年 10 月 25 日，https：//mp. weixin. qq. com/s/Z_ sx2F0K0WrZ2lo4MDVbCg。

（三）两罪的行为方式不同

根据《刑法》的规定，非法利用信息网络罪的行为方式包括两种，即设立用于实施违法犯罪活动的网站、通讯群组，以及发布违法犯罪信息或者为违法犯罪活动发布信息。因此，从技术层面看，非法利用信息网络犯罪的行为均在网络技术层面，均需要通过网络技术才能实施，且均属于相关犯罪的预备阶段行为。

帮助信息网络犯罪活动罪的行为却不限于通过网络技术实施，包括提供技术支持和通过其他途径实施帮助的行为，比如在电信网络犯罪中，“卡农”通过出售银行卡四件套等方式对电信网络诈骗犯罪活动提供帮助。因此，在帮助信息网络犯罪活动罪中，行为方式种类十分广泛，只要是能够对本犯的网络犯罪活动提供帮助的行为均包含在内。从法条规定上看，这一特点也可以得到印证，帮助信息网络犯罪活动罪规定有“等外等”的情况，① 即在行为人明知他人利用信息网络实施犯罪时，构成犯罪的帮助行为并不限于法条中所具体列举的帮助行为。

（四）两罪的犯罪行为针对的对象不同

根据《刑法》第 287 条之一的规定，构成非法利用信息网络罪，要求行为人设立用于实施违法犯罪活动的网站、通讯群组，发布有关违法犯罪的信息，或者为实施违法犯罪活动发布信息，也就是说，该罪的对象并不一定是犯罪行为，也可以是违法行为。但根据《办理非法利用信息网络、帮助信息网络犯罪活动案件解释》第 7 条的规定，这里的“违法犯罪”包括犯罪行为和属于《刑法》分则规定的行为类型但尚未构成犯罪的违法行为。因此，对于《刑法》未规定、仅在《治安管理处罚法》或者其他法律法规中规定的行政违法行为，即使利用信息网络实施，也不应当构成非法利用信息网络罪。例如，对于买卖驾照计分的行为，我国《刑法》尚未规定应予追究刑事责任，对于此类行为，即使通过互联网、通讯群组发布相关信息，也不应构成非法利用信息网络罪。② 从证据上看，也不必然要求在案有足够的证据证实针对的对象实施了犯罪行为。如吴某、

---

① 除上述明确列举的几种技术支持外，常见的为他人实施网络犯罪提供技术支持的行为方式还有销售赌博网站代码，为病毒、木马程序提供免杀服务，为网络盗窃、QQ 视频诈骗制作专用木马程序，为设立钓鱼网站等提供技术支持等行为。参见王爱立主编：《中华人民共和国刑法条文说明、立法理由及相关规定》，北京大学出版社 2021 年版，第 1117 页。

② 参见周加海、喻海松：《关于〈关于办理非法利用信息网络、帮助信息网络犯罪活动等刑事案件适用法律若干问题的解释〉的理解与适用》，载《人民司法》2019 年第 31 期。

徐某非法利用信息网络案[①]，吴某、徐某为境外网络赌博、电信诈骗犯罪团伙通过微信、QQ 等社交平台向国内进行网络推广。该案判决中，并没有涉及境外网络赌博、电信诈骗犯罪团伙的相关证据。

而根据《刑法》第 287 条之二的规定，构成帮助信息网络犯罪活动罪，要求行为人明知他人利用信息网络实施犯罪，并为其犯罪提供技术支持等帮助行为。可见，构成该罪仅限于对犯罪行为提供帮助，而不包括一般违法行为，且被帮助者所实施的犯罪须为网络犯罪。根据《办理非法利用信息网络、帮助信息网络犯罪活动案件解释》第 12 条[②]的规定，原则上帮助信息网络犯罪活动罪被帮助对象的行为必须构成犯罪，只是因客观条件限制无法查证被帮助对象是否达到犯罪程度的，可以支付结算金额等 5 倍的标准予以认定，但即使是适用该例外情况还是要证明被帮助对象实施了犯罪行为。当然，根据《办理非法利用信息网络、帮助信息网络犯罪活动案件解释》第 13 条[③]的规定，“犯罪”应理解为相关犯罪查证属实，而不能理解为经法院判决确认，即使被帮助对象尚未到案、尚未裁判或者因未达到刑事责任年龄等依法未予追究刑事责任的，也不影响对被帮助对象“犯罪”的认定。

（五）犯罪行为所处阶段的不同

非法利用信息网络罪的行为处于相关犯罪的预备阶段，主要表现在行为人既可以是为自己也可以是为他人实施违法犯罪行为设立违法犯罪网站或发布相关违法犯罪信息，既可以是帮助他人实施违法犯罪活动也可以是为自己违法犯罪创造条件，但尚未实施诈骗等违法犯罪行为或虽已实施但尚未达到构成犯罪程度。换

---

① 参见甘肃省通渭县人民法院刑事判决书，（2022）甘 1121 刑初 4 号。

② 《办理非法利用信息网络、帮助信息网络犯罪活动案件解释》第 12 条规定：“明知他人利用信息网络实施犯罪，为其犯罪提供帮助，具有下列情形之一的，应当认定为刑法第二百八十七条之二第一款规定的‘情节严重’：（一）为三个以上对象提供帮助的；（二）支付结算金额二十万元以上的；（三）以投放广告等方式提供资金五万元以上的；（四）违法所得一万元以上的；（五）二年内曾因非法利用信息网络、帮助信息网络犯罪活动、危害计算机信息系统安全受过行政处罚，又帮助信息网络犯罪活动的；（六）被帮助对象实施的犯罪造成严重后果的；（七）其他情节严重的情形。实施前款规定的行为，确因客观条件限制无法查证被帮助对象是否达到犯罪的程度，但相关数额总计达到前款第二项至第四项规定标准五倍以上，或者造成特别严重后果的，应当以帮助信息网络犯罪活动罪追究行为人的刑事责任。”

③ 《办理非法利用信息网络、帮助信息网络犯罪活动案件解释》第 13 条规定：“被帮助对象实施的犯罪行为可以确认，但尚未到案、尚未依法裁判或者因未达到刑事责任年龄等原因依法未予追究刑事责任的，不影响帮助信息网络犯罪活动罪的认定。”

句话说，虽行为人实际已参与违法犯罪活动，但属犯罪的预备阶段。

根据《刑法》第 287 条之二的规定，帮助信息网络犯罪活动罪帮助的是“他人利用信息网络实施的犯罪”，在电信网络诈骗案件中，其所帮助的既可能是诈骗罪，也可能是关联犯罪如掩饰、隐瞒犯罪所得、犯罪所得收益罪等，行为主要表现为行为人利用本身的信息网络技术或者其他便利条件，为犯罪分子或者犯罪活动提供网络技术支持，在为他人信息网络犯罪提供帮助的同时，行为人不会主动参与到本犯犯罪实行行为之中。如提供互联网接入可以是犯罪预备阶段，网络存储可以是犯罪实行阶段，支付结算可以是犯罪实行终了阶段。因此，帮助信息网络犯罪活动罪的相关行为既可以发生在他人实施相关信息网络犯罪的预备阶段，也可以发生在实行阶段或者实行终了阶段。

（六）两罪的入罪标准不同

非法利用信息网络罪本质是非法使用网络传播违法犯罪信息的行为，系相关犯罪的预备行为，可以视为“行为犯”。只要实施了发布违法犯罪信息的行为，就成立非法利用信息网络罪；即使本人或者他人尚未着手实行相关犯罪或者尚未查明是否着手实行犯罪，也不影响非法利用信息网络罪的成立。

帮助信息网络犯罪活动罪的本质是为他人利用信息网络实施犯罪提供技术支持或者其他帮助，系相关犯罪的帮助行为，根据共同犯罪中“实行从属性”原理，要求被帮助对象已经着手实行了犯罪，但不要求被帮助对象达到犯罪的程度，只要被帮助者的行为符合了刑法规定某罪的犯罪构成要件，即便没有达到“数额较大”等入罪标准，也不影响该罪的成立。因此，《办理非法利用信息网络、帮助信息网络犯罪活动案件解释》第 12 条第 2 款规定，实施前款规定的行为，确因客观条件限制无法查证被帮助对象是否达到犯罪的程度，但相关数额总计达到前款第 2 项至第 4 项规定标准 5 倍以上，或者造成特别严重后果的，应当以帮助信息网络犯罪活动罪追究行为人的刑事责任。

三、两罪竞合时的处理原则

由于两罪都与网络犯罪密切相关，在具体行为方式上难免会出现交叉竞合等情形，如非法利用信息网络罪中“设立用于实施违法犯罪活动的网站”的情形，也可以对他人网络犯罪活动起到帮助作用，从而触犯帮助信息网络犯罪活动罪。在司法实践中，对于为他人搭建、制作、出售、出租网站或平台用于信息网络犯罪活动的行为的定性存在很大争议，有的案件中认定为非法利用信息网络罪，而有的案件中认定为帮助信息网络犯罪活动罪。对此，应结合案件事实和犯罪嫌疑人主观故意内容来综合认定，如果明知他人利用信息网络实施犯罪，为其制作维护网站或发布违法犯罪信息，将同时触犯非法利用信息网络罪和帮助信息网络犯罪活动罪，该种情形属于想象竞合。《刑法》第 287 条之一的非法利用信息网络罪与第 287 条之二的帮助信息网络犯罪活动罪，均规定了“有前两款行为，同时构成其他犯罪的，依照处罚较重的规定定罪处罚”，因此，对于上述情况，应结合案件具体情节，按照处罚较重的罪名来定罪处罚。

另外，在具体案件中，也需要具体判断相关网络行为是否同时触犯两个罪名，如设立网络、通讯群组的行为通常有发布违法犯罪信息的目的和用途，与帮助信息网络犯罪活动罪中“提供通讯传输技术支持”的行为具有功能上的差异性，但司法实践中部分案件却将两者混同，从而出现两个罪名竞合的错误适用情况。如关于通讯传输技术的认定，从刑法的体系适用和两罪司法实践来看，帮助信息网络犯罪活动罪的“通讯传输”通常指提供 GOIP 电话、VPN 服务等建立用户之间传输通道的行为，不包括建立网站、通讯群组或者发布信息行为，[①] 从而避免了司法实践中将两罪混淆或者错误适用竞合处理原则的问题。

008 准确认定掩饰、隐瞒犯罪所得、犯罪所得收益罪的主观明知

随着我国互联网的兴起，各类信息网络犯罪不断攀升且日趋多样化，其中为信息网络犯罪违法所得“洗白”作为整个信息网络犯罪链条末端最重要一个环节，使得掩饰、隐瞒犯罪所得、犯罪所得收益罪的数量呈上升趋势。但实践中，行为人常以不知道涉案资金或物品来源为由提出辩解，因此，如何认定掩饰、隐瞒犯罪所得、犯罪所得收益罪定罪的“明知是犯罪所得及其产生的收益”，成为办理案件无法回避的问题。

一、认定主观明知的思路

2021 年 4 月 15 日起施行的《审理掩饰、隐瞒案件解释》第 1 条规定：“明

① 参见王肃之：《精准区分非法利用信息网络罪和相关犯罪》，载《人民法院报》2023 年 6 月 1 日，第 5 版。

知是犯罪所得及其产生的收益而予以窝藏、转移、收购、代为销售或者以其他方法掩饰、隐瞒，具有下列情形之一的，应当依照刑法第三百一十二条第一款的规定，以掩饰、隐瞒犯罪所得、犯罪所得收益罪定罪处罚……”因此认定掩饰、隐瞒犯罪所得、犯罪所得收益罪主观明知应注意以下问题。

（一）认定主观明知可综合案件证据推定

《审理掩饰、隐瞒案件解释》中没有关于认定主观明知的规定，可是在《电诈意见（一）》《电诈意见（二）》中均规定明知是电信网络诈骗犯罪所得及其产生的收益，以下列方式之一予以转账、套现、取现，符合《刑法》第312条第1款规定的，以掩饰、隐瞒犯罪所得、犯罪所得收益罪追究刑事责任。但有证据证明确实不知道的除外，① 并列举了几种可推定主观明知的具体情形，为办理相关案件提供了重要的依据。但在办理信息网络犯罪时，除上述情形外，是否可以根据案件证据综合推定行为人的主观“明知”，本书对此持肯定态度。主要理由：

一是适应信息网络犯罪手段多样性的需要。特别是“断卡”行动以来，出现大量涉“两卡”犯罪，其中出租、出售信用卡后用于“洗白”资金的手法层出不穷，《电诈意见（一）》《电诈意见（二）》规定的具体情形难以囊括不断出现的各种新变化。

二是以案件证据综合推定有相关规定。关于正确区分帮助信息网络犯罪活动罪、掩饰、隐瞒犯罪所得、犯罪所得收益罪与诈骗罪的界限，在办理涉“两卡”犯罪案件中，存在准确界定前述三个罪名之间界限的问题。应当根据行为人的主观明知内容和实施的具体犯罪行为，确定其行为性质。在司法实践中，应当具体案情具体分析，结合主客观证据，重视行为人的辩解理由，确保准确定性。在办理案件过程中，由司法人员根据案件具体证据情况认定行为人的主观明知内容，更符合司法规律。

（二）“明知”指向的对象为犯罪所得及其收益

《审理掩饰、隐瞒案件解释》第8条第1款第1句规定：“认定掩饰、隐瞒犯罪所得、犯罪所得收益罪，以上游犯罪事实成立为前提。”这既是认定掩饰、隐瞒犯罪所得、犯罪所得收益罪的客观标准，又是主观明知的内容。

---

① 《电诈意见（一）》与《电诈意见（二）》在表述上有个别文字差异，此处引用《电诈意见（二）》。

[案例一][1] 2020年11月至12月，被告人陈某琴为牟取非法利益，明知上线“郑某”从事违法犯罪活动，仍受“郑某”的招募，为其联系郑某艺（已判决）和赵某成（已判决）提供自己名下银行卡帮助其收款、取现或转账转移违法犯罪所得赃款。2020年11月18日至12月1日，被害人宋某因相信炒股可以赚钱而被诈骗800000元，其中一笔150000元被骗资金转入开户名为纪某丽的中国邮政储蓄银行卡内后，在经过多张银行卡层层转账并汇合其他资金后转入被告人陈某琴的下线郑某艺的中国建设银行卡内，后由郑某艺按照被告人陈某琴的要求分批转出。2020年12月5日，被害人张某等人被诈骗资金经转入他人银行卡后，部分资金转入被告人陈某琴的下线赵某成的银行卡，又由赵某成按照被告人陈某琴和郑某艺的要求分批转出。现查明，2020年11月至12月，被告人陈某琴按照上线要求指使郑某艺和赵某成分别使用自己的银行卡采取上述方式帮助上线进行收款、取款或转账共计2504469元。

该案中，被告人陈某琴明知是犯罪所得而予以转移，其行为已构成掩饰、隐瞒犯罪所得罪。其中，“上游犯罪事实确实存在”，有查实被害人张某等人被诈骗资金转入被告人的账户资金明细、张某等人的陈述、接报案登记表、立案决定书等证据予以证实，被告人陈某琴等人的银行卡所转移的资金中，包括被害人被诈骗资金，即所指向的对象为犯罪所得明确，符合掩饰、隐瞒犯罪所得罪成立的前提。

二、对“卡农”行为的认定

[案例二][2] 2019年10月，被告人吴某波将其银行账号提供给高某飞、周某彬（均另案处理）使用并从中牟利。同年11月5日，同案被告人卢某凡的银行账号在被害人樊某被诈骗资金74.5万元存入后，分别4次向吴某波的银行账号转账共计20万元。吴某波在明知该20万元来源不明、系犯罪所得的情况下，仍将其中的87330.21元用于他人及本人信用卡欠款及支付宝平台贷款，后又持POS机刷卡套现共计54069.82元至其银行账户内。11月5日至11月6日间，吴某波在高某飞、周某彬的授意下，以支付宝、微信扫码方式向高某飞、周某彬转账近20万元。

---

① 参见安徽省寿县人民法院刑事判决书，（2022）皖0422刑初323号。

② 参见江西省萍乡市中级人民法院刑事裁定书，（2020）赣03刑终124号。

该案中，被告人吴某波辩解不明知资金是犯罪所得。经审查，一是吴某波将银行账号提供给高某飞使用，明知高某飞无正当职业和固定收入来源，在收到20万元后仍将资金在不同银行账户间多次划转，又以支付宝、微信等扫码转还至高某飞，行为特征明显异常；二是高某飞供述承诺给吴某波过账资金3%的报酬；三是上述资金系他人被诈骗钱款，属于犯罪所得。因此，二审裁定维持对吴某波犯掩饰、隐瞒犯罪所得罪的定罪量刑。

实践中，认定“卡农”构成掩饰、隐瞒犯罪所得罪时，一是应当以上游犯罪事实为前提，即有证据证明上游犯罪事实确实存在；二是虽然“卡农”提供银行卡给他人时可能先于被害人被诈骗的时间，但为他人刷脸转账或取现系在被害人被诈骗后，符合掩饰、隐瞒犯罪所得罪的行为发生在上游犯罪既遂后的特征；三是如行为人“为他人提供非本人身份证明开设的信用卡、资金支付结算账户后，又帮助他人转账、套现、取现的”，可以根据《电诈意见（一）》推定其主观明知；四是在行为人辩解主观上不明知是犯罪所得及其产生的收益的，要结合在案证据证明的具体行为方式、违法所得等，综合认定其主观明知。

三、对“码农”的司法认定

［案例三］[①] 2021年4月，被告人赵某、董某明、蔡某君、刘某超为赚取非法佣金，帮助境外网络信息犯罪分子对违法所得进行支付结算。赵某联络在境外的上线接单，用手机进行转账操作，蔡某君帮赵某记账。董某明、刘某超提供用于转账的银行卡、手机卡。董某明系发展刘某超的上线，从刘某超和刘某超招揽来的提供银行卡、手机卡的张某、高某的转账收入中提成。经统计，董某明提供的银行卡进账流水人民币911471元，出账流水人民币651009元，其中涉及电信诈骗案件6起，接收电信诈骗款项人民币585558元；刘某超提供的银行卡进账流水人民币1358959元，出账流水人民币1395987元，其中涉及电信诈骗案件11起，接收电信诈骗款项人民币796037元；张某提供的银行卡进账流水人民币1776532元，出账流水人民币1653690元，其中涉及电信诈骗案件14起，接收电信诈骗款项人民币677740元；高某提供的银行卡进账流水人民币248540元，出账流水人民币249140元，涉及电信诈骗案件3起，接收电信诈骗款项人民币103000元。上述电信诈骗款项在进账后被转出至其他账户。

---

① 参见辽宁省大连市中级人民法院刑事裁定书，（2022）辽02刑终169号。

该案中，部分被告人及其辩护人提出了不构成掩饰、隐瞒犯罪所得罪，应以帮助信息网络犯罪活动罪论处的辩护意见。经审查，流转的资金包含诈骗所得，符合掩饰、隐瞒犯罪的对象；各行为人为牟利既提供银行账户又进行刷脸验证帮助境外人员转移大额资金，行为模式异常。因此，二审裁定维持对各行为人掩饰、隐瞒犯罪所得罪的定罪量刑。

实践中，“码农”等参与“跑分”的行为人，常以其提供“支付结算”行为应构成帮助信息网络犯罪活动罪而不构成掩饰、隐瞒犯罪所得罪作为辩解理由。对此本书认为，认定行为人是否构成掩饰、隐瞒犯罪所得罪要注意以下几点：一是在符合《电诈意见（一）》《电诈意见（二）》的规定时，如“帮助他人将巨额现金散存于多个银行账户，或在不同银行账户之间频繁划转”“多次使用或者使用多个非本人身份证明开设的信用卡、资金支付结算账户（以及收款码、网络支付接口等）帮助他人转账、套现、取现的”“为他人提供非本人身份证明开设的信用卡、资金支付结算账户后，又帮助他人转账、套现、取现”等行为，均可以推定行为人“明知是电信网络诈骗犯罪所得及其产生的收益”的主观明知；二是对使用自己信用卡等“跑分”的行为人，可以根据行为人的供述，结合行为人“跑分”的数额、次数，是否曾被告知资金被冻结后又进行“跑分”等案中证据综合认定。

四、对“网络经营者”的司法认定

［案例四］[①] 自2016年7月至12月，被告人严某伟陆续从刘某、曹某（均因从事电信网络诈骗被判刑）等人处以面值84折到86折的价格收购游戏点券，再以87折到89折的价格卖出，共计收购了面值100余万元的游戏点券。其间，2016年11月11日以后，严某伟明知刘某、曹某向其出售的游戏点券系犯罪所得的情况下，仍继续收购，帮助刘某、曹某套现，经查实，2016年11月12日至2016年12月4日期间，严某伟向刘某、曹某收购的游戏点券总价值25万余元，非法获利7000余元。

法院经审理认为，严某伟在警方因出售游戏点券的刘某等人涉及犯罪对其进行调查后，仍向刘某等人收购，故将严某伟被警方调查后收购的游戏点券25万余元认定为掩饰、隐瞒犯罪所得的金额，判决严某伟构成掩饰、隐瞒犯罪所得罪。

---

① 参见浙江省绍兴市上虞区人民法院刑事判决书，(2018) 浙0604刑初241号。

实践中，收购、贩卖游戏点券、话费卡等的网络经营者常以不知道商品的来源作为辩解理由。对网络经营者是否“明知是犯罪所得及其产生的收益”，本书认为可以从以下几点综合判断：一是可通过交易价格是否明显异于市场价格进行判断。如在《刑事审判参考》第1093号闻某生掩饰、隐瞒犯罪所得案中，认为一般将收购价格低于商品实际价格8折以下视为明显低于市场的价格。二是可通过交易的时间、数量是否异常进行判断。在短时间内进行大额的“商品”交易，如该案中在5个月内收购100余万元的游戏点券，在时间、数额上实属异常。三是可通过是否符合交易习惯进行判断。商品交易一般为低买高卖，但该案中提取聊天记录显示，曹某提供给严某伟的截图显示充值按游戏公司98折，曹某再以84折出售给严某伟，这种高买低卖的行为明显不符合交易习惯。四是可通过经营者是否被有关部门告知其收购行为可能涉嫌犯罪进行判断。如严某伟在被警方告知向其出售游戏点券的其他人涉嫌犯罪后，仍继续收购，属应当知道是犯罪所得的情形。

009 区分帮助信息网络犯罪活动罪，掩饰、隐瞒犯罪所得、犯罪所得收益罪

从司法实践看，网络犯罪越来越呈现链条化，分工也越来越精细。要将整个犯罪链条一举摧毁，尤其是抓获链条顶端实施网络诈骗、洗钱、开设赌场等犯罪的人，往往比较困难，容易及时抓获的是贩卖“两卡”人员，特别是“卡农”（“两卡”开卡人，最底层的出售银行卡人员）。在整个犯罪链条中，开卡人距离上游犯罪实行行为较远，往往与被帮助对象缺少意思联络，具有相对独立性。法律适用以帮助信息网络犯罪活动罪，掩饰、隐瞒犯罪所得、犯罪所得收益罪为主。

一、罪名简介

根据《刑法》第287条之二的规定，帮助信息网络犯罪活动罪是指明知他人利用信息网络实施犯罪，为其犯罪提供互联网接入、服务器托管、网络存储、通讯传输等技术支持，或者提供广告推广、支付结算等帮助，情节严重的情形。在“两卡”犯罪中其典型的表现形式为明知他人利用信息网络实施犯罪，仅向他人出售、出租信用卡、他人手机卡，情节严重。如2021年6月最高人民检察

院、教育部联合编发的《在校学生涉“两卡”犯罪典型案例》中的涂某通、万某玲帮助信息网络犯罪活动案和郭某凯、刘某学、耿某雲帮助信息网络犯罪活动案。其中，涂某通、万某玲明知他人利用信息网络实施犯罪，为牟取非法利益，收购银行卡出售给他人，被用于实施电信网络诈骗等违法犯罪活动；郭某凯、刘某学收购他人手机卡贩卖给电信网络诈骗等违法犯罪团伙使用。

根据《刑法》第 312 条规定，掩饰、隐瞒犯罪所得、犯罪所得收益罪是指明知是犯罪所得及其产生的收益而予以窝藏、转移、收购、代为销售或者以其他方法掩饰、隐瞒的情形。在“两卡”犯罪中其典型的行为方式为行为人向他人出售、出租信用卡后，在明知是犯罪所得及其收益的情况下，又代为转账、套现、取现等，或者为配合他人转账、套现、取现而提供刷脸等验证服务。如《在校学生涉“两卡”犯罪典型案例》中的吴某豪等 9 人掩饰、隐瞒犯罪所得案。该案中，吴某豪等 9 人向电诈行为人各出售一套银行卡用于接收被害人资金。吴某豪等 9 人明知本人银行账户内转入资金系他人犯罪所得，仍按照电诈行为人的要求通过手机银行转入指定账户，转移诈骗资金分别为人民币 2. 45 万元至 29. 16 万元不等。

二、罪名界分

最高人民法院刑事审判第三庭、最高人民检察院第四检察厅、公安部刑事侦查局于 2022 年 3 月 22 日联合印发的《2022 年“断卡”会议纪要》第 5 条对正确区分帮助信息网络犯罪活动罪，掩饰、隐瞒犯罪所得、犯罪所得收益罪与诈骗罪进行了规定。在办理涉“两卡”犯罪案件中，存在准确界定前述 3 个罪名之间界限的问题。应当根据行为人的主观明知内容和实施的具体犯罪行为，确定其行为性质。以信用卡为例：明知他人实施电信网络诈骗犯罪，参加诈骗团伙或者与诈骗团伙之间形成较为稳定的配合关系，长期为他人提供信用卡或者转账取现的，可以诈骗罪论处；行为人向他人出租、出售信用卡后，在明知是犯罪所得及其收益的情况下，又代为转账、套现、取现等，或者为配合他人转账、套现、取现而提供刷脸等验证服务的，可以掩饰、隐瞒犯罪所得、犯罪所得收益罪论处；明知他人利用信息网络实施犯罪，仅向他人出租、出售信用卡，未实施其他行为，达到情节严重标准的，可以帮助信息网络犯罪活动罪论处。

实践中，由于刷脸等行为的介入，情形更为复杂，准确适用帮助信息网络犯罪活动罪或者掩饰、隐瞒犯罪所得、犯罪所得收益罪，关键在于准确把握两罪的实质界分。从构成要件分析，两罪名存在以下不同。

（一）对应的“上游犯罪”不同

一是“上游犯罪”的种类不同。掩饰、隐瞒犯罪所得、犯罪所得收益罪对应的“犯罪”系洗钱罪上游 7 类犯罪以外的其他罪名；帮助信息网络犯罪活动罪的上游犯罪是利用信息网络实施的犯罪。两者有交叉但又有区别。实践中，关于两罪的上游犯罪是否包括掩饰、隐瞒犯罪所得、犯罪所得收益罪存在分歧，对此本书持肯定意见。理由在于掩饰、隐瞒犯罪所得、犯罪所得收益罪同样会产生犯罪所得和犯罪所得收益，故可成为掩饰、隐瞒犯罪所得、犯罪所得收益罪的上游犯罪；掩饰、隐瞒犯罪所得、犯罪所得收益罪作为独立罪名，同样存在实行行为，也同样应当存在帮助行为，故可以成为帮助信息网络犯罪活动罪的上游犯罪。

二是“上游犯罪”的形态不同。“犯罪所得及其产生的收益”中的“犯罪”应是已经既遂或者虽然未遂但已经终结的犯罪。“明知他人利用信息网络实施犯罪”中的“犯罪”没有局限，只要被帮助人确实着手实施犯罪，行为人可以在被帮助对象犯罪准备或者犯罪行为实施过程中，也可以在犯罪既遂后提供帮助。

三是“犯罪”的认定不同。“犯罪所得及其产生的收益”中的“犯罪”指客观上引起了侵害法益的结果，符合客观犯罪构成的行为，即便不法行为人未到案、未依法裁判或者未达到刑事责任年龄不予追究刑事责任等不影响掩饰、隐瞒犯罪所得、犯罪所得收益罪的认定。而帮助信息网络犯罪活动罪除了有上述特性外，还因为在网络犯罪中，由于可以针对多个甚至无数个不特定的对象提供帮助，帮助行为的实际作用可能远远大于单个的正犯行为，[①] 为体现立法本意，作为例外规定，2019 年《办理非法利用信息网络、帮助信息网络犯罪活动案件解释》第 12 条第 2 款规定因为客观条件所限无法完全查明正犯行为是否已经达到犯罪的程度的，数额标准达到第 1 款第 2 项至第 4 项规定标准 5 倍以上或者造成特别严重后果的可以入罪。该款规定实际上对“犯罪”作了扩大解释，以便更好地应对当下犯罪日益分工细化、进而形成利益链条的现状。[②]

（二）明知的内容和程度不同

“明知”的含义包括“知道”和“应当知道”两种形式，这在我国的一系

---

① 参见王昭武：《共犯最小从属性说之再提倡——兼论帮助信息网络犯罪活动罪的性质》，载《政法论坛》2021 年第 2 期。

② 参见喻海松：《新型信息网络犯罪司法适用探微》，载《中国应用法学》2019 年第 6 期。

列司法解释中已经形成惯例。① 实践中，提供银行卡流转资金的行为往往链条较长，有些银行卡被用作一级卡，直接接收被害人资金；有些作为二级卡、三级卡等仅用于流转资金、洗钱。行为人在提供银行卡时或之后，往往不清楚上游犯罪的具体犯罪行为和实施阶段。对帮助信息网络犯罪活动罪和掩饰、隐瞒犯罪所得、犯罪所得收益罪中行为人“明知”的理解应显著区别于现行相关司法解释中规定的片面共犯，需要明确知悉实施犯罪的行为人具体实施了哪些违法犯罪行为。② 两罪均不要求行为人对被帮助人具体实施何种犯罪、如何实施犯罪有主观方面的准确认知。然而两罪“明知”在内容和程度上也存在不同。一是明知的内容不同。帮助信息网络犯罪活动罪要求行为人明知被帮助对象“利用信息网络实施犯罪”，掩饰、隐瞒犯罪所得、犯罪所得收益罪要求行为人明知转移的是“犯罪所得及其产生的收益”。二是明知的程度不同。帮助信息网络犯罪活动罪中行为人只要能够预见到“两卡”被帮助对象用于网络犯罪即可；掩饰、隐瞒犯罪所得、犯罪所得收益罪中行为人应当对资金性质和犯罪数额有更加明确的认识。

另外，两罪“明知”有着类似的证明方式，是否认定明知，应当按照相关司法解释的规定，结合交易方式、交易价格、行为人的认知能力、有未受过处理等进行综合评判。

（三）行为实质不同

一是行为对象不同，掩饰、隐瞒犯罪所得、犯罪所得收益罪的对象只能是犯罪所得及其收益，而帮助信息网络犯罪活动罪中的支付结算行为的对象还可以包括其他和网络犯罪有关的资金，例如帮助诈骗团伙向被害人转账诈骗前期的“返利”资金、支付境外服务器的租赁费用等，又如开设赌场罪中赌客上分的赌资等，这些难以被评价为掩饰、隐瞒犯罪所得、犯罪所得收益罪。二是行为违法程度不同，掩饰、隐瞒犯罪所得、犯罪所得收益罪的客观行为违法性更强，需要有“窝藏、转移、收购、代为销售或者以其他方法掩饰、隐瞒”等积极违法行为，而帮助信息网络犯罪活动罪的行为客观违法性较弱，行为人大都表现为单纯提供银行卡或账户，不参与转账等犯罪资金的直接流转，更不要求对资金进行掩

① 参见王新：《我国刑法中“明知”的含义和认定——基于刑事立法和司法解释的分析》，载《法制与社会发展》2013 年第 1 期。

② 参见刘艳红：《网络犯罪帮助行为正犯化之批判》，载《法商研究》2016 年第 3 期。

饰或隐瞒，客观违法性程度不高。

司法实践中，应当具体案情具体分析，结合主客观证据，重视行为人的辩解理由，确保准确定性。结合《在校学生涉“两卡”犯罪典型案例》，本书认为在不存在与上游犯罪通谋的情况下，单纯提供银行卡或套件，未参与转账的，可以考虑认定帮助信息网络犯罪活动罪；明知是犯罪所得及其收益，不仅提供自己或他人的银行卡，还实施了帮助转移资金、代为线下取款、套现等，其行为的违法性程度更高，可以考虑认定为掩饰、隐瞒犯罪所得、犯罪所得收益罪。

（四）应以实质行为而不是介入时间区分两罪

罗曦撰文的《关于最高人民检察院、中国人民银行联合发布惩治洗钱犯罪典型案例的解析》中明确，以掩饰、隐瞒犯罪所得及其收益来源和性质为目的的代为收取赃款的行为是洗钱。实践中，对于代为收取赃款的行为，能否认定为洗钱罪存在一定争议。在曾某洗钱案中，曾某的第一个犯罪事实就是以自己担任法定代表人的众某公司的账户代熊某收取受贿款500万元，并辗转拆分转账至熊某等人的账户。一种观点认为，洗钱罪是下游犯罪，必须实施于上游犯罪既遂之后，因此在上游犯罪分子收到赃款后，再以转移、转换手段掩饰、隐瞒赃款来源和性质的行为，才构成洗钱罪。另一种观点认为，《刑法》规定洗钱是掩饰、隐瞒犯罪所得及其收益来源和性质的行为，没有限制必须上游犯罪分子本人收到赃款后再转移、转换，代为收取赃款是上游犯罪分子常用的掩饰、隐瞒手段，目的是切断赃款和上游犯罪分子之间的直接联系，可以认定为洗钱罪。经研究，该文赞成后一种观点，代为收取赃款可能有多种原因，有的是上游犯罪分工不同，有的是为了掩饰、隐瞒赃款来源、性质，对于以掩饰、隐瞒犯罪所得及其收益来源和性质为目的的代为收取赃款的行为，可以认定为洗钱罪。《刑法》第191条第1款第1项列举了提供资金账户的行为，该账户常被用于接收赃款，是代为收取赃款的方式之一，构成洗钱罪。2020年《关于办理洗钱刑事案件若干问题的意见》第7条明确规定了“上游犯罪是否既遂，不影响洗钱罪的认定”，也对洗钱上下游犯罪的关系予以明确，在上游犯罪既遂前，实施掩饰、隐瞒犯罪所得及其收益来源和性质的行为，可以认定为洗钱罪。

上述观点在认定掩饰、隐瞒犯罪所得、犯罪所得收益罪时也具有借鉴意义。此外，需注意的是，判断案件构成掩饰、隐瞒犯罪所得、犯罪所得收益罪，还应综合考虑上游犯罪的性质、情节、后果、社会危害程度等，依法定罪处罚，正确区分一般违法与犯罪，不能仅有掩饰、隐瞒行为即认定为犯罪。

010 掩饰隐瞒案件办理中存在的困惑与解析

随着“断卡”行动的深入开展，帮助信息网络犯罪活动和掩饰、隐瞒犯罪所得、犯罪所得收益犯罪案件数量逐渐增多。根据最高人民检察院 2024 年 3 月发布的《刑事检察工作白皮书（2023）》① 显示，两类案件的受案数量均名列前五。在掩饰、隐瞒犯罪所得、犯罪所得收益类案件办理过程中，出现了包括情节认定不一致、罪名适用不统一、量刑不均衡等问题。本部分以问答的方式，试图解决掩饰隐瞒类案件办理的常见问题。

一、断卡案件可能涉及哪些罪名？法律适用应如何把握？

跑分案件中，同样提供银行卡的案件，适用法律涉及帮助信息网络犯罪活动罪，掩饰、隐瞒犯罪所得、犯罪所得收益罪，诈骗罪，收买、非法提供信用卡信息罪和妨害信用卡管理罪。相关罪名应该如何区分，准确适用？

办案思路：

准确界定“两卡”人员的刑事犯罪，区分诈骗罪共犯与关联罪名是司法实践中亟待解决的问题。

（一）以准确区分帮助信息网络犯罪活动罪和诈骗犯罪共犯为前提

帮助信息网络犯罪活动罪是《刑法修正案（九）》增设的罪名，其立法目的是实现网络犯罪利益链条中的帮助行为独立入罪②。作为刑法适应网络时代变化规定的新罪名，帮助信息网络犯罪活动罪虽与诈骗犯罪共犯在不法层面上存在交集，但在有责层面上仍具有其独特的构成要件。在有责层面上，帮助信息网络犯罪活动罪要求明知他人确切或可能利用信息网络实施犯罪，不要求知道对方实施的具体犯罪类型、触犯的具体罪名，否则明知他人实施具体的犯罪，仍提供帮助的，理应构成共犯，而不应再适用帮助信息网络犯罪活动罪，否则将放纵犯罪。比如，明知他人正在或将要实施电信网络诈骗犯罪，仍为其提供银行卡，协助转移犯罪所得及其产生的收益，根据《电诈意见（一）》第 4 条第 3 款的规定，构成诈骗罪的共同犯罪。

---

① 参见《刑事检察工作白皮书（2023）》，载最高人民检察院网 2024 年 3 月 9 日，https://www.spp.gov.cn/spp/xwfbh/wsfbh/202403/t20240309_648173.shtml。

② 参见喻海松：《网络犯罪黑灰产业链的样态与规制》，载《国家检察官学院学报》2021 年第 1 期。

（二）同时构成时优先适用诈骗罪共犯

帮助信息网络犯罪活动罪，掩饰、隐瞒犯罪所得、犯罪所得收益罪，诈骗罪天然地存在优先适用的关系。《审理掩饰、隐瞒案件解释》第 7 条[①]、2016 年《电诈意见（一）》第 3 条第 7 款[②]和《刑法》第 287 条之二第 3 款[③]规定，同一行为同时构成相关犯罪的，均是应当依照处罚较重的规定定罪处罚。同时考虑到三个罪名的逻辑关系，为电信诈骗提供银行卡的行为应优先考虑适用诈骗罪的共犯，其次考虑掩饰、隐瞒犯罪所得、犯罪所得收益罪和帮助信息网络犯罪活动罪。

与此同时，在对具体行为认定时，还应结合行为人的主观明知进行考量。对于明知他人实施诈骗犯罪，事前、事中为其提供用于取现的银行卡或套件，事中为其提供信用卡并时时互动，帮助资金转移、费用结算等帮助的，应认定为诈骗罪的共同犯罪。

（三）诈骗犯罪既遂后加入并实施掩饰隐瞒行为的，成立掩饰、隐瞒犯罪所得、犯罪所得收益罪

基于参与时间点的分析，在诈骗犯罪正犯既遂后加入的，不构成诈骗罪的共犯，可能成立的罪名包括掩饰、隐瞒犯罪所得、犯罪所得收益罪和帮助信息网络犯罪活动罪。例如，单纯实施了提供银行卡或套件的行为，后续查实有犯罪资金流转，情节严重的，可以考虑帮助信息网络犯罪活动罪；又如，在提供银行卡或套件后，还存在掩饰、隐瞒行为的，如存在帮助转账、套现、取现等的，可以考虑掩饰、隐瞒犯罪所得、犯罪所得收益罪。对于一行为同时触犯掩饰、隐瞒犯罪所得、犯罪所得收益罪和帮助信息网络犯罪活动罪的，应坚持择一重罪处罚的适用原则。当然这其中可能还有非法提供他人银行卡或套件的行为，适用原则仍应为依照处罚较重的规定定罪处罚。

（四）租售银行卡行为的类型化法律适用

1. 将自己的银行卡租售给他人的

行为人的具体行为和主观明知不同，可能涉及不同罪名。结合前述对帮助信

---

① 明知是犯罪所得及其产生的收益而予以掩饰、隐瞒，构成《刑法》第 312 条规定的犯罪，同时构成其他犯罪的，依照处罚较重的规定定罪处罚。

② 实施《刑法》第 287 条之一、第 287 条之二规定之行为，构成非法利用信息网络罪、帮助信息网络犯罪活动罪，同时构成诈骗罪的，依照处罚较重的规定定罪处罚。

③ 有前两款行为，同时构成其他犯罪的，依照处罚较重的规定定罪处罚。

息网络犯罪活动罪和关联犯罪共犯的区分，对于单纯将银行卡出租、出售给他人的，如仅明知系实施信息网络犯罪，但不清楚具体犯罪行为的，可适用帮助信息网络犯罪活动罪；如果存在确切的主观明知，如事先有共谋、有告知等，应适用关联犯罪共犯罪名。需要特别说明的是，此处的关联犯罪并不排斥掩饰、隐瞒犯罪所得、犯罪所得收益罪。虽然帮助信息网络犯罪活动罪不能是事后的帮助，但掩饰隐瞒只是相对于上游犯罪是事后犯，作为单独罪名，掩饰、隐瞒犯罪所得、犯罪所得收益罪仍存在事中的帮助行为。对于租售银行卡后又帮助转账、取现或为他人转账取现提供刷脸、验证码等帮助，且查实转移的是犯罪所得或其产生的收益的，除事先共谋或多次互相协作等可推定共犯的情形外，根据《2022 年“断卡”会议纪要》第 5 条，一般可适用掩饰、隐瞒犯罪所得、犯罪所得收益罪。

2. 收购他人银行卡又租售给他人的

因介入了他人的银行卡，法律适用相较第一种情形而言更加复杂，可能还涉及妨害信用卡管理罪，窃取、收买、非法提供信用卡信息罪。基于对银行卡及套件的刑法评价分析，对提供他人银行卡和银行卡套件的行为，在社会危害性上并无明显差异。基于前文的分析，单纯提供他人银行卡和银行卡套件的行为，宜按照非法持有他人信用卡的保底性规定，以妨害信用卡管理罪予以定罪处罚，更符合罪责刑相适应原则。故不论是否存在即时查扣到信用卡的情形，对行为人收购他人银行卡后再租售给他人的，不宜适用窃取、收买、非法提供信用卡信息罪。对于单纯出租、出售他人银行卡的，如无法查实被用于信息网络犯罪的，可考虑妨害信用卡管理罪；对查实被用于信息网络犯罪且情节严重的，还构成帮助信息网络犯罪活动罪。对于将对公银行账户套件（包括自己或他人的）租售给他人的，因其中涉及的营业执照属于国家机关证件，还构成买卖国家机关证件罪。对于同时触犯多个罪名的，根据《刑法》第 287 条之一第 3 款和《电诈意见（一）》第 3 条第 7 款的规定，均应当依照处罚较重的规定定罪处罚。

二、为境外赌博网站提供银行卡或取现应如何定性?

在某境外赌博网站赌博，赌资转入网站指定的银行账户 1 之后，经过账户 2、3，转入账户 4，由账户 4 的卡主取现后扣除一定比例的佣金，再交给指定人员。4 个账户均系卡主为获利出售、出租，概括地供述“给赌博网站刷流水，知道不干好事”，那么账户 1、2、3、4 的卡主分别构成什么罪?

办案思路：

首先，判断行为人的行为，不是单纯提供银行卡，还存在转移资金行为；查实的上游犯罪类型是开设赌场，虽实施了转账等流转犯罪资金的行为，因相关的资金不能认定为犯罪所得或所得收益，故不构成掩饰、隐瞒犯罪所得、犯罪所得收益罪，但可考虑适用帮助信息网络犯罪活动罪。

其次，在考虑帮助信息网络犯罪活动罪适用时，除不能适用“3000 元 + 30 万元”标准外，其他的都可以作为追诉标准予以参考。在适用 20 万元支付结算金额标准时，还需审查行为人是否实施了代为转账、套现、取现等行为，或者为配合他人转账、套现、取现而提供刷脸等验证服务。故卡主 1、2、3、4 均可考虑共犯或帮助信息网络犯罪活动罪。但认定共犯要求的主观明知程度更高，与认定卡主 1、2、3、4 构成帮助信息网络犯罪活动罪的追诉立案标准有所不同。其中，对卡主 4 可以基于其支付结算行为，适用 20 万元标准，其他人员则不能适用 20 万元的标准。

三、掩饰、隐瞒犯罪所得、犯罪所得收益罪修改后入罪理解？

修改后的掩饰、隐瞒犯罪所得、犯罪所得收益罪司法解释规定取消了掩饰、隐瞒犯罪所得、犯罪所得收益罪定罪数额标准，入罪是否还有数额规定？

办案思路：

为加大对洗钱犯罪的惩治力度，进一步实现与国际标准相衔接，经过充分调研论证和评估，2021 年 4 月 13 日，《最高人民法院关于修改〈关于审理掩饰、隐瞒犯罪所得、犯罪所得收益刑事案件适用法律若干问题的解释〉的决定》（法释〔2021〕8 号）公布，明确自 2021 年 4 月 15 日起，《审理掩饰、隐瞒案件解释》第 1 条第 1 款第 1 项、第 2 款和第 2 条第 2 款规定的掩饰、隐瞒犯罪所得、犯罪所得收益罪的数额标准不再适用；人民法院审理掩饰、隐瞒犯罪所得、犯罪所得收益刑事案件，应综合考虑上游犯罪的性质，掩饰、隐瞒犯罪所得及其收益的情节、后果及社会危害程度等，依法定罪处罚。

上述修改，取消了犯罪数额的限制，其立法本意在于加大对洗钱（赃物）犯罪的惩治力度。各地检察机关在办理掩饰、隐瞒犯罪所得、犯罪所得收益刑事案件时，应执行新的标准，可结合《审理掩饰、隐瞒案件解释》第 1 条、第 2 条、第 3 条规定的具体情形，充分考虑上述情节。如，行为人掩饰隐瞒他人盗窃所得价值 3000 元的赃物的，成立本罪；掩饰、隐瞒他人抢劫所得价值 300 元的赃物的，也成立本罪。但是，掩饰、隐瞒他人职务侵占所得价值 2 万元的财物的，并不成立本罪，因为他人的行为并不构成职务侵占罪，价值 2 万元的财物并不是犯罪所得。

实践中，对于即使数额较小，未达到 2015 年《审理掩饰、隐瞒案件解释》规定的犯罪数额，但是上游犯罪性质恶劣、犯罪情节恶劣、危害后果严重的，也可以定罪处罚。对一些已起诉、正在侦查、正在审查起诉环节的案件，各地检察机关可根据新的标准，在充分评估的基础上，加强与人民法院、公安机关的沟通协商，一方面充分体现立法本意，实现解释修改前后的顺畅衔接，避免“一刀切”；另一方面积极调研，强化研究，积累有益的司法经验，对掩饰、隐瞒犯罪所得、犯罪所得收益，情节较轻，行为人认罪，悔罪，协助退赃、退赔的，可以不起诉或者免予刑事处罚，如情节显著轻微，危害不大的，不作为犯罪处理。[①]

四、掩饰、隐瞒犯罪数额的认定

《2022 年“断卡”会议纪要》第 5 条中规定，“行为人向他人出租、出售信用卡后，在明知是犯罪所得及其收益的情况下，又代为转账、套现、取现等，或者为配合他人转账、套现、取现而提供刷脸等验证服务的，可以掩饰、隐瞒犯罪所得、犯罪所得收益罪论处”。同时，第 4 条中规定“单项流入涉案信用卡中的资金超过三十万元，且其中至少三千元经查证系涉诈骗资金”属于帮助信息网络犯罪活动罪中“情节严重”的情形。

请问：如果行为人明知系犯罪所得，以掩饰、隐瞒犯罪所得、犯罪所得收益罪论处时，其犯罪数额以“单向流入涉案信用卡资金”还是“经查证系涉诈骗资金”计算？

追问：对于关联电信诈骗被害人的涉案银行卡为二级卡、三级卡或以后多级卡，掩饰隐瞒的数额又该如何计算？

办案思路：

（一）只有犯罪所得才是掩饰、隐瞒犯罪所得、犯罪所得收益罪数额计算的基础

实践中存在以流水计、以查证属实计和按比例计算等多种认定方法。在认定掩饰、隐瞒犯罪数额时，首先应明确涉案资金属于犯罪所得或犯罪所得产生的收

① 最高人民检察院关于《刑法修正案（十一）》相关问题的解答。

益。《审理掩饰、隐瞒案件解释》第 10 条第 1 款规定，通过犯罪直接得到的赃款、赃物，应当认定为《刑法》第 312 条规定的“犯罪所得”。上游犯罪的行为人对犯罪所得进行处理后得到的孳息、租金等，应当认定为《刑法》第 312 条规定的“犯罪所得产生的收益”。

根据《审理掩饰、隐瞒案件解释》第 8 条第 1 款的规定：认定掩饰、隐瞒犯罪所得、犯罪所得收益罪，以上游犯罪事实成立为前提。这一基本原则包含两层内容。第一层是上游犯罪事实必须成立，既指上游犯罪事实有充分证据证明，也指上游犯罪事实达到了犯罪的程度。如果上游行为虽然存在，但依法不构成犯罪的，则掩饰、隐瞒行为也不构成犯罪。如张三收购了李四、王五、徐六等 10 人分别盗窃的电动车各一辆，每辆电动车的价格均为 1000 元，但李四等人的行为均未达到盗窃犯罪的数额标准，因而均不构成盗窃罪，而张三所收购的自行车价值总额达到 1 万元，已经达到构罪标准，但因李四等上游行为人的行为均不构成犯罪，张三的行为也不构成掩饰、隐瞒犯罪所得、犯罪所得收益罪，而只能依照治安管理处罚法进行处罚。第二层是对掩饰、隐瞒犯罪所得、犯罪所得收益罪事实的认定，应当在对上游犯罪依法裁判确定后进行或在上游犯罪尚未依法裁判，但至少应查证属实的情况下，才能先行认定本罪。

（二）综合认定犯罪所得或犯罪所得收益

《电诈意见（一）》第 6 条第 1 款规定：办理电信网络诈骗案件，确因被害人人数众多等客观条件的限制，无法逐一收集被害人陈述的，可以结合已收集的被害人陈述，以及经查证属实的银行账户交易记录、第三方支付结算账户交易记录、通话记录、电子数据等证据，综合认定被害人人数及诈骗资金数额等犯罪事实。电信网络诈骗犯罪金额依据上述规则可以综合认定的，办理掩饰、隐瞒犯罪所得、犯罪所得收益罪时亦应当予以认定。

掩饰、隐瞒犯罪所得、犯罪所得收益罪对于上游犯罪应当属于“明知”系犯罪所得，所要求行为人的明知程度要高于帮助信息网络犯罪活动罪，而且对于转移的资金性质应当也具备明知。因此，应当将确定为犯罪所得的部分认定为掩饰、隐瞒犯罪所得、犯罪所得收益罪的金额，而不是行为人参与转账、套现等行为涉及的全部资金流水。其中，对一级卡可考虑被害人实际转入涉案银行账户的数额或可综合认定的数额认定；二级卡等后道程序卡以可溯源为犯罪所得的金额认定，不能明确的不予认定。

《2022 年“断卡”会议纪要》第 5 条中规定，“行为人向他人出租、出售信用卡后，在明知是犯罪所得及其收益的情况下，又代为转账、套现、取现等，或者为配合他人转账、套现、取现而提供刷脸等验证服务的，可以掩饰、隐瞒犯罪所得、犯罪所得收益罪论处”。对此可结合第4条中对“支付结算”行为的规定作出进一步说明，上述代为转账、套现、取现等，或者配合他人转账、套现、取现而提供刷脸等验证服务的行为是认定为帮助信息网络犯罪活动罪的支付结算，还是认定为掩饰、隐瞒犯罪所得、犯罪所得收益罪的掩饰隐瞒行为，是以其主观明知的内容确定的，明知是犯罪所得及收益即认定为掩饰、隐瞒犯罪所得、犯罪所得收益罪；明知上游是电信网络犯罪，而实施的上述帮助行为，则认定为帮助信息网络犯罪活动罪，如均符合以上两个犯罪的犯罪构成，则涉及想象竞合从一重的问题。需要注意的是，以上两个犯罪具体的犯罪数额认定是不同的，掩饰、隐瞒犯罪所得、犯罪所得收益罪应以可以认定为犯罪所得的部分（查证属实的诈骗金额）认定，帮助信息网络犯罪活动罪则以参与支付结算的金额认定。

五、掩饰、隐瞒犯罪所得的次数如何计算？

司法实践中，犯罪嫌疑人第一天用其中国银行卡结转被害人甲被骗的2万元，第二天用其建设银行卡结转被害人乙被骗的2万元，第三天用其上述建设银行卡结转被害人丙被骗的2万元，用其农业银行卡结转被害人丙又被骗的1万元，犯罪嫌疑人掩饰、隐瞒犯罪所得的数额是7万元无争议。但犯罪嫌疑人掩饰、隐瞒犯罪所得的次数如何计算，法定刑是否升档，实践中存在三种争议观点：第一种观点认为犯罪嫌疑人服务的是一个上游诈骗犯罪团伙，因而属于一次；第二种观点认为犯罪嫌疑人不同日期使用了三张不同的银行卡，属于三次；第三种观点认为犯罪嫌疑人第三天虽然两次结转的是同一被害人丙被骗的钱款，但使用的是不同的银行卡，第三天应视为两次，故应认定为四次。

追问：如果上述行为是在同一天实施的，次数又该如何认定？

办案思路：

《审理掩饰、隐瞒案件解释》第3条第1款规定，掩饰、隐瞒犯罪所得及其产生的收益，具有下列情形之一的，应当认定为《刑法》第312条第1款规定的“情节严重”：（1）掩饰、隐瞒犯罪所得及其产生的收益价值总额达到10万元以上的；（2）掩饰、隐瞒犯罪所得及其产生的收益10次以上，或者3次以上且价值总额达到5万元以上的；（3）掩饰、隐瞒的犯罪所得系电力设备、交通设施、广播电视设施、公用电信设施、军事设施或者救灾、抢险、防汛、优抚、扶贫、移民、救济款物，价值总额达到5万元以上的；（4）掩饰、隐瞒行为致使上游犯罪无法及时查处，并造成公私财物重大损失无法挽回或其他严重后果的；（5）实施其他掩饰、隐瞒犯罪所得及其产生的收益行为，严重妨害司法机关对上游犯罪予以追究的。

符合《审理掩饰、隐瞒案件解释》第3条第1款第2项、第3项情形的，掩饰、隐瞒的数额减半，达到5万元以上或者虽然未达到5万元以上但掩饰、隐瞒犯罪所得及其产生的收益10次以上的，即可认定为《刑法》第312条第1款规定的“情节严重”。

以次数作为法定刑升档标准分为以下两种情况：一种情况是掩饰、隐瞒犯罪所得及其产生的收益10次以上的，行为次数多，社会危害性大，行为人属于“职业收赃人”，应严厉打击；另一种情况是实施掩饰、隐瞒犯罪所得及其产生的收益行为3次以上的，价值总额达到前项10万元标准的50%（5万元）的。

适用该条款时，特别要注意“次数”的认定。《最高人民法院关于审理抢劫、抢夺刑事案件适用法律若干问题的意见》（法发〔2005〕8号）规定：“对于‘多次’的认定，应以行为人实施的每一次抢劫行为均已构成犯罪为前提，综合考虑犯罪故意的产生、犯罪行为实施的时间、地点等因素，客观分析、认定。对于行为人基于一个犯意实施犯罪的，如在同一地点同时对在场的多人实施抢劫的；或基于同一犯意在同一地点实施连续抢劫犯罪的，如在同一地点连续地对途经此地的多人进行抢劫的；或在一次犯罪中对一栋居民楼房中的几户居民连续实施入户抢劫的，一般应认定为一次犯罪。”这是一个可以参考的规定。但是，掩饰、隐瞒犯罪所得及其产生的收益犯罪，可能每一次掩饰、隐瞒的行为都不构成犯罪，但多次行为积累后数额达到犯罪的标准，故有其自身的特殊性。因此，在适用该条款认定掩饰、隐瞒犯罪所得及其产生的收益的次数问题上要把握好以下几点：一是每一次掩饰、隐瞒的行为，必须是一个独立的行为，即独立的主观意图，独立的掩饰、隐瞒行为，独立的行为结果，但如果基于同一个故意，在同一时间、同一地点，同时或者连续对多起上游犯罪实施掩饰、隐瞒行为，一般应认定为一次掩饰、隐瞒犯罪所得及其产生的收益行为。为同一个上游犯罪人同一起犯罪事实的犯罪所得及其产生的收益而分多次予以窝藏、转移、收购、代为销售或者以其他方法掩饰、隐瞒的，由于其犯罪对象的同一性，因而也应认定为一次掩饰、隐瞒犯罪所得及其产生的收益行为。二是不以每一次掩饰、隐瞒的行为都构成犯罪为前提。三是即使认定为一次掩饰、隐瞒犯罪所得及其产生的收益行为，同时适用《审理掩饰、隐瞒案件解释》第 4 条第 2 款的规定，并还应注意有关治安处罚时效和刑事追究时效的规定。单次掩饰、隐瞒行为不构成犯罪，且超过治安处罚时效的，不再累计次数；单次掩饰、隐瞒行为构成犯罪，但超过刑事追究时效的，也不再累计次数。

六、掩饰、隐瞒犯罪所得、犯罪所得收益罪情节严重应当如何量刑？

掩饰、隐瞒犯罪所得、犯罪所得收益罪数额达到 10 万元是否就要判处 3 年以上有期徒刑？掩饰、隐瞒犯罪所得、犯罪所得收益罪与上游犯罪的量刑应如何平衡？

《刑事审判参考》第 1098 号案例汤某华、庄某军盗窃，朱某银掩饰、隐瞒犯罪所得案：2009 年 11 月至 2010 年 4 月 14 日期间，被告人汤某华、庄某军单独或结伙，在启东市汇龙镇世纪家园、香榭水岸等小区，采取拧断电动车龙头锁、用起子撬取电瓶等手段，盗窃 28 次，窃得电动车、电瓶等物品。其中，汤某华参与盗窃 23 起，窃得财物价值共计人民币 31509 元；庄某军参与盗窃 17 起，窃得财物价值共计人民币 15289 元。被告人朱某银在明知是汤某华、庄某军盗窃所得的情况下，先后 22 次收购电动车 12 辆、电瓶 11 组，财物价值共计人民币 24642 元。

办案思路：

（一）认定掩饰、隐瞒犯罪所得、犯罪所得收益罪的“情节严重”不能唯数额论

虽然被告人朱某银掩饰、隐瞒犯罪所得的数额只有 2 万余元，但是其行为次数达 22 次之多，其作为上游犯罪人汤某华、庄某军的固定下线，对上游犯罪起到了持续、稳定的支持和帮助作用，甚至对汤某华、庄某军盗窃犯意的进一步扩大都具有刺激和鼓励作用。朱某银的行为构成掩饰、隐瞒犯罪所得罪，应依法认定为“情节严重”。但是掩饰、隐瞒犯罪所得、犯罪所得收益罪毕竟属于上游犯罪的事后帮助犯，在增加了一个法定刑幅度后，其最高刑期也就只是 7 年有期徒刑，整体上具有“罪小刑轻”的特点。对本罪的量刑不仅要符合《刑法》第 312 条及相关司法解释的规定，同时当然要受到上游犯罪量刑情况的约束。这是因为，一方面，本罪对上游犯罪有依附性，没有上游犯罪非法取得的财物，就没有下游犯罪可言；另一方面，本罪惩罚的重点在于妨害司法秩序，即妨碍了公安、检察、审判等司法机关以犯罪所得为线索查处和破获上游犯罪的活动。就给

被害人造成的财产损失而言，下游行为人在实施掩饰、隐瞒行为时，并没有增加或扩大这种损失。与事先参与犯罪共谋的情形相比，本罪的社会危害性当然要小得多。

（二）本罪应适当轻于上游犯罪的量刑

在掌握本罪与上游犯罪的量刑时，应当统筹把握。对于符合《审理掩饰、隐瞒案件解释》第3条第1款规定的五种情形的，依法认定“情节严重”，以此发挥本罪的堵截性作用，遏制和预防上游犯罪的持续和扩大势头。同时在量刑上要与上游犯罪之间取得平衡。具体而言，在掩饰、隐瞒犯罪所得、犯罪所得收益罪和上游犯罪指向同一笔财物的情况下，对掩饰、隐瞒犯罪所得行为人的量刑必须要比上游犯罪人量刑轻一些，而且要适当拉开档次。

在“断卡”类案件办理中，一般需要把握的是上游犯罪的量刑最重，其次是掩饰、隐瞒犯罪所得、犯罪所得收益罪，最轻的是帮助信息网络犯罪活动罪。各罪名要有适当的量刑差距，体现行为不同、罪名不同，量刑也不同。《刑事审判参考》案例相对较早，如果根据目前的标准，量刑倒挂现象会更明显。因此，实践中，为了做到量刑均衡，对于跑分中认定为掩饰、隐瞒犯罪所得、犯罪所得收益罪的，除个别组织者、召集者外，大都可通过认定从犯来实现量刑均衡。

七、单独移送审查起诉的情况下，掩饰、隐瞒犯罪所得案件的管辖权

犯罪嫌疑人在外省A市实施了为电信诈骗犯罪团伙转移诈骗赃款的行为，电信诈骗被害人之一在A市B区。A市B区公安机关抓获犯罪嫌疑人后，先是以诈骗案立案并移送审查逮捕，B区检察机关做存疑不捕，后公安机关再以掩饰、隐瞒犯罪所得案由对犯罪嫌疑人移送审查起诉，但上游电信诈骗案犯罪嫌疑人未到案，且卷内未见掩饰、隐瞒案件的立案决定书。在此情况下，B区对单独移诉的掩饰、隐瞒犯罪所得案件是否具有管辖权？掩饰、隐瞒犯罪所得案件是否需要重新立案？

办案思路：

根据《刑事诉讼法》关于地域管辖的规定，犯罪地的公安机关对掩饰、隐瞒犯罪所得案件具有管辖权。犯罪地包括犯罪行为地和犯罪结果地。司法实践中，掩饰、隐瞒犯罪所得案件通常由掩饰、隐瞒犯罪所得行为的发生地的司法机关行使管辖权。对于诈骗案件被害人所在地的司法机关可否行使掩饰、隐瞒犯罪所得案件管辖权，实践中存在一定争议。有观点认为因为掩饰、隐瞒犯罪所得行

为发生在其他地区，被害人所在地的司法机关没有管辖权。本书倾向认为，被害人所在地的司法机关具有对掩饰、隐瞒犯罪所得案件的管辖权，理由主要是被害人所在地是掩饰、隐瞒犯罪的结果地。具体理由如下：

一是掩饰、隐瞒犯罪所得、犯罪所得收益罪的法益是妨害有权的司法机关追诉犯罪、追缴犯罪所得，而有权的司法机关包含诈骗案被害人所在地的司法机关，即掩饰、隐瞒犯罪所得嫌疑人的行为妨害了被害人所在地司法机关对诈骗案的追诉和扣缴犯罪所得，该掩饰、隐瞒犯罪所得发生的侵害结果发生在被害人所在地，所以被害人所在地的司法机关有管辖权。

二是掩饰、隐瞒犯罪所得、犯罪所得收益罪的法益还包含被害人对财物的追及权，从这一点出发，掩饰、隐瞒犯罪所得嫌疑人的行为侵害了被害人对其财物的追及权，掩饰、隐瞒犯罪所得行为的犯罪结果地亦是被害人财产脱离控制的地点，本案中该地点是被害人所在地。因此，被害人所在地的司法机关对掩饰、隐瞒犯罪所得案有管辖权。

三是《2022 年办理信息网络犯罪程序意见》第 2 条规定：信息网络犯罪案件由犯罪地公安机关立案侦查。必要时，可以由犯罪嫌疑人居住地公安机关立案侦查。信息网络犯罪案件的犯罪地包括用于实施犯罪行为的网络服务使用的服务器所在地，网络服务提供者所在地，被侵害的信息网络系统及其管理者所在地，犯罪过程中犯罪嫌疑人、被害人或者其他涉案人员使用的信息网络系统所在地，被害人被侵害时所在地以及被害人财产遭受损失地等。涉及多个环节的信息网络犯罪案件，犯罪嫌疑人为信息网络犯罪提供帮助的，其犯罪地、居住地或者被帮助对象的犯罪地公安机关可以立案侦查。

八、在上游犯罪尚未依法裁判，但查证属实的情况下能否依法认定？

对掩饰、隐瞒上游犯罪的查处要求是什么？上游犯罪要查证到什么程度，才能据此认定下游的掩饰、隐瞒犯罪所得、犯罪所得收益罪？

办案思路：

在上游犯罪尚未依法裁判，但查证属实的情况下，不影响对掩饰、隐瞒犯罪所得罪的认定。具体理由如下。

（一）根据相关司法解释的规定，上游犯罪尚未依法裁判，但查证属实的，不影响对下游犯罪的认定

实践中，对《刑法》第 312 条“明知是犯罪所得及其产生的收益”中的

“犯罪”如何理解，一直存在两种不同的观点：一种观点认为，《刑法》第 312 条中的“犯罪”应当理解为符合具体犯罪构成的犯罪，主张该罪必须以上游犯罪成立为要件，构成上游犯罪的客体、客观要件、主体、主观要件四要件只要有一样欠缺，该罪就不能成立。另一种观点认为，对《刑法》第 312 条中的“犯罪”内涵要进行实质性的理解，而不能仅从形式上理解。该条中的“犯罪”，不应是完全符合犯罪构成四个方面要件的犯罪，而是侵犯客体，造成了危害结果这种客观意义上的犯罪，是一种“实质的犯罪”，不要求其必须完全具备四个方面的犯罪构成要件。

2009 年 11 月 11 日起施行的《最高人民法院关于审理洗钱等刑事案件具体应用法律若干问题的解释》对此问题作了明确。该解释第 4 条第 1 款、第 2 款规定：“刑法第一百九十一条、第三百一十二条、第三百四十九条规定的犯罪，应当以上游犯罪事实成立为认定前提。上游犯罪尚未依法裁判，但查证属实的，不影响刑法第一百九十一条、第三百一十二条、第三百四十九条规定的犯罪的审判。上游犯罪事实可以确认，因行为人死亡等原因依法不予追究刑事责任的，不影响刑法第一百九十一条、第三百一十二条、第三百四十九条规定的犯罪的认定。”本书认为，根据上述规定掩饰、隐瞒犯罪所得罪的成立以上游犯罪事实成立为前提，即只要求上游犯罪构成实质意义上的犯罪，而不要求必须是已经由刑事判决确认的形式意义上的犯罪。掩饰、隐瞒犯罪所得罪的成立与上游犯罪有着特殊的关系，既派生于上游犯罪，又独立于上游犯罪。掩饰、隐瞒犯罪所得罪作为一个独立的罪名，有自己独特的构成要件，掩饰、隐瞒犯罪所得行为与前行为不是一个整体，前行为是否被裁判，对其构成犯罪没有实质影响。前行为尚未依法裁判或者对行为人不予追究刑事责任的，不影响掩饰、隐瞒犯罪所得罪的成立。

（二）基于节约司法成本的考虑，掩饰、隐瞒犯罪所得罪的认定不应以上游犯罪被裁判为前提

掩饰、隐瞒犯罪所得罪是实践中多发犯罪之一，如果认定掩饰、隐瞒犯罪所得罪要求上游行为被裁判，则会大大增加诉讼成本，浪费司法资源，还可能放纵犯罪。

犯罪事实的成立，并不以犯罪行为人被发现或抓获归案为前提。例如，我国《刑事诉讼法》将有犯罪事实发生作为刑事案件立案的条件，而通常刑事立案后才开始追捕犯罪嫌疑人。由此可见，在相当一部分案件中，犯罪行为人未被查获

并不影响司法机关认定犯罪事实的成立。另外，上游犯罪虽与本罪存在前后相连的事实状态，但两者在案件状态、查处难度及审判进程上均有所不同，如果一律要求对本罪的处理必须以侦破上游犯罪为前提，势必导致一部分案件无法及时处理，这与打击针对犯罪所得及其收益的下游犯罪的立法目的相悖。此外，犯罪所得及其收益是追查上游犯罪的重要证据，在有证据证明上游犯罪事实确实存在的情况下，对本罪的判决认定对于维护国家正常的司法秩序，打击、遏制上游犯罪也是有益的。

九、在两卡犯罪中掩饰、隐瞒犯罪行为的证据标准把握

公安机关在打击两卡犯罪中，收集了被害人报案被诈骗的言词证据及相应银行流水、聊天信息，证实被骗事实的存在；同时，提供银行卡的犯罪嫌疑人还供认在对方操作过程中提供过刷脸验证、提供银行验证码及帮助取现行为，但关于犯罪嫌疑人可能涉嫌掩饰、隐瞒犯罪所得的自述内容公安机关未查证到任何证据印证，能否根据供述认定构成掩饰、隐瞒犯罪所得、犯罪所得收益罪?

办案思路：

按照《2022 年“断卡”会议纪要》第 5 条中的规定，“行为人向他人出租、出售信用卡后，在明知是犯罪所得及其收益的情况下，又代为转账、套现、取现等，或者为配合他人转账、套现、取现而提供刷脸等验证服务的，可以掩饰、隐瞒犯罪所得、犯罪所得收益罪论处”。故如在明知是犯罪所得的情况下，实施了为他人转账提供刷脸验证服务的，构成掩饰、隐瞒犯罪所得、犯罪所得收益罪。那么此类案件的关键在于根据现有的证据能否认定上述事实，本案是否属于只有犯罪嫌疑人供述不能认定相关犯罪事实的情形。

（一）本案的基础事实不属于只有犯罪嫌疑人供述的情形

就一个完整的案件而言，任何一个案件不可能只有犯罪嫌疑人供述这一类证据，但从证明的对象来看，有实体事实也有程序事实，每一案件事实可以划分若干小的事实来作为证明单元，这些证明单元包括犯罪的动机、目的、手段，犯罪实施过程，赃款去向，犯罪的组织、策划、分工等，这其中的有些证明单元就可能只有犯罪嫌疑人供述来证明。

“只有犯罪嫌疑人供述，没有其他证据的，不能认定被告人有罪和处以刑罚”，其立法原意是指仅有单一犯罪嫌疑人供述的情况下不能认定被告人有罪。但在具体案件中，有些情节或部分事实即证明单位，只有被告人参与，也只有被

告人知道，在这类事实或证明单位中，有了犯罪嫌疑人供述，就有了对事实和证明的穷尽，如一定要有其他证据来证实只有被告人知道的事实，则不符合实际。

（二）关于提供刷脸验证服务的证据只有犯罪嫌疑人供述

基于目前的实践，行为人在提供银行卡后，之后的掩饰、隐瞒犯罪所得的操作往往比较隐蔽，很多都是和上游行为人待在车内、宾馆内等相对封闭的场所，在上游行为人不到案的情况下，提供刷脸验证或直接转账操作行为的证据往往只有犯罪嫌疑人供述。同时，银行也没有办法说明涉案流水转移过程中是否存在刷脸等行为。

（三）犯罪嫌疑人供述能否采信（供述真实性的审查）

《刑事诉讼法》第 200 条第 1 项规定："案件事实清楚，证据确实、充分，依据法律认定被告人有罪的，应当作出有罪判决。"这是对我国刑事诉讼证明标准的最根本和最完整的表述，其中并没有对犯罪嫌疑人供述作出限制性规定。

从我国法律对证明标准的规定和学者们对证明标准的阐述来看，定案对事实证据的要求只是要求"确实、充分"或者说具有"排他性""没有合理怀疑"，并没有对定案的证据需要哪些种类作出限制性规定，即没有要求必须具备多少种类的证据才能定罪量刑，也就是说只要某一种类的证据对事实的证明达到了确实、充分，具有了排他性，就可以定罪量刑。犯罪嫌疑人供述同其他证据一样，对于证明单元或案件事实的证明，也是完全可以达到证明标准的。

犯罪嫌疑人供认的掩饰、隐瞒犯罪所得的主观明知和具体行为需要由公安机关查证，需要有证据证明。对于没有正当理由，协助他人将大量资金在不同银行账户之间频繁划转的，可以认定其主观明知；具体行为方面，需要有如监控显示犯罪嫌疑人上了上线人员的车辆，随后在该车辆上进行跑分；犯罪嫌疑人到了异地，需要调取到异地的交通、住宿等证实到了异地的证据，如果还有证据可以证实跑分时与上游行为人在一起则更佳；有同案犯供述印证行为模式等。因此，要有证据印证犯罪嫌疑人供认的真实性才能依法择一重罪处罚，否则不宜径直采纳犯罪嫌疑人供述，进而直接认定其掩饰、隐瞒犯罪所得的行为。

（四）采信犯罪嫌疑人供述是否会造成新的不公平

采信后是否会造成如实供述的犯罪嫌疑人以掩饰、隐瞒犯罪所得、犯罪所得收益罪定罪，不如实供述的反而以帮助信息网络犯罪活动罪定罪的尴尬境地，进而造成新的不公平。为解决这一问题，本书建议在认定犯罪事实时一定要把握综合认定的证据标准，对于类似情形不论认定何罪名，在量刑时均应做到均衡，相应的情节虽不能作为定罪的依据，但在量刑时还是应当予以考量。

011 拒不履行信息网络安全管理义务罪侦查取证指引

保障网络安全是维护国家安全的重要组成部分。拒不履行信息网络安全管理义务罪是《刑法修正案（九）》新增的预防性立法举措。刑法理论一般将之作为“纯正的不作为犯”“义务犯”“情节犯”“复合罪过犯”“模糊罪过犯”来研究①，在审查认定时存在一定特殊性，与帮助信息网络犯罪活动罪、网络诈骗罪、传播淫秽物品牟利罪、开设赌场罪等极易发生竞合，给侦查取证工作带来不小困难。围绕拒不履行信息网络安全管理义务罪的犯罪构成要件，查取证工作可重点围绕以下内容进行。

一、应注重围绕网络服务提供者的主体身份、权责收集证据

相应的证据包括网络服务提供者的企业法人营业执照、组织机构代码证、工商登记档案、公司章程、股东会议记录；财务账册、银行交易流水记录；互联网信息服务增值电信业务经营许可证，网络文化经营许可证，新闻、出版、教育、医疗保健、药品和医疗器械等互联网信息服务资格证，国际联网经营许可证等证照、文件；相关证人证言、被告人供述等证据。以上取证活动的主要目的及意义在于为确定网络服务提供者的主体身份、参与共同犯罪的人员范围、追缴非法获利的对象及数额，研究是否与非法经营罪产生竞合等问题提供事实依据。

二、应注重围绕涉案网络服务的内容、方式、特点收集证据

应重点收集展示涉案网络服务的内容、方式、特点方面的审验操作记录，司法鉴定意见书，远程勘验检查工作记录，现场勘验检查笔录，视频录像，内部安全管理制度和操作规程等电子数据，书证及证人证言，被告人供述等证据。以上取证活动的主要目的及意义在于为确定网络服务提供者具体的、实质的义务来源、内容及范围，考察网络服务提供者是否具备修复技术性漏洞的能力及是否履行了相应义务等事实提供依据。

一般而言，网络建设、运营者、管理者，关键信息基础设施运营服务者，网

---

① 参见韦婉：《拒不履行信息网络安全管理义务罪若干问题研究》，载《广西政法管理干部学院学报》2019 年第 3 期。

络连接服务提供者，网络内容服务提供者，网络平台服务提供者，信息接入或传输服务提供者，信息缓存服务者，信息存储服务提供者，信息定位服务提供者，基础服务、数字服务等不同类型的网络服务提供者或同一网络服务的不同参与主体所担负的信息网络安全管理义务不同。有的需要承担事前主动审查实名身份信息或限制相关功能，拒绝提供互联网接入、网络代理、域名解析、域名跳转、网址链接转换、域名注册、服务器托管、空间租用、云服务、内容分发、信息、软件发布、即时通讯、网络交易、网络游戏、网络直播发布、广告推广等服务的义务；有的需要承担事中主动审查校验、识别拦截、预警劝阻、实时监测、妥善保管相关信息内容或用户操作痕迹等义务；还有的只承担在发现存在利用网络从事危害国家安全、荣誉和利益，煽动颠覆国家政权、推翻社会主义制度，煽动分裂国家、破坏国家统一，宣扬恐怖主义、极端主义，宣扬民族仇恨、民族歧视，传播暴力、淫秽色情信息，编造、传播虚假信息扰乱经济秩序和社会秩序，侵犯公民个人合法权益等违法信息后及时删除相关信息、断开链接、限制功能、暂停使用、关闭账号等防止信息扩散及保存相关记录防止证据灭失，向相关部门报告等义务。

作为不作为犯罪，网络服务提供者的保证人地位、义务来源等是认定犯罪的重要因素，网络服务提供者根据其服务内容和性质究竟应当履行何种信息网络安全义务对于网络服务提供者而言意义重大。① 本书建议参照《网络安全法》《反电信网络诈骗法》《个人信息保护法》《关于加强网络信息保护的决定》《互联网信息服务管理办法》《计算机信息网络国际联网安全保护管理办法》《电信条例》《信息网络传播权保护条例》《互联网新闻信息服务管理规定》《电信和互联网用户个人信息保护规定》《电话用户真实身份信息登记规定》《网络交易监督管理办法》《2022 年办理信息网络犯罪程序意见》《办理公民个人信息案件解释》《关于贯彻落实网络安全等级保护制度和关键信息基础设施安全保护制度的指导意见》《关于加强网络直播营销活动监管的指导意见》等要求，列明网络服务提供者违反安全管理义务的具体规定。

收集认定网络服务提供者的义务来源的证据时尤其要注意合理区分信息传播

---

① 参见陈洪兵：《论拒不履行信息网络安全管理义务罪的适用空间》，载《政治与法律》2017 年第 12 期。

秩序维护与内容管理义务，[①] 划分网络服务自身存在的一般风险行为与拒不履行信息网络安全管理义务行为或深度参与违法犯罪活动的共犯行为。[②] 一般不宜轻易认定网络服务提供者的主动审查、实时监控、事中干预的义务，否则极不利于互联网创新发展与言论自由保护。当然，如果网络服务提供者参与内容制作、管理，对违法行为内容知情的情形除外。因为网络服务提供者作为网络空间信息流动的“守门人”，[③] 一旦对违法信息明知且放任传播，故意违反法律法规禁止性规定和业务流程操作规范，突破网络服务提供者的被动性、中立性、工具性功能，无异于以不作为的方式帮助违法犯罪实施，[④] 可能涉嫌诈骗罪、传播淫秽物品牟利罪、[⑤] 开设赌场罪、帮助信息网络犯罪活动罪等。

如被告人李某全拒不履行信息网络安全管理义务案[⑥]：李某全在某通信技术有限公司工作，山东某信息科技股份有限公司董事长任某（另案处理）为实现盗取回收卡上绑定的用户个人微信账号，向某通信技术有限公司董事长王某（另案处理）要求将用户停机3个月后被回收的卡进行重新制卡后发送给山东某信息科技股份有限公司，王某对此予以同意，并安排李某全负责与山东某信息科技股份有限公司对接相关的具体事项。2018年9月，李某全将三四万张行业卡交给山东某信息科技股份有限公司挑卡，山东某信息科技股份有限公司从中挑出4000张带有公民个人微信的卡号并要求某通信技术有限公司进行制卡。于是，李某全便根据任某挑选的回收卡安排人员进行制卡和发卡工作。山东某信息科技股份有限公司在拿到该批回收卡后，将该批回收卡违规实名在济南某能源科技有限公司等名下，并将回收卡卖给昆明黑兔子工作室的林某彬（另案处理）用于盗取回收卡上绑定的用户个人微信账号，导致回收卡上绑定的微信号被大量盗取。

法院审理认为，被告人李某全负有查验、评估、审核行业卡使用情况的职责，在明知违反实名制管理规定的情况下，仍然将大量带有公民个人信息的回收

---

① 参见朱文娟：《拒不履行信息网络安全管理义务罪研究》，南昌大学2017年硕士学位论文。

② 参见黄勇、莫洪宪：《拒不履行信息网络安全管理义务罪：实质解释与适用检视》，载《湖北社会科学》2022年第3期。

③ 参见敬力嘉：《论拒不履行网络安全管理义务罪——以网络中介服务者的刑事责任为中心展开》，载《政治与法律》2017年第1期。

④ 参见云南省昆明市盘龙区人民法院刑事判决书，（2020）云0103刑初1206号。

⑤ 参见北京市第一中级人民法院刑事裁定书，（2016）京01刑终592号。

⑥ 参见云南省昆明市盘龙区人民法院刑事判决书，（2020）云0103刑初1206号。

卡交给山东某信息科技股份有限公司，违反用户实名制进行挑卡，造成严重后果，且在两年内经监管部门多次责令改正而拒不改正。某通信技术有限公司将绑定个人微信号的移动电话卡回收制作成行业卡销售给其他公司，未落实行业卡短信功能限制要求，未认真履行行业用户安全评估责任，违反了电话用户实名制、行业卡安全管理等相关规定。判决被告人李某全的行为已构成拒不履行信息网络安全管理义务罪，判处有期徒刑 1 年零 3 个月，并处罚金 5000 元。

本案中，查明被告人应当履行的义务范围对于定罪量刑至关重要，原审法院特意发函工业和信息化部网络安全管理局，获得相关复函证明材料，从而认定被告人违反网络安全管理义务。

还需注意，不同的网络服务提供者及同一网络服务的不同参与者对网络空间、用户行为的控制能力和控制程度不同，相应履行安全管理义务的要求亦不相同。所以在审查证据时要考虑技术上、成本上、社会效益上等诸方面的因素，合理判断、分配该责任或义务应归责于政府主管部门、网络中介服务机构还是违法行为实施者个人。一般认为，网络服务提供者履行的义务系一种抽象的、一般性的维护信息安全管理秩序、保障网络虚拟空间秩序的安全顺畅运行的义务，[①] 而不包括充当“网络警察”的角色对具体公民个人权益进行保护。[②] 只要网络服务提供者在提供服务时未设置恶意程序，采取了符合网络运行国家、行业标准的相关防范计算机病毒和网络攻击、网络侵入，防止收集的个人用户信息泄露、毁损、篡改、丢失，弥补潜在的安全缺陷、系统漏洞等相应技术措施，建立了网络信息安全投诉、举报等发现违法信息、保护用户信息的安全管理制度及时受理并处理有关网络信息安全的投诉和举报等，即可认为其履行了相关义务。不宜将个别行为人利用网络服务的一般功能实施的具体犯罪或针对个别被害人实施的犯罪后果归责于网络服务提供者。那种由于技术漏洞而产生的“漏网之鱼”在任何网络服务中都在所难免，不应过分苛责于网络服务提供者。

三、应注重围绕立案追诉量化指标收集证据

应及时收集证明传播违法视频文件、信息的个数、实际点击量、浏览量、转

---

① 参见李世阳：《拒不履行网络安全管理义务罪的适用困境与解释出路》，载《当代法学》2018 年第 5 期。

② 参见王肃之：《论拒不履行信息网络安全管理义务的不作为性质——基于保证人路径的反思》，载《南大法学》2020 年第 3 期。

发量，用户个人信息泄露条数等方面的电子数据、司法鉴定报告，被害人报案材料及陈述，立案决定书、不予立案决定书、撤案通知等与违法信息传播、用户信息泄露、刑事侦查证据灭失相关的电子数据、书证等。以上取证活动的主要目的和意义在于确定拒不履行信息网络安全管理义务犯罪所造成社会危害，以便按照《办理非法利用信息网络、帮助信息网络犯罪活动案件解释》等规定，确认相应犯罪情节、法定刑幅度。

四、应注重围绕经监管部门责令采取改正措施而拒不改正收集证据

应注重收集国家网信部门、公安部门、电信主管部门、国家安全机关等单位出具的行政处罚决定书、约谈记录、责令改正意见书、公函、通报、网络日志等书证及违法行为实施者等的证言、被告人的供述等证据。以上取证活动的主要目的和意义在于为限制“中立帮助犯”的处罚范围及分析网络服务提供者的主观罪过，认定“经监管部门责令采取改正措施而拒不改正”情节等提供依据。查明责令改正的主体，责令改正的内容，责令改正意见书的送达时间，要求改正的期限、标准、目的等对于认定行为人“有能力履行而拒不履行”具有重要意义。要重点审查责令改正内容的明确性、合理性、合法性。同一时期多个部门针对同一个问题提出的责令改正要求，应当作为一次责令改正要求来看待。要注意收集责令改正内容与后续危害后果之间相关性的证据。如果当初作出行政处罚、责令改正的事由与后续违法信息传播、扩散的内容关联性不足则应慎重作为犯罪案件处理。

如许某拒不履行信息网络安全管理义务案①：许某申诉时提出，本案主要证据涉嫌属于非法证据，泸州市江阳区制作的泸江网信限改通〔2016〕001号责令限期整改通知书见证人只有签名，没有填写日期，且针对的中国酒城论坛网站于2015年8月1日前已不复存在，涉嫌造假，不能确定该证据的证明效力，不能作为定案的依据。一审证人李某证言及辨认笔录“‘中国酒城论坛’未在任何国家行政机关登记注册，是个非法网站，并且把服务器租在境外”与刘某证言“‘中国酒城论坛’未在任何国家行政机关登记注册，是个非法网站，并且把服务器租在境外”一字不差，是复制粘贴还是办案人员违法引导？还是其他非法手段制作的？将如此明显违背事实与违法的证据用来诬陷申诉人，显然是经不起

① 参见四川省泸州市中级人民法院驳回申诉通知书，（2021）川05刑申5号。

检验的，应当依法排除。针对该案暴露的问题，办案机关有必要高度重视责令限期改正通知书中的期限等内容及相关取证工作的规范性，避免上述案例类似的信访事项出现。

五、注重收集其他关联犯罪证据

如胡某拒不履行信息网络安全管理义务案①：2015 年 7 月至 2016 年 12 月 30 日间，被告人胡某某为非法牟利，租用国内、国外服务器，自行制作并出租“土行孙”“四十二”翻墙软件，为境内 2000 余名网络用户非法提供境外互联网接入服务。2016 年 3 月、2016 年 6 月上海市公安局浦东分局先后两次约谈被告人胡某某，要求其停止联网服务。2016 年 10 月 20 日，上海市公安局浦东分局对被告人胡某某利用上海丝洱网络科技有限公司擅自建立其他信道进行国际联网的行为，作出责令停止联网、警告、并处罚款人民币 15000 元，没收违法所得人民币 40445.06 元的行政处罚。被告人胡某某拒不改正，于 2016 年 10 月至 2016 年 12 月 30 日，继续出租“土行孙”翻墙软件，违法所得共计人民币 236167 元。经鉴定，“土行孙”翻墙软件采用了 gotunnel 程序，可以实现代理功能，适用本地计算机通过境外代理服务器访问境外网站。

法院经审理认为，被告人胡某某非法提供国际互联网代理服务，拒不履行法律、行政法规规定的信息网络安全管理义务，经监管部门责令采取改正措施后拒不改正，情节严重，其行为已构成拒不履行信息网络安全管理义务罪，因具有自首情节，最终判处拘役 6 个月，缓刑 6 个月，并处罚金人民币 3 万元。

实务中，对类似从事“翻墙”网络服务的业务，有人认为属于未经国家行政主管部门批准，违法经营互联网接入服务的非法经营行为；有人认为属于非法提供专门用于侵入、非法控制计算机信息系统的程序、工具的行为，故取证时有必要按照多种思路一并搜集相关犯罪的证据，以便在审查起诉时选择证据相对更为扎实的事实指控。

总之，取证工作应紧密围绕犯罪构成要件要素来展开，对于关键书证、电子数据的取证程序必须高度重视，力求完善。对于核心问题的询问、讯问，不可隔靴搔痒、似是而非、模棱两可。要刨根问底，排除一切合理怀疑，确保定罪量刑事实清楚，证据确实、充分。而对于无关紧要之事实，亦无须钻牛角尖，纠缠于

---

① 参见上海市浦东新区人民法院刑事判决书，(2018) 沪 0115 刑初 2974 号。

细枝末节、大费周折，以确保案件高效推进。侦查机关在取证过程中务必要严格依据《2022 年办理信息网络犯罪程序意见》《收集提取和审查判断电子数据规定》等规定的要求，规范收集、调取、保全相关电子数据或书证的程序，确保取证及时、全面、合法。

附：相关规定

《中华人民共和国刑法》第一百七十五条之一、第一百九十三条、第一百九十六条、第二百六十四条、第二百六十六条、第二百八十条第一款、第二百八十七条之一、第二百八十七条之二、第三百零三条、第三百一十二条

《中华人民共和国反电信网络诈骗法》（主席令第 119 号，2022 年 12 月 1 日起施行）

《全国人民代表大会常务委员会关于〈中华人民共和国刑法〉有关信用卡规定的解释》（2004 年 12 月 29 日发布）

《银行卡业务管理办法》（银发〔1999〕17 号，1999 年 3 月 1 日起施行）

2022 年《最高人民检察院、公安部关于公安机关管辖的刑事案件立案追诉标准的规定（二）》（公通字〔2022〕12 号，2022 年 5 月 15 日起施行）

《最高人民法院、最高人民检察院关于办理非法利用信息网络、帮助信息网络犯罪活动等刑事案件适用法律若干问题的解释》（法释〔2019〕15 号，2019 年 11 月 1 日起施行）

《最高人民法院关于审理掩饰、隐瞒犯罪所得、犯罪所得收益刑事案件适用法律若干问题的解释》（法释〔2021〕8 号，2021 年 4 月 15 日起施行）

《支付结算办法》（银发〔1997〕393 号，1997 年 12 月 1 日起施行，2024 年 2 月 6 日中国人民银行令〔2024〕第 1 号修正）

《最高人民法院、最高人民检察院关于办理非法从事资金支付结算业务、非法买卖外汇刑事案件适用法律若干问题的解释》（法释〔2019〕1 号，2019 年 2 月 1 日起施行）

《最高人民检察院关于办理涉互联网金融犯罪案件有关问题座谈会纪要》（高检诉〔2017〕14 号，2017 年 6 月 2 日公布）

《最高人民法院、最高人民检察院关于办理妨害信用卡管理刑事案件具体应用法律若干问题的解释》（法释〔2018〕19 号，2018 年 12 月 1 日起施行）

《最高人民法院、最高人民检察院、公安部关于办理电信网络诈骗等刑事案件适用法律若干问题的意见》（法发〔2016〕32 号，2016 年 12 月 19 日发布）

《最高人民法院、最高人民检察院、公安部关于办理电信网络诈骗等刑事案件适用法律若干问题的意见（二）》（法发〔2021〕22号，2021年6月17日发布）

《关于深入推进“断卡”行动有关问题的会议纪要》（高检四厅〔2020〕12号）

《关于“断卡”行动中有关法律适用问题的会议纪要》（2022年3月22日公布）

第三章 “断卡”类案件办理

001 准确界定“非法持有他人信用卡”

近年来，随着互联网和电子支付的发展，新型支付方式不断出现，信用卡的使用方式也发生了本质变化。“两卡”案件中经常出现犯罪分子买卖网银U盾、手机银行SIM卡、信用卡实体卡的情形，利用上述资料，可实现通过网银绑定，进而使用银行卡的情况。对于上述行为，是否可以认定为收买、非法提供信用卡信息罪中的买卖“信用卡信息资料”存在一定的争议。部分地方的判例认为，网银U盾、网银账户密码、配套的手机银行SIM卡、信用卡实物等已经“足以使他人以信用卡持卡人名义进行交易”，可以认定为信用卡信息。部分地方的判例则认为，上述实物只是信用卡信息资料的载体，并不等同于信用卡信息资料的本身，该罪的立法目的是规制利用信用卡信息复制、伪造信用卡的行为，因此对买卖信用卡实物的情形只能按照妨害信用卡管理罪中的“非法持有信用卡”评价。由于司法解释对妨害信用卡管理罪及窃取、收买、非法提供信用卡信息罪的情节认定标准有显著差异，尤其是窃取、收买、非法提供信用卡信息罪为1张入罪，5张法定刑升档，因而准确界定并适用相关罪名具有较强的现实意义。

一、基本概念的厘清

从目前的相关法律、司法解释和行政法规、政策文件的规定看，相关概念的表述和范畴不尽相同。为准确适用法律、精准刑事打击，应当对相关概念做进一步明确、统一。

（一）银行卡、信用卡概念的梳理

1. “断卡”行动中的银行卡

从“断卡”行动的相关文件和宣传内容看，“断卡”行动中的“银行卡”是最广义上的银行卡概念，既包括个人银行卡、单位对公账户及结算卡，也包括

非银行支付机构账户，如微信、支付宝等第三方支付账户。

2. 行政法规中的银行卡

根据中国人民银行于1999年颁布的《银行卡业务管理办法》第2条的规定，银行卡是指由商业银行（含邮政金融机构）向社会发行的具有消费信用、转账结算、存取现金等全部或部分功能的信用支付工具。《银行卡业务管理办法》第5～10条同时规定，银行卡包括信用卡和借记卡。信用卡按是否向发卡银行交存备用金分为贷记卡、准贷记卡两类。其中，贷记卡是指发卡银行给予持卡人一定的信用额度，持卡人可在信用额度内先消费、后还款的信用卡；准贷记卡是指持卡人须先按发卡银行要求交存一定金额的备用金，当备用金账户余额不足支付时，可在发卡银行规定的信用额度内透支的信用卡。借记卡按功能不同分为转账卡（含储蓄卡）、专用卡、储值卡。借记卡不具备透支功能。其中，转账卡是实时扣账的借记卡，具有转账结算、存取现金和消费功能；专用卡是具有专门用途（在百货、餐饮、饭店、娱乐行业以外的用途）、在特定区域使用的借记卡，具有转账结算、存取现金功能；储值卡是发卡银行根据持卡人要求将其资金转至卡内储存，交易时直接从卡内扣款的预付钱包式借记卡。

3. 刑法中的信用卡

我国《刑法》的相关规定均使用信用卡的概念，未区分信用卡和借记卡。根据2004年12月29日第十届全国人民代表大会常务委员会第十三次会议通过的《全国人民代表大会常务委员会关于〈中华人民共和国刑法〉有关信用卡规定的解释》，《刑法》规定的“信用卡”，是指由商业银行或者其他金融机构发行的具有消费支付、信用贷款、转账结算、存取现金等全部功能或者部分功能的电子支付卡。

（二）刑法中信用卡概念的再明确

对比行政法规中银行卡概念和刑法中信用卡概念，在发卡主体上，刑法上的信用卡将除商业银行之外的其他金融机构囊括在内；在功能上，两者的规定基本一致；在表现方式上，行政法规规定为信用支付工具，未强调具体的表现形式，刑法规定为电子支付卡，但规定相对宽泛。基于上述规定，本书认为：

1. 行政法规中规定的银行卡均属于刑法意义上的信用卡

理由在于，银行卡（包括信用卡、借记卡）的发卡主体为商业银行，具有消费支付、信用贷款、转账结算、存取现金等全部功能或者部分功能，均可归类为电子支付卡。

2. 非银行支付机构账户不属于刑法意义上的信用卡

根据《非金融机构支付服务管理办法》第 3 条的规定：非金融机构提供支付服务，应当依据本办法规定取得支付业务许可证，成为支付机构。支付机构依法接受中国人民银行的监督管理。未经中国人民银行批准，任何非金融机构和个人不得从事或变相从事支付业务。2011 年，央行颁发了首批非金融机构支付业务许可证。非银行支付机构账户则是由取得支付业务许可证的相关机构推出的，是具有消费支付、转账结算、存取现金等功能的信用支付工具。根据央行 2009 年发布的《金融机构编码规范》的规定，此类非银行支付机构不属于我国金融机构范围。2010 年央行制定并出台的《非金融机构支付服务管理办法》，再次明确了第三方支付平台等非银行支付机构的非金融机构定位。① 以最为典型的第三方支付平台支付宝为例，其与用户就服务的非金融机构性质②、支付宝账户的预付性③、调拨资金权限④等作出了约定。支付宝与用户之间是委托保管关系，支付宝与银行是托管关系，支付宝在支付的整体过程中，充当了资金保管和指令支付的中介角色。⑤ 基于非银行支付机构的非金融机构属性，相应的账户不符合刑法意义上的信用卡所要求的由商业银行或者其他金融机构发行的特征，因而不属于刑法意义上的信用卡。

（三）银行卡套件与信用卡信息

银行卡套件并不是严格意义上的法律概念。司法实务中，银行卡套件以银行卡及卡密码为中心，个人银行卡套件往往还包括办卡人的居民身份证信息、U 盾及密码、网银账号及密码、绑定银行卡的手机卡中的全部或部分信息；对公银行账户套件往往还包括公司营业执照、法定代表人身份证复印件、公司印章、财务印章、法定代表人个人私章、U 盾及密码、绑定银行卡的手机卡中的全部或部分信息。区别上述信息的种类和数量的不同，实践中被称为“银行卡几件套”，常

---

① 参见闫君剑：《利用第三方支付平台实施侵财犯罪的司法认定》，载《中国检察官》2019 年第 10 期。

② 参见刘砺兵：《盗用他人信息注册支付宝并消费的行为定性》，载《人民司法》2019 年第 11 期。

③ 参见张妍：《电子商务环境下移动支付模式研究——以支付宝和微信为例》，载《现代经济信息》2016 年第 18 期。

④ 参见刘砺兵：《盗用他人信息注册支付宝并消费的行为定性》，载《人民司法》2019 年第 11 期。

⑤ 参见曾亚妮：《私转支付宝账户资金的刑法规制》，载《人民司法》2019 年第 1 期。

见的有“个人账户四件套”（银行卡及密码、身份证、电话卡和U盾）和“对公账户八件套”（营业执照正副本、开户许可证、公司公章、法定代表人身份证信息及印章、财务章、U盾、结算卡）。

根据中国人民银行2000年11月8日发布的《关于颁布〈银行卡发卡行标识代码及卡号〉和〈银行卡磁条信息格式和使用规范〉两项行业标准的通知》的规定，信用卡信息主要包括五类：主账号、发卡机构标识号码、个人账户标识、校验位、个人标识代码（也就是平常所说的密码）。该电子数据通常由发卡银行在发卡时使用专用设备写入信用卡磁条、磁芯中，作为POS机、ATM机等终端机识别用户是否合法的依据。没有这些信息，信用卡将无法使用。① 结合《刑法》第177条之一第2款及《妨害信用卡管理刑事案件解释》的规定，窃取、收买、非法提供他人信用卡信息资料，达到足以伪造可进行交易的信用卡，或者足以使他人以信用卡持卡人名义进行交易方可入罪。银行卡套件以银行卡及卡密码为中心，相关信息系持卡人使用信用卡的唯一凭证，直接决定信用卡的正常使用，这些信息资料具有绝对的隐秘性和排他性，一旦泄露不仅会给持卡人和金融机构带来巨大的损失，而且会严重干扰正常的金融秩序。② 因而，银行卡套件不同于单纯的银行卡，银行卡套件以银行卡及密码为中心，包含信用卡信息的全部或部分内容。

二、“非法持有他人信用卡”中对“非法”“持有”的理解

（一）曾经持有属于“持有”

实践中，对于妨害信用卡管理罪中非法持有他人信用卡是否要求案发时系持有状态，或者说非法持有是否包含曾经持有，存在不同意见。一种意见认为“持有”是现存的事实状态，现状是容易证明的③。实践中，非法持有毒品罪等非法持有类犯罪大都采用这一观点。另一种意见认为非法持有类犯罪属于法定继续犯，其最为显著的特征就是实行行为与不法状态在一定时间内同时继续，但这

---

① 参见俞小海：《窃取、收买、非法提供信用卡信息罪的司法适用》，载《上海政法学院学报（法治论丛）》2013年第5期。

② 俞小海：《窃取、收买、非法提供信用卡信息罪的司法适用》，载《上海政法学院学报（法治论丛）》2013年第5期。

③ 参见王春林：《探析持有型犯罪》，载《社会科学论坛（学术研究卷）》2009年第2期。

种继续状态是否一定要持续到现在、中间是否能有间断，并不影响继续犯的认定①。本书赞同第二种观点，认为累计即包含曾经持有的含义，对于有确实、充分的证据证实曾经持有的事实存在的，其行为构成、社会危害性相较于现实持有并没有丝毫的差异，可以根据2022年《立案追诉标准的规定（二）》第25条非法持有他人信用卡，数量累计在5张以上的，构成妨害信用卡管理罪。至于行为人曾经持有的状态能否认定，则为司法实践中的证据问题。

（二）通过他人持有属于“持有”

实践中，随着断卡行动的开展，行为人出租、出售银行卡的行为也越来越隐蔽，有的提供实体卡，有的只提供卡号和密码，由他人通过手机银行自行操作；有的卡头在收购银行卡后，直接要求卡农邮寄到具体的地址，自己不参与银行卡的实际流转过程。对上述情形，是否可以评价为“持有”也存不同意见。一种意见认为“持有”必须是行为人现实持有；另一种意见则认为通过他人持有或实际已经达到持有他人银行卡的现实效果，就可以评价为持有他人银行卡。本书同意第二种观点。首先，正如非法持有枪支、毒品等可以通过他人持有相同，非法持有银行卡也可以通过他人持有，而且在很多场合，实际的持有人往往是在卡商的指示、监视下，由卡农辅助、实际支配银行卡，卡商对所出售卡具有实际控制权，当然也就符合持有的情形；其次，在“断卡”类案件一般不按照窃取、收买、非法提供信用卡信息罪追究刑事责任的情形下，对上述信用卡信息，宜按照妨害信用卡管理罪中的非法持有他人信用卡定罪处罚。

（三）经发卡银行批准的持卡人出租、出售不属他人合法持有的前提

确定“持有”后，还需进一步明确何为“非法”。所谓非法持有，是指没有合法依据的持有、违反国家规定的持有。根据《刑法》第96条的规定，违反国家规定，是指违反全国人民代表大会及其常务委员会制定的法律和决定，国务院制定的行政法规、规定的行政措施、发布的决定和命令。结合最高人民法院、最高人民检察院、公安部、工业和信息化部、中国人民银行、原中国银行业监督管理委员会《关于防范和打击电信网络诈骗犯罪的通告》第5条、《银行卡业务管理办法》第28条的规定，银行卡及其账户只限经发卡银行批准的持卡人本人使用，任何单位和个人不得出租、出售银行账户（卡）和支付账户，构成犯罪的依法追究刑事责任。因而，经发卡银行批准的持卡人出租、出售银行卡的行为本

---

① 参见张明楷：《刑法学》，法律出版社2016年版，第462页。

身就是违法的，他人违反法规、司法解释依据的持有，依然是非法持有。

当然，现实中不排除有的持卡人在民事活动中违反规定将信用卡交给他人使用，为准确区分民事行为与刑事犯罪，可通过行为人持有他人信用卡的数量、行为人与持卡人的关系、行为人持卡的主要用途、行为人能否说明所持信用卡合法来源等，进行综合判断。

三、“断卡”案件中单纯非法持有他人银行卡行为的法律适用

根据《刑法》第177条之一第1款第2项的规定，非法持有他人信用卡，数量较大的，应以妨害信用卡管理罪追究刑事责任。同时，《刑法》第177条之一第2款又规定，窃取、收买或者非法提供他人信用卡信息资料的，依照前款规定处罚。《妨害信用卡管理刑事案件解释》将“信用卡信息资料”的含义进一步明确为“足以伪造可进行交易的信用卡，或者足以使他人以信用卡持卡人名义进行交易”的信息。对行为人收购他人银行卡套件后再出租、出售给他人的，看似同时符合妨害信用卡管理罪和窃取、收买、非法提供信用卡信息罪的构成要件。但结合《电诈意见（一）》第3条第4款规定，非法持有他人信用卡，没有证据证明从事电信网络诈骗犯罪活动，符合《刑法》第177条之一第1款第2项规定的，以妨害信用卡管理罪追究刑事责任。《电诈意见（二）》第4条明确规定无正当理由持有（可通过行为人持有他人信用卡的数量、行为人与持卡人的关系、行为人持卡的主要用途、能否说明所持信用卡的合法来源）他人单位结算卡的，属于“非法持有他人信用卡”。相关规定基于此类案件中行为人大多为牟利而自愿出售，具体表现为银行卡或银行卡套件，但社会危害性并无实质不同，故未做区分规定。一般认为收买、非法提供信用卡信息罪的立法目的在于打击可能侵害信用卡申领人或银行经济利益的制造伪卡行为；对于为实施电信网络诈骗而提供银行卡套件的行为，因不存在制造伪卡并侵财的可能，从罪责刑相适应的角度，宜按照非法持有他人信用卡的规定，以妨害信用卡管理罪定罪处罚。

《刑法修正案（五）》设立了窃取、收买、非法提供信用卡信息罪，主要考虑的是利用信用卡信息资料复制磁条卡的问题在当时比较突出，严重危害持卡人的财产安全和国家金融安全，故设立本罪，相关司法解释将本罪入罪门槛规定为1张（套）信用卡。其中的“信用卡信息资料”，是指用于伪造信用卡的电子数据等基础信息，如有关发卡行代码，持卡人账户、密码等内容的加密电子数据。在“断卡”行动破获的此类案件中，行为人非法交易信用卡的主要目的在于直

接使用信用卡，而非利用其中的信息资料伪造信用卡。故当前办理“断卡”行动中的此类案件，一般不以窃取、收买、非法提供信用卡信息罪追究刑事责任。

如最高人民检察院于2021年颁布的《在校学生涉“两卡”犯罪典型案例》中涂某通、万某玲帮助信息网络犯罪活动案：该案的法律适用也秉持了这一理念。该案的基本案情如下：涂某通，1998年8月出生，系某大学在校学生。万某玲，1998年9月出生，作案时系某职业技术学校在校学生，案发时系某医院员工。2018年起，涂某通明知他人利用信息网络实施犯罪，为牟取非法利益，长期收购银行卡提供给他人使用。2018年，涂某通与万某玲通过兼职认识后，涂某通先后收购了万某玲的3套银行卡（含银行卡、U盾/K宝、身份证照片、手机卡），并让万某玲帮助其收购银行卡。2019年3月至2020年1月，万某玲为牟利，在明知银行卡被用于信息网络犯罪的情况下，以亲属开淘宝店需要用卡等理由，从4名同学处收购8套新注册的银行卡提供给涂某通，涂某通将银行卡出售给他人，被用于实施电信网络诈骗等违法犯罪活动。经查，共有21名电信网络诈骗被害人向万某玲出售的上述银行卡内转入207万余元。涂某通、万某玲均因帮助信息网络犯罪活动罪判处刑罚。以帮助信息网络犯罪活动罪判处涂某通有期徒刑1年4个月，并处罚金1万元；判处万某玲有期徒刑10个月，并处罚金5000元。

该案的潜在的罪名适用是：涂某通、万某玲同时符合非法持有他人信用卡超过5张，符合妨害信用卡管理罪，但因同时符合帮助信息网络犯罪活动罪，最终全案认定为帮助信息网络犯罪活动罪。关于整个案件的罪名适用，具体分析如下：

首先是妨害信用卡管理罪和窃取、收买、非法提供信用卡信息罪的区分和适用。对行为人收购他人银行卡套件后再出租、出售给他人的，从形式上看，同时符合妨害信用卡管理罪和窃取、收买、非法提供信用卡信息罪的构成要件。但基于此类案件中行为人大多为牟利而自愿出售，行为人系经持卡人同意获得银行卡套件全部信息，没有侵犯持卡人的信用卡信息；至于具体表现为银行卡或套件，其社会危害性并无实质不同。同时，窃取、收买、非法提供信用卡信息罪的立法目的是规制利用信用卡信息复制、伪造信用卡的行为。与此同时，根据《电诈意见（一）》第3条第4款的规定，非法持有他人信用卡，没有证据证明从事电信网络诈骗犯罪活动，符合《刑法》第177条之一第1款第2项规定的，以妨害信用卡管理罪追究刑事责任。因此，提供他人银行卡套件的行为，从罪责刑相适应的角度，也宜认定为非法持有他人信用卡，以妨害信用卡管理罪定罪处罚。

其次是妨害信用卡管理罪和帮助信息网络犯罪活动罪竞合时的适用。在行为人贩卖银行卡过程中，既可能涉及非法持有他人信用卡的行为，又可能涉及帮助他人实施信息网络犯罪的行为等，应当结合行为人主观认识、收购银行卡对象、银行卡实际用途等综合认定。同时构成妨害信用卡管理罪和帮助信息网络犯罪活动罪的，应择一重罪论处。理由在于：一是根据《刑法》第287条之一第3款的规定，同一行为同时构成相关犯罪的，均应当依照处罚较重的规定定罪处罚。对比妨害信用卡管理罪（第一档）和帮助信息网络犯罪活动罪的法定刑，法定最高刑相同，法定最低刑均为单处罚金，但妨害信用卡管理罪有罚金幅度的限制，故与帮助信息网络犯罪活动罪相比较处罚较重；当然，在非法持有他人信用卡超过50张的情况下，妨害信用卡管理罪属于3年以上的刑档，此时应当择一重罪即妨害信用卡管理罪定罪处罚，帮助信息网络犯罪行为可作为量刑情节考量。二是结合第一部分中引用的司法解释，均明确构成妨害信用卡管理罪的前提是在没有证据证明从事电信网络诈骗犯罪活动的情况下，退而求其次的选择。三是根据《在校学生涉“两卡”犯罪典型案例》中涂某通、万某玲帮助信息网络犯罪活动案的裁判理由，在查实存在涉案银行卡被用于电信网络诈骗，且信用卡张数不超过50张的情况下，宜认定为帮助信息网络犯罪活动罪。

最后需要说明的是，对照《办理公民个人信息案件解释》第1条①的规定，个人银行卡信息可归结为反映特定自然人财产状况的信息，因而也属于公民个人信息。从一点上来讲，公民个人信息包含公民个人银行卡信息。在持卡人自愿出售信用卡的情形下，根据《民法典》第1033条第5项的规定，处理他人的私密信息，除法律另有规定的情形外，须经权利人明确同意。因而，在自愿出售的情况下，可以认为持卡人放弃了相应的权利或者说无须明确同意，他人即可处置相应的信息，因而一般情况下，不宜认定为侵犯公民个人信息罪。

002 出租、出售个人银行账户（套件）行为的认定

为电信网络诈骗犯罪提供个人银行卡的行为，从提供银行卡的种类看，既有只提供银行卡、密码，也有提供银行卡套件②的；从提供银行卡的归属看，既有

---

① 《刑法》第253条之一规定的“公民个人信息”，是指以电子或者其他方式记录的能够单独或者与其他信息结合识别特定自然人身份或者反映特定自然人活动情况的各种信息，包括姓名、身份证件号码、通信通讯联系方式、住址、账号密码、财产状况、行踪轨迹等。

② 常见的是个人四件套，包括银行卡、身份证、手机卡及U盾。

提供本人银行卡或套件的，也有提供非本人银行卡的；从行为类型看，既有单纯提供银行卡，也有先提供银行卡后，再帮忙转账、套现、取现的。

关于电信网络诈骗取款人的刑事责任，理论和实务界已多有论述①，但观点均限于诈骗罪和掩饰、隐瞒犯罪所得、犯罪所得收益罪。随着"断卡行动"的开展，为电信诈骗犯罪提供银行卡的行为渐渐成为打击的重点。行动开展以来，一批人员因非法提供或出售银行卡被抓获。② 由于银行卡的介入，该行为类型更加多样；同时，相关法律、司法解释规定的竞合，造成此类案件在法律适用上存在较大分歧。

一、为电信诈骗犯罪提供银行卡的刑事司法现状

以"诈骗＋提供银行卡"为关键词，经检索 a 数据库 2021 年以来的刑事案件，案由涉及帮助信息网络犯罪活动罪，掩饰、隐瞒犯罪所得、犯罪所得收益罪，诈骗罪，收买、非法提供信用卡信息罪和妨害信用卡管理罪。根据梳理，可得出以下结论。

（一）各罪主要行为类型相对明晰

帮助信息网络犯罪活动罪主要行为类型表现为单纯提供本人银行卡，少数为提供（转租）非本人银行卡，具体行为中大都不包含转账；掩饰、隐瞒犯罪所得、犯罪所得收益罪主要行为类型表现为提供本人银行卡后又帮助转账、套现或取现，单纯以提供银行卡认定的较少；诈骗罪行为类型既有提供银行卡，也有帮助转账、套现或取现，但大都表现为行为人与诈骗犯罪分子存在事先共谋或事中多次参与，仅有少量案件为明知他人为信息网络犯罪，但不明确是诈骗的情况下仍提供银行卡；收买、非法提供信用卡信息罪，主要行为类型表现为在诈骗犯罪未查实的情况下，转卖他人银行卡套件；妨害信用卡管理罪，主要行为类型表现为在诈骗犯罪未查实的情况下，转卖他人银行卡，另有部分案件为提供他人银行

---

① 参见张建、俞小海：《电信诈骗犯罪中帮助取款人的刑事责任分析》，载《法学》2016 年第 6 期；朱德胜：《电信诈骗犯罪中帮助取款人的刑事责任分析》，载《现代交际》2017 年第 8 期；黎宏：《电信诈骗中的若干难点问题解析》，载《法学》2017 年第 5 期；张明楷：《电信诈骗取款人的刑事责任》，载《政治与法律》2019 年第 3 期。

② 截至 2021 年 1 月底，全国公安机关共打掉"两卡"违法犯罪团伙 9013 个，抓获"两卡"违法犯罪嫌疑人 17.6 万名。参见《"断卡"行动以来全国已惩戒"两卡"失信人员 10.8 万余名》，载网易网 2021 年 2 月 26 日，https：//www.163.com/dy/article/G3OSFAIJ0514R9P4.html。

卡套件。值得注意的是，虽然各罪主要行为类型相对清晰，但并不能因此得出符合主要行为类型，即适用相应罪名的结论。

（二）各罪援引裁判理由存在行为竞合

梳理的案件援引的裁判理由大都存在类似提供银行卡以帮助支付结算的表述，但援引依据各不相同。《办理非法利用信息网络、帮助信息网络犯罪活动案件解释》第 12 条第 1 款第 2 项是认为构成帮助信息网络犯罪活动罪的依据；《办理诈骗案件解释》第 7 条、《电诈意见（一）》第 4 条第 3 项是认为构成诈骗罪的依据；《电诈意见（一）》第 3 条第 5 款、《审理掩饰、隐瞒案件解释》第 10 条第 2 款是认为构成掩饰、隐瞒犯罪所得、犯罪所得收益罪的依据。可见，相关犯罪行为和法规依据中均存在提供银行卡以帮助支付结算的情形。

（三）各罪认定争议焦点相对集中

归纳起来，帮助信息网络犯罪活动罪和诈骗罪的适用分歧在于明知他人利用信息网络实施犯罪，但不明确知道是电信网络诈骗犯罪时，能否因长期、多次提供银行卡而认定为诈骗罪的共犯？掩饰、隐瞒犯罪所得、犯罪所得收益罪和诈骗罪的适用分歧在于明知是诈骗犯罪所得及其产生的收益，仍提供银行卡帮助转账、套现、取现的，应如何适用法律？帮助信息网络犯罪活动罪和掩饰、隐瞒犯罪所得、犯罪所得收益罪的适用分歧在于如何准确理解提供银行卡并转账和支付结算的关系？收买、非法提供信用卡信息罪和妨害信用卡管理罪一般是在诈骗犯罪不能查实的情况下，才会选择适用，两罪适用的主要分歧点在于他人的银行卡套件是否属于《刑法》第 177 条之一第 2 款规定的信用卡信息。

二、为电信诈骗犯罪提供银行卡所涉概念的厘清

准确认定电信网络诈骗提供银行卡的行为，应从行为人的主观明知、参与时间节点、上游诈骗是否需要达到犯罪程度等分别考量；区分是单纯的提供银行卡或套件，还是兼具转账、套现、取现等分别认定。

（一）行为人的主观明知

从各罪援引的裁判理由看，相关司法解释均要求行为人主观上“明知”。可以说，“明知”的含义包括“知道”和“应当知道”两种形式，在我国的一系

列司法解释中已经形成惯例。① 但近年来，相关司法解释对"明知"的态度发生了变化，不再使用"知道或者应当知道"的表述，而是通过列举相关要素的方式一般化地规定认定标准。实际上，在应当知道这一用语中，人们想要描述的是一种不同于确切地知道的认识状态②，即推定知道。推定知道就允许反证，这也是《办理非法利用信息网络、帮助信息网络犯罪活动案件解释》等司法解释所采用的立法技术。与此同时，在"明知"程度上，并不意味着一定是确实知道，确定性认识和可能性认识均应纳入"明知"的范畴。

在认定"明知"时，应当结合行为人的认知能力，既往经历，行为次数和手段，与他人关系，获利情况，是否故意规避调查等主客观因素等进行综合分析认定。比如，在认定诈骗罪共犯或掩饰、隐瞒犯罪所得、犯罪所得收益罪时，可考虑行为人所处地区是否为电信网络诈骗犯罪多发地？其文化程度和经历是否足以让其对电信诈骗犯罪有认知能力？作案过程中，是否存在与正犯的沟通，是否多次存在钱款到账后第一时间通过多个银行卡转移、取现的情形？并把违法所得的数额与流转资金的比例等予以综合考量。

在明确"明知"的含义后，构成各罪名在主观方面的区别仅在于明知的内容不同。其中：诈骗罪要求行为人明知他人实施的是诈骗犯罪；帮助信息网络犯罪活动罪和掩饰、隐瞒犯罪所得、犯罪所得收益罪仅要求行为人明知他人实施的是犯罪，具体到"断卡"行动中主要是利用信息网络实施犯罪。

（二）行为人的参与时间节点

本书以行为人为信息网络犯罪（包括电信网络诈骗）提供银行卡并取款为例，认为在事先没有通谋的情况下，取款行为是否成为电信网络诈骗的帮助犯，取决于如何理解帮助犯的参与时点③。一般而言，为电信网络诈骗提供银行卡构成诈骗罪共犯，需要在诈骗正犯实施犯罪行为既遂前加入；电信诈骗犯罪既遂后再提供银行卡的，不能成立诈骗罪的共犯。需要注意的是，《电诈意见（一）》第4条第3项规定，明知他人实施电信网络诈骗犯罪，仍帮助转移诈骗犯罪所得及其产生的收益，套现、取现的，是诈骗罪的共犯。本书认为，该规定是基于共

---

① 参见王新：《我国刑法中"明知"的含义和认定——基于刑事立法和司法解释的分析》，载《法制与社会发展》2013年第1期。

② 参见陈兴良：《奸淫幼女构成犯罪应以明知为前提——为一个司法解释辩护》，载《法律科学（西北政法学院学报）》2003年第6期。

③ 参见张明楷：《电信诈骗取款人的刑事责任》，载《政治与法律》2019年第3期。

同犯罪人员的分工不同而作出的规定。在不存在共谋的情况下，仅适用于多次为特定电信网络诈骗犯罪分子持续提供银行卡用于取款、转账等行为的情形。此时，行为人之间存在默示的犯意联络，各行为人基于某种程度的心领神会，继而共同实施犯罪。

实践中，提供银行卡流转资金的行为往往链条较长，有些银行卡被用作一级卡，直接接收被害人资金；有些作为二级卡、三级卡等仅用于流转资金、洗钱。行为人在提供银行卡时或之后，往往不清楚上游犯罪的具体实施阶段。对于不明知电信网络诈骗正犯者是否既遂的，也不能成立诈骗罪的共犯。

（三）上游诈骗行为是否需要查实并达到犯罪程度

成立共犯需以正犯构成犯罪为要件，因而相关的犯罪行为均需确认存在，且在适用诈骗罪共犯、掩饰、隐瞒犯罪所得、犯罪所得收益罪时均需达到犯罪程度。至于相关电信网络诈骗犯罪分子是否到案或案件是否依法裁判，均不影响已到案人员的刑事责任认定。

与之相对应，帮助信息网络犯罪活动罪的适用条件更为宽泛，考虑到与传统犯罪中帮助行为不同，信息网络犯罪提供帮助的行为人往往为众多对象提供帮助，一一查证被帮助对象是否已构成犯罪存在客观困难，而帮助行为累计的社会危害性严重①。《办理非法利用信息网络、帮助信息网络犯罪活动案件解释》第12条第2款专门规定，确因客观条件限制无法查证被帮助对象是否达到犯罪的程度，但相关数额总计达到前款第2项至第4项规定标准5倍以上，或者造成特别严重后果的，应当以帮助信息网络犯罪活动罪追究行为人的刑事责任。因而，帮助信息网络犯罪活动罪以相关的犯罪行为达到犯罪程度为一般前提；特殊情况下②，只需确认存在犯罪行为也可适用。

（四）银行卡及套件的刑法评价

根据《全国人民代表大会常务委员会关于〈中华人民共和国刑法〉有关信用卡规定的解释》的规定，《刑法》规定的“信用卡”，是指由商业银行或者其他金融机构发行的具有消费支付、信用贷款、转账结算、存取现金等全部功能或者部分功能的电子支付卡。因此，银行卡亦为刑法意义的信用卡。

---

① 参见周加海、喻海松：《〈关于办理非法利用信息网络、帮助信息网络犯罪活动等刑事案件适用法律若干问题的解释〉的理解与适用》，载《人民司法》2019年第31期。

② 一般理解应为帮助对象众多，确因客观条件限制无法证实被帮助对象实施的行为达到犯罪程度，但经查证确系《刑法》分则规定的行为，且情节远高（5倍）于“情节严重”的程度。

银行卡套件以银行卡及密码为中心，包含信用卡信息。根据央行相关规定①，信用卡信息主要包括五类：主账号、发卡机构标识号码、个人账户标识、校验位、个人标识代码（也就是平常所说的密码）。该电子数据通常由发卡银行在发卡时使用专用设备写入信用卡磁条、磁芯中，作为 POS 机、ATM 机等终端机识别用户是否合法的依据。没有这些信息，信用卡将无法使用。

由此，收买、非法提供他人银行卡套件的行为，似乎符合收买、非法提供信用卡信息罪的构成要件。但结合妨害信用卡管理罪和收买、非法提供信用卡信息罪的立法目的在于打击可能侵害信用卡申领人或银行经济利益的制造伪卡行为；对于为电信诈骗而提供银行卡或套件的行为，行为人为牟利自愿出售，不存在制造伪卡并侵财的可能，因而与收买、出售、提供他人银行卡和套件的社会危害性并无实质不同。收购、出售、出租信用卡的，一般不以窃取、收买、非法提供信用卡信息罪追究刑事责任。

（五）提供银行卡转账、套现、取现和支付结算的关系

《最高人民检察院关于办理涉互联网金融犯罪案件有关问题座谈会纪要》规定，支付结算业务（也称支付业务）是商业银行或者支付机构在收付款人之间提供的货币资金转移服务。根据《支付结算办法》第 3 条和《最高人民法院、最高人民检察院关于办理非法从事资金支付结算业务、非法买卖外汇刑事案件适用法律若干问题的解释》第 1 条的规定，非法支付结算是指使用受理终端或者网络支付接口等方法，以虚构交易、虚开价格、交易退款等非法方式向指定付款方支付货币资金、非法为他人提供单位银行结算账户套现或者单位银行结算账户转个人账户服务或非法为他人提供支票套现服务的行为。根据上述规定，行为人提供银行卡用于转账、套现、取现等流转资金的，其本质是为他人利用信息网络犯罪活动进行资金支付结算提供帮助。但是，单纯提供银行卡的行为，并不足以对资金来源、去向起到掩饰、隐瞒的效果。《办理非法利用信息网络、帮助信息网络犯罪活动案件解释》第 12 条第 1 款第 2 项规定的“支付结算”行为也主要是针对上述情形，旨在对为非法支付平台提供银行卡并协助资金转移行为进行打击。《2022 年“断卡”会议纪要》第 4 条第 2 款的规定：行为人出租、出售的信用卡被用于接收电信网络诈骗资金，但行为人未实施代为转账、套现、取现等行

---

① 中国人民银行 2000 年 11 月 8 日发布的《关于颁布〈银行卡发卡行标识代码及卡号〉和〈银行卡磁条信息格式和使用规范〉两项行业标准的通知》。

为，或者未实施为配合他人转账、套现、取现而提供刷脸等验证服务的，不宜认定为《办理非法利用信息网络、帮助信息网络犯罪活动案件解释》规定的“支付结算”行为。上述规定实际上是对“断卡”案件中支付结算的明确，将其限定为“提供银行卡后不仅要有资金流入，还要有帮助转账等行为”，而对单纯提供银行卡不能认定为支付结算。由此可以认为，“20 万元”为支付结算情形的追诉立案标准；“3000 元 + 30 万元”的标准，不属于《办理非法利用信息网络、帮助信息网络犯罪活动案件解释》第 12 条第 1 款第 2 项规定的情形，应归类为《办理非法利用信息网络、帮助信息网络犯罪活动案件解释》第 12 条第 1 款第 7 项规定的“其他情节严重的情形”。

实践中，根据《电诈意见（一）》第 3 条第 5 款、《审理掩饰、隐瞒案件解释》第 10 条第 2 款规定的情形，如在提供银行卡后，又存在多次使用或者使用多个非本人身份证明开设的信用卡、资金支付结算账户或者多次采用遮蔽摄像头、伪装等异常手段，帮助他人转账、套现、取现或为他人提供非本人身份证明开设的信用卡、资金支付结算账户后，又帮助他人转账、套现、取现的，属于对犯罪所得或收益的掩饰、隐瞒。行为人向他人出租、出售信用卡后，在明知是犯罪所得及其收益的情况下，又代为转账、套现、取现等，或者为配合他人转账、套现、取现而提供刷脸等验证服务的，可以掩饰、隐瞒犯罪所得、犯罪所得收益罪论处。

三、为电信诈骗犯罪提供他人银行卡的刑事法律适用建议

（一）区分加入时间点、主观明知，综合认定

基于参与时间点的分析，在诈骗犯罪正犯者既遂前加入的，并提供工具等行为的，属于电信网络诈骗犯罪实行行为的一部分，成立诈骗罪共犯；在诈骗犯罪行为既遂后加入的，不能成立诈骗罪的共犯，可能成立的罪名为掩饰、隐瞒犯罪所得、犯罪所得收益罪和帮助信息网络犯罪活动罪。如单纯提供银行卡或套件，后续查实有犯罪资金流转的，一般认定为帮助信息网络犯罪活动罪；如在提供银行卡或套件后，还存在帮助转账、套现、取现等行为的，可以认定为掩饰、隐瞒犯罪所得、犯罪所得收益罪。同时，对于上游犯罪行为存在，但确实无法查实是否达到犯罪程度的，可以考虑认定为帮助信息网络犯罪活动罪。

在对具体行为认定时，还应结合行为人的主观明知进行考量。对于明知他人实施诈骗犯罪，事前、事中为其提供用于取现的银行卡，事中有相互联系，并帮

助资金转移、费用结算的，构成诈骗罪的共同犯罪。

（二）优先适用共犯罪名，同时构成时则应坚持择一重罪处罚原则

帮助信息网络犯罪活动罪，掩饰、隐瞒犯罪所得、犯罪所得收益罪，诈骗罪天然地存在优先适用的关系。根据罪名的逻辑关系，帮助信息网络犯罪活动罪和掩饰、隐瞒犯罪所得、犯罪所得收益罪均是依托其他犯罪（如诈骗罪）而存在的，因此为电信网络诈骗提供银行卡属于帮助犯的，应优先适用正犯的罪名，即诈骗罪，当然实践中对于构成诈骗罪共犯的把握标准相对严格。在不构成诈骗罪共犯的情况下，根据《刑法》第287条之一第3款①、《审理掩饰、隐瞒案件解释》第7条和《电诈意见（一）》第3条第7款的规定，同一行为同时构成相关犯罪的，均应当依照处罚较重的规定定罪处罚。因此，对提供银行卡的行为，可能存在众多的被帮助对象，同时构成帮助信息网络犯罪活动罪，掩饰、隐瞒犯罪所得、犯罪所得收益罪和诈骗罪的，应从一重罪处罚，其余犯罪行为可以作为量刑情节予以考量。

（三）为电信网络诈骗犯罪提供他人银行卡（含套件）的可评价为妨害信用卡管理罪

基于对银行卡及套件的刑法评价分析，对提供他人银行卡和银行卡套件的行为，在社会危害性上并无明显差异。但如按照目前妨害信用卡管理罪和收买、非法提供信用卡信息罪的追诉标准②，两罪的法定刑相同，但窃取、收买、非法提供信用卡信息罪的追诉、立案标准和法定刑升档标准更低，分别适用将造成明显的罪责刑不相适应。对此，《电诈意见（一）》第3条第4款规定，非法持有他人信用卡，没有证据证明从事电信网络诈骗犯罪活动，符合《刑法》第177条之一第1款第2项规定的，以妨害信用卡管理罪追究刑事责任。因此，单纯提供他人银行卡和银行卡套件的行为，从罪责刑相适应的角度，应当按照非法持有他人信用卡的规定，以妨害信用卡管理罪定罪处罚。

关于对收购、出售、出租信用卡“四件套”行为的处理：行为人收购、出

---

① 有前两款行为，同时构成其他犯罪的，依照处罚较重的规定定罪处罚。

② 根据《立案追诉标准的规定（二）》第25条、第26条和《妨害信用卡管理刑事案件解释》第2条、第3条的规定，非法持有他人信用卡，数量累计在5张以上的，应予立案追诉，非法持有他人信用卡50张以上的，属于数量巨大；窃取、收买或者非法提供他人信用卡信息资料，足以伪造可进行交易的信用卡，或者足以使他人以信用卡持卡人名义进行交易，涉及信用卡1张以上的，应予立案追诉，涉及信用卡5张以上的，属于数量巨大。

售、出租信用卡“四件套”（一般包括信用卡，身份信息，U盾，网银），数量较大的，可能同时构成帮助信息网络犯罪活动罪，妨害信用卡管理罪等。一般情况，对行为人以帮助信息网络犯罪活动罪论处，但对于涉案信用卡“四件套”数量巨大，同时符合妨害信用卡管理罪构成要件的，择一重罪论处。

（四）“断卡”案件依据流水或支付结算金额入罪的法律适用

行为人向他人出租、出售信用卡后，在明知是犯罪所得及其收益的情况下，又代为转账、套现、取现等，或者为配合他人转账、套现、取现而提供刷脸等验证服务的，可以掩饰、隐瞒犯罪所得、犯罪所得收益罪论处。本书认为，对于行为人单纯向他人出租、出售信用卡，不存在后续转账等行为的，基于《2022年“断卡”会议纪要》的规定，只有查实存在电信诈骗资金满3000元，且单项流入资金满30万元，才能适用帮助信息网络犯罪活动罪；对于查实不存在电信诈骗或查实数额不足“3000元+30万元”标准的，不宜认定为帮助信息网络犯罪活动罪。对于行为人向他人出租、出售信用卡后，又有帮助转账等行为的，如果查实转移的系犯罪所得及其收益，可能同时触犯掩饰、隐瞒犯罪所得、犯罪所得收益罪和帮助信息网络犯罪活动罪，应择一重罪即掩饰、隐瞒犯罪所得、犯罪所得收益罪定罪处罚；如果无法查实系犯罪所得及其收益，但可以认定系开设赌场、非法经营等犯罪资金的，因帮助转账可以评价为支付结算行为，达到20万元追诉标准的，可以帮助信息网络犯罪活动罪定罪处罚。

003 出租、出售对公银行账户（套件）行为的认定

随着“放管服”改革的不断深化，特别是2019年中国人民银行取消企业银行账户开户许可，由核准制改为备案制，大大降低了公司及对公账户的设立门槛。但是，一些不法分子将改革“红利”视为犯罪“便利”，通过设立空壳公司、办理对公账户套件转卖牟利，严重违背了改革初衷。此类犯罪不仅是利用空壳公司实施犯罪的前提和基础，还为诈骗、洗钱、非法集资等其他违法犯罪行为提供便利条件，应予严厉打击。然而实践中，对此类行为的法律适用仍有分歧。

一、法律适用分歧

（一）以帮助信息网络犯罪活动罪定罪处罚

2022年1月6日，上海市人民检察院召开上海网络犯罪检察工作新闻发布

会，通报2021年本市网络犯罪检察工作总体情况，发布《上海网络犯罪检察白皮书（2021）》和十大典型案例。如奉贤区人民检察院办理的顾某某等人帮助信息网络犯罪活动案：该案获评十大典型案例之一。该案中，被告人顾某某系A银行F区支行企业账户客户经理，负责企业账户尽职调查。2020年11月至2021年4月，顾某某在已知相关公司没有实际经营场所、实际经营业务、开立企业存在倒卖账户等非法交易可能的情况下，收受办卡中介被告人朱某某的好处费，在尽职调查中弄虚作假，为多人办理企业账户，致使多套企业账户被非法买卖，其中2套被用于电信网络诈骗犯罪，共接收、转移犯罪资金71万余元，账户总流水330余万元。顾某某因提供帮助，从朱某某处获利2万余元。经查证，朱某某充当办卡中介，利用上述方式，从顾某某及他人处成功办理出大量违规企业账户，其中14套被用于电信网络诈骗犯罪，累计接收、转移犯罪资金2000余万元，账户总流水1亿余元。2021年10月15日，上海市奉贤区人民检察院以帮助信息网络犯罪活动罪对顾某某、朱某某等人提起公诉。同年11月15日，上海市奉贤区人民法院作出一审判决，以帮助信息网络犯罪活动罪判处顾某某有期徒刑6个月，并处罚金5000元，同时宣布禁止顾某某在刑罚执行完毕3年内从事银行相关业务；判处朱某某等其他人员有期徒刑1年7个月至6个月不等，并处罚金4万元至5000元不等。

该案系银行等从业人员利用职务便利帮助犯罪分子违规开立企业账户，用于电信网络诈骗犯罪的典型案例。顾某某作为企业账户客户经理，长期从事金融行业，对相关法律法规、职业操守要求均应知晓，但在金钱利益诱惑下，心存侥幸，一次次越过“高压线”为犯罪分子提供帮助，获利2万余元，属情节严重；朱某某作为中介人员，帮助他人虚假注册“空壳”公司，办理企业营业执照和对公账户，其中14套对公账户被用于电信网络诈骗犯罪，累计接收、转移犯罪资金2000余万元，情节严重，均符合帮助信息网络犯罪活动罪的构成要件。

（二）以买卖国家机关证件罪定罪处罚

如许某等人买卖国家机关证件案①：2021年5月，被告人许某成立了一家代

---

① 参见《雇人倒卖对公账户企图避税？莫让对公账户成为犯罪工具!》，载新民晚报百家号2022年10月12日，https：//baijiahao. baidu. com/s？id = 1746457059989247958&wfr = spider&for = pc。

理记账公司，并在日常业务往来中结识了被告人夏某。许某经与夏某商议，约定许某每帮忙成功注册一家“空壳”公司就能拿到好处费1万元，注册法人的“劳务费”由夏某承担，许某还可利用虚假注册的“空壳”公司开具发票避税。其后，许某先后介绍带领20余人办理企业营业执照和对公账户。截至2021年10月案发，许某累计获利约10万元。三人到案后均如实供述了自己的犯罪事实。上海金山区检察院以买卖国家机关证件罪对许某、夏某等人提起公诉。最终，法院支持指控并依法作出判决。

该案中，许某作为中介人员，带领或帮助20人虚假注册“空壳”公司，办理企业营业执照和对公账户，并对外出售，累计获利数额大，其行为符合买卖国家机关证件罪的构成要件。

（三）以妨害信用卡管理罪定罪处罚

如康某、李某某妨害信用卡管理案①：2021年3月至6月间，被告人康某、李某某以为他人办理大额贷款需申请对公账户为由，利用他人身份信息注册15家公司，实名办理手机卡，然后用这些公司的名义办理15套对公账户及U盾、营业执照、银行开户许可证、公司公章。康某通过邮寄方式将对公账户、U盾、手机卡以每套3万元的价格出售，李某某参与、帮助办理10套对公账户。其中3套对公账户被网络犯罪团伙利用，诈骗被害单位人民币700余万元。辽宁省铁岭县人民检察院以妨害信用卡管理罪提起公诉。最终，法院支持指控，依法判处被告人康某有期徒刑3年，并处罚金人民币10万元；判处被告人李某某有期徒刑1年6个月，并处罚金人民币5万元。

该案中，康某、李某某违背他人意志，使用他人身份证明开办公司、办理对公账户及领取U盾，非法持有他人信用卡超过5张，符合妨害信用卡管理罪的构成要件。

二、法律适用分析

非法买卖、出租、出借对公账户或国家机关证件的行为，不仅严重破坏国家机关的正常管理秩序，还可能给从事网络诈骗、洗钱等违法犯罪活动以可乘之机，应受到严厉的惩戒。然而，因为买卖对公账户套件的行为既涉及对公账户，又涉及营业执照，所以在法律适用上往往存在分歧。第一，对公账户是指企业银

① 参见辽宁省铁岭县人民法院刑事判决书，（2021）辽1221刑初201号。

行结算账户，是企业法人、非企业法人、个体工商户办理结算业务的账户，属于帮助信息网络犯罪活动罪规定的银行账户，达到帮助信息网络犯罪活动罪的追诉立案标准的，可以帮助信息网络犯罪活动罪定罪处罚；第二，买卖国家机关证件罪中，“证件”是指国家机关制作颁发的用以证明身份、权利义务关系或有关事实凭证，包括营业执照、户口簿、工作证等，对公账户套件中包含的营业执照即属于国家机关证件；第三，根据《电诈意见（二）》第4条的规定，无正当理由持有他人的单位结算卡的，属于《刑法》第177条之一第1款第2项规定的“非法持有他人信用卡”。

行为人出售对公账户多件套，其中出售的营业执照等国家证件既侵犯国家机关的正常管理活动和信誉，出售的对公结算银行卡又为被帮助对象利用信息网络犯罪活动提供帮助，侵犯国家对正常信息网络环境的管理秩序。因此，行为人出售本人办理的对公账户的行为，可能同时构成买卖国家证件罪和帮助信息网络犯罪活动罪；行为人买卖他人对公账户，数量超过5张的，可能同时构成妨害信用卡管理罪。

针对买卖对公账户套件行为的法律适用，可从最高检颁布的一些典型案例中探寻适用依据。最高检于2021年颁布了利用空壳企业实施犯罪典型案例，在该批典型案例中，赵某等3人买卖国家机关证件、妨害信用卡管理案即明确通过设立空壳公司非法买卖营业执照等牟利的，买卖双方均构成买卖国家机关证件罪，获利数额大小不影响犯罪成立。其中，对许某光行为的法律适用简要分析如下。

（一）许某光的行为符合买卖国家机关证件罪的构成要件

许某光为获利，将身份证原件交给他人，用于登记注册了两家公司。而后，许某光还到银行办理了其中一家公司的对公账户，并将上述公司营业执照、对公账户出售给他人。因营业执照属于国家机关证件，故许某光出售营业执照的行为构成买卖国家机关证件罪。

（二）许某光的行为涉嫌帮助信息网络犯罪活动罪

根据另查明的事实，本案涉案的公司及账户材料被诈骗分子用于转移诈骗资金。如在钟某被诈骗案中，被害人钟某在某彩票网平台被诈骗30余万元，其被骗钱款流入许某光开设的对公账户。此时，许某光提供的对公账户存在被他人用于流转电信网络诈骗资金的情形，且查实的诈骗金额为30余万元，达到了帮助信息网络犯罪活动罪情节严重的入罪标准。基于许某光提供对公账户的异常价格和行为，结合《电诈意见（二）》第8条第2款的规定，可评价为“其他足以认定行为人明知的情形”，因而许某光的行为构成帮助信息网络犯罪活动罪。

结合该典型案例的处理思路和现行法律及相关司法解释的规定，本书认为出租、出售对公银行账户（套件）行为的，应区别情形适用法律：

（1）在行为人仅出售他人对公账户，而不包含可被评价为国家机关证件的营业执照的，如出售对公账户数额超过5张，可被评价为妨害信用卡管理罪。

（2）在行为人仅出售他人对公账户，而不包含可被评价为国家机关证件的营业执照，但出售的账户被用于电信网络诈骗犯罪流转资金的，应参照《2022年“断卡”会议纪要》第8条关于个人账户的法律适用意见，即一般以帮助信息网络犯罪活动罪论处。对于涉案信用卡数量巨大，同时符合妨害信用卡管理罪构成要件的，择一重罪论处。

（3）行为人出售本人办理的对公账户同时构成买卖国家证件罪和帮助信息网络犯罪活动罪的，或者行为人买卖他人对公账户同时构成买卖国家证件罪、帮助信息网络犯罪活动罪和妨害信用卡管理罪的，均属想象竞合犯，应根据案件实际情况择一重罪即买卖国家机关证件罪定罪处罚。主要理由是：对比各罪的刑罚，买卖国家机关证件罪的处罚更重。这里还涉及法定刑轻重比较需要简单说明。刑法中比较刑罚的轻重，首先，应根据具体的情节，确定不同罪名的量刑档次；其次，再比较各罪名对应的法定最高刑，法定最高刑高的属于重罪，如法定最高刑相同，则再比较法定最低刑，法定最低刑低的属于轻罪。在比较时，应先比较主刑，再比较附加刑。主刑相同时，有并处附加刑的比没有附加刑的重。结合以上方法，经对比买卖国家机关证件罪、妨害信用卡管理罪的第一档刑期和帮助信息网络犯罪活动罪的刑罚规定，各罪的法定最高刑都是3年以下有期徒刑，但买卖国家机关证件罪的附加刑有剥夺政治权利，并处罚金，相比较而言，买卖国家机关证件罪属于重罪。与此同时，买卖国家机关证件罪、妨害信用卡管理罪还存在法定刑升档的情形，如买卖国家机关证件情节严重，还可能会被判处3年以上10年以下有期徒刑，并处罚金。此时，买卖国家机关证件罪的罚金没有限额，经对比买卖国家机关证件罪仍属重罪。当然，目前“两高”并未就买卖国家机关证件罪的情节严重制定统一的标准，各省制定的文件也大都是多年前的标准，有些已经严重不符合实际的情况，如部分省份规定买卖国家机关证件，违法所得5000元以上的即为情节严重。建议各地在执法办案中审慎适用，并在适当的时机及时修订，以适应办案实际。

需要特别说明的是，从司法实践看，因犯买卖国家机关证件罪被判处的刑罚虽然一般不重，但本罪没有设置入罪门槛，导致入刑门槛低，不论情节是否严重，买卖一套即可构罪，获利数额大小也不影响犯罪成立，且对非法购买者与出售者均予追究刑事责任，故仍应加强法治宣传，尽可能减少此类案件的发生。

004 办理对公账户套件并出售行为的具体认定

当前，犯罪分子利用工商登记的便利条件，通过设立空壳公司并申请开立单位结算账户转卖牟利，严重违背了“放管服”改革初衷，此类犯罪不仅是利用空壳公司实施犯罪的前提和基础，还为诈骗、洗钱、非法集资等其他违法犯罪行为提供便利条件。实践中，对于行为人明知他人会利用对公账户套件实施信息网络犯罪，仍组织人员办理并出售工商营业执照及对公账户套件的，同时符合买卖国家证件罪和帮助信息网络犯罪活动罪的构成要件，应择一重罪处断。中介代办公司明知上述情形，仍协助办理注册及账户开立业务的，构成共同犯罪。

一、基本案情

周某某、梁某某等5人买卖国家机关证件案[①]：2020年10月至12月，被告人徐某某、钟某某、欧某某等人为谋取利益，在明知他人利用自己名义办理营业执照和对公账户系用于违法犯罪活动的情况下，仍在邹某某（另案处理）事先联系好的被告人周某某、梁某某等人的协助、带领下，办理工商营业执照、对公账户、U盾等，后以1500~2100元每套不等的价格出售给邹某某，用于实施违法犯罪活动。其中，徐某某、欧某某、钟某某等人共办理工商营业执照及对公账户套件7套。周某某、梁某某从邹某某处非法获利共计17500元。

经查实，以被告人徐某某名义办理的恩曜电子公司对公账户入账金额共计1389万余元，包含查实的诈骗金额39万元；东特家纺公司对公账户入账金额共计2353万余元，包含查实的诈骗金额41万元。以被告人欧某某名义办理的盼燕管理公司对公账户入账金额共计940万余元，包含查实的诈骗金额31万元；盼帛电子公司对公账户入账金额共计102万余元，包含查实的诈骗金额1.14万元。以被告人钟某某名义办理的润潭家具公司对公账户入账金额共计648万余元，包含查实的诈骗金额70.4万元。法院经审理认为：被告人梁某某等人犯买卖国家机关证件罪，判处有期徒刑1年至6个月不等的刑罚，适用缓刑，并处罚金。

---

① 参见江苏省南通市崇川区人民法院刑事判决书，（2021）苏0602刑初392号。

法院生效裁判认为：行为人出售的对公账户套件中包含营业执照和单位结算卡等。其中，营业执照属于国家证件，出售营业执照的行为侵犯了国家机关的正常管理活动和信誉；出售的单位结算卡被被帮助对象用于信息网络犯罪活动，侵犯了国家对正常信息网络环境的管理秩序。被告人梁某某、周某某为谋取非法利益，在明知其协助办理的工商营业执照及对公账户套件被转卖后可能会被用于信息网络犯罪活动，仍接受委托全程协助邹某某等人办理、买卖包含国家机关证件的对公账户套件 7 套；被告人徐某某、欧某某、钟某某为谋取非法利益，明知他人会利用信息网络实施犯罪，仍在无真实经营意愿的情况下，以本人名义申领营业执照、单位结算账户并出售的行为，同时构成买卖国家机关证件罪和帮助信息网络犯罪活动罪，应择一重罪，以买卖国家机关证件罪追究刑事责任。

二、案例注解

（一）设立空壳公司并出售营业执照、对公账户等套件的构成买卖国家机关证件罪

国家机关证件，是指国家机关制作、颁发的，用以证明身份、职务、权利义务关系或其他有关事实的凭证。国家机关证件具有两个基本特征：一是由国家机关在其职权范围内依法制作、颁发；二是用以证明身份、职务、权利义务关系或者其他有关事实。实践中，买卖国家机关证件罪中常见的“证件”包括营业执照、户口簿、工作证等。有观点认为，既然公司成立后可以转让，也就意味着工商营业执照可以转让，出售、出租工商营业执照的行为如果在民事上是合法的，那么则缺乏刑事可罚性。本书认为，公司的转让并不当然意味着工商营业执照的转让，转让公司需办理相应的工商登记，并重新申领营业执照。根据《市场主体登记管理条例》第 37 条的规定，任何单位和个人不得伪造、涂改、出租、出借、转让营业执照。对于营业执照遗失或者毁坏的，市场主体应当通过国家企业信用信息公示系统声明作废，申请补领。登记机关依法作出变更登记、注销登记和撤销登记决定的，市场主体应当缴回营业执照。拒不缴回或者无法缴回营业执照的，由登记机关通过国家企业信用信息公示系统公告营业执照作废。因此，为牟利而出租、出售工商营业执照的行为，属于买卖国家机关证件的行为。

根据《刑法》第 280 条的规定，买卖国家机关证件罪的入罪标准没有数量的要求，只要是伪造、变造、买卖或者盗窃、抢夺、毁灭国家机关的公文、证件、印章的，即处 3 年以下有期徒刑、拘役、管制或者剥夺政治权利，并处罚

金。另根据《市场主体登记管理条例》第 48 条第 3 款的规定，市场主体伪造、涂改、出租、出借、转让营业执照的，由登记机关没收违法所得，处 10 万元以下的罚款；情节严重的，处 10 万元以上 50 万元以下的罚款，吊销营业执照。因此，为做好行刑衔接，避免《市场主体登记管理条例》规定的行政处罚落空，在对买卖国家机关证件罪适用时，仍应该严格把握社会危害性标准。对于情节显著轻微、危害不大的，应根据《刑法》第 13 条的规定，不认为是犯罪，并建议相关机关做行政处罚。

（二）明知他人利用信息网络实施犯罪，仍出售营业执照、对公账户等套件提供帮助的，构成帮助信息网络犯罪活动罪

帮助信息网络犯罪活动罪是《刑法修正案（九）》增设的罪名，其立法目的在于实现网络犯罪利益链条中的帮助行为独立入罪①。作为《刑法》适应网络时代变化规定的新罪名，帮助信息网络犯罪活动罪虽与关联犯罪共犯在不法层面上存在交集，但在有责层面上仍具有其独特的构成要件。帮助信息网络犯罪活动罪在有责层面只要求明知他人确切或可能利用信息网络实施犯罪，不要求知道对方实施的具体犯罪类型、触犯的具体罪名，否则明知他人实施具体的犯罪，仍提供帮助的应成立共同犯罪。对于单纯将银行卡出租、出售给他人的，如仅明知系实施犯罪，但不清楚具体犯罪行为的，可适用帮助信息网络犯罪活动罪；如果存在确切的主观明知，如事先有共谋、有告知等，应适用关联犯罪共犯罪名。本案中，行为人明知他人利用信息网络实施犯罪，仍出售营业执照、对公账户等套件提供帮助，涉案账户单向流入金额均超 30 万元，查实的犯罪数额均超 3000 元，属于情节严重，构成帮助信息网络犯罪活动罪。

需要特别说明的是，作为中介人员的梁某某、周某某为谋取非法利益，在明知其协助办理的工商营业执照及对公账户套件被转卖后可能会被用于信息网络犯罪活动，仍接受委托全程协助邹某某等人办理、买卖包含国家机关证件的对公账户套件。其并非单纯的中立帮助行为，也不是单纯的商业行为，属于为他人实施犯罪行为的帮助犯。

（三）同时构成数罪时应坚持择一重罪处罚原则

行为人出售对公账户多件套，其中出售的营业执照等国家证件侵犯国家机关

---

① 参见喻海松：《网络犯罪黑灰产业链的样态与规制》，载《国家检察官学院学报》2021 年第 1 期。

的正常管理活动和信誉，出售的对公结算银行卡为被帮助对象利用信息网络犯罪活动提供帮助，侵犯国家对正常信息网络环境的管理秩序。因此，行为人出售对公账户多件套同时构成买卖国家证件罪和帮助信息网络犯罪活动罪的，属想象竞合，应根据案件实际情况择一重罪处罚。

根据目前的法律及相关司法解释和典型案例，本书认为应统一以买卖国家机关证件罪定罪处罚。买卖国家机关证件罪相较于帮助信息网络犯罪活动罪属于重罪。比较刑罚的轻重，首先比较法定最高刑，相较于帮助信息网络犯罪活动罪只有 3 年以下有期徒刑，买卖国家机关证件罪存在两档刑罚，毫无疑问构成买卖国家机关证件罪情节严重，需要适用第二档刑罚时，买卖国家机关证件罪属于重罪。在两罪同时仅达到第一档刑期时，两罪的法定最高刑都是 3 年以下有期徒刑，就要比较法定最低刑，帮助信息网络犯罪活动罪的法定最低刑是单处罚金，买卖国家机关证件罪的法定最低刑是剥夺政治权利，并处罚金。相比较而言，买卖国家机关证件罪仍属重罪，故此类案件应以买卖国家机关证件罪定罪处罚。

005 "掐卡"侵财行为的类型化认定思路

"掐卡"是断卡行动开展以来产生的一种新的犯罪手法，顾名思义就是截留、拦截已经出租、出售的银行卡内资金，具体的作案手法是行为人先利用自己的身份信息申领银行卡（一般还会办理配套的手机卡、开通手机银行、办理 U 盾等），之后将上述银行卡出租、出售或直接帮助上游犯罪分子转账，待资金进入银行卡后，再通过挂失、转账等方式，将卡内资金据为己有。由于"掐卡"侵财行为复杂、多样，实践中存在多种法律适用意见。

一、"掐卡"侵财行为的法律适用分歧

［案例一］被告人朱某明知他人利用信息网络实施犯罪，为牟取非法利益，先后向上游违法犯罪人员出售银行卡 3 套。经查，上游违法犯罪人员利用程某提供的银行卡接收资金，其中包含已查实 34 件诈骗案件被害人转入资金共计 38.2 万余元。与此同时，朱某利用持卡人①身份，通过手机绑定售出银行卡的方式，

① 本部分所称持卡人的概念与《银行卡业务管理办法》中明确的持卡人一致。根据《银行卡业务管理办法》第 28 条第 3 款的规定，银行卡及其帐户只限经发卡银行批准的持卡人本人使用，不得出租和转借。本书将租购银行卡的实际用卡人统称为"用卡人"。

实时关注卡内资金流水，待有大额资金入账后，即至银行挂失补办新卡并将钱款取现。经查，朱某非法占有资金1.35万元。朱某被法院以帮助信息网络犯罪活动罪和盗窃罪分别判处刑罚，并数罪并罚。①

［案例二］被告人农某在提供银行卡为上游犯罪转移犯罪所得过程中，产生占有银行卡内部分资金的想法，后该银行卡转入诈骗资金3万元。农某取现2万元交给上家，另将9000元转入自己控制的其他账户。法院经审理认为该“掐卡”行为系掩饰、隐瞒犯罪所得罪的手段，将该9000元作为农某的违法所得予以评价。②

上述案例是司法实务中常见的“掐卡”侵财行为类型。案例一是单纯供卡后“掐卡”，该类型的犯罪通常表现为行为人在办理银行卡后，直接出售银行卡，不参与后续的犯罪行为。只是在有资金流入后，基于持卡人身份通过挂失补卡等方式占有卡内资金。案例二是供卡并直接转移资金过程中“掐卡”，该类型的犯罪通常表现为行为人在办理银行卡后，仅将银行卡号告知上家，自己则负责具体资金的接收和转账。行为人即利用直接操作的便利，占有银行卡内资金。

关于“掐卡”侵财行为的定性，有观点认为持卡人经事先预谋，通过挂失补卡或直接转账的方式截取已出租、出售银行卡内的资金，符合以非法占有为目的，向他人虚构自己仅仅是单纯出租、出售银行卡或帮助转账，属于对自己意思的虚构和欺骗，应以诈骗罪定罪处罚；有观点认为持卡人将银行卡出租、出售后，通过挂失、转账等方式秘密将银行卡内资金取走，属于秘密窃取行为，应以盗窃罪定罪处罚；有观点认为基于持卡人的特殊身份，即便持卡人已经将银行卡出租、出售，其仍实际掌控银行卡，截留资金的行为属于侵占代为保管物，但仍可被帮助信息网络犯罪活动或掩饰、隐瞒行为所包含，无须单独评价，该“掐卡”侵财行为可作为量刑情节考量。公平正义不仅要实现，而且要以可感、可视的方式呈现，明确统一的法律适用标准即是最朴素的刑法正义观。基于行为性质决定法律适用的基本理念，有必要从行为对象、行为实质分析论证“掐卡”侵财行为，从类型化角度提出法律适用意见。

二、“掐卡”侵财的行为对象

“掐卡”侵财行为涉及的法律关系相对复杂，持卡人是法律意义上的银行卡

---

① 参见新疆维吾尔自治区尼勒克县人民法院刑事判决书，（2021）新4028刑初51号。

② 参见广西壮族自治区天等县人民法院刑事判决书，（2021）桂1425刑初10号。

所有人和存款债权的享有人；用卡人是事实层面上的银行卡占有人，是实质层面上存款债权的享有人；银行是存款占有人，而被害人基于被骗将钱转入银行卡又享有追索权。上述纷繁复杂的法律关系，给准确界定“掐卡”侵财的行为对象带来困惑。

（一）“掐卡”侵财的行为对象是存款债权

行为对象一般是指构成要件行为所作用的物、人、组织（机构）、制度等客观存在的现象。① 行为对象对行为性质和罪行轻重都有影响。根据《储蓄管理条例》第3条第1款的规定，储蓄是指个人将属于其所有的人民币或者外币存入储蓄机构，储蓄机构开具存折或者存单作为凭证，个人凭存折或者存单可以支取存款本金和利息，储蓄机构依照规定支付存款本金和利息的活动。通说认为，存款资金属于银行所有，个人基于存款合同，对银行享有债权。“存款债权在解释论上属于财物的范畴，由存款人占有。”② 当介入了出售、出租银行卡环节后，存款资金仍由银行所有，其所有权并未改变，但由于用卡人掌控了银行卡、密码或手机银行，可实际控制银行卡账户内资金，此时存款债权的实际占有人就变成了掌控银行卡账号、密码的用卡人。实践中，“掐卡”侵财行为人大都会如案例一中的朱某，实施积极的挂失补卡、取现或转账等行为，但对于实际控制银行卡并直接转账的持卡人如案例二中的农某，仅仅采取消极、不作为的止付行为，也足以让上游犯罪行为人不能再掌控该资金，进而顺利实现“掐卡”的后果。上述情形仅仅是对存款债权占有的转移，均未改变存款归银行所有的资金状态，因而“掐卡”侵财的直接行为对象不可能是存款，而只能是存款所对应的存款债权。

（二）存款债权由用卡人事实占有

“刑法上的占有以事实上的支配控制力为核心，需要按照‘实质重于形式’的原则，穿透民事法律关系的形式外观，对涉案财物的支配控制人进行认定。”③ 从规范层面判断，诈骗等犯罪案件中流入银行卡的资金应属被害人占有，但在犯罪既遂的情况下，却被上游犯罪分子实际占有。有观点认为，对该债权的行使，构成对银行的欺骗或盗窃，认为在诈骗犯骗取他人汇款后，没有共谋但知道真相的第三者“帮助”诈骗犯从银行柜台或者自动取款机中取出现金，成立诈骗罪

---

① 参见张明楷：《刑法学》（第6版），法律出版社2021年版，第210页。

② 钱叶六：《存款占有的归属与财产犯罪的界限》，载《中国法学》2019年第2期。

③ 杜邈：《以“先民后刑”思路定性“掐卡”行为》，载《检察日报》2022年9月3日，第3版。

或者盗窃罪的正犯，而不是仅成立掩饰、隐瞒犯罪所得罪。① 然而实践中，赃款（盗窃、诈骗、敲诈勒索的资金）进入持卡人银行账户，持卡人再到银行支取鲜有被评价为诈骗罪或盗窃罪的案例，一般仅以掩饰、隐瞒犯罪所得罪定罪处罚。究其原因在于，实践中用卡人通过掌控的账号、密码，实际占有存款债权，进而实现对银行存款的控制。在用卡人取款、转账，尤其是利用手机银行操作时，银行的审查仅仅体现为对账号和密码的核验，不会要求说明存款来源，也不会对存款进行其他合法性审查。换言之，即便认为存款资金系银行所有，用卡人依然可以依靠其所掌握的手机银行或账号、密码实现存款债权，非因特定情势，银行不得随意冻结账户。从这个角度来讲，存款债权在规范层面虽由被害人占有，但在事实层面上由用卡人占有和控制。

（三）刑法保护存款债权的事实占有

租售银行卡案件涉及的转入资金，虽大多为不法钱款，但基于合同的相对性仍存在存款债权。上述存款债权与赃物一样，不属于无主财物，而属于财产性利益，结合《刑法》第 92 条、第 224 条的规定，以体系解释为基本理念，可以认为包括存款债权在内的财产性利益属于“财物”，“是全体财产犯的行为对象”。侵害他人对存款债权的事实占有关系的，可能涉嫌盗窃、诈骗、侵占等犯罪。刑法保护的是对财物的占有，是所有社会财富免受非法侵犯的秩序，因而刑法对于用卡人事实占有和控制的存款债权也同样予以保护，只是本权者以及协助本权者收回（扣划）存款债权的行为，不成立犯罪。② 同时，租售银行卡行为因其低成本、高收益而泛滥，如果对于“掐卡”侵财行为不做规制，势必会引发效仿，增加此类犯罪的发生。从遏制供卡行为的价值引领和对法秩序保护的角度，对“掐卡”侵财行为有刑事处罚的必要。

三、“掐卡”侵财的行为实质

“掐卡”侵财的行为对象是存款债权，侵害的是用卡人对存款债权的事实占有。因而，“掐卡”侵财案件中，存款债权在事实层面是否发生转移占有以及发生转移占有的原因是准确适用法律的核心。

（一）存款债权的转移占有

刑法中的财产类犯罪以取得类犯罪为中心，取得类犯罪又可分为转移占有的

---

① 参见张明楷：《领取无正当原因汇款的行为性质》，载《法学》2020 年第 11 期。

② 李强：《财产犯中财产性利益的界定》，载《法学》2017 年第 12 期。

取得罪和不转移占有的取得罪，前者如盗窃罪、诈骗罪等，后者如侵占罪。而“是否打破旧的财产占有状态进而建立起新的占有”是核心区分要素。[①] 如果具体的“掐卡”行为打破了原有的占有关系，即发生了存款债权实际占有的转移，可能涉嫌盗窃罪、诈骗罪等转移占有的犯罪。例如上海市黄浦区检察院诉崔某、仇某宾、张某国盗窃案[②]中，被害人基于对银行卡密码的掌控进而实际控制并占有银行卡内资金，犯罪嫌疑人通过积极地实施挂失、补办新卡、转账等行为，实现了对涉案银行卡内钱款的控制和转移占有，构成盗窃罪。如果具体的“掐卡”行为没有打破原有的占有关系，即未发生存款债权实际占有的转移，可能涉嫌侵占罪等不转移占有的犯罪或可作为整体行为的量刑情节考量。比如案例二中，农某在供卡并直接转移资金过程中实施“掐卡”，手机、银行卡本就在农某控制之下，农某截留其中资金的“掐卡”行为并没有打破或改变原有存款债权的占有关系，因而农某等人的行为就不涉嫌转移占有的犯罪。当然，是否构成其他犯罪，还需结合有无非法占有目的、非法占有的目的产生的时间和后续的拒不归还行为综合考量。例如刑事审判参考第938号案例曹某洋侵占案[③]中，基于证据证实曹某洋在挂失银行卡时才知晓其中有50万元资金，随后产生了非法占有目的，其犯罪故意产生于控制该银行卡内资金之后，此时转移占有已完成，其拒不归还的行为构成侵占罪。

（二）存款债权转移占有的原因

对存款债权控制权发生转移占有的案件，主要的争议焦点在于盗窃罪和诈骗罪的界分。盗窃是违背被害人意志的转移占有；诈骗是被害人基于错误认识的转移占有。从被害人一方来看，盗窃罪与诈骗罪区分的关键在于被害人是否基于认识错误自愿处分财物。[④] 其中，就成立诈骗罪而言，处分行为是必要的，处分意识必要说也是值得肯定的。对于处分意识的判断只要可以确定所要处分财物的范围并能排除其他财物即可。[⑤] 对于调包或被害人对财物仍处于占有迟缓状态的，

---

① 参见钱叶六：《存款占有的归属与财产犯罪的界限》，载《中国法学》2019年第2期。

② 参见上海市黄浦区人民检察院诉崔某、仇某宾、张某国盗窃案，载《最高人民法院公报》2011年第9期。

③ 参见王德录、刘晓辉：《曹成洋侵占案》，载最高人民法院刑事审判第一、二、三、四、五庭编：《刑事审判参考》（总第95集），法律出版社2014年版，第119－122页。

④ 参见张明楷：《如何区分盗窃罪与诈骗罪》，载《人民法院报》2003年8月22日。

⑤ 参见吴光侠：《〈臧进泉等盗窃、诈骗案〉的理解与参照——利用信息网络进行盗窃与诈骗的区分》，载《人民司法》2015年第12期。

均不能认定被害人对该财物有处分意识。①

具体到租售银行卡后的“掐卡”侵财行为，存款债权由用卡人实际占有，当用卡人就是“掐卡”行为的实施人时，并不会发生存款债权实际占有的转移，更没有对存款债权占有的处分行为；当用卡人与“掐卡”行为的实施人不一致时，就会介入存款债权实际占有的转移，应视原存款债权实际占有人有无处分行为和处分意识，来区分盗窃罪和诈骗罪的适用。比如协助转账类掐卡案例中，手机、银行卡由上家操作，行为人借故将手机取回，此时根据社会一般观念，手机、银行卡还在上家的控制、占有之下，通过欺骗上家占有该银行卡及卡内资金，不能认为上家（原存款债权控制权人）有处分财物的意识。同时，即便行为人有事先预谋等欺骗行为，但其取财的关键仍是后续的秘密窃取行为，因而仍涉嫌盗窃罪。

四、类型化认定“掐卡”侵财行为的路径

基于上述分析可见，租售银行卡案件中，行为人对资金的控制是通过占有存款债权来实现的，而占有存款债权又依赖于掌控银行卡、密码，因而可以基于对银行卡的实际控制是否发生转移占有以及发生转移占有的原因来认定“掐卡”侵财行为的性质，确保相同行为得到相同处罚，确保性质更为恶劣的行为处罚更重。

一是涉案银行卡由用卡人控制，持卡人采取积极行为获取银行卡并占有其中资金的行为，涉嫌转移占有的犯罪。此类案件中，用卡人直接控制银行卡并操作转账，持卡人要么不参与，要么仅在旁提供协助，但不论何种情形，存款债权此时无疑都是由用卡人实际占有的，持卡人的“掐卡”侵财行为，破坏了原有存款债权的占有，应视破坏该占有关系的主要行为方式适用法律。例如，甲将自己的手机、银行卡均交给乙操作，用于转移诈骗犯罪所得100万元，为防止甲私自占有其中钱款，乙还安排丙看管甲。在转移过程中甲根据乙的要求提供刷脸验证，已帮助转移50万元。此时，如甲乘隙拿走自己的手机、银行卡并将其中剩余的50万元据为己有，甲宜认定为掩饰、隐瞒犯罪所得罪和盗窃罪；如甲谎称帮助乙去取现，进而拿走自己的手机、银行卡并将其中剩余的50万元据为己有，

① 参见任素贤、秦现锋：《丁晓君诈骗案》，载最高人民法院刑事审判第一、二、三、四、五庭编：《刑事审判参考》（总第108集），法律出版社2017年版，第63－68页。

甲宜认定为掩饰、隐瞒犯罪所得罪和诈骗罪。对于行为人既存在获取售卡利益或提供掩饰、隐瞒帮助，又存在利用卡主身份非法占有卡内资金两个犯罪目的，向利用信息网络实施犯罪的人员提供银行卡，既为信息网络犯罪提供资金流转、支付结算或掩饰、隐瞒等帮助，又“掐卡”侵财，分别构成犯罪的，不属于牵连犯，应数罪并罚，只是在计算犯罪数额时分别考量。

二是涉案银行卡由持卡人控制，持卡人在转移资金的过程中取出或截留其中资金的，存款债权并不因“掐卡”侵财行为而发生转移占有，对此不宜认定为转移占有的犯罪。例如，甲直接操作自己的手机银行帮助乙转移诈骗犯罪所得100万元，在转移过程中甲直接将50万元转给自己，进而据为己有，宜以掩饰、隐瞒犯罪所得100万元追究甲的责任，而不宜认为其同时构成掩饰、隐瞒犯罪所得罪和盗窃罪。对于涉案银行卡原由用卡人控制，但在使用后又归还持卡人，持卡人在重新获得银行卡控制权的情况下又实施“掐卡”的，比如挂失后再支取其中被冻结资金的，因存款债权的事实占有并未因“掐卡”而转移，此种情形也不宜认定为转移占有的犯罪，但“掐卡”侵财获利仍属于《刑法》第64条规定的“犯罪分子违法所得的一切财物”，依法应当予以追缴或者责令退赔。

综上，基于主客观相统一原则，对于“掐卡”侵财行为可得出以下类型化法律适用意见：除与上游犯罪存在事先共谋，可以上游犯罪共犯处罚的“掐卡”侵财行为外，对于其他不能认定为上游犯罪共犯的情形，可通过区分“掐卡”侵财行为是否会造成存款债权转移占有，分别认定为转移占有的犯罪（如盗窃罪或诈骗罪）和不转移占有的犯罪或情节（如侵占罪）；对于转移占有的犯罪，再根据获取存款债权占有的主要行为方式，如基于错误认识的处分、秘密窃取或自愿放弃，分别认定为诈骗罪、盗窃罪或者作为单纯的量刑情节（具体见图3－1）。

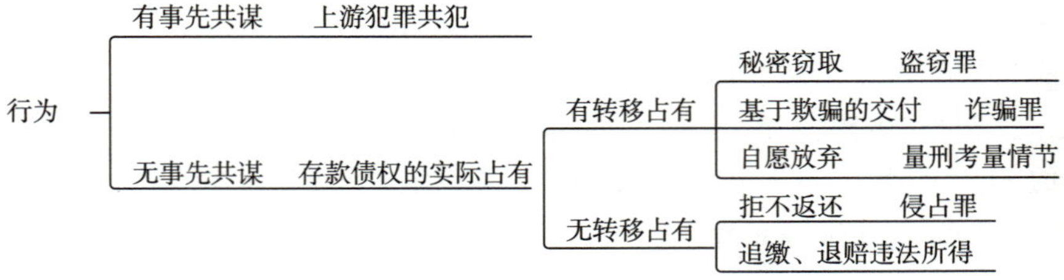

图3－1　法律适用图表

006 出售银行卡后又取走其中资金行为的具体认定

近年来，电信网络诈骗案件高发，而为电信诈骗犯罪提供支付结算帮助的“卡商”“卡农”不仅靠卖卡牟利，而且在实践中出现了“黑吃黑”的现象。在此类案件办理中，主观明知和法律适用往往存在争议。对此，本书认为明知他人利用信息网络实施犯罪，为其犯罪提供银行卡等用于收受赃款的，构成帮助信息网络犯罪活动罪。出售银行卡后利用账户所有人身份窃取卡内资金的，构成盗窃罪。基于不同目的实施数个行为的，应数罪并罚。

一、基本案情

朱某等人帮助信息网络犯罪活动、盗窃案①：该案中，朱某明知他人利用信息网络实施犯罪，仍为其犯罪提供银行卡等用于收受赃款。与此同时，朱某还在出售银行卡后利用账户所有人身份窃取卡内资金。具体的犯罪事实分述如下。

2020年9月4日，朱某在QQ群中看到有人发布收购银行卡的信息，就单独与唐某取得了联系，商量好卖一张带U盾的银行卡1200元、不带U盾的银行卡800元。2020年9月5日、9月11日，朱某先后在农业银行和建设银行办理了两张银行卡（带网银），以每张1200元的价格出售给唐某、唐某1等人，唐某带其办卡期间朱某已得知唐某等人收购银行卡是用于洗钱。后来又将自己的招商银行卡出售给唐某，并绑定微信公众号，其间朱某在微信公众号中发现自己名下的招商银行卡资金往来频繁，再次向唐某确认出售的银行卡用于网上赌博洗钱的事实。为了谋利，朱某继续办理了平安银行卡和邮政银行卡出售给唐某，前三张卡共获利3200元，后两张卡未收到钱。朱某出售银行卡涉及电信诈骗案件34起，朱某三张银行卡转账次数50次，合计金额382521.1元。2020年11月10日，朱某将名下平安银行卡注销，并将平安银行卡内的13563.34元占为己有。

法院经审理认为：被告人朱某明知他人利用信息网络实施犯罪，仍为其提供结算帮助，情节严重，其行为均构成帮助信息网络犯罪活动罪；被告人朱某明知出售的银行卡将被用于犯罪活动，其基于买卖银行卡的意思合意已经完全放弃了对银行卡及后续卡内资金的控制和占有，银行卡内资金系实际用卡人非法占有的违法所得，实际用卡人可以控制该卡和卡内资金。其主观上具有非法占有他人财

---

① 参见江苏省南通市崇川区人民法院刑事判决书，（2021）苏0602刑初303号。本案例的撰写人还有该案的承办人王美霞。

产的故意，客观上实施了违背实际用卡人意愿且在对方不知情的情况下非法占有卡内资金的秘密窃取行为，其行为均构成盗窃罪。

二、案例注解

（一）帮助信息网络犯罪活动罪的主观明知可结合客观行为予以印证

帮助信息网络犯罪活动罪由《刑法修正案（九）》增设，为全链条惩治信息网络犯罪而将帮助行为正犯化，在对该罪名的审查中可以结合客观行为认定行为人是否具有主观明知。如本案中朱某有如下行为：多次将办理的银行卡套件寄往边境地区、售卡后一周左右即挂失补办并重新出售、通过收款码或他人银行卡等方式收取售卡费用以逃避侦查。结合朱某等人的供述，可以认定其明知他人利用信息网络实施犯罪，仍为其提供银行卡套件用于支付结算。对于该罪名情节严重的认定，可以从出售银行卡套件的数量、非法所得金额、造成损失后果等方面予以考量。

（二）通过转账等方式非法占有已出售银行卡内资金的构成盗窃罪

本案中“黑吃黑”犯罪行为模式表现为：微信绑定银行卡——销售已绑定微信的银行卡（收卡人或实际用卡人的电话也“绑定”该银行卡）——通过微信得知卡内有资金进账后即通过银行卡 App 转走。上述行为在实践中存在“诈骗说”“侵占说”“盗窃说”。我们认为盗窃是指以非法占有为目的，秘密窃取公私财物的行为；诈骗是指以非法占有为目的，采用虚构事实或者隐瞒真相的方法，骗取公私财物的行为；侵占是将自己代为保管的他人财物或者他人遗忘物、埋藏物占为己有。很显然，本案并不存在遗忘物、埋藏物或交由行为人占有控制的保管物，因此首先排除侵占罪的适用。同时，依据最高人民法院指导性案例第27 号的裁判要旨，对既采取秘密窃取手段又采取欺骗手段非法占有财物行为的定性，应从行为人采取主要手段和被害人有无处分财物意识两方面区分盗窃与诈骗。本案被告人获取财物时起决定性作用的手段是盗窃，各被告人虽然采取了事先绑定微信这一欺骗手段，但是银行卡内钱款的获取，最终要依赖于被告人后续的转账行为，绑定微信只是后来取走钱款的准备行为或者先行行为；本案被害人为银行卡实际持卡人，在其收购相关银行卡后，其凭借相关套件信息，可完全掌控该银行卡，其并无将相应银行卡内转入资金交由他人处分的意思，相反为了避免被吃黑，银行卡实际持卡人往往还会采取一些反制措施，因而被害人并无财产处分的主客观要件。综上，行为人基于出售的意思表示将银行卡套件交付给他人使用，即放弃了对银行卡及卡内资金的控制和占有，之后又利用卡主身份秘密窃取由实际持卡人占有的财产，构成盗窃罪。

行为人基于获取售卡利益及利用卡主身份非法占有卡内资金的两个目的，向利用信息网络实施犯罪的人员提供银行卡套件，既存在为信息网络犯罪提供支付结算帮助，又存在吃黑部分钱款的行为，不适用牵连犯之规则，分别构罪的，应数罪并罚。“两高”新近颁布的涉“两卡”犯罪典型案例也持上述观点。

实践中，此类案件类型多样，法律适用分歧仍然较大，刘艳红教授刊发于检察日报的《电信网络诈骗“黑吃黑”：定性关键在哪里》① 以及南京检察机关联合多部门组织的研讨②等内容，均可供办案参考。

007 “断卡”行动中涉银行卡刷脸认证行为的定性③

万物互联时代，线上交易已经成为日常生活的基本方式，然而相伴而生的是网络犯罪频发。非法出租、出售“两卡”已成为电信网络诈骗犯罪及关联犯罪持续高发的重要根源。2020 年 10 月 10 日，国务院打击治理电信网络新型违法犯罪工作部际联席会议决定，在全国范围内开展以打击、整治、治理、惩戒开办贩卖“两卡”违法犯罪团伙为主要内容的“断卡”行动。“断卡”行动的开展全面“激活”了帮助信息网络犯罪活动罪等罪名的适用。银行等金融机构通过完善反洗钱监管机制从而压缩犯罪分子利用传统金融产品和服务进行洗钱的空间，洗钱犯罪分子更多地寻求以网络技术为媒介的洗钱方式。④ 常规的银行卡套件交易发展为非银行支付账户或具有支付结算功能的互联网账号密码交易，即不限于提供银行卡、手机卡、U 盾、身份证等，还存在提供非银行支付账户或具有支付结算功能的互联网账号密码，并协助刷脸认证。刷脸认证行为是作为独立的资金转移帮助行为予以评价，抑或作为提供交易账户的一部分行为予以评价在司法实践中认识不一，造成行为人提供刷脸行为的罪名适用混乱，亟待解决。有观点认

① 参见刘艳红：《电信网络诈骗“黑吃黑”：定性关键在哪里》，载《检察日报》2023 年 5 月 27 日，第 3 版。

② 中蓓整理：《108 号探案‖电诈“黑吃黑”行为的司法认定》，载微信公众号“悄悄法律人”2023 年 6 月 26 日，https://mp.weixin.qq.com/s/Cj6oq57Ox12w928Eds9H4g。

③ 本部分的共同作者还有江苏省南通市崇川区人民检察院第三检察部副主任姜依非。

④ 参见梨宜春、唐志君：《电信网络诈骗犯罪中洗钱行为分析及法律适用》，载《河北法学》2019 年第 2 期。

为即便提供了刷脸等验证行为，但按帮助信息网络犯罪活动罪处理、判处三年有期徒刑以下刑罚，已能恰当评价其社会危害性的，可定帮助信息网络犯罪活动罪；有观点认为提供账户并实施刷脸帮助行为的人，对于资金性质和犯罪数额往往有更明确的认识，可以定掩饰、隐瞒犯罪所得、犯罪所得收益罪；有观点认为对于行为人向他人出售、出租银行卡后，在明知是犯罪所得及其收益的情况下，为配合他人转账、套现、取现提供刷脸等验证服务的，同时构成两罪，应择一重处，以掩饰、隐瞒犯罪所得、犯罪所得收益罪认定；还有观点认为行为人向他人出售、出租银行卡即构成帮助信息网络犯罪活动罪，之后又提供刷脸等验证服务的，同时构成掩饰、隐瞒犯罪所得、犯罪所得收益罪，应数罪并罚。[①] 经检索裁判文书网，2019 年以来存在刷脸认证情形的案件中，228 件以帮助信息网络犯罪活动罪定罪处罚，138 件以掩饰、隐瞒犯罪所得、犯罪所得收益罪定罪处罚，有 2 件以两罪数罪并罚。

定性混乱的原因是未能辨析刷脸技术的法律属性。刷脸行为，就犯罪形式而言是新问题，但就犯罪构成来讲依然是解释问题。笔者认为，主客观相一致的审查思路是准确认定两卡案件中刷脸行为法律适用的钥匙。在违法层面上，应明确刷脸行为的作用、功能；在有责层面上，应明确行为人明知的内容。通过将客观不法和主观有责进行有机结合，进而从主客观相一致的角度综合考量、认定罪名。

一、“断卡”行动中涉银行卡刷脸行为定性分析的前提

“断卡”行动中涉银行卡刷脸行为的罪名适用需要明确两个前提：一是“两卡”案件场景中刷脸的功能；二是帮助信息网络犯罪活动罪与掩饰、隐瞒犯罪所得、犯罪所得收益罪的界限。

（一）刷脸的认证与识别功能

人脸在法律上长期以来仅具有肖像权的私法意义，在互联网时代则被大规模数据化，成为一种认证口令、敏感的个人信息和数字经济的生产资料。[②] 在互联

---

① 参见悄悄法律人：《首期实务刑法论坛研讨实录》，载中国检察官网 2022 年 1 月 29 日，http：//zgjcgw. com/html/newmedia/2022/0129/9838. html。

② 参见胡凌：《刷脸：身份制度、个人信息与法律规制》，载《法学家》2021 年第 2 期。

网时代，作为生物特征识别之一的人脸识别技术逐渐推动一场“身份认证的革命”。[①] 原中国银保监会明确指出，可通过“银行预留信息核实、人脸识别、人工核验方式”“设置有效的身份识别机制”。[②] 刷脸已经与账号密码、数字签名、人工核验等多种方式共同发挥着身份识别机制的作用。2021 年 7 月发布的《最高人民法院关于审理使用人脸识别技术处理个人信息相关民事案件适用法律若干问题的规定》（法释〔2021〕15 号），明确将刷脸纳入生物识别信息保护的范畴。

刷脸作为伴随技术开发而产生的生物信息认证阶段之一，具备对网络中的通信实体进行身份确认的功能，包括身份识别和认证，即确定某个个体是否有资质和权利使用某种服务，验证“你是谁”；在确定资格的基础上通过同一账号对用户的行为数据进行累计和分析，证明“你是你”。[③] 在“断卡”案件的场景中，往往存在多种刷脸行为，从功能上看，主要有以下三种：一是账户识别。银行等金融机构及第三方支付等非金融机构，通过刷脸确定操作人系该账户的真实权利人，有权通过登录账户进行查询、绑定、转账等交易。二是安全认证。银行等金融机构及第三方支付等非金融机构通过累计和分析转账信息，基于安全策略，为认证系享有特定资质的主体亲自进行交易，要求使用人在刷脸认证后方有权继续交易。三是转账交易。对特定个体进行身份认证后，授权刷脸认证作为更为便捷的支付方式，即将刷脸代替密码或验证码，进而完成转账、付款。

（二）帮助信息网络犯罪活动罪与掩饰、隐瞒犯罪所得、犯罪所得收益罪的实质界分

从司法实践看，网络犯罪越来越呈现链条化，分工也越来越精细。要将整个犯罪链条一举摧毁，尤其抓获链条顶端实施网络诈骗、洗钱、开设赌场等犯罪的人，往往比较困难，容易及时抓获的是贩卖“两卡”人员，特别是卡农（“两卡”开卡人，最底层的出售银行卡人员）。在整个犯罪链条中，开卡人距离上游犯罪实行行为较远，往往与被帮助对象缺少意思联络，具有相对独立性。法律适用以帮助信息网络犯罪活动罪或者掩饰、隐瞒犯罪所得、犯罪所得收益罪为主。

---

① 参见邱建华等编著：《生物特征识别：身份认证的革命》，清华大学出版社 2016 年版，第 1－3 页。

② 参见韩旭至：《刷脸的法律治理：由身份识别到识别分析》，载《东方法学》2021 年第 5 期。

③ 参见胡凌：《刷脸：身份制度、个人信息与法律规制》，载《法学家》2021 年第 2 期。

结合2021年6月最高人民检察院、教育部联合编发的《在校学生涉“两卡”犯罪典型案例》，一般认为在不存在与上游犯罪通谋的情况下，单纯提供银行卡或套件的，可以考虑认定帮助信息网络犯罪活动罪；明知是犯罪所得及其收益，不仅提供自己或他人的银行卡，还实施了套现、转账、取款等行为的，可以考虑认定掩饰、隐瞒犯罪所得、犯罪所得收益罪。

由于刷脸行为的介入，实践情形更为复杂，准确适用帮助信息网络犯罪活动罪或者掩饰、隐瞒犯罪所得、犯罪所得收益罪，关键在于如何准确把握两罪的实质界分。从构成要件上分析，两罪名存在以下不同：

1. 对应的“上游犯罪”不同

一是上游犯罪的种类不同。掩饰、隐瞒犯罪所得、犯罪所得收益罪对应的“犯罪”系洗钱罪上游七类犯罪以外的其他罪名；帮助信息网络犯罪活动罪的上游犯罪是利用信息网络实施的犯罪。两者有交叉但又有区别。实践中，关于两罪的上游犯罪是否包括掩饰、隐瞒犯罪所得、犯罪所得收益罪存在分歧，对此笔者均持肯定意见。理由在于掩饰、隐瞒犯罪所得、犯罪所得收益罪同样会产生犯罪所得和犯罪所得收益，故可成为掩饰、隐瞒犯罪所得、犯罪所得收益罪的上游犯罪；掩饰、隐瞒犯罪所得、犯罪所得收益罪作为独立罪名，同样存在实行行为，也同样应当存在帮助行为，故可以成为帮助信息网络犯罪活动罪的上游犯罪。

二是“上游犯罪”形态不同。“犯罪所得及其产生的收益”中的“犯罪”应是已经既遂或者虽然未遂但已经终结的犯罪。① “明知他人利用信息网络实施犯罪”中的“犯罪”没有形态限制，行为人可以在被帮助对象犯罪的准备阶段或者犯罪行为实施过程中提供帮助，也可以在掩饰隐瞒犯罪所得过程中提供帮助。实践中，有分歧意见认为，诈骗罪既遂后再提供帮助的，不成立帮助信息网络犯罪活动罪②，对此笔者持不同观点。虽然帮助信息网络犯罪活动罪的设定缘由是基于帮助行为正犯化，帮助行为又依赖于实行行为存在，但这并不意味着上

---

① 参见张明楷：《掩饰、隐瞒犯罪所得、犯罪所得收益罪的构成要件》，载《民主与法制》2021年第43期。

② 如2022年1月18日刊发于《检察日报》的文章《帮助信息网络犯罪活动罪的司法适用误区》中指出：帮助信息网络犯罪活动罪只能形成于上游犯罪既遂之前，而掩饰、隐瞒犯罪所得、犯罪所得收益只能形成于上游犯罪既遂之后。以既遂与否作为分水岭，提供银行卡、收款码等帮助行为是在上游诈骗等犯罪既遂之前还是之后产生并发挥作用力是判断帮助信息网络犯罪活动罪与掩饰、隐瞒犯罪所得、犯罪所得收益罪的根本标准。

游诈骗罪既遂后，一定排斥帮助信息网络犯罪活动罪的成立。因为，对诈骗所得进行转移、隐匿的过程可能涉及新的罪名即掩饰、隐瞒犯罪所得、犯罪所得收益罪，会存在新的犯罪实行行为。而且一概排斥帮助信息网络犯罪活动罪的适用，会造成此类情形适用刑罚更重的掩饰、隐瞒犯罪所得、犯罪所得收益罪，造成对仅事后提供帮助的处罚相较于在事前或事中就提供帮助的处罚更轻的现象，不符合罪责刑相适应原则。

三是“犯罪”的认定不同。掩饰、隐瞒犯罪所得、犯罪所得收益罪对应的“犯罪”指客观上引起了侵害法益的结果，符合客观犯罪构成的行为，即便不法行为人未到案、未依法裁判或者未达到刑事责任年龄不予追究刑事责任等不影响本罪的认定。而帮助信息网络犯罪活动罪除了有上述特性外，还因为在网络犯罪中，由于可以针对多个甚至无数个不特定的对象提供帮助，帮助行为的实际作用可能远远大于单个的正犯行为，① 为体现立法本意，作为例外规定，2019 年《办理非法利用信息网络、帮助信息网络犯罪活动案件解释》第 12 条第 2 款规定因为客观条件所限无法完全查明正犯行为是否已经达到犯罪的程度的，数额标准达到 5 倍或者造成特别严重后果的可以入罪。该条规定实际上对“犯罪”作了扩大解释，以便更好地应对当下犯罪日益分工细化、进而形成利益链条的现状。②

2. 明知的对象、程度不同

“明知”的含义包括“知道”和“应当知道”两种形式，这在我国的一系列司法解释中已经形成惯例。③ 实践中，提供银行卡流转资金的行为往往链条较长，有些银行卡被用作一级卡，直接接收被害人资金；有些作为二级卡、三级卡等仅用于流转资金、洗钱。行为人在提供银行卡时或之后，往往不清楚上游犯罪的具体犯罪行为和实施阶段。对帮助信息网络犯罪活动罪和掩饰、隐瞒犯罪所得、犯罪所得收益罪中行为人“明知”的理解应显著区别于现行相关司法解释中规定的片面共犯，需要明确知悉实施犯罪的行为人具体实施了哪些违法犯罪行为。④ 两罪均不要求行为人对被帮助人具体实施何种犯罪、如何实施犯罪有主观

---

① 参见王昭武：《共犯最小从属性说之再提倡——兼论帮助信息网络犯罪活动罪的性质》，载《政法论坛》2021 年第 2 期。

② 参见喻海松：《新型信息网络犯罪司法适用探微》，载《中国应用法学》2019 年第 6 期。

③ 参见王新：《我国刑法中“明知”的含义和认定——基于刑事立法和司法解释的分析》，载《法制与社会发展》2013 年第 1 期。

④ 参见刘艳红：《网络犯罪帮助行为正犯化之批判》，载《法商研究》2016 年第 3 期。

方面的准确认知。但两罪的“明知”在对象和程度上也存不同。帮助信息网络犯罪活动罪要求行为人明知被帮助对象系“利用或可能利用信息网络实施犯罪”；掩饰、隐瞒犯罪所得、犯罪所得收益罪则进一步要求行为人明知转移的是“犯罪所得及其产生的收益”，且行为人应当对资金性质和犯罪数额有相对明确的认知。当然，对两罪具体“明知”的证明方式均为结合交易方式、交易价格、行为人的认知能力、有未受过处理等进行综合评判。

3. 行为的实质不同

掩饰、隐瞒犯罪所得、犯罪所得收益罪和帮助信息网络犯罪活动罪之所以规定不同的法定刑，原因在于掩饰、隐瞒犯罪所得、犯罪所得收益罪对上游犯罪的帮助更多、更为直接，社会危害性也更大。一方面，掩饰、隐瞒犯罪所得、犯罪所得收益罪的对象只能是犯罪所得及其收益；帮助信息网络犯罪活动罪中支付结算行为的对象还包括其他和网络犯罪有关的资金，比如诈骗团伙向被害人转账的“返利”资金、支付境外服务器的租赁费用，开设赌场罪中赌客上分的赌资等，这些都很难被认定为犯罪所得或收益。另一方面，掩饰、隐瞒犯罪所得、犯罪所得收益罪的客观行为违法性更强，需要有“窝藏、转移、收购、代为销售或者以其他方法掩饰、隐瞒”等积极违法行为，要达到足以对犯罪所得或收益起到掩饰、隐瞒的效果；帮助信息网络犯罪活动罪的客观行为违法性相对较弱。在“断卡”类犯罪案件中，行为人大都表现为单纯提供银行卡或账户，不参与转账等犯罪资金的直接流转，更不要求对资金进行掩饰或隐瞒。

二、刷脸行为的类型及刑事规制

对刷脸行为的事实及规范进行实质解释、类型化的分析，根据行为人的主观明知及其实施的具体行为，坚持主客观相一致的审查原则，分层次、递进式分析考察，诸多争议可迎刃而解。根据前文分析，我们可以将开卡人刷脸行为分为账户识别型、安全认证型、转账交易型三大类型。

（一）账户识别型

［案例一］刘某帮助信息网络犯罪活动案①：刘某为牟利，先将其本人实名开户的银行账户与手机号码绑定，再通过其正反面身份证照片及刷脸认证，将该银行卡与其支付宝账号绑定，后将上述银行卡、支付宝账号出售给上线。上线将

① 参见福建省龙岩市中级人民法院刑事判决书，(2020) 闽08刑终210号。

刘某提供的银行卡及支付宝账户用于网络赌博犯罪活动，供赌博玩家、下线代理进行赌博资金结算，支付结算金额累计9350万余元。刘某获取非法所得2600元。

该案可以从不法和有责两个层面进行考察：在不法性层面，刘某实施了向上游犯罪分子提供银行卡和支付宝账号的行为，导致被大量用于网络赌博资金支付结算。其间虽存在刷脸行为，但该刷脸行为仅依附于将银行卡绑定在支付宝账号上，并不足以对该账号中流转的资金来源、去向起到直接的掩饰、隐瞒作用，其行为仍属于帮助行为，不属于上游犯罪或掩饰、隐瞒犯罪所得、犯罪所得收益罪的实行行为。在有责性层面，刘某明知出卖自己实名认证的支付宝账号和实名开户的银行卡可能被他人用于信息网络犯罪活动，仍违反国家禁止买卖银行卡和个人信息的规定出卖给他人，但不存在与他人通谋的情形。综上，刘某的行为不构成上游犯罪的共犯，不构成掩饰、隐瞒犯罪所得、犯罪所得收益罪；鉴于其提供的账户被他人用于网络赌博犯罪活动赌资结算，数额远超帮助信息网络犯罪活动罪的追诉立案标准，故本案应以帮助信息网络犯罪活动罪定罪处罚。

（二）安全认证型

［案例二］王某帮助信息网络犯罪活动案①：王某通过网络与上家认识，上家要求其提供银行卡用于转账，并承诺每转账100万元支付报酬3000元。上家驾车将王某带到偏僻处，在车上王某先后将三张本人的银行卡、手机、身份证交给对方转账共计250万余元。经查，8名电信网络诈骗案被害人转入钱款共计14万余元。转账过程中王某有刷脸认证，王某共获利7500元。

该案可以从不法和有责两个层面进行考察：在不法性层面，王某实施了提供银行卡、手机等行为，期间存在的刷脸行为主要作用是账户认证，即通过刷脸确保频繁交易的账户系有交易资格的主体以真实身份进行交易的，刷脸认证后方可有资格继续交易。该种刷脸认证类似于账户绑定认证，为的是让账户能够继续进行交易。虽然认证的结果是使得后续资金可以正常转移，但该刷脸认证行为依然是帮助行为，同样不属于上游犯罪或掩饰、隐瞒犯罪所得、犯罪所得收益罪的实行行为。在有责性层面，应坚持主客观相一致的审查原则。本案中，账户、手机等均由上家控制、交易由上家进行操作，王某仅根据上家要求适时对账户进行刷脸认证，王某也不存在与他人通谋的情形。鉴于王某明知他人利用信息网络实施

---

① 参见广东省深圳市宝安区人民法院刑事判决书，（2021）粤0306刑初3595号。

犯罪，仍为其提供银行卡等帮助支付结算，情节严重，其行为构成帮助信息网络犯罪活动罪。

（三）转账交易型

［案例三］纪某掩饰、隐瞒犯罪所得案[①]：纪某明知他人借用其银行卡可能用于信息网络违法犯罪活动，仍先后将其本人的5张银行卡、个人微信账号和绑定银行卡的手机提供给他人使用，并在明知所转移的系犯罪所得赃款的情况下，在他人利用其提供的银行卡账户及其手机银行接收、转移款项时提供转账刷脸认证，致使转入其银行卡账户的资金被转移。纪某提供的银行卡共结算资金127万余元，其中包含已查实的31万元诈骗资金，经其刷脸认证后被转移至其他账户。

该案可以从不法和有责两个层面进行考察：在不法性层面，纪某直接实施了通过刷脸转移犯罪所得的行为。一方面，纪某通过刷脸认证转移的是犯罪所得。一般而言，电信网络诈骗案件中，被害人钱款一旦进入行为人提供的账户，即破坏了被害人对财物的合法占有状态，造成了被害人的财产损失，侵害了被害人的财产法益。同时，非法占有并不要求行为人本人占有，也包含通过第三人占有。[②] 故被害人钱款进入行为人提供的账户后，行为人已经实现了对相关钱款的占有。对下游转移人员而言，该资金属于上游的犯罪所得。另一方面，纪某实施的交易型刷脸认证行为属于转移犯罪所得的行为。本案中，纪某提供多张银行卡、微信账号及手机号给上家，频繁、多次刷脸认证将诈骗资金拆分转移至其他账号。纪某的刷脸认证行为已不同于前两种类型中的身份识别、安全认证等帮助行为，而是直接实施了对钱款的转账，能够起到对犯罪所得进行掩饰、隐瞒的直接效果，属于掩饰、隐瞒犯罪所得、犯罪所得收益罪的实行行为。在有责性层面，纪某明知（或明知可能）是犯罪所得或其收益。本案中，纪某提供多张银行卡、微信账号，提供刷脸认证帮助他人频繁转账，且转账分流至多个不同账户的行为，可以认定纪某的主观明知。由于网络犯罪案件链条化、产业化，行为人提供银行卡时或之后，往往不清楚也不关心上游犯罪的具体犯罪行为和实施阶段。司法实践中，常按照银行卡的客观用途来确定行为性质，这符合概括故意的性质特点，并非客观归罪。鉴于纪某明知系犯罪所得或收益，仍实施了刷脸认证、转账行为，其行为构成掩饰、隐瞒犯罪所得、犯罪所得收益罪。基于罪名的

---

① 参见浙江省绍兴市柯桥区人民法院刑事判决书，（2021）浙0603刑初912号。

② 参见张明楷：《刑法学》，法律出版社2016年版，第1004页。

适用逻辑[①]，在构成掩饰、隐瞒犯罪所得、犯罪所得收益罪的情况下，一般不应再考虑是否构成帮助信息网络犯罪活动罪。

三、结语

互联网时代，对于行为人刷脸行为的刑事规制，应当在明晰刷脸行为类型、功能的基础上，区分实行行为和帮助行为，在不法性和有责性层面，运用主客观相一致的方法审查，综合认定。首先，上游犯罪正在进行、尚未既遂或资金非犯罪所得及其收益，即便为其提供刷脸行为的，也排斥掩饰、隐瞒犯罪所得、犯罪所得收益罪的适用；其次，上游犯罪已然既遂且资金系犯罪所得及其收益的，还应结合刷脸行为的作用及功能，区分犯罪的实行行为和帮助行为，如刷脸属于账户识别型、安全认证型等犯罪帮助行为的，在不存在事前通谋的情况下，基于帮助行为正犯化的法律规定，原则上应适用正犯化后的罪名，宜认定为帮助信息网络犯罪活动罪；如刷脸属于转账交易型等犯罪实行行为的，在不存在事前通谋的情况下，应直接以实行行为构成的犯罪予以认定，即宜认定为掩饰、隐瞒犯罪所得、犯罪所得收益罪。

008 “跑分”行为的法律适用

随着网络支付结算的快速发展，第三方、第四方支付等已成为现代生产、生活的必要工具。2022 年第一季度银行共处理网上支付业务 235.70 亿笔，金额 585.16 万亿元，同比分别增长 4.60% 和 5.72%；移动支付业务 346.53 亿笔，金额 131.58 万亿元，同比分别增长 6.24% 和 1.11%；非银行支付机构处理网络支付业务 132313.28 亿笔，同比增长 4.85%，金额 84.41 万亿元，同比下降 2.38%[②]。与此同时，“跑分”作为重要的网络黑灰产，借助网络新技术手段，为信息网络犯罪特别是网络赌博、电信网络诈骗等违法犯罪活动提供资金支付，严重破坏网络安全与资金安全，成为重点打击对象。

---

① 对断卡类案件而言，帮助信息网络犯罪活动罪、掩饰、隐瞒犯罪所得、犯罪所得收益罪、诈骗罪天然的存在优先适用的关系。根据罪名的逻辑关系，应优先适用正犯的罪名，即诈骗罪，其次为掩饰、隐瞒犯罪所得、犯罪所得收益罪，最后才考虑帮助信息网络犯罪活动罪。

② 《中国人民银行支付结算司 2022 年第一季度支付体系运行总体情况》，载中国人民银行网 2022 年 8 月 2 日，http：//www.pbc.gov.cn/goutongjiaoliu/113456/113469/4621677/index.html。

一、“跑分”的运作模式

“跑分”是一系列行为的统称，实践中也叫“跑分平台”，是指行为人以通过银行通道以及第三方、第四方支付平台等手段，非法提供支付结算业务。“跑分”往往是电信网络诈骗、网络及境外赌博等犯罪团伙套取、漂白违法犯罪资金的“通道”。

实践中，“跑分”方式多种多样，特别是虚拟货币的加入，让“跑分”更具隐蔽性。比如泰达币（USDT）号称严格按“美元本位”发行，每发出一个USDT，都会有1美元存在银行账户，稳定币也因此得名。自出现以来，USDT交易额长期处于全球逾千种数字加密货币交易量的前列，并逐渐取代比特币成为洗钱的主要渠道。有的“码农”接单后用赌客充值的资金去购买USDT，将USDT全部汇集到一个资金池后，再从资金池转出，用于购买“跑分平台”的积分，这样赌资经混同后完成了“洗白”。常见的跑分方式还有利用网络话费充值、游戏充值等方式，如赌博网站承诺只收50元但可以通过充值话费支付100元给“跑分平台”，在赌客需要“上分”时，赌博网站将充值100元话费的链接给赌客，赌客完成充值后，“跑分平台”通过“码农”或一些不法电商将话费层层转包，以95元将该100元话费出售给真实需要充值话费的客户，之后通过“跑分平台”支付给赌博网站50元，以此完成“跑分”全过程。

办案实践中，应注意穿透式地看待资金流转行为，对通过虚拟货币或类似话费充值等进行资金“洗白”的，需要司法人员从资金流转方式与资金性质转变等多方面分析其特点，准确定性。

二、“跑分平台”可能涉及的罪名

“跑分平台”又称非法“第四方支付平台”，是指专门为网络非法支付结算而搭建的群组、网站或App根据上家非法支付结算需求，通过众包方式向下家租用资金账户分流，以实现非法支付结算资金的目的。“跑分平台”涉及的资金非常复杂，最初以网络赌博资金为主，之后发展为混杂了电信网络诈骗、毒品等犯罪资金。最新的办案实践显示，一些外贸商户尤其是很多家庭作坊类的小商户由于自身没有进出口资质，也会通过“地下钱庄”“跑分平台”等作为收汇途径。[①] 因此，设立“跑分平台”行为人可能涉及以下罪名。

（一）非法经营罪

如林某甲等非法经营案[②]：林某甲以杭州某智能科技有限公司名义，在未获得支付结算业务资质的情况下，伙同林某乙、张某等人，以支付宝、微信等第三方支付平台为接口，自建非法“第四方支付”系统。林某甲等人通过向他人收买、要求本公司员工注册等方式收集大量无实际经营业务的空壳公司资料（包括工商资料、对公银行账户、法人资料等），利用上述资料在支付宝、微信等第三方支付平台注册数百个公司支付宝、微信等账户，再将上述账户绑定在其自建的支付平台上，实现资金的非法支付结算。上述非法“第四方支付”系统与境外赌博网站联通，协助资金支付转移。赌客在赌博网站点击充值后，赌博网站即向该系统发送指令，系统随机调用已接通的空壳公司支付宝、微信等账户，与赌客间生成一笔虚假商业交易（如购买电子书等），并给赌客发送收款码。赌客扫描收款码支付赌博资金，资金直接进入空壳公司支付宝、微信等账户，再转移到空壳公司的对公银行账户，经过层层转账后，最终转入赌博平台实际控制的账户。林某甲等人以上述方法为境外赌博网站等非法提供资金支付结算服务，结算金额共计人民币46亿余元。被告人林某甲等人违反国家金融管理制度，进行非法支付结算，构成非法经营罪。法院以非法经营罪判处被告人林某甲有期徒刑12年6个月，并处没收财产人民币5000万元，对林某乙、张某等其他7名被告人分别判处有期徒刑2年至7年不等，并处罚金人民币5万元至700万元不等。

从本质上看，“跑分平台”首先是“非法从事资金支付结算业务”，属违反金融管理制度，以表面正常的商业交易等并依托第三方支付平台，利用其自身收集或通过平台“会员”的支付账户，进行非法支付结算，本身就具有严重破坏金融管理秩序、威胁金融安全的性质。根据2019年《最高人民法院、最高人民检察院关于办理非法从事资金支付结算业务、非法买卖外汇刑事案件适用法律若干问题的解释》第1款中的规定，“使用受理终端或者网络支付接口等方法，以虚构交易、虚开价格、交易退款等非法方式向指定付款方支付货币资金的”行

---

① 参见《银行卡大量冻结冲击外贸，网传义乌警方公开信：拒绝过度执法、选择性执法》，载百家号2021年4月1日，https：//mr. mbd. baidu. com/r/Wmiaqs9CzS？f = cp&u = 4c41232f9d15c5b2。

② 最高人民检察院：《充分发挥检察职能　推进网络空间治理典型案例》，载微信公众号“最高人民检察院”2021年1月25日，https：//mp. weixin. qq. com/s/R0IJyGPurLYOIo1V0ZDMaQ。

为，属《刑法》第225条第3项“未经国家有关主管部门批准非法经营证券、期货、保险业务的，或者非法从事资金支付结算业务的”行为，构成非法经营罪。

（二）上游犯罪的共同犯罪

如赵某等开设赌场案①：被告人赵某、王某等人搭建“百分付”平台，为威尼斯人、顺洋、银河等境外赌博平台进行资金结算，并按比例获利。其中赵某负责联系菲律宾赌博平台和找技术人员搭建“百分付”平台，王某负责管理“客服”与“卡商”，被告人黄某伟等“卡商”利用所持有的大量银行卡利用“百分付”等平台完成对玩家赌资的结算。各被告人通过“纸飞机”等聊天软件互相联络，并在与赌博平台工作人员取得联系后，将赌场待支付的赌资通过“卡商”所持有的大量银行卡利用“百分付”等平台完成对玩家赌资的结算。“百分付”平台为境外赌场提供资金结算合计87156笔，结算资金总额合计159950402.66元，参赌人员打款赌资账号合计17248个。法院判决被告人赵某、王某犯开设赌场罪，判处有期徒刑7年，并处罚金人民币500000元；黄某伟等有期徒刑2年10个月至6个月不等，并处罚金110000元至50000元不等。

根据《办理网络赌博犯罪案件意见》的规定，“明知是赌博网站，而为其提供下列服务或者帮助的，属于开设赌场罪的共同犯罪，依照刑法第三百零三条第二款的规定处罚……（二）为赌博网站提供资金支付结算服务，收取服务费数额在1万元以上或者帮助收取赌资20万元以上的……”，以及《电诈意见（一）》，“明知是电信网络诈骗犯罪所得及其产生的收益，以下列方式之一予以转账、套现、取现的……实施上述行为，事前通谋的，以共同犯罪论处”。如“跑分平台”与所支付结算资金的电信网络诈骗、开设赌场等上游犯罪有共同故意，或明知是电信网络诈骗、网络赌博等仍提供支付结算的，可以构成开设赌场罪或诈骗罪的共犯。

（三）掩饰、隐瞒犯罪所得、犯罪所得收益等犯罪

“跑分平台”在实施非法支付结算过程中，知道资金为赌博、诈骗等犯罪所得或犯罪所得的收益，仍提供支付结算的，可能构成掩饰、隐瞒犯罪所得、犯罪所得收益罪。另外，由于“跑分平台”在支付结算过程中，会实施收购使用他人信用卡，或窃取、收买信用卡信息等行为，可能构成妨害信用卡管理罪或窃

---

① 参见辽宁省朝阳市中级人民法院刑事裁定书，（2021）辽13刑终473号。

取、收买、非法提供信用卡信息罪。

（四）同时构成的，应从一重处罚

1. 想象竞合

想象竞合是指一个行为触犯数个罪名的情况，一般原则是从一重处罚。实践中，行为人设立“跑分平台”有的为诈骗或者赌博提供资金支付结算，有的无论资金来源而提供资金支付结算非法牟利，但无论行为人设立“跑分平台”的目的如何，“跑分平台”提供非法支付结算是一个行为，根据行为人的目的、与上游犯罪的关系可能还同时触犯如诈骗罪、开设赌场罪以及掩饰、隐瞒犯罪所得、犯罪所得收益罪等，应按想象竞合的处理原则从一重处罚。

林某甲等非法经营案中，侦查机关以林某甲等人涉嫌开设赌场罪移送审查起诉，检察机关经审查后认为林某甲等人的行为同时构成开设赌场罪和非法经营罪，按照想象竞合从一重处断的原则，应当以处罚较重的非法经营罪追究刑事责任。其中，林某甲明知赌博网站仍为其提供非法支付结算，可以认定为开设赌场的共犯，林某甲在共同犯罪为境外赌博网站提供支付结算金额 46 亿余元，根据《办理网络赌博犯罪案件意见》的规定，帮助收取赌资 100 万元的为“情节严重”，应以开设赌场罪处 5 年以上 10 年以下有期徒刑，并处罚金；同时，林某甲提供非法支付结算的行为，根据《最高人民法院、最高人民检察院关于办理非法从事资金支付结算业务、非法买卖外汇刑事案件适用法律若干问题的解释》的规定，非法经营数额在 2500 万元以上的为“情节特别严重”，应以非法经营罪处 5 年以上有期徒刑，并处违法所得 1 倍以上 5 倍以下罚金或者没收财产。本案中林某甲提供非法支付结算金额达 46 亿余元，最后法院以非法经营罪判处林某甲有期徒刑 12 年 6 个月，并处没收财产人民币 5000 万元，体现罪责刑相适应的原则，即林某甲的行为同时构成开设赌场罪与非法经营罪，最后以从一重处罚原则以非法经营罪对其定罪处罚。

赵某等开设赌场案中，赵某等人设立“跑分平台”的行为与案例一中林某甲的行为相当，只是在非法经营数额上为近 1.6 亿元，如以非法经营罪认定难以判处 10 年以上有期徒刑，故根据赵某等人的行为目的系为境外赌博网站提供支付结算，认定赵某等为开设赌场的共犯是正确的。

2. 牵连犯

牵连犯是指犯罪的手段行为或结果行为，与目的行为或原因行为分别触犯其他罪名的情况。[①] 刑法总则没有明文规定牵连犯的处罚原则，刑法理论一般认为，对牵连犯应从一重处罚或从一重从重处罚。[②]

对“跑分平台”为实施支付结算行为而实施收购使用他人信用卡，或窃取、收买信用卡信息等行为，属为实施非法支付结算的手段行为，其目的行为是为实施非法结算或上游的共同犯罪。因目的行为的非法经营罪、诈骗罪、开设赌场罪的处罚往往重于妨害信用卡管理罪或窃取、收买、非法提供信用卡信息罪，故以非法经营罪等一罪而不数罪并罚。如《办理跨境赌博意见》规定，“为赌博犯罪提供资金、信用卡、资金结算等服务，构成赌博犯罪共犯，同时构成非法经营罪、妨害信用卡管理罪、窃取、收买、非法提供信用卡信息罪、掩饰、隐瞒犯罪所得、犯罪收益罪等罪的，依照处罚较重的规定定罪处罚”。

实践中要注意的是，如对行为人实施非法支付结算等行为未能认定其数额的，难以认定行为人构成非法经营罪或上游共同犯罪，但能够查证行为人有实施收购使用他人信用卡，或窃取、收买信用卡信息等行为，则应以妨害信用卡管理罪或窃取、收买、非法提供信用卡信息罪定罪处罚。

三、“码农”可能涉及的罪名

“跑分平台”要完成支付结算业务，往往需要大量招募人员以提供支付结算工具如信用卡、第三方支付账号等完成整个非法支付结算过程，被招募的“跑分”行为人即俗称的“码农”。如果把“跑分平台”比作心脏，那么“码农”就是血管，共同支撑着非法支付结算资金的循环。

（一）“码农”参与的行为模式

“码农”是“跑分平台”所招募的会员，为“跑分平台”通过以第三方、第四方支付或信用卡等支付结算方式转移资金。“跑分平台”招募“码农”大多以类似网络传销的形式，介绍人就是“会员”的上级，再发展会员可以赚取相应比例的佣金。“码农”加入跑分平台注册时需要上传本人的支付宝、微信收款二维码，还需要向“跑分平台”充值相应的押金，一般不超过 5 万元。会员一般是从 QQ 群、微信群等网络平台招聘的兼职人员。

“码农”在“跑分”中的作用，以为境外赌博网站“跑分”为例：境外赌

---

① 参见张明楷：《刑法学》（第 6 版），法律出版社 2021 年版，第 651 页。

② 参见张明楷：《刑法学》（第 6 版），法律出版社 2021 年版，第 652 页。

博网站会将充值信息推给“跑分平台”，一般“跑分平台”采取类似网约车抢单，在平台上发布信息，“码农”可以抢单，抢单金额的上限为“码农”在平台上押金的数额。当会员成功抢单后，赌客将赌资通过二维码等方式转账至“码农”，“码农”再将赌资流转至指定账户，一般来说这个过程会将资金拆分并多级转账，目的是混同资金既可“洗白”又让资金难以追查。虽然理论上网络或者银行资金流转再多也能追踪，但随着一些新型“跑分”方式特别是将资金转为虚拟货币，或转成电话充值、游戏充值等，使“跑分”更为隐蔽难以追查。

（二）“码农”的行为定性

“码农”因其在支付结算中的行为方式、主观明知、资金来源等不同，可能触犯不同的罪名。“码农”可能触犯的罪名有以下几种。

1. 上游犯罪的共犯

“码农”一般来说按照“跑分平台”派发的任务参与支付结算，不会与资金的上游犯罪行为有共同故意，但也不排除“码农”固定受雇于某“跑分平台”，主观上明知上游犯罪仍提供支付结算，形成与上游犯罪的片面共犯。如案例二的被告人黄某伟等人，利用所持有的大量银行卡固定为“百分付”平台为境外赌场提供资金结算，根据黄某伟等人利用“纸飞机”等聊天软件互相联络，并结合其供述，法院判决认定黄某伟等人为开设赌场的共犯。

2. 非法经营罪

从“跑分”整个资金流转的环节看，“码农”的服务对象是“跑分平台”，而“跑分平台”的行为是非法经营。需要注意以上介绍“码农”的行为模式，其中一个环节即在“跑分平台”上需要押金，虽然实践中“码农”与“跑分平台”之间可能无交流，但“码农”向“跑分平台”支付“押金”的行为，是在完成双方的意思联络，即“跑分平台”默许交付押金的“码农”参与，“码农”交付押金同意为“跑分平台”进行支付结算并收取手续费。就像我们在超市买货，看标价后出门付款，特别是现在还有自助付款方式，整个过程完全可以不与超市有任何交流，但双方完成了整个买卖的合意。因此，本书认为“码农”可以成为“跑分平台”的共犯，构成非法经营罪。只是因为“跑分平台”的服务器大多在境外，且“跑分平台”的实际组织者很难被抓获到案，故在主犯及使用的服务器或跑分 App 不到案的情况下，认定“码农”为非法经营罪有一定困难。

但总的来看，“码农”与“跑分平台”密不可分，也可以将“码农”看成一个个体，或者说是“跑分平台”行为的延伸，其行为完全符合“使用受理终端或者网络支付接口等方法，以虚构交易、虚开价格、交易退款等非法方式向指定付款方支付货币资金的”规定，即如果当“码农”进行非法支付结算金额达到500万元，不排除可以非法经营罪认定其行为。

3. 掩饰、隐瞒犯罪所得罪

根据之前介绍，“跑分平台”所涉支付结算的资金较为复杂，其中既会有网络赌博还会有电信网络诈骗，而这类资金性质为犯罪所得。其中，涉电信网络诈骗资金是犯罪所得没有疑问。对于网络赌博资金来说，参加网络赌博者在赌博网站扫码“上分”，即可获得相应筹码，虽然该资金未到网络赌博网站的最终账户，但赌客已将赌资支付到赌博网站指定的账户，赌博网站获得赌资并支付筹码给网络赌博者，这时候应当将在“跑分”中的资金视为赌博网站的犯罪所得。

因此，只要能证明“码农”支付结算的资金为电信网络诈骗或开设赌场等犯罪所得，并且“码农”具有符合《审理掩饰、隐瞒案件解释》《最高人民法院关于审理洗钱等刑事案件具体应用法律若干问题的解释》《电诈意见（一）》《电诈意见（二）》中关于掩饰、隐瞒犯罪所得罪可推定的主观明知，除有证据证明确实不知道的，则构成掩饰、隐瞒犯罪所得罪。本书归纳常见的以下几种行为：

一是通过使用销售点终端机具（POS机）刷卡套现等非法途径，协助转换或者转移财物的，即“码农”通过POS机等方式进行支付结算。

二是帮助他人将巨额现金散存于多个银行账户，或在不同银行账户之间频繁划转的。实践中因“车手”等职业取款人的加入，“码农”参与支付结算过程中也会出现“将巨额现金散存于多个银行账户，或在不同银行账户之间频繁划转的”的情形。

三是多次使用或者使用多个非本人身份证明开设的信用卡、资金支付结算账户，帮助他人转账、套现、取现的。“码农”在“跑分”过程中，大多使用收购的他人信用卡或第三方支付账户，这在实践中属较为常见的掩饰、隐瞒犯罪所得行为。

四是以明显异于市场的价格，通过虚拟货币、手机充值卡、游戏点卡等转换财物、套现的。根据之前介绍“跑分”的行为模式，“码农”通过虚拟货币、手机充值卡等方式进行“洗白”资金的，亦属掩饰、隐瞒犯罪所得行为。

4. 帮助信息网络犯罪活动罪

因“跑分平台”是在网络上进行非法支付结算，故“码农”实际上是为“跑分平台”提供支付结算帮助，并且还是一种主动帮助行为，主观上应当知道其帮助的“跑分平台”系在利用信息网络实施犯罪，符合帮助信息网络犯罪活动罪规定。

有的观点认为，要认定“码农”构成帮助信息网络犯罪活动罪，其所提供支付结算的资金中必须要证明系电信网络诈骗或赌博等。本书认为，这就完全忽略了“码农”所帮助“跑分平台”本身就是在实施网络犯罪的行为，如仅以资金性质而不以整个行为论证“码农”的行为，没有体现“码农”的行为性质。在行为过程中，“码农”通过以押金的方式在平台上跑分，主观上就是明知“跑分平台”在利用信息网络实施非法经营等违法犯罪行为，当“跑分平台”达到非法经营罪的立案追诉标准的情况下，当“码农”支付结算的数额达到20万元的，可以认定为帮助信息网络犯罪活动罪。

（三）多名“码农”共同犯罪的认定

这里说的“码农”的共同犯罪指多名“码农”共同“跑分”的情形。实践中主要有：一是多名“码农”居住在一起进行“跑分”，没有明确的组织者，属“松散型”；二是由一人或多人为纠集者，组织他人共同“跑分”，属“组织型”。

1. 松散型

松散型多见于几名朋友、老乡等之间，相互没有上下层关系，可能会有提起共同“跑分”的犯意者，也有提供终端设备或住所者，除此之外作用几乎相当。对此，因为各“码农”均明知其行为属犯罪，也知道与其他人一起实施同一种犯罪行为，且共同在一起“跑分”可以起到心理上相互支撑以及相互掩护的作用，应当认定为共同犯罪。但是这类共同犯罪毕竟组织性较弱，危害性较轻，对各“码农”的数额认定，以及定罪量刑上应有区别。本书认为，实践中应注意几种情况：

一是“码农”各自为战，各有各独立“跑分”的账号密码，只是为了共同居住生活方便而聚合在一起。对此，各行为人只控制自己“跑分”的数额，对其他人的“跑分”没有影响，各行为人应按各自的“跑分”数额负责，但在量刑上应略重于单独犯罪，以体现罪责刑相一致。

二是有明确的行为人提议共同聚合在一起“跑分”，但在具体实施“跑分”

过程中仍各自为战，该行为人不起指挥作用，也不控制其他人的“跑分”行为的情形。本书认为，行为人虽有首先提出共同聚合这一犯意，但实际上未起到组织、管理他人行为的作用，仍不宜按全部犯罪处罚，但在处罚上应考虑其提出犯意这一因素。

三是多名“码农”共同使用若干账号密码，或已无法分清哪个账号密码属于哪个“码农”，“码农”之间关联性较强，相互之间在一定程度上可以影响对方的“跑分”资金。对这种情形，虽没有明确的指使者，但“码农”均应对这一混同的“跑分”数额共同负责，如同时构成帮助信息网络犯罪活动罪或者掩饰、隐瞒犯罪所得罪，择一重罪处罚。

2. 组织型

组织型的组织者明确，有的甚至可能成为一个小的“跑分平台”，有的在组织他人“跑分”时因防止被组织者在信用卡收款后不按要求转款，组织者往往还对这些人进行人身控制。因此这种情形，主犯、从犯区分较为明显，在处罚上组织者应按全部行为处罚，一般参与的“码农”可按各自所“跑分”数额处罚。在实践中可注意以下几点：

一是对组织者按其组织的全部犯罪负责，构成非法经营罪、帮助信息网络犯罪活动罪或者掩饰、隐瞒犯罪所得罪的，仍应从一重罪处罚。

二是对组织者以外的“码农”，可能无法分清其具体“跑分”数额及资金性质，此时可以根据收集的电子数据，再结合各行为人的供述，按照参与的时间、违法所得等因素综合认定。

009 出售、出租手机卡、微信账号行为的认定

2020 年 10 月 10 日起，国务院打击治理电信网络新型违法犯罪工作部际联席会议决定在全国范围内开展以打击、整治、治理、惩戒开办贩卖“两卡”违法犯罪团伙为主要内容的“断卡”行动。实践中，虽然大多是出售、出租银行卡的案件，但出售、出租手机卡及微信等互联网账号密码作为电信网络诈骗等信息网络犯罪的前置黑灰产行为，同样值得重视。

一、收购、出售、出租他人手机卡

［案例一］① 被告人刘某在网上结识中国台湾省籍杨某等人，得知对方需要大量购买用他人信息注册的电话卡。2019 年 11 月起，刘某在相关的微信群中发布“高价收购电话卡、花卡，给话务员打电话用”之类的信息，要求相关微信群内人员利用自身或他人身份信息实名开办电话卡，开办之后将电话卡交给刘某指定的相关收货人，或者直接邮寄至刘某指定的收货地址，刘某以 200 元左右一张的价格支付给相关出售电话卡的人员。自 2019 年 11 月以来，刘某纠集杨某等人收购、出售以他人个人信息办理的电话卡 2000 余张，违法所得 30 余万元，经其出售的电话卡被用于全国范围内数十起电信诈骗案件。

法院经审理认为，被告人刘某明知他人利用信息网络实施犯罪，仍然为其犯罪而收购、出售他人手机卡 20 张以上，其行为已构成帮助信息网络犯罪活动罪。

根据《电诈意见（二）》的规定，收购、出售、出租他人手机卡、流量卡、物联网卡 20 张以上的，可以认定为《办理非法利用信息网络、帮助信息网络犯罪活动案件解释》第 12 条第 1 款第 7 项规定的“其他情节严重的情形”。实践中在办理收购、出售、出租他人手机卡的案件中注意以下几个问题：

第一，出售、出租手机卡不包括自己的手机卡。根据“断卡行动”相关精神，打击的重点是“卡头”“卡贩”，且手机卡在电信网络诈骗中主要起的作用相对银行卡等较轻，现实中受手机卡办理张数限制，行为人如出售、出租自己的手机卡，最多也只有 15 张，因此未将出售、出租自己手机卡认定为犯罪行为有其合理性。

第二，准确识别手机卡属性。实践中，单独手机号码是否属于个人信息仍有争议，本书亦有专章论述（参见本书第六章“个人信息的刑事司法认定”）。对该案手机卡的性质，法院二审判决认为，“刘某等人收购的电话卡虽然大多经历了几层下线转手，但初始来源均是由电话卡主即信息主体本人亲自开卡、实名验证激活再有偿出售给刘某等卡商，出售电话卡是信息主体对其个人财物（电话卡）及个人信息（电话号码）的自愿处置和自甘风险的行为，上诉人刘某收购电话卡的目的是将有效电话卡贩卖给他人以方便拨打电话而实施电信网络诈骗，

---

① 参见湖南省长沙市中级人民法院刑事判决书，（2021）湘 01 刑终 979 号。

并非为侵犯电话卡主的个人信息”。因此，对行为人非法获取、收购、出售手机卡或手机号码，要根据案件具体情况进行区分，认定其根本属性，才能准确定罪量刑。

第三，收购、出售、出租他人手机卡的主观明知。《电诈意见（二）》第9条中规定，收购、出售、出租他人手机卡、流量卡、物联网卡20张以上的，可以认定为《办理非法利用信息网络、帮助信息网络犯罪活动案件解释》第12条第1款第7项规定的“其他情节严重的情形”，即可能构成帮助信息网络犯罪活动罪。对收购、出售、出租他人手机卡、流量卡、物联网卡20张以上的，是否还需要证明行为人的主观故意问题。本书认为，《电诈意见（二）》第7条将“收购、出售、出租他人手机卡、流量卡、物联网卡的”定义为帮助信息网络犯罪活动罪的“帮助”行为，前提条件仍是“为他人利用信息网络实施犯罪”。第9条规定的是认定帮助信息网络犯罪活动罪“情节严重”的情形，不能以此代替行为人主观明知认定，否则有客观归罪之嫌。该案中，有证据证明刘某发布信息大量收购他人手机卡，并通过邮寄到指定地址或交到指定人员等明显异常的方式，能够认定刘某作为“卡贩”应当知道出售电话卡系“为他人利用信息网络实施犯罪”。并且，在案证据证明经其出售的电话卡被用于电信网络诈骗，达到犯罪程度。因此，在行为人“收购、出售、出租他人手机卡、流量卡、物联网卡20张以上的”，仍需证明行为人有“明知他人利用信息网络实施犯罪”。

第四，收购、出售、出租他人手机卡违法所得的认定。“违法所得一万元”中的违法所得，应理解为行为人为他人实施信息网络犯罪提供帮助，由此所获得的所有违法款项或非法收入。行为人收卡等“成本”费用无须专门扣除。因此，实践中对行为人收购他人手机卡后又出售、出租的，应计算行为人出售、出租手机卡的所有非法收入，无须扣除其收购手机卡的成本。

二、收购、出售、出租微信账号

生活中，常用的互联网社交软件主要是微信、QQ，还有叮叮、探探以及蝙蝠等较小众的社交软件，另外如支付宝等第三方支付软件也具有一定的社交功能。其中，因微信账号使用的普遍性和其本身具有的金融属性，往往被信息网络犯罪分子用于诈骗、赌博、传销、色情等。实践中，出售、出租微信账号主要集中在以下情形。

（一）非法获取、出售、提供具有信息发布、即时通讯、支付结算等功能的互联网账号密码

［案例二］[①] 2019 年 11 月，被告人廖某强通过网络平台以“免费赠送游戏皮肤”等方式骗取他人微信号并出售。2021 年 2 月至 4 月 17 日，廖某强伙同被告人彭某康，招募员工被告人吴某等成立工作室，在网上以“免费赠送游戏皮肤”等方式骗取他人微信号后由廖、彭二人出售，并按各自出售金额的 35% ~ 40% 等比例获取提成。经查明，廖某强出售微信号违法所得为人民币 31 万余元，彭某康出售微信号违法所得为人民币 30 万余元。法院判决认为，被告人廖某强、彭某康等人违反国家有关规定，共同骗取公民个人信息并出售，情节特别严重，均已构成侵犯公民个人信息罪。

《电诈意见（二）》第 5 条第 1 款规定，“非法获取、出售、提供具有信息发布、即时通讯、支付结算等功能的互联网账号密码、个人生物识别信息，符合刑法第二百五十三条之一规定的，以侵犯公民个人信息罪追究刑事责任”。侵犯公民个人信息罪是指违反国家有关规定，向他人出售或者提供公民个人信息，或者窃取或者以其他方法非法获取公民个人信息，情节严重的行为。实践中在办理非法获取、出售、提供微信账号密码的案件中应注意以下几个问题：

1. 微信账号密码属公民个人信息

根据《网络安全法》等相关法律的规定，注册微信等即时通讯软件的，要提供用户真实身份信息。[②] 因此，微信账号中记录了自然人的姓名、身份证号、手机号以及相关银行卡号码等信息，根据《办理公民个人信息案件解释》第 1 条中的规定，《刑法》第 253 条之一规定的“公民个人信息”，是指“以电子或者其他方式记录的能够单独或者与其他信息结合识别特定自然人身份或者反映特定自然人活动情况的各种信息”，微信账号密码符合公民个人信息的特征。

2. 非法获取、出售、提供微信账号密码违反了国家有关规定

根据《个人信息保护法》第 10 条的规定，“任何组织、个人不得非法收集、使用、加工、传输他人个人信息，不得非法买卖、提供或者公开他人个人

---

① 参见湖南省郴州市北湖区人民法院刑事判决书，（2021）湘 1002 刑初 683 号。

② 《网络安全法》第 24 条第 1 款规定：“网络运营者为用户办理网络接入、域名注册服务，办理固定电话、移动电话等入网手续，或者为用户提供信息发布、即时通讯等服务，在与用户签订协议或者确认提供服务时，应当要求用户提供真实身份信息。用户不提供真实身份信息的，网络运营者不得为其提供相关服务。”

信息；不得从事危害国家安全、公共利益的个人信息处理活动”。因微信账号密码属公民个人信息，故非法获取、出售、提供微信账号密码违反了国家有关规定。

3. 微信账号密码原则上属一般公民个人信息

一是《办理公民个人信息案件解释》第 5 条第 1 款第 3 项中规定的“财产信息”，既包括银行账户、第三方支付结算账户、证券期货等金融服务账户的身份认证信息，也包括存款、房产等财产状况信息。[①] 而微信账号密码尚不足以达到该标准。二是《办理公民个人信息案件解释》第 5 条第 1 款第 4 项中规定的“住宿信息、通信记录、健康生理信息、交易信息等其他可能影响人身、财产安全的公民个人信息”。本书认为，虽然微信账号中可能包括银行卡账号信息，但一般并不包括银行卡的密码，仅有银行卡账号信息尚不足以达到与“住宿信息、通信记录、健康生理信息、交易信息等”相当的重要程度，故不属于可能影响财产安全的公民个人信息。

4. 计算行为人违法所得不需要扣除犯罪成本

实践中，有的行为人贩卖的微信账号密码系之前向他人收购，对行为人收购他人微信账号密码的犯罪成本，根据《检察机关办理侵犯公民个人信息案件指引》的规定，“对于违法所得，可直接以犯罪嫌疑人出售公民个人信息的收入予以认定，不必扣减其购买信息的犯罪成本”。

（二）收购、出售、出租有支付结算功能的互联网账号密码

［案例三］[②] 2021 年 7 月，被告人陈某辉在“飞龙”（具体身份不详）的介绍下办理银行卡用于洗网络赌博资金。2021 年 7 月 31 日，陈某辉将 4 张银行卡、微信账号提供给“飞龙”等人用于收款、转账，4 张银行卡资金流入合计 368910.8 元；2021 年 8 月，陈某辉在明知用于转账的银行卡和微信被侦查机关冻结的情况下，仍介绍被告人陈某拼将 2 张银行卡、微信账户等提供给“飞龙”等人用于收款、转账，2 张银行卡资金流入合计 231595.5 元，其中包含被害人吴某被骗资金 3992 元。法院判决认为，陈某辉、陈某拼明知他人利用信息网络实施犯罪，仍为他人犯罪提供支付结算帮助，情节严重，构成帮助信息网络犯罪

---

① 参见周加海、邹涛、喻海松：《〈关于办理侵犯公民个人信息刑事案件适用法律若干问题的解释〉的理解与适用》，载《人民司法（应用）》2017 年第 19 期。

② 参见新疆生产建设兵团第一师中级人民法院刑事判决书，(2022) 兵 01 刑终 9 号。

活动罪。

根据《电诈意见（二）》第7条的规定：“为他人利用信息网络实施犯罪而实施下列行为，可以认定为刑法第二百八十七条之二规定的‘帮助’行为：（一）收购、出售、出租信用卡、银行账户、非银行支付账户、具有支付结算功能的互联网账号密码、网络支付接口、网上银行数字证书的……”实践中，在办理出售、出租有支付结算功能的互联网账号密码的案件中应注意以下几个问题。

1. 关于互联网账号是否“具有支付结算功能”的认定问题

微信不仅具有即时通讯等社交功能，在绑定银行卡后还同时具备一定的支付结算功能。这里注意《电诈意见（二）》中第5条、第7条规定“互联网账号密码”的区别：第5条规定的“互联网账号密码”，主要是强调微信账号密码中包括的自然人的姓名、身份证号、手机号以及相关银行卡号码等，即“互联网账号密码”中包含的公民个人信息；第7条规定的“互联网账号密码”，主要是强调微信账号密码中绑定银行卡后的支付结算功能，第9条规定的“具有支付结算功能的互联网账号密码”亦是如此。因此在认定所出售的微信账号密码属“具有支付结算功能”时，应对案中每个微信账号逐一审查是否具备“具有支付结算功能”。

2. 关于出售、出租有支付结算功能的互联网账号密码主观明知的问题

《电诈意见（二）》第9条规定，收购、出售、出租信用卡、银行账户、非银行支付账户、具有支付结算功能的互联网账号密码、网络支付接口、网上银行数字证书5张（个）以上的，可以认定为《办理非法利用信息网络、帮助信息网络犯罪活动案件解释》第12条第1款第7项规定的“其他情节严重的情形”，即可能构成帮助信息网络犯罪活动罪。根据前文中“收购、出售、出租他人手机卡的主观明知”的观点，实践中也不宜将收购、出售、出租有支付结算功能的互联网账号密码5个以上的情形直接认定构成帮助信息网络犯罪活动罪，在审查案件时仍应遵循主客观相一致原则，查明行为人是否“明知他人利用信息网络实施犯罪”，特别是要查实出售、出租有支付结算功能的互联网账号后支付结算达到犯罪的程度，如涉嫌电信网络诈骗数额3000元以上等情形，案例三中就查实包含了被害人被骗资金3992元。

010 违规转租语音线路行为的认定

实践中，有行为人通过租售语音线路谋利。其行为主要表现为行为人经申请开通手机卡、固定电话甚至是95码号，然后再将开通的号码租售给其他人使用。为最大限度使用上述号码，行为人还会架设专门的设备，将号码接入网络，从而实现GOIP或VOIP电话的拨打。此类案件办理过程中，在不考虑事前共谋或长期协作等共犯的情况下，仍存在法律适用、主观明知、违法所得认定等问题的争议。第一种意见认为，虽然涉案单位及人员均存在违规转租语音线路的行为，但其主观目的仅是转租牟利，且线路转租存在大量房屋中介、教育培训等合法需求。虽然客观上语音线路被犯罪分子利用，但不足以用刑法评价。第二种意见认为，涉案单位及人员明知他人租赁语音线路可能用于犯罪活动，仍违规为其提供语音线路，在接到举报后，未采取终止合作等隔绝性措施，继续向他人提供，情节严重的，符合帮助信息网络犯罪活动罪的构成要件。在不存在合法转租的情形下，涉案单位及人员的所有获利均应认定为违法所得。本书赞同第二种意见。转租语音线路行为人收到他人犯罪投诉举报或者刑事协查通知后，未采取终止合作等有效隔绝性措施，继续提供电信资源服务，情节严重的，应当以帮助信息网络犯罪活动罪定罪处罚。认定帮助信息网络犯罪活动案中的违法所得时，可以结合电信资源交易特性，从服务器数据、费用结算记录、下游商户记录、被害人交易记录等电子数据的内容综合判断。

一、基本案情

甲公司、杨某、乙公司、秦某等帮助信息网络犯罪活动案①：95码号是由工业和信息化部许可审批的电信资源，是跨省使用的电信业务接入码，非电信企业客户服务中心接入码。未经原审批部门批准，不得擅自使用、转让、出租电信资源或者改变电信资源的用途。被告两公司以自己名义或者其他公司名义从通信服务运营商处租用952750、952404码号语音线路，在明知他人可能利用转租的线路实施信息网络犯罪的情况下，仍通过租用服务器，安装VOS管理软件架设通信平台，继续非法对外转租95码号语音线路，向他人提供电话群拨和透传业务，按通话时长收取费用。经审查，952750、952404语音线路转租过程中涉及电信

---

① 参见江苏省南通市崇川区人民法院刑事判决书，（2021）苏0602刑初637号，本案例的撰写人还有该案的承办人姜依菲。

诈骗案件共计325起，诈骗金额共计780余万元。到案后，各被告人均如实供述自己的犯罪事实，并退出违法所得。

法院生效裁判认为：甲、乙两单位明知相关规定仍对外转租包括95码号语音线路在内的电信资源，向他人提供电话群拨和透传业务，按通话时长收取费用。甲、乙两单位多次接到诈骗投诉举报后始终未及时有效采取法定管理职责，应当认定其明知他人利用信息网络实施犯罪。甲、乙两单位为3个以上对象提供帮助，并且违法所得5万元以上，应当认定其情节严重。综上，甲、乙两单位明知他人利用信息网络实施犯罪，为其犯罪提供通讯传输技术支持，情节严重，其行为构成帮助信息网络犯罪活动罪。被告人杨某、秦某等均系被告单位直接负责的主管人员，均应以帮助信息网络犯罪活动罪追究其刑事责任，判处甲、乙两单位罚金；判处被告人朱某、秦某等有期徒刑2年至1年不等，适用缓刑，并处罚金。

二、案例注解

（一）行为人明知他人通过电信资源语音线路实施犯罪仍提供电信资源服务的认定

电信资源语音线路经营人在使用、转租语音线路过程中，应严格履行审批手续及法定管理职责，确保自身及下游商户合法、规范使用语音线路。在监管部门告知、接到举报、服务器数据异常等显示下游商户涉嫌信息网络犯罪活动的，电信资源语音线路经营人未采取终止合作等有效隔绝性措施，仍与之继续交易的，可以推定为“明知”他人利用信息网络实施犯罪。实践中，应注意审查围绕“主观”明知等证据进行审查，包括明确违规转租语音线路的监管部门，查明是否存在经监管部门告知后仍然实施有关行为的情形，是否存在接到举报后不履行法定管理职责的情形，交易价格是否明显高于市场价；还要重点围绕交易对象数量、违法所得数额进行取证，查明存在网络犯罪的下游商户数量、相应商户向其支付的资金数额，查明公司收益中是否存在正当、合法的资金等。本案办理过程中，检察机关经审查发现转租语音线路行为人对违规转租行为供认不讳，但辩称未收到举报投诉或虽收到举报投诉但已核实并采取了适当监管措施。为查明事实，检察机关一方面依托电子数据实验室细审电子数据、挖掘关键证据；另一方面引导公安机关补充侦查，形成证据锁链。一是检察机关利用专业取证设备，精准检索，收集证明行为人主观明知的客观性证据。如该案中检察机关利用云勘大师等取证软件对全案20余部手机、3台电脑中提取的200G电子数据、上万份文档材料、10万余页手机取证报告进行全面的关键词检索，分类形成证据报告。通过检索精准定位，发现952404线路曾因投诉被关停，线路复通后，行为人两次接到公安机关诈骗案件协查，仍继续转租给原下游商户，追加认定了相关犯罪事实；云通公司自行质检出952750线路存在百家乐、彩票、老虎机、蚂蚁金服、花呗借呗、公积金提取等违法犯罪通话线索，仅采用罚款来处理，未终止与相关商户的合作；线路因诈骗举报被运营商整关停的，云通公司通过修改语音时长、替换录音内容、出具虚假报告的方式复通线路，继续转租给原下游商户使用等。二是引导公安机关补强运营商等收到的投诉举报、关停、复通材料。结合审查发现的上述证明主观明知的证据及线索，公安机关补强了涉案95线路运营商收到的举报、投诉材料、异地公安机关收到的举报材料，同时核查了涉案公司提供下游商户信息的材料，后补充移送卷宗4册。三是借助“外脑”，增强证据证明力。检察机关走访属地工业和信息化局、电信公司等单位，明确95码号是工业和信息化部直接管理审批的特殊号码，申请后需向开展业务的省、自治区、直辖市通信管理部门办理备案等专业问题。经上述工作，证实乙公司等多次接到诈骗举报，始终未及时有效采取法定管理职责，继续转租语音线路给原下游商户使用，属于明知他人利用信息网络实施犯罪。

（二）结合电信资源交易特性，从服务器数据、费用结算记录等材料综合判断，认定帮助信息网络犯罪活动罪的“违法所得”

网络犯罪具有的非接触性、技术性强等特征，使得帮助信息网络犯罪活动案“违法所得”呈现证据数字化、交易关系复杂化等特征。检察机关在办理网络犯罪案件时，应根据2021年1月最高人民检察院发布的《办理网络犯罪案件规定》，注重电子数据与其他证据之间的相互印证，构建完整的证据体系；认定犯罪行为的情节时，应当结合网络空间、网络行为的特性综合判断。本案中，涉案单位转租语音线路给50余家下游商户，收到线路款共计326万余元。在认定被帮助对象数量时，办案机关根据语音线路被骗人员报案材料和涉案服务器导出的数据，构建数据对比模型，整理出包含“主叫经由网关”等信息的表格，反映被害人被骗时语音电话主叫网关所对应的下游商户。经过数据碰撞，明确某公司有21家下游商户存在诈骗案件，某公司有3家下游商户存在诈骗案件。认定违法所得金额时，办案机关结合电信资源语音线路转租特性，注重审查上下游商户间的聊天记录、VOS管理软件服务器数据、投诉举报记录等电子数据，从主叫经由网关数据、被害人报案材料、被帮助对象的数量、转账交易记录、会计账册等综合判断，认定某公司存在诈骗案件的下游商户语音线路款共计219.5万余元，某公司存在诈骗案件的下游商户语音线路款共计22.8万余元。综上，根据本案已经查证属实的犯罪事实，涉案单位均存在为3个以上不相关联的对象提供帮助，且违法所得均超过5万元，构成帮助信息网络犯罪活动罪。

（三）转租我国境内语音通话线路的法律适用

1. 转租我国境内语音通话线路不构成非法经营罪

虽然《电信条例》对擅自使用、转让、出租电信资源或者改变电信资源用途做了禁止性规定，但依据该条例，相应的罚则均系行政处罚。《最高人民检察院关于非法经营国际或港澳台地区电信业务行为法律适用问题的批复》《最高人民法院关于审理扰乱电信市场管理秩序案件具体应用法律若干问题的解释》仅规定，对违反《电信条例》，采取租用电信国际专线、私设转接设备或者其他方法，擅自经营国际或者我国香港特别行政区、澳门特别行政区和台湾地区电信业务进行营利活动，扰乱电信市场管理秩序，情节严重的，以非法经营罪追究刑事责任。相关司法解释并不包含我国境内电信业务，基于罪刑法定原则，涉案单位转租语音线路未涉及国际及我国港澳台地区电信业务，故不构成非法经营罪。

2. 缺乏明确认知的转租我国境内语音通话线路行为不构成相关下游犯罪的共犯

以电信网络诈骗为例，《办理诈骗案件解释》第7条规定：“明知他人实施诈骗犯罪，为其提供信用卡、手机卡、通讯工具、通讯传输通道、网络技术支持、费用结算等帮助的，以共同犯罪论处。”本书认为，该司法解释中的帮助行为是基于确切的主观明知，是符合《刑法》第25条共同犯罪的帮助行为。本案中，行为人向下游商户转租了语音线路，经过层层转租，线路最终提供给诈骗实行犯。由于行为人客观帮助行为经过多个环节，且其对于下游实施的犯罪行为缺乏明确的认知，这种对他人帮助行为的再帮助，不宜按照帮助犯处理，[①] 故不构成诈骗罪的共犯。

综上，转租语音线路行为人收到他人犯罪投诉举报或者刑事协查通知后，未采取终止合作等有效隔绝性措施，继续提供电信资源服务，情节严重的，应当以帮助信息网络犯罪活动罪定罪处罚。同时构成其他犯罪的，依照处罚较重的规定定罪处罚。

---

① 参见陈兴良：《口授刑法学》（第2版），中国人民大学出版社2017年版，第342页。

011 “断卡”类案件的办理

在办理“断卡”案件时，应先结合线索及初查情况，对全案进行分析判断，明确侦查方向，然后再围绕犯罪行为进行取证。

一、分析判断的基本思路

分析判断时，可按照以下步骤开展：首先，判断行为人是单纯提供银行卡，还是转移资金？其次，根据被害人陈述等证据，明确上游犯罪类型，是诈骗犯罪，还是开设赌场或非法经营等？最后，结合证据明确行为人提供两卡的数量及获利等。

通过分析判断，在不构成共犯的情况下，可参照以下法律适用公式，明确侦查方向：

（1）行为人单纯提供银行卡，且查证上游犯罪为电信网络诈骗，查实的犯罪金额超过3000元，且银行卡单向流入金额超过30万元的，可以帮助信息网络犯罪活动罪立案并开展侦查。

（2）行为人单纯提供银行卡，但查证上游犯罪不是电信网络诈骗的，因不符合《2022年“断卡”会议纪要》规定的上游犯罪类型，且该纪要对支付结算予以了限定，故此类案件不能直接依据流水数量以帮助信息网络犯罪活动罪立案；如提供的是他人银行卡，可考虑以妨害信用卡管理罪立案并开展侦查。

（3）行为人既有提供银行卡的行为，又有代为转账、套现、取现等，或者为配合他人转账、套现、取现而提供刷脸等验证服务，结合被害人陈述等证据可明确上游犯罪为电信网络诈骗等侵财类犯罪且达到犯罪程度的，可考虑以掩饰、隐瞒犯罪所得、犯罪所得收益罪立案并开展侦查。

（4）行为人既有提供银行卡的行为，又有代为转账、套现、取现等，或者为配合他人转账、套现、取现而提供刷脸等验证服务，结合被害人陈述等证据可明确上游犯罪不是电信网络诈骗等侵财类犯罪的，因协助流转的资金不能认定为犯罪所得或所得收益，因而不能以掩饰、隐瞒犯罪所得、犯罪所得收益罪立案，但因其符合《2022年“断卡”会议纪要》第4条规定的支付结算情形，因而可考虑以帮助信息网络犯罪活动罪立案并开展侦查。

二、各罪的构罪前提

（一）帮助信息网络犯罪活动罪

行为人是否构成帮助信息网络犯罪活动罪，要按照“主观明知＋情节严重”的判断思路，结合各方面因素综合认定。同时，要求查实被帮助对象达到信息网络犯罪的程度。例如，非法收购、出租、出售信用卡被用于实施电信网络诈骗的，是否构成帮助信息网络犯罪活动罪，不能仅以流水达到30万元或行为人出租、出售信用卡5张、手机卡20张就直接认定，仍要按照“主观明知＋情节严重”的判断思路，结合各方面因素综合认定。对于出租、出售信用卡5张、手机卡20张的，还要求查实被帮助对象达到信息网络犯罪的程度；对于流水达到30万元的，还需要查实流水中包含的诈骗犯罪。

需要特别说明的是，虽然《办理非法利用信息网络、帮助信息网络犯罪活动案件解释》第12条第2款规定了确因客观条件限制无法查证被帮助对象是否达到犯罪的程度，但相关数额总计达到前款第2项至第4项规定标准5倍以上，或者造成特别严重后果的，应当以帮助信息网络犯罪活动罪追究行为人的刑事责任。但在实践中，应注意把握该5倍标准的适用情形。

一是5倍标准只针对该解释第12条第1款第2项至第4项规定的情形，对于第7项其他情节严重的情形不适用。具体来讲，就是不适用于以下情形：收购、出售、出租信用卡，银行账户，非银行支付账户，具有支付结算功能的互联网账号密码，网络支付接口，网上银行数字证书5张（个）以上的；收购、出售、出租他人手机卡，流量卡，物联网卡20张以上的；出租、出售的信用卡被用于实施电信网络诈骗，达到犯罪程度，该信用卡内流水金额超过30万元的。在适用时应把握单向流入涉案信用卡中的资金超过30万元，且其中至少3000元经查证系涉诈骗资金。

二是5倍标准应审慎适用。在适用5倍标准时，应注意把握行为人的帮助对象不能是单一的对象，如果是单一的对象，仍应查证达到犯罪程度；同时，行为人造成的后果要远高于情节严重的情形，构成犯罪和科处刑罚之间仍应做好起诉必要性的考量。

（二）掩饰、隐瞒犯罪所得、犯罪所得收益罪

掩饰、隐瞒犯罪所得、犯罪所得收益罪应当以上游犯罪事实成立为前提。这是一个基本原则。这一原则包含两层内容：第一层是，上游犯罪事实必须成立，

既指上游犯罪事实有充分证据证明，也指上游犯罪事实达到了犯罪的程度。如果上游行为虽然存在，但依法不构成犯罪的，则掩饰、隐瞒行为也不构成犯罪。举例说，张三收购了李四、王五、徐六等 10 人分别盗窃的电动车各一辆，每辆电动车的价格均为 1000 元，但李四等人的行为均未达到盗窃犯罪的数额标准，因而均不构成盗窃罪，而张三所收购的自行车价值总额达到 1 万元，依照《审理掩饰、隐瞒案件解释》第 1 条第 1 款第 1 项的规定，已经达到构罪标准，但因李四等上游行为人的行为均不构成犯罪，张三的行为也不构成掩饰、隐瞒犯罪所得、犯罪所得收益罪，而只能依照治安处罚法进行处罚。第二层是，对掩饰、隐瞒犯罪所得、犯罪所得收益罪事实的认定，原则上应当在对上游犯罪依法裁判确定后进行。《审理掩饰、隐瞒案件解释》规定的“上游犯罪尚未依法裁判，但查证属实的，不影响掩饰、隐瞒犯罪所得、犯罪所得收益罪的认定”，只能作为一种例外，即只有极少数情况下，由于上游犯罪人还有其他犯罪事实一时难以查清或者因为其他原因尚未依法裁判，为依法及时审判掩饰、隐瞒犯罪所得及其收益案件，才在上游犯罪查证属实的情况下先行认定本罪。

上游犯罪事实经查证属实，但因行为人未达到刑事责任年龄等原因依法不予追究刑事责任的，不影响掩饰、隐瞒犯罪所得、犯罪所得收益罪的认定。

（三）妨害信用卡管理罪

构成妨害信用卡管理罪，常见是非法持有型，此处需要格外注意的是非法持有的对象必须是他人银行卡。

三、证据收集和审查

实践中，帮助信息网络犯罪活动罪案件已经是第三大罪名，可以说办理帮助信息网络犯罪活动案件已经是基层民警的必备课。相较于相对简单的危险驾驶罪和相对传统的盗窃罪，帮助信息网络犯罪活动罪属于相对较新的罪名，因而很多办案民警还不知道帮助信息网络犯罪活动罪应当如何取证，应当取证到哪一步。下面，我们就以帮助信息网络犯罪活动罪为例，谈一谈证据收集和审查。

所有案件的取证都应该围绕定罪事实和量刑事实展开。所谓定罪事实就是构成要件的事实，犯罪行为首先应当是符合构成要件的；所谓量刑事实就是决定刑事责任大小的事实，在违法且有责的情形下，才应当追究刑事责任。结合断卡类案件的特点和帮助信息网络犯罪活动罪的犯罪构成，取证时应着力侦查并获取以下证据。

（一）证明行为人客观行为的证据

根据《刑法》第287条之二的规定，帮助信息网络犯罪活动罪是指明知他人利用信息网络实施犯罪，为其犯罪提供互联网介入、服务器托管、网络存储、通讯传输等技术支持，或者提供广告推广、支付结算等帮助，情节严重的行为。《办理非法利用信息网络、帮助信息网络犯罪活动案件解释》第12条、《2020年“断卡”会议纪要》第5条、《电诈意见（二）》第9条分别规定了本罪的追诉立案标准。上述标准即为需要分别侦查完善的内容。具体来讲，需要查明以下事实：

（1）行为人具体实施了哪些行为？包括但不限于提供互联网介入、服务器托管、网络存储、通讯传输等技术支持，或者提供广告推广、支付结算等帮助。提供帮助的具体行为属于上述哪一类型？可以收集的证据包括行为人的言词证据、反映上述行为的电子数据，如即时通讯软件的聊天记录、服务器的后台记录、网站存储内容、网页显示内容等。

（2）在提供“两卡”的帮助信息网络犯罪活动罪案件中，需查明行为人是否实施了代为转账、套现、取现等行为，或者为配合他人转账、套现、取现而提供刷脸等验证服务？基于《2022年“断卡”会议纪要》第4条的规定，在适用支付结算标准认定帮助信息网络犯罪活动罪的案件中，还需要查明是否存在上述情形，以便认定为“支付结算”。当然，在上游犯罪是侵财类犯罪时，实施上述行为还同时构成掩饰、隐瞒犯罪所得、犯罪所得收益罪，此时应以掩饰、隐瞒犯罪所得、犯罪所得收益罪追究刑事责任。即便如此，上述情形的查证也有其现实意义。

（3）在提供“两卡”的帮助信息网络犯罪活动罪案件中，需查明行为人提供的具体银行卡、电话卡的张数，提供银行卡的持续时间。这其中，提供的银行卡、电话卡张数不仅可以作为入罪的基础，还是量刑的关键情节。为此，应结合行为人的言词证据，向通讯运营商调取开卡记录及详细信息，向银行调取相关银行卡的开户记录，以明确该银行卡、手机卡的开户时间、开户人。

（二）证明上游犯罪存在的证据

《办理非法利用信息网络、帮助信息网络犯罪活动案件解释》第13条规定，被帮助对象实施的犯罪行为可以确认，但尚未到案、尚未依法裁判或者因未达到刑事责任年龄等原因依法未予追究刑事责任的，不影响帮助信息网络犯罪活动罪的认定。为保证案件不因电信诈骗犯罪嫌疑人未到案而影响顺利诉讼，《电诈意见（二)》第12条，再次重申了犯罪行为可确认标准。犯罪行为可确认是指有确实充分的证据证明发生了电信网络诈骗犯罪事实。结合最高人民检察院印发的《检察机关办理电信网络诈骗案件指引》的规定，需要证明电信网络诈骗事实发生，可收集的主要证据包括：报案登记、受案登记、受案笔录、立案决定书、证人证言、被害人陈述、被害人银行开户申请、开户明细单、银行转账凭证、银行账户交易明细、交易凭证、银行汇款单、网银转账记录、第三方支付结算交易记录、手机转账信息以及其他与电信网络诈骗关联的账户交易记录等证据。

由于电信诈骗类案件的跨地域性，《电诈意见（二)》第13条明确可以通过公安机关信息化系统调取异地公安机关依法制作、收集的证据材料。

因而，在实践中，一般应收集以下证据，从而证实上游犯罪确实存在：

（1）有证据证明上游犯罪行为确实存在。需收集被害人报案记录、被害人与嫌疑人的通讯记录、被害人登录网页记录等证据。

（2）有证据证明发生的上游犯罪的危害结果达到追诉标准。如电信诈骗已达到3000元，如被害人的银行转账记录、第三方支付结算记录、转账信息等。

（3）上述犯罪资金与本案行为人存在关联性。如对被害人资金直接流入信用卡的情形，应查明流入信用卡的资金性质，此时可以结合已查证的被害人的资金流转情况，以及信用卡账户交易记录、行为人与资金来源方的交往关系、资金往来情况、行为人对资金性质的供述等综合认定。有证据证明该信用卡系用于电信网络诈骗犯罪，卡内资金流动频繁，行为人无法说明款项合法来源，原则上，在行为人提供银行卡的时间段内，该银行卡内流入资金均可推定为犯罪金额，不需要逐笔核实。但对于有明显相反证据证实相关资金不是来源于犯罪的，对于该部分资金不应计算在内。对涉案信用卡并非直接接收被害人资金的信用卡，而是资金流转过程中的后续多层级的信用卡，资金可能出现混同的，应着力构建被骗资金与后续信用卡内资金的对应关系。

简言之，在这一部分需要明确的是上游犯罪存在，且上游犯罪与行为人之间存在关联，如行为人提供了银行卡，经查实涉案的上游犯罪金额是多少，其中流入该银行卡的上游犯罪资金是多少。

（三）证明行为人明知上游犯罪存在的证据

根据《刑法》第287条之二的规定，帮助信息网络犯罪活动罪以行为人“明知他人利用信息网络实施犯罪”为前提。在对帮助信息网络犯罪活动罪主观明知认定时，应当根据行为人提供帮助的次数、张数、个数，并结合行为人的认知能力、既往经历、交易对象、与实施信息网络犯罪的行为人的关系、提供技术支持或者帮助的时间和方式、获利情况以及行为人的供述等主客观因素，相关行为是否违反法律的禁止性规定，行为人是否履行管理职责，是否逃避监管或者规避调查，是否因同类行为受过处罚，以及行为人的供述和辩解等情况进行综合判断。

根据司法实践的情况，《办理非法利用信息网络、帮助信息网络犯罪活动案件解释》第 11 条总结了主观明知的推定情形。故在证据收集时，应围绕以下可推定的项目取证：

（1）有无接到监管部门的告知，告知可以是书面的也可以是口头的，遇到紧急事件时，监管部门往往是通过即时通讯群组、电话、短信、电子邮件等多种方式告知。实践中，电商平台预付卡、虚拟货币、手机充值卡、游戏点卡、游戏装备等经销商，在公安机关调查案件过程中，被明确告知其交易对象涉嫌电信网络诈骗犯罪，仍与其继续交易的，即可认定主观明知。故在取证时，只要有相关证据可以证明有权部门已经告知即可。

（2）有无接到类似举报，接到举报后的具体行为与其依法应履行的职责间是否存在不相匹配的情形？在此需要查证行为人的法定职责。例如，网站托管服务商在接到举报某服务对象托管的网站为淫秽色情网站后，仍不依法采取关停、删除、报案等措施，继续为该网站提供服务的，需要在明确网站托管服务商的法定职责的前提下，认定其主观明知。

（3）交易价格或者方式是否存在明显异常？在此需要调查正常的交易价格和交易方式是怎样的，以此形成可供参考的对象。

（4）提供的程序、工具或者其他技术支持、帮助，是否是专门用于违法犯罪的？在此需要对相关的程序、工具或者其他技术进行必要的鉴定。

（5）是否频繁采用隐蔽上网、加密通信、销毁数据等措施或者使用虚假身份，逃避监管或者规避调查的；在此需要对相关的程序、工具或者其他技术进行必要的鉴定。

（6）是否为他人逃避监管或者规避调查提供技术支持、帮助？在此需要对相关的程序、工具或者其他技术进行必要的鉴定。

（7）对于收购、出售、出租单位银行结算账户、非银行支付机构单位支付账户，或者电信、银行、网络支付等行业从业人员利用履行职责或提供服务便利，非法开办并出售、出租他人手机卡、信用卡、银行账户、非银行支付账户等的，可以直接认定为行为人明知。故在取证时，关于银行卡类型以及行为人身份的证据也是应当予以格外关注的。

（四）证明行为人行为后果的证据

帮助信息网络犯罪活动案件中，行为人提供帮助造成的一切后果都应当提供证据予以证实，相应的后果可以表现为上游犯罪，也可以表现为违法行为或单纯的资金流水。故相关的证据包括证明上游犯罪存在的证据，该部分证据之前已明确，不再赘述。与此同时，办案人员还应更加关注其他可能的危害后果。如提供银行卡后的所有流水金额；提供语音线路后的所有拨打记录；提供软件后的所有注册用户情况；等等。

办案人员应尽早从服务器、运营商、金融机构及平台处调取相关证据。在调取相关证据时，一般应要求其提供电子版，以方便对海量数据的筛选，否则即便调取了数据，对于上述数据的审查工作也将难以完成。很难想象，在银行仅提供纸质交易记录的情况下，侦查机关如何准确计算流水金额？检察机关如何审查？行为人及辩护人如何质证？审判机关又如何采信？因此，在办理帮助信息网络犯罪活动罪等新类型网络犯罪案件过程中，提倡向公安机关提供电子数据时采用数据电文形式。采用数据电文形式提供电子数据的，需要保证电子数据的完整性，并制作电子证明文件，载明调证法律文书编号、单位电子公章、完整性校验值等，并采取电子签名、数字水印等方式，保证电子数据的完整性。

以向银行调取相关银行卡的交易明细为例，应要求银行同时提供电子数据，从而明确该银行卡的流水金额。办案机关可结合对手信息、交易地点、备注信息，明确银行卡被异地使用以及是否存在银行卡被冻结等情形。在认定流水金额时，应结合银行流水反映的借（金额减少，账户支出）、贷（金额增加，账户收入），分别统计资金流出和流入金额。实践中，一般以单向流入涉案信用卡中的资金数额为帮助信息网络犯罪活动罪定罪量刑的依据。

基于网络犯罪的特性以及在断卡案件中帮助信息网络犯罪活动罪作为电信网络诈骗犯罪关联犯罪的法律属性，对于电诈犯罪金额可以综合认定的（办理电信网络诈骗案件，确因被害人人数众多等客观条件的限制，无法逐一收集被害人陈述的，可以结合已收集的被害人陈述，以及经查证属实的银行账户交易记录、第三方支付结算账户交易记录、通话记录、电子数据等证据，综合认定被害人人数及诈骗资金数额等犯罪事实），办理帮助信息网络犯罪活动罪和掩饰、隐瞒犯罪所得、犯罪所得收益罪时，亦应当予以认定。

（五）证明行为人获利的证据

行为人的获利既可以是入罪标准，也可以是量刑依据，还可以是最终判决罚没、追缴的依据。《办理非法利用信息网络、帮助信息网络犯罪活动案件解释》第 12 条第 1 款第 4 项所规定的“违法所得”，应理解为行为人为他人实施信息网络犯罪提供帮助，由此所获得的所有违法款项或非法收入。行为人收卡等“成本”费用无须专门扣除。因而，在取证时应关注行为人非法获取的全部资金数额，包括调取并审查行为人微信、支付宝等第三方支付平台的记录。

实践中，侦查人员在查获犯罪行为人后，为直接、高效取证，往往会利用行为人的账号甚至直接利用行为人的手机获取微信、支付宝等第三方支付平台的交易记录。根据电子数据收集提取的规范，为保证原始存储介质内容的不被篡改，建议公安机关将账号在其他手机登录的方式，获取相关的交易记录。为了保证获取电子证据的同一性，还应邀请见证人或全程录音录像，并制作电子数据提取笔录，使得电子证据提取过程可以重现。

四、刑事政策把握

关于刑事政策，要遵循“依法从严、宽以济严”的基本原则。这里的法律不仅仅是刑事法律，还包括行政法律。在罪名认定上，以“两卡”犯罪为例，要按照诈骗罪到掩饰、隐瞒犯罪所得、犯罪所得收益罪再到帮助信息网络犯罪活动罪的认定过程，就是首先要考虑是不是构成诈骗罪，不构成再考虑是不是构成掩饰、隐瞒犯罪所得、犯罪所得收益罪，最后考虑是不是构成帮助信息网络犯罪活动罪。帮助信息网络犯罪活动罪的证据标准最低，按照帮助信息网络犯罪活动罪起诉、审判可能不符合客观事实。罪名竞合时要择一重处，无论多少张银行卡，帮助信息网络犯罪活动罪最高只能判处有期徒刑 3 年，一概适用帮助信息网络犯罪活动罪可能不符合罪责刑相适应原则。

（一）依法从严

一方面，重点对象从严。一是对犯罪集团中的组织者、指挥者、策划者和骨干分子，以及对境外电诈集团提供帮助者要依法从严处理；二是对利用未成年人、老年人、残疾人特殊群体实施犯罪的，要依法从严；三是对惯犯要依法从严。另一方面，刑事检察要从严。一是加强监督力度，对于公安移送的案件既要客观公正，也要加大监督力度；二是刑事诉讼和公益诉讼要发挥双向合力，一案双查，共同加大对违法犯罪的打击力度。

（二）宽以济严

一方面，逮捕环节坚决贯彻慎捕的原则，目前帮助信息网络犯罪活动罪涉及的主要是“卡农”，更高级别的“卡头”“卡商”相对数量少。在办理帮助信息网络犯罪活动案件中，不能为了办案的便利而忽视了社会危险性的评价。另一方面，起诉环节贯彻慎诉原则，当然慎诉不能等同于不诉。对于人数众多的案件，要区分对象，对于按照工作指示从事辅助性劳务性工作、参与时间较短、仅领取少量报酬等发挥作用较小的人员依法从宽处理，考虑依法不起诉。对于初犯、偶犯特别是未成年人，比如在校学生违法所得、涉案数额较少，认罪认罚的，也可以考虑作出不起诉的决定。

检察机关作相对不起诉处理的，公安机关要善于综合运用行政处罚、信用惩戒等手段。检察机关对于不起诉的案件，应提出行政处罚的检察意见；公安机关可依据《反电信网络诈骗法》第42条①、《网络安全法》第63条②的规定予以行政处罚。

附：相关规定

《中华人民共和国刑法》第一百七十七条之一、第二百二十五条、第二百八十七条之一、第二百八十七条之二、第三百一十二条

《中华人民共和国反电信网络诈骗法》（主席令第119号，2022年12月1日起施行）

《全国人民代表大会常务委员会关于〈中华人民共和国刑法〉有关信用卡规定的解释》（2004年12月29日发布）

---

① 第42条规定：违反该法第14条、第25条第1款规定的，没收违法所得，由公安机关或者有关主管部门处违法所得1倍以上10倍以下罚款，没有违法所得或者违法所得不足5万元的，处50万元以下罚款；情节严重的，由公安机关并处15日以下拘留。

② 第63条规定：违反该法第27条规定，从事危害网络安全的活动，或者提供专门用于从事危害网络安全活动的程序、工具，或者为他人从事危害网络安全的活动提供技术支持、广告推广、支付结算等帮助，尚不构成犯罪的，由公安机关没收违法所得，处5日以下拘留，可以并处5万元以上50万元以下罚款；情节较重的，处5日以上15日以下拘留，可以并处10万元以上100万元以下罚款。单位有前款行为的，由公安机关没收违法所得，处10万元以上100万元以下罚款，并对直接负责的主管人员和其他直接责任人员依照前款规定处罚。违反本法第27条规定，受到治安管理处罚的人员，5年内不得从事网络安全管理和网络运营关键岗位的工作；受到刑事处罚的人员，终身不得从事网络安全管理和网络运营关键岗位的工作。

《银行卡业务管理办法》（银发〔1999〕17号，1999年3月1日起施行）

《最高人民法院、最高人民检察院关于办理非法利用信息网络、帮助信息网络犯罪活动等刑事案件适用法律若干问题的解释》（法释〔2019〕15号，2019年11月1日起施行）

《最高人民法院关于审理掩饰、隐瞒犯罪所得、犯罪所得收益刑事案件适用法律若干问题的解释》（法释〔2021〕8号，2021年4月15日起施行）

《支付结算办法》（银发〔1997〕393号，1997年12月1日起施行）

《最高人民法院、最高人民检察院关于办理非法从事资金支付结算业务、非法买卖外汇刑事案件适用法律若干问题的解释》（法释〔2019〕1号，2019年2月1日起施行）

《最高人民法院、最高人民检察院关于办理妨害信用卡管理刑事案件具体应用法律若干问题的解释》（法释〔2018〕19号，2018年12月1日起修正施行）

《最高人民法院、最高人民检察院、公安部关于办理电信网络诈骗等刑事案件适用法律若干问题的意见》（法发〔2016〕32号，2016年12月19日发布）

《最高人民法院、最高人民检察院、公安部关于办理电信网络诈骗等刑事案件适用法律若干问题的意见（二）》（法发〔2021〕22号，2021年6月17日发布）

《关于深入推进“断卡”行动有关问题的会议纪要》（高检四厅〔2020〕12号）

《关于“断卡”行动中有关法律适用问题的会议纪要》（2022年3月22日起施行）

第四章　网络侵财犯罪案件办理

001 网络非法取财犯罪相关罪名解析

随着技术的突飞猛进，网络犯罪业已形成了一条从研发木马程序、设置钓鱼网站、侵入计算机系统、获取密钥信息、窃取他人财物到套现、洗白违法所得的完整黑灰产业链。网络非法取财犯罪的集群化、链条化、产业化、节点化特征日趋明显，实行行为被不断切割、分化，如何准确定性，妥善解决网络非法取财犯罪中的共犯、罪数问题，是应对网络非法取财犯罪的重要课题。

一、网络非法取财行为的常见程式

根据司法实务多年来打击网络非法取财犯罪所积累的经验，网络非法取财行为一般经过研发工具、获取密钥、窃取财物、赃物变现等几个关键步骤，涉及网络所有者、管理者、网络服务提供商、非法用户、合法用户等多方主体。

研发、租售各式“打码”“撞库”“扫号”“抓包”“破保”“远控”等专门用于侵入、控制计算机信息系统的程序、工具。此类程序、工具功能各异，但根据其技术原理，一般都具有破坏、避开网络安全监测，未经授权非法获取信息、操控计算机等功能。① 以研发、租售此类程序、工具为中心的业务领域，一般均涉嫌提供侵入、非法控制计算机信息系统程序、工具罪，传授犯罪方法罪等。

设置钓鱼网站、发送带毒链接，非法侵入、控制计算机信息系统，获取公民个人信息、支付宝账号、密码、动态口令、验证码等密钥信息。获取到上述信息后可以用于自身实施下阶段犯罪，也可能将该信息再售卖于下游犯罪分子。以设置钓鱼网站、散布木马链接，获取信息牟利为中心的业务，一般均涉嫌非法获取

---

① 参见李剑：《专门用于侵入计算机信息系统的程序及打码行为的审查认定——以第 68 号检察指导性案例为视角》，载《中国检察官》2021 年第 14 期。

计算机信息系统数据、非法控制计算机信息系统、侵犯公民个人信息、扰乱无线电通讯管理秩序等罪。当然，有的黑客软件在此阶段即可直接实现获取被害人账户内资金的功能，进入实质性取财的步骤。

窃取、骗取他人账户内资金、游戏金币、返利积分等财产。这是非法取财的关键实行行为，这一步可能是在获取相关信息、密钥之后直接划转，也可能是在侵入相应计算机信息系统后篡改相应数据然后兑换为货币①、也可能是在获取相应隐私信息后采取电话诈骗、敲诈等方式骗取被害人信任或使被害人陷入恐慌而将财物拱手相让，一般涉嫌盗窃罪或诈骗罪、敲诈勒索罪等。在窃取游戏金币②、装备、礼物、Q币、比特币③、亚欧币，篡改返利积分④、商城优惠券、会员年限、景区票价、考试成绩等信息后兑换货币等行为，实务中还存有盗窃罪和非法获取计算机信息系统数据罪、非法控制计算机信息系统罪、破坏计算机信息系统罪、诈骗罪等争议。⑤

将取得的非法信息数据、财物变现使用。为逃避打击，非法获取的计算机信息系统数据、资金等一般经过事先或事后专门设置的POS机、收款二维码、网店商铺等特定的渠道予以套现、洗白。以此为业的行为一般均涉嫌洗钱罪，掩饰、隐瞒犯罪所得、犯罪所得收益罪。

以上几种典型的行为程式可谓网络非法取财行为的枝干脉络，除此之外，还存在大量同时服务上下游犯罪，多方参与共享非法利益等涉嫌共犯、非法利用信息网络、帮助信息网络犯罪活动、拒不履行信息网络安全管理义务等情形，普遍具有行为交叉配合、危害倍增的特点。

二、网络非法取财上下游行为关系的定性与规制

网络犯罪的行为模式及立法应对体系极具特殊性，上下游犯罪之间的依赖性、关联性、独立性错综交织，难以抽丝剥茧，清晰辨别。总结而言，目前实务中对网络非法取财上下游的关系的认识，一般有以下三种：一是基于上下游犯罪

---

① 参见重庆市第五中级人民法院刑事判决书，(2019) 渝05刑终455号。

② 参见安徽省淮北市中级人民法院刑事判决书，(2020) 皖06刑终225号。

③ 参见吴春妹、李长林、王星云：《非法窃取比特币的刑法定性》，载《中国检察官》2022年第21期。

④ 参见河南省郑州市金水区人民法院刑事判决书，(2018) 豫0105刑初876号。

⑤ 参见海南省海口市中级人民法院刑事判决书，(2019) 琼01刑终170号。

的紧密依赖关系而认定上下游犯罪存在默示的事前“共谋”而作为共同犯罪处理。二是认为上游犯罪分子对下游犯罪存在预见可能，从而将下游犯罪视为一种客观的处罚条件，评价为上游犯罪中的“情节严重”。三是认为刑法已经将网络取财实行行为的帮助行为、预备行为正犯化，按各罪分别处理，对下游犯罪的“明知”本身即是本罪独立的不法内容。

针对网络取财上下游行为既存在横向平面分工关系又存在纵向流程接续关系的特点，在处理网络取财犯罪上下游关系问题时笔者建议不妨采取漏斗形或金字塔式分析法来尝试妥善定罪量刑。

一是可以先以不法程度较低、刑罚较轻的罪名犯罪构成要素为基础，然后根据上下游犯罪的紧密程度、明知范围，预见可能、事前有无共谋等证据情况，结合有无更为严重的特殊不法事实，最终认定能否构成重罪或满足该罪的加重处罚情节。

二是也可先以危害性最为严重的盗窃罪、诈骗罪等取财实行行为为基础，判断行为是否完全符合实行行为或共犯构成。如果证据不足以证明存在事先明示或默示的共谋关系，则退而求其次，选用处罚更轻的罪名。如果虽不能认定为重罪，但仍有超出轻罪所涵盖范围的不法事实的，则作为轻罪的加重情节处理。

实务中，可以结合被告人的认知能力，既往经历，行为次数和手段，与他人关系，获利情况，是否曾因电信网络诈骗受过处罚，是否故意规避调查等主客观因素进行综合分析认定是否存在通谋关系。例如专业的“码农”“码工”“洗号手”“洗单客”等，如果其服务内容单一、组织固定，与被服务对象形成长期、稳定、默契的依附关系，可以考虑是否存在事前通谋关系或主观明知。如果上游犯罪分子不仅提供侵入计算机信息系统的犯罪工具，还与下游犯罪分子存在共同生活消费、相互拆借非法资金、分红提成等利益捆绑关系，或在下游实施犯罪时提供资金支付结算账户、定制木马程序、钓鱼软件、伪装设备，攻克技术难题，或下游犯罪分子事先为上游犯罪分子提供安全认证、① 注册空壳公司，准备提现设备、账户，事后又协助转移、隐匿赃款的，均需进一步考虑是否以共犯论处。②

相较而言，如果证据不足以证实上下游犯罪分子存在特殊关系，上游犯罪分

---

① 参见浙江省温州市中级人民法院刑事判决书，(2016) 浙03刑终252号。

② 参见江苏省南京市中级人民法院刑事判决书，(2020) 苏01刑终561号。

子只是基于其职业身份，为服务对象提供互联网接入、服务器托管、网络存储、通讯传输等技术支持，或者提供广告推广、支付结算、刷单套现等帮助，虽然明知下游可能实施网络盗窃、诈骗等犯罪，但对下游犯罪实施者的具体身份、犯罪计划、犯罪过程、犯罪结果等并不知情或参与，也不与下游犯罪分子共享违法所得，则可能评价为“明知”更为适宜。从而上游单独以提供侵入、非法控制计算机信息系统程序、工具罪，帮助信息网络犯罪活动罪，拒不履行信息网络安全管理义务罪，非法获取计算机信息系统数据罪等论处。

在无法证实或推定“共谋”“明知”的情况下，基于提供侵入、非法控制计算机信息系统程序、工具等行为的高度危险性，以及其在非法获取公民个人信息，网络盗窃、诈骗犯罪中的重要作用，下游犯罪分子实施网络盗窃、诈骗的犯罪后果，可能作为一种客观处罚条件予以评价，从而作为启动刑事追诉程序及法定刑提档升级的依据。例如《办理公民个人信息案件解释》将“出售或者提供行踪轨迹信息，被他人用于犯罪的”认定为《刑法》第253条之一规定的“情节严重”。

三、网络非法取财中的罪数问题

结合网络非法取财犯罪的特点，可尝试分别以“时”和“事”为主线梳理、确定罪数问题。以“时”为主线，即同一人在同一犯罪事实中的不同犯罪阶段，既参与购买犯罪工具等预备行为，又参与获取计算机信息系统数据、账户资金等犯罪实行行为，还实施了套现、洗白违法所得的行为，则一般考虑是否存在吸收犯、事后不可罚等情形，以一罪处理。当然，如果前后实施的买卖木马程序，设置钓鱼网站，获取密钥信息，窃取他人财物，掩饰、隐瞒犯罪所得等行为并无关联，不相重合，则也可能考虑是否需要数罪处理。

以事为主线，即以行为及法益为中心进行划分。同一人在不同的犯罪阶段，其预备行为、着手行为、实行行为、手段行为、目的行为可能侵犯不同的法益，满足各不相同的独立犯罪构成，此时也可能要考虑数罪并罚。例如《电诈意见(一)》规定，使用非法获取的公民个人信息，实施电信网络诈骗犯罪行为，构成数罪的，应当依法予以并罚。

在同一个犯罪阶段，针对不同的犯罪对象可能实施相同性质的犯罪行为，也可能针对相同的犯罪对象实施性质不同的犯罪行为，可能侵犯同一法益，也可能侵犯不同法益，此时就存在罪名竞合或数罪并罚的问题。

例如租售木马程序时可能不仅会讲解程序功能，还会传授非法控制计算机、获取公民个人信息等犯罪方法，这就涉及提供侵入、非法控制计算机信息系统程序、工具罪与传授犯罪方法罪的并罚问题。在发送钓鱼信息、植入木马程序时，可能通过设立网站、通讯群组进行，也可能通过“伪基站”群发短信的模式进行，此时就涉及非法获取计算机信息系统数据、非法控制计算机信息系统罪与非法利用信息网络罪、扰乱无线电通讯管理秩序罪的竞合及并罚问题。① 非法获取计算机系统数据中有的是公民个人隐私信息、有的是信用卡信息、有的是虚拟财产，这就涉及和侵犯公民个人信息罪，窃取、收买、非法提供信用卡信息罪，妨害信用卡管理罪的竞合及并罚问题。在窃取他人财物时，有的是直接划转他人银行账户资金，有的是控制他人信用卡透支消费，② 还有的是通过非法侵入、控制计算机信息系统后获取该计算机信息系统中存储、处理或传输的数据或删除、修改系统数据以变现牟利，③ 这就涉及盗窃罪、信用卡诈骗罪、破坏计算机信息系统罪、非法控制计算机信息系统罪、操纵证券市场罪等的竞合及并罚问题等。

002 涉第三方支付冒用型取财类案件的定性

随着金融行业的发展，催生了多种第三方支付模式，其中线下第三方支付以“拉卡拉”等使用 POS 机的方式进行刷卡消费为主，而在互联网购物成为主流消费模式后，支付宝、微信支付等线上第三方支付因快捷、便利等特点，迅速成为最普遍的支付方式。但随之而来的是，利用信息网络对线上第三方支付的新型侵财类犯罪也呈现出与传统侵财案件不同的特点，造成对第三方支付平台的性质，以及对第三方账户余额资金归属、绑定信用卡消费等的不同认识，特别是涉第三方支付冒用型取财的行为，如拾得他人手机，猜对密码后侵犯余额资金或绑定的信用卡资金的行为，在定性上仍存在一定争议，需要在实践中予以厘清。

第三方支付机构主要提供三类资金支付服务，一是账户余额资金，如微信零钱、支付宝余额等；二是账户绑定信用卡④（刑法意义的信用卡包括贷记卡、借

① 参见辽宁省辽阳市中级人民法院刑事判决书，（2018）辽 10 刑终 141 号。

② 参见福建省三明市中级人民法院刑事判决书，（2017）闽 04 刑终 278 号。

③ 参见广东省惠州市中级人民法院刑事判决书，（2019）粤 13 刑再 1 号。

④ 《全国人民代表大会常务委员会关于〈中华人民共和国刑法〉有关信用卡规定的解释》规定：《刑法》规定的“信用卡”，是指由商业银行或者其他金融机构发行的具有消费支付、信用贷款、转账结算、存取现金等全部功能或者部分功能的电子支付卡。

记卡）资金，如个人与第三方支付机构、银行间的协议约定，用户在第三方支付机构发送指令后实现绑定银行信用卡的资金使用；三是贷款类产品，如支付宝的花呗、借呗及京东白条等。本部分主要说明以冒用方式通过第三方支付业务侵犯账户余额资金、绑定信用卡资金等收付款类的行为定性问题。

一、第三方支付业务及账户资金的性质

涉第三方支付类案件类型多样，在开展进一步探讨之前，有必要对涉第三方支付类案件中的几个基础问题开展探析，如此才能有效分析具体的第三方支付类案件的法律适用问题。

（一）互联网第三方支付平台的法律界定

互联网第三方支付平台仍不宜认定为刑法上的金融机构。主要理由：

一是刑法上的金融机构概念不能完全等同于行政法上的概念。金融涉及国家经济命脉，因而刑法对金融机构财产、金融管理秩序予以特殊保护。也正因此，对于刑法上的金融机构概念不能完全等同于行政法的概念。就《刑法》第 174 条规定的擅自设立金融机构罪来看，将银行、证券交易所、期货交易所、证券公司、期货经纪公司、保险公司或者其他金融机构涵摄为金融机构，体现金融机构设立的法定性。

二是相关规定对金融机构的界定坚持传统观点。根据《金融机构编码规范》的规定，互联网第三方支付平台不属于我国金融机构范围。[①]《最高人民检察院关于办理涉互联网金融犯罪案件有关问题座谈会纪要》，规定了非法金融的认定依据。中国人民银行公布了《金融机构大额交易和可疑交易报告管理办法》，其中第 2 条规定了该办法所适用的金融机构范围。从这些系列规定来看，最高人民检察院、中国人民银行对金融机构的界定仍然秉持传统观点。

三是从事金融相关活动并不必然是金融机构。实践中，部分互联网第三方支付平台已按照中国人民银行颁布的《金融机构编码规范》取得了金融机构编码，各项业务数据也被作为金融数据进行统计。2010 年中国人民银行制定并出台的《非金融机构支付服务管理办法》，明确了第三方支付平台的非金融机构定位，[②]

---

① 参见杨赟：《利用电子支付账户盗骗该如何规制》，载《人民检察》2018 年第 2 期。

② 参见闫君剑：《利用第三方支付平台实施侵财犯罪的司法认定》，载《中国检察官》2019 年第 10 期。

部分互联网第三方支付平台也据此拿到了支付业务许可证。但这些都是从鼓励金融创新角度提出的便利化管理措施，目的是鼓励一些互联网第三方支付平台积极从事金融服务活动。

四是互联网第三方支付平台提供的服务决定其不能界定为金融机构。以最为典型的第三方支付平台支付宝为例，其与用户对服务的非金融机构性质①、支付宝账户的预付性②、调拨资金权限③等作出了约定。从支付宝的服务协议可以看出支付宝的服务模式一般为：用户与支付宝订立协议→用户缴纳备付金→支付宝将备付金缴纳至银行备付金专用存款账户→用户发出拨付指令→支付宝接受委托→支付宝向银行发起资金调拨指令→银行调拨资金。可见，在整个运行过程中，支付宝与用户之间是委托保管关系，支付宝与银行是托管关系，支付宝在支付的整体过程中，充当了资金保管和指令支付的中介角色。④

（二）第三方支付机构的支付业务

第三方支付是因网络交易双方信息不对称，易于引发信用危机，为解决交易安全而产生的。目前，尚无对第三方支付有相关法律定义，从形式上，第三方支付是具备一定实力和信誉保障的独立机构，采用与各大银行签约的方式，提供与银行支付结算系统接口的交易支持平台的网络支付模式。⑤

根据《非银行支付机构网络支付业务管理办法》⑥《非金融机构支付服务管

---

① 参见刘砺兵：《盗用他人信息注册支付宝并消费的行为定性》，载《人民司法》2019 年第 11 期。

② 参见张妍：《电子商务环境下移动支付模式研究——以支付宝和微信为例》，载《现代经济信息》2016 年第 18 期。

③ 参见刘砺兵：《盗用他人信息注册支付宝并消费的行为定性》，载《人民司法》2019 年第 11 期。

④ 参见曾亚妮：《私转支付宝账户资金的刑法规制》，载《人民司法》2019 年第 1 期。

⑤ 参见马刚、姜明、杨兴凯编著：《电子商务支付与结算》，东北财经大学出版社 2019 年版，第 158 页。

⑥ 中国人民银行《非银行支付机构网络支付业务管理办法》第 2 条第 3 款规定：本办法所称网络支付业务，是指收款人或付款人通过计算机、移动终端等电子设备，依托公共网络信息系统远程发起支付指令，且付款人电子设备不与收款人特定专属设备交互，由支付机构为收付款人提供货币资金转移服务的活动。

理办法》①的规定，第三方支付机构提供的是“为收付款人提供资金转移服务”，且《非金融机构支付服务管理办法》还将这一支付服务定义为“收付款人之间”的中介机构。另以支付宝为例，根据《支付宝服务协议》（20220130 版本），使用支付宝收付款服务是受账户用户委托代为收付款的服务②，以及以客户身份要素发出的指令视为客户本人作出③。

因此，本书认为：一是第三方支付机构不属于银行或金融机构；二是第三方支付业务为收款方、付款方之间支付结算提供的“中介服务”；三是向第三方支付机构发送支付指示时，符合身份要素视为客户本人发送的指令，即掌握相应的密码等身份要素视为对客户账户的控制权。

（三）第三方支付账户关联资金性质

1. 余额资金

第三方支付账户上的余额资金（或称备付金），是指非银行支付机构为办理客户委托的支付业务而实际收到的预收待付货币资金④。第三方支付账户上的余额资金来源，一般为自有信用卡或银行账户转账，以及付款方通过第三方支付账户转账以及第三方支付平台转入的“红包”“返利”等，来源均为信用卡或银行账户。根据《非金融机构支付服务管理办法》的规定，余额资金不属于第三方支付机构所有⑤。另根据《非银行支付机构网络支付业务管理办法》的规定，将支付账户资金余额定义为“客户委托支付机构保管的、所有权归属于客户的预

---

① 中国人民银行《非金融机构支付服务管理办法》第 2 条规定：本办法所称非金融机构支付服务，是指非金融机构在收付款人之间作为中介机构提供下列部分或全部货币资金转移服务……

② 《支付宝服务协议》（20220130 版本）规定：支付宝服务是我们通过支付宝网站、小程序、软件工具开发包以及随技术发展出现的新形态向您提供的非金融机构支付服务，是受您委托代您收付款的资金转移服务。收付款服务是指我们为您提供的代为收取或代为支付款项的服务。

③ 《支付宝服务协议》（20220130 版本）规定：身份要素是我们识别您身份的依据，请您务必妥善保管。使用身份要素进行的操作、发出的指令视为您本人作出。因您的原因造成的账户、密码等信息被冒用、盗用或非法使用，由此引起的风险和损失需要由您自行承担。

④ 中国人民银行《非银行支付机构客户备付金存管办法》（中国人民银行令〔2021〕第 1 号）第 3 条。

⑤ 中国人民银行《非金融机构支付服务管理办法》第 24 条第 1 款规定：支付机构接受的客户备付金不属于支付机构的自有财产。

付价值”①，即可理解为客户与第三方支付机构之间存在对余额资金的保管合同关系。在余额资金的使用上，第三方支付平台受客户委托办理余额资金的收、付业务②。以支付宝为例，余额服务是基于支付宝账户余额可以使用的充值、消费、收款、转账等服务③。

需要补充说明的是，虽然以支付宝为例，有提供余额增值服务的余额宝等，将余额资金购买如兴全添利宝等基金产品，但客户可将该基金产品直接用于线上消费、付款或转出到绑定的信用卡，且无申购费、赎回费以及赎回时间限制，具有一定的理财与消费双重功能。故余额宝这类网络理财产品虽然属市场基金，同时涉及基金的投资管理等主体，但行为人冒用投资人（被害人）发出赎回指令后，资金也要通过第三方支付账户支付或使用，故除需要特别购买的“理财通”等理财产品外（此处不涉及特别购买的理财产品），实则与余额资金无本质区别。

因此，本书认为：一是第三方支付账户上余额资金不属于第三方支付机构，所有人为账户的客户；二是第三方支付平台受客户委托保管并办理余额资金的收、付业务。

2. 绑定信用卡资金

第三方支付机构客户可以在第三方支付中添加一张或多张其本人名义开户的信用卡，并可以自由选择用于支付的信用卡。根据《非银行支付机构网络支付业务管理办法》的规定，支付机构扣划客户银行账户资金的，要分别取得客户和银行的协议授权；同时，还规定由银行负责事先或首笔交易的客户识别，以及

---

① 中国人民银行《非银行支付机构网络支付业务管理办法》第 7 条第 2 款规定，支付机构为客户开立支付账户的，还应在服务协议中以显著方式告知客户，并采取有效方式确认客户充分知晓并清晰理解下列内容：“支付账户所记录的资金余额不同于客户本人的银行存款，不受《存款保险条例》保护，其实质为客户委托支付机构保管的、所有权归属于客户的预付价值。该预付价值对应的货币资金虽然属于客户，但不以客户本人名义存放在银行，而是以支付机构名义存放在银行，并且由支付机构向银行发起资金调拨指令。”

② 中国人民银行《非银行支付机构客户备付金存管办法》第 28 条：非银行支付机构应当在收到客户备付金或者客户划转客户备付金不可撤销的支付指令后，办理客户委托的支付业务。

③ 《支付宝服务协议》(20220130 版本)。

除部分小额支付业务外支付机构不得代替银行进行交易验证等[①]。流程为，客户登录第三方支付账户——输入第三方支付密码——第三方支付机构验证客户账户信息——第三方支付机构向银行发出支付指令——银行支付，由于相关信用卡账户与第三方支付账户属于同一客户[②]，整个流程起始于客户登录归结于银行支付，第三方支付机构仍起中介作用，即本质仍是资金通过信用卡在不同主体之间流转实现支付。

因此，本书认为，客户在第三方支付平台绑定其本人的信用卡进行支付、余额与信用卡间相互转账，与日常使用信用卡进行支付的方式基本相同。

二、涉第三方支付冒用型取财类案件的定性

（一）侵犯余额资金

1. 定性的争议

对以冒用方式侵犯第三方支付余额资金的行为，实践中主要存在盗窃罪与诈骗罪的争议：

［案例一］[③] 被告人李某贵借用工友丁某手机，将丁某支付宝中余额 5 万元转到其微信账户。法院判决认为，被告人李某贵以非法占有为目的秘密窃取他人 5 万元，数额巨大，其行为构成盗窃罪。

［案例二］[④] 被告人徐某使用单位配发的手机登录支付宝时，发现可以直接登录原同事即被害人马某的支付宝账户，该账户显示内有人民币 5 万余元。徐某

---

① 《非银行支付机构网络支付业务管理办法》第 10 条规定，支付机构向客户开户银行发送支付指令，扣划客户银行账户资金的，支付机构和银行应当执行下列要求：（1）支付机构应当事先或在首笔交易时自主识别客户身份并分别取得客户和银行的协议授权，同意其向客户的银行账户发起支付指令扣划资金；（2）银行应当事先或在首笔交易时自主识别客户身份并与客户直接签订授权协议，明确约定扣款适用范围和交易验证方式，设立与客户风险承受能力相匹配的单笔和单日累计交易限额，承诺无条件全额承担此类交易的风险损失先行赔付责任；（3）除单笔金额不超过 200 元的小额支付业务，公共事业缴费、税费缴纳、信用卡还款等收款人固定并且定期发生的支付业务，以及符合第 37 条规定的情形以外，支付机构不得代替银行进行交易验证。

② 《非银行支付机构网络支付业务管理办法》第 12 条：支付机构办理银行账户与支付账户之间转账业务的，相关银行账户与支付账户应属于同一客户。支付机构应按照与客户的约定及时办理支付账户向客户本人银行账户转账业务，不得对Ⅱ类、Ⅲ类支付账户向客户本人银行账户转账设置限额。

③ 参见新疆维吾尔自治区库车市人民法院刑事判决书，（2022）新 2923 刑初 370 号。

④ 参见浙江省宁波市中级人民法院刑事裁定书，（2015）浙甬刑二终字第 497 号。

利用其工作时获取的马某支付宝的支付密码，使用上述手机分两次从该账户转账15000元到刘某的中国银行账户，刘某取现15000元交给徐某。法院判决认为原审被告人徐某使用马某的支付宝及密码，将马某支付宝内的钱款转账至刘某的银行卡账户后占为己有，徐某针对支付宝公司及其计算机系统的行为，显然是冒用他人支付宝的行为，而冒用行为是欺骗行为的一种表现形式。因此，徐某针对财物持有人实施的是欺骗行为，认定被告人徐某以非法占有为目的，采用隐瞒真相的方法骗取他人财物，数额较大，其行为已构成诈骗罪。

上述两个案例均为在第三方支付以冒用形式取财，关键是对“盗骗交织”案件的不同认识，如区分被害人是否有处分行为和意识等。根据最高人民法院刑事审判庭的观点，诈骗罪与盗窃罪都是以非法占有为目的侵犯财产的犯罪，两罪的主要区别在行为特征上，关键看行为人获取财物时起决定性作用的手段是窃取还是欺骗。若采用虚构和蒙骗手段直接取得他人财物，应认定为诈骗罪；若采用秘密窃取手段直接取得他人财物，则应认定为盗窃罪①。

2. 本书观点

以冒用方式获取他人第三方支付余额的行为构成盗窃罪。理由如下：

（1）冒用行为符合盗窃罪“秘密窃取”的特征。秘密窃取是盗窃罪区别其他侵财类犯罪的主要特征，主要体现在虽然余额资金为客户（被害人）将资金委托由第三方支付机构占有，但所有权仍是客户，客户通过在第三方支付中设立密码等实现对余额资金的控制权，对资金的控制是客户（被害人）而非第三方支付机构，如支付宝即根据身份要素，如密码、短信检验码判断客户操作②。行为人通过如偷窥、拾得手机后猜测密码，甚至以骗取等方式，获得被害人账户余额的控制权，进而以自认为被害人没有发觉的方式非法取得账户余额，这一冒用行为才是行为人获取余额资金的关键，符合盗窃罪秘密窃取的特征。

（2）冒用行为不构成诈骗罪。一是即使行为人通过骗取等非法方式获取被害人第三方支付账户的控制权，如上述案例一中被告人李某贵以借用骗取被害人

---

① 参见最高人民法院刑事审判第一、二、三、四、五庭主编：《中国刑事审判指导案例：危害国家安全罪、危害公共安全罪、侵犯财产罪、危害国防利益罪》，法律出版社2009年版，第599－601页。

② 《支付宝服务协议》（20220130版本）规定：身份要素指我们用于识别您身份的信息要素，包括但不限于您的用户标识、支付宝账户、密码、数字证书、短信校验码、支付盾、电话号码、手机号码、身份证件号码及生物识别信息（如人脸信息、声纹信息等）等信息。

的手机，获得被害人第三方支付账户的控制权，但并非系被害人对账户余额资金进行“处分”，被害人也没有“自愿”地将余额资金交付给行为人，因此不符合诈骗罪的行为特征。二是行为人冒用行为不构成对第三方支付机构的诈骗。虽然第三方支付机构受委托保管客户余额资金，但要考虑第三方支付成立的初衷，即为了实现网络交易快捷、便利，因此第三方支付以正确的密码等身份要素视为客户输入的指令，不存在第三方支付被诈骗的情形，同样也不宜认定为基于对行为人冒用客户的情形而认识错误处分资金的行为。

（二）侵犯绑定信用卡资金

1. 定性的争议

[案例三]① 被告人陈某在未经被害人邵某允许的情况下，利用其事先得知的微信账号及密码登录邵某的微信号，将邵某微信号所绑定的银行卡中的5900元秘密窃取并转入自己的微信账户后予以提现。法院判决认为，被告人陈某以非法占有为目的，采用秘密手段盗窃他人财物，数额较大，其行为已构成盗窃罪。

[案例四]② 被告人王某与被害人韩某系男女朋友关系，被告人王某以去超市买东西为由从韩某处将韩某手机拿走，后在韩某不知情的情况下，使用韩某绑定中国工商银行卡的支付宝账户多次进行消费及转账，共计刷卡支取17950元。法院判决认为，被告人王某骗取被害人韩某的手机，通过手机支付宝绑定的信用卡进一步获取了信用卡信息资料并通过手机支付宝使用，符合冒用他人信用卡的情形，构成信用卡诈骗罪。

上述两个案例均为行为人登录被害人第三方支付账户，将被害人在第三方支付账户绑定的信用卡内资金支取或使用的情形，但分别认定为盗窃罪、信用卡诈骗罪。认定盗窃罪的观点，如案例三认为，行为人系以秘密方式窃取被害人财物，强调行为人获得他人第三方支付账户信息和密码后，在他人不知情的情况下秘密窃取他人在第三方支付中绑定信用卡的资金，因被害人不存在“处分”的意识，该秘密窃取他人财产的行为应系盗窃罪。

认定构成信用卡诈骗罪的观点，如案例四认为，行为人系以通过获取他人已绑定在第三方支付中的信用卡信息、资料，冒用他人信用卡并进行支付、使用，根据《妨害信用卡管理刑事案件解释》第5条第2款第3项的规定，属冒用他人

---

① 参见浙江省青田县人民法院刑事判决书，(2015）丽青刑初字第578号。

② 参见山东省滨州市滨城区人民法院刑事判决书，(2021）鲁1602刑初74号。

信用卡的行为。

2. 本书观点

现实中，随着第三方支付甚至第四方支付等的出现造成支付方式的变革，在信息网络上的第三方支付方式侵财大多为冒用绑定信用卡的行为，首先确定在一定前提下机器可以“被骗”，因此可以认定冒用第三方支付中绑定信用卡的行为属信用卡诈骗。

（1）机器能否“被骗”。

行为人通过网络终端登录他人第三方支付账户，进而发起他人所绑定信用卡的转账支付，就会有一个不可绕开的问题，是否能够认定机器被骗？这也是在认定涉第三方支付取财类财产案件时，首先应当解决的问题。目前对此分两种观点，分别为否定说与肯定说。

否定说主要基于传统刑法理论，认为以服务器和算法为基础构成的机器不存在被骗的可能性。如张明楷教授认为，因为诈骗罪以欺骗自然人为前提，对机器使用他人信用卡时，并没有对任何自然人实施欺骗行为。①

肯定说主要基于与传统机械性的机器不同，“机器”在人工编程下智能程序高速发展，自主学习、操控能力持续增强，被赋予一定的“人脑功能”甚至有发展出独立人格的趋势。如喻海松认为，关于机器能否被骗的问题，讨论范围应当限于传统诈骗罪而不应拓展至信用卡诈骗罪等专门诈骗罪。横向比较来看，德国、日本等国刑法规定了“使用计算机诈骗罪”，都是基于使用计算机实施的诈骗活动不同于传统意义上的“诈骗”，在此领域无须再行讨论机器能否被骗的问题。②

对此争议，可以参照《刑事审判参考》第 1389 号案例，潘某信用卡诈骗案（行为人利用他人遗忘在 ATM 机内已输好密码的信用卡取款行为的定性问题），相关论述指出：本案中，在持卡人输入密码后，ATM 机（银行）在等待持卡人进一步发出指令，在此期间，拾卡人未经持卡人授权、未经委托“冒用”持卡人身份发出取款指令，欺骗 ATM 机“交付”钱款。ATM 机误以为是持卡人发出的指令，把财物“自愿”“交付”给拾卡人，ATM 机代表相关银行的意志，“同意”交付财物，符合诈骗犯罪的客观行为表现。被告人潘某冒名登录他人信

---

① 参见张明楷：《刑法学》（第 6 版），法律出版社 2021 年版，第 1038 页。

② 参见喻海松编著：《实务刑法评注》，北京大学出版社 2022 年版，第 798 页。

用卡的行为实质就是冒用他人信用卡，这也是使 ATM 机（银行）陷入错误认识的关键所在，其行为更符合刑法关于信用卡诈骗罪的构成特征，认定信用卡诈骗罪可以全面反映这类犯罪行为的特殊性。事实上，ATM 机体现的是相关银行的单位意志，银行通过计算机终端指挥控制 ATM 机按照预先设置的步骤逐步验证依次操作，换言之，ATM 机属于法律拟制的“法人”的属性。当然，事实层面，被告人潘某也欺骗了持卡人，故潘某以持卡人身份骗取了他人的财物，侵害他人的财产所有权，同时也侵害了国家对信用卡的管理秩序，符合刑法和《妨害信用卡管理刑事案件解释》对信用卡诈骗罪双重客体的规定。

因现代社会存在快速进行财产交易的需求，如“机器”在自动化设备、软件、程序等编程后部分或全部取代传统对人的身份识别，则能够认定为“机器被骗”。

(2) 以冒用方式使用他人绑定在第三方支付信用卡的，应构成信用卡诈骗罪，理由如下：

一是行为人的行为符合信用卡诈骗罪的特征。主观上，行为人登录他人第三方支付账户，在操作支付或转账时就明知冒用的是他人绑定在第三方支付的信用卡，仍以非法占有为目的，骗取信用卡内资金；客观上，行为人通过获取被害人在第三方支付绑定的信用卡信息资料，以被害人（持卡人）名义通过互联网上使用，骗取数额较大财产；侵犯的客体上，因第三方支付在持卡人与银行间为“中介服务”，被害人（持卡人）使用在第三方支付上使用绑定信用卡实际与日常使用信用卡本质相同，故既对信用卡管理制度造成侵害，同时也给银行以及被害人（持卡人）的公私财产所有权产生损害。

二是认定信用卡诈骗罪有可参照的“两高”相关规定及案例。客户在第三方支付平台绑定其本人的信用卡进行支付，由于第三方支付机构作用为“中介服务”，与日常使用信用卡进行支付的方式基本相同，行为人冒用的本质等同于直接使用信用卡非法占有（或透支）卡内的资金。实际上，这一冒用行为与现实中非法获取信用卡并在 ATM 机上使用的行为并无区别，可以参照《最高人民检察院关于拾得他人信用卡并在自动柜员机（ATM 机）上使用的行为如何定性问题的批复》① 将行为人通过“冒用”持卡人（被害人）信用卡让“机器”

---

① 《最高人民检察院关于拾得他人信用卡并在自动柜员机（ATM 机）上使用的行为如何定性问题的批复》：拾得他人信用卡并在自动柜员机（ATM 机）上使用的行为，属于《刑法》第 196 条第 1 款第 3 项规定的“冒用他人信用卡”的情形，构成犯罪的，以信用卡诈骗罪追究刑事责任。

（ATM 机）交付钱款认定为信用卡诈骗罪。《刑事审判参考》第 1389 号案例“潘某信用卡诈骗案”——行为人利用他人遗忘在 ATM 机内已输好密码的信用卡取款行为的定性问题，也体现这一认定思路。

三是冒用行为不宜认定为盗窃罪。主要理由是如前述绑定信用卡的支付流程，行为人冒用持卡人（被害人）账户身份向第三方支付平台发送指令，第三方支付平台审核密码等相关身份要素后向银行发送指令，银行收到指令后进行资金转移，该流程中行为人与第三方支付平台间存在意思互动，并不符合盗窃罪“秘密窃取”的行为特征。

003 新型网络洗钱行为中金融机构涉罪研究

洗钱（Money Laundering），是将犯罪所得及其收益通过各种手段进行隐瞒或掩饰，并使之在形式上合法化的行为和过程。我国的刑事司法历来重视对洗钱行为的规制，刑法针对传统意义上的洗钱行为，设置了洗钱罪与掩饰、隐瞒犯罪所得罪，形成阶梯式入罪的结构。

近年来，我国针对洗钱行为的刑事规制，存在两类发展趋势：第一，洗钱行为的入罪口径持续扩大，以 2021 年施行的《刑法修正案（十一）》为例，本次修改调整了洗钱罪的构成要件，删除了主观层面的“明知”要件与客观层面的“协助”表述，使“本人为自己洗钱”的行为也被纳入洗钱罪的规制范畴；第二，洗钱行为与网络犯罪的联系日益紧密，伴随着互联网时代的快速兴起，各类信息网络技术被广泛应用于各个场景，以跑分平台、虚拟货币为代表的新型网络洗钱行为出现，并成为互联网黑灰产业链中的重要环节，司法实践中可适用的罪网更为紧密，除洗钱罪，掩饰、隐瞒犯罪所得罪以外，还可适用帮助信息网络犯罪活动罪、网络犯罪的共犯等。

在上述发展趋势的影响下，金融机构面临着潜在的刑事风险：一方面，金融机构基于提供支付结算服务、开展金融创新等业务的需求，主动或被动与新型网络犯罪行为产生联系；另一方面，司法实践针对是否实施网络洗钱行为、是否成立犯罪，均采取较宽的认定口径，导致金融机构涉及新型网络洗钱行为时，存在构罪的可能性。基于此，我们通过考察新型网络洗钱行为的不同样态，梳理金融机构可能涉及的刑事风险。

一、网络洗钱的几类新型方式

（一）利用聚合支付进行网络洗钱

聚合支付型洗钱行为模式下，行为人利用“聚合支付”技术和平台，注册空壳公司或将其他自然人账户接入聚合支付接口，以空壳公司资金账户或自然人账户作为收款账户，并将支付入口提供给上游犯罪主体供其收取用户付费，再做相应的资金转移。

在这其中，又以跑分平台型洗钱较为常见。洗钱行为人设计、搭建一个抢单式的聚合支付平台，并提供高额佣金，吸引大量普通用户在跑分平台进行注册；洗钱行为人需要将某笔犯罪所得收益转入特定账户时，即在跑分平台中发单，由平台用户抢单后，使用用户实名制资金账户（包括支付宝账户、微信账户、银行账户）完成转账。实践中，一笔较大的资金可能由多个平台用户分别完成多次小额转账，最终流向指定账户。由于跑分平台型洗钱行为中的注册用户数量庞大、区域分散，流转资金数量随机性强，且许多注册用户使用的实名账户是本人日常使用的账户，混杂有正常交易，容易躲避反洗钱监管部门的监管。

（二）利用虚拟交易进行网络洗钱

虚拟交易型网络洗钱行为人主要通过实施多种虚拟商品交易行为，实现资金性质的转变，将犯罪所得资金转化为表面合法的收益，具体的行为形态包括：

1. 直播平台虚假打赏

行为人与直播平台进行合作，利用犯罪所得资金对特定主播赠送礼物、打赏，实现资金输送，事后由直播平台或者主播将资金私下返还给行为人。

2. 话费虚假充值

以为网络赌博平台实施洗钱为例，行为人在第三方支付机构开通一个虚假服务商（空壳公司）的账户收付款服务，与电信运营商或代理商合作，将正常话费充值用户的订单与赌博平台中赌客的充值订单进行错配；信息匹配后，从电信运营商或代理商处获取正常生成的话费充值支付二维码，推送至赌博平台，作为赌费支付二维码由赌客完成支付，而用户正常付款的话费直接进入行为人开通的虚假服务商支付账户，形成资金池；后续将收取的话费定期进行结算。

3. 电商平台虚假购物

行为人与电商平台进行合作，在平台上利用犯罪所得资金下单大量虚假订单，电商平台配合进行虚假发货，事后返还资金。

另外存在虚假交易游戏道具、虚假金融借贷等虚拟交易型网络洗钱行为。此类网络洗钱行为，利用交易本身的虚假属性实现洗钱的目的，其中网络支付亦是不可或缺的环节。

（三）利用虚拟货币进行网络洗钱

此外，近年来伴随着区块链技术的发展与虚拟货币的兴起，在上述新型网络洗钱行为的基础上，行为人利用比特币等虚拟货币去中心化、匿名性、跨国交易便利等特点，将资金以虚拟货币的形式实施一次或数次交易、转手，使得监管部门更难以追踪涉案资金的来源、交易对象等信息。利用虚拟货币洗钱逐渐成为网络犯罪洗钱的常见手段之一。

二、新型网络洗钱中金融机构面临的刑事风险

对于洗钱行为而言，犯罪所得资金的收支需求事实上贯穿于网络洗钱的全过程，资金的每一步运转、流通都需要第三方支付机构、银行等金融机构的介入。实践中，面对种类繁多的新型网络洗钱形态，金融机构涉入其中的情形并不罕见。

（一）根据洗钱行为本身的性质，金融机构可能涉嫌洗钱罪或掩饰、隐瞒犯罪所得罪

1. 认定金融机构涉嫌洗钱类犯罪的三个主要标准

（1）客观上金融机构是否实际参与了洗钱行为。金融机构是否成立洗钱类犯罪的第一个标准是金融机构是否实质参与了行为人的洗钱行为。当金融机构在行为人的洗钱过程中，以积极的姿态为漂白犯罪所得资金发挥实际作用、从事主动行为时，倾向于被认定为以作为形式参与洗钱行为。常见的形态为明知他人实施网络赌博、网络诈骗等犯罪行为，仍提供支付结算服务，事后参与分成。

（2）金融机构实施的行为与犯罪所得资金被漂白的结果是否具备直接的因果关系。实践中，若金融机构支付结算等行为与犯罪所得资金被漂白的犯罪结果形成直接的因果关系，则涉嫌犯罪。反之，若金融机构提供的系中立服务行为，与洗钱结果并未产生紧密联系，则机构不具备相应的刑事风险。

（3）主观上金融机构是否对洗钱相关行为、后果具备明知性。除客观方面的认定要点以外，实践中认定金融机构成立犯罪还要求其在主观上对洗钱的相关行为、后果具备明知性，换言之，若金融机构主观上明确认识到洗钱行为人所实施的行为类型、性质及内容，则可能涉嫌洗钱类犯罪。主观明知性包含直接明知

与推定明知：直接明知，即金融机构在明确了解洗钱行为人所实施行为性质的情形下，主动、积极与其合作或者以多种方式参与；推定明知，即金融机构应当按勤勉尽责原则落实客户身份识别机制措施，监测、分析全部交易并报告可疑交易，若金融机构发现所涉交易内容存在明显异常时，综合其认识水平、认知职责，可推定金融机构应当明知洗钱行为、后果的存在，具备主观明知。相反，若金融机构虽为洗钱行为人提供了支付结算服务，但其所处理的相关交易外观上并无明显异常，则应认定金融机构系在正常提供支付结算服务。例如在虚假交易型网络洗钱行为中，虽洗钱行为人在电商平台实施大量虚假交易，但从支付环节而言，此类虚假交易与真实交易并无明显区别，金融机构只是在正常提供中立的支付结算服务，难以分辨交易本身的真实性，则不应认定其明知洗钱行为。

例如，根据2022年6月湖北省黄冈市公安局的通报，2016年10月至2019年5月期间，以江某等人为首的团伙使用他人的身份信息在境内开设公司，以公司名义与国内多家第三方支付结算机构签订跨境支付合作协议，再寻找目标客户，使用该团伙控制的公司帮助客户进行非法买卖外汇交易，本案中，江某等6人被采取刑事强制措施，但是第三方支付机构因提供中立的支付结算服务，未被认定为成立犯罪。

2. 金融机构涉嫌洗钱罪或掩饰、隐瞒犯罪所得罪的辨析

如上文所述，洗钱类犯罪包含了洗钱罪与掩饰、隐瞒犯罪所得罪。若金融机构的行为满足上述全部认定要件，涉嫌洗钱类犯罪，则实践中还需进一步认定成立何种具体罪名。

根据我国《刑法》与《最高人民法院关于审理洗钱等刑事案件具体应用法律若干问题的解释》的规定，洗钱罪与掩饰、隐瞒犯罪所得罪系法条竞合关系，洗钱罪的上游犯罪只能是毒品犯罪、黑社会性质的组织犯罪、恐怖活动犯罪、走私犯罪、贪污贿赂犯罪、破坏金融管理秩序犯罪、金融诈骗犯罪；而掩饰、隐瞒犯罪所得罪则不限于此。

对于金融机构而言，其涉入洗钱行为后，若洗钱行为所漂白的资金系上述7类犯罪的犯罪所得，则金融机构可能涉嫌洗钱罪；若漂白资金并非上述7类犯罪的所得，则金融机构可能涉嫌掩饰、隐瞒犯罪所得罪。

（二）根据共同犯罪原理，金融机构可能涉嫌帮助信息网络犯罪活动罪或其他网络犯罪的共犯

实践中，新型网络洗钱行为通常并非孤立出现，而是互联网黑灰产业链中的

下游环节，新型网络洗钱行为所漂白的犯罪所得资金，一般由上游网络赌博、网络诈骗等互联网犯罪行为所产生。

若金融机构直接进入互联网黑灰产业链，成为其中一环，与洗钱行为人及上游网络犯罪行为人均存在密切联系，且具备一定程度的合谋与分工，则实践中倾向于将金融机构认定为网络犯罪团伙整体的组成部分，以上游网络犯罪的共犯论处。若金融机构与洗钱行为人及上游网络犯罪行为人存在一定联系，但是尚未存在整体意义上的合谋或分工，金融机构在明知洗钱行为人或者上游网络犯罪行为人实施网络犯罪的情形下，为其提供帮助性质的支付结算等服务，实践中倾向于以帮助信息网络犯罪活动罪规制金融机构此类行为。

例如，根据2022年3月23日的宜都市公安局通报，广东汇卡商务服务有限公司系持有牌照的第三方支付公司，公司副总裁刘某某向控制“沐融”第四方支付平台的张某某提供3687个商户号，与“helloepay”和尹某某控制的“迈虎”第四方支付平台对接，帮助境外违法人员收付非法资金43.14亿元，涉嫌帮助网络犯罪活动罪被宜都市人民法院一审判决。

（三）涉嫌多罪名时，根据行为属性作出具体认定

如上文所述，考虑到洗钱行为本身的性质，金融机构可能涉嫌洗钱类犯罪；考虑到新型网络洗钱行为的网络犯罪属性与洗钱行为的共犯性质，金融机构可能涉嫌上游网络犯罪的共犯或者帮助信息网络犯罪活动罪。

参考最高人民法院的观点，① 实践中一般按以下原则处理：

第一，在处理洗钱类犯罪与帮助信息网络犯罪活动罪时，考虑到后者的兜底性罪名属性，当金融机构与洗钱行为人已形成较为稳定的配合关系，持续提供支付结算等金融服务时，一般不会以帮助信息网络犯罪活动罪予以规制。

第二，针对洗钱类犯罪与网络犯罪的共犯，若金融机构与洗钱行为人、上游网络犯罪行为人之间仍然具备一定分离度，则实践中倾向于以洗钱类犯罪规制；若金融机构在提供支付结算等服务的过程中，已融入上游网络犯罪团伙，参与共谋、分工及利益分配，成为黑灰产业链的环节之一，则实践中倾向于以网络犯罪的共犯规制。

第三，若金融机构的行为同时构成两种不同的罪名，实践中多以竞合的原则

---

① 参见喻海松：《涉非典型“两卡”案如何实现罚当其罪》，载《检察日报》2023年2月18日，第3版。

处理，选择其中刑罚更为严厉的犯罪予以规制。

三、新型网络洗钱中金融机构面临的行政处罚风险

除刑事风险以外，在网络洗钱环节，金融机构还面临严厉的行政处罚风险。目前，一方面，我国在《反洗钱法》《金融机构反洗钱规定》《非金融机构支付服务管理办法》《金融机构反洗钱和反恐怖融资监督管理办法》《支付机构反洗钱和反恐怖融资管理办法》《金融机构客户尽职调查和客户身份资料及交易记录保存管理办法》等文件中，详细规定了银行等传统金融机构以及第三方支付机构等互联网金融机构（非银行支付机构）均依法负有建立健全客户身份识别制度、客户身份资料和交易记录保存制度、大额交易和可疑交易报告制度等反洗钱义务，上述反洗钱义务成为金融机构在日常承担支付结算、资金流转等功能时应负有的法定作为义务，以及违反反洗钱义务之后的行政处罚结果。另一方面，在《关于进一步加强无证经营支付业务整治工作的通知》《关于防范虚拟货币交易炒作风险的公告》等文件中，明确限制了金融机构不能从事的行为范围或者业务领域，并且对于个别特殊领域予以重点整治。

如最高人民检察院、中国人民银行联合发布惩治洗钱犯罪典型案例之二雷某、李某洗钱案①：2017年2月至2018年1月，雷某、李某应朱某要求，明知某公司以外汇理财业务为名进行非法集资，仍向朱某提供多张本人银行卡，接收朱某实际控制的多个账户转入的非法集资款。之后，雷某、李某配合朱某公司财务人员罗某等人，通过银行大额取现、大额转账、同柜存取等方式将上述非法集资款转移给朱某。本案中，中国人民银行杭州中心支行启动对经办银行的行政调查程序，认定经办银行重业绩轻合规，银行柜台网点未按规定对客户的身份信息进行调查了解与核实验证；银行柜台网点对客户交易行为明显异常且多次触发反洗钱系统预警等情况，均未向内部反洗钱岗位或上级行对应的管理部门报告；银行可疑交易分析人员对显而易见的疑点不深究、不追查，并以不合理理由排除疑点，未按规定报送可疑交易报告，导致行为人长期利用该行渠道实施犯罪，对经办银行罚款400万元。

四、结语

洗钱行为人获取、转移、使用犯罪所得资金的过程，是洗钱行为的基础，这

---

① 参见浙江省杭州市中级人民法院刑事裁定书，（2020）浙01刑终18号之二。

一过程在本质上必须依赖可提供支付、结算等业务的第三方支付机构、银行等金融机构。伴随着互联网环境下洗钱行为样态的不断更新，金融机构基于金融创新、模式创新的考虑，抑或基于获取客户、快速收益的需求，逐步以不同形态、不同方式涉入其中。本书认为，金融机构一方面应当全面、重点关注各业务、客户的合规性，避免自身陷入洗钱刑事犯罪；另一方面也应当忠实、充分履行反洗钱义务，有效规避潜在风险。

004 利用网络窃取虚拟财产的行为定性与回应

一、虚拟财产概述

司法实务中，利用网络窃取虚拟财产的案件已屡见不鲜，但关于虚拟财产的含义、性质、分类等问题无论在民法还是刑法领域都尚属有待攻克的新课题，①相关概念大多处于只可意会却无法精确描述的阶段。本部分尚且将其粗糙地概括为“网络虚拟财产是指网民在网络空间中所拥有、支配的，必须利用网络服务器的虚拟存储空间才能存在的财产”。② 包括网站域名、商铺，点卡、比特币③、Q币，虚拟黄金、武器装备、宠物、盆景、皮肤、角色等。但诸如支付宝、淘宝、微信等支付平台账户余额，商场、加油站等消费返利积分，景区、会所等电子消费、兑换票证④等是否亦属于虚拟财产存在较大争议。⑤

二、窃取虚拟财产定性之争

对于利用网络窃取虚拟财产的犯罪，有观点认为构成非法获取计算机信息系统数据罪；另有观点认为构成盗窃罪。除以上两种主流观点外，还有少数观点认

---

① 参见李国强：《网络虚拟财产权利在民事权利体系中的定位》，载《政法丛论》2016 年第 5 期。

② 参见赵秉志、阴建峰：《侵犯虚拟财产的刑法规制研究》，载《法律科学（西北政法大学学报）》2008 年第 4 期。

③ 参见吴春妹、李长林、王星云：《非法窃取比特币的刑法定性》，载《中国检察官》2022 年第 21 期。

④ 参见河南省郑州市金水区人民法院刑事判决书，(2018）豫 0105 刑初 876 号。

⑤ 参见江苏省南京市玄武区人民检察院诉余刚等四人盗窃案，载《最高人民法院公报》2005 年第 8 期。

为构成破坏计算机信息系统罪、侵犯著作权罪、侵犯通信自由罪等。

主张构成非法获取计算机信息系统数据罪的观点认为，[①] 虚拟财产法律性质上属于数据、[②] 代码、电磁信息，并非实物，不属于“公私财物”范畴，不能成为盗窃罪的犯罪对象[③]；虚拟财产只在网络虚拟环境下存在，其存续的期限由运营商决定，可以无限复制，并非自然消亡过程，不具有现实性、稳定性、可支配性及自由交易可能性；虚拟财产的价值、价格难以确定，不可衡量，以财产犯罪处罚会造成量刑畸重的后果；[④] 窃取者的主观意图指向虚拟财产所生利益而非数据或代码本身。

主张构成盗窃罪的观点则认为，虚拟财产属于无体物、[⑤] 特殊物权、新型财产权[⑥]，具有客观性[⑦]；虚拟财产凝聚了人类的劳动，具有满足消费者精神需求的使用效能，有价值和使用价值，具备财产属性[⑧]；虚拟财产源于玩家购买，归玩家所有，具有识别性、排他性、稀缺性、可控性、现实相关性，可以被公民独占管理并进行市场交易[⑨]，有客观交易价格[⑩]；民法已明确将虚拟财产纳入保护范围，虚拟财产可以成为盗窃罪的犯罪对象。[⑪]

主张构成其他犯罪的观点认为，窃取虚拟财产的实质是篡改数据，而非获取

---

① 参见姜金良、袁海鸿：《侵入他人游戏账号窃取虚拟财产构成非法获取计算机信息系统数据罪》，载《人民司法》2015 年第 6 期。

② 参见重庆市第五中级人民法院刑事裁定书，（2014）渝五中法刑终字第 35 号。

③ 参见北京市朝阳区人民法院刑事判决书，（2014）朝刑初字第 3017 号。

④ 参见北京市石景山区人民法院刑事判决书，（2017）京 0107 刑初 96 号。

⑤ 参见程建华、高锋志：《侵犯“网络虚拟财产”的行为如何定性》，载《人民检察》2005 年第 23 期。

⑥ 杨立新在接受《法制日报》记者采访时言，详见蒲晓磊：《解析民法总则草案首次明确网络虚拟财产物权》，载人大新闻网 2016 年 7 月 19 日，http：//npc. people. com. cn/n1/2016/0719/c14576 – 28567076. html。

⑦ 参见冯保军、张光辉：《虚拟财产不虚拟》，载《检察风云》2005 年第 19 期。

⑧ 参见郑泽善：《网络虚拟财产的刑法保护》，载《甘肃政法学院学报》2012 年第 5 期。

⑨ 参见安徽省淮北市中级人民法院刑事判决书，（2020）皖 06 刑终 225 号。

⑩ 参见浙江省杭州市下城区人民法院刑事判决书，（2018）浙 0103 刑初 180 号。

⑪ 《广东高院发布 2017 年度涉互联网十大案例》，载广东法院网 2018 年 10 月 3 日，https：//www. gdcourts. gov. cn/xwzx/gdxwfb/content/post_ 1048269. html。

数据，应以破坏计算机信息系统罪处理；[1] 虚拟财产属于债权型财产性利益[2]，虚拟财产只是玩家要求运营商提供服务的记名凭证，财产性利益不属于盗窃罪的犯罪对象；[3] 刑法保护的是网络虚拟财产所生的利益，而不是其本身，数据信息属于智力成果，窃取虚拟财产属于侵犯著作权等知识产权。[4]

以上观点可谓各有合理之处，但从最高人民法院、最高人民检察院公布的以下典型案例来看，对于具有财产属性的网络虚拟财产更倾向于认定为盗窃罪。

最高人民检察院指导性案例第37号张某毛盗窃案（2017年10月12日）相关论述指出：网络域名具备法律意义上的财产属性，盗窃网络域名可以认定为盗窃行为。网络域名注册人注册了某域名后，该域名将不能再被其他人申请注册并使用，因此网络域名具有专属性和唯一性。网络域名属稀缺资源，其所有人可以对域名行使出售、变更、注销、抛弃等处分权利。网络域名具有市场交换价值，所有人可以以货币形式进行交易。通过合法途径获得的网络域名，其注册人利益受法律承认和保护。本案中，行为人利用技术手段通过变更网络域名绑定邮箱及注册ID，实现了对域名的非法占有，并使原所有人丧失了对网络域名的合法占有和控制，其目的是非法获取网络域名的财产价值，其行为给网络域名的所有人带来直接的经济损失。该行为符合以非法占有为目的窃取他人财产利益的盗窃罪本质属性，应以盗窃罪论处。

《最高人民法院公报》（2006年第11期）孟某、何某康网络盗窃案相关论述指出：行为人通过网络实施的虚拟行为如果对现实生活中刑法所保护的客体造成危害构成犯罪的，应当受刑罚处罚。秘密窃取网络环境中的虚拟财产构成盗窃罪的，应当按该虚拟财产在现实生活中对应的实际财产遭受损失的数额确定盗窃数额。

《刑事审判参考》第461号案例“王某等职务侵占案——利用职务便利盗卖单位游戏‘武器装备’的行为定性”相关论述指出：虚拟财产可以成为刑法保

---

① 参见刘纯燕：《“窃取”网络虚拟财产行为的定性研究》，载《山西警察学院学报》2021年第4期。

② 参见田宏杰、肖鹏、周时雨：《网络虚拟财产的界定及刑法保护》，载《人民检察》2015年第5期。

③ 参见杨扬：《以盗窃罪为视角的网络虚拟财产刑法保护路径之否定》，载《福建警察学院学报》2021年第3期。

④ 参见孙文杰：《网络虚拟财产刑法保护路径的反思与补充》，载《刑法论丛》2020年第4期。

护的对象。利用职务便利倒卖游戏“武器装备”的行为构成职务侵占罪。被告人修改游戏软件数据库中的数据的行为产生“武器装备”是软件运行后产生的结果，并不是软件本身。对软件著作权的保护不延及开发软件所用的处理过程、操作方法等。本案涉及的“武器装备”不属于计算机软件著作权的保护范围，不构成复制、发行计算机软件的行为。

《刑事审判参考》第 527 号案例“詹某 1、詹某 2 盗窃案——通过纺织品网上交易平台窃取并转让他人的纺织品出口配额牟利的行为如何定罪”相关论述：纺织品出口数量配额按照现行国家政策可转让，具有财产属性，可视为财物。合理扩张盗窃犯罪对象符合经济社会的发展趋势和现实财产保护的实际。

《刑事审判参考》第 602 号案例“程某盗窃案——充值卡明文密码可以成为盗窃犯罪的对象”相关论述：代表或可代表一定数额的财产权益、有别于传统财物形式的诸如账号、密码、虚拟货币等也可成为盗窃罪的犯罪对象。凡具有一定经济价值，可支配、处于他人占有或管理之下的财产均可成为盗窃罪的犯罪对象。非法侵入移动公司充值中心修改充值卡数据，并将充值卡明文密码出售的行为属于将电信卡非法充值后使用，构成盗窃罪。

《刑事审判参考》第 795 号案例“陈某盗窃案——窃取公司提供充值服务的密保卡数据，并进行非法充值，使公司 QQ 密保卡对应的等值服务资费遭受损失的，是否构成盗窃罪？如何确定该类行为的盗窃数额”相关论述：窃取公司提供充值服务的密保卡数据并进行非法充值的，符合盗窃罪的构成特征。充值后的 QQ 密保卡承载腾讯公司提供的等值服务资费，具有财产属性，属于“公私财物”。

以上案例所持的观点具有较高参考价值，现阶段实务中以盗窃罪定性并无不当。当然，以盗窃罪定性必须解决如何确定盗窃数额这一核心焦点问题，避免畸轻畸重的刑罚。

三、虚拟财产价值的认定

梳理司法实践中确定虚拟财产价值的标准，一般有以下几种：一是以虚拟财产的购买成本来确定盗窃数额；① 二是以行为人实际交易价格，相当于销赃数额来认定盗窃数额；三是以公开市场交易价格即被害人现实生活中对应的实际财产

① 参见吉林省敦化市人民法院刑事判决书，(2019) 吉 2403 刑初 13 号。

损失来认定盗窃数额。①

一般而言，以虚拟财产的原始价格来认定犯罪数额更有利于被告人，但不甚合理，忽视了虚拟财产增值部分的价值。而以销赃价格来认定虽较为接近真实市场行情，又难免遇到行为人为尽快出手赃物而以明显低于市场价格交易的情形。相较而言，以公开市场交易价格来认定盗窃数额似乎最为公平合理。当然，以此为据也同样存在人为炒作，有价无市，估价过高，行为人对虚拟财产价值发生认识错误等可能。完全寄希望于某种一劳永逸的定价方式可能并不现实，也不符合司法实际。应本着罪刑相适应的原则，根据个案实际情况，考虑虚拟财产的购入价、销赃价、市场成熟度、市场交易频率、交易场所、价格评估机构资质、评估条件等综合因素来选择最为适宜的定价路径。② 以下典型案例的思路可供参考：

《刑事审判参考》第 420 号案例“孟某等盗窃案——如何认定网络盗窃中电子证据效力和盗窃数额”相关论述：应以被害单位与运营商腾讯公司和网易公司的合同价作为计算被盗 Q 币和游戏点卡价值的标准。

《刑事审判参考》第 795 号案例“陈某盗窃案——窃取公司提供充值服务的密保卡数据，并进行非法充值，使公司 QQ 密保卡对应的等值服务资费遭受损失的，是否构成盗窃罪？如何确定该类行为的盗窃数额”相关论述：盗窃数额应当按照 QQ 密保卡对应的等值服务资费实际受到的损失认定，即以已充值的数额认定为盗窃数额，未充值的部分作为一个量刑情节考虑。

《刑事审判参考》第 796 号案例“汪某盗窃案——盗窃移动公司代理商经营的手机 SIM 卡，代理商在行为人盗窃既遂后从移动公司获取销售手机 SIM 卡的返利，返利是否应当在认定盗窃数额时予以扣除”相关论述：1998 年《最高人民法院关于审理盗窃案件具体应用法律若干问题的解释》第 5 条虽然规定以被盗物品价格的有效证明确定被盗物品价值，未考虑个别情况下返利对个体定价的调整影响，但其精神主旨贯彻了实事求是和存疑有利于被告人的认定原则。刑事案件中对被盗物品的估价属于资产评估的一种，评估的基本原理应当同样适用于对被盗物品的估价。资产评估中的市场价值是指资产在评估基准日公开市场上最佳使用状态下最有可能实现的交换价值的估计值。移动公司以每张手机卡 55 元的价格销售给代理商的价格，只是移动公司的单方定价，这一价格并不能准确反映

---

① 参见上海市黄浦区人民检察院诉孟动、何立康网络盗窃案，载《最高人民法院公报》2006 年第 11 期。

② 参见张四毛盗窃案，最高人民检察院指导性案例 37 号（2017 年）。

手机卡的公开市场价格，因为任何一个有理智的经济人，在明知不夜城市场手机卡实际销售价格比移动公司价格低的情况下，都不会愿意向移动公司购买手机卡。不能以每张手机卡 55 元的价格认定手机卡的价值。被害单位在被告人盗窃既遂后取得返利，在评估被窃手机卡价值时宜采用成本法扣除返利。移动公司确定的 55 元价格仅仅是一种价格符号，其代理商在商场上的实际公开销售价格远远低于上述价格。法院在认定被窃手机卡价值时扣除返利，以成本价认定是正确的。

《刑事审判参考》第 879 号案例“饶某等盗窃案——盗窃金砂后加工成黄金销赃，盗窃数额应当以所盗金砂价值认定，还是以加工成黄金后的销赃数额认定”相关论述：《最高人民法院关于审理盗窃案件具体应用法律若干问题的解释》所规定的销赃数额是指盗窃财物后直接销赃的数额，而不是指将盗窃的财物改装、加工后销赃的数额。不属于解释规定的按销赃数额计算的情形。被盗金砂的价格应当按市场零售价的中等价格计算。2013 年 4 月 2 日公布的《最高人民法院、最高人民检察院关于办理盗窃刑事案件适用法律若干问题的解释》取消了“销赃数额高于被盗物价值，按销赃数额计算盗窃数额”的规定。

005 网络盗窃与网络诈骗的界分

对于盗骗交织型案件的定性，刑法理论和司法实践中历来存在较大争议，尤其是利用网络实施盗骗交织行为，接触式与非接触式手段交互的侵财案件，更让该问题变得异常复杂，短期内达成普遍共识实非易事。本部分仅基于审判经验，介绍一套操作方法，供实务参考。

一、审查案件事实有无交互型特征

诈骗罪本质上是一种交互型犯罪，在行为人的心理干预下，被害人是否基于认识错误而“自愿”“主动”交付财物对于区分盗窃罪和诈骗罪有着重要意义。因此，对于那种行为人并未与被害人之间进行思维互动即通过网络技术手段取得被害人财物或者利用人工智能、证券交易平台等预设自动交易规则漏洞而获取财物的情形，一般以盗窃罪予以定性。

文某等人盗窃案①：被告人文某等通过互联网获悉可以使用“Fiddler”软件

① 参见上海市第一中级人民法院刑事裁定书，（2017）沪 01 刑终 1862 号。

（以下简称FD软件）在诺诺镑客金融平台虚增充值金额以牟利，经合意并在唐某的安排下，由许某使用电脑操作FD软件抓取、修改充值数据，将虚增的人民币充值款从诺诺镑客平台用户账户提现至文某控制的他人名下的银行卡内予以窃取。

二审法院经审理认为，上诉人文某等人的行为符合盗窃罪的客观构成要件。一般而言，定性“盗骗交织”类犯罪的关键在于判断侵财行为属于“主动获取”还是“被动交付”。“主动获取”是指行为人采取积极主动的手段从被害人处取得财物，在这个过程中被害人并未作出转移财物占有的意思表示，而“被动交付”指被害人基于错误认识自愿将财物交付行为人。本案中，文某等采用秘密手段，积极主动地修改数据、虚假充值，从被害单位诺诺镑客金融平台处取得财物，在此过程中，被害单位没有发现充值的数据已被修改，并非主观上自愿交付财物，因此，诺诺镑客金融平台是受害者，但不是受骗者。三名上诉人的行为不符合诈骗罪的客观构成要件。

《刑事审判参考》第60号案例“郝某等盗窃案——利用计算机盗划银行资金再到储蓄所取款行为的认定”中也有相关论述：被告人将银行资金划入个人存款账户后已经非法取得了该款的所有权，到储蓄所支取现金只是盗窃行为的自然延续，不影响其行为的性质。利用计算机实施盗窃犯罪的，应依照《刑法》关于盗窃罪的有关规定定罪处罚。行为人先已完成的盗窃行为，使后来形式上的骗成为在正常情况下不可能被察觉的行为，“诈骗”也就不再成为影响案件性质的关键。

《刑事审判参考》第103号案例“孔某盗窃案——窃取他人股票账户号码和密码后秘密使用他人账上资金高价买入朋友抛卖的股票从中获利的行为应如何定性”也有相关论述：“秘密窃取”本质特征是指在财物所有人、持有人或经手人不察觉的情况下，转移公私财物的合法所有权。被告人的行为虽具有欺骗性，但直接被欺骗的对象是证券交易系统而不是真正的财物所有人，陷入错误和处分资金的也只是证券交易系统而不是真正的财物所有人。证券交易系统按设计是只认账户号码、交易密码而不认是何人提供账户号码或下达指令交易，证券交易系统本身并无错误。

《刑事审判参考》第412号案例“张某等盗窃案——盗窃定期存单从银行冒名取款行为的认定”中认为，盗窃罪与诈骗罪的主要区别是行为人非法取得财产的行为手段和方法不同。对于盗窃与诈骗手法交织的非法取财行为应当主要看行为人非法取得财物时起决定作用的手段。被告人窃取定期存单仅仅是完成了盗窃行为的一部分，并没有实现其非法占有他人财物的目的，而被告人后来伪造身份证到银行取款，最终取出存单上的现金行为虽然使用了骗术，但该存单是被告人窃取的，骗术是在盗窃行为后实施的，考察被告人非法取财的主要手段和被害人丧失对财物的控制的根本原因在于存单被盗，盗窃在被告人非法占有财物过程中起了决定作用。从被害人看，该财产的真正受害者是失主而不是银行，被害人财产受侵犯不是因为受到诈骗，而是因为存单被秘密窃取，应当认定为盗窃罪。本案的前后两个行为是一个整体，后行为是前行为的延续，并非牵连关系。明知是盗窃的存单而帮助取款并分赃，应定盗窃罪而非窝藏赃物罪或诈骗罪。

《刑事审判参考》第766号案例"邓某盗窃案——以非法占有为目的，在网络上利用出现系统故障的第三方支付平台，故意输入错误信息，无偿获取游戏点数，如何定性"中认为，利用出现系统故障的网络第三方交易平台无偿取得游戏点数且造成他人损失数额较大的行为，构成盗窃罪。人工智能及其操作系统和硬件如果处于正常工作状态，应当视为管理者意志的体现，可以认为是"有意识的主体"，就可以成为诈骗罪的对象。然而，处于故障状态的人工智能系统和机器已经丧失独立的意思表示能力，不能正确识别代码，作出的决定不能代表其管理者的真实意志，不能代表其"处分"财物，不能成为诈骗的对象。

二、审查案件事实中心理干预的内容是否涉及交付财物

如果心理干预的内容不涉及要求被害人交付财物，而仅是引发被害人好奇，诱骗被害人点击预先植入木马程序的黄赌毒等钓鱼链接，之后实际通过技术手段窃取被害人财物的，一般仍以盗窃罪定性。

如被告人陆某某盗窃案①：被告人陆某某通过网络购买了具有拦截被害人手机信息功能的木马病毒并植于内容为"××，我是××，这是一份文件，请你看一下，http/×××.××××××××（注：木马病毒）"的短信，通过手机或者电脑的方式将该短信发送给不特定的手机号码。若被害人点击该链接，手机就会中木马病毒，其手机中的联系人及验证码的短信息可以回传到由陆某某控制并

① 参见山东省平阴县人民法院刑事判决书，（2015）平刑初字第92号。

指定的邮箱和手机中。陆某某本人或者安排他人通过预先设定的邮箱或手机后台获取回收的短信，通过手机网上营业厅将被害人手机绑定的银行账号密码进行修改后，控制被害人的银行卡或者网上银行。陆某某将控制的被害人的网上银行，而后通过网银支付的方式在京东或者淘宝网站等进行消费，将购买的物品收到后进行变卖获利；将控制的被害人的银行卡的资金通过转账的方式取现。

法院经审理认为，被告人陆某某以非法占有为目的，采用秘密手段，伙同他人窃取被害人财物，数额巨大，其行为构成盗窃罪。

三、审查被害人对所交付财物本身的认识有无瑕疵

（一）如果行为人实施欺诈行为使得被害人产生错误认识，被害人在处分财物时对意欲处分的财物本身的价值、性质等有准确认识，则一般定性为诈骗罪

最高人民法院指导案例27号臧某泉等盗窃、诈骗案中指出，在信息网络情形下，行为人利用信息网络，诱骗他人点击虚假链接而实际上通过预先植入的计算机程序窃取他人财物构成犯罪的，应当以盗窃罪定罪处罚；行为人虚构可供交易的商品或者服务，欺骗他人为支付货款点击付款链接而获取财物构成犯罪的，应当以诈骗罪定罪处罚。本案中，臧某泉、郑某玲和被告人刘某以非法占有为目的，通过开设虚假的网络店铺和利用伪造的购物链接骗取他人数额较大的货款，其行为均已构成诈骗罪。

如姜某、何某犯盗窃、诈骗案①：被告人姜某、何某经密谋后开始通过互联网发送“相册 . APK”木马病毒下载安装链接到用户手机上，骗取用户点击安装。之后，被告人姜某、何某利用木马病毒程序盗取中木马病毒手机用户的姓名、身份证号码、银行卡号及银行绑定的手机号等信息，然后利用网上支付的方式盗刷用户的银行卡购物。其间，被告人何某、姜某还通过木马病毒程序后台控制已中木马病毒的用户手机群发诈骗短信及木马病毒链接给用户手机内通讯录的联系人，骗取被害人将钱存入其指定的银行账户和将木马病毒扩散。二审法院经审理认为，上诉人姜某、何某以非法占有为目的，采用网络及电信欺诈方式，骗取被害人财物，数额巨大，其行为均已构成诈骗罪。姜某、何某以非法占有为目的，采用秘密方式窃取他人财物，其行为均已构成盗窃罪。

---

① 参见广东省广州市中级人民法院刑事裁定书，（2017）粤01刑终95号。

（二）在被害人作出处分行为时对所处分的财物本身的性质、价值等存在错误认识的情况下，根据不同刑法理论，可能会得出不同结论，处理方式较为复杂

如牛某盗窃案①：被告人牛某伙同海某、章某等人分工合作，由被告人牛某和海某作为“丢单者”在YY平台上发布虚假的刷单信息，吸引被害人刘某刷单，后以帮被害人刘某代付钱款为由，获取被害人刘某的支付宝账户信息并提供给通称为“秒单者”的章某。后某冒充“客服人员”与被害人刘某联系，并发送交易金额标注为一元，而实际支付金额为人民币38800元的计算机程序。被害人刘某完成支付后，其账户内人民币38800元即转入由通称为“洗钱者”的人所提供的账户。一审法院经审理认为，被告人牛某伙同他人以非法占有为目的，秘密窃取他人财物，数额较大，其行为已构成盗窃罪。

按照诈骗罪处分意识必要说的观点，该案例中被害人刘某实际本欲支付1元进行交易，对于该1元数额勉强可认定为诈骗数额。而对于另外的38799元，应以盗窃罪定性。但主张处分意识不要说的观点认为，只要行为人采取欺骗手段，被害人“自愿”“亲自”完成财产交付，则将全部38800元认定为诈骗罪数额更为适宜。

经过以上的逐层过滤，基本上将争议焦点锁定在“盗骗交织”的核心领域。避免了那种通过对比盗骗手段在获取财产过程中发挥的作用大小来对案件定性的观点的弊端，增强了操作性。

四、相关参考意见

盗骗交织案件尤其是利用网络钓鱼、木马链接实施犯罪的案件中，既存在虚构事实、隐瞒真相的诈骗行为，又可能存在秘密窃取的行为，关键要审查犯罪嫌疑人取得财物是否基于被害人对财物的主动处分意识。如果行为人通过秘密窃取的行为获取他人财物，则应认定构成盗窃罪；如果窃取或者骗取的是他人信用卡资料，并通过互联网、通讯终端等使用的，根据《妨害信用卡管理刑事案件解释》，则可能构成信用卡诈骗罪；如果通过电信网络技术向不特定多数人发送诈骗信息后又转入接触式诈骗，或者为实现诈骗目的，线上线下并行同时进行接触式和非接触式诈骗，应当按照诈骗取财行为的本质定性，虽然使用电信网络技术

① 参见浙江省杭州市余杭区人民法院刑事判决书，（2017）浙0110刑初529号。

但被害人基于接触被骗的，应当认定普通诈骗；如果出现电信网络诈骗和合同诈骗、保险诈骗等特殊诈骗罪名的竞合，应依据刑法有关规定定罪量刑。①

行为人利用信息网络，诱骗他人点击虚假链接而实际通过预先植入的计算机程序窃取财物构成犯罪的，以盗窃罪定罪处罚。行为人虚构可供交易的商品或者服务，欺骗他人点击付款链接而骗取财物构成犯罪的，以诈骗罪定罪处罚。

行为人窃取或骗取他人信用卡资料后通过互联网、通讯终端等使用的，应按照前述电信网络诈骗的“特征”有关规定，严格认定是否属于电信网络诈骗犯罪。

信用卡诈骗的本质在于非持卡人以持卡人名义使用持卡人的信用卡实施诈骗财物的行为。如果行为人使用木马程序病毒等方式窃取他人信用卡密码并登陆信用卡获取他人卡内数额较大的资金，可认定其行为构成盗窃罪。如果行为人未使用木马程序病毒等方式窃取信用卡密码，而是通过其他途径获知信用卡密码，冒用他人信用卡窃取数额较大的资金，可认定其行为构成信用卡诈骗罪。②

附：相关规定

《最高人民法院、最高人民检察院关于办理盗窃刑事案件适用法律若干问题的解释》（法释〔2013〕8号，2013年4月4日起施行）

《最高人民法院、最高人民检察院关于办理诈骗刑事案件具体应用法律若干问题的解释》（法释〔2011〕7号，2011年4月8日起施行）

---

① 《检察机关办理电信网络诈骗案件指引》。

② 浙江省高级人民法院、浙江省人民检察院、浙江省公安厅《关于办理电信网络诈骗犯罪案件若干问题的解答》（浙高法〔2020〕44号）第7问。

第五章　危害计算机信息系统安全犯罪案件办理

001 危害计算机信息系统安全犯罪的司法认定

为了维护计算机信息系统安全，预防和惩治犯罪，1997 年《刑法》增设了非法侵入计算机信息系统罪和破坏计算机信息系统罪，正式将危害计算机信息系统安全犯罪纳入刑事打击范畴。此后，2009 年的《刑法修正案（七）》和 2015 年的《刑法修正案（九）》分别对原有的规定进行完善，形成了包括非法侵入计算机信息系统罪，非法获取计算机信息系统数据罪，非法控制计算机信息系统罪，提供侵入、非法控制计算机信息系统程序、工具罪和破坏计算机信息系统罪等在内的危害计算机信息系统安全犯罪的罪名体系以及自然人犯罪与单位犯罪并列的犯罪主体体系。

为确保《刑法》的正确实施，“两高”于 2011 年 8 月 1 日联合发布了《办理计算机案件解释》。此后，“两高一部”于 2014 年 5 月 4 日发布了《2014 年办理网络犯罪程序意见》、于 2016 年 9 月 9 日联合发布了《收集提取和审查判断电子数据规定》；2022 年 8 月 30 日，最高人民法院、最高人民检察院、公安部在《2014 年办理网络犯罪程序意见》的基础上，深入调查研究，广泛征求意见，反复论证完善，制定了《2022 年办理信息网络犯罪程序意见》，对信息网络犯罪案件的程序作出统一规定，该意见自 2022 年 9 月 1 日起施行。此外，“两高”还分别于 2017 年（最高检第 9 批 4 件）、2018 年（最高法第 20 批 3 件）和 2020 年（最高检第 18 批 1 件、最高法第 26 批 1 件）相继发布了 9 起关于危害计算机信息系统安全犯罪的指导性案例。

近年来，我国危害计算机信息系统安全犯罪以及与之相关的犯罪一直呈高发态势，各种新类型违法犯罪案件层出不穷，违法犯罪手段随着信息技术的迭代更替而不断发生变化，针对或利用计算机信息系统的犯罪也越来越多，同案不同判的情形仍然存在。与此同时，随着技术的发展，新类型案件层出不穷，如何用传统的刑法理论来规制新类型案件，法律适用也需要进一步明确。本部分结合“两高”颁布的指导性案例、典型案例进一步分析危害计算机信息系统安全犯罪的事实认定和法律适用。

一、如何准确理解计算机信息系统

《计算机信息系统安全保护条例》第 2 条规定，计算机信息系统，是指由计算机及其相关的和配套的设备、设施（含网络）构成的，按照一定的应用目标和规则对信息进行采集、加工、存储、传输、检索等处理的人机系统。第 5 条规定，中华人民共和国境内的计算机信息系统的安全保护，适用本条例。未联网的微型计算机的安全保护办法，另行制定。基于此，“计算机信息系统”应为已联网或可联网的人机系统；从未联接互联网的单机，一般认为属于单位或个人财产，对其实施的侵害一般是直接的、物理的，可通过故意毁坏财物等罪名直接评价。

与此同时，《办理计算机案件解释》第 11 条对“计算机信息系统”和“计算机系统”作了统一界定，规定：“计算机信息系统”和“计算机系统”，是指具备自动处理数据功能的系统，包括计算机、网络设备、通信设备、自动化控制设备等。上述概念把软件层面的数据库、网站等提供信息服务的计算机信息系统和硬件层面的计算机操作系统，从功能层面或者说实质性层面进行了统一的界定，认为不论其表现形式为软件还是硬件，只要具备自动处理数据功能的系统，都属于计算机信息系统。例如李某龙破坏计算机信息系统案（检例第 33 号）中的网站，李某杰等破坏计算机信息系统案（检例第 34 号）中的购物网站评价系统，曾某亮、王某生破坏计算机信息系统案（检例第 35 号）中的智能手机终端，卫某龙、龚某、薛某东非法获取计算机信息系统数据案（检例第 36 号）中的网站内部管理开发系统，都属于计算机信息系统。之所以适用统一的概念，是因为：

第一，从技术角度看，这两种表述已无法区分。《刑法》第 285 条、第 286 条立法区分这两者的原意是考虑侵入计算机信息系统、破坏计算机信息系统功能、数据或者应用程序的对象应当是数据库、网站等提供信息服务的系统，而传播计算机病毒如果只影响计算机操作系统（计算机系统）本身，即使不对系统上的信息服务造成影响也应当受到处罚。但随着计算机技术的发展，计算机操作系统与提供信息服务的系统已密不可分。如很多操作系统自身也提供 WEB（互联网）服务、FTP（文件传输协议）服务，而侵入操作系统也就能够实现对操作系统上提供信息服务的系统实施控制，破坏操作系统的数据或者功能也就能够破坏操作系统上提供信息服务的系统的数据或者功能，从技术角度无法准确划分出提供信息服务的系统和操作系统。

第二，从保护计算机信息系统安全这一立法目的出发，基于功能的融合统一性，强制区分不利于保护，故对这两种表述进行区分没有必要。与此同时，国外的立法中也是使用单一的计算机系统、计算机等术语，而未对计算机信息系统和计算机系统作出区分。

回归到概念的内容，司法解释将“计算机信息系统”和“计算机系统”统一界定为“具备自动处理数据功能的系统”，是因为：具备自动处理数据功能的系统都可能成为被攻击的对象，有必要将其纳入刑法保护范畴。随着信息技术的发展，各类内置有可以编程、安装程序的操作系统的数字化设备广泛应用于各个领域，其本质与传统的计算机系统已没有任何差别。这些设备都可能受到攻击破坏：智能手机和计算机一样，使用独立的操作系统、独立的运行空间，可以由用户自行安装软件等程序，并可以通过移动通讯网络实现无线网络接入，是具有“自动处理数据功能”的通信设备；互联网上销售的专门用于控制手机的木马程序，可以通过无线网络获取手机中的信息，通过蓝牙、WiFi 等无线网络传播病毒的案件也呈现快速增长态势；在工业控制设备中可能植入破坏性程序，使得工业控制设备在特定条件下运行不正常；在打印机、传真机等设备中可以内置程序非法获取相关数据。总之，任何内置有操作系统的智能化设备都可能成为入侵、破坏和传播计算机病毒的对象，因此应当将这些设备的安全纳入刑法保护范畴。

为使相关界定更加明确，方便司法实践适用，司法解释采用的是概括加例举的解释方法，即在对“计算机信息系统”“计算机系统”作归纳定义的同时，还例举“计算机”“网络设备”“通信设备”“自动化控制设备”等具体情形。从实践看，被危害的计算机信息系统包括以下几部分：

（1）数据库和应用系统主要包括办公系统、研发测试系统、业务生产系统等。具体有邮件系统、财务系统、人事系统、管理系统、文档系统等。

（2）网络硬件设备、网络基础设施：主要包括网络设备、网络基础服务等。包括网络交换机、路由器、网络线路、互联网 DNS 服务系统等软硬件基础设施。例如要访问百度网站，其中“www. baidu. com”是一个域名，和 IP 地址

“220. 181. 38. 148”对应。域名与 IP 地址之间是一一对应的，它们之间的转换工作称为域名解析。域名解析需要由专门的域名服务器（DNS）来完成，整个过程是自动进行的。

（3）操作系统：主要包括员工办公终端、用户终端、IoT 终端（物联网终端，包括摄像头、企业大屏、打印机等）等。包括手机、电脑、PAD、环境监测系统、车辆或机械设备的自动控制系统等，如电力系统中的监测设备、制造业中的流水线控制设备等。

二、危害计算机信息系统的行为实质

（一）危害计算机信息系统犯罪的客观表现

根据《网络安全法》第 76 条第 2 项规定，网络安全是指“通过采取必要措施，防范对网络的攻击、侵入、干扰、破坏和非法使用以及意外事故，使网络处于稳定可靠运行的状态，以及保障网络数据的完整性、保密性、可用性的能力”。这一规定表明：《网络安全法》主要保护的是网络（含数据资源和计算资源）可用性和数据安全性。与此相对应，危害计算机信息系统犯罪的主要目的：一是通过发起 DDoS、增删改源代码等方式影响系统可用性；二是获取或删改数据，包括系统账号和密码，国家秘密、用户个人信息，产品配方、技术图纸、源代码等技术信息和交易信息，业务数据、财务数据、利润模式、战略规划等经营信息。因此，危害计算机信息系统类犯罪在客观上主要表现为利用计算机信息系统的安全漏洞，危害信息系统的数据安全和可用性。

（二）危害计算机信息系统犯罪的识别判断

结合危害计算机信息系统犯罪上述两个方面的客观表现，可以对相关罪名进行识别判断。具体为：

非法侵入计算机信息系统罪是指通过技术或其他手段，故意对相关计算机信息系统进行未经授权的或超越授权的访问，获得数据读取的权限。可将之概括为“非法侵入 + 获得读取权限”。

非法获取计算机信息系统数据罪是指通过技术或其他手段，故意对相关计算机信息系统进行未经授权的/超越授权的访问，并进行数据读取操作（包括但不限于下载、复制、摘抄、拍照、录像等）。可将之概括为“非法侵入 + 进行读取操作”。

非法控制计算机信息系统罪是指通过技术或其他手段，故意对相关计算机信息系统进行未经授权或超越授权的访问，获得数据增加、删除、修改的权限，计算资源的使用权限，或者放置控制程序操作。可将之概括为“非法侵入（非必须）+获得增删改权限”。

破坏计算机信息系统罪是指通过技术或其他手段，故意对相关计算机信息系统进行未经授权的或超越授权的访问，并影响目标系统的可用性，执行数据增加删除修改操作、使用计算资源或使计算资源不可用。可将之概括为“非法侵入（非必须）+增删改操作或功能不可用”。

（三）危害计算机信息系统犯罪的主要行为类型

根据被侵犯的计算机信息系统的不同，常见的危害行为类型包括：

1. 针对操作系统、数据库的流量攻击，常见流量攻击类型为 DoS 攻击、DDoS 攻击和 CC 攻击

针对服务端操作系统的应用漏洞攻击，主要是利用应用系统漏洞攻击应用系统，获得敏感数据或控制服务器、账户等。应用漏洞主要包括：WEB 漏洞（通常是指网站程序上的漏洞，可能是由于代码编写者在编写代码时考虑不周全等原因而造成的漏洞，常见的 WEB 漏洞有 Sql 注入、Xss 漏洞、上传漏洞等）、协议类漏洞（HTTP 协议等，不同应用软件可能存在不同的协议类漏洞）、业务漏洞、IoT 设备漏洞（攻击者通过控制企业 IoT 设备漏洞对企业进行入侵）。

2019 年 7 月 9 日，最高人民检察院第一检察厅整理汇编了《网络犯罪案件技术法律术语解释汇编（一）》，对部分技术术语进行了详尽的解读。本部分仅以 DDoS 攻击为例做详细介绍。DDoS 攻击是指通过控制“肉鸡”等资源，对一个或多个目标发动攻击，致使目标服务器断网或资源用尽，最终停止提供服务。DDoS 攻击常伴随敲诈金钱、打击报复、同行恶意竞争等行为。

DDoS 攻击的黑产链条主要包括发单人（出资并发出对具体网站或服务器的攻击需求）、攻击实施者、攻击程序作者、“肉鸡商”（侵入计算机信息系统的实施人，或者买卖被侵入计算机系统权限的中间商，他们通过后门程序配合各种安全漏洞，获得个人计算机和服务器的控制权，通过植入木马，使计算机变成能实现 DDoS 攻击的“肉鸡”）、高宽带服务器租售者和担保人（在发单、购买“肉鸡”、购买流量等各个交易环节中，交易双方找到业内“信誉”较高的黑客作担保，负责买卖双方的资金中转，担保人从中抽取一定的好处费）。

司法判决中，对 DDoS 攻击的处理主要涉及两个罪名：一是破坏计算机信息系统罪。认定理由是 DDoS 攻击虽然不直接对计算机信息系统功能进行增、删、

改，但是却通过操纵网络资源，虚拟网络请求，对目标发动攻击，耗尽目标主机的资源和网络带宽，以达到瘫痪网络的目的，因而将此评价为对计算机信息系统的干扰。二是非法控制计算机信息系统罪。认定理由是一次完整的 DDoS 攻击包括前期的控制“肉鸡”等资源的行为和后期的直接攻击行为，二者为手段和目的的关系。但是一些案件中，行为人只参与了前半程行动，没有实施直接攻击行为，而在证据上难以认定前后行为存在共谋，则只能对前半程行为单独认定；或者后半程行为证据缺失，则也只能对前半程控制行为予以认定。

实践中，因 DDoS 攻击造成计算机信息系统不能正常运行的时间，可结合腾讯云和阿里云的防护措施认定。其中，封堵是腾讯云为用户提供的免费 DDoS 攻击防护服务。当外网 IP 被攻击峰值超过 2G bps，腾讯云会执行 IP 封堵操作，一般封堵的时长为 2 小时，大流量攻击时，封堵的时长从 24 小时到 72 小时不等。阿里云在面对 DDoS 攻击，当网络流量超过清洗阈值时，会开始对攻击流量进行清洗，并尽可能保障正常的业务可用；但当网络流量超过弹性防护阈值时，则会触发黑洞机制，服务器的外网访问将被暂时屏蔽。默认黑洞自动解除时间是 2.5 小时。实际黑洞自动解除时间根据网络被攻击频率有差异，从 30 分钟到 24 小时不等，少数情况下可能会更久。在办理破坏计算机信息系统案时，应及时从腾讯云、阿里云服务器中调取防护的起止时间，以此来判断计算机信息系统不能正常运行的累计时间。

2. 侵害网络基础设施系统的常见行为是流量劫持

流量劫持是指不法分子通过修改互联网用户的计算机信息系统设置，使用户在输入相关域名时被迫跳转到被指定域名，使流量被迫流向指定网站。根据引流方式不同，流量劫持分为 DNS 劫持和 HTTP 劫持等方式。

DNS 劫持是通过获取路由控制权限，修改路由网关的 DNS 和域名解析结果，使对该域名的访问由原 IP 地址转入到行为人指定的 IP 地址。关于劫持域名解析的定性，根据检例第 33 号的指引，非法控制或修改他人域名解析系统，造成计算机信息系统不能正常运行的行为，应定性为破坏计算机信息系统罪。HTTP 会话劫持，是“入侵者”在一次正常的用户 WEB 服务器访问中作为第三方参与通信过程，从正常通信过程中获取到所需数据，并冒充一方主机欺骗另一方主机，接管会话。

流量劫持黑产链条主要包含两类作案团伙：一是有推广 App、网站、广告等流量需求的团伙，希望通过不法手段实现广告弹窗、网页跳转、主页锁定、安装推广、暗扣刷量等进行引流，从而变现牟利；二是流量劫持团伙，通过弹窗木马软件、捆绑流氓软件、DNS劫持、运营商基础设施劫持等，对用户进行流量劫持，对访问者的客户端进行主页锁定、网页跳转，向访问者推出弹窗广告、安装推广App、暗扣流量等，从而与业务推广需求商进行分成牟利。

司法判决中，对流量劫持类案件的处理，主要分为两类：一类是以网页中带有误导性广告、下拉框、菜单等手段，诱导用户进入特定网站，从而实现流量劫持的目的，并未采取技术手段控制、破坏他人计算机系统，一般以不正当竞争论处，归类为“非强制性”流量劫持；另一类是以非法控制、破坏他人计算机信息系统等方法，强制改变他人网站访问路径，归类为“强制性”流量劫持，应予刑事打击，主要涉及非法控制计算机信息系统罪、非法获取计算机信息系统数据罪、非法侵入计算机信息系统罪、破坏计算机信息系统罪等罪名。

3. 针对终端系统的钓鱼攻击

常见的钓鱼攻击方式有以下几类：一是电子邮件钓鱼。如邮件附件上附加的恶意木马文件、邮件里包含的诱导性链接。二是语音、短信钓鱼。通过给目标人员发送短信或者使用VOIP等方式伪装来电号码进行语音通话，诱导目标人员安装下载恶意软件，欺骗目标人员获取个人信息，甚至引导目标人员执行转账、关闭网络服务等敏感操作。三是水坑攻击。攻击者首先通过猜测或观察确定目标人员经常访问的网站，然后入侵其中一个或多个网站植入恶意软件，目标人员在访问该网站时即会触发恶意软件执行，或被定向到恶意网址，导致该组目标中部分成员甚至全部成员被感染。钓鱼攻击中，一般行为人都有更深层次的目的，单纯的行为，可能涉及非法控制计算机信息系统罪、非法获取计算机信息系统数据罪、非法侵入计算机信息系统罪等罪名。

另外还包括勒索软件、木马后门、IoT设备漏洞、供应链攻击等。其中，勒索软件系对目标终端数据进行非法加密，以解密为筹码向用户勒索财物的程序工具。现实中，被加密的数据可能是核心数据库，包括财务数据、业务数据等，此类数据的锁定可能导致公司运行瘫痪。勒索软件的开发本身具备较高技术门槛，但勒索软件服务（Ransomware - asa - Service）的出现使犯罪分子几乎可无门槛创建勒索软件，恶意软件作者可通过这一模式招募分发者，以扩散感染抽成，扩大了恶意软件传播面。

三、危害计算机信息系统犯罪法律适用分歧及释明

危害计算机信息系统安全犯罪的表现形式多种多样，且均呈现出较高的技术

性特点，这对于司法工作人员无疑是一个难点。同时，相关犯罪罪状高度抽象化，在危害计算机信息系统安全犯罪的行为方式多样化的情境下，易产生混淆。

（一）危害计算机信息系统安全类犯罪与利用计算机实施的犯罪

我国《刑法》第287条规定："利用计算机实施金融诈骗、盗窃、贪污、挪用公款、窃取国家秘密或者其他犯罪的，依照本法有关规定定罪处罚。"对于此条的规定，无论是学术界、实务界还是指导案例，都存在定性分歧。对利用计算机实施其他犯罪的，有观点认为属于注意规定，有观点认为对于以破坏计算机为手段的犯罪应以实质构成的犯罪定罪，但也有观点认为不应当"完全排除破坏计算机信息系统罪的适用空间，关键看行为人在实施上述犯罪的过程中，对计算机信息系统中存储、处理或者传输的数据和应用程序予以删除、修改、增加的操作，是否直接导致了严重后果，对于确实构成破坏计算机信息系统罪的情形，不能一律排除该罪适用，应当结合情况适用牵连犯或数罪并罚等处罚原则"。

上述分歧在相关指导性案例、典型案例中同样有迹可循。在最高人民检察院发布的第九批指导性案例第35号"曾某、王某破坏计算机信息系统案"中，对锁定他人智能手机导致不能使用，以解锁为条件索要钱财，同时符合数额较大或多次敲诈的情况，认定为"应当以牵连犯，从一重罪处断"。《刑事审判参考》第101集第1049号典型案例"杨某诈骗案"中也指出，"如果其手段行为没有触犯计算机信息系统安全罪，应当依照刑法有关规定定罪处罚，否则，按照牵连犯的处罚原则，从一重罪处断"。但《刑事审判参考》第110集第1202号典型案例"赵某等盗窃案"中，认为利用破坏计算机信息系统方式实施盗窃，同时构成破坏计算机信息系统罪的，应当将《刑法》第287条规定视为"例外规定"，"凡是利用计算机实施的相关犯罪，不论行为手段是否构成相关计算机犯罪，均应以相关犯罪处罚，不再认定牵连关系，适用从一重罪的刑法处罚原则"。

本书认为，行为人利用计算机实施犯罪，在其手段行为不构成危害计算机信息系统安全犯罪时，应当按照目的行为构成的犯罪定罪处罚；在其手段行为构成危害计算机信息系统安全犯罪时，在一般情况下应当按照从一重罪处断原则定罪量刑。

其一，行为人利用计算机实施有关犯罪时，没有实施危害目标计算机信息系统安全的行为，或虽实施了危害目标计算机信息系统安全的行为，但是该行为尚不构成犯罪。此时，应当按照其目的行为构成的犯罪定罪处罚。在这种情形下，计算机只是行为人实施犯罪的工具和手段，按照《刑法》第287条规定，对行为人直接以目的性为定罪处罚没有争议。例外的情形是，如果行为人的上述行为同时构成非法利用信息网络罪，则应当以处罚较重的犯罪定罪处罚。

其二，行为人利用计算机实施有关犯罪，同时实施了危害他人计算机信息系统安全的行为，且该行为已经构成犯罪。在这种情形下，如仅以行为人目的行为构成的犯罪定罪处罚，则容易出现罪责刑不相适应的情形。仍以锁机敲诈案件为例，行为人通过锁定手机的方式，敲诈勒索被害人，此时，如果行为人破坏计算机信息系统的行为后果特别严重，构成犯罪，而敲诈勒索行为不构成犯罪，则依法应以破坏计算机信息系统罪定罪，行为人可能被判处5年以上有期徒刑；如果行为人在实施上述破坏行为的同时，敲诈勒索到5000元，此时如“仅以目的行为构成的犯罪定罪处罚”，则被告人可能只被判处3年以下有期徒刑、拘役或者管制，显然有违朴素的刑罚公正观念。

对此，根据指导性案例对办案的指导、指引作用，对于此类案件中存在牵连犯的情形，应采用理论界通说，适用牵连犯“从一重处断”原则。基于此，对于《刑法》第287条的适用，可得出以下结论：利用信息网络实施犯罪，同时构成危害计算机信息系统安全犯罪和其他犯罪的，从一重罪处罚，另一犯罪可以作为量刑情节予以考量。

当然，这其中可能还涉及游戏装备、虚拟币等价值认定问题，实践中以非法侵入计算机信息系统罪、非法获取计算机信息系统数据罪、破坏计算机信息系统罪和相关侵财类犯罪定罪处罚的都有，此类案件的定性应坚持主客观相一致，对于行为人获取他人网络游戏账号、密码，仅出售其中游戏装备的，宜认定为非法获取计算机信息系统数据罪。理由在于虚拟装备、游戏币等虚拟财产通常由网络企业发行，不具备法律意义上财产的稀缺性这一属性，价值计算难有标准；虚拟财产整体属于新兴事物，在社会上存在各类表现形式，其中不乏不规范的品种，如司法领域将虚拟财产统一认定为侵财类犯罪中予以保护的传统财物，存在变相确认所有虚拟财产的法律地位、对某些不合规品种作出性质误判的危险。游戏装备等虚拟财产作为计算机信息系统的数据，以相关计算机犯罪定罪处罚符合《刑法》的规定。

（二）“干扰”的认定

基于前述识别判断标准，非法控制计算机信息系统罪表现为“非法侵入+获取增删改权限”，破坏计算机信息系统罪表现为“非法侵入+实施增删改操作或使功能不可用”。实践中，两罪难以区分。深究立法本意，相关规定之初衷应是认为“破坏”比“控制”的社会危害性更大，因为“破坏”意味着计算机信息系统无法正常运行，有可能彻底瘫痪或者遭受毁灭性的打击。但干扰计算机信息系统功能的行为到底是非法控制还是破坏？认定标准相对困难。

“干扰”是一个极具开放性与包容性的词语，字面含义是干预、扰乱。从本质上说，对计算机信息系统功能进行删除、修改、增加，也是一种干扰行为，但法条将“干扰”与“删除”“修改”“增加”三种行为方式并列，其意在表明“干扰”与前三种行为方式性质相当但方式不同，也即行为人并没有直接对计算机信息系统的功能或数据实施相应的删除、修改、增加行为，而是采用其他方式扰乱计算机信息系统的正常运行。但法律对破坏计算机信息系统罪中“干扰”的程度并未进行严格限制。例如实践中存在行为人通过木马软件入侵多个公司网站，并非法植入广告的案例，针对此类案例，有些法院认为被告人的行为属于严重扰乱他人计算机信息系统的行为，造成了计算机信息系统不能正常运行，定性为破坏计算机信息系统罪；有些法院认为非法植入广告的行为虽然对计算机信息系统造成了一定干扰，但远远没有达到使计算机不能正常运行的地步，最终定性为非法控制计算机信息系统罪。因此，“干扰”更像是破坏计算机信息系统功能的一种兜底性质的方式，“干扰”在实践中使用频繁的同时，也面临着随意性、合理性的质疑。例如，被告人通过编写软件抢号、占号的方式，导致涉案当地的民众无法选取相关的车牌号码，干扰了交警部门关于选取车牌号码的计算机信息系统功能的正常运行，被认定为导致提供公共服务的计算机信息系统无法发挥其应有的功能的干扰行为。又如，最高人民法院指导案例104号李某、何某、张某等人破坏计算机信息系统案中，被告人用棉纱堵塞环境空气采样器的采样孔或拆卸采样器的行为，造成采样器内部气流场的改变，导致监测数据失真，影响对环境空气质量的正确评估，属于通过非技术手段对计算机信息系统功能进行干扰，也被认定为造成计算机信息系统不能正常运行的行为。

本书认为，是否造成计算机信息系统不能正常运行，是区分破坏计算机信息系统罪和非法控制计算机信息系统罪的关键。对于非法控制计算机信息系统罪与破坏计算机信息系统罪，可通过以下四个层面进行区分：

其一，从技术层面看，所谓非法控制计算机信息系统，是指运用技术或其他手段，故意对目标计算机信息系统进行未经授权或超越授权的访问，获得数据增加、删除、修改的权限或者计算资源的使用权限，或者在目标计算机信息系统中放置控制程序的行为。而破坏计算机信息系统则是指运用技术或其他手段，故意对目标计算机信息系统进行未经授权或超越授权的访问，执行数据增加、删除、修改或其他操作，影响目标计算机信息系统功能或可用性的行为。两者的相同之处在于，行为人均运用技术或其他手段，未经授权或超越授权访问目标计算机信息系统并进行了操作。两者最核心的区别在于，在第一种情形下，行为人仅仅是对目标计算机信息系统放置了控制程序或者获得了对目标计算机信息系统中的数据进行增加、删除、修改的权限或者计算资源的使用权限，这些操作行为没有影响到目标计算机信息系统的正常运行，也没有对计算机信息系统的功能作出实质性改变；而在第二种情形下，行为人针对目标计算机信息系统实施的操作行为已经造成计算机信息系统不能正常运行或者实质性地影响到了计算机信息系统的功能。

其二，从文意解释的角度看，“破坏”行为意味着计算机信息系统无法正常运行，甚至有可能彻底瘫痪或者遭受毁灭性的打击。而“控制”行为则仅仅意味着“支配权”的获得，并不要求对目标计算机信息系统功能或可用性产生影响。因而，并非所有针对目标计算机信息系统的应用程序或数据实施增改等操作的行为都构成破坏计算机信息系统罪。例如，在目标计算机信息系统中植入了木马程序并利用该程序向目标计算机信息系统增加了数据（广告网页），但该上传网页的行为并未造成目标计算机信息系统功能实质性的破坏或不能正常运行，更不属于对该信息系统内重要数据或程序的增、删、改，因而不属于破坏计算机信息系统犯罪中的对计算机信息系统中存储、处理或者传输的数据或程序进行删除、修改、增加的行为，不构成破坏计算机信息系统罪。另外，通过向目标计算机信息系统实施植入木马程序的行为，实质性地获得了对该计算机信息系统的支配权，其向目标计算机信息系统上传广告网页的行为也正是其获得对该计算机信息系统的支配权的体现，达到“情节严重”，构成非法控制计算机信息系统罪。

其三，判断行为人构成非法控制计算机信息系统罪还是破坏计算机信息系统罪，既要准确识别不法行为的方式和特点，更要严格遵循主客观相一致的犯罪构成要求，确保对案件的准确定性。例如，在目标计算机信息系统中投放木马程序意在控制感染用户所使用的 QQ，并使用户加入指定群组、接收指定广告进而牟利，其主要目的是控制用户的 QQ 而非破坏 QQ 程序本身，同时该木马程序仅仅是利用了 QQ 本身具有的添加好友和群的功能，而未对 QQ 程序本身进行增改，且不妨碍用户 QQ 主要功能正常运行。据此，根据主客观相一致原则，行为人不具有破坏计算机信息系统的犯罪故意，其行为也未造成计算机系统不能正常运行或影响其正常运行，亦未因投放木马程序造成严重后果，因而不符合破坏计算机信息系统罪的犯罪构成，故应以非法控制计算机信息系统罪定罪量刑。

其四，破坏计算机信息系统罪属于“后果犯”，非法控制计算机信息系统罪属于“情节犯”，行为人在目标计算机信息系统中植入木马程序或者上传网页的行为，虽然增加了计算机信息系统程序或者数据，符合破坏计算机信息系统罪中“对计算机信息系统功能进行删除、修改、增加、干扰”或者“对计算机信息系统中存储、处理或者传输的数据和应用程序进行删除、修改、增加的操作”的规定，但是判断上述行为能否构成破坏计算机信息系统罪的关键，在于该行为是否影响到目标系统的正常功能且达到“后果严重”程度，如果没有，则不能按照破坏计算机信息系统罪定罪处罚。如行为人入侵目标网站并在网站中植入广告页的行为只是利用了该网站的广告功能，而非增加了该网站的广告功能，该行为并未危害被害人计算机信息系统的安全，也没有对受害人计算机系统中已有的数据、应用程序进行删除、修改等操作，且没有造成严重后果的，不构成破坏计算机信息系统罪。

（三）“不能正常运行”的认定

“不能正常运行”既包括完全不能运行也包括不能按照原来设计的方式运行，实践中通常表现为计算机信息系统运行的崩溃、中断、强制、迟缓等情形。如最高人民检察院发布的检察机关依法惩治破坏市场竞争秩序犯罪的典型案例，其中南通 X 网络科技有限公司、万某某等人破坏计算机信息系统案中，流量攻击行为发生后，造成其网站服务功能长达 2 小时左右无法正常发挥，根据案内数据库数据分析表单、远程勘验笔录、电子邮件复制件以及电子数据司法鉴定检验报告书等证据可以确定被攻击网站流量发生了锐减。

但锐减或者说减到多少才是“不能正常运行”？对于“不能正常运行”的标准如何认定，是否包含系统访问受限、响应速度变慢、部分功能无法正常使用、处理能力变慢等情形。例如，因 DDoS 攻击造成服务器宕机的，属于完全不能正常运行。但在互联网时代，对于规模比较大的计算机信息系统，用户通常会购买高防服务或者购买充足的服务器，攻击通常只会导致其正常用户打开服务的速度变慢，无法像平时一样流畅使用；或者某些地区的用户可以使用服务而另外地区的用户不能使用服务，在这种情况下能否认定为不能正常运行，能否适用本罪就存在争议。

鉴于实践中对破坏计算机信息系统罪适用所持的宽泛化立场，以及该罪名对其他罪名的不当挤压（如对于存在增删改数据情形的，实践中有直接认定破坏计算机信息系统罪的倾向），对“不能正常运行”如果不做严格的限定和规范，就无法调整破坏计算机信息系统罪的适用，致使该罪在实践中有沦为数据“口袋罪”之嫌。

此外，对于“不能正常运行”的后果，从破坏计算机信息系统罪的文义上理解，应当是指对存储、处理或者传输的数据和应用程序进行删除、修改、增加，对系统功能进行干扰等，致使计算机信息系统在基础功能上不能正常使用。但一些涉及用户的数据的修改、删除，如果不影响系统整体功能的正常使用，没有被修改、删除部分均显示正常，对此种情况能否按该罪处理，最高人民法院指导案例 145 号张某等非法控制计算机信息系统案给了可供参考的标准。该案裁判要旨明确：

（1）通过植入木马程序的方式，非法获取网站服务器的控制权限，进而通过修改、增加计算机信息系统数据，向相关计算机信息系统上传网页链接代码的，应当认定为《刑法》第 285 条第 2 款中“采用其他技术手段”非法控制计算机信息系统的行为。

（2）通过修改、增加计算机信息系统数据，对该计算机信息系统实施非法控制，但未造成系统功能实质性破坏或者不能正常运行的，不应当认定为破坏计算机信息系统罪，符合《刑法》第285 条第2 款规定的，应当认定为非法控制计算机信息系统罪。

另外，对于被攻击后变卡是否属于计算机信息系统不能正常运行，目前尚无确定的规则。从实质危害性的角度，本书认为应当结合被攻击后变卡行为和后续的次生损失综合认定，即从实质层面准确认定破坏，对未造成计算机信息系统不能正常运行的增、删、改行为不能适用破坏计算机信息系统罪；破坏计算机信息系统罪需要造成计算机信息系统不能正常运行或影响计算机信息系统原有功能的正常运行。

《刑事审判参考》案例第 1049 号杨某某诈骗案中，被告人杨某某在汶川地震期间，利用某市红十字会网站源代码漏洞，采取“Sql”漏洞注入的方式非法获取了该网站后台登录页面路径和管理员用户名及密码后植入网页木马程序，删除了管理后台文件夹，并访问添加和编辑了新闻页面，篡改了该网站上内容，发布虚假募捐消息，导致网站管理员无法登录后台管理界面，无法正常管理网站，网站被迫关闭24小时以上，影响了某市红十字会向地震灾区正常的募捐行为，符合“对计算机信息系统功能进行删除、修改、增加、干扰，造成计算机信息系统不能正常运行”的行为方式，且属“后果严重”情形，构成破坏计算机信息系统罪。当然，该案目的行为是以赈灾募捐名义诈骗他人钱款，手段行为是侵入和破坏了某市红十字会计算机信息系统，分别触犯了诈骗罪和破坏计算机信息系统罪，成立牵连犯，从一重罪，最终以诈骗罪定罪处罚。

《刑事审判参考》案例第783号童某某、蔡某某破坏计算机信息系统案中，二被告人非法侵入交通管理计算机系统，对存储的违章记录、罚款数据进行非法删除，造成罚款已缴纳的假象，其行为构成破坏计算机信息系统罪。

虽然《刑法》第286条的规定中，对计算机信息系统中存储、处理或者传输的数据和应用程序进行删除、修改、增加的操作，并没有造成计算机信息系统不能正常运行的表述限定，但该规定的潜在意义在于对数据和应用程序的增删改要造成原应用程序的破坏或原存储数据的不能正常读取，否则谈何破坏。因此，在具体认定罪名时，应从行为人对数据变动目的和由此造成的影响分析其行为性质。对造成计算机信息系统功能的实质性破坏或者导致计算机信息系统不能正常运行或者对计算机信息系统中有价值的数据、应用程序进行的增删改造成严重后果的，应当按照破坏计算机信息系统罪定罪处罚。行为人变动计算机信息系统数据（删除、增加、修改）旨在查询系统内数据，只是违反数据的授权性，对系统功能并未造成影响，不影响原功能的行使和原数据的读取，应以非法获取计算机信息系统罪论处，行为人变动数据旨在使计算机信息系统无法正常运转，违反数据功能性，则应以破坏计算机信息系统罪论处，即对于侵入后有增删改行为的，视为对计算机信息系统数据原有功能、数据的影响，决定案件的法律适用。

值得注意的是，根据《办理计算机案件解释》第1条的规定，“违法所得五千元以上或者造成经济损失一万元以上”均为破坏计算机信息系统犯罪和非法控制计算机信息系统犯罪的入罪条件，因而在个案中，不能仅仅以“违法所得”或“经济损失”作为判断行为人构成破坏计算机信息系统犯罪或非法控制计算机信息系统犯罪的依据，而应当根据行为人的主观故意和客观行为进行综合判断。

（四）经济损失的认定难题

司法实践中，通过经济损失来认定危害计算机信息系统犯罪的情节严重或者后果严重的情形占比较高。《办理计算机案件解释》第11条第3款规定：“……

‘经济损失’，包括危害计算机信息系统犯罪行为给用户直接造成的经济损失，以及用户为恢复数据、功能而支出的必要费用。”但经济损失的认定仍是司法实践的难点。

第一，经济损失认定的主体和程序均无法律规定。相应的经济损失对应的都是市场行为，缺乏统一的市场定价，因而相同的维护情形，可能存在诸多的价格，能否直接依据支出的费用认定，是否需要鉴定、能否鉴定、找谁鉴定，都不确定。

第二，直接造成经济损失的范围和数额认定存在分歧。实践中的价格认定机构，往往是对具体物品的价格认定，对具体事件直接造成经济损失认定的权威性不足。如“孙某破坏计算机信息系统案”[①]：孙某案发前系某公安局交警大队协管员，利用单位为其配备的内网电脑，盗用单位同事的用户名和密码，在接受他人请托、收受他人钱财后，多次登录公安交通管理综合应用平台，非法删除车辆违章数据1156条，非法收受人民币24000余元。违章数据涉及的金额为14.425万元。一审法院认定孙某非法收受24000余元，认为公诉机关指控的14万余元事实不清。一审宣判后，公诉机关提出抗诉。二审法院经审理认为14万余元是公安机关拟行政处罚的罚款，孙某实施非法行为时，违章车辆当事人尚未实际缴纳罚款，非法处理违法数据的行为不能直接导致14万余元的必然损失；14万余元罚款具有不确定性，公安机关是否最终对所有违章行为均处罚，是否能够全部征收到位，均不确定；公安机关可以对孙某修改的数据进行恢复，对有关车辆违章行为作出处罚，公安机关未及时修复数据或者虽修复但未及时处罚违章车辆导致的损失不能归责孙某的行为。结合上述规定和典型案例，本书认为不确定性的、或然性的经济利益或可得收益不能直接认定为直接经济损失；需要支付成本、人工等继续经营的收益，不能直接认定为直接经济损失；直接经济损失的认定可以结合必要费用、必然需要支付的费用和已经产生的损失并根据个案具体分析、认定。

第三，必要经济损失的范围认定存在分歧。用户为恢复数据、功能往往采取多种行为，包括高防服务、抗DDoS服务等，相关防护行为发生在各经济主体之间，无统一标准来考量。因此支出的安防费、员工加班费等是否应认定为必要的

---

① 详见冯莉：《孙小虎破坏计算机信息系统案——如何认定和适用破坏计算机信息系统罪中的“经济损失”和“违法所得”情节》，载最高人民法院刑事审判第一、二、三、四、五庭编：《刑事审判参考》（总第86集），法律出版社2013年版，第76－80页。

经济损失？[1] 如果可以认定，由于上述费用都系被害公司自己提供，如何审核？不同公司对此支出的成本可能不同，如何统一标准和处罚？最高人民检察院第69号指导性案例姚某某等11人破坏计算机信息系统案通过检察履职过程明确：涉案互联网公司为修复系统数据、功能而支出的员工工资系因犯罪产生的必要费用，应当认定为本案的经济损失。本书认为可结合流程的合理性和必要性，认定必要费用。实践中，应当结合流程的合理性和必要性来取证，从技术角度论证该防护措施的合理性，即是否系有针对性的采取，是否有必要采取。正如医生开药一样，这个药是否是治这个病的（针对性），这个病是否必须开这个药，是否存在过度医疗的情形（必要性）？

第四，其他次生损失是否可以被纳入经济损失之中？实践中经常出现直接经济损失轻微，但是公司因计算机信息系统受损而导致影响力下降，该损失无法估算，有时甚至造成后期公司因此倒闭的后果。对这类案件，如果仅仅根据违法所得或经济损失数额来评估危害后果，往往罪责刑不相适应。如在司法实践中，特别是对大公司的计算机信息系统软件的增删等破坏，经济损失较为有限，但经济损失并不能全面、准确反映出犯罪行为所造成的其他危害。有的案件违法所得或者经济损失的数额并不大，但网络攻击行为导致受影响的用户数量特别大，有的导致用户满意度降低或用户流失，有的造成了恶劣社会影响。对这类案件，如果仅根据违法所得或经济损失数额来评估危害后果，可能会导致罪刑不相适应。因此，在办理破坏计算机信息系统犯罪案件时，检察机关应发挥好介入侦查引导取证的作用，及时引导公安机关按照法律规定，从扰乱公共秩序的角度，收集、固定能够证实受影响的计算机信息系统数量或用户数量、受影响或被攻击的计算机信息系统不能正常运行的累计时间、对被害企业造成的影响等证据，对危害后果作出客观、全面、准确认定，做到罪责相当、罚当其罪，使被告人受到应有惩处。

（五）“情节严重”的认定难题

2011年《办理计算机案件解释》对各罪的追诉立案标准和法定刑升档标准做了规定，解决了实践中的很多问题，但随着经济的不断发展、新情况的不断出现，原本的一些概念出现了新的内涵，比如实践中对“造成为一百台以上计算机信息系统提供域名解析、身份认证、计费等基础服务或者为一万以上用户提供

① 参见姚某某等11人破坏计算机信息系统案，最高人民检察院指导性案例第69号。

服务的计算机系统不能正常运行累计一个小时以上”的规定，即存在多处理解难题：此处的一万以上用户应如何理解？是否要求实时在线？是否包含“僵尸用户”？如在《刑事审判参考》第1029号“乐某等破坏计算机信息系统案”中，乐某等人对A公司的网站服务器进行攻击，致使上述网站长时间内无法正常浏览。该案中，A公司提供的公证书证明该公司有16万余名注册用户，其公司网站受攻击影响的累积时间亦远超1小时。但是，法院认为上述用户数据是A公司通过SecureCRT软件进行统计后得出的，该软件的可靠性如何，并没有相应的证据予以佐证。虽然A公司对自行统计的过程进行了公证，但公证书并不涉及对统计方法和统计内容科学性、有效性、客观性的评价，仅是对统计过程的一种“见证”。因此，上述统计数据的真实性无法得到确认。另外，即便通过可靠的软件统计出注册用户数，但其所统计的注册用户是否真实存在，是否存在重复注册的用户、“僵尸用户”或者其他“虚拟用户”，亦不得而知，故无证据证明受害公司遭受的经济损失和受侵害的用户数量，无法根据数额标准直接认定构成犯罪。最终法院综合考虑行为性质、情节、社会危害程度，认定被告人的行为达到了破坏计算机信息系统“后果严重”的程度。该案的处理是一种折中的方法，但对于不具有计算机等领域专业知识的法官，对于没有明确数额的案件，如何把握认定标准存在难度，法官的自由裁量权过于宽泛。囿于罪刑法定原则，若保守的法官对于“情节严重”或者“后果严重”的入罪标准认定过高，就存在放纵违法行为人的风险。

此外，累计一小时与一万名用户的关系，一小时内是否都需要一万名用户在线？一百台以上计算机信息系统如何计算？在技术发展初期，对计算机信息系统台数的认定标准比较简单，通常按照物理机的台数或者手机的台数来计算。随着互联网技术的飞速发展，目前广泛存在的负载均衡、容器、虚拟机和云计算等新技术的运用，已经颠覆了传统意义上物理机的概念，如何认定计算机信息系统的台数成了一个难题。实践中存在以IP数量或实际不能正常运行的服务器数量来认定计算机信息系统的台数的情形，也存在通过综合被攻击IP地址、网站的数量、攻击时间，以及所造成的损失或影响等因素来认定的情形。检例33号的指导意义在于对于域名劫持用户数的认定表述，也体现了认定难的问题。检察机关起诉及法院判决时，是根据独立IP用户来计算用户数量的，但在论证过程中，有专家提出，根据独立IP用户来计算用户数量，不太符合现实，也不太符合技术实际。经综合考虑，对独立用户数的认定，指导性案例采取了较为谨慎的概括性表述，指出："认定遭受破坏的计算机信息系统服务用户数，可以根据计算机信息系统的功能和使用特点，结合网站注册用户、浏览用户等具体情况，作出客观判断。"

本书认为，应基于个案情况和技术特点，在依法收集电子数据、保护商业秘密、个人隐私的前提下审慎认定用户数和计算机台数。办案中，要做到依法调取电子数据与保护被害人利益的均衡；认定遭受破坏的计算机信息系统服务用户数，可以根据计算机信息系统的功能和使用特点，结合网站注册用户、浏览用户等具体情况，作出客观判断。

四、法律适用规则

纵观上述问题，结合对指导性案例、典型案例的梳理，本书针对危害计算机信息系统类犯罪，提出以下的一些法律适用规则：

（一）以明确并细化侵入的行为类型为前提

《刑法》第285条第1款规定的非法侵入计算机信息系统犯罪和第2款规定的非法获取计算机信息系统数据犯罪、非法控制计算机信息系统犯罪中，均有违反国家规定，侵入计算机信息系统的规定。如何理解和使用"侵入"，是办理此类案件中的一个重要问题。侵入是指"未经授权或者他人同意"进入计算机信息系统，具体表现形式既包括采用技术手段破坏或者规避系统防护进入计算机信息系统，也包括未取得被害人授权擅自进入计算机信息系统，还包括超出被害人授权范围进入计算机信息系统，即"侵入"行为既包括使用非法方法进入被害方计算机信息系统，如利用"木马程序""后门软件""键盘跟踪技术"攻击病毒、开放端口、引诱被害人的计算机信息系统自动共享数据等，也包括使用形式上"合法"的方法，比如有权进入，但超越权限获取数据的行为，其实质均为违背权利人意愿进入其计算机信息系统。最高人民检察院在指导性案例第36号——卫某某、龚某、薛某某非法获取计算机信息系统数据案中作出明确回应，即"超出授权范围使用账号、密码登录计算机信息系统，属于侵入计算机信息系统的行为"。

（二）是否造成计算机信息系统不能正常运行，是区分破坏计算机信息系统罪和非法控制计算机信息系统罪的关键

既要准确识别不法行为的方式和特点，更要严格遵循主客观相一致的犯罪构成要求：行为人不具有破坏计算机信息系统的犯罪故意，其行为也未造成计算机

系统不能正常运行或影响其正常运行，不符合破坏计算机信息系统罪的构成。

（三）准确认定破坏，对未造成计算机信息系统不能正常运行的增删改行为不能适用破坏计算机信息系统罪

破坏计算机信息系统罪侵犯的客体是计算机信息系统安全，需要造成计算机信息系统不能正常运行或影响计算机信息系统原有功能的正常运行。

（四）综合认定因果关系，解决罪责刑相适应问题

危害计算机信息系统犯罪行为所导致的损害结果往往具有潜伏性和滞后性，损害结果与损害行为往往难以清晰地认定和回溯。此外，危害计算机信息系统远距离甚至跨国别的犯罪行为及结果的不确定性都会直接或间接增加对危害计算机信息系统犯罪法律上因果关系认定的复杂性。危害行为的远程性及异时空性导致其难以被侦破、难以固定证据、难以直接证明行为事实，更难以直接指向危害结果。基于危害计算机信息系统犯罪案件的特殊性，可以从以下方面考虑因果关系的认定：

第一，对危害计算机信息系统犯罪因果关系相关要素的证明采用不同方式。属于基础的、入罪标准的构成要件事实，需要进行严格证明，相应的事实均要有确切的证据予以证实，比如行为人针对某网站实施了流量攻击行为就属于基础事实；而作为具体表现的因果流程，如上述行为人的攻击行为导致了被攻击网站不能正常运行，上述行为与结果的因果关系可以采用审慎的自由心证的方式，结合计算机信息系统受到攻击和不能正常运行的方式，借鉴和吸收盖然性理论进行证明，不必强求证明被攻击网站不能正常运行的结果，不存在其他人员的攻击。

第二，在认证过程中，危害计算机信息系统犯罪因果关系的证明，需要进行“整体主义”的思考，需要注重大证据学背景下的心证方法、经验法则、逻辑推理、印证规则及推定技术等的合理应用。例如，南通 X 网络科技有限公司、万某某等人破坏计算机信息系统案中，在证明网络攻击是否系被告人实施时，采用了以下方式：（1）借助专门技术对攻击源进行分析，溯源网络犯罪路径。（2）审查认定被告人网络身份与现实身份的同一性时，通过核查 IP 地址、网络活动记录、上网终端归属，以及证实被告人与网络终端、存储介质间的关联性综合判断，如犯罪嫌疑人本人身份注册的微信、与相关人员的聊天记录等都能反映其背后的真正使用人。（3）被告人在实施网络攻击后，威胁被害人的证据或者与他人的聊天记录或者其供述辩解等可作为认定攻击事实和因果关系的证据，如在攻击时，几个人组建了微信群，在群内聊天称被攻击的网站瘫痪了，说攻击效

果不错等。一般认为，有证据证明被告人实施了攻击行为，网络攻击类型和特点与被告人实施的攻击一致，攻击时间和被攻击时间吻合的，可以认定网络攻击系被告人实施。

（五）厘清《刑法》第287条的属性

行为人利用计算机实施犯罪，在其手段行为不构成危害计算机信息系统安全犯罪时，应当按照目的行为定罪处罚；在其手段行为构成危害计算机信息系统安全犯罪时，在一般情况下应当按照从一重罪处断原则定罪量刑。

002 流量劫持行为的刑法规制

流量劫持是互联网场景下的一类常见“黑灰”行为，根据最高检第一检察厅《网络犯罪案件技术法律术语解释汇编（一）》的描述，流量劫持指的是攻击者通过技术手段，非法拦截、修改或控制用户上网的行为，以此达到网络流量的引流甚至诱导用户安装木马程序、获取用户数据的非法行为。实践中，流量劫持行为广泛出现于用户通过服务器访问网站的日常上网行为，亟须规制。

一、流量劫持行为的三大类型

位于客户端的用户通过浏览器访问特定站点，这一访问目的通过多次“请求—响应”环节实现，具体环节包括：

第一，用户在浏览器输入某站点的对应域名（如www. baidu. com），客户端向DNS（域名系统）服务器发送DNS请求包，请求域名指向的具体IP；

第二，DNS服务器（域名解析服务器）返回DNS响应包，告知客户端域名指向的具体IP；

第三，客户端根据获取的IP地址，向对应网络服务器发送HTTP请求包，请求站点页面；

第四，网络服务器返回HTTP响应包至客户端；

第五，用户访问成功，可浏览站点内容。

根据行为人实施流量劫持针对的不同环节，可将流量劫持行为类型化为三种主要样态。

（一）域名劫持

域名劫持发生在客户端向DNS服务器发送请求、取得IP的环节，主要形式为DNS劫持，此外还存在CDN劫持等其他类型。DNS劫持是流量劫持的常见手段之一，是指攻击者通过一定的技术手段，篡改某个域名解析的结果，使得指向该域名的 IP 变更为另一个 IP，导致对相应网址的访问被劫持到另一个不可达的网址或假冒网址。

具体而言，行为人通过攻击或伪造 DNS 服务器的方法（例如攻击运营商 DNS 服务器或者网络用户的 WiFi 设备），将目标网站域名解析到错误的 IP 地址从而实现用户无法访问目标网站的目的或者恶意要求用户访问指定 IP 地址（网站）的目的。

在用户层面，主要表现为：用户原想访问 A 网页，但是经域名劫持后，直接打开 B 网页。

（二）链路劫持

链路劫持发生在客户端根据获取的 IP 地址，向对应网络服务器发送 HTTP 请求包，网络服务器返回 HTTP 响应包至客户端的环节，主要作用于传输过程。

具体而言，行为人通过在用户与网络服务器之间，植入恶意设备或者控制网络设备，侦听用户和网络服务器之间的数据传输（例如监听本地运营商的服务器），并通过技术手段控制相关的数据传输过程（伪造或修改 HTTP 响应包），以达到相关目的。

在用户层面，主要表现为：一是用户打开的页面出现广告小窗口、弹窗；二是用户访问某网站时，自动跳转进入特定网站。

（三）本地劫持

本地劫持直接发生在客户端。具体而言，行为人利用浏览器或者插件程序的漏洞，当用户访问特定网页时，将“木马”、“流氓”软件等恶意程序植入用户设备，导致用户页面锁定或者自动跳转。

在用户层面，主要表现为：一是用户访问某网站时，无法正常退出该网站；二是用户启动浏览器或者访问某网站时，自动跳转进入特定网站。

二、流量劫持行为衍生形成的“黑灰产业链”

基于流量在互联网生态中的难获取性与可变现性，流量劫持行为作为一类可以高效、快速获取流量继而追求变现的手段，普遍出现于互联网活动中，并形成上下游的分工，衍生出配套的“黑灰产业链”。实践中流量劫持产业链主要分为两类作案团伙：

第一大类为上游行为端，即主要实施流量劫持行为的团伙，通过弹窗木马软件、捆绑流氓软件、DNS 劫持、运营商基础设施劫持等，对访问用户的客户端进行主页锁定、网页跳转，或向访问者推出弹窗广告、安装推广 App、暗扣流量等。同时存在为实施各类流量劫持提供相应设备、软件、服务的专业团伙。

第二大类为下游需求端，即存在推广 App、网站、广告等流量需求的团伙，他们需要通过流量劫持手段实现广告弹窗、网页跳转、主页锁定、安装推广、暗扣刷量等进行引流，从而变现牟利，并与上游团伙进行分成。

三、流量劫持行为的罪名适用

（一）针对域名劫持行为，倾向通过破坏计算机信息系统罪规制，部分情况进行综合考量适用其他信息网络类罪名

1. 实务中倾向于以破坏计算机信息系统罪规制域名劫持行为

域名劫持行为是最为常见的流量劫持行为，结合最高人民法院指导案例、多个司法案例，目前司法机关整体倾向于以破坏计算机信息系统罪规制该行为。根据域名劫持行为自身的特点，这一规制方式也有利于实现域名劫持行为的罪责刑相适应。

第一，域名劫持行为属于硬性劫持，具备强制性与破坏性，充分符合破坏计算机信息系统罪的构成要件。就域名劫持行为而言，其作用环节位于客户端与域名解析服务器进行交互、获取 IP 地址的环节，其作用原理是对域名解析服务器的设置予以修改，使其无法返回正确的 IP 地址，其作用结果是用户无法访问其想浏览的网站，被迫直接进入行为人设置的网站。

基于此，域名劫持行为可强制用户进入特定网站，具备强制性；实质上直接改变了域名解析服务器作为计算机信息系统的原有正常配置，具备破坏性；符合破坏计算机信息系统罪要求的“对计算机信息系统功能进行删除、修改、增加、干扰”要件。

如颜某破坏计算机信息系统案①：行为人对某运营商的域名服务器使用非法软件进行劫持（DNS 劫持），强行将某地特定运营商提供服务的手机用户访问的网站劫持至境外赌博网站，收取推广费用，本案一审法院指出该行为是对运营商服务器中存储的数据进行修改，吻合域名劫持的破坏原理；二审法院认定该行为

① 参见湖南省长沙市雨花区人民法院刑事判决书，（2020）湘 0111 刑初 917 号；湖南省长沙市中级人民法院刑事判决书，（2021）湘 01 刑终 24 号。

使得用户设备无法正常访问网站，功能受破坏，无法正常运行，指出域名劫持行为的强制性。

第二，域名劫持行为情节较严重、社会危害性较大，应以相对严格的独立罪名规制。域名劫持行为常作为网络黑灰产业链的组成部分出现，相较于广告弹窗等诱导性更强、强制性较低的流量劫持行为，属于直接作用于服务器、对用户正常上网影响最为严重的类型；同时，域名劫持行为的下游推广方通常系网络赌博、网络色情等违法内容网站，对于用户与互联网生态的不利作用更为突出。

因此，（1）相较于单纯强调控制属性、情节较轻、刑期较低的非法控制计算机信息系统罪，对于域名解析服务器形成实质改变的域名劫持行为更符合破坏计算机信息系统罪的规制范畴，相应的刑罚力度也更大；（2）相较于日渐口袋化的帮助信息网络犯罪活动罪，流量劫持行为更适合以针对行为本身的计算机信息系统类犯罪予以规制。

第三，多个指导性案例、公报案例均采取破坏计算机信息系统罪的立场。以付某某、黄某某破坏计算机信息系统案（最高法指导性案例第102号）、[①] 李某某破坏计算机信息系统案（最高检指导性案例第33号）、[②] 马某某等破坏计算机信息系统案（《最高人民法院公报》2009年第2期案例）为例，上述指导性案例、公报案例的主要事实均为：行为人实施了典型的域名劫持（DNS劫持）行为，实质修改了域名服务器的解析配置，使得用户无法正常进入其原想访问的网站而是直接进入推广网站，从而收取推广费用；法院均作出破坏计算机信息系统罪的判决。可见，最高法、最高检均持以破坏计算机信息系统罪规制的立场，对于个案具备较强指导意义。

2. 部分案件中，司法机关综合考量后适用非法控制计算机信息系统罪、帮助信息网络犯罪活动罪等罪名

司法机关综合考量劫持行为的性质、危害性、对整体犯罪的作用等因素，适用其他信息网络类罪名，涉嫌罪名包括非法控制计算机信息系统罪、帮助信息网络犯罪活动罪等。

如施某等非法控制计算机信息系统案[③]：行为人通过在DNS系统中修改域名解析配置文件，实施域名劫持行为，使得正常上网的用户在访问部分网站时实

① 参见上海市浦东新区人民法院刑事判决书，（2015）浦刑初字第1460号。

② 参见上海市第一中级人民法院刑事判决书，（2015）沪一中刑终字第2349号。

③ 参见重庆市渝北区人民法院刑事判决书，（2015）渝北法刑初字第00666号。

际直接进入推广商网站，并收取推广费用。法院明确该行为系典型的DNS域名劫持行为，但认为该行为系非法控制了运营公司的互联网域名解析系统，以非法控制计算机信息系统罪规制。

如李某某等帮助信息网络犯罪活动案[①]：行为人利用跳转软件，通过域名劫持的方式，将空壳赌博网站的点击用户转至推广商指定的赌博网站，收取相关费用。法院认定该行为时聚焦于其对开设赌场罪的帮助性质，选择直接以帮助信息网络犯罪活动罪规制。

（二）实务中倾向于以破坏计算机信息系统罪规制本地劫持行为

本地劫持行为虽然与域名劫持行为原理不同，但是性质类似，通过在客户端使用恶意软件，修改用户客户端设备的配置，强制使用户无法退出特定网站或者自动跳转特定网站，这类行为同样明显具备对计算机信息系统功能（客户端设备）的破坏性与对用户的强制性，实践中亦倾向于以破坏计算机信息系统罪规制。

如成都某科技有限公司等破坏计算机信息系统案[②]：行为人使用特定软件、代码后，用户通过手机使用百度搜索，浏览指定网站时，该网站将自动修改用户手机内存，使得用户无法正常回退至百度搜索页，而是被强制回退至虚假的百度网站，法院认为，该行为对于用户设备的正常功能造成明显破坏，构成破坏计算机信息系统罪。

如卿某科技（北京）有限责任公司等破坏计算机信息系统案[③]：行为人制作、传播的程序与某特定软件捆绑运行后，可私自对用户设备中的特定浏览器安装插件，从而修改用户浏览器启动页，并阻止用户自行更改，该行为系典型的本地劫持行为，通过插件劫持用户本地设备，使用户每次启动浏览器均被迫自动打开特定网站，形成对用户设备正常功能的破坏，法院同样以破坏计算机信息系统罪规制该行为。

（三）实务中对链路劫持行为的规制罪名存在争议

链路劫持行为相较于域名劫持行为与本地劫持行为，存在一定特殊性，其发生环节是客户端获取域名后向网站服务器发送请求，网站服务器响应并回传内容

---

① 参见广东省中山市第一人民法院刑事判决书，（2020）粤2071刑初835号。

② 参见四川省成都高新技术产业开发区人民法院刑事判决书，（2019）川0191刑初195号。

③ 参见北京市海淀区人民法院刑事判决书，（2018）京0108刑初714号。

的过程，其作用原理是在本地运营商服务器（用于实现前述请求—响应的传输过程）中部署程序，从而在网站内容传输过程中对网站服务器回传的 HTTP 响应包（用户欲浏览的网站内容）进行修改或调整，其作用结果通常是用户在浏览网站正常内容时还将看到行为人添加的推广内容，实践中一般表现为广告小窗口与弹窗。

基于此，链路劫持行为的特征是：（1）原理上，链路劫持行为可以实现对用户欲访问网站的强制跳转，但是实践中不常出现。相反，该行为通常作用形式较为温和，强制性较弱，诱导性强，不会进行强制跳转操作，而是以在正常网站中强制添加广告窗口的形式，诱导用户或者使用户不慎点击跳转。（2）行为人对运营商服务器部署程序的过程，对于运营商服务器正常传输功能影响有限，主要结果是直接修改运营商服务器所传输的响应包内容。

从现有司法判例来看，司法机关针对不同劫持行为的特点、作用原理进行不同的评判，实践中适用不同罪名：

如深圳某有限责任公司破坏计算机信息系统案[①]：行为人在本地运营商服务器中植入程序，该程序可修改服务器中监测到的上网用户 HTTP 数据包，植入广告推广数据后发回给用户，使得用户访问网站时会被强制弹出广告，法院认定该链路劫持行为“严重干扰了用户上网体验，侵害用户正常浏览和使用操作某 App 的合法权利，造成了某 App 对受干扰的用户未能发挥相应功能”，构成破坏计算机信息系统罪。

如雷某等非法获取计算机信息系统数据案[②]：行为人在某运营商服务器内部署程序，镜像后添加、修改上网用户访问百度时的数据，使用户通过带有行为人推广 ID 的地址访问百度，一旦用户点击百度付费广告链接，行为人即可获利，该链路劫持行为中亦存在修改本地服务器传输内容的链路劫持行为，但法院仅针对行为人非法获取本地服务器中用户上网数据的单个行为，认定为非法获取计算机信息系统数据罪。

如沈某、刘某等诈骗案[③]：行为人于本地服务器中植入程序，修改接收到的

① 参见上海市徐汇区人民法院刑事判决书，（2018）沪 0104 刑初 82 号；上海市第一中级人民法院刑事判决书，（2019）沪 01 刑终 601 号。

② 参见重庆市沙坪坝区人民法院刑事判决书，（2016）渝 0106 刑初 1393 号；重庆市第一中级人民法院刑事裁定书，（2016）渝 01 刑终 57 号。

③ 参见上海市徐汇区人民法院刑事判决书，（2017）沪 0104 刑初 8 号。

用户 HTTP 数据包，实现用户所访问的网页自动跳转、重定向的功能，此为典型的链路劫持行为，且直接进行网页跳转，对用户强制程度高，法院亦将此描述为“强制性、破坏性功能”，但就判决结果而言，法院甚至未对该行为涉及计算机信息系统的属性进行认定，因行为人后续以此种方式骗取了用户财产，即直接以诈骗罪规制。

从上述案例出发，结合链路劫持行为的特征，本书认为：

第一，通过修改 HTTP 数据包内容，实现用户访问网站直接跳转的链路劫持行为，基于其对用户的高度强制性与正常上网功能的破坏性，应当与域名劫持、本地劫持的规制思路一致，建议以破坏计算机信息系统罪规制。

第二，未对用户实现网页强制跳转、只强制添加广告诱导用户点击的链路劫持行为，不应当以破坏计算机信息系统罪规制，不能简单以用户上网体验被破坏、网站或 App 功能被破坏为由认定此类行为具备破坏性，该行为对用户的强制性较低，且主要作用于服务器传输的数据内容，对于运营商服务器核心的传输功能未形成破坏性影响；因此，应当将此类行为在规制罪名上与其他强制跳转、强制访问的流量劫持行为形成区分，使用同类较轻罪名，如非法控制计算机信息系统罪、非法获取计算机信息系统数据罪，实现阶梯化的刑事规制。

第三，诱导型链路劫持行为，建议以非法控制计算机信息系统罪规制。非法获取计算机信息系统数据罪未能完整评价行为人于服务器部署程序、修改 HTTP 数据（HTTP 数据即用户实际浏览的网站内容）的行为，而这一过程本质上系行为人控制运营商服务器并软性调整服务器的传输内容，控制属性较强，破坏属性较弱，以非法控制计算机信息系统罪规制更为合适。

（四）特定情形下可能以共同犯罪的罪名规制流量劫持行为

实务中，由于流量劫持行为常为黑灰产业链的组成部分，存在下游付费的推广方，而推广方又往往从事其他网络犯罪行为，如网络赌博等，因此流量劫持行为也常成为其他网络犯罪的帮助行为，存在部分法院选择直接以共同犯罪的罪名一并规制流量劫持行为。

如余某等开设赌场案①：被告人余某系开设网络赌场团伙成员，负责在网络上散发广告，吸引流量发展赌博人员，实际通过网络弹窗、域名劫持等形式发送赌博广告 4 万余条，吸引 200 余人加入涉案博彩网站。余某虽实施了域名劫持行

① 参见湖南省凤凰县人民法院刑事判决书，（2019）湘 3123 刑初 262 号。

为，但是由于其同时与其他行为人构成开设赌场罪的共同犯罪，法院将此案所有行为人一并以开设赌场罪规制。

（五）部分情节较轻的流量劫持行为由民事不正当竞争规定规制

实践中，流量劫持行为可以各种形式出现，并不局限于可被纳入刑事规制的行为范畴。事实上，大多数流量劫持行为作为一类商业竞争的模式出现，对其规制也以民事不正当竞争的规制思路为主，适用《反不正当竞争法》等法律法规。具体而言，只有对计算机信息系统造成实质影响、可能涉嫌犯罪的流量劫持行为才可进入刑事规制范畴，实质未涉及计算机信息系统的流量劫持行为应由民事不正当竞争规定完成相应规制。

以支付宝与斑某公司不正当竞争纠纷行为保全案为例，① 涉案公司在其运营的家政加 App 中设置了与支付宝 App 唤醒策略一致的 URLScheme，导致 IOS 系统会将家政加 App 错误地识别为支付宝 App，导致用户想唤醒支付宝 App 时，被迫错误唤醒家政加 App。涉案公司的行为未对任何服务器或其余计算机信息系统进行破坏、控制，其本质是利用 IOS 系统唤醒策略的漏洞，劫持支付宝 App 的流量，属于民事不正当竞争，未纳入刑事规制的范畴。

四、总结

根据流量劫持行为的原理，可以分为域名劫持、链路劫持与本地劫持三类，基于域名劫持与本地劫持的高度强制性，实务中往往以破坏计算机信息系统罪规制。而对于链路劫持而言，部分诱导型的劫持行为破坏性有限，适宜通过非法控制计算机信息系统罪规制。另外，一些情节较轻的流量劫持行为可以适用民事不正当竞争的规定。

003 办理流量攻击类案件的难点与对策

《反不正当竞争法》第 12 条第 2 款第 4 项规定，妨碍、破坏其他经营者合法提供的网络产品或者服务正常运行的，属不正当竞争行为。实践中，利用流量等技术手段攻击竞争对手网站是同行恶意竞争的常见手段。DDoS 等流量攻击类案件由于具有较强的技术性，办案中存在因果关系证明难、经济损失认定不统一、

① 此为国内首例涉 App 唤醒策略网络不正当竞争诉前禁令，被选为 2020 年中国法院 50 件典型知识产权案例、2020 年上海法院加强知识产权保护力度典型案件。

法律适用不规范等问题。司法实践中，应结合《网络安全法》的规定，从网络的可用性层面界定“不能正常运行”的后果；应秉持排除合理怀疑的证明标准，区分要素，准确认定“因果关系”；兼顾商业秘密保护与有效打击犯罪，在全面取证的基础上，综合全案证据，从客观性层面界定“用户数”，从确定性层面界定“直接经济损失”，从合理性层面界定“必要费用”；参照指导性案例，对于DDoS等流量攻击类案件，在法律无明确规定数罪并罚的情况下，适用从一重罪处断原则。本部分结合最高检发布的检察机关依法惩治破坏市场竞争秩序犯罪典型案例（南通X网络科技有限公司、万某某等人破坏计算机信息系统案），剖析流量攻击类不正当竞争案件办理中的疑难复杂问题。

一、基本案情

2017年12月初，南通X网络科技有限公司（以下简称X公司）法定代表人万某某因怀疑竞争对手J公司攻击了自己公司的网站，与技术总监杨某某等人商议后决定雇用黑客攻击J公司网站（该网站为1万名以上用户提供服务）。万某某通过网络发布攻击任务，并于2017年12月12日上午雇用刘某等人对J公司网站进行DDoS攻击，导致网站租用的服务器被封堵，致使J公司网站于当日17时15分至18时30分没有流量、不能正常运行。J公司为应对流量攻击、恢复网站功能，付费进行抗DDoS攻击服务。

二、流量攻击类案件的特点

实践中，DDoS攻击是流量攻击的常见类型。根据最高人民检察院第一检察厅于2019年7月9日发布的《网络犯罪案件技术法律术语解释汇编（一）》，DDoS攻击是指通过控制“肉鸡”等资源，对一个或多个目标（IP）发动攻击，致使目标服务器断网或资源用尽，最终停止提供服务。此类案件往往呈现以下特点：

一是技术门槛高但实施门槛低。流量攻击具有一定的技术性，需要具有专门的网络技术才可能发现相关协议漏洞，进而控制网络资源成为傀儡机并发动攻击。由于网络犯罪的链条化和分工协作的精细化，实践中，行为人通过网络往往可以相对简单的获取相关工具，或直接通过网络发单，雇用人员实施，因而实施犯罪的门槛相较于技术本身而言要低得多。

二是多以共同犯罪的形式呈现。DDoS等流量攻击类案件，其黑产链条往往包括发单人、攻击实施者和攻击程序作者等。如本案中，万某某等人即为发单人，刘某等人即为攻击实施者。各行为人之间分工协作，形成共犯关系。这一点在其他案件中也有体现。经检索 Alpha 数据库，共检出流量攻击类刑事案件 185 件，其中 87 件系共同犯罪，占比 47% 。①

三是 DDoS 等流量攻击类刑事案件，除个别系行为人单纯炫技外，大都目的明确，常伴随类似本案中存在的恶意竞争、打击报复甚至敲诈勒索等。因而，DDoS 等流量攻击往往属于实现特定目的的手段行为，实践中同时触犯多个罪名的情形也时有发生。

三、办案中的难点问题

司法判决中，不考虑行为目的可能涉及的罪名，DDoS 等流量攻击类案件主要涉及破坏计算机信息系统罪和非法控制计算机信息系统罪。由于相关犯罪的罪状高度抽象、司法解释的规定又相对原则，且行为表现出较强的技术性，给日常办案带来了诸多困惑，具体表现为以下几个方面。

（一）准确界定“不能正常运行”难

流量攻击对计算机信息系统功能并不进行删除、修改、增加，只是单纯的干扰，所以流量攻击并不直接或永久的破坏数据资源，而是破坏其可用性。② 对比我国《刑法》第 285 条和第 286 条的规定，流量攻击无疑属于干扰计算机信息系统功能的行为，只有造成计算机信息系统不能正常运行且后果严重的，才符合法律对破坏计算机信息系统罪中“干扰”程度的限定。但“不能正常运行”作为一个相对生活化的用语，本身就缺乏可供具体量化的标准。比如本案中，在案的言词证据证实涉案 J 公司网站在被攻击后，不能正常打开；当日 18 时 1 分的腾讯云诊断报告显示服务器由于被大量 DDoS 攻击而封堵；腾讯云工单及客服聊天记录显示网络被执行封堵，预计解封时间为当日 18 时 26 分；调取的腾讯云服务器 CDN 流量统计图显示 J 公司网站当天 14 时 35 分流量开始频繁出现异常，17 时 15 分至 18 时 30 分系统几乎没有流量；调取的第三方（本案系友盟）统计的网站流量数据显示涉案时间段内 J 公司网站流量接近于 0，但又不是完全没有流

---

① 以关键词“流量攻击”或“DDoS 攻击”且“共同犯罪”于 2022 年 8 月 28 日检索 Alpha 数据库。

② 参见夏良荣：《浅析分布式拒绝服务攻击原理及防范》，载《科技经济市场》2008 年第 10 期。

量的情形。上述证据均可证实J公司网站因受到流量攻击而导致流量锐减，浏览次数、独立访客、IP数据较当日前后时段的数据均有明显降低，甚至网络一度被封堵，但这是否都意味着网站不能正常运行？本案中，辩护人即提出上述情形并不代表J公司网站不能正常运行，进而更难认定网站“不能正常运行的累计时间”。

（二）准确界定“干扰”和“不能正常运行”之间存在因果关系难

流量攻击类案件最显著的外在特征就是“不能正常运行”这一危害后果，除前述认识上的分歧外，往往都可以通过言词证据予以客观描述，可以通过网络安全服务工单、服务器异常诊断报告、网站流量分析等证实其客观性。流量攻击等“干扰”行为也可通过言词证据予以固定，可以通过攻击网站注册信息、工作日志等予以明确。但以上证据距离证实两者之间存在因果关系，进而排他性地得出系行为人的流量攻击导致计算机信息系统“不能正常运行”的结论，尚有较大空间。因为行为人往往不是直接对被害网络发送请求来进行流量攻击，而是利用网络上的协议服务器对请求的回复进行攻击。即便行为人向提供开放服务的服务器发送请求能证实，但反射设备是否系因回应行为人发出的请求而不是回应其他请求对被害网络进行了攻击无法确定。[①] 本案中，辩护人即提出不排除有其他黑客在同一时间也对J公司网站进行了攻击，现有证据不足以证实攻击行为与指控的损害结果存在刑法意义上的因果关系，不排除其他因素的介入。

（三）准确界定“用户数”难

最高人民法院、最高人民检察院发布的《办理计算机案件解释》第4条第1款第4项规定“造成为……一万以上用户提供服务的计算机信息系统不能正常运行累计一个小时以上的”属于后果严重。但对“一万以上用户”的理解存在不同意见。有观点认为应对用户作形式解释而不是实质解释，应当将用户数量解释为计算机系统本身能够提供服务的用户数量，即注册用户数量；不同观点则认为应将用户解释为活跃用户，如《刑事审判参考》第1029号案例“乐某等破坏计算机信息系统案”，法院即认为应在注册用户的基础上排除重复注册的用户、

---

① 参见张爽、连斌：《反射型DDoS攻击犯罪的认定困境及对策》，载《中国信息安全》2018年第1期。

"僵尸用户"或者其他"虚拟用户"。[①] 本案中，辩护人即提出公安机关经侦查提取的会员数不准确，未能统计出J公司网站的有效用户数据，起诉书认定用户数证据不足。

（四）准确界定"经济损失"难

司法实践中，通过经济损失来认定流量攻击类案件的情形占比较高。《办理计算机案件解释》第11条第3款规定："……'经济损失'，包括危害计算机信息系统犯罪行为给用户直接造成的经济损失，以及用户为恢复数据、功能而支出的必要费用。"但如何准确认定经济损失仍是司法实践的难点。

一是经济损失认定的主体和程序无法律规定。网站遭受流量攻击后，为恢复数据、功能所实施的都是市场行为，缺乏统一的市场定价，即便相同的维护情形，也会因为交易对象的不同而存在诸多不同的价格，是直接依据支出的费用认定还是需要委托价格认定尚无统一结论。

二是直接造成经济损失的范围和数额认定存在分歧。价格认定机构往往是对具体物品进行价格认定，对具体事件直接造成的经济损失不能给出权威性认定。如在《刑事审判参考》第784号案例"孙某某破坏计算机信息系统案"中，法院经审理认为孙某某非法处理违法数据的行为并不能直接导致相关处罚款的损失，公安机关仍可通过及时修复数据等挽回，[②] 故未认定该处罚款数额为直接损失。

三是必要经济损失的范围认定存在分歧。为应对流量攻击，用户在恢复数据、功能时往往会采取多种措施，如购买CDN加速服务、高防服务、抗DDoS服务，有时还需要安排员工加班等，相关防护行为发生在各经济主体之间，并无统一标准或行业规范来考量该费用是否为必要支出。

本案中，辩护人即提出J公司网站在被流量攻击后可以自行恢复，被害公司无须为恢复网站正常运行支付任何费用，相关安全服务费、抗DDoS服务费并非流量攻击所造成的必然损失。

---

① 参见李晓：《乐姿等破坏计算机信息系统案——在无法准确认定经济损失、用户数量的情况下，如何认定破坏计算机信息系统的"后果严重"》，载最高人民法院刑事审判第一、二、三、四、五庭编：《刑事审判参考》（总第100集），法律出版社2015年版，第64页。

② 参见冯莉：《孙小虎破坏计算机信息系统案——如何认定和适用破坏计算机信息系统罪中的"经济损失"和"违法所得"情节》，载最高人民法院刑事审判第一、二、三、四、五庭编：《刑事审判参考》（总第86集），法律出版社2013年版，第79页。

（五）准确适用法律难

正如前文特点部分论述的，流量攻击类案件往往同时涉及多个罪名。我国《刑法》第 287 条规定："利用计算机实施金融诈骗、盗窃、贪污、挪用公款、窃取国家秘密或者其他犯罪的，依照本法有关规定定罪处罚。"对该条的理解也存在分歧意见。检例第 35 号"曾某某、王某某破坏计算机信息系统案"认为，对锁定他人智能手机导致不能使用，以解锁为条件索要钱财，同时符合数额较大或多次敲诈的情况，认定为牵连犯，应从一重罪处断。① 《刑事审判参考》第 1049 号案例"杨某某诈骗案"采用了同样的认定思路，认为如果其手段行为没有触犯破坏计算机信息系统安全罪，应当依照刑法有关规定定罪处罚，否则，应按照牵连犯的处罚原则，从一重罪处断。② 但《刑事审判参考》第 1202 号案例"赵某某等盗窃案"则认为，应当将《刑法》第 287 条视为"例外规定"，"凡是利用计算机实施的相关犯罪，不论行为手段是否构成相关计算机犯罪，均应以相关犯罪处罚，不再认定牵连关系，适用从一重罪的刑法处罚原则"。③

本案中，行为人出于恶意竞争、打击报复等目的，以流量攻击的方式，致使他人合法提供的网络服务不能正常运行，造成经济损失 1 万元以上，同时触犯了破坏计算机信息系统罪和破坏生产经营罪。

四、办案经验

基于 DDoS 等流量攻击类案件办理存在的因果关系证明难、经济损失认定不统一等问题，为准确认定犯罪事实、适用法律，检察机关依托南通市金融网络犯罪研究基地，发挥学术、技术委员会作用，与高校教授、网络技术人员针对破坏计算机信息系统罪中的用户数量、经济损失、因果关系等问题充分研讨，结合实践探索，积累了一些工作经验。

---

① 参见最高人民检察院法律政策研究室组织编写：《网络犯罪指导性案例实务指引》，中国检察出版社 2018 年版，第 10 页。

② 参见王东：《杨丽涛诈骗案——侵入红十字会计算机信息系统，篡改网页内容发布虚假募捐消息骗取他人财物的行为，如何定罪处罚》，载最高人民法院刑事审判第一、二、三、四、五庭编：《刑事审判参考》（总第 101 集），法律出版社 2015 年版，第 109 页。

③ 参见聂昭伟：《赵宏铃等盗窃案——非法侵入景点检售票系统修改门票数据获取门票收益行为的认定》，载最高人民法院刑事审判第一、二、三、四、五庭编：《刑事审判参考》（总第 110 集），法律出版社 2018 年版，第 61－62 页。

（一）从网络的可用性层面界定“不能正常运行”

根据《网络安全法》规定，网络安全是指“通过采取必要措施，防范对网络的攻击、侵入、干扰、破坏和非法使用以及意外事故，使网络处于稳定可靠运行的状态，以及保障网络数据的完整性、保密性、可用性的能力”。这一规定表明：《网络安全法》主要保护的是网络可用性和数据（含数据资源和计算资源）安全性。DDoS 等流量攻击主要针对网络的可用性，通常表现为服务器宕机，计算机信息系统运行崩溃、中断等情形。办案中，需要注重技术用语和法律用语的转化，将上述技术性表现形式转化为法律规定的“不能正常运行”。

实践中，完全不能运行相对容易理解。如本案中，J 公司使用的是腾讯云服务器，在网站被持续异常流量攻击后，腾讯云对 J 公司执行 IP 封堵①操作。网络被封堵后，虽然在流量监测上反映的数值与 0 并不完全重合，但根据封堵的工作原理，被封堵网络已经不能再登录，认定为“不能正常运行”没有争议。根据腾讯云封堵时间的设置，DDoS 攻击只要激活腾讯云的封堵操作，则计算机信息系统不能正常运行的起步时间一般为 2 小时。在办理 DDoS 等流量攻击类破坏计算机信息系统案时，可根据历次封堵操作的起止时间来判断计算机信息系统不能正常运行的累计时间。

实践中，一些规模比较大的计算机信息系统，用户通常会购买高防服务或者购买充足的服务器，攻击通常只会导致其正常用户打开服务的速度变慢，影响用户的使用流畅度和体验感。此类情况是否属于“不能正常运行”尚存争议。鉴于实践中对破坏计算机信息系统罪适用所持的宽泛化立场，以及该罪名对其他罪名的不当挤压，如对计算机信息系统中存储、处理或者传输的数据和应用程序进行删除、修改、增加的情形，实践中有直接认定破坏计算机信息系统罪的倾向，故从限定和规范罪名适用的角度，应对“不能正常运行”做严格限定。当然，从本质上说，对计算机信息系统功能进行删除、修改、增加，都是干扰。结合最高法第 145 号指导性案例“张某某等非法控制计算机信息系统案”明确的指导意义，通过修改、增加计算机信息系统数据，对该计算机信息系统实施非法控制，但未造成系统功能实质性破坏或者不能正常运行的，不构成破坏计算机信息

---

① 封堵：是腾讯云为用户提供的免费 DDoS 攻击防护服务。当外网 IP 被攻击峰值超过 2G bps，腾讯云会执行 IP 封堵操作，一般封堵的时长为 2 小时，大流量攻击时，封堵的时长为 24 小时到 72 小时不等。

系统罪。因而，没有从根本上影响网络可用性的干扰行为，如微信清粉、静默关注类案件，都不符合造成计算机信息系统“不能正常运行”的情形，实践中也大都是以非法控制计算机信息系统罪定罪处罚的。

（二）区分要素，把握排除合理怀疑标准，认定“因果关系”

一是区分要素，采取分层次的刑事证明标准。对于基础的、入罪标准的构成要件事实，仍需要进行严格证明，相应的事实均要有确切的证据予以证实。比如行为人针对某网站实施了流量攻击行为、被攻击网站出现了不能正常运行的后果等；而对于流量攻击行为与结果间的因果关系，应把握排除合理怀疑的标准，采用审慎的自由心证方式，结合计算机信息系统受到攻击的时间、不能正常运行的方式，予以认定，而不必强求排除一切怀疑，去证明网站不能正常运行不存在其他人员的攻击。

二是全面、整体考量，分析流量攻击与危害结果间因果关系的合理性，确保在案证据能够相互印证，形成完整证据锁链。例如，本案办理过程中，在证明被告人实施流量攻击造成J公司网站不能正常运行时，采用了以下方式：（1）借助专门技术对攻击源进行分析，溯源流量攻击路径，锁定攻击源 IP 地址。（2）审查认定行为人网络身份与现实身份的同一性时，通过核查攻击源 IP 地址与实际地址的对应关系，调取网络账号登录记录、实名制注册信息等，明确网络终端归属，建立行为人与存储介质间的关联性。如犯罪嫌疑人本人身份开通的网络宽带账号，手机号码，注册的微信、QQ 等即时聊天软件账号等，都能反映其背后的真正使用人。（3）收集行为人在实施网络攻击过程中的聊天记录、转账记录等电子数据，全面反映雇用他人进行流量攻击的事实和造成的危害后果。例如，转账记录结合犯罪嫌疑人供述等言词证据，证实了万某某雇用刘某等人实施流量攻击并支付费用的情况，且多次支付费用的时间点与网站受攻击时间一致，与公安机关调取的服务器 CDN 流量统计图相吻合；又如，万某某等人为攻击组建的专门微信群聊天记录显示，万某某等人商议对 J 公司网站实施流量攻击；当日 15 时许万某某称“J 公司网站的一定把他给攻破”，16 时许称“J 公司网站打不开”，19 时许称“J 公司网站断断续续可以打开”等情况，可印证万某某等人实施流量攻击的起始时间，证实 J 公司网站受到攻击产生了不能正常运行的后果。一般认为，有证据证明行为人实施了流量攻击行为，被害网络受攻击的类型、特点与行为人实施的攻击一致，攻击时间和被攻击时间相互吻合，即可推定网络攻击系行为人实施。由此造成的网络不能正常运行的后果，应由该行为人承担。

（三）全面取证，从客观性层面界定“用户数”

一是总结以往办案经验，引导公安机关依法、全面提取电子数据，并组建秘密卷。“乐某等破坏计算机信息系统案”未能准确认定用户数的重要原因在于涉案公司仅提供了自行统计用户数量的公证书，拒绝提供用户信息详情，致使统计数据的真实性无法得到确认。本案在侦查之初也存在类似问题。为此，检察机关创新证据呈现方式，在惩罚犯罪的同时，充分考虑被害公司合理诉求、兼顾被害公司利益保护，建议侦查人员依法全面提取J公司网站相关会员信息电子数据，但装订成秘密卷，仅提供给办案单位及律师审阅，庭审质证采取不公开方式。同时及时告知J公司对相关证据采取的保密措施和知悉范围，消除其担心数据外泄的顾虑，主动配合侦查机关调查取证，为准确认定网站用户数夯实了证据基础，实现了商业秘密保护与打击犯罪的有效平衡。

二是参照指导性案例典型意义，对用户数做客观判断。检例第33号“李某某破坏计算机信息系统案”的指导意义中，对于域名劫持用户数的认定表述也体现了“用户数”认定难的问题。该案检察机关起诉及法院判决均是根据独立IP用户来计算用户数量的，但在指导性案例的论证过程中，有专家提出，根据独立IP用户来计算用户数量，不太符合现实，也不太符合技术实际。经综合考虑，对用户数的认定，指导性案例采取了较为谨慎的概括性表述，指出：“认定遭受破坏的计算机信息系统服务用户数，可以根据计算机信息系统的功能和使用特点，结合网站注册用户、浏览用户等具体情况，作出客观判断。”① 本案在认定用户数时，借鉴了上述认定模式，结合J公司提供的网站鉴定文书以及案发前两年申报材料、新闻报道等显示网站用户情况及增长情况的材料，对侦查人员依照法定程序提取截至案发时的网站注册用户数据进行筛查，在去除电话号码、身份资料等信息错误的无效数据和重复数据后认定网站用户数。

（四）从确定性和合理性层面分别界定“直接经济损失”和“必要费用”

一是直接经济损失应具有确定性。不确定性的、或然性的经济利益或可得收益不能认定为直接经济损失，如孙某某破坏计算机信息系统案中的罚款；需要支付成本、人工等继续经营的收益，不能认定为直接经济损失，如本案中J公司网站受攻击后较少的营业额；受到流量攻击后，附条件的赔偿金、违约金，不能径

---

① 万春、缐杰、张杰：《关于〈最高人民检察院第九批指导性案例〉的解读》，载万春主编：《网络犯罪指导性案例实务指引》，中国检察出版社2018年版，第24页。

直认定为直接经济损失。在认定直接造成的经济损失时，可以结合费用支付的必然性或是否已经实际支出来确定金额。当然，实践中还经常出现直接经济损失不大，但次生危害严重的情形，如企业商誉受损、用户大量流失等，根据《办理计算机案件解释》规定，上述情形暂不能作为入罪标准，但为体现罪责刑相适应，在构成犯罪的前提下，均应当作为量刑情节考量。

二是必要费用的支出应具有合理性。应对流量攻击，犹如医生对症下药，讨论费用是否必要，应采取类似于审查是否存在过度医疗的情形，从技术角度论证该防护措施，同时具备针对性和合理性的，应认定为必要费用。针对性是指采取的措施可以有效应对流量攻击，如不具有应对流量攻击的功效，即不能对症下药，缺乏针对性。合理性是指采取的措施与攻击的程度匹配、措施得当，如受到流量攻击后安排工人修复网络、购买即时抗 DDoS 服务一般认为是必要的，如检例69 号“姚某某等11 人破坏计算机信息系统案”即明确认为涉案公司为修复系统数据、功能而支出的员工工资系因犯罪产生的必要费用，应当认定为本案的经济损失。[①] 但基于被攻击而添置大量硬件服务器，则带有明显的预防特征，一般认为不属于有针对性的合理支出。

（五）从一重罪处断是此类案件法律适用的一般原则

根据指导性案例对办案具有指导、参照、借鉴的价值作用，对于 DDoS 等流量攻击类案件，不论是一行为触犯数罪名的想象竞合犯，还是手段行为与目的行为同时构罪的牵连犯，在法律无明确规定数罪并罚的情况下，均应采用理论通说，适用从一重罪处断原则。

其一，行为人基于破坏生产经营的目的实施了 DDoS 等流量攻击行为，在流量攻击行为尚不构成犯罪时，应当直接按照其目的构成的犯罪定罪处罚。如行为人采取 DDoS 攻击的方式，造成他人直接经济损失 8000 元，此时因未达到破坏计算机信息系统罪的追诉立案标准，行为人仅构成破坏生产经营罪。在这种情形下，DDoS 等流量攻击只是行为人实施犯罪的手段，按照《刑法》第 287 条规定，对行为人直接以破坏生产经营罪定罪处罚没有争议。

其二，行为人基于破坏生产经营的目的实施了 DDoS 等流量攻击行为，同时构成破坏计算机信息系统罪和破坏生产经营罪的，应择一重罪处断。在这种情形

---

① 参见最高人民检察院第一检察厅编著:《最高人民检察院第十八批指导性案例适用指引》，中国检察出版社 2020 年版，第 79 页。

下，如将《刑法》第287条视为“例外规定”，仅以行为人的主观目的构成的犯罪定罪处罚，则容易出现罪责刑不相适应的情形。仍以本案为例，行为人基于破坏生产经营的目的，通过实施DDoS流量攻击破坏他人计算机信息系统，影响了他人正常的生产经营。此时，如果行为人破坏计算机信息系统的行为后果特别严重，构成破坏计算机信息系统罪，而破坏生产经营行为未达到追诉立案标准，不构成犯罪，则依法应以破坏计算机信息系统罪定罪，行为人可能被判处5年以上有期徒刑；如果行为人在实施上述破坏行为的同时，仅造成经济损失1万元，此时如仍以“行为人主观目的构成的犯罪定罪处罚”，则可能只被判处3年以下有期徒刑、拘役或者管制，显然有违朴素的刑罚公正观念。同时，也不符合检例35号“曾某某、王某某破坏计算机信息系统案”的裁判要旨。

004 侦查DDoS犯罪

DDoS（Distributed Denial of Service），又称为“分布式拒绝服务”，其原理是向目标方持续、大量发送合理请求造成资源过载，消耗网络带宽或系统资源，达到使正常用户无法获取网络服务的目的。

一、DDoS攻击的模式与产业链

DDoS攻击通常包含攻击实施者、控制机、傀儡机（俗称“肉鸡”）及攻击对象四类角色。

（一）传统DDoS攻击

1. 传统DDoS攻击的模式和流程

（1）攻击实施者利用DDoS程序（部分此类程序俗称“木马”），批量取得主机、无线设备（如手机、物联网设备等）、VPS服务器（虚拟专用服务器，Virtual Private Server）的控制权或者部分控制权，使上述设备或服务器成为控制机或者傀儡机，日常处于正常运行状态，等待攻击实施者的指令；

（2）攻击实施者确定攻击对象后，在主控端发布攻击命令，命令发出后，为避免被追踪，通常立即关闭主控端或脱离网络；

（3）控制机接收攻击命令后，自动将命令发布到各个傀儡机；

（4）傀儡机根据命令，向攻击对象发布大量服务请求数据包（攻击实施者可以利用的服务请求存在多种不同类型），耗尽攻击对象的网络和系统资源，使攻击对象被迫停止服务甚至系统崩溃。

2. 传统 DDoS 攻击的产业链

（1）下游，攻击需求端。存在攻击需求的人，俗称“金主”，在 DDoS 攻击市场中下单，寻找位于中游的攻击实施者，进行交易并支付对价（通常需要担保人居中担保）。通常攻击需求来自敲诈勒索或者恶意竞争。

（2）中游，攻击实施端。攻击实施者在 DDoS 攻击市场中接单，根据下游的攻击需求确定目标，实际执行 DDoS 攻击。

（3）上游，资源供应商。资源供应商包括攻击程序作者、“肉鸡商”、流量商等，为攻击实施者提供 DDoS 程序、傀儡机等资源。以“肉鸡商”为例，攻击实施者在“肉鸡”市场中寻找上游“肉鸡商”，并与其交易（通常为租用），由“肉鸡商”提供用于 DDoS 攻击的傀儡机。

（二）新型 DDoS 攻击

近年来，“压力测试”平台式 DDoS 攻击兴起，导致 DDoS 攻击的门槛逐渐降低，并逐渐形成了新型产业链：

（1）下游，攻击需求端，未发生变化。

（2）中游，攻击实施端。攻击实施者仍然在 DDoS 攻击市场中接单，根据下游的攻击需求确定目标，但是不再利用 DDoS 程序通过控制机、傀儡机发动攻击，而是通过提供 DDoS 攻击服务的平台进行攻击。

（3）上游，平台端。以“压力测试”平台为代表的平台端，通常位于境外，可以统一调度用于 DDoS 攻击的设备或 VPS 服务器，发出攻击流量。中游攻击实施者只需购买平台端的对应服务，便可由平台端执行 DDoS 攻击。

（4）衍生的工具商。由于平台页面多为英语，且操作较复杂，衍生出工具商角色，由工具商将平台的各项功能集成至工具中，便于攻击实施者使用，攻击实施者只需与工具商直接交易即可。

（5）衍生的支付商。由于平台往往只接受比特币等虚拟货币支付，衍生出支付商角色，由具备虚拟货币支付能力的支付商完成对平台的对价支付。

二、DDoS 攻击行为构成犯罪

根据《刑法》第 286 条规定，违反国家规定，对计算机信息系统功能进行删除、修改、增加、干扰，造成计算机信息系统不能正常运行，后果严重的，处 5 年以下有期徒刑或者拘役；后果特别严重的，处 5 年以上有期徒刑。DDoS 行为通过对目标系统进行高强度、持续性的流量攻击，故意占用目标系统的网络带宽或系统资源，致使目标系统无法正常提供服务甚至崩溃，对于计算机信息系统功能进行实质干扰，并且导致系统不能正常运行，实施 DDoS 攻击的行为主体已经构成破坏计算机信息系统罪。

根据《刑法》第 285 条规定，违反国家规定，对该计算机信息系统实施非法控制，情节严重的，处 3 年以下有期徒刑或者拘役，并处或者单处罚金；情节特别严重的，处 3 年以上 7 年以下有期徒刑，并处罚金。DDoS 攻击实施者利用黑客程序植入控制机与傀儡机，使其可以随时根据攻击实施者发出的攻击指令发出服务请求，此行为又可构成非法控制计算机信息系统罪。

另外，如果行为主体存在索要钱财的行为，还可能构成敲诈勒索罪。

三、DDoS 攻击犯罪的一般侦查思路

（一）对攻击对象展开侦查

实践中，攻击对象通常是网站或者服务器，由于 DDoS 攻击开始后，短时间内会有大量的服务请求出现，因此会呈现出显著的流量特征。攻击对象作为 DDoS 攻击犯罪的受害方，通常会作为侦查的起点。具体而言，根据网站所设置的防火墙、审计系统，或者网站的对应网络日志，以及网站使用的阿里云等外部服务器，可以对向网站发送服务请求的 IP 地址进行监测，结合 DDoS 攻击时流量的异常特征，确定异常流量所对应的 IP 地址等相应数据，其中，所得到的 IP 地址通常即为攻击者所使用傀儡机的 IP 地址。

需要注意的是：第一，利用攻击对象的网络日志进行侦查时，由于网络日志属于极易被篡改的电子数据，需要及时进行固定；第二，获取的异常流量数据若包括时间节点、攻击频率、强度等细节，应当注意在后续侦查过程中能否与行为人的客观活动记录一一对应。

如李某某非法控制计算机信息系统案①：2017 年 11 月，李某某授意魏某某对其提供的网站进行 DDoS 工具攻击，然后进行敲诈钱财。后魏某某运用从 QQ 群中购买的 DDoS 攻击工具对多个网站进行攻击，致使网站处于瘫痪状态，在计算机服务器攻击过程中非法控制了多台计算机做“肉鸡”。后魏某某添加网站管理员 QQ 好友，并敲诈得到 2200 元人民币。2017 年 12 月 6 日，魏某某又对董某某所在的东阳市某装饰公司推广网站进行攻击致使网站处于瘫痪状态，在计算机

---

① 参见浙江省东阳市人民检察院不起诉决定书，东检公诉刑不诉（2018）255 号。

服务器攻击过程中非法控制了多台计算机做“肉鸡”。后魏某某进行敲诈勒索未果。经调取阿里云计算有限公司关于该网站服务器被攻击数据显示，2017年12月6日15时3分5秒至12月7日10时30分36秒期间，被攻击服务器IP受到64个不同“肉鸡”IP的攻击。

该案经检察机关审查并退回补充侦查，侦查人员对于被攻击网站的异常流量数据展开侦查，仅得到了不同IP地址的数量信息，相关异常流量数据不够充分，无法确定具体的“肉鸡”数量。检察机关认为公安机关认定的犯罪事实不清、证据不足，无法证实魏某某攻击被不起诉人李某某提供的非法网站过程中非法控制的计算机超过20台，也无法证实敲诈勒索金额达到较大标准，不符合起诉条件。

（二）对傀儡机展开侦查

确定傀儡机的服务器IP地址后，需首先对其进行镜像。傀儡机之所以可被控制，是因为被植入并运行了DDoS攻击程序，对傀儡机侦查的主要目的是获取攻击程序的样本。因此可以：

（1）先对镜像傀儡机中的所有文件进行系统查杀，在被查杀的文件中，分析判断文件的创建时间等特征，并将其与已知DDoS攻击程序文件相互比对，验证确定具体的DDoS攻击程序文件；

（2）在虚拟机中运行傀儡机被植入的DDoS攻击程序，确定其实际作用效果。

（三）对DDoS攻击程序展开侦查

获取DDoS攻击实施者所实际使用的DDoS攻击程序后，可以：

（1）使用网络安全平台，直接对程序进行自动化分析，分析结果通常包含程序主控端的服务器域名、IP地址和具体端口信息，由于DDoS攻击实施者必须在主控端发出攻击命令，因此获取其主控端的服务器信息后，一般可以有效确定攻击实施者的所处位置及其他详细信息，后续可以进一步投入侦查；

（2）在虚拟运行环境中自建一个可以让该DDoS攻击程序正常运行的系统环境，使该程序运行，同时利用可以拦截查看网络数据包的软件（抓包工具）汇总该虚拟系统环境一段时间内的网络数据，经前后比对，分析该程序运行前与运行后的网络数据区别，并通过对具体的网络进程及网络链接差异予以固定，同样可以得到程序主控端的服务器域名、IP地址以及具体端口信息，便于后续网络侦查。

（四）对 DDoS 攻击平台展开侦查

“压力测试”平台等平台端进入 DDoS 攻击产业链后，事实上增加了侦查难度。此类平台一是会采用控制 VPS 服务器等模式发起 DDoS 攻击，与普通“肉鸡”不同，VPS 服务器是虚拟服务器，难以被回溯识别 IP 地址；二是即便平台端控制了普通傀儡机发起攻击，也只能掌握平台端自身的服务器域名、IP 地址等信息，无法进入产业链中下游，获取攻击实施者等攻击方的信息；三是此类平台基本搭建于国外，侦查和获取证据难度增大。针对平台端的侦查，实践中一般以从平台本身着手为主。

第一，获取平台端的地址。一是可以在互联网中主动搜索 DDoS 攻击平台或者搜索网络黑灰产相关的群组（如 QQ 群、电报群等），使用“压力测试”“DDoS”等关键词即可获取较多相关信息或者群组的加入方式，在此类黑灰产群组中，可以找到大量 DDoS 平台的地址；二是在过往打击的其他 DDoS 犯罪案例中，共享公安机关已经掌握的平台地址。

第二，获取平台端的后台数据。一是平台端使用国内厂商的云服务器时，例如阿里云、百度云等，可以经由相关厂商配合，直接调取证据，获得云服务器中的镜像数据后，从中选取、还原平台端的后台数据；二是平台端使用实体服务器时，可以直接扣押实物，并从实体服务器中提取平台端的后台数据；三是无法扣押平台端实体服务器的情形下，可考虑以取得权限后远程勘验的方式提取后台数据。

实践中，由于产业链中攻击实施者、工具商、支付商等多方都需要访问平台端，且访问时平台端将会保留访问者的 IP 地址，通过对平台端地址与后台数据的掌握，可以详细、批量获取一条 DDoS 攻击犯罪产业链中多个主体的数据，便于后续强制措施的实施。

（五）对资金流展开侦查

DDoS 产业链运作过程中，会发生多次交易，资金流转情况复杂多样，可以以特定支付商账户为抓手，如虚拟货币支付商在支付宝等第三方支付机构的账户交易明细中，交易备注通常包含“DDoS”“比特币”等与其交易目的紧密相关的内容，而此类交易明细及备注均在第三方支付机构的数据库内得到保存，可以对上述关键词进行检索，获取可能的支付商账户，并将之与其他信息相互比对，确定产业链中的支付商账户；在侦查获得其中一环的账户后，即可重点分析交易金额特征、交易对象等，判断、确认该环节在产业链中承担的角色，并掌握与之发生过交易的所有账户信息；在获得多个主体的账户后，还可进一步形成资金链信息，明确整个产业链中的资金流转情况。

DDoS 犯罪的侦查思路主要基于 DDoS 攻击行为的原理而形成，由于 DDoS 攻击中存在攻击对象、傀儡机、攻击程序等多个关键要素，侦查人员一般通过上述要素逆向获取主控端的情况，进而掌握犯罪行为人的信息。此外，侦查人员还可以通过犯罪资金的流转特征实现对于犯罪过程的掌握。

005 利用抓包软件截取修改网络交易数据获利行为的认定

一、基本案情

“某精选”系经营日用品的网络购物平台案①：用户在该平台购物需先注册账户后，购买“吉祥宝盒”，每个“吉祥宝盒”售价 100 元，购买后账户充值 100 元，用户可用账户金额在该网站购物，账户余额也可以提现。被告人龙某亮系计算机技术爱好者，其通过一款名为 Fiddler Web Debugger 的工具软件（以下简称 FD 抓包软件）发现“某精选”网站支付系统存在漏洞，即在购买“吉祥宝盒”时，可以将支付金额修改为负数。2020 年 1 月 15 日，被告人龙某亮利用其事先购买的虚拟手机号码和他人银行卡注册了“某精选”购物平台账号，并在同一局域网下，用一台电脑安装 FD 抓包软件，用手机登录该购物平台，在填写购买“吉祥宝盒”订单时，运行 FD 抓包软件，抓取向该购物平台发送的支付数据包，并将支付金额修改为负数后再次发送至购物平台，购物平台自动识别为购买“吉祥宝盒”并充值。通过该种方式，被告人龙某亮未实际支付资金的情况下购买 1928 个“吉祥宝盒”，其账户内充值 192800 元。后被告人龙某亮利用账户资金多次购买了总计 9900 元的商品。2020 年 1 月 20 日，“某精选”购物平台技术人员发现账户异常，遂冻结了龙某亮在该购物平台账户中的余额，但所购商品均已发货。2020 年 1 月 22 日，公安机关在住处将被告人龙某亮抓获归案。检察机关以盗窃罪对被告人龙某亮提起公诉，法院采纳检察机关意见，以盗窃罪对被告人龙某亮定罪处罚。

---

① 参见天津市和平区人民法院刑事判决书，（2020）津 0101 刑初 298 号。

二、争议观点

针对案件中被告人龙某亮的行为性质，存在多种分歧意见：

分歧意见一：被告人的行为构成非法获取计算机信息系统数据罪。本案中的犯罪对象是虚拟财产，对此我国司法实践中并未将其纳入财产犯罪法益中，因此，不应构成财产性犯罪。被告人利用 FD 抓包软件获取计算机信息系统数据，并进一步修改该数据，侵犯了计算机信息系统的数据安全，应构成非法获取计算机信息系统数据罪。

分歧意见二：被告人的行为构成破坏计算机信息系统罪。根据《刑法》第286 条第 2 款规定，违反国家规定，对计算机信息系统中存储、处理或者传输的数据和应用程序进行删除、修改、增加的操作，后果严重的，构成破坏计算机信息系统罪。被告人的行为实际上是对计算机信息系统传输中的数据进行修改的行为，其获利金额达到司法解释规定的“后果严重”标准，应构成破坏计算机信息系统罪。

分歧意见三：被告人的行为构成盗窃罪。《刑法》第 287 条明确规定：“利用计算机实施金融诈骗、盗窃、贪污、挪用公款、窃取国家秘密或者其他犯罪的，依照本法有关规定定罪处罚。”该条规定是关于利用计算机实施传统犯罪的法律拟制规定，本案中被告人的行为符合该条规定，只能认定为盗窃罪。

分歧意见四：被告人的行为构成破坏计算机信息系统罪与盗窃罪之间的想象竞合，应择一重罪处罚，认定为破坏计算机信息系统罪。

分歧意见五：被告人的行为属于破坏计算机信息系统罪与盗窃罪之间的牵连犯，前者是手段行为，后者是目的行为，根据从一重罪的处罚原则，应认定为破坏计算机信息系统罪。

三、案例注解

（一）应明确本案中“吉祥宝盒”的权利属性

“吉祥宝盒”是否属于虚拟财产对于本案罪名认定至关重要，因为目前法律对虚拟财产的法律属性尚未作出明确的规定，最高司法机关针对窃取、骗取虚拟财产的行为倾向于不宜认定为盗窃、诈骗等财产性犯罪。对此，“两高”曾以不同方式明确表达了上述意见：一是，2012 年《最高人民法院研究室关于对利用计算机窃取他人游戏币非法销售获利如何定性问题的研究意见》认为“虚拟财产不是财物，本质上是电磁记录，是电子数据”。[①] 二是，2013 年“两高”颁布《最高人民法院、最高人民检察院关于办理盗窃刑事案件适用法律若干问题的解释》后，最高人民法院参与制定该解释的人员在进一步解读中明确指出，网络虚拟财产的法律属性是计算机信息系统数据，并认为对盗窃虚拟财产的行为，如需刑法规制，可以按照非法获取计算机信息系统数据等计算机犯罪定罪处罚，不应认定为盗窃罪。[②] 因此，如果“吉祥宝盒”的法律性质属于虚拟财产，则本案不应认定为盗窃罪，则只能从计算机网络犯罪中确定罪名。

所谓网络虚拟财产，广义上是指一切存在于特定网络虚拟空间的专属的虚拟物，包括域名、账号、游戏的虚拟装备、Q 币等；而狭义上的虚拟财产则特指在网络游戏中具有一定价值的物品，如游戏币，武器装备，游戏中的房产、土地等。无论采取广义还是狭义的概念，虚拟财产最本质的特征在于，其是存在于网络虚拟环境中的财产，不能将现实世界中被数字化的财产当作虚拟财产。本案中的“吉祥宝盒”性质上与网络虚拟财产并不相同：第一，从财产属性的来源上看，“吉祥宝盒”需要用等值货币购买，其面额是由真实货币充值所换取的，是为了方便资金使用的一种便捷方式而已，而有一些虚拟财产的价值来源于用户投入大量时间，是经验值的体现，比如网游中的一些高级别账号。第二，从用途来看，“吉祥宝盒”可以用于现实地购买商品，并非只能在虚拟空间使用，相当于一种购物卡，是用于购买商品、接受服务的对价。因此，不管存在方式和交换方式如何变化，这些数字化的财产仍然是现实财产、真实财产，而不是虚拟财产，是现实财产在网络环境中使用的一种表现形式而已。[③] 实际上，“吉祥宝盒”体现的是一种债权债务关系，本质上属于财产性利益，当用户购买等值的“吉祥宝盒”后，就享有了对该网站相应数额的债权，可以在该网站以购买商品方式实现债权，但当行为人通过 FD 抓包软件修改购买价格而非法获得“吉祥宝盒”时，就是通过非法手段使网站承担了不应有的债务，行为人进而通过购物方式实现非法债权，造成网站的经济损失，本质上侵犯的是网站经营者的财产利益。

---

① 参见喻海松：《最高人民法院研究室关于利用计算机窃取他人游戏币非法销售获利如何定性问题的研究意见》，载张军主编、最高人民法院研究室编著：《司法研究与指导》（总第 2 辑），人民法院出版社 2012 年版，第 135 页。

② 参见胡云腾、周加海、周海洋：《〈关于办理盗窃刑事案件适用法律若干问题的解释〉的理解与适用》，载《人民司法》2014 年第 15 期。

③ 参见欧阳本祺：《论虚拟财产的刑法保护》，载《政治与法律》2019 年第 9 期。

（二）“计算机信息系统数据”的范围

无论是《刑法》第285条第2款规定的非法获取计算机信息系统数据罪还是第286条第2款中对计算机信息系统中存储、处理或者传输的数据进行删除、修改、增加的操作，从而构成破坏计算机信息系统罪的规定，都涉及对“计算机信息系统数据”的理解及界定，对此存在不同观点。通常认为，计算机信息系统数据是指保存在计算机信息系统内的应用数据等。2011年8月1日“两高”颁布了《办理计算机案件解释》，其中第1条明确规定非法获取计算机信息系统数据罪中“数据”仅指身份认证信息；第11条又规定“身份认证信息”是指用于确认用户在计算机信息系统上操作权限的数据，包括账号、口令、密码、数字证书等。据此，一种观点认为，上述两个罪名中“数据”的范围应受到严格限制，并认为尽管司法实践已经毫无根据地将“计算机信息系统数据”扩张到包含公民个人信息、游戏币等网络虚拟财产、积分等网络财产性利益以及客户信息等数据产品，但这种做法是值得反思的，正是这种不当地扩大适用导致非法获取计算机信息系统数据罪沦为计算机类犯罪的“口袋罪”。按照该观点，本案中被告人截取并修改的数据实质上是用户购买商品的交易信息，并不属于身份认证信息，因此，不属于计算机信息系统数据。在余某盗窃一案中，公诉机关指控被告人余某构成破坏计算机信息系统罪，而一审法院变更为盗窃罪，二审法院予以维持原判，审判机关的理由便是认为被告人余某利用抓包软件修改的数据本质上是交易数据，该数据影响的是现实交易，而非计算机信息系统。①

本书认为，对计算机信息数据的界定不应过于狭隘，实际上《数据安全法》对数据作出了十分宽泛的界定，其中第3条第1款规定，本法所称数据，是指任何以电子或者其他方式对信息的记录。应当说，计算机信息系统正常运行不仅取决于系统功能的健全，还需要系统中的有关数据的完整、准确，对这二者任何一方面进行破坏，都会影响到计算机信息系统的有效运转，基于此，刑法将对数据进行修改、删除的行为纳入破坏计算机信息系统罪中。以往司法实践中，将本罪中的“数据”限定在计算机信息系统中的数据，但随着云存储、大数据等网络技术的发展，越来越多的人认为对数据作出位置限定会不当限制非法获取计算机信息系统数据罪、破坏计算机信息系统罪的规制范围，如当前云端存储使数据存储与本地存储分离，大数据技术利用传感器获取海量数据，使数据传入与本地系

---

① 参见浙江省杭州市人民法院刑事判决书，(2018) 浙0110刑初289号。

统分离,① 事实上，信息传播受到攻击会造成数据在网络上传播失控，同样也会造成信息网络系统瘫痪等严重后果。② 信息安全与系统安全密切相关，二者之间具有“一体两面”的内在联系。

因此，对于是否属于破坏计算机信息系统罪中的“数据”的判断不应停留在是否存储于计算机信息系统之中这样形式化的判断标准，而是应从功能上进行判断，即应要求这些数据的状态会影响到计算机信息系统的正常运行与安全，理由如下：第一，《刑法》第 286 条分三款分别规定了三种破坏计算机信息系统的行为方式，其中第 1 款、第 3 款分别规定了“造成计算机信息系统不能正常运行”或“影响计算机系统正常运行”的结果要件，唯独第 2 款没有规定结果要件，由于针对更为重要的“计算机信息系统功能”的破坏行为都有结果限定，从体系解释、当然解释及罪责刑相一致等方面考量，这并不意味着针对数据实施删除、修改、增加的行为没有任何限制均构成该罪，第 2 款也应要求对计算机信息系统造成一定的影响才能构成本罪。③ 第二，从本罪的立法目的或保护法益来看，本罪意图保护计算机信息系统的安全，因此，对于一些并不关系计算机信息系统安全的数据的删除、修改、增加行为不会危害刑法保护的法益，不在本罪涵涉范围内。可见，《刑法》第 286 条第 2 款中的“数据”应起到释放入罪标准的限制功能，通过对该罪中“数据”范围的限定来划定适当的处罚界域，而限定标准就是该数据是否关系到计算机信息系统的安全和正常运行，这也是防止本罪沦为“口袋罪”的必然要求。

由于该罪属于《刑法》分则第 6 章妨害社会管理秩序类犯罪中的扰乱公共秩序罪，根据本节罪的同类客体，构成本罪势必要求扰乱社会公共秩序的后果或危险。无论是在计算机信息系统内部还是外部，很多数据都与计算机信息系统的安全和正常运行无关，如银行账户信息就不具有这样的关联性，而反映的是数据拥有者的财产利益，对这些数据的删除、增加、修改行为并不必然造成计算机信

---

① 参见李源粒：《破坏计算机信息系统罪“网络化”转型中的规范结构透视》，载《法学论坛》2019 年第 2 期。

② 参见陈建昌：《大数据环境下的网络安全分析》，载《中国新通信》2013 年第 17 期。

③ 参见项谷、朱能立：《利用计算机技术窃取虚拟财产如何定性》，载《检察日报》2018 年 9 月 2 日，第 3 版。

息系统不能正常运行，而更多损害的是权利人的财产法益。① 而对公共道路交通违法信息管理系统中的数据进行删除、修改，影响对违章车辆的处罚及正常车辆行驶的，可以构成本罪；显然，诸如本案一样，对某一公司网络购物系统中交易数据进行修改，如果并未影响该公司信息网络系统正常运行或经营秩序，则不应按照上述两个计算机网络罪名处理。

司法实践中，需要注意的是，本案中即便认为行为人非法获取或者删除、修改了计算机信息系统数据，其本质上也属于一类电子数据，也应对其进行法律上的实质判断，进而辨别该行为是属于以数据为媒介或工具的侵犯传统法益的犯罪，即传统犯罪的网络化，还是以计算机信息系统数据为犯罪对象的侵犯数据安全的网络犯罪，从而决定适用的罪名体系。对此，我国台湾地区学者柯耀程指出，电磁记录具有双重属性，仅对其本体加以侵害时，应适用妨害电脑使用犯罪，但对于其功能性作用加以侵害时，电磁记录只是媒介，应依其表征的法益回归各自的犯罪类型中处理。② 司法实践中，正是由于没有准确区分计算机系统数据的“技术属性”和“法律属性”，使得非法获取计算机信息系统数据罪和破坏计算机信息系统罪不当包含了诸如本案这样仅仅是以数据为媒介或工具从而侵犯传统法益的犯罪。

（三）盗窃罪的适用逻辑

第一，计算机网络罪名适用上存在障碍。除了前述本案中的交易数据不属于影响计算机信息系统安全和正常运行的“计算机信息系统数据”，导致本案无法认定为非法获取计算机信息系统数据罪和破坏计算机信息系统罪这一致命障碍外，结合犯罪的主观故意、技术原理及危害后果等多个维度来综合判断，上述罪名在适用上还存在以下障碍：

一方面，对于非法获取计算机信息系统数据罪而言：FD 抓包软件的工作原理是，行为人在发送交易数据的同时运行抓包软件，拦截并抓取该交易数据，对数据包内的交易数据进行修改，然后再将修改后的数据包发送回网站，从而实现低价购买和充值的目的。可见，行为的重点不仅是截取数据，更为重要的是更改并传输数据。根据《刑法》第 285 条第 2 款的规定，非法获取计算机信息系统数

---

① 参见周立波：《破坏计算机信息系统罪司法实践分析与刑法规范调适——基于 100 个司法判例的实证考察》，载《法治研究》2018 年第 4 期。

② 参见柯耀程：《“电磁记录”规范变动之检讨》，载《月旦法学教室》第 72 期。

据罪是指对计算机信息系统存储、处理或传输的数据非法获取的行为，而破坏计算机信息系统罪中包含了对上述数据进行删除、修改、增加的行为。因此，对于上述二罪而言，若从法律规定上看属于法条竞合，破坏的手段中包含了获取的先行行为，两罪可以视为部分法与全部法的关系；若从犯罪行为上看属于吸收关系，获取数据行为是删除、修改、增加等行为的必经阶段，前者被后者所吸收。因此，对本案仅认定为非法获取计算机信息系统数据罪的话，属于对案件事实的评价不充分。

另一方面，对于破坏计算机信息系统罪而言：一是，被告人龙某亮不具有破坏计算机信息系统并损害其功能的主观故意。从犯罪目的上看，行为人意图通过对交易数据的非法使用、流转而获取非法经济利益，这从其后来购买商品的行为便可以得到印证。二是，被告人龙某亮未实施典型的破坏计算机信息系统的行为。龙某亮的行为仅针对其个人账户，未波及其他用户对“某精选”购物平台的正常使用。三是，截取并修改行为也不具有危害计算机信息系统安全的危险，被告人龙某亮利用 FD 抓包软件修改的数据本质上是交易数据，该数据影响的是现实交易，而非计算机信息系统安全，被害单位发现账户支付异常后及时冻结了被告人的账户余额，采取了有效的补救措施，通过后台修改了交易数据，可见，被害单位的计算机信息系统是完好的、正常运行的，计算机信息功能未受到任何影响。类比来看，本案中被告人龙某亮的行为相当于盗窃犯罪中行为人通过配置万能钥匙将被害人的房门打开之后实施盗窃行为，之后又将房门正常锁上，盗窃行为并未破坏门锁的功能，也未将被害人的房门敞开不管，更不影响其他人正常出入，其行为的本质并不在于对门锁的破坏，而在于对财物的非法转移占有。①

第二，认定计算机网络犯罪罪名存在评价不充分情况。无论是破坏计算机信息系统罪还是非法获取计算机信息系统数据罪，都是破坏社会公共秩序的犯罪，其犯罪的核心要素并不包括非法获取财物，尽管《办理计算机案件解释》第 4 条将“违法所得五千元以上”作为评价破坏计算机信息系统罪“后果严重”这一入罪条件的标准之一，但这是指实施破坏计算机信息系统、获取计算机信息系

① 参见蒋惠岭主编：《网络司法典型案例（刑事卷 · 2017）》，人民法院出版社 2018 年版，第 217 页。

统数据犯罪后，基于删除、增加、修改或非法获取行为本身所产生的违法所得，[①] 或者通过受雇或转让数据等方式间接获取的违法所得，[②] 而不是通过删除、增加、修改、非法获取行为将他人财物转为自己所有，即不属于在非法占有目的支配下的直接取财行为，可见，取财行为并不单纯是破坏计算机信息系统或者非法获取计算机信息系统数据罪的附属行为。本案中，被告人龙某亮以虚拟手机号和购买的他人银行卡进行注册，并通过 FD 抓包软件对账户进行非法充值后大量购买商品，表明其主观上具有明显的非法占有目的，并实施了窃取财物的行为，该秘密窃取财物行为超出上述计算机网络罪名构成要件涵射范围，应单独进行评价，综合全案来看，应评价为一个完整的盗窃行为。

第三，本案符合《刑法》第 287 条规定的情形。该条对利用计算机信息网络实施的传统犯罪行为的认定作出明确规定，该条款属于注意规定，而不是法律拟制。所谓注意规定，是指在刑法已作基本规定的前提下，提示司法工作人员注意，以免司法工作人员忽略的规定。[③] 所谓法律拟制，是指立法者基于某种政策或意图将原本并不符合相关基本规定的行为也按照基本规定论处的情形。[④] 从体系解释来看，第 286 条与第 287 条之间是并列的关系，前者规制的是以网络为对象的犯罪，后者规制的是以网络为工具的犯罪，二者分别对应不同的网络犯罪类型，因此，不存在后者突破前者基本原理的情形，也未改变前者的基本规定。从立法目的来看，立法者之所以规定第 287 条是为了提示司法工作人员注意识别披着“网络犯罪”外衣的传统犯罪，防止出现罪名适用上的错误。从法条内容上看，第 286 条与第 287 条保护的法益具有本质不同，前者保护的是计算机信息系统安全，而后者保护的是公民的财产权等传统法益。综上，第 286 条与第 287 条之间是并列的关系，后者针对传统犯罪网络化现象作出了立法提示，引导司法工作人员注意当犯罪行为不符合有关计算机信息网络犯罪时，还是要从虚拟世界回归现实社会，按照传统犯罪来规制，本案便是适例。当然，第 287 条的规定也不

---

① 参见吴波、俞小海：《怎样理解“后果严重”与“计算机信息系统数据”》，载《检察日报》2019 年 4 月 19 日，第 3 版。

② 参见丁鹏、李勇：《利用 FD 抓取并修改充值数据获利如何定性》，载《检察日报》2019 年 11 月 5 日，第 3 版。

③ 参见张明楷：《刑法分则的解释原理》（下）（第 2 版），中国人民大学出版社 2011 年版，第 622 页。

④ 参见刘宪权、李振林：《刑法中的法律拟制与注意规定区分新论》，载《北京社会科学》2014 年第 3 期。

排斥第286条的适用，适用第287条认定为盗窃罪的行为，同样应符合盗窃罪的犯罪构成。

第四，被告人的行为符合盗窃罪的犯罪构成。如前所述，本案中“吉祥宝盒”类似于一种电子货币，本质上是消费者支付了相应对价而获得的具有经济价值的债权凭证，体现的是财产法益，应视为财产犯罪中的“财物”。被告人龙某亮利用FD抓包软件将价格为100元的“吉祥宝盒”修改为-100元，并进行大量购买、充值后消费，从而以未支付任何对价的方式取得了相应财物，网站经营者在案发前对此并不知情，因此，被告人龙某亮的行为，本质上乃是违背财物所有人或管理人的意志，以不为财物所有人或占有人所知的平和方式，秘密窃取财物的行为，理应构成盗窃罪。

第五，盗窃罪与破坏计算机信息系统罪在一定条件下可成立想象竞合犯。有观点认为，破坏计算机信息系统罪与盗窃罪之间是法条竞合关系。本书持否定观点，理由在于：一是，法条竞合是法条之间所具有的交叉或包容关系，是一种脱离于犯罪行为的立法现象，也就是说，无论是否实施相关犯罪，两个罪名之间都具有上述关系，但若没有以破坏计算机信息系统来实施盗窃的犯罪事实发生，这两个罪名之间通常没有任何联系。二是，符合法条竞合关系的两个犯罪行为侵犯的法益具有相同性，只能是一个法益类别，而破坏计算机信息系统罪与盗窃罪侵犯的法益具有实质的差别。三是，上述两个犯罪行为之间也不具有通常的交叉或包容关系。可见，采取法条竞合原理来处理本案的思路，存在忽视犯罪行为侵犯数个法益的现实问题，而不具有可采性。

同时，还有观点认为，以破坏计算机信息系统方式进行盗窃的行为，属于手段行为和目的行为的牵连，应当从一重罪处罚。① 本书亦持否定观点，因为认定牵连犯要求具有“牵连关系”，通常认为“牵连关系”是一种类型化的高概率性联系，易言之，只有当某种手段通常用于实施某种犯罪，或者某种原因行为通常导致某种结果行为时，才可认定为牵连犯，这是由于牵连犯的情形原本是数罪，正是基于这种密切的“牵连关系”才在处罚原则上加以变通，否则会违反罪刑相当原则。结合本案来看，现实生活中盗窃的方法不计其数，破坏计算机信息系统只是众多方法中极其特殊的一种；或者说，行为人破坏计算机信息系统的目的

---

① 参见王更儒：《“修改”计算机信息系统数据包取财如何定性》，载《检察日报》2019年9月6日，第3版。

也多种多样，窃取财物也不是唯一目的，完全可能出于刺探情报、获取商业秘密或危害公共安全、国家安全等，可见，破坏计算机信息系统行为与盗窃行为之间并不具有类型化的必然联系。

根据《刑法》规定，破坏计算机信息系统罪是结果犯，要求造成一定经济损失或者非法获利，而成立盗窃罪也要求具有非法获取财物的结果，根据禁止重复评价的基本法理，本案中被告人龙某亮非法获利的结果只能在一个罪名中被评价一次，而不能作二次评价，因此，本案理应构成实质的一罪，但同时侵犯了两个独立法益，因此，在修改的数据属于计算机信息系统数据的情况下，可以构成想象竞合犯。

（四）本案的犯罪数额及形态

由于本案是以网络犯罪方式实施的盗窃行为，与现实社会中的盗窃行为具有一定差异性，体现为实行行为与法益侵害结果之间的间隔性，即被告人对“吉祥宝盒”的占有并不是绝对的、排他的，而是需要通过消费或提现方式，才能体现为现实的社会危害性。因此，本书认为，本案犯罪数额的认定应当与现实的法益侵害后果联系起来，体现出财产犯罪的本质特征是行为人非法获利或造成被害人经济损失。一言以蔽之，仅应将被告人龙某亮消费的金额而不是其非法占有的“吉祥宝盒”价值认定为盗窃罪的犯罪数额，即盗窃犯罪数额为9900元人民币。进一步而言，应以“失控说”作为犯罪既遂的认定标准，案发时某精选网站已将被告人龙某亮购买的商品全部发货，尽管其被抓获前货物尚未送达，但不影响货物失控状态的认定，其盗窃犯罪行为已经既遂。

006 黑帽SEO行为的刑事规制

搜索引擎优化（Search Engine Optimization，SEO）是行为人利用搜索引擎的规则，使用一定的技术使目标网站或目标信息更易于被搜索引擎抓取和编入索引，从而提升网站或信息在有关搜索引擎内的排名。SEO服务能提升目标网站排名，使目标信息优先并大量呈现于用户面前，从而实现互联网推广、品牌建设、舆情优化等目标。

SEO服务分为白帽SEO与黑帽SEO：前者利用关键词优化、网站内容优化、外链建设等合规方式，优化目标网站，提升目标信息在搜索引擎中的自然排名，使目标网站或目标信息获得更多的展现量；而后者则以作弊、违规等方式来实现提升目标信息搜索排名的目的。黑帽SEO行为在互联网环境中长期存在、方式繁多，本部分根据其不同的手段、性质、后果等因素，梳理分析是否构成犯罪及所涉罪名。

一、实践中存在多种不同类型的黑帽 SEO 行为

行为人根据实际需要，采取以下多种类型、不同技术手段的方式来实施黑帽 SEO 行为。

（一）桥页

桥页（Bridge Page）表现为行为人通过软件生成大量网页，网页中仅包含不断重复的关键词、链接等信息，本质上是无意义的垃圾页面，无法被用户所直接浏览。此类网页的功能一是供搜索引擎抓取内容，由于网页中含有海量关键词或其他信息，其在搜索结果中可以取得靠前的排名；二是作为中间页面，链接至行为人真正想要使用户浏览的网页，具体的链接过程又存在两种情形：网页利用 Meta Refresh Tag（自动转向）、JavaScript 跳转等技术，直接跳转至其他网页，以及网页在部分位置突出显示链接，诱导用户自行点击跳转。此类行为严重破坏搜索引擎平台的正常运行规则，影响排名竞争的公平性。

（二）内容隐藏

内容隐藏（隐藏文字、黑链 Hidden Links）表现为行为人通过设置文本颜色、利用图片掩盖文字、利用 CSS 将文字移到显示窗以外等方式隐藏文字、链接，达到网页上出现而用户无法看到、但搜索引擎能识别的文字、链接，以此提升网页的关键词密度和相关性，从而提升网页关键词排名。相较于第一类“桥页”手法，此种“内容隐藏”手段下用户的网页使用体验相对较好。

（三）内容修改

内容修改（加挂外链）表现为行为人使用网络采集、网络扫描等软件对网站进行扫描，寻找服务器存在漏洞的目标网站，使用工具程序进入该网站服务器，实施加挂外链（链接至行为人欲推广的网站）、篡改原网站内容（添加推广内容）等非法行为。部分公司或政府的网站使用时间较长，内容维护频率较高，具有较高的搜索权重，但因程序较老旧，存在大量漏洞，极易成为目标。

（四）网站劫持

网站劫持与“内容修改”型黑帽 SEO 类似，行为人同样需要确定搜索排名较高但存在漏洞的目标网站，行为人侵入网站服务器后，植入恶意代码或修改网站动态语言文件。用户一旦点击原网站的链接，则原网站将会直接跳转至行为人

设置的推广网站，原网站内容无法被正常浏览。

（五）跳转

跳转表现为行为人利用 301 redirect（永久性转移域名）与 302 redirect（暂时性转移域名）等网站重定向功能，将境内地区不允许访问的网站重定向至其他域名实现访问，或将网页级别［在谷歌搜索引擎环境下被称为 PR 值（Page Rank）］较低的推广网站域名转向至级别较高的域名，使搜索引擎产生混淆，推广网站暂时获得较高的级别，实现搜索排名靠前。

二、黑帽 SEO 行为的刑事规制路径

（一）以网络犯罪的共犯或者帮助信息网络犯罪活动罪规制

根据黑帽 SEO 行为关联的网络犯罪，实践中以网络犯罪的共犯或者帮助信息网络犯罪活动罪规制为路径之一。行为人实施黑帽 SEO 行为时，通常以获取流量、点击次数以及访问量为目的，通过优化搜索排名的方式推广特定网站。实践中，黑帽 SEO 行为通常是黑灰产业链的其中一环，以黑帽 SEO 推广的网站通常是涉及网络赌博、网络诈骗、网络传销等网络犯罪活动的网站。司法实务中，基于黑帽 SEO 行为人的明知程度、整体犯罪的参与程度等因素认定不同的罪名。

（1）认定为网络犯罪共犯。实施黑帽 SEO 的行为人系某网络犯罪团伙的成员或系网络黑灰产业链中的重要环节，行为人通过黑帽 SEO 行为宣传推广特定网站，且明知有利于某类犯罪活动的实施时，倾向于认定黑帽 SEO 行为系特定网络犯罪的帮助行为，行为人成立共同犯罪，以网络犯罪的共犯规制。

如韩某开设赌场罪①：韩某在明知朱某等人开设赌场的情况下，通过互联网接入、投放广告、链接技术支持等方式，为朱某等人推广赌博网站，注册并运营多个平台网站，为赌博平台提供广告推广业务；对多个赌博平台关键词进行 SEO 优化，提高网络推广排名。本案中，韩某明知被推广方实施了开设赌场的犯罪行为，其通过黑帽 SEO 对引流起到重要作用，被认定为开设赌场罪的共犯。

（2）认定为帮助信息网络犯罪活动罪。实施黑帽 SEO 的行为人并未与网络犯罪行为人进行共谋，其主观上虽明知被推广方从事网络犯罪活动，但并未清楚认知到在帮助推广具体何种犯罪活动时，倾向于以帮助信息网络犯罪活动罪规制。

---

① 参见山东省东营市垦利区人民法院刑事判决书，（2021）鲁 0505 刑初 381 号。

如詹某等开设赌场、帮助信息网络犯罪活动案①：2019年7月以来，许某利用黑帽SEO技术，为宣传推广多个互联网网站进行引流，增加网站的点击率，提高网站的搜索排名，其中包括网络赌博平台。本案中，并无证据证明行为人明知其帮助推广的网站涉及开设赌场的犯罪行为，法院认定其明知他人利用网络实施犯罪，仍提供技术支持帮助，成立帮助信息网络犯罪活动罪。

如王某帮助信息网络犯罪活动案②：2019年4月至6月，王某利用互联网搜索工具，搜索并租用免备案的服务器，通过"宝塔面板"控制端多次为赌博、博彩等违法网站进行301跳转，使中国网民可以快速访问这些违法网站，法院认定其成立帮助信息网络犯罪活动罪。

（二）以计算机信息系统类犯罪规制

实践中从黑帽SEO行为本身出发，根据黑帽SEO行为对目标网站服务器的影响程度，以计算机信息系统类犯罪规制为路径之二。部分类型的黑帽SEO侵入网络服务器或对网站内容进行修改，涉嫌计算机信息系统类犯罪，可根据黑帽SEO的类型、对应作用方式的不同，以及对目标网站服务器是否产生影响及影响程度的差异进行具体判断。

1. 桥页型黑帽SEO不成立计算机信息系统类犯罪

对于桥页型黑帽SEO行为而言，其核心原理是设置一个包含海量关键词、提高搜索引擎检索命中率的中转页面，通过中转页面的跳转实现对推广网站的访问。该行为妨碍了用户正常浏览网页，且违反了搜索引擎平台设置的规则，破坏了搜索排名的公平性。但这一行为并不影响网站服务器，桥页由行为人自行设立，因此不涉及计算机信息系统类犯罪。

2. 内容隐藏型黑帽SEO不成立计算机信息类犯罪

针对内容隐藏型黑帽SEO行为，无论针对文字还是黑链的隐藏，虽然需要通过特定程序实现隐藏效果，但均直接在推广网站中操作、实现，不影响其余网站，亦不涉及计算机信息系统类犯罪。

3. 内容修改型黑帽SEO涉嫌非法控制计算机信息系统罪

内容修改型黑帽SEO行为不再是仅针对自身推广网站实施操作，而是需要选取特定的目标网站完成黑帽SEO行为。行为人在目标网站的服务器完成加挂

---

① 参见河南省许昌市魏都区人民法院刑事判决书，（2021）豫1002刑初484号。

② 参见江苏省扬州经济技术开发区人民法院刑事判决书，（2019）苏1091刑初170号。

外链、修改网站内容等操作，意味着行为人掌握了网站服务器的权限，影响服务器对于访问请求的正常数据返回，妨碍了目标网站所有人的正常使用、占有，同时该操作系对网站内容的修改，但并未破坏网站服务器的正常使用。基于此，司法实务中以非法控制计算机信息系统罪规制此类黑帽 SEO 行为。

如彭某非法控制计算机信息系统案①：2016 年 5 月，彭某为在互联网上宣传自己办理假证的信息，开始向网友学习网络控制和攻击技术，使用网络采集和网络扫描等软件工具及程序对大量网站进行漏洞扫描，并利用扫描出的网站漏洞使用 SEO 盒子等网络攻击工具向网站的网页加挂内容为“诚信办证，市内送货上门，加 QQ 8××54，电话 15××69”的非法广告链接。从 2016 年 7 月开始，彭某租用四台网络服务器对 5000 多个网站进行漏洞扫描，进入网站后台后在网站的网页上传办理假证的广告链接。本案中，彭某向存在漏洞的目标网站中添加文字外链，系典型的内容修改型黑帽 SEO 行为，被认定为成立非法控制计算机信息系统罪。

如唐某、郑某等非法控制计算机信息系统案②：唐某、朱某等人购买“快雀 SEO 动态寄生虫”软件取得授权后，通过“快雀 SEO 动态寄生虫”软件，生成“被控端”（包含特定关键词的脚本文件），再用“快雀 SEO 一句话网站管理工具”“xise”“菜刀”等工具，对非法获得的具有的 webshell（网站管理权限，简称 shell）进行连接，将已生成的“被控端”广告脚本插入他人网站后台，或在生成“被控端”的动态文件后，通过非法获取的具有网站管理权限的“大马”直接插入网站后台，并插入包含“传奇私服”“博彩”“办证”等关键词，进行广告推广。本案中，多个行为人在取得网站后台权限后，在网站中插入大量推广关键词，修改网站内容，均被认定为非法控制计算机信息系统罪。

4. 网站劫持型黑帽 SEO 涉嫌非法控制计算机信息系统罪

针对网站劫持型黑帽 SEO 行为，行为人同样需要选取目标网站，实现劫持的效果。一般认为，行为人植入恶意代码、修改网站动态语言文件的操作，使得目标网站服务器在行为人设置的自动跳转指令下运作，严重影响了服务器的正常网站访问功能，同时阻碍了用户对目标网站的正常使用与网站所有人对网站的正常占有；同时，该行为所实现的效果是用户对目标网站的访问自动重定向至对推

---

① 参见湖南省娄底市娄星区人民法院刑事判决书，（2017）湘 1302 刑初 232 号。

② 参见江苏省如东县人民法院刑事判决书，（2019）苏 0623 刑初 14 号。

广网站的访问，此效果的实现在原理上并未破坏目标网站服务器的运作，相反，服务器仍可正常运转，只是由于行为人设置的指令，自动执行了跳转的步骤，不成立破坏计算机信息系统罪。因此，司法实务中倾向于以非法控制计算机信息系统罪规制这种黑帽 SEO 行为。

如张某等人非法控制计算机信息系统案①：自 2017 年 7 月开始，张某等人经事先共谋，为赚取赌博网站广告费用，在马来西亚吉隆坡市，相互配合，采取对互联网中存在防护漏洞的目标服务器进行检索、筛查，向目标服务器植入木马程序进行控制，再使用“菜刀”等软件链接目标服务器中的木马程序，获取目标服务器后台浏览、增加、删除、修改等操作权限，将添加了赌博关键字并设置自动跳转功能的静态网页上传至目标服务器，提高赌博网站广告被搜索引擎命中的概率。截至 2017 年 9 月底，行为人链接被植入木马程序的目标服务器共计 113 台，其中包含某省人大等部分政府网站服务器还被植入了含有赌博关键词的广告网页。当用户在百度、360 搜索引擎搜索赌博关键字时，即可搜索到某省人大的静态网页，用户点击该网页时，就会自动跳转到事先设置好的赌博网址。本案中，行为人实施的系网站劫持型黑帽 SEO 行为，实现针对目标网站的自动跳转效果，公诉机关以破坏计算机信息系统罪起诉。法院认为：行为人虽对目标计算机信息系统数据实施了修改、增加的侵犯行为，但未造成该信息系统功能的实质性破坏，或不能正常运行，也未对计算机信息系统内的有价值数据进行增加、删改，其行为不属于破坏计算机信息系统犯罪中的对计算机信息系统中存储、处理或者传输的数据进行删除、修改、增加的行为，应认定为非法控制计算机信息系统罪。

5. 跳转型黑帽 SEO 不成立计算机信息系统类犯罪

跳转型黑帽 SEO 与前两类黑帽 SEO 行为类似，行为人对推广网站服务器设置了执行 301 redirect 或 302 redirect 指令的程序，将推广网站重定向至高级别网站。原理上，是利用搜索引擎对网站级别的认定机制实施作弊行为，伪造推广网站的级别。在这一过程中，并不会涉及被重定向网站的服务器，因此不成立计算机信息系统类犯罪。

三、总结

实践中对黑帽 SEO 行为存在多种规制路径。一方面，可以从黑帽 SEO 行

① 参见江苏省南京市鼓楼区人民法院刑事判决书，（2018）苏 0106 刑初 487 号。

为的帮助属性，以网络犯罪的共犯或者帮助信息网络犯罪活动罪规制；另一方面，针对黑帽 SEO 行为影响网站服务器的原理，一旦行为实现了对网站内容的修改或者对用户浏览网页的劫持跳转，则可能成立非法控制计算机信息系统罪。

007 SDK 恶意行为的刑事规制

根据国家标准《网络安全标准实践指南—移动互联网应用程序（App）使用软件开发工具包（SDK）安全指引》（TC260 – PG – 20205A）的定义，SDK（Software Development Kit，软件开发工具包）是一种协助软件开发的软件库，通常包括相关二进制文件、文档、范例和工具的集合。在移动设备 App 的开发、使用过程中，SDK 扮演着重要的角色。原则上，SDK 是一种中立的 App 开发工具，但是由于 SDK 的应用场景与功能广泛，因此可能被用于实施多种类型的恶意行为；司法实践中，基于行为的严重程度与造成的社会危害，可将此类恶意行为纳入刑事规制的范畴，本书将梳理实务中对 SDK 恶意行为的规制思路、适用罪名。

一、SDK 的应用场景

App 开发过程中，为满足某种特定的通用功能需求进行标准化、模块化开发的代码，即为 SDK 程序。将代码进行封装后，对外提供直接的调用接口，表现为二进制文件、文档等集合，即为 SDK 接口。对于 App 开发者、提供者而言，SDK 起到了即插即用的效果，极大提升了 App 的开发效率，同时，基于 SDK 在特定功能、领域所具有的专业优势，目前 SDK 的集成已经成为 App 开发的主要途径之一。根据中国信通院、腾讯公司《软件开发包（SDK）安全研究报告》数据，国内一款 App 平均集成超过 20 款 SDK；另外，根据爱加密移动应用安全大数据平台监控数据，截至 2023 年 3 月境内外已有 351 万余款移动应用嵌入了 SDK。

实践中，SDK 的应用场景高度多样化，已经形成了广告类、推送类、地图类、支付类等多种类型的 SDK，满足不同的功能需求，具体包括（见表 5 – 1）：

表 5－1 SDK 应用场景分类

序号	SDK 分类	功能描述
1	广告类	提供广告展示和广告相关数据分析等功能，通过使用广告 SDK，App 提供者可以在 App 中展示广告商投放的广告，进而根据最终用户的点击赚取收益
2	推送类	向用户推送各类消息、通知等
3	数据统计分析类	提供收集最终用户与 App 之间的交互行为的功能。根据用户使用 App 的情况，开发者可以有针对性地改进 App
4	地图类	提供定位、优化路线、轨迹纠偏、图层绘制、AR、全景等功能
5	第三方登录类	提供通过其他账号体系（如微博、微信、QQ 等第三方账号）登录 App 的功能
6	社交类	提供社交功能，如消息、分享、排行等功能
7	支付类	提供付款、财务管理、分销等功能
8	人工智能应用类	人脸识别、人体识别、人像处理、文字识别、视频技术、AR 与 VR 技术、语音或拍照翻译等海量的功能

二、SDK 恶意行为的类型

SDK 的本质是可独立实现特定功能的程序，App 开发者、提供者或 SDK 开发者利用某功能即可实施恶意行为、对 App 用户造成负面影响。常见的 SDK 恶意行为类型包括以下几种。

（一）资费消耗行为

用户下载、使用 App 后，SDK 根据设计的程序指令，在后台静默发送 App 内业务或其他业务的定制短信、付费短信，模拟点击服务商的扣费接口并自动进行验证，同时主动拦截、删除返回的确认短信，在用户不知情的情况下消耗网络套餐资费、订阅收费服务，造成用户资金损失。SDK 利用者以此牟利。

（二）个人信息窃取行为

SDK 利用用户授予 App 或自行取得的权限，在用户不知情或误导用户的情况下，通过对用户手机内的个人信息进行拍照、录音等方式，隐蔽窃取用户的通讯录、短信、聊天记录等信息。SDK 利用者后续对外提供信息或非法使用个人信息牟利。

（三）静默下载安装行为

SDK 不经用户同意、不弹出安装页面，通过获取手机 Root 权限（超级管理员权限）等方式，以静默方式在手机等智能终端的后台下载并安装各类恶意软件或病毒木马，SDK 利用者借此牟利。

（四）广告刷量行为

SDK 在用户不知情的情况下，在后台模拟人工进行自动开启指定 App、自动点击广告链接、自动访问指定网站等操作，产生虚假的访问流量。SDK 利用者通过推广费分润等途径牟利。

（五）恶意广告行为

SDK 根据预先指令或者程序，监控用户设备内容、运行情况，以伪装成个性化推送的形式，向用户推送包含欺诈内容、病毒木马的恶意广告链接，或者向用户推送过量广告，导致长期占用设备系统通知栏或屏幕界面，干扰用户正常使用。与广告刷量行为类似，SDK 利用者同样从推广费用中进行分润。

（六）辅助 App 违法行为

App 自身实施网络诈骗、网络赌博等违法行为，SDK 开发者作为 App 开发者的帮助人员或者直接作为团队成员，提供 SDK 用于实现 App 部分功能。

三、SDK 恶意行为的刑事规制

（一）以计算机信息系统类犯罪规制

1. SDK 恶意行为的技术原理符合非法控制计算机信息系统罪构成要件

无论是何种类型的 SDK，必然是某个 App 的组成部分，SDK 恶意行为的效果须通过装载该 App 的用户设备得以实现，最典型的受害用户设备即智能手机。SDK 恶意行为实现其效果的过程，即是对计算机信息系统造成不当影响的过程，涉嫌计算机信息系统类犯罪。资费消耗、静默下载安装、广告刷量、恶意广告型 SDK 恶意行为的技术原理均符合非法控制计算机信息系统罪的构成要件。

（1）App 中的 SDK 在用户设备后台自动运行程序，主动在用户设备中实现短信发送、业务订阅、软件下载、App 开启、网站访问、通知推送等不同效果，上述效果的实现过程系 SDK 自动运行行为人所设计的程序或者提供的指令。换言之，行为人利用 SDK 操控用户设备执行了其所设定的操作，用户对设备的正常占有、使用受到严重妨碍，用户设备在不受用户控制的场景下完成操作。

（2）SDK 实施上述程序运作的过程中，一般均位于后台自动完成，处于完全的静默状态，用户在正常使用过程中并不知情，意味着用户相应的知情同意权被行为人运用前述技术手段予以排除。

（3）在用户未经授权的情况下，擅自在用户设备中实施扣除费用、安装软件、推送广告、点击链接等行为，严重影响信息系统安全与网络安全，此类行为均违反了《计算机信息系统安全保护条例》《关于加强网络信息保护的决定》等国家规定。

同时，上述资费消耗、静默下载安装、广告刷量、恶意广告型四类 SDK 恶意行为一般仅利用技术手段控制用户设备，实施行为人所设定的特定效果，通常不会破坏用户设备的整体功能，妨碍用户设备的正常运行，不构成破坏计算机信息系统罪。另外，行为实施过程中，为了确保相应的效果，也可能存在监控用户设备、收集设备数据的行为，但是若从整体考虑行为人的目的及行为的客观结果，非法获取计算机信息系统数据罪无法完整评价上述行为。例如，在恶意广告型 SDK 恶意行为中，基于广告推送的需要，SDK 提供者可能获取用户手机内的大量数据，以实现广告的个性化推送以及伪装为正常的推送，但是广告推送的过程始终由 SDK 程序的运行实现。换言之，恶意广告行为的实质始终为 SDK 程序操控手机实现自动高频推送广告的效果，符合非法控制计算机信息系统罪的构成要件。

2. 实务中已形成大量持该观点的典型案例

第一，针对资费消耗型 SDK 恶意行为。如邓某等非法控制计算机信息系统案①：2015 年至 2016 年 3 月期间，某科技公司与邓某等人在某视频应用程序中，接入第三方支付渠道提供商提供的 SDK，用户使用该程序时，只收到该程序需付费的提示，用户点击确认后，App 调用 SDK 程序，后台服务器配合程序自动选择某个 SP 产品，由 SDK 私自发送订阅短信订购付费业务，并拦截、屏蔽通讯运营商发送的二次确认短信，自动回复确认订购短信，使用户在不知情的情况下订阅 SP 增值业务，导致用户被运营商扣话费。

该案检方以破坏计算机信息系统罪提起公诉，但法院认定，行为人虽能对用

① 参见重庆市渝中区人民法院刑事判决书，（2017）渝 0103 刑初 1683 号。

户计算机信息系统中处理或者传输的数据进行删除、增加等，但未出现用户安装使用该应用程序后其手机系统不能正常运行的情况，行为人所实施的行为系未经用户授权而对其计算机信息系统实施控制，从而达到在用户不知情的情况下让用户订阅 SP 增值业务并非法牟利的目的，构成非法控制计算机信息系统罪。

第二，针对静默下载安装型 SDK 恶意行为。如欧某等人非法控制计算机信息系统罪①：2015 年 8 月起，行为人开始研发广告 SDK，后与多家手机商协商，由行为人提供广告 SDK 工具包，手机商将广告 SDK 工具包预装到手机系统中，并使广告 SDK 获取系统权限。2017 年 2 月起，行为人开始从事微信公众号推广业务，研发“一键达 apk”，利用广告 SDK 的静默安装功能，在用户手机中自动下载并安装“一键达 apk”，“一键达 apk”在用户点击推送的文章或新闻后自动下载公众号二维码图片，利用手机辅助功能模拟用户操作，使用户微信自动识别下载的二维码图片，关注某公司运营的公众号，并定期自动清理相册中的二维码图片。

该案中，法院针对“一键达 apk”利用广告 SDK 的静默安装功能经服务端打开放量后未经用户允许进行安装的特点，明确认定：控制行为的本质是非用户本人操作，后果是使计算机信息系统执行特定操作，不限于行为人直接行使控制权，也可以是通过计算机程序等媒介使用控制权，且控制行为不必然具有排他性，包括部分控制，只需计算机信息系统执行其发出的指令即可，因此广告 SDK 的自动下载、删除数据、调用手机辅助功能自动模拟用户操作等一系列行为，均属于控制行为。

第三，针对广告刷量行为，如深圳某科技有限公司、徐某、朱某等非法控制计算机信息系统案②：行为人开发“拉活木马”SDK 程序，并集成于某品牌手机的故事锁屏 App 中，通过“故事锁屏”软件版本更新将拉活 SDK 程序植入用户的某品牌手机中。行为人通过服务端配置“拉活”链接、“拉活”方式、反馈数据等，装有 SDK 的手机在用户不知情的情况下自动更新版本，接收服务端的“拉活”指令，并在符合配置条件的情况下执行对指定 App 的打开唤醒，起到广告拉活的效果，赚取广告商的拉活费用。本案中，法院认定行为人采用技术手段

---

① 参见浙江省平湖市人民法院刑事判决书，（2018）浙 0482 刑初 574 号；浙江省嘉兴市中级人民法院刑事判决书，（2019）浙 04 刑终 71 号。

② 参见浙江省义乌市人民法院刑事判决书，（2020）浙 0782 刑初 844 号；浙江省义乌市人民法院刑事判决书，（2020）浙 0782 刑初 1092 号。

非法控制他人计算机信息系统，已构成非法控制计算机信息系统罪。

如孙某、苏某、蔡某非法控制计算机信息系统案[①]：2018年下半年以来，行为人决定开展锁屏拉起广告业务，在用户下载或更新某知名视频类App的同时在用户手机植入带有木马程序的SDK，控制用户设备在锁屏状态下自动在后台开启指定App，从而实现广告展示的目的，并从广告主处获取广告费用。本案同样是典型的广告刷量行为，法院认定该行为成立非法控制计算机信息系统罪。

第四，针对恶意广告行为，早期实践中存在部分判例，为突出评价行为人收集用户设备数据的行为，选择以非法获取计算机信息系统数据罪规制。如李某、孙某非法获取计算机信息系统数据案[②]：2013年2月至7月期间，李某从官方手机软件商店下载正规手机应用程序对其进行反编译，加入SDK代码后重新打包上传到手机软件市场，在诱使用户安装并首次运行植入SDK后，监控用户手机中的程序运行状态，同步获取用户手机内存中记载的正在运行的应用程序包名和顶层窗口名称等数据，将所获取的数据发送至云端，与云端预设的流行程序列表进行比对，后反复弹出对应形式的广告。本案中，法院根据法律论证意见等证据，认定行为人采取技术手段，获取计算机信息系统中储存、处理的数据，构成非法获取计算机信息系统数据罪。

但是，如上文所述，非法获取计算机信息系统数据罪对行为的评价并不完整，以非法控制计算机信息系统罪规制是相对更优的选择。如侯某、周某非法控制计算机信息系统案[③]：2015年8月，行为人开始研发只保留广告功能的SDK，并与手机商合作，由手机商将广告SDK工具包预装到手机中，使广告SDK获取系统权限，装有广告SDK的手机在用户首次开机联网时，广告SDK即通过互联网与后台服务器连接，在用户不知情的情况下向后台服务器上传imei、imsi等用户信息，自动更新广告SDK版本等，并根据与手机商达成的运营方案通过服务端（BOSS系统）对推送方式、内容及频率等进行配置，向用户反复推送商业性电子信息。本案中，法院认定行为人成立非法控制计算机信息系统罪。

相反，当行为人并未实施上述资费消耗、静默下载安装、广告刷量、恶意广告型四类SDK恶意行为，而是单纯利用SDK工具侵入某计算机信息系统，没有造成计算机信息系统不按用户意志而执行特定操作的后果时，则实务中通常不认

① 参见浙江省绍兴市越城区人民法院刑事判决书，（2020）浙0602刑初640号。
② 参见江苏省建湖县人民法院刑事判决书，（2014）建刑初字第0104号。
③ 参见浙江省平湖市人民法院刑事判决书，（2019）浙0482刑初407号。

定此时的 SDK 恶意行为构成犯罪。

如邱某案①：2019 年 3 月至 2019 年 7 月期间，邱某伙同秦某等人为牟取非法利益，购买了一个具有微信账号登录、“A16、62 转码”等功能的软件开发工具包 SDK，并寻找技术员王某进行软件 GUI 设计，使该软件成型并能顺利使用。秦某等人使用该软件，侵入并控制某公司的计算机系统，批量登录微信号商提供的微信账号，进行修改密码等操作。本案中，行为人的确利用 SDK 侵入了公司的计算机信息系统，但是未控制涉案计算机信息系统排除使用者自主实现操作，或者影响系统的整体运行，检察院对本案行为人作出不起诉处理。

如邵某甲案②：2018 年 9 月至 12 月期间，邵某甲与王某某使用多种工具获取优酷 App 的 UT SDK 组件向后台发送的特定的指令数据，并复制到自己制作的计算机程序（SDK）中，后修改设备 ID 等参数，并将修改后的计算机程序放入租用的阿里云服务器中运行，通过接口向优酷 App 发送指令，干扰、欺骗优酷 App 生成错误用户日志以达到虚增视频播放量的目的，并以此获取虚假刷量报酬。本案中，行为人利用 SDK 实施了某种广告刷量行为，但是由于涉案行为直接对优酷 App 发出生成用户日志的指令，并未影响用户设备，也未真正排除优酷 App 用户的正常使用，检方认为行为人是否存在侵入计算机信息系统，以及对系统的功能或者数据是否存在破坏均无法查证，作出不起诉处理。

（二）采用竞合原则适用罪名

不同类型 SDK 恶意行为的实施，意味着 SDK 利用者对应目的的实现，一旦 SDK 恶意行为影响了公民的财产权、隐私权等各项刑法保护的权利，则手段行为和结果行为可能涉嫌不同罪名。

1. 个人信息窃取型 SDK 恶意行为涉嫌侵犯公民个人信息罪

行为人利用 SDK 对用户实施个人信息窃取行为时，窃取对象为用户手机内的通讯录、短信记录、聊天记录等，这类信息属于典型的公民个人信息，短信记录等通信内容信息属于高度敏感的个人信息。SDK 对上述信息拍照、录音后，传送至服务器，由行为人实际获取，意味着行为人以窃取方法获取了用户的个人信息，行为人获取用户个人信息后，后续则可能继续实施提供、出售、非法利用的行为。实践中，对于以侵犯公民个人信息罪规制 SDK 个人信息窃取行为并无

① 参见浙江省宁波市北仑区人民检察院不起诉决定书，甬仑检刑不诉（2021）544 号。

② 参见浙江省杭州市西湖区人民检察院不起诉决定书，西检一部刑不诉（2020）1257 号。

争议。

如焦某等侵犯公民个人信息案[①]：董某通过名为"救急白卡"的App在网络上非法从事高利放贷业务，并且在该App软件中植入特定SDK，以便在不特定借款人申请借款时获取借款人手机通讯录和地理位置等个人信息，焦某等收受个人信息后，进行高利贷催收。"救急白卡"App中，嵌入杭州某科技有限公司的SDK程序，抓取用户的人体活脸和身份证信息；嵌入杭州某科技有限公司的SDK程序，抓取用户手机卡开户的真实姓名、身份证号码、户籍和居住地、手机号码、入网时间以及联系人等信息。法院认定行为人非法获取公民个人信息，构成侵犯公民个人信息罪。

如孟某、马某、翟某等诈骗案[②]：2019年4月起，孟某等人为研发网络贷款App，相继聘用多人从事研发工作。自2019年7月起按照孟某的要求先后研发186快贷、金银花呗等多款网络贷款App，并在App中写入代码及植入具有爬取公民个人信息功能的子程序（SDK）非法获取贷款人手机内的通讯录、通话记录、短信记录等公民个人信息，法院认定行为人违反《网络安全法》的规定，利用研发的程序非法获取借款人个人信息，提供被害人身份信息给他人用于催收的行为，构成侵犯公民个人信息罪。

2. 资费消耗型SDK恶意行为涉嫌盗窃罪

行为人实施资费消耗型SDK恶意行为时，在用户不知情的状态下，利用SDK运行指令程序，违背用户的意志，扣除用户的话费、电子钱包余额等用于支付订购业务，属于非法将他人财产移转占有的行为，涉嫌盗窃罪。

如何某盗窃案[③]：2019年8月30日至9月9日期间，何某在利用其自行研发的漏洞扫描软件扫描网站、软件漏洞时，发现一些网站中有支付宝企业账户和微信公众号的"KEY"密钥信息，后又发现微信和支付宝的企业账户有静默转账功能，即不登录账号利用"KEY"私钥可直接转账。何某遂在获取"KEY"密钥后，利用SDK开发者软件，把"KEY"密钥填写到SDK文件中修改文件参数，添加密钥，修改转账数额、收款支付宝账号等信息，然后运行Python脚本发送指令给支付宝，要求转账，并利用支付宝的自动支付和微信的零钱支付功能，把被害人支付宝或微信中的钱转入其账户中。相较于资费消耗行为，本案中

---

① 参见安徽省明光市人民法院刑事判决书，（2020）皖1182刑初115号。

② 参见四川省乐山市中级人民法院刑事判决书，（2021）川11刑终19号。

③ 参见安徽省淮北市相山区人民法院刑事判决书，（2020）皖0603刑初221号。

行为模式更为直接，行为人确定相关 App、网站的漏洞后，利用 SDK 直接实现转账功能，被认定为盗窃罪。

3. 广告刷量型 SDK 恶意行为涉嫌诈骗类犯罪

行为人利用 SDK 实施广告刷量行为时，本质是利用 SDK 控制用户手机产生虚假流量，并利用该虚假的广告流量，使广告主支付额外的广告费，属于虚构事实，使他人产生错误认识并移转财产的行为，涉嫌诈骗类罪。

根据《检察日报》2022 年 8 月 4 日第 4 版的报道，A 公司系从事广告推广业务的公司，通过寻找有一定用户量的 App 或者网站插入广告，完成客户要求的广告推送任务，事后再按比例抽成；2020 年 9 月至 2021 年 9 月期间，A 公司负责人刘某、商务人员陈某等人，通过在手机内植入特定程序工具（SDK），仅需与主机电脑上的程序相连接，手机便可自动篡改参数，完成"刷机"。每刷机一次，手机的各种设备信息就更新一次，进而伪装成新手机，模拟不同的真实用户重复点击广告链接并下载安装指定 App，从而增加了广告点击量和下载安装量。刘某、陈某骗取被害公司广告推广费共计 69 万余元，法院以合同诈骗罪分别判处刘某、陈某有期徒刑 3 年 2 个月、有期徒刑 2 年。

4. 同一行为涉嫌不同罪名的情形下，实践中一般以竞合的原则处理

在资费消耗、广告刷量等 SDK 恶意行为类型中，相关行为可能同时涉嫌非法控制计算机信息系统罪与侵犯财产类犯罪；在个人信息窃取行为中，行为人可能同时涉嫌非法获取计算机信息系统数据罪与侵犯公民个人信息罪。实践中，一般以竞合的思路处理此种情形，择一重罪而处之。

根据《刑法》第 287 条针对利用计算机实施犯罪的提示性规定，利用计算机实施金融诈骗、盗窃、贪污、挪用公款、窃取国家秘密或者其他犯罪的，依照本法有关规定定罪处罚，也确证了上述认定思路。

（三）以帮助信息网络犯罪活动罪或网络犯罪的共犯规制

实践中，存在另外一类情形，即 App 原本就被应用于网络诈骗、网络赌博等网络犯罪行为，而在 App 的运行过程中，需要使用 SDK 实现 App 的部分功能，此时，若 SDK 利用者明知 App 的实际犯罪目的，则一般被认定为犯罪的帮助行为，以帮助信息网络犯罪活动罪或者 App 所涉嫌网络犯罪的共犯予以规制。

如龙某等诈骗案①：2017 年 6 月至 9 月，某公司开发涉黄 App，以诱惑性的

① 参见广东省东莞市第三人民法院刑事判决书，（2018）粤 1973 刑初 1530 号。

小视频引诱他人观看，观看10多秒后系统提示要继续充值升级到高一级会员才能继续观看，以此诱骗用户多次充值而实施诈骗，用户经多次充值后始终无法观看完整视频，其中，龙某在明知公司业务涉及诈骗行为的情况下，担任公司技术团队主要人员，负责集成SDK支付工作，作为犯罪团伙的一员，被认定构成诈骗罪。

如蔡某、陈某开设赌场案①：2017年8月，蔡某接受委托帮其研发赌博软件App，自同年11月起，组织工作人员研发一款名为“C39”的赌博App并进行后期技术维护，内含32种赌博玩法，赌博人员通过手机下载注册该App，绑定银行账户后实现充值、提现功能。陈某负责技术工作，在App中集成网易云信免费SDK等SDK，法院认定其作为共犯，成立开设赌场罪。

如曹某、屈某等帮助信息网络犯罪活动罪②：2018年3月，曹某、屈某等明知罗某、邱某开进行网络犯罪活动，仍帮助罗某、邱某开等人制作用于实施诈骗的“富康财富”炒外汇App虚假平台，并通过向域名注册商购买域名，租用内存服务器，把域名关联至所租用服务器上，之后封装成APK格式App，将网址转成可供下载的二维码，并制作该平台支付接口通道（SDK）。至此，“富康财富”炒外汇诈骗平台制作完成，随即交付罗某、邱某开实施诈骗，获取平台制作费4800元。法院认定曹某、屈某成立帮助信息网络犯罪活动罪。

四、结语

SDK恶意行为在现实中呈现出多发、普遍的态势，近年来相关的刑事案例不断涌现。实践中予以刑事规制时，应当同时从多个层面考虑对行为的评价，既应从新型网络犯罪的规制思路出发，考虑其技术原理；也应从行为的目的、结果出发，考虑传统公民权利类犯罪的运用，同时，考虑黑灰产业链下行为的共犯属性。当SDK恶意行为通过技术控制实现目的时，通常以计算机信息系统类犯罪予以规制；当SDK恶意行为的手段与目的同时构成犯罪时，实践中采用竞合原则适用罪名；针对帮助违法App的SDK恶意行为，实践中倾向于以帮助信息网络犯罪活动罪或网络犯罪的共犯规制。基于此，可以实现对SDK恶意行为的全面、完整评价。

---

① 参见广东省深圳市南山区人民法院刑事判决书，（2020）粤0305刑初288号。

② 参见福建省三明市中级人民法院刑事判决书，（2020）闽04刑终221号。

008 准确认定专门用于侵入、非法控制计算机信息系统的程序、工具

提供侵入、非法控制计算机信息系统程序、工具罪是2009年《刑法修正案（七）》新增设罪名。根据《刑法》第285条第3款的规定，本罪的具体情形包括提供专门用于侵入、非法控制计算机信息系统的程序、工具和明知他人实施侵入、非法控制计算机信息系统的违法犯罪行为而为其提供程序、工具两种行为方式。“提供”行为是否有偿不影响本罪的认定。从提供的程序、工具本身的属性看，第一种方式中提供的必须是“专门用于侵入、非法控制计算机信息系统的程序、工具”，而第二种方式中提供的程序、工具本身可以是非法用途，也可以是合法用途，入罪的关键在于是否明知他人实施侵入、非法控制计算机信息系统的违法犯罪行为。提供侵入、非法控制计算机信息系统程序、工具，行为“情节严重”的，才构成犯罪。

一、专门用于侵入、非法控制计算机信息系统程序、工具的认定

根据《办理计算机案件解释》第2条的规定，“专门用于侵入、非法控制计算机信息系统的程序、工具”包括以下三种情形：

第一，具有避开或者突破计算机信息系统安全保护措施，未经授权或者超越授权获取计算机信息系统数据的功能的程序、工具。如最高检第68号指导性案例叶某某、张某某提供侵入计算机信息系统程序、谭某某非法获取计算机信息系统数据案①：该案中，被告人叶某某于2015年1月编写了用于批量登录某电商平台账户的“小黄伞”撞库软件（“撞库”是指黑客通过收集已泄露的用户信息，利用账户使用者相同的注册习惯，如相同的用户名和密码，尝试批量登录其他网站，从而非法获取可登录用户信息的行为）供他人免费使用。“小黄伞”撞库软件运行时，配合使用叶某某编写的打码软件（“打码”是指利用人工大量输入验证码的行为）可以完成撞库过程中对大量验证码的识别。叶某某通过网络向他人有偿提供打码软件的验证码识别服务。经审查，“小黄伞”软件具有以下功能特征：一是“小黄伞”软件用途单一，仅针对某电商平台账号进行撞库和接入打码平台，这种非法侵入计算机信息系统获取用户数据的程序没有合法用途。二

① 参见浙江省杭州市余杭区人民法院刑事判决书，（2017）浙0110刑初664号。

是“小黄伞”软件具有避开或突破计算机信息系统安全保护措施的功能。在实施撞库过程中，一个IP地址需要多次登录大量账号，为防止被某电商平台识别为非法登录，导致IP地址被封锁，“小黄伞”软件被编入自动拨号功能，在批量登录几组账号后，会自动切换新的IP地址，从而达到避开该电商平台安全防护的目的。三是“小黄伞”软件具有绕过验证码识别防护措施的功能。在他人利用非法获取的该电商平台账号登录时，需要输入验证码。“小黄伞”软件会自动抓取验证码图片发送到打码平台，由码工对验证码进行识别。四是“小黄伞”软件具有非法获取计算机信息系统数据的功能。“小黄伞”软件对登录成功的某电商平台账号，在未经授权的情况下，会自动抓取账号对应的昵称、注册时间、账号等级等信息数据。根据以上特征，可以认定“小黄伞”软件属于刑法规定的“专门用于侵入计算机信息系统的程序”。

第二，具有避开或者突破计算机信息系统安全保护措施，未经授权或者超越授权对计算机信息系统实施控制的功能的程序、工具。如徐某某等提供侵入、非法控制计算机信息系统程序、工具案[①]：该案中，被告人徐某某于2017年5月制作了针对外卖平台使用的名为“小白改机”的软件，在网络上进行销售获利。截至案发，被告人徐某某共计销售8000余人次，获利人民币5万余元。经鉴定，“小白改机”软件具有通过Hook系统API（应用程序编程接口）的调用结果实现修改Android系统中的设备串号、Android ID、设备品牌、型号、设备名、系统版本等信息的功能。经审查，该软件的上述功能可篡改其他应用程序在获取系统信息的处理过程中的数据，使用“小白改机”软件篡改设备串号等信息的用户多是为欺骗平台，谋取首单优惠等不当利益，这种程序没有其他合法用途。“小白改机”软件系未经双方授权，通过Hook等手段侵入交易系统，避开或突破了外卖平台等平台计算机信息系统的安全保护措施，对平台调用的用户手机系统信息进行修改，因而“小白改机”软件属于未经授权进入计算机信息系统，系非法侵入。综上，“小白改机”软件符合专门用于侵入、非法控制计算机信息系统程序、工具的范畴。

第三，其他专门设计用于侵入、非法控制计算机信息系统、非法获取计算机信息系统数据的程序、工具。如刘某提供侵入、非法控制计算机信息系统程序、

① 参见上海市长宁区人民法院刑事判决书，（2018）沪0105刑初1034号。

工具案①：被告人刘某为获取非法利益，自2016年以来，在未取得相关软件平台许可和授权的前提下，先后自行编写了“某在线辅助程序”等16个具有自动刷机获取积分、学习时长和自动答题、自动完成考试等功能的非法外挂软件。被告人刘某在上述辅助程序内嵌入微信或支付宝的收款二维码，并将上述程序软件投稿至“绿盟”“脚本之家”“太平洋下载”等软件下载网站，并存放在其自建的“yichun178. com”（原名“宜春在线”，后更名“干部网络培训178程序”）网站内，供用户下载并通过扫描其嵌入程序内的支付宝、微信收款二维码付费使用。被告人刘某以此方式，非法获利912486元。该案检察机关以非法经营罪提起公诉，辩方以非法获取计算机信息系统数据罪辩护，而最终法院以提供侵入、非法控制计算机信息系统程序、工具罪定罪处罚。该案的裁判要旨认为案涉学习平台辅助程序以机器浏览方式非法访问学习平台，并利用该访问改变学习平台内原有数据，侵犯他人计算机信息系统的可信性和预期功能，与专门用于侵入、非法控制计算机信息系统的程序具有相当性。行为人以非法获利为目的，单纯地制作、销售专门设计用于非法获取数据的学习平台辅助程序，自己并未使用，情节严重的，构成提供侵入、非法控制计算机信息系统程序、工具罪。

需要说明的是，恶性外挂也属于《刑法》第285条第3款规定的“专门用于侵入、非法控制计算机信息系统的程序、工具”。对于外挂程序的入罪应将是否“未经权利人许可，避开或者破坏技术保护措施”作为界定标准，中性外挂、良性外挂均不存在避开或者破坏技术保护措施的情形，故不宜简单入罪，即从社会危害性角度，仅恶性外挂有必要讨论其刑罚的规制。从行为上看，恶性外挂通过在客户端上安装或部署外挂程序，可实现与服务器端的通讯，欺骗服务器端，进而显示一些原本不显示的数据，很难想象这不是超越授权获取数据的形式。之所以对具体使用人鲜以非法获取计算机信息系统数据罪定罪处罚，仍在于不能达到具体的追诉立案标准。与此同时，在《刑法修正案（十一）》出台之后，对于网络外挂程序案件可以适用我国《刑法》第217条第6项“未经著作权人或者与著作权有关的权利人许可，故意避开或者破坏权利人为其作品、录音录像制品等采取的保护著作权或者与著作权有关的权利的技术措施的”规定，以侵犯著作权罪定罪处罚。对行为人实施了一个行为，同时触犯侵犯著作权罪和提供侵入、非法控制计算机信息系统程序、工具罪两个罪名的，应择一重罪处断。

---

① 参见江苏省如东县人民法院刑事判决书，（2019）苏0623刑初535号。

实践中，对于认定“专门用于侵入、非法控制计算机信息系统的程序、工具”难以确定的，根据《办理计算机案件解释》第 10 条的规定，应当委托省级以上负责计算机信息系统安全保护管理工作的部门检验。司法机关根据检验结论，并结合案件具体情况认定。当然，实践中部分鉴定意见会依据《破坏性程序检验操作规范》第 3.2 条规定，直接表述相应的软件具有破坏性。但《破坏性程序检验操作规范》第 3.2 条规定的破坏性程序（destructive programs）是指对计算机信息系统的功能或计算机信息系统中存储、处理或者传输的数据等进行未授权地获取、删除、增加、修改、干扰及破坏等的应用程序。该定义强调的是非授权性，因此不能仅依据鉴定意见表述的“具有破坏性”而直接认定构成破坏计算机信息系统罪。应结合《刑法》第 286 条第 3 款的规定，只有故意制作、传播计算机病毒等破坏性程序，达到影响计算机系统正常运行且后果严重的，才构成破坏计算机信息系统罪。

二、提供侵入、非法控制计算机信息系统程序、工具案件的侦查

结合最高人民检察院指导性案例第 68 号叶某某、张某某提供侵入计算机信息系统程序、谭某某非法获取计算机信息系统数据案，对于此类案件应着重侦查以下事项。

（一）注重对程序、工具的功能开展侦查，从功能出发判断用途

结合该指导性案例的指导意义，在审查认定“专门用于侵入计算机信息系统的程序、工具”时，公安机关可结合以下方面开展取证工作：一是注重对行为人使用的电脑、U 盘等原始存储介质的查封、扣押，注重从中收集、提取相关的电子数据；二是注重对涉案程序、工具以及被侵入的计算机信息系统进行勘验、电子数据检查等，并规范制作勘验、检查笔录；三是收集涉案程序的编制过程、运作原理、制作目的、功能用途和运行效果等方面的证据，包括一些应用说明、源代码，或涉案程序的制作人、提供人、使用人对该程序的技术原理、制作目的、功能用途和运行效果进行阐述的言词证据，或能够展示涉案程序功能的视听资料等，进而明确涉案程序是否具有避开或突破计算机信息系统安全保护措施，非法获取计算机信息系统数据的功能；四是收集被侵入计算机信息系统安全保护措施的技术原理、功能以及被侵入后果的专业人员的证言等证据，分析涉案程序是否具有侵入的目的，是否具有避开或者突破计算机信息系统安全保护措施的功能，明确涉案程序针对被侵入计算机信息系统安全保护措施的规避或突破，

是否系在未经授权或超越授权的情况下获取计算机信息系统数据。对有运行条件的，还应进行侦查实验。对有充分证据证明涉案程序是专门设计用于侵入计算机信息系统、非法获取计算机信息系统数据的，可直接认定为“专门用于侵入计算机信息系统的程序”。

（二）注重对网络身份开展侦查，建立线上、线下身份的关联性

结合该指导性案例的指导意义，在办理“专门用于侵入计算机信息系统的程序、工具”案件时，公安机关可结合以下方面建立线上身份与线下人员的关联性，进而明确犯罪行为人。一是可以通过 MAC 地址（又叫网卡地址，由 12 个 16 进制数组成，是上网设备在网络中的唯一标识），建立线上、线下身份的关联性。如第 68 号指导性案例中就是通过提取叶某某被扣押电脑的 MAC 地址、“小黄伞”软件源代码包含的 MAC 地址和使用撞库软件的终端设备的 MAC 地址的一致性，明确某电商平台被非法登录过的账号与叶某某编制的“小黄伞”撞库软件之间存在关联性，证实叶某某就是“小黄伞”软件的编制者。二是可以通过对收集、提取的电子数据内容进行分析，建立线上、线下身份的关联性。如公安机关正是通过对被扣押的谭某某电脑和 U 盘进行勘验，调取其中含有账号、密码的文件，查明了谭某某利用“小黄伞”撞库软件非法获取的某电商平台用户信息文件不仅包含账号、密码，还包含了注册时间、账号等级、是否验证等信息，从而确定被查获的存储介质中的某电商平台用户信息是谭某某使用“小黄伞”软件获取的。实践中，常用的关联方式还有借助相关 App 的登录账号所对应的注册信息确定使用人、根据联系人和联系内容确定使用人、根据绑定的银行账户确定使用人以及根据手机相册中存储的照片确定使用人等。

附：相关规定

《中华人民共和国刑法》第二百八十五条、第二百八十六条、第二百八十六条之一、第二百八十七条

《中华人民共和国网络安全法》（主席令第 53 号，2017 年 6 月 1 日起施行）

《最高人民法院关于适用〈中华人民共和国刑事诉讼法〉的解释》（法释〔2021〕1 号，2021 年 3 月 1 日起施行）

《最高人民法院、最高人民检察院关于办理危害计算机信息系统安全刑事案件应用法律若干问题的解释》（法释〔2011〕19 号，2011 年 9 月 1 日起施行）

第六章　网络信息类犯罪案件办理

001 个人信息的刑事司法认定

个人信息是数字时代与互联网环境下的重要概念之一。关于个人信息的认定，现行的通用指引来自个人信息相关国家标准。根据《信息安全技术 个人信息安全规范》（GB/T 35273—2020）的规定，判定某项信息是否属于个人信息，应考虑以下两条路径：一是识别，即从信息到个人，由信息本身的特殊性识别出特定自然人，个人信息应有助于识别出特定个人。二是关联，即从个人到信息，如已知特定自然人，由该特定自然人在其活动中产生的信息（如个人位置信息、个人通话记录、个人浏览记录等）即为个人信息。符合上述两种情形之一的信息，均应判定为个人信息。

在刑法领域，《办理公民个人信息案件解释》第 1 条规定，公民个人信息，是指以电子或者其他方式记录的能够单独或者与其他信息结合识别特定自然人身份或者反映特定自然人活动情况的各种信息，包括姓名、身份证件号码、通信通讯联系方式、住址、账户密码、财产状况、行踪轨迹等。①

针对个人信息的分类，根据《刑法》、《办理公民个人信息案件解释》及《检察机关办理侵犯公民个人信息案件指引》的规定，刑法保护的个人信息可按信息敏感程度被分为三类：一是行踪轨迹信息、通信内容、征信信息、财产信息四类与公民人身、财产安全直接相关的个人信息（明确仅有四类）；二是住宿信息、通信记录、健康生理信息、交易信息等可能影响公民人身、财产安全但重要程度要弱于第一类信息的个人信息；三是其余的一般个人信息。

从上述规范出发，本书希望结合司法判例，分析解决刑事司法中处理个人信息的两类主要实务疑难问题：第一，个人信息的认定问题，即特定信息（例如

① 《民法典》《网络安全法》等法律对“个人信息”的概念均作出相同或类似的规定。

单独手机号码、互联网账号等）能否被认定为个人信息；第二，个人信息的分类认定问题，即特定信息能否在个人信息的范畴中，被进一步认定为特殊的个人信息（例如高度敏感的行踪轨迹信息）。

一、单独手机号码的刑事司法认定

单独手机号码是指不与姓名、住址等其他信息对应、自身单独出现的自然人手机号码信息。在侵公犯罪的刑事司法认定中，对于单独手机号码能否被认定为个人信息存在较大争议。笔者认为，一般情况下单独手机号码应被认定为个人信息，同时亦存在应予排除的特定情形。

（一）单独手机号码应被认定为可识别特定自然人身份的个人信息

《办理公民个人信息案件解释》、《信息安全技术 个人信息安全规范》（GB/T 35273—2020）及相关法律、法规在列举个人信息时均包含“通信通讯联系方式”，手机号码被认定为个人信息的一种类型无须争议。但是仅有手机号码无其他信息时是否能构成“识别特定自然人身份的信息”在司法实务中仍有争议：有观点认为公民使用的电话号码已实名登记、单独电话号码可认定为个人信息；也有观点认为单独手机号码不能够单独识别特定自然人身份或者反映特定自然人活动情况，不足以认定为个人信息。①

综合法律法规、司法判例和现阶段打击电信网络犯罪、保护个人信息权益的现实需求，笔者认为单独手机号码应被认定为个人信息。

1. 实名制背景下，单独手机号码可以识别特定的自然人

根据《电话用户真实身份信息登记规定》，当前我国实行手机号码实名登记制度，手机号码与自然人一一对应，能单独识别特定自然人身份，这意味着单独出现的手机号码亦可与特定自然人形成直接关联；同时，手机号码大多与个人微信、支付宝等相关联，能在一定程度上反映特定自然人活动情况。实务中，一般情况下司法机关基于实名制的因素，认定单独手机号码属于个人信息。②

---

① 前一观点见于下文判例，后一观点可见于广东省深圳市福田区人民法院刑事判决书，（2017）粤 0304 刑初 1716 号、广东省深圳市福田区人民法院刑事判决书，（2018）粤 0304 刑初 448 号等。

② 参见甘肃省白银市白银区人民法院刑事判决书，（2021）甘 0402 刑初 202 号。相同观点还见于重庆市开州区人民法院（2017）渝 0154 刑初 342 号刑事判决书、湖北省宜昌市中级人民法院（2018）鄂 05 刑终 365 号刑事判决书等。

2. 存在部分没有手机实名的“黑号”不能否认单独手机号码的个人信息属性

我国虽已实行手机实名登记制度多年，但现实中确实也存在一些未经实名制登记的“黑号”。然而值得注意的是，首先，此类号码相对于庞大的实名制手机号码而言，数量少、占比极低；其次，这些号码通常被网络黑灰产用于特定领域，而非由普通自然人用于日常工作、生活。同时，对于行为人提出的“非实名”辩解，办案机关也会通过侦查实验等方式，验证号码的真实性和与人员的对应性，经查证确实属于未经实名的“黑号”的，一般亦会予以剔除。实务中通常将这类“黑号”视为不真实信息在批量个人信息中作排除认定，与单独手机号码的认定形成原则与例外的关系。例如王某出售、非法提供公民个人信息案①中，行为人获取的部分电话号码即通过非正当途径、未经实名登记产生，法院排除了这些号码，但同时认为这类“黑号”属个别现象，并不能因此否认单独手机号码具有的身份识别性。

3. 若不将单独手机号码认定为个人信息，则一定程度上会放纵犯罪，社会危害性大

手机号码泄露后，轻则被滥用于广告推销、拉新促活，重则用于实施电信网络诈骗及其他恶性、暴力犯罪，严重影响个人生活安宁和财产、生命健康安全，社会危害性严重。如最高人民法院发布的6起惩治电信诈骗犯罪典型案例第6起杨某等人侵犯公民个人信息案②：行为人通过购买的方式非法获取包括单独手机号码在内的个人信息2万余条，通过拨打手机号码并谎称可以向对方发放残疾人补贴、教育补贴等方式，共骗取7万元，对受害者的财产安全造成损害。个人信息泄漏是不少网络犯罪的源头和犯罪链条的关键环节，个人信息权利保护则是信息化社会中个人权利保护的重点之一，因此要从源头整治各类网络下游犯罪，信息安全、信息保护是关键，若轻易将单独手机号码排除认定为个人信息，则一定程度上会放纵犯罪，不利于网络安全与发展，不利于社会稳定。

（二）单独手机号码被认定为个人信息的常见情形

实践中，行为人获取、出售、使用手机号码均基于特定目的或伴随特定手

---

① 参见北京市顺义区人民法院刑事判决书，(2019) 京0113刑初985号。

② 参见最高人民法院发布六起惩治电信诈骗犯罪典型案例之六：杨某等人侵犯公民个人信息案。

段，若行为人在主观上即具备识别特定自然人身份或反映特定自然人活动情况的目的，① 或行为人使用特定手段获取、验证特定自然人手机号码，笔者认为，在此类情形下司法机关可更充分地认定单独电话号码的个人信息属性。

第一，存在特定人群标签的情形。当行为人将单独手机号码根据不同特定人群予以标签化处理时——表现为行为人虽仅有手机号码，但是同一批手机号具有很强的身份指向性——通常可以反映行为人存在后续使用单独手机号码进行针对性营销推广甚至实施诈骗等犯罪的目的，此时单独手机号码具备更强的身份识别属性，危害性更大。

如郭某侵犯公民个人信息案②：行为人通过网络非法获取单独手机号码等个人信息出售获利，从其笔记本电脑、百度网盘中提取的大量内含个人信息的文件均标注“宝妈”“女车主”等特定群体名称。法院据此认为，当特定群体类型与单独手机号码结合时能够反映出自然人过往的活动情况及未来的活动意向，具有较强的身份指向性和行为目的性。

第二，通过特定途径获取或进行特定验证的情形。当行为人采用“拖库”“撞库”手段获取、验证个人信息，或者通过各种手段测试、验证手机号码是否为空号、是否关联支付宝和微信账户、是否为活跃号码等各种属性，以满足下游不同的需求时，单独的手机号码即具备较强的含义指向属性。因此，当行为人在获取手机号码过程中采取了特定途径或进行特定验证时，通常可以反映行为人后续具备伴生的行为目的，上述情形下单独手机号码可识别特定自然人身份或者活动情况的性质得到了更充分的体现。实务中已形成了一批支持该立场的案例。

如张某等人出售、非法提供公民个人信息案③：行为人利用软件在互联网上获得大量的支付宝用户个人信息（包括单独手机号码）并予以出售，法院通过行为人明知涉案单独手机号码系通过脚本进行支付宝验证获得、并非随机获取的事实，认定涉案单独手机号码能反映特定自然人活动情况，系个人信息。

（三）单独手机号码应被排除认定个人信息的特殊情形

在通常将单独手机号码认定为个人信息的同时，笔者亦不赞同简单将单独手机号码一概纳入刑事规制范畴。特定场景下，单独手机号码应予以排除认定。

---

① 参见喻海松：《侵犯公民个人信息罪司法适用探微》，载《中国应用法学》2017 年第 4 期。

② 参见北京市顺义区人民法院刑事判决书，（2020）京 0113 刑初 63 号。

③ 参见浙江省金华市中级人民法院刑事裁定书，（2018）浙 07 刑终 1183 号。

第一，号段填充生成的连号手机号码。根据《电信网码号资源管理办法》及其附件《电信网码号资源分类管理目录》，我国电话号码为11位，其中各段有特定的编码方式，基于电话号码编制规则，可以进行电话号段填充获取手机号码。如已知运营商MAC为134，四位H0号段为2327，即可自动序列生成13423270000、13423270001至13423279999，共10000个手机号码，号段填充的重要特征为生成的是连号手机号码（不排除后续人为加工为不连号）。[①] 笔者认为，在手机号码由号段填充生成的情况下，单独手机号码仅为某个区间内的连续数字，与特定自然人之间存在显著距离，不再具备可识别性与关联性的要素，实务中倾向于不将此类单独电话号码简单认定为个人信息。

如严某侵犯公民个人信息案[②]：行为人将自己非法获取的个人信息中的电话号码通过电脑导入拨号系统，供业务员拨打电话锁定客户，法院指出行为人保存的部分文件中，记载的均为连号的单一的电话号码信息，该部分信息并不能单独识别特定自然人身份或反映特定自然人活动情况，不应认定为个人信息。类似案例中法院均持该立场。

第二，软件随机生成的手机号码。如张某某等人侵犯公民个人信息案[③]：行为人向他人出售及非法提供公民个人信息，内容包含使用软件随机生成的不指向特定自然人的纯电话号码等。尽管由于行为人及辩护人不能指出具体多少数量的个人信息系伪造或重复，亦不能提供相应的证据证实，最终法院仍将涉案的纯电话号码认定为个人信息，但是不难发现，此时已存在对这类单独手机号码作出排除认定的空间。

笔者认为，行为人通过多种类型的软件（例如互联网上常见的“号码生成器”），批量生成随机手机号码时，由于此类号码多为未经实名认证的电话号码，并不关联特定自然人，亦不能反映特定自然人活动情况，故行为人若能够证明此类手机号码的数量及随机生成的事实，则不宜继续将其认定为个人信息。

第三，已公开的手机号码。就公开的个人信息而言，现行规定、标准并未予以和一般个人信息相同的保护。《信息安全技术 个人信息安全规范》（GB/T 35273—2020）第9.5条规定了共享、转让、公开披露个人信息时事先征得授权

---

① 参见《单独手机号码是否属于刑法意义上的公民个人信息》，载微信公众号“商密君”2020年4月8日，https://mp.weixin.qq.com/s/vXNHf79-hO98CMXhGUCA9g。

② 参见广东省深圳市福田区人民法院刑事判决书，（2018）粤0304刑初448号。

③ 参见浙江省庆元县人民法院刑事判决书，（2018）浙1126刑初23号。

同意的例外。从合法公开披露的信息中收集个人信息的，如合法的新闻报道、政府信息公开等渠道，该情形中个人信息控制者共享、转让、公开披露个人信息不必事先征得个人信息主体的授权同意。同时《征信业管理条例》第 13 条规定，采集个人信息应当经信息主体本人同意，未经本人同意不得采集。但是，依照法律、行政法规规定公开的信息除外。企业的董事、监事、高级管理人员与其履行职务相关的信息，不作为个人信息。

实务中的一般立场是：对于主动公开的信息，除相关权利人要求“二次授权”的外，宜推定存在概括同意，不宜对收集后出售或者提供的行为要求“二次授权”，也就不应认为行为人出售或者提供的行为“违反国家有关规定”[①]。判断公开个人信息行为是否具有刑事可罚性的关键是，该行为是否侵犯了公民的个人信息权。在个人信息公开的多数情形中，个人信息或依照相关法律法规强制公开，或按照个人意愿自愿公开，即权利人对个人信息权已经有了一定程度的让渡，此时，若权利人没有明确禁止“二次授权”则原则上认为权利人已“概括同意”，对公开信息的处理、使用不应被认定为犯罪行为。

实务中存在较多持这一立场的案例。如王某侵犯公民个人信息案[②]：2015 年 8 月至 12 月，行为人先后 8 次使用 QQ 将包含电话号码的涉案信息出售和提供给他人，法院在该案判决中明确指出：部分涉案信息提取自公开的商业网站中企业介绍自己生产、经营、销售产品状况的广告信息，其中包含的法定代表人或联系人手机号码应当是相关当事人自愿公开的，相关人员在将此类信息公开时，必然会预见有被他人使用甚至不当使用的可能性。基于此，法院并不认可“只要权利人不同意，不管信息已公开与否，不论是否通过合法途径获取，都不能被使用”的狭隘理解，当相关信息已经合法对外公开后，行为人的收集、整理、交换等行为便不宜继续被要求获得“被收集者同意”，否则过于苛刻。

该案例中，部分涉案手机号码由公司、企业在工商登记、商业宣传等活动中自行公开，系典型的已公开手机号码。参照《检察机关办理侵犯公民个人信息案件指引》第二部分的规定，对于企业工商登记等信息中所包含的手机、电话号码等信息，应当明确其用途。通过将由公司购买、使用的手机、电话号码等信息，不认定为个人信息，从而严格区分“手机、电话号码等由公司购买，归公

---

① 喻海松编著：《最高人民法院、最高人民检察院侵犯公民个人信息罪司法解释理解与适用》，中国法制出版社 2018 年版。

② 参见江苏省苏州市姑苏区人民法院刑事判决书，（2018）苏 0508 刑初 40 号。

司使用”与“公司经办人在工商登记等活动中登记个人电话、手机号码”两种不同情形。该指引与上文思路一致，公开的单独手机号码在司法认定时，始终需充分考虑其对于个人的归属性、对于个人信息权的侵害性。

简单将单独手机号码进行全部认定或全部不认定并非妥善思路。对于个人信息的认定而言，始终需要把握个人信息的本质属性——对特定自然人的可识别性与关联性。作出司法认定时，仍应尊重对于侵害个人信息行为予以刑事规制的立法原意。笔者认为，在认定时应遵循“自身属性”与“关联因素”的二重思维模式，既考察信息本身是否具备可识别性与关联性的必要特征，又对信息的获取途径、使用场景等多个关联因素予以考虑，综合作出认定或排除认定的结论。

二、互联网账户的刑事司法认定

互联网账户是指个人或机构在各类互联网活动中注册及使用的账户，分为互联网个人账户和互联网企业账户，前者由单个自然人注册、使用，后者则由公司、企业、事业单位等机构注册、使用。互联网个人账户关联自然人信息，互联网企业账户则伴随法定代表人等身份信息。根据《电诈意见（二）》第5条的规定，非法获取、出售、提供具有信息发布、即时通信、支付结算等功能的互联网账号密码、个人生物识别信息，符合《刑法》第253条之一规定的，以侵犯公民个人信息罪追究刑事责任。因此，该司法解释性文件在肯定互联网账号密码具有个人信息属性的前提下，亦认为对其入罪需符合《刑法》第253条之一规定的情形，即存在非法获取、出售、提供等行为，且达到情节严重。实践中，由于互联网账号复杂、多样，因此对单独互联网账户是否能被认定为个人信息亦存在一定的争议。

（一）互联网个人账户通常被认定为个人信息

就互联网个人账户而言，结合判例，实务中往往从互联网个人账户的形成过程、使用属性等角度着手予以考虑，通常情况下，认定其归属于个人信息。

第一，注册时需提供电话号码或更多身份信息的互联网个人账户属于个人信息。根据《互联网用户账号信息管理规定》第9条的规定，互联网信息服务提供者为互联网用户提供信息发布、即时通信等服务的，应当对申请注册相关账号信息的用户进行基于移动电话号码、身份证件号码或者统一社会信用代码等方式的真实身份信息认证。基于网络实名制的要求，大部分互联网个人账户在注册时均需提供基本身份信息。注册时需要提供手机号码或者更多身份信息的账户，与作为账户使用者的特定自然人关联性强，故笔者认为，应将注册时关联手机号码或其他身份信息的互联网个人账户认定为个人信息。实务中亦倾向于作类似认定。以张某等人侵犯公民个人信息案为例，行为人多次购买QQ、163、126、雅虎等邮箱账号及密码数据，共计282亿余条，并将相关邮箱信息用于注册某游戏账号，后使用注册的游戏账号获取游戏金币及游戏道具并出售。公安民警对涉案邮箱进行了注册试验，内容显示注册时均需提供手机号码，其中注册yahoo还需提供身份信息，法院据此认定行为人购买上述邮箱账号和密码属侵犯公民个人信息的行为。①

第二，具备支付、社交属性的互联网个人账户属于个人信息。从账户附着的使用属性出发，常见的支付宝、微信等网络个人账号具有通信支付、社交等复合功能，对应个人账户内不仅包含用户注册时提供的信息，还包含了后续形成的社交动态、支付记录等可识别性强、与特定自然人身份及活动密切关联的信息，此类互联网个人账户信息通常被认定为个人信息。在曹某等人侵犯公民个人信息案中，行为人将特定对象的微信账号出售给上线，上线按照出售微信账号的数量进行付款。法院在判决中即持该立场，认为微信账号不但具备通信功能，还具备社交、支付等功能，且能够单独或者与其绑定的手机号码、发布的朋友圈动态等其他信息结合识别特定自然人身份、反映特定自然人活动情况，属于“个人信息”的范畴。②

实践中，还存在一类出售微信群的特殊情形。因通过微信群仅能看到昵称，并不能当然获取与他人身份及活动密切关联的信息，不应简单认定为出售个人信息，但不排除非法利用信息网络罪和相关犯罪共同适用的情形。

第三，境外互联网个人账户属于个人信息。个人信息的范围并不局限于本国公民的个人信息，境外邮箱、网站、App等对应的外国公民个人账户或者其他无国籍人的互联网个人账户在实务中同样属于个人信息。在蔡某等人侵犯公民个人信息案等案例中，法院均明确表达了相同立场。③

---

① 参见浙江省金华市中级人民法院刑事判决书，(2019) 浙07刑终751号。

② 参见范献献、宋鹏：《诱骗他人添加微信账号并获利的行为属于侵犯公民个人信息——河南沁阳法院判决被告人曹某某等人侵犯公民个人信息案》，载《人民法院报》2022年8月25日，第6版。

③ 参见辽宁省海城市人民法院刑事判决书，(2019) 辽0381刑初660号。

（二）互联网企业账户通常不应被认定为个人信息

互联网企业账户本身系由公司、企业等机构使用，从其自身的特征与注册过程来看，与互联网个人账户存在差异，通常不应被认定为个人信息。

第一，互联网企业账户通常不涉及自然人的信息。一般情形下，注册企业账户时提供的以及后续产生的信息主要为经营、运行信息，包括但不限于企业营业执照、企业开户许可证等工商登记信息，此类信息不会涉及特定单个自然人的身份与活动。

第二，互联网企业账户中可能包含少量自然人的信息，但是均为网络中公开、可查询的信息。例如，企业法定代表人的电话号码可能在互联网企业账户信息中有所涉及，此类信息的确属于个人信息的概念，但是考虑到此类信息本身往往已经由企业主动作出公示或者可以在开放互联网环境下经由自主查询取得，目前实践中倾向于不将其认定为个人信息。

在陈某侵犯公民个人信息案中，法院认为企业法定代表人的电话号码等信息，虽然基本予以公开，但仍然属于一般公民个人信息。① 笔者不认可此种立场。法定代表人的电话号码等信息在具备公开与可查询的属性时，意味着对应自然人已经对于信息的自由流通作出概括的同意，自身信息可保护性较低，更加不足以使互联网企业账户被整体纳入个人信息的范畴，笔者仍然认为此时应对互联网企业账户作出排除认定。

如张某侵犯公民个人信息案②：为了拓展贷款业务，张某通过 QQ 从他人处非法获取信息 79921 条，其中包括企业及法定代表人、相关负责人信息 73244 条。法院认为，公示的企业法定代表人信息中有相当部分仅为法定代表人的姓名和手机号码，既不是敏感信息，也不同于一般公民个人信息，无法识别特定自然人身份或反映特定自然人活动情况，故不应认定为公民个人信息。近年来的实务案例大都持此立场。

第三，例外情形下互联网企业账户在注册时可能被作出与互联网个人账户相接近的要求。在此种例外情形下，注册部分 App 或者网站的企业账户时，需要提供敏感性较高、直接指向特定自然人身份的信息。例如，注册支付宝企业账户

---

① 参见重庆市第二中级人民法院刑事裁定书，（2018）渝 02 刑终 277 号。相同观点见辽宁省沈阳经济技术开发区人民法院刑事判决书，（2018）辽 0191 刑初 418 号。

② 参见重庆市渝中区人民法院刑事判决书，（2018）渝 0103 刑初 591 号；梁晓峰、周宇波、宋亚君：《侵犯公民个人信息的范围、种类、数量》，载《人民司法》2021 年第 2 期。

时，需要企业法定代表人的居民身份证正反面照片，此时互联网企业账户与自然人的关联紧密，实践中被认定为个人信息。

以彭某侵犯公民个人信息案为例，行为人通过QQ向他人购买约50套支付宝企业账户信息（内含企业法人代表的居民身份证正反面照片、支付宝企业账户及密码、企业营业执照、企业开户许可证等信息），后将上述信息非法提供给淘宝平台，为他人激活解封被冻结的淘宝店铺。法院认定行为人非法获取并提供公民个人信息，情节严重，其行为已构成侵犯公民个人信息罪。[①]

（三）使用虚假信息恶意注册的账户不应被认定为个人信息

在账户由行为人恶意注册的情形下，无论是互联网个人账户，还是互联网企业账户，笔者认为均应该作出排除认定。实践中，恶意注册指的是行为人不以正常使用为目的，违反国家规定和网络平台注册规则，使用虚假的身份信息（如PS身份证等）、虚假公司、机构信息（如虚假企业营业执照），突破网络平台安全防护措施，以手动方式或通过程序、工具自动创设互联网账号的行为。这类账户恶意注册的目的即隐瞒真实网络身份，因此并不与特定自然人形成现实关联，无法用于识别过程，不属于个人信息范畴。

但值得注意的是，当行为人并非以虚假的身份信息而是以从外部购买、获取的真实身份信息从事互联网账户恶意注册活动时，实践中尽管不会将恶意注册得到的互联网账户本身认定为个人信息，但是会将行为人获取真实身份信息的行为认定为侵犯公民个人信息的行为。

如刘某侵犯公民个人信息案[②]：行为人通过购买居民身份证正反面信息、伪造的营业执照和组织机构代码证，在网上注册支付宝企业账户用于出售，从中谋取利益。法院指出，行为人非法购买居民身份证正反面信息，用于加工注册支付宝企业账户出售，其非法购买的行为已经侵犯了公民个人信息。

综上，针对互联网账户的不同类型，在个人信息的认定中可产生不同的结果。若为互联网个人账户，则一旦其具备了较强的支付、社交属性，将产生较高的可识别性，能够被认定为个人；而互联网企业账户则通常不属于个人信息的范畴。

① 参见福建省莆田市中级人民法院刑事裁定书，（2019）闽03刑终223号。

② 参见福建省莆田市城厢区人民法院刑事判决书，（2017）闽0302刑初103号。

002 行踪轨迹的刑事司法认定

行踪轨迹是一类与自然人生命、财产安全紧密相关的个人信息。伴随着定位技术、在线叫车、电子购票系统等技术及业务的不断出现与扩展，行踪轨迹作为个人信息的重要性、多样性逐步凸显。刑事司法实务中，不同案件对行踪轨迹的认定标准和认定依据仍有不小差异，值得予以体系化的总结。

一、行踪轨迹属于敏感程度最高的个人信息

对于行踪轨迹，根据《现代汉语词典》的定义，“行踪”指的是行动所留的痕迹（多指目前停留的地方），“轨迹”指的是一个点在空间移动的全部路径。整体上，行踪偏向于实时的地理位置信息，轨迹则更强调路径信息。但是由于在现行各项法律、规范及标准中尚欠缺对行踪轨迹的直接定义，实务认定时仍需要司法部门进行具体裁量。

二、司法实务中对行踪轨迹的认定较为严格

根据《办理公民个人信息案件解释》与《检察机关办理侵犯公民个人信息案件指引》对个人信息的分类处理思路，刑法上行踪轨迹信息对应的入刑数量仅为50条以上，因此可被认定为行踪轨迹的个人信息应当满足敏感程度最高、与公民人身及财产安全直接相关的要求，司法实务中对行踪轨迹的认定通常较为严格。

（一）认定行踪轨迹信息的主要判断因素

1. 涉案信息应满足具体性要求

实务中认定行踪轨迹信息时，不会对所有涉及地点或行程的信息均作出认定，而是通常将行踪轨迹信息限定于可以单独、具体、完整反映某段时间内的出行、活动情况的信息，即满足具体性的要求。这意味着涉案信息所包含的内容必须有一定充分性，足以单独体现特定自然人的活动，反之则难以进入行踪轨迹信息的范畴。以票务信息为例，这类信息可以部分反映自然人在特定时间的所在城市（站点），但是无法单独体现更为详细的位置、行程信息，一般难以被认定为行踪轨迹信息。

如李某等侵犯公民个人信息案①：李某纠集阳某等人，由李某提供作案用的定位装置，阳某等负责安装定位装置，通过在被害人车底安装定位装置的方式收集被害人的行踪轨迹，跟踪被害人并通过拍照、录像的方式记录被害人的隐私。裁判法院认为，李某等人通过在被害人车底安装定位装置的方式收集被害人的行踪，且这些行踪轨迹截图能够清晰地确定出行人出行的时间、起点、终点、行程以及路线图，能够反映特定自然人的活动情况，符合侵犯公民个人信息罪的客体，故全部行踪轨迹截图均能被认定为行踪轨迹信息。可以看到，该案中通过定位装置取得的信息可以对行车人一段时间内的出行、活动情况进行具体、完整的反映，符合具体性的要求，司法机关将其认定为行踪轨迹信息。

如张某等侵犯公民个人信息案②：张某从他人处获取包括民航订票、民航离港、铁路售票、出入境等信息，用于从事讨债活动及出售。裁判法院指出，行踪轨迹信息系直接涉及人身安全的公民个人信息，只宜理解为 GPS 定位、车辆轨迹信息等可以直接定位特定自然人具体坐标的信息，民航订票、民航离港、铁路售票、出入境等信息虽涉及公民个人的轨迹，但上述单个信息反映的内容需结合其他信息及查询者的目的使用，故不宜将上述信息作为单个的行踪轨迹信息计算。本案中，涉案的航班信息、票务信息、出入境信息等虽然能够体现对应自然人的部分点位，但是无法单独完成对于自然人某段具体行程的完整体现，不满足具体性的要求，司法机关对于这类信息倾向于作排除认定。

结论上，笔者认为：信息的具体性是从“行踪轨迹”文义中衍生出的认定因素，是对涉案信息本身属性的直接考察。实务认定时，对于这一因素应予以相当重视。最高人民法院喻海松明确提出，“鉴于行踪轨迹信息的入罪标准已极低，实践中宜严格把握其范围，只宜理解为 GPS 定位信息、车辆轨迹信息等可以直接定位特定自然人具体坐标的信息”③。

2. 涉案信息应满足连续性要求

连续性是基于对行踪轨迹的文义理解形成的第二个主要判断因素。实务中，通常要求被认定为行踪轨迹的信息系线性、动态、可呈现移动过程的信息，从而符合“轨迹”一词的要求。换言之，当涉案信息能体现特定自然人过去和现在

---

① 参见湖南省长沙市天心区人民法院刑事判决书，(2018) 湘 0103 刑初 888 号。

② 参见江苏省苏州工业园区人民法院刑事判决书，(2017) 苏 0591 刑初 814 号。

③ 喻海松编著：《最高人民法院、最高人民检察院侵犯公民个人信息罪司法解释理解与适用》，中国法制出版社 2018 年版。

（实时）行为、动态活动情况时，则满足信息连续性的要求，能够进入行踪轨迹信息的认定范围。而单点的位置信息即使能体现特定自然人某个时刻的坐标，也无从反映其动态行程情况，一般被予以排除认定。但多个单点静态信息组合、串联，能反映特定自然人的活动轨迹或活动特征时，司法机关亦会考虑将此类信息纳入行踪轨迹的范畴。

如池某侵犯公民个人信息案①：池某以多种方法长期非法获取公民个人信息并保存，包括登录公安内部信息系统，私自查询多辆汽车天网过车记录等多种记录，并以拍照或截图方式予以保存。裁判法院认为单个天网过车信息属于静态信息，确实不宜认定为行踪轨迹信息，但如对一辆车进行多次查询，得到该车辆一定时间内的多个天网过车信息，串联起来就能直接形成车辆的行车轨迹进而能够定位特定自然人的具体坐标。本案中，行为人对相关车辆均进行了多次、长期的查询，进而确定该车驾驶员的特定坐标，故对特定时间内查询获得的一组天网过车信息应当认定为“行踪轨迹信息”。因此，只有当涉案信息能够整体联系，形成线性关系时，实务中才会认为其满足行踪轨迹信息的认定要求。

如罗某等侵犯公民个人信息案②：民警霍某等人在公安内部网络查询车辆的卡口照片等信息，再通过邮箱发送给何某，后续进行贩卖。裁判法院同样认为案涉2679条卡口信息中，部分单条卡口信息并不能完整反映车辆的行踪轨迹，需要串联该时段内其他卡口信息才能反映该车的行踪轨迹，因此将所有卡口信息全部认定为行踪轨迹信息不当。

结合司法判例，笔者认为：信息的连续性与具体性共同作为行踪轨迹信息的主要判断因素，在实务认定时一般首先考虑涉案信息本身是否满足上述两项因素的要求，若不符合其中一项，司法机关倾向于不认定为行踪轨迹信息。

（二）可辅助认定的行踪轨迹信息特征

除信息的具体性与连续性以外，行踪轨迹信息还存在部分特征，实务中可被用于辅助认定涉案信息是否属于行踪轨迹信息。

1. 使用行踪轨迹信息的目的明确性

实践中，行踪轨迹信息一般均被用于某种明确的应用场景，行为人针对行踪轨迹信息实施的获取、提供、购买、出售等不同行为通常最终服务于实际应用场

---

① 参见浙江省临海市人民法院刑事判决书，（2018）浙1082刑初898号。

② 参见重庆市第五中级人民法院刑事裁定书，（2018）渝05刑终838号。

景下的某种特定目的。因此，当行为人对于涉案信息所实施的行为伴随明确目的时，有助于实务中将涉案信息认定为行踪轨迹信息，具体又可分为三类情形。

第一，基于确定或预判自然人实时位置的目的。当涉案信息以GPS位置信息、持续性活动（例如上网、开房等）地点信息等形式呈现时，通常伴随着行为人确定特定自然人实时位置继而实现接触的目的，此时通常将涉案信息认定为行踪轨迹信息。

如王某侵犯公民个人信息案①：王某为了获取羊某的行踪，自行购买了一只追踪器，安装在羊某驾驶的汽车上，并根据追踪器的位置信息找到了羊某。裁判法院认为，王某行为系以非法手段获取公民行踪轨迹信息。本案中，行为人通过追踪器取得被害人的实时位置信息，并根据位置信息实际找到被害人所在地，可见涉案信息具备对特定自然人实时具体位置的指示性。行为人虽未实施实际损害人身或财产安全的其他行为，但已足以对特定自然人的人身或财产安全造成风险，司法机关将涉案信息认定为行踪轨迹信息。

如王某1侵犯公民个人信息案②：王某1身为民警，将公民实时上网、开房信息提供给债务催收人员。法院审理认为，案涉上网、开房信息已具体到上网的时间、地点、机位与开房的时间、地点，且属于查询时的公民最新信息，可反映公民一定时间段的具体位置，且每天多次查询，基于上网、开房行为本身的时间持续性，事实上催收人员也根据此信息找到部分被害人，应认定本案的上网、开房信息为公民的行踪信息。可见，即使涉案信息并非GPS位置信息，如果通过每日定期、频繁查询的方式，行为人可以预判特定公民的实时位置，司法机关仍将此类信息认定为行踪轨迹信息。

第二，基于掌握自然人的日常生活规律或特征的目的。当涉案信息以过往时段内的出行记录等形式提供时，只要获取时信息具有实时性，相关信息的泄露对特定自然人人身或财产安全即产生较大风险，实务中倾向于认定为行踪轨迹信息。

如重庆市高级人民法院发布的2021年度刑事审判典型案例之向某、毕某、

---

① 参见江苏省靖江市人民法院发布五起侵犯公民个人信息典型案例之四：王某侵犯公民个人信息案。

② 参见湖南省长沙县人民法院刑事判决书，（2019）湘0121刑初157号。

黄某、郑某侵犯公民个人信息案[①]：行为人以“私家侦探”为名承接“婚姻调查”等业务，利用信息技术手段，采取在被害人驾驶的车辆上安装卫星定位装置、跟踪拍摄、在被害人住处附近安装摄像设备等方式，非法获取公民日常生活情况、行踪规律等信息并出售给他人，法院同样认定该行为已构成侵犯公民个人信息罪，涉案信息系典型的行踪轨迹信息。

第三，基于损害他人人身或财产安全的目的。当行为人具有直接损害特定自然人人身或财产安全的目的，获取涉案信息用于确定特定自然人实时位置或预判其生活规律，并对他人人身、财产安全形成现实危险或已造成实质危害时，实务中一般将该信息纳入行踪轨迹信息的范围。

如周某等侵犯公民个人信息案[②]：为以“拖扣车”等方式实施“套路贷”的行为，周某等人通过公安视频网查询逾期车辆轨迹信息，确定相关位置信息并在车辆上安装 GPS 定位设备。裁判法院认为，周某提供行踪轨迹信息达 50 条以上，且被他人用于犯罪，已构成侵犯公民个人信息罪。法院审理认为，涉案信息系行为人基于拖扣车的特定目的提供及使用，对自然人的财产安全甚至人身安全存在危险性或已造成危害结果，故将其认定为行踪轨迹信息。

综上，本书认为，实务认定中对涉案信息的伴生目的予以相当程度的重视。当涉案信息可被用于直接定位自然人具体坐标时，意味着通过涉案信息可以预判自然人的实时位置（从而实际找到自然人），实务中通常将此类涉案信息认定为行踪轨迹信息。而针对打车记录等信息，当涉案信息能够体现自然人一段时期内的每日多个点位轨迹，继而反映特定时间内的行踪规律，并可借此分析自然人生活特征时，实务中同样倾向于将其纳入行踪轨迹信息范畴。另外，当涉案信息所伴随的行为人主观目的是便于后续实施寻衅滋事、非法索取债务等直接影响自然人财产安全及人身安全的行为时，司法机关通常将其认定为行踪轨迹。

2. 获取行踪轨迹信息的手段违规性

实务中，一般会对涉案信息的来源及获取方式进行考量。个人行踪轨迹类信息在我国法律中具备高度规范禁止性，除在特定刑事案件中经特定审批程序之外，任何人都无权获得，即使在公安机关侦查过程中也需经过严格审批才能取得，换言之，此类信息的获知主体、内容、程序和方式受到严格限制。若行为人

---

① 参见重庆市高级人民法院发布生态法院 2021 年度刑事审判十大典型案例之五：向某、毕某、黄某、郑某侵犯公民个人信息案。

② 参见浙江省永康市人民法院刑事判决书，（2019）浙 0784 刑初 358 号。

仍然故意违反法律法规取得个人行踪类信息，能够在一定程度上体现其较大的社会危害性与主观恶性。因此，当涉案车辆卡口、个人行程记录、手机轨迹等信息来源于政府机构、事业单位（实务中主要是公安机关）内网或由上述单位内部人员通过职权获取时，基于其取得渠道的高度敏感性，司法机关倾向于将此类信息认定为行踪轨迹信息。

如罗某侵犯公民个人信息案[①]：青岛市某局工作人员罗某在履行职责过程中查询车辆卡口信息，并向他人提供。裁判法院认为，案涉卡口信息源自公安机关内网，属于典型的行政公共管理类信息，能够显示与自然人个人具有高度关联的车辆的运行轨迹，足以间接反映个体活动习惯和行为特征，属于高度敏感的行踪轨迹信息，对卡口信息的非法泄露系对自然人个人隐私和信息自决权的严重侵害，应予严厉的否定性法律评价。

3. 泄露行踪轨迹信息的后果危害性

实务中认定行踪轨迹时，也会结合案件实际情况，在具体场景中衡量涉案信息经泄露后造成的风险程度或实际危害后果，根据风险或实害的严重程度判断。当涉案信息在使用场合中对于个人的财产安全与人身安全已形成高度危险或已造成严重的实害结果时，司法机关通常将之认定为行踪轨迹。

如最高人民检察院发布的侵犯公民个人信息犯罪典型案例之四陈某甲等侵犯公民个人信息案[②]：闵某联系陈某甲，要求陈某甲寻找其妻子郭某，陈某甲通过手机定位、查看快递信息、蹲点守候等方式获取郭某的位置信息，向闵某提供，后闵某找到郭某并将其杀害。检方起诉时，提出行为人非法获取被害人的行踪轨迹信息并提供给闵某，闵某据此信息将被害人杀害，应当认定为“情节特别严重”，法院采纳检方指控事实和量刑建议。本案可印证笔者的观点，受害人的手机定位信息、快递地址及具体位置信息经行为人泄露后，直接导致受害人死亡的严重危害结果，司法机关将涉案信息认定为行踪轨迹信息，并且认定为情节特别严重。

4. 行踪轨迹信息的交易价格较高

实践中，由于行踪轨迹信息的敏感性高、功能性强、适用场景较多、获取较为困难，行为人购买行踪轨迹信息所需的成本通常较高，交易价格较为昂贵。因

---

① 参见山东省青岛市中级人民法院刑事裁定书，（2020）鲁02刑终375号。

② 参见最高人民检察院发布五件依法惩治侵犯公民个人信息犯罪典型案例之四陈某甲、于某、陈某乙侵犯公民个人信息案。

此，实务中可以将涉案信息的交易价格情况作为配合认定行踪轨迹信息的因素之一。如果涉案信息的获取成本或出售价格较低，则可以部分反映涉案信息本身的价值偏低，司法机关倾向于不将此类信息纳入敏感程度最高、入罪门槛最低的行踪轨迹信息范畴。①

如羊某侵犯公民个人信息案②：羊某等人为实施机票退改签诈骗，购买含有乘机人姓名、手机号码、航班信息等内容的6383条公民个人信息资料。裁判法院直接指出，行踪轨迹信息的交易价格通常最为昂贵，而羊某在庭审中供述其购买上述航班信息的价格较低，故而从信息获取的成本角度来看也不宜认定涉案航班信息属于行踪轨迹信息。

综上，行踪轨迹信息作为敏感程度最高的个人信息，实务中的认定也最为严格。一方面，只有满足直接性、连续性要求的信息才属于行踪轨迹；另一方面，涉案信息的利用目的、手段、泄露后形成的风险以及实际交易价格等，也都被纳入行踪轨迹信息的考虑因素。

003 财产信息的刑事司法认定
——以公民住址信息与车辆信息为例

司法实务中处理侵犯公民个人信息类案件时，公民的住址信息与车辆信息是两种常见的信息类型。二者被纳入公民个人信息的整体范畴并无争议，但是能否进一步被认定为“财产信息”继而在量刑时采取最严格的标准，司法实务中则存在较大争议，值得予以研究总结。

一、财产信息的基本认定思路

根据《检察机关办理侵犯公民个人信息案件指引》的规定，司法实务中认定的财产信息的范围包括：一是银行、第三方支付平台、证券期货等金融服务账户的身份认证信息（一组确认用户操作权限的数据，包括账号、口令、密码、

① 参见喻海松编著：《最高人民法院、最高人民检察院侵犯公民个人信息罪司法解释理解与适用》，中国法制出版社2018年版。

② 参见海南省第二中级人民法院刑事判决书，（2019）琼97刑终222号。

数字证书等）；二是存款、房产、车辆等财产状况信息。①

二、司法实务中对住址信息、车辆信息是否属于财产信息持审慎态度

从《检察机关办理侵犯公民个人信息案件指引》与《〈关于办理侵犯公民个人信息刑事案件适用法律若干问题的解释〉的理解与适用》的文义出发，"两高"均认可公民房产、车辆状况信息②能进入财产信息的认定范围。但是，由于刑法意义上的财产信息被明确规定为敏感程度最高的、与公民人身财产安全直接相关的个人信息，对应的定罪量刑门槛最低（入刑数量仅为50条以上），因此，司法实务中通常对财产信息作严格认定，不从字面意义上将所有涉及商品价值或价格的个人信息简单定性为财产信息，避免使其"口袋化"，而是倾向于只将直接反映公民个人的财产状况或者财产变动的信息认定为财产信息，典型如银行存款变动信息、股票交易信息、房产转让信息。因此，实务中考虑是否将住址信息与车辆信息认定为财产信息时，会结合多种因素予以综合、整体的审慎认定。

（一）实务中倾向于将能直接、具体反映财产状况的住址、车辆信息认定为财产信息

在财产信息的认定过程中，涉案信息能否反映自然人具体的财产状况始终是核心考虑因素之一。就住址信息与车辆信息而言，由于房产与车辆系日常社会中自然人最重要的财产，因此当住址信息、车辆信息所包含的内容足以体现房产、车辆的具体状况时，二者的重要程度及敏感程度便需要被充分重视，实务中倾向于将二者纳入财产信息的认定范围。

以住址信息为例，当涉案住址信息的内容包含了较多可以识别特定自然人房产价值、财产情况的要素，已经超出可以从一般房地产交易过程中获取的信息的程度，包括房产地段价值、实际面积、产权面积、他物权状况、房地产权证号、产权人及共有人情况、对应自然人身份姓名、电话、身份证号码等显著关联自然人财产的敏感要素时，司法机关倾向于将其认定为财产信息。

如钟某侵犯公民个人信息案③：2017年9月，钟某从他人处非法购买遵义地区相关楼盘购房人信息41232条，包含楼盘名称及购房人姓名、房号、电话、房

---

① 该认定范围见最高人民法院周加海、邹涛、喻海松所作《〈关于办理侵犯公民个人信息刑事案件适用法律若干问题的解释〉的理解与适用》。

② 本书所讨论的住址信息与车辆信息属于房产、车辆状况信息中的一类。

③ 参见贵州省遵义市汇川区人民法院刑事判决书，（2018）黔0303刑初572号。

屋面积等内容。裁判法院认为，钟某购买的公民个人信息除包含有姓名、电话等体现自然人身份的要素外，还有房产区位、楼盘名称、楼栋号、单元号、面积等可以识别房产价值的要素，应认定为财产信息。并且，即便信息中没有房屋面积，只要同时包含姓名、电话等体现自然人身份的要素与房产区位、楼盘名称、楼栋号、单元号等可以识别房产价值的要素，就应认定为财产信息。该案例可印证简单的住址信息与公民财产尚存在距离，不能直接体现自然人现实财产情况，难以被认定为财产信息。但当具体住址信息与房屋面积、户主信息等共同出现时，则能够对自然人的财产状况进行一定识别，从而进入财产信息的认定范围。

如柯某侵犯公民个人信息案①：行为人在运营“房利帮”网站期间非法获取业主房源信息30余万条。法院认为，业主房源信息包括房产坐落区域、面积、售租价格等描述房产特征的信息，也包含门牌号码和业主电话、姓名等具有身份识别性的信息，上述信息组合与自然人的财产形成紧密关联，使业主房源信息符合“识别特定自然人”的性质，符合刑法对公民个人信息的界定，但该案例对于上述信息是否属于财产信息未及论证。

对于车辆信息，存在相同的认定思路。当车辆信息包含的内容超出一般个人信息的范畴，涉及出厂、车况、抵押等各方面情况时，可在较大程度上反映对应自然人车辆财产的状况，因此被倾向于认定为财产信息。

如王某侵犯公民个人信息案②：王某利用交通管理综合运用平台查询权限，为多个二手车经销商查询公民车辆信息并拍照发送。裁判法院指出，王某查询到的公民车辆信息包括车主的姓名、电话、身份证号码、登记的住所，车辆的型号、颜色、车架和动力号、机动车状态（是否为盗抢车、是否违章）以及是否为抵押车辆，车辆的过往转手过户信息等。这些信息内容反映了公民的个人身份以及其名下车辆的所有权状态，体现了公民的动产财产状况，涉及人身安全和财产安全，系高度敏感信息，属于财产信息。

（二）实务中倾向于将能体现财产变动情况的住址、车辆信息认定为财产信息

当住址信息、车辆信息包含财产交易、变动、付款情况等要素时，由于能够直接体现自然人对大型重要财产的取得过程，与公民的财产安全联系相对紧密，

① 参见最高人民检察院指导性案例第140号。

② 参见福建省宁德市蕉城区人民法院刑事判决书，（2017）闽0902刑初596号。

实务中通常充分认可此时住址信息、车辆信息的敏感性与重要性，足以达到认定为财产信息的要求。另外，需要注意的是财产信息与交易信息的差异。根据《办理公民个人信息案件解释》的规定，交易信息的敏感程度弱于财产信息，但高于一般个人信息。具体而言，财产信息对信息权利人财产的整体价值、产生过程及现存状况作出了更充分的反映，但是交易信息更侧重于财产的流转、成交记录本身，虽有交易但交易不能体现财产情况。因此，当仅有公民对房屋或车辆的简单成交记录时，无法作出财产信息的认定；但是若住址信息、车辆信息包含了交易的价格、方式、时间、价款支付情况等与财产联系紧密的要素，则实务中倾向于认定为财产信息。

如李某等侵犯公民个人信息案①：2020 年 3 月，当地公安局检查时发现李某手机内保存有包含小区名称、业主姓名、联系电话、楼号、房号、认购时间、合同签约时间、实际面积、产权面积、优惠后价格、合同总价、付款方式、已付款、付款日期、房款付款情况、分期付款情况、按揭状态、交房日期等内容的信息，裁判法院认定李某非法获取公民个人财产信息。该案中的住址信息已远超出单纯的地址概念，实际包含了众多可识别对应房产交易变动情况的敏感要素（典型如优惠后价格、合同总价、付款方式、付款情况等），因而明确被认定为财产信息，可印证笔者观点。

如诸葛某侵犯公民个人信息案②：2018 年 2 月以来，诸葛某通过微信向杨某购买车辆档案信息，廖某又向诸葛某购买车辆档案信息。裁判法院指出，涉案车辆档案信息内容中，没有涉及车辆购买价格、购买方式等可以对车辆进行估价或者评价公民个人财务状况的内容，不宜认定为公民财产信息。综上，当车辆信息不涉及对应车辆财产的具体交易、变动情况时，实务中不会轻易将其认定为财产信息。

（三）实务中倾向于将泄露后对人身安全、财产安全形成较高风险的住址、车辆信息认定为财产信息

在部分情形下，住址信息、车辆信息泄露后被实际用于对公民人身安全、财产安全造成风险的场景，导致住址信息、车辆信息的敏感性与隐私性被进一步放大，使其更易进入财产信息的范畴，实务中对此类情形通常不会作排除认定。

---

① 参见河南省固始县人民法院刑事判决书，（2021）豫 1525 刑初 204 号。

② 参见四川省剑阁县人民法院刑事判决书，（2019）川 0823 刑初 51 号。

如陶某等人侵犯公民个人信息案[①]：该案中周某等人为实施诈骗活动，将需要查询的车辆档案、车主电话、身份及住址信息逐级转发给辅警陶某和郑某，陶某与郑某将查询好的信息逐级转发至周某。法院裁判认定涉案信息为公民财产信息。实践中，当涉案车辆信息、住址信息最终用于实施诈骗活动时，这一特定场景下车辆信息、住址信息尤其具有高隐私性、敏感性，泄露后导致了对应特定自然人的高度财产危险，因而被认定为财产信息。

（四）实务中一般不将基于商业推广、正当经营需求等目的获取、出售、交换的住址、车辆信息认定为财产信息

实践中，行为人对住址信息、车辆信息的获取、出售、交换等行为通常伴随着特定的使用目的，换言之，涉案信息最终将基于特定目的被用于对应的使用场景。参考《〈关于办理侵犯公民个人信息刑事案件适用法律若干问题的解释〉的理解与适用》，《办理公民个人信息案件解释》之所以针对财产信息这类个人敏感信息设置最低的入罪门槛，本质原因在于这类信息“涉及人身安全和财产安全，被非法获取、出售或者提供后极易引发绑架、诈骗、敲诈勒索等关联犯罪，具有更大的社会危害性”。因此，当住址信息、车辆信息最终基于可能影响特定自然人人身安全、财产安全的特定目的（如诈骗、黑市等犯罪场景）被予以使用，直接与公民的财产损失产生联系时，实务中倾向于将之认定为财产信息。反之，如果涉案住址信息、车辆信息的后续使用目的为二手房营销、开拓市场、开展业务、同业竞争、规避交易风险等常规商业活动或正常经营活动，当事人的主观恶性与行为的社会危害性均较小，则实务中倾向于不将此类信息认定为财产信息。[②]

如蔡某侵犯公民个人信息案[③]：蔡某利用职务之便，未经售楼部及业主同意，复印了1095条小区房屋信息等资料，包含业主姓名、门牌地址、房屋面积、电话号码等信息。法院裁判指出，蔡某从过去工作的售楼部获取涉案信息是用于其日常经营活动（给业主打电话询问房屋是否需要出售、出租）。从行为人主观目的看，其是为了提供房屋买卖中介服务，此时涉案信息不宜认定为财产信息。本书亦赞同如涉案住址信息仅用于合法生产经营，未对自然人的人身、财产安全

① 参见河南省尉氏县人民法院刑事判决书，（2020）豫0223刑初418号。

② 参考中国刑法学研究会第二期“实务刑法论坛”杭州市余杭区人民检察院第三检察部副主任陈铁群、最高人民检察院第一检察厅第一办案组负责人纪丙学发言内容。

③ 参见湖南省吉首市人民法院刑事判决书，（2022）湘3101刑初38号。

造成风险，可不认定为财产信息。

如孙某等侵犯公民个人信息案①：该案中，行为人通过登陆“全国交通管理平台”，为多个购买车辆档案信息的下家查询并出售多条车辆档案信息。法院裁判同样指出，孙某非法买卖车辆档案信息的目的是查询车辆是否存在抵押、违章、盗抢、查封等情况，避免二手车交易的风险，并非用于实施针对人身或者财产的侵害行为，涉案车辆档案信息不认定为公民财产信息更符合该案事实和体现罪刑相一致原则。可见，与住址信息相同，若车辆信息仅用于规避商业风险，对车辆所有人的财产安全并未形成风险，也可排除认定为财产信息。

综上，当住址信息、车辆信息主要用于潜在交易推广、规避交易风险等合法商业目的，并未对特定公民的人身、财产造成实质影响时，不宜认定为财产信息。

004 有效审查网络谣言案件的证据

近年来，随着网络社交媒体的普及，网络诽谤、造谣、暴力等案件层出不穷，对当事人造成巨大伤害的同时，更对安全有序的清朗网络生态带来巨大冲击。网络犯罪具有速度快、范围广、隐匿性强等特点，给司法机关依法惩治网络谣言相关犯罪带来一定难度，特别是在证据收集、审查和运用上，需要结合网络谣言犯罪的典型特征，不断提升证据审查能力。

一、证明犯罪主体的证据

由于网络空间与现实社会相分离，犯罪嫌疑人网络身份与真实身份往往具有不对应性，在认定犯罪时必须要确保网络身份核查准确，通过证据查证网络谣言发布的主体，从而锁定犯罪嫌疑人，有力驳斥其辩解。通常情况下，最理想的证据状态是，犯罪嫌疑人对犯罪行为如实供述，在案有相关证人能够证实，且将在犯罪嫌疑人的手机、电脑中提取到的上网日志与发布谣言信息的服务器后台数据进行比对，确定系涉案手机或者电脑发布信息，或者在犯罪嫌疑人手机、电脑中提取到了网络谣言的文本，而手机、电脑及相关网络账号均为犯罪嫌疑人所有或使用。上述主客观证据相互一致，足以认定网络谣言系犯罪嫌疑人发布，实现网络身份与现实身份的同一性认定。但在实际办案中，很多案件证据往往难以达到上述齐备状态，需要我们进一步深挖证据、加以分析，通常可以从以下几个方面

---

① 参见四川省剑阁县人民法院刑事判决书，（2019）川0823刑初50号。

入手：

1. 审查涉案电子设备、网络账号的使用情况

通过现场勘查、人身检查笔录，结合犯罪嫌疑人供述、证人证言，审查现场查获的涉案电脑、手机等设备是否为犯罪嫌疑人所使用，特别审查是否为其个人专用，而不是公用。审查用户账号（UID 号码）① 是否为犯罪嫌疑人专用。

2. 对扣押的电子设备进行电子数据检查

通过勘查或电子数据检查，审查被扣押的电脑、手机等设备内的文本信息、数据内容是否具有犯罪关联性和时间上的连贯性，是否具有特定的指向性。例如，能否直接提取到涉案诽谤信息或虚假信息的草稿或文本原稿，涉案微博、微信、QQ 等聊天软件的注册信息是否带有明显指向性，如注册信息是否包含犯罪嫌疑人姓名、生日等标识，是否为犯罪嫌疑人的邮箱等。

审查犯罪嫌疑人通信聊天记录与谣言内容是否具有对应性，如在聊天中是否提及散布谣言针对的人物和事件；审查谣言信息发布前后其他生活信息是否带有身份特征，从而与谣言内容相互印证，如赴外地参加某次会议、出席某个活动，进而发布相关谣言；对于具有牟利目的的行为，或者接受他人非法资助的，注意审查谣言发布前后银行卡的资金变化情况，以及与聊天记录是否相互印证等。

3. 审查 IP 地址的同一性

审查谣言信息对应的 IP 地址，是否与犯罪嫌疑人居住地、办公地、出差入住地、随身携带无线网络的 IP 地址对应，并进一步审查相关 IP 地址的注册信息，确定犯罪嫌疑人身份。调取电信、邮政等通信公司的证言及相关书证，审查涉案 IP 地址是否与犯罪嫌疑人新启用的宽带、无线上网、VPN 等线路地址一致。

4. 查证涉案电话号码的所属情况

对于获取到的涉案电话号码，应通过审查移动、联通等运营公司提供的涉案手机机主登记信息和相关通话记录，确定是否具有直接或间接指向性。还可以进一步通过分析通话清单、短信记录，分析号码所有人、使用人身份。注意审查通话、短信的内容及联系时间、对象是否与谣言内容或其生活轨迹相一致。

5. 审查其他网络账户信息

审查涉案手机号码是否注册关联微信号码、QQ 号码、支付宝账号等其他网

---

① UID 是拥护身份证明（User Identification）的缩写，是在用户注册时系统直接分配的一个数字 ID 号。UID 就是个人在论坛（或游戏等平台）中的“身份证号”，是唯一的。

络账户。审查犯罪嫌疑人 QQ 昵称、QQ 空间的昵称、QQ 群备注姓名、微博名称、微信名、微信群备注姓名、支付宝实名登记姓名与嫌疑人真实姓名、发布谣言账户昵称是否具有一致性或关联性。

6. 审查相关身份信息

审查嫌疑人 QQ 空间、微博、博客、QQ 群、聊天记录中发布的照片、姓名、性别、年龄、家乡、星座、职业、个人经历等信息，与犯罪嫌疑人真实身份信息是否具有一致性。

7. 审查行踪轨迹信息

调取犯罪嫌疑人飞机、火车出行记录，结合真实地理信息、手机轨迹，审查是否与犯罪嫌疑人网上位置信息一致。

8. 必要时开展侦查实验

在涉案的服务器在境外不便提取后台日志的情况下，可以进行必要的侦查实验。可查验犯罪嫌疑人供述中所提及的上网步骤及口令账号，若该口令账号未与他人分享，可以通过实验操作登录相关网站、App 等，根据侦查实验结果来认定身份同一性。

二、证明犯罪主观方面的证据

（一）书证

发布的网络信息内容，截图打印的复印件需要犯罪嫌疑人签字确认，证明其对发布内容性质是明知的。

（二）证人证言

证实犯罪嫌疑人的生活工作情况、平时表现、性格特征，证实其发文的动机和目的。

（三）犯罪嫌疑人供述

证实发布信息的动机、目的；谣言有无真实的依据，是否知道虚假；对于共同犯罪案件，审查有无通谋及内容。

三、证明犯罪客观方面的证据

（一）物证

审查依法扣押的手机、电脑、上网设备、移动硬盘、U 盘、光盘、打印机、银行卡等。需要注意的是，扣押上述物证应制作搜查笔录、扣押清单、物证照片，并经犯罪嫌疑人辨认系自己所有的物品，以证实犯罪嫌疑人利用上述工具实施了网络谣言犯罪行为。

（二）书证

（1）审查户籍证明材料、暂住人口登记表、机主登记信息、网络开户信息、护照及机票、住宿记录、取款单等，证明嫌疑人刑事责任能力状况及行踪活动轨迹等。

（2）审查腾讯公司或新浪公司等网络平台公司出具的涉案诽谤信息或虚假信息证明材料，QQ、微信等聊天记录，微信朋友圈、微博、推特等发布的网络帖文截图等，证明犯罪嫌疑人实施犯罪活动。

（3）审查相关网络公司出具的涉案 QQ、微信、微博账户的登记信息、登录日志，关于发帖列表、聊天记录、浏览量、转载量、粉丝数量和评论数量、QQ 好友人数、QQ 群和微信群的人数、微博粉丝数量等的证明材料，证明犯罪嫌疑人所发网络谣言的危害后果。

（4）政府机构或者其他权威机构针对案件涉及事项出具的结论性意见，证明犯罪嫌疑人发布信息内容的虚假性。

（三）证人证言

证人证言主要是 QQ 好友、微信好友、微博粉丝以及 QQ 群、微信群成员的证言，主要证明看到犯罪嫌疑人发布虚假信息的情况，以及对相关信息虚假性的认识程度。

（四）被害人陈述

被害人陈述可证明犯罪危害后果等。

（五）犯罪嫌疑人供述和辩解

犯罪嫌疑人供述和辩解可证明犯罪过程。实践中，需注重以下审查要点：

1. 对发布谣言的组织者供述的审查要点

有无实施犯罪行为；发布谣言的动机、目的是什么；在整个犯罪组织中所起的作用；什么时候开始组织实施犯罪行为的；谣言的种类、内容及其来源；对犯罪组织如何策划，犯罪地点的选择；犯罪工具的准备情况；有无技术支持人员，相互联系的情况；所发布的谣言是自己编造、别人指示的还是单纯的转发；若是自己原创，那么原创材料的来源是哪里；若是被境外人员唆使，那么幕后的人员组成及构架是什么；若是转发，转发的材料出自何处；是向境内还是境外网站发布的；发布的渠道和平台是什么，通过微信、QQ 等即时通讯工具，还是通过微博、论坛等社交网站或平台发布的；使用的上网工具是什么，是通过个人手机、网吧电脑、个人电脑还是平板电脑来操作发布的，是否是在案扣押的物证；用于发布谣言的账号如何注册的，注册的邮箱或电话号码是多少，登录密码是多少；等等。

2. 对于提供支持和帮助人员供述的审查要点

有无实施犯罪行为，主观目的和动机是什么，是否明知他人所发布信息为虚假信息等；与实行犯之间的联系情况，与犯罪组织之间的关系；什么时候为犯罪提供支持和帮助的，提供何种支持和帮助，提供支持和帮助的具体情况；是否收取费用，报酬情况、支付方式、与支付报酬相关的账号；虚拟身份情况。

（六）鉴定意见

鉴定意见主要为司法精神病鉴定书、电子数据审读意见书、物证痕迹鉴定等。对于电子数据的提取和鉴定，要注意检材保管链的合法性，即电子数据在提取、封存、转运、送检、鉴定等各个环节都需要符合法律要求，如制作笔录、有见证人等。犯罪嫌疑人辩解相关手机、电脑并非其使用或所有的，可以提取物证表面生物检材进行鉴定。

（七）勘验、检查、辨认、侦查实验笔录

现场勘验的，审查是否有完备的《现场勘验检查笔录》、《固定电子证据清单》、《封存电子证据清单》和《勘验检查照片记录表》。远程调取境外或者异地的电子数据的，审查是否有完备的《远程勘验笔录》、《固定电子证据清单》、《勘验检查照片记录表》以及截获的屏幕截图等内容。

（八）电子数据

审查涉案 QQ、微信、电报等聊天记录，朋友圈、微博、推特发布的文章、信息，证明犯罪嫌疑人所发布虚假信息的时间、内容；手机通话记录、微信短信聊天记录、电子邮件等，证明犯罪嫌疑人的主观故意、目的和动机，与其他人之间的犯罪联络、具体分工等情况，确定嫌疑人的关系人中是否有提供谣言素材者，是否有负责网站文章审核者，是否有为传播谣言提供技术支持者，等等。

（九）视听资料

审查与行为人犯罪有关的录音、录像及照片，以及侦查实验录像资料。

四、电子数据审查的程序和重点

电子数据是一类借助于现代信息技术（包括网络技术）形成的与案件事实

有关的电子形式的证据。鉴于网络谣言案件中虚假言论大多是以电子数据形式呈现，对电子数据的审查至关重要，本书对此再作专门讲解。需要注意，前述对电子数据的审查侧重于对内容证明的案件事实的审查，而电子数据作为一类证据必须具有证据能力，才能用于证明案件事实，对于电子数据的证据能力的审查和证明，应当着重关注以下几个方面。

（一）电子数据的合法性

1. 电子数据合法性的审查原则

对于电子数据合法性的审查要做到"三个坚持"。第一，坚持原始介质优先。能够提取、提供原始介质的，就不要以复制品或者物证照片形式提供。因为原始介质具有可追溯性，是鉴真的基础。第二，坚持义务提供。要强化网络服务商的安全管理义务和协助义务，能够由运营商后台提供的，就不要自行对网页进行截图。第三，坚持技术鉴定。对电子数据内容、形式和合法性等专门性问题存在异议的，且具备鉴定条件的，应当对电子数据进行鉴定，由司法鉴定机构出具鉴定意见，或者由公安部指定的机构出具检验报告，以确定其证据能力和资格。由于电子数据的特性，鉴真规则也同样具有专业性。如果对电子数据进行了鉴定或者检验，为了对专门问题进行阐释和说明，应当鼓励有关人员出庭说明情况。

2. 电子数据合法性的审查方法

根据《刑事诉讼法》《收集提取和审查判断电子数据规定》等相关规定，着重审查以下几方面内容：

（1）收集、提取电子数据是否由 2 名以上侦查人员进行，取证方法是否符合相关技术标准。对于办理利用信息网络实施的重大犯罪案件，如重大网络谣言案件时采取技术侦查措施收集的与案件事实相关的电子数据材料，应当随案移送批准采取技术侦查措施的法律文书。使用相关电子数据材料作为证据，可能暴露有关人员身份、技术手段，或者可能造成其他严重后果的，应当采取相应的保护措施。必要时，可以由审判人员在庭外进行核实。

（2）收集、提取电子数据，是否附有笔录、清单，并经侦查人员、电子数据持有人（提供人）、见证人签名或者盖章；没有持有人（提供人）签名或者盖章的，是否注明原因；对电子数据的类别、文件格式等是否注明。

（3）是否依照有关规定由符合条件的人员担任见证人，是否对相关活动进行录像。需要注意的是，在侦查活动中远程收集、提取电子数据，确因客观原因无法由符合条件的人员担任见证人的，应当在笔录中注明情况，并对相关活动进行录像，同时对电子数据制作、取得的时间、地点、方式等作出合理说明。

（4）电子数据检查是否将电子数据存储介质通过写保护设备接入检查设备；有条件的，是否制作电子数据备份，并对备份进行检查；无法制作备份且无法使用写保护设备的，是否附有录像。

（二）电子数据的真实性

电子数据的真实性是其证据能力的另一大保证，同时也关系到电子数据作为证据对于案件事实的证明力大小，具体案件中，可以从以下几个方面审查电子数据的真实性：

（1）是否移送原始存储介质：在原始存储介质无法封存、不便移动时，有无说明原因，并注明收集、提取过程及原始存储介质的存放地点或者电子数据的来源等情况。

（2）电子数据是否具有数字签名、数字证书等特殊标识。

（3）电子数据的收集、提取过程是否可以重现。

（4）电子数据如有增加、删除、修改等情形的，是否附有说明。

（5）电子数据的哈希值，电子数据的完整性是否可以保证。这里的完整性，是技术意义上的完整性，即通过判断证据固定及后续证据保管过程中，电子数据“码流”的完整性是否发生变化，进而确定电子数据在证据固定过程中及之后是否经过伪造、篡改。

（三）电子数据的关联性

证据必须与案件事实有关，具有一定关联性，从而具有能够证明案件的待证事实的属性，才会对案件具有证明力。在审查时要注意：

（1）从证据实质性上看电子数据是否指向案件中某一待证的事实或者问题。

（2）从证据证明性上看根据逻辑和经验，该电子数据是否有利于查明或者查否某一案件事实。

（3）电子数据证明的内容是否与在案其他证据相互印证。

五、数量认定方面需要注意的问题

网络谣言数量的认定涉及罪与非罪及刑罚裁量问题，也是实践中较难处理的一个问题，即便在有证据证实的情况下，在数量计算上仍需要注意以下问题：

第一，转发、评论数的数据可能有多种来源且各不一致：前台截图显示的数据（用户可浏览到）、后台服务器统计出的数据、通过后台服务器直接打印出的能够显示转发评论内容的书证数据可能存在不一致的情况。在具体案件中，如果确实无法确定哪种统计方式更具科学性和准确性，应本着翔实有据、有利于被告人的原则予以认定。

第二，由于网站过滤操作，某个微博账户被关闭后，行为人可另行注册其他微博账户，或部分微博账户同时存在，同一粉丝可能关注其多个微博账户，故涉案多个微博账户的粉丝数存在重叠的可能性，通常情况下对此不需要精确到具体人数和对象，但涉及罪与非罪或者量刑标准线时，应当力求精确，对此可采用分别列明后排除重复部分的方式对涉案微博粉丝数予以认定。

第三，微博等账户粉丝数为实时动态数据，同一账户由于数据恢复时间不同，也会存在粉丝数差异。一种情况是账户关闭后内容不再更新，关注人减少，粉丝数下降；另一种情况是由于侦查阶段需把已关闭的账户恢复为开通状态才能进行截图，开通的同时粉丝数略有增加。对此，同样应本着有利于被告人的原则，就低认定。

005 网络诽谤案件自诉转公诉的实践问题

在我国刑事诉讼程序中，侮辱、诽谤案件是“告诉才处理”的案件，属于自诉案件范围。但根据《刑法》第246条第2款的规定，当侮辱、诽谤行为严重危害社会秩序和国家利益时，可以由检察机关进行公诉。该罪如何从自诉转换到公诉，应符合什么条件，程序如何运转等问题均值得研究。

一、典型案例

诽谤案件由自诉转为公诉案件的很少，近年来具有典型性的案件是“杭州女子取快递被造谣自诉转公诉案”①：2020年7月7日，被告人郎某某在杭州市余杭区某快递站内，使用手机偷拍正在等待取快递的素不相识的被害人谷某某。后被告人郎某某伙同被告人何某某分别假扮快递员和谷某某，捏造谷某某结识快递员并多次发生不正当性关系的微信聊天记录。被告人郎某某将捏造的微信聊天记录截图等内容陆续发布在某某微信群中，引发群内大量低俗、淫秽评论。后大面积扩散到网络上，引发大量低俗评论，其中仅微博话题“被造谣出轨女子至今找不到工作”阅读量就达4.7亿、讨论5.8万人次。2020年10月26日，被害

① 参见最高人民法院指导性案例第137号。

人谷某某向杭州市余杭区人民法院提起刑事自诉。同年12月，杭州市余杭区人民检察院建议公安机关刑事立案侦查，公安机关随即对2名被告人立案侦查。后被害人谷某某到法院申请撤诉。2021年3月，公安机关将该案移送杭州市余杭区人民检察院审查起诉，后检察机关依法提起公诉。同年4月30日，杭州市余杭区人民法院公开开庭审理此案，并当庭宣判，判处被告人郎某某、何某某均有期徒刑1年，缓刑2年。

虽然该案已经尘埃落定，但关于案件的讨论和争议仍未消弭，其中值得研究的问题主要有以下几个方面：一是公诉案件与自诉案件之间有何本质区别，特别是在保障被害人权利方面的差异是什么。二是在网络诽谤案件中，在什么条件下可以由自诉案件转为公诉案件。三是如果被害人已经提起刑事自诉，且被法院受理后，再转为公诉案件，刑事诉讼程序应当如何衔接。

二、自诉案件与公诉案件的程序区别

自诉案件与公诉案件在诉讼程序上具有明显差别，我国绝大多数犯罪是公诉案件，公安、检察机关等公权力机关为公诉案件审判提供了强有力的支撑，与之相比自诉案件则在收集证据等方面存在明显差距，这两种诉讼模式在程序上的主要区别体现在：第一，证据收集主体不同。公诉案件由公安机关负责收集犯罪嫌疑人有罪证据，检察机关在职权范围内可以补充调取证据，而自诉案件中由被害人一方自行收集证据，这也是制约自诉案件在司法实践中有效开展的重要原因。第二，法院对案件受理方式不同。对于公诉案件，人民法院立案部门主要进行形式审查，只要案件符合管辖规定，法院一般均应受理。而人民法院对自诉案件实行的是“立案审查制”。根据《刑诉法解释》第320条第1款的规定，对自诉案件，人民法院应当在15日内审查完毕。经审查，符合受理条件的，应当决定立案，并书面通知自诉人或者代为告诉人。当自诉人以他人捏造事实诽谤自己向法院提起自诉时，若法院经审查认为诽谤行为已严重危害社会秩序和国家利益，则应当依据《刑诉法解释》第320条第2款第1项的规定，说服自诉人撤回起诉；自诉人不撤回起诉的，裁定不予受理。进一步而言，自诉人在此情形下撤回起诉或法院裁定不予受理的，法院均应当将该案移送至有管辖权的公安机关处理，并且通知自诉人。第三，结案方式有所不同。根据我国《刑事诉讼法》第212条的规定，人民法院对自诉案件，可以进行调解；自诉人在判决宣告前，可以同被告人自行和解或者撤回自诉。而公诉案件则不可以调解。

三、网络诽谤案件自诉转公诉的事实依据

网络诽谤案件与传统的诽谤案件相比，在传播的深度、广度等方面都有极大拓展，互联网加剧了诽谤行为的危害性，很容易使普通个案演变为社会舆论关注的热点案件。根据法律规定，诽谤罪从自诉程序转为公诉程序，最主要的事实依据就是出现了《刑法》第246条第2款规定的“严重危害社会秩序和国家利益”情形，具体而言，就是出现了《网络诽谤司法解释》第3条中规定的7种具体情形：诽谤行为引发群体性事件；引发公共社会秩序混乱；引发民族、宗教冲突；诽谤多人，造成恶劣社会影响；损害国家形象，严重危害国家利益；造成恶劣国际影响；其他严重危害社会秩序和国家利益的情形。除了第7种是兜底条款外，前4种情形属于“危害社会秩序”，第5种和第6种情形属于“危害国家利益”。当然，这7种情形的认定也是司法实践中争议较大的问题，特别是以兜底条款认定的情况，在具体案件中辩护人乃至社会公众会提出诸多异议，如有人会认为针对个人的诽谤行为无论如何都不会造成严重危害社会的结果，更不会侵害国家利益，从而否定诽谤案件由自诉程序转公诉程序的合法性。

本书认为，对于“严重危害社会秩序和国家利益”的认定，一方面，要充分考虑网络时代诽谤罪的新特点和社会危害性。当前社会已经进入Web3.0时代，网络社会已经全面形成，并与现实社会并立，司法实践在关注传统现实社会的同时，不可忽视网络空间的存在，并要充分认识到网络空间也形成了有序的网络秩序，网络秩序是社会秩序的有机组成部分。对此，“两高”已经在很多司法解释及相关文件中明确网络空间秩序的公共秩序本质和属性。例如，《办理赌博刑事案件解释》《最高人民法院、最高人民检察院关于办理利用互联网、移动通讯终端、声讯台制作、复制、出版、贩卖、传播淫秽电子信息刑事案件具体应用法律若干问题的解释》等，均已经将网络空间视为公共场所，那么，网络公共领域的秩序当然属于公共秩序。2021年最高人民检察院在《办理网络犯罪案件规定》第20条中规定，“认定犯罪行为的情节和后果，应当结合网络空间、网络行为的特性……网络秩序的危害程度以及对被害人的侵害程度等综合判断”。可以看出，在网络空间中犯罪行为对网络秩序同样会造成一定程度的危害，因此，在网络诽谤案件中，司法机关完全可以认定犯罪行为严重危害社会秩序。

另一方面，还应注意到网络空间与现实社会高度关联，发生在网络空间的犯罪行为，往往会对现实社会中的某种法益造成危害。由于互联网具有集聚、扩散

和倍增的功效，谣言一旦借助信息网络传播，就会被无限扩大，不仅侵犯被害人的人格权、名誉权，还可能引发扰乱社会秩序的公共事件等，因此，司法实践中不可将网络空间与现实社会割裂分析。事实已经表明，一些网络谣言很容易造成群众误解，进而在现实社会中引发游行、滋扰等行为，从而严重扰乱社会秩序或危害国家利益。

值得研究的是，由于对《网络诽谤司法解释》第3条第7项规定的兜底条款，司法解释并没有作出明确规定，司法实践中如何运用面临较大争议和障碍。如在前述“杭州快递女子案”中，检察机关就是引用《网络诽谤司法解释》第3条第7项中“其他严重危害社会秩序”的规定启动公诉程序的，在该案中诽谤的虚假信息在网络上被广泛传播，相关话题阅读量极大，给被害人的名誉和个人生活带来极大损害，而该理由后来也被法院所认可，这就涉及对该兜底条款如何理解和界定的问题。对于网络诽谤案件，要认定为“其他严重危害社会秩序和国家利益”的情形，一般需要从以下几个方面来综合考虑：一是实施诽谤行为的手段、方式；二是诽谤行为针对的对象；三是诽谤的内容和主观目的；四是诽谤造成的危害后果；五是网络诽谤言论的传播情况以及扰乱网络空间秩序的程度；等等。

四、自诉转公诉的程序衔接

诽谤罪作为“告诉才处理”的犯罪，在刑事诉讼程序中采取自诉模式，但当出现法律规定的严重危害社会秩序和国家利益的情形时，应当采取公诉模式，这就出现了自诉程序与公诉程序之间的交叉、重叠等问题，诉讼程序应当如何选择、衔接和适用，成为司法实践中的一大难题。

（一）公诉优先原则

程序之所以需要发生转换，一个重要原因在于自诉程序与公诉程序在功能与效果之间存在的差异。对此，我国《刑诉法解释》第320条确立了公诉优先原则，规定公安机关正在立案侦查或者人民检察院正在审查起诉的，人民法院应当说服自诉人撤回起诉；自诉人不撤回起诉的，裁定不予受理。可见，对于同一案件，公安机关既立案侦查，被害人又提起自诉的，在法院尚未受理的情况下，应当采取公诉优先的原则，应当由公安机关继续侦查，理由在于：第一，被害人自诉不能替代国家追诉。被害人自诉和国家追诉的法律意义是不同的，前者毕竟带有个人自诉、维护个人利益的一面，其自诉不能代表社会或者国家的利益，后者带有明显国家意志的色彩，其维护的是公共利益（包括社会和国家利益）。第二，自诉人收集证据的能力与公安机关相比具有明显不足。网络犯罪的证据收集、固定难度较大，对公民个人而言难度更大。在具体案件中，被害人往往需要收集、提供诽谤信息的点击、浏览次数或转发次数，或者犯罪嫌疑人的行政处罚等前科情况，以证明“情节严重”。这难度很大，甚至是无法实现，要达到事实清楚，证据确实、充分更是难上加难。鉴于上述情况，对于某一个犯罪行为，当出现自诉程序与公诉程序交叉时，原则上公诉程序应优先适用。

（二）禁止双重危险原则

导致自诉与公诉程序转换的另一个重要原因在于，根据禁止双重危险原则的要求，同一个法院对同一个犯罪行为，不能两次受理，也不能同时审理自诉案件与公诉案件，也就是说，对于同一个诽谤行为，被害人自诉与检察机关公诉不能同时存在。因此，《刑诉法解释》第320条第2款第8项规定，公安机关正在立案侦查或者人民检察院正在审查起诉的，人民法院应当说服自诉人撤回起诉；自诉人不撤回起诉的，裁定不予受理。前述“杭州快递女子案”中，被害人先向人民法院提出了自诉，且法院已经受理，而公安机关后接受检察机关建议进行立案侦查，被害人接受了司法机关建议主动申请撤诉，否则公诉程序的进行将面临法律上的障碍。

（三）网络诽谤案件自诉与公诉衔接的具体程序

结合刑事诉讼法理及我国现有规定，在司法实践中自诉程序与公诉程序之间衔接转换可能会出现以下几种情形：

第一种情形，网络诽谤案件发生后，被害人可以向公安机关进行控告、报案，如果公安机关不予立案，被害人可以向人民法院进行自诉。

第二种情形，如果公安机关认为该网络诽谤案件危害社会秩序和国家利益，已经进行立案侦查，被害人向人民法院进行自诉的，人民法院应当说服自诉人撤回起诉，自诉人不撤回起诉的，人民法院应当裁定不予受理。

第三种情形，被害人虽已向人民法院进行自诉，但人民法院尚未受理，此时公安机关立案侦查的，人民法院应当说服自诉人撤回起诉，自诉人不撤回起诉的，人民法院应当裁定不予受理。

第四种情形，如果人民法院对被害人提出的自诉已经受理，之后公安机关再立案侦查的，原则上不应要求自诉人撤回起诉，但可以说服自诉人撤回起诉。

第五种情形，如果人民法院对被害人提出的自诉已经进行审理，但因证据不足，法院说服被害人撤回起诉或者直接裁定驳回诉讼请求，之后公安机关再进行立案侦查的，应当允许公安机关继续侦查。

第六种情形，如果人民法院对被害人提出的自诉已经进行审理，并依法宣告被告人有罪或者无罪，公安机关不应再立案侦查。

五、网络诽谤案件的证据收集

鉴于网络诽谤案件极容易产生严重扰乱社会秩序等严重危害，侦查过程中应着重从网络社会与现实社会两个方面去收集、审查证据。

（一）网络空间中的相关证据

由于网络空间具有虚拟性，网络诽谤案件中形成于网络空间中的证据主要包括证明诽谤言论发布的主体、言论的具体内容及言论被转发、评论、点赞、关注等情况的证据。因此，对于自诉人或公安机关而言，一是需要调取涉案网站、社交软件平台的电子数据证实诽谤言论的内容；二是查明网络账号的注册情况，包括手机号、电子邮箱、UID号码以及网络IP地址、行踪轨迹等证实诽谤行为实施主体情况的证据；三是犯罪嫌疑人聊天记录、通话记录等电子数据，以查明其实施诽谤行为的主观故意内容和目的；四是向网络平台调取书面证明，通过远程勘查、电子数据检查等途径，查明诽谤言论被浏览、点击、转发、评论的数量及相关话题是否冲上热搜、成为讨论热点、导致网络服务器瘫痪等引发网络秩序混乱的危害后果方面的情况。

（二）现实社会中的相关证据

形成于现实社会中的证据主要包括被害人报警记录、入网许可等网络服务协议、机主登记信息、网络开户信息等书证材料，以及网络平台公司出具的涉案诽谤信息证明材料，QQ、微信等聊天记录，微信朋友圈、微博、推特等发布的网络帖文截图、登录记录、登录日志、发帖列表等证明材料，证明犯罪嫌疑人实施了犯罪活动。此外，还包括手机及电脑等上网设备、移动硬盘、U盘等物证，相关证人证实看到诽谤信息、产生的负面影响及信息内容虚假性等情况的证言，有关单位、部门针对言论出具的结论性意见等材料。

006 准确认定虚假信息型寻衅滋事罪

寻衅滋事罪在我国刑法中，已经成为一类适用率较高、适用范围广泛的犯罪，在互联网环境下，立法者又赋予寻衅滋事罪新的内涵，该罪的规制范围得到扩张，形成了新的犯罪类型，即虚假信息型寻衅滋事罪。本书结合案例对“虚假信息”的司法认定、虚假信息型寻衅滋事罪的犯罪要件进行探讨，以期准确认定该罪适用范围。

一、虚假信息型寻衅滋事罪的形成轨迹与演变过程

2011 年出台的《刑法修正案（八）》中，正式确立了寻衅滋事罪的四类法定情形：（1）随意殴打他人，情节恶劣；（2）追逐、拦截、辱骂、恐吓他人，情节恶劣；（3）强拿硬要或者任意损毁、占用公私财物，情节严重；（4）在公共场所起哄闹事，造成公共场所秩序严重混乱。

由此可见，传统寻衅滋事罪中并未出现虚假信息。随着网络活动的不断丰富，大量社会交互活动与生活场景均在网络空间内进行，信息网络逐渐被视为公共场所，信息网络秩序亦被逐步纳入公共场所秩序范畴。《网络诽谤司法解释》第 5 条第 2 款规定：编造虚假信息，或者明知是编造的虚假信息，在信息网络上散布，或者组织、指使人员在信息网络上散布，起哄闹事，造成公共秩序严重混乱的，以寻衅滋事罪定罪处罚。该司法解释首次确立了虚假信息型寻衅滋事罪，以对扰乱信息网络环境内秩序的行为进行刑法规制。

针对虚假信息型寻衅滋事罪，司法实践重点关注三个方面：一是虚假信息的内涵外延；二是对公共秩序严重混乱的界定；三是对行为人主观故意的准确认定。

二、虚假信息一般应同时符合五类特征

虚假信息型寻衅滋事罪中，虚假信息是行为人编造与散布的对象，是成立此罪的核心构成要件，实践中一般从五个方面对虚假信息作出认定。

（一）信息需具备虚假性

从目的解释出发，全国人大常委会法制工作委员会刑法室将起哄闹事型的寻衅滋事解读为“在公共场所无事生非，制造事端”，其中“无事生非”的表述体现了对信息的虚假性要求；从文义解释出发，“虚假信息”的表述自身即体现了信息的虚假属性。对于“虚假信息”的认定，不能因存在“虚假”成分即一概进行认定：

1. 虚假信息应当与普通谣言相区分

谣言涵盖了所有无明确现实依据、不可靠的信息，而虚假信息的范围更小、成立要求更高，必然存在一个可以作为证据的、可被人直接感知的、相反的事实。换言之，虚假信息的虚假性意味着存在相应的事实或证据证明。

2. 虚假信息应当与对未知事实的合理猜测相区分

对未知事实的合理猜测在结论上可能与客观事实不一致，但是其结论产生过程中必然存在一定的现实依据与逻辑。例如网友根据照片等公开资料等推断某人发生了某事，并非虚假信息。而虚假信息，无论是形成过程还是最终内容，均不会有合理依据或逻辑，行为人没有相当的理由认为该信息为真。

3. 虚假信息应当与非关键内容虚假的信息相区分

虚假信息包括全部虚假的信息与部分虚假的信息。前者系完全伪造，认定为虚假信息没有争议。而后者则需区分是否系信息的关键要素存在虚假。例如正确描述了某事件前因后果，但是编造了对该事件的应对措施，属于关键要素虚假的信息；相反，事件发生的准确时间、某个细小且不影响性质的情节（不能一概而论）等非关键内容存在虚假，则信息整体并不属于虚假信息。

司法实践中对虚假信息的认定，并非简单的“与现实不一致”，而是需要结合客观事实的情况、信息的生成过程、信息包含的具体虚假点等要素作出综合认定。如张某寻衅滋事案①：张某因工厂改制、房屋拆迁等问题对某县党委政府、某街道村委等单位产生不满。自 2012 年以来，通过其注册的微博“腐败克星”和博客“莒县正义人”发布多条与事实严重不符的信息，被多次浏览、转发、评论。法院认定，张某在信息网络上所发布的涉案微博及博客内容或无中生有，为张某本人捏造、编造，或信息所涉及内容虽有一定来源，但经张某进行实质性篡改进而在网上进行发布，符合虚假性的要求，行为人成立寻衅滋事罪。

（二）信息需具备现实关联性，存在被相信的可能

实践中认定的虚假信息必然与客观现实存在一定联系，存在被一般人员判断为真实的可能性，才可能影响网络环境中的公共秩序。相反，与现实毫无关联的，与历史、未来、虚拟人物等相关的信息，则不应进入虚假信息的范畴。

如叶某寻衅滋事案②：2018 年 11 月 20 日，叶某在“散讲温州”网站关于某区主要领导提拔任用考察预告信息的帖子下回帖“某书记强拆老百姓的房屋违法违纪腐败”，编造上述虚假信息，使之在网络上散布。法院认定行为人并无事实依据而通过信息网络随意污蔑政府工作人员“违法违纪腐败”，且该信息可能被一般民众认定为真实，成立寻衅滋事罪。

---

① 参见山东省日照市中级人民法院刑事判决书，（2020）鲁 11 刑终 62 号。

② 参见浙江省温州市中级人民法院刑事裁定书，（2021）浙 03 刑终 105 号。

（三）信息系对客观事实的叙述而非个人观点

实践中，一般要求内容虚假的信息必须包含对客观事实的描述，在形式上是对于外部现实的反映（内容系虚假，与外部现实不同）。相反，如果信息仅包含行为人对事实的情绪、想法、观点、评论等主观产出的内容，而不存在对客观事实的直接反映，即使内容偏激、观点错误，也不属于虚假信息。例如行为人在信息网络中发布、传播其宣泄情绪、单纯辱骂某人的内容，不认定其涉嫌虚假信息型寻衅滋事罪，可能涉嫌侮辱、诽谤罪或者网络辱骂型寻衅滋事罪。

如岳某侮辱案①：岳某与张某自2014年开始交往，2020年2月，张某与岳某断绝交往。岳某为报复张某及其家人，在自己的微信朋友圈、某手App散布二人交往期间拍摄的张某的裸体照片、视频以及针对张某的侮辱性文字，法院认定行为人在网络上散布侮辱他人的信息，导致对被害人产生大量负面评价，成立侮辱罪。该案中，岳某所传播的侮辱性文字不含任何客观事实，不能进入虚假信息的范畴，法院不认定其行为构成虚假信息型寻衅滋事罪。

（四）信息一般针对单位、不特定的多人或者公共事件，而非特定自然人

虚假信息型寻衅滋事罪所要求的虚假信息一般不是针对特定的自然人而捏造的虚假事实，而是针对不特定的自然人或者单位、公共事件而编造的虚假信息。若针对特定自然人，捏造针对其个人的虚假事实，并在网络上散布，通常不成立虚假信息型寻衅滋事罪，而考虑侮辱、诽谤罪或者网络辱骂型寻衅滋事罪。

如秦某寻衅滋事案②：秦某为了利用热点事件进行自我炒作，提高网络关注度，在某特别重大铁路交通事故善后处理期间，使用新浪微博账户编造并散布虚假信息，称原铁道部向外籍遇难旅客支付3000万欧元高额赔偿金。该微博被转发11000次，评论3300余次，引发大量网民对国家机关公信力的质疑，原铁道部被迫于当夜辟谣。法院明确指出，如果将利用信息网络诽谤特定自然人的事实，也以破坏网络秩序等为由纳入寻衅滋事罪，则易使寻衅滋事罪演变为"口袋罪"，与罪刑法定基本原则相悖，故法院认定秦某的行为构成诽谤罪。

---

① 参见最高人民检察院指导性案例138号。

② 参照《刑事审判参考》典型案例第964号，北京市朝阳区人民法院刑事判决书，（2013）朝刑初字第2584号。

（五）信息非恐怖信息、险情、疫情、灾情、警情信息及证券、期货交易信息

《刑法》中涉及虚假信息的规定还包括：第181条规定的编造并传播证券、期货交易虚假信息罪与第291条之一规定的编造、故意传播虚假信息类犯罪。前者规制编造并且传播影响证券、期货交易的虚假信息，扰乱证券、期货交易市场的行为，后者的出台时间晚于虚假信息型寻衅滋事罪，主要规制编造恐怖信息、明知是编造的恐怖信息而故意传播，以及编造虚假的险情、疫情、灾情、警情，或者明知是上述虚假信息，在信息网络或者其他媒体上传播，严重扰乱社会秩序的行为。

实践中，对于编造并传播证券、期货交易虚假信息的行为，一般不存在争议，由《刑法》第181条规制；相应地，证券、期货交易虚假信息被排除出了虚假信息型寻衅滋事罪的范围。

但是，就《刑法》第291条之一的规定而言，由于该条的犯罪构成要件内容与虚假信息型寻衅滋事罪高度相似，就如何处理二者的关系，实践中存在不同意见。结合《关于依法惩治妨害新型冠状病毒感染肺炎疫情防控违法犯罪的意见》的规定，目前的通说立场认为：编造、故意传播虚假信息类犯罪与虚假信息型寻衅滋事罪是特殊与一般的关系，对虚假的恐怖信息、险情、疫情、灾情、警情信息的编造传播行为，由前者专门予以规制；相应的，上述信息同样不属于虚假信息型寻衅滋事罪中的虚假信息。以疫情信息为例，当信息主要涉及病毒情况、疫情传播情况、政府应对情况等疫情内容时，实践中一般不将其认定为虚假信息型寻衅滋事罪中的虚假信息，相关行为由编造、故意传播虚假信息类犯罪规制。

如薛某等人编造、故意传播虚假信息案①：2020年2月底，行为人在微信公众号上发布虚假疫情文章，编造境外华人受疫情影响的虚假信息，相关文章被阅读数量共计2.1万次，发布后误导境内外华人，造成恶劣影响，严重扰乱社会秩序。该案中，行为人最初以寻衅滋事罪被采取强制措施，法院明确指出，行为人系编造虚假的疫情信息，行为构成编造、故意传播虚假信息罪。

三、司法实践从现实与网络两个方面综合认定公共秩序严重混乱

虚假信息型寻衅滋事罪属于结果犯，若认定行为成立犯罪则必须造成公共秩

---

① 参见福建省福清市人民法院刑事判决书，（2021）闽0181刑初430号。

序严重混乱的危害结果。实践中对于公共秩序严重混乱通常从现实层面与网络层面两个角度进行综合认定。

（一）“公共秩序严重混乱”要求虚假信息在信息网络层面形成巨大影响

就传统的起哄闹事型寻衅滋事罪而言，刑法规定的危害结果是“造成公共场所秩序严重混乱”，但在《网络诽谤司法解释》中，虚假信息型寻衅滋事罪要求的危害结果为“造成公共秩序严重混乱”，删去了“场所”二字。一般认为，立法者作出上述修改，表现了其希望将传统的、位于现实空间的公共场所扩张至位于信息网络空间中的公共场所，对存在于信息网络环境中的“公共秩序”与存在于社会现实层面的“公共场所秩序”进行同等保护。上文已经指出，伴随着互联网环境的不断扩大与互联网生态的日渐扩张，信息网络环境已经成为公众生活中的重要虚拟公共场所，将信息网络环境内的公共秩序视为寻衅滋事罪所欲保护的“公共场所秩序”，符合现实的需求。

实践中在认定信息网络层面的“公共秩序严重混乱”时，可供认定的特征包括：（1）虚假信息的传播范围较大，即虚假信息在互联网中被广泛扩散，大量出现于微信群、朋友圈、抖音、微博等各类互联网平台中。（2）虚假信息的讨论热度较高，即虚假信息作为话题在互联网中引发了大量点击、跟帖、转发、评论，引起广泛关注、普遍议论。《网络诽谤司法解释》第2条对信息网络型诽谤罪情节严重的规定为：网络点击、浏览次数达到5000次以上，或者被转发次数达到500次以上。（3）虚假信息导致舆论形成不良倾向，即由虚假信息所产生的舆论造成负面影响，引发社会恐慌或者愤怒等情绪。

如彭某寻衅滋事案①：2019年6月，彭某将道听途说、主观推测的不实材料，通过微信公众号、今日头条账号、微博账号在网上公开发布题为《实名举报山东厅级干部生活淫乱，银行资产损失近30亿元》等文章、信息50余篇，其中含有与济南某行相关的大量虚假信息。法院认定，彭某为谋求职级和职务上的不正当利益，借故生非，将编造的虚假信息通过微信、微博、今日头条、百度等多个信息网络平台公开发布，被新浪、搜狐、凤凰、腾讯、网易等10余家网络媒体转载报道，引发网民大量点击、转发及负面评论，点击量超过千万次，混淆视听，蛊惑群众，已造成公共秩序严重混乱，行为构成寻衅滋事罪。

① 参见山东省济南市中级人民法院刑事裁定书，（2020）鲁01刑终80号。

（二）“公共秩序严重混乱”要求虚假信息在现实层面造成社会影响

实践中，仅仅是对网络秩序造成了影响，不足以认定“公共秩序严重混乱”。虚假信息在信息网络层面的散布，可能由于引发公众的恐慌或者不满情绪，而在现实层面形成社会影响。

通常可以通过当事人影响、公众反应、监管部门应对等情形认定社会现实层面的“公共秩序严重混乱”：（1）当事人（单位）正常工作、经营因虚假信息受到严重影响；（2）社会公众基于虚假信息引发的舆论，在现实中实施了某种应对行为，例如抢购物资、聚集表达不满等，引发生产、生活、工作、营业、教学等现实社会公共秩序的混乱；（3）监管部门基于虚假信息的传播，被迫采取应对举措，例如批量删帖、发布澄清公告、实施紧急预案等。

如邹某、刘某寻衅滋事案[①]：2018 年 3 月 26 日，刘某在个人微信公众平台“天禄财经”上发表了名为《出美丽坚记——盘先生回乌兰配合调查》的文章，影射某公司董事长潘某被检察机关带走协助调查；同日，邹某在明知该公司董事长潘某被带走接受调查是虚假信息的情况下，仍然在其个人微信公众平台“光祥财经”上以作者“安国”的名义发布了《【公司聚焦】某股份董事长潘某或“失联”》的文章，该文章发布后，“某股份董事长潘某被有关部门带走并被要求协助调查”的信息随即引起媒体纷纷转载、报道，被大量点击、评论，引发了社会舆论的广泛关注。2018 年 3 月 26 日中午，该公司向社会公开发布澄清公告，声明媒体报道的“某股份董事长被带走协助接受调查”信息不实，市场传言均为谣言。同日，该公司在上海证券交易所上市的股票的股价在股票市场大盘股价整体稳定、开盘后上涨的情况下，于市场上出现“某股份董事长潘某被有关部门带走并被要求协助调查”的虚假消息后，突然出现大幅下挫，总市值较上一交易日减少 60 多亿元。同时，公司内部员工出现恐慌情绪，影响了公司部分经销商、供应商正常的经营活动以及部分奶农正常的生产活动等。法院认定行为人散布虚假信息的行为造成公共秩序严重混乱，成立寻衅滋事罪。该案中，行为人所散布的虚假信息不仅在网络中获得大量点击、转载，在现实中也已经对当事人公司造成严重影响，且波及股市、员工等对象，属于在现实层面造成公共秩序严重混乱。

---

① 参见内蒙古自治区呼和浩特市回民区人民法院刑事判决书，（2018）内 0103 刑初 181 号。

四、对行为人主观故意的准确认定

（一）行为人应当具备起哄闹事的主观目的

对于寻衅滋事罪而言，根据《刑法》《最高人民法院、最高人民检察院关于办理寻衅滋事刑事案件适用法律若干问题的解释》的表述与该罪的历史演变，一般认为该罪要求行为人在主观上具备某种流氓动机，实践中具体表现为寻求刺激、发泄情绪、逞强耍横、无事生非等心理；针对虚假信息型寻衅滋事罪，行为人同样应具备此种流氓动机，具体要求为符合起哄闹事的主观目的，客观上可以表现为行为人针对社会公众较为关注的话题，有意煽动热度、造成影响。

如王某寻衅滋事案①：2017 年 12 月至 2019 年 3 月，行为人不听劝阻到武汉、江西、江苏等地对一些敏感案件的审判和发生的敏感事件进行现场围观、声援，并在网上发布不实信息进行炒作；2018 年 6 月至 2019 年 9 月，行为人故意在我国敏感时期和重大活动期间，通过微信在网上发布不当信息。法院认定，行为人利用微信朋友圈、微信群，针对社会公众关注的重大案件、重大事件和国家重大政治活动，在网上编造、散布大量虚假、不实信息，起哄闹事，造成社会公共秩序混乱，情节严重，其行为构成寻衅滋事罪。该案中，行为人并未与任何对象发生冲突或认为自身遭遇不公待遇，故意多次去敏感案件或敏感事件现场，并传播相关的不实信息，意图炒作、闹事，主观上的流氓动机较为显著，起哄闹事的性质突出，被认定成立寻衅滋事罪。

（二）行为人应当具备编造、散布虚假信息，造成公共秩序严重混乱的主观故意

根据刑法规定，该罪行为人的主观心态是故意。针对主动编造虚假信息、予以散布的行为人，只要其客观上实施了上述行为，即意味着其在编造、散布的过程中认识到此种行为将会造成危害结果，但仍然积极追求；或者认识到此种行为可能造成危害结果，但仍予以放任。因此，主动编造情形下行为人主观心态的认定较为明确。但针对并未编造虚假信息，只实施了传播、散布行为的人，则只有在其明知传播、散布的信息为虚假信息，仍然实施传播、散布行为的情形下，其主观心态才表现为直接或间接故意。实践中，对“明知”的认定较为谨慎，通常不会要求普通公众在网络环境中活动时积极甄别所有信息的真伪，一般不直接

① 参见湖北省孝感市中级人民法院刑事裁定书，（2020）鄂 09 刑终 207 号。

推定行为人明知信息为虚假信息，而需要存在明确的客观情形作为证据，例如行为人获得编造虚假信息主体的明确告知，或者行为人表示在散布过程中知道该信息为虚假信息等。

如在杨某、王某等人寻衅滋事案①：2019 年 5 月，杨某把其写的底稿《关于某县国土资源局联合富商榨取农民工血汗钱的情况反映信》发给李某，李某发送给付某，付某在现实中不认识杨某的情况下，于 2019 年 6 月 11 日将文章发到网上，进行大量转发，截至 2019 年 8 月 15 日网上浏览量达 8 万多次。法院认为，付某明知是编造的带有大量虚假内容的文章，仍组织、指使他人在信息网络上散布，造成公共秩序严重混乱，并获利 300 元，其行为已构成寻衅滋事罪。该案中，行为人虽然在现实中并不认识虚假信息的实际编造者，但是由于其已认识到涉案文章系虚假信息，仍然予以散布、传播，同样被认定为寻衅滋事罪。

五、总结

由于实践中寻衅滋事罪的口袋化趋势，虚假信息型寻衅滋事罪的认定应当注意避免不当扩大入罪的范围。首先，涉案的信息必须是不针对特定自然人的、虚假的且与现实存在关联的信息；其次，涉案信息必须在虚拟网络与社会现实两个层面综合产生不良影响；最后，行为人主观上必须具备起哄闹事的特征。上述认定逻辑有助于实践中对虚假信息型寻衅滋事罪的准确适用。

007 准确界定“商业秘密”

商业秘密是企业的重要财产权利，关乎企业的竞争力，对企业的发展至关重要。随着我国经济的快速发展，国家经济结构转型也处于关键时期，知识产权的保护也越发被重视，依法制裁侵犯商业秘密的行为，是保护企业产权的重要方面，也是维护公平竞争，保障企业投资、创新、创业的重要举措。近年来，侵犯商业秘密的行为逐渐增加，且常常以互联网为载体，实践中商业秘密界定的重要性也逐步凸显。

一、商业秘密是由《反不正当竞争法》定义的技术或经营信息

2021 年之前，我国《刑法》第 219 条侵犯商业秘密罪曾经对商业秘密的范

---

① 参见河南省渑池县人民法院刑事判决书，（2020）豫 1221 刑初 79 号。

围作出明确界定，认为商业秘密是“不为公众所知悉，能为权利人带来经济利益，具有实用性并经权利人采取保密措施的技术信息和经营信息”。随着《反不正当竞争法》的多次修改与2020年1月《中华人民共和国政府和美利坚合众国政府经济贸易协议》的签署，我国对商业秘密的保护力度呈现出不断加大的趋势。《刑法修正案（十一）》作出相应修改，将刑法中对于商业秘密的单独界定条款删除，从而使侵犯商业秘密罪中的商业秘密范围与外部法律体系一致，商业秘密的认定标准将完全由《反不正当竞争法》及相关司法解释确定。

根据《反不正当竞争法》第9条与《最高人民法院关于审理侵犯商业秘密民事案件适用法律若干问题的规定》、《最高人民法院、最高人民检察院关于办理侵犯知识产权刑事案件具体应用法律若干问题的解释（三）》、《国家工商行政管理局关于禁止侵犯商业秘密行为的若干规定》等的规定，商业秘密是不为公众所知悉、具有商业价值并经权利人采取相应保密措施的技术信息、经营信息等商业信息，主要涉及企业生产、经营。具体可分为技术信息和经营信息两类，技术信息是指与技术有关的结构、原料、组分、配方、材料、样品、样式、工艺、方法、步骤等。涉及网络犯罪时，更为常见的是算法、数据、计算机程序及其有关文档等信息。此外，还可以包括设计、技术诀窍、设计图纸等。经营信息则包括与经营活动有关的创意、管理、销售、财务、计划、样本、招投标材料、客户信息、数据等信息。

二、对商业秘密的界定过程

实践中在侦查侵犯商业秘密罪时，一般将犯罪对象是否系商业秘密作为侦查的起点，首先对涉案信息的性质予以审查。若涉案信息不符合商业秘密的相关要求，则相关行为无法成立侵犯商业秘密罪。

（一）第一步：审查涉案信息是否不为公众所知悉

1. “不为公众所知悉”的审查标准

一般认为，商业秘密的核心特征在于其秘密性。基于此，应首先审查涉案的技术信息或经营信息是否不为公众所知悉，而公众知悉的方式主要为通过公开渠道获取信息。根据《最高人民法院关于审理侵犯商业秘密民事案件适用法律若干问题的规定》第4条的规定，出现下列情形时，可以认定有关信息为公众所知悉：（1）涉案信息在所属领域属于一般常识或者行业惯例；（2）涉案信息仅涉及产品的尺寸、结构、材料、部件的简单组合等内容，所属领域的相关人员通过观察上市产品即可直接获得；（3）涉案信息已经在公开出版物或者其他媒体上公开披露（包括将为公众所知悉的信息进行整理、改进、加工后形成的新信息）；（4）涉案信息已通过公开的报告会、展览等方式公开等情形。

该步骤中的审查标准为涉案信息在侵犯行为发生时，必须不能为原本掌握涉案信息的特定人群以外的任何一人所知悉且无法从公开渠道直接获取。[①] 具体而言：（1）“公众”的范围。考虑到技术信息或经营信息的行业属性与专业属性，侦查人员不宜将此处的“公众”理解为全社会的一般公众，而是特指涉案信息所处行业或专业领域内的公众，否则商业秘密的范围将过宽。（2）公众知悉信息的途径。一般认为，只要事实上可以从公开渠道获取涉案信息，涉案信息即属于“为公众所知悉”，实践中，信息的公开渠道包括但不限于公开出版、销售、使用、展览、反向工程、口头泄密等方式[②]。（3）部分信息被公开的情形。考虑到技术或经营信息内包含了大量内容，实践中一般不要求全部信息均不为公众所知悉，相反，部分信息被公开不影响信息整体的秘密性。

针对网络侵犯商业秘密罪中出现较多的代码、数据库等互联网技术类信息的情形，实践中的界定重点在于判断此类技术信息中的秘点。秘点是技术信息类商业秘密的具体内容，代码、程序等本质上都是秘点的载体。以计算机软件程序为例，实践中一般认为：（1）在一个计算机程序中，存在一段或一组具有特定关系、能够实现单个特定具体功能或者具备特定含义、自成体系的代码，可被视为出现了一个秘点，代表着可被界定为商业秘密的技术信息；（2）秘点的本质并非一段代码本身，而是一段代码所承载的、软件工作流程或功能模块在代码实现层面上的具体实现方式、算法、设计和路径等抽象的技术信息，由代码将这些技术信息具象化；（3）承载着秘点的程序及代码，具备独特性，由权利人投入了充分的智力劳动而产生，对外体现为权利人在模块组合、参数设置等具体编写过程中的个人创造性劳动；（4）部分同类软件的源代码很可能在网上公开传播，或者部分程序存在经简单观察明显可见的工作流程及简单的技术内容，此类信息不属于“不为公众所知悉”，应当予以排除。

如许某某等侵犯商业秘密案[③]：许某某等人系新某公司的工作人员，均曾经

---

① 参见《关于禁止侵犯商业秘密行为的若干规定》第2条第2款。

② 参见上海市人民检察院第二分院诉周德隆等人侵犯商业秘密案，载《最高人民法院公报》2005年第3期。

③ 参见广东省广州市中级人民法院刑事判决书，（2010）穗中法刑二知终字第1号。

参与新某公司ips系统源代码的研发工作。2005年5月，许某某等人以各自亲属的名义在北京市海淀区设立博某公司。2005年底至2006年初，经许某某提议并统筹安排，许某某等人直接简单修改新某公司的ips系统各组成模块的源代码，并编写7号信令源代码和各模块程序的安装脚本，将该ips系统变造为星石系统，先后安装给网通平顶山公司、广东数据公司、贵州电信公司、网通河南公司使用，造成新某公司系统安装、维护工程营业损失441.6万元，软件销售营业损失198万元。法院经审理认为，ip系统是一个提供电信增值业务平台的系统，是新某公司历经十几年、累计投入上亿元开发的核心产品，主要客户为国内大型通信企业，ips系统软件包含的模块和功能非常多，而且相当复杂，设计者需要花费大量的人力物力方可设计完成。这些源代码的全体组合并不能在书本、杂志及其他的公有领域获得。即使该软件平台中含有部分的公有模块，这些模块的组合、具体参数的设置也需要经过设计者的艰苦智力劳动，并非简单将公有模块拼凑便可获得此源程序，该源代码具有不为公众所知悉的性质，属于具有秘密性的技术信息。许某某等人以营利为目的，未经商业秘密权利人新某公司许可，擅自利用、修改属于新某公司商业秘密的ips源代码制作软件，以博某公司名义安装给第三方使用牟利，给被害单位造成特别重大损失，均已经构成侵犯商业秘密罪。该案中，涉案的源代码包含多个模块与功能，尽管部分组成部分可以从公有领域取得，但是对模块的组合、参数设置仍具有高度设计性与大量智力投入，不可能通过公开渠道知悉，具备秘密性。

如何某、刘某侵犯商业秘密案①：何某、刘某原系北京某软件股份有限公司MIS开发部常务副主任，离职后共同出资成立了某软件技术有限公司，分别负责技术平台开发、项目二次开发、项目实施。经鉴定，2011年至2013年间，该公司销售的多个管理信息系统中多个使用的数据库表、存储过程/函数与原北京某软件股份有限公司管理信息系统对应的表、存储过程/函数相同或实质相同。法院审理认为，平台是一个整体设计，主要由代码加数据库组成，源代码指的是受害公司自己开发的代码，交给用户的都是执行代码，数据库包括平台设计配置数据库和用户业务数据库。受害公司申请保护的绝大部分数据库、代码的密点都是平台设计配置数据库和代码，还有项目管理业务模块的数据库及代码。而一个用户能够使用的业务功能脱离了底层的配置数据库，代码的数据访问组件和基础类

① 参见北京市西城区人民法院刑事判决书，（2015）西刑初字第449号。

库组是无法运行的，从而说明受害公司申请的密点就是公司平台的核心。

对于辩护人提出的涉案公司销售软件中数据文件与受害公司主张的密点相同或实质相同的技术信息不属于商业秘密的意见，法院认为，虽同一行业管理软件在设计思路、功能方面存在相似性，但不同软件开发人员设计编写源代码、数据库文件时在具体过程、结构方面会有差异，里面包含了个人创造性劳动，具有特定性，虽有部分内容简单的代码被公开，但不能以此否定其他代码的非公知性。据此，法院认为，受害公司具有非公知性的软件代码、数据库结构表、函数和存储过程，是涉案管理信息系统的必要、主要组成部分，可见其申请的密点在整个管理信息系统中的作用。行为人违反权利人有关保守商业秘密的要求，使用其所掌握的商业秘密，给商业秘密权利人造成重大损失，其行为均已构成侵犯商业秘密罪。综上，不同人员编写源代码、数据库文件时必然存在差异，受害公司的代码密点包含了个人创造性劳动，即使其中部分简单代码被公开，整体仍然具备非公知性，属于商业秘密。

2. “不为公众所知悉”的鉴定

由于涉案信息的技术性与专业性，司法实践中通常借助鉴定机构对涉案信息进行鉴定，判断其是否不为公众所知悉。

针对鉴定意见的出具过程，一般应关注：（1）鉴定主体应合法，包括鉴定机构、鉴定人员应具有鉴定资质，委托鉴定事项应符合鉴定机构的业务范围，鉴定人员不存在应予回避情形等；（2）鉴定材料应当真实、完整、充分，取得方式合法，并与原始材料一致；（3）鉴定机构应当由侦查机关自身委托，不宜由受害人或涉案信息权利人自己聘请鉴定机构。

在网络侵犯商业秘密罪中，由于计算机技术信息的高度专业性，司法实践中往往更为依赖相关鉴定机构的意见，相应地，也凸显了综合判断鉴定意见证据效力的重要性。

如黄某、王某、颜某、柳某、吴某、邢某某侵犯商业秘密罪案[①]：黄某等6人于2006年3月入职忆某存储技术（深圳）有限公司（以下简称忆某公司），担任副总经理或工程师；2008年4月，6人离职后在武汉成立武汉固某数据科技有限公司（以下简称固某公司），生产固态硬盘并在市场上销售。2011年5月17日，深圳市公安局委托国科鉴定中心对忆某公司的固态硬盘产品源代码与固某公

① 参见广东省深圳市中级人民法院刑事判决书，（2013）深中法知刑终字第35号。

司的固态硬盘产品源代码进行同一性对比，认定二者相应函数实质相同并且属于不为公众所知悉的技术信息共有 ListManage 函数等 29 个。法院经审理认为，根据国科鉴定中心出具的《司法鉴定意见书》［国科知鉴字（2011）2 号］，忆某公司固态硬盘源代码中至少有 29 个函数属于非公知信息，具有秘密性。辩护人认为上述源代码不具有秘密性，提供的主要证据为专家意见书和广东省专利信息中心知识产权司法鉴定所出具的鉴定报告。公诉机关提供的国科鉴定中心出具的《司法鉴定意见书》［国科知鉴字（2011）2 号］并未发现违反相关法律规范的情形，且鉴定人出庭进行了说明。广东省专利信息中心知识产权司法鉴定所出具的鉴定报告的鉴定意见并未否认国科鉴定中心出具的《司法鉴定意见书》［国科知鉴字（2011）2 号］中认定的忆某公司固态硬盘源代码中具有非公知性的 29 个函数的非公知性，而专家意见书的证明力不足以推翻国科鉴定中心出具的《司法鉴定意见书》［国科知鉴字（2011）2 号］的效力。因此，对上述辩护意见不应予以采纳。该案中，公诉方提供的鉴定意见依法具有证据效力，法院选择采信该鉴定意见得出的涉案信息不为公众所知悉的结论，并且否认了行为人一方提供的鉴定意见书及专家意见。由此，实践中应格外注重鉴定意见的证据效力。

与此同时，就鉴定意见的结论而言，由于鉴定意见并非定论，只作为一种证据存在，其本身只解决涉案信息是否被公众所知悉的事实性问题，因此不宜过于依赖“不为公众所知悉”的鉴定结果。更合理的认定思路是，在充分审查鉴定意见与其他在案证据能否相互印证、证据之间的矛盾能否得到合理解释后，综合判断涉案的电子数据是否为公众所知悉。

3. 获取涉案信息的手段非法性，可侧面印证涉案信息“不为公众所知悉”

涉及网络侵犯商业秘密罪时，存在一类特殊的情形：行为人以非法侵入、控制计算机信息系统，非法获取计算机信息系统数据等不正当手段，通过危害权利人的计算机信息系统，获取相关商业秘密，从手段上来说，属于《刑法》第 219 条明文规定的“电子侵入”。就商业秘密的界定而言，既然行为人系使用了上述不正当手段才获得涉案信息，本身就可以从侧面说明涉案信息并未处于公开渠道，具备秘密性。

如田某某侵犯商业秘密案①：田某某从北京 A 科技集团有限公司（以下简称

① 参见北京市门头沟区人民法院刑事判决书，（2019）京 0109 刑初 106 号；2019 年度检察机关保护知识产权典型案例之十六：北京田某某侵犯商业秘密案。

北京A公司）离职前，利用该公司数据管理系统漏洞，从北京A公司科技服务器数据库下载文件共计162次，以网络共享传输的方式从个人办公电脑拷贝文件到公用电脑共计7万余次，后用U盘、移动硬盘等设备将所下载文件窃走，其中涉及非田某某参与设计文件3.3万余个。田某某到深圳B机械有限公司工作后，以玻璃机项目副总经理的身份使用其窃取的北京A公司型号为JDLVG600的设备的图纸和技术方案，设计、生产出型号为B-600A-B的设备并出售，给北京A公司造成经济损失215万余元。结合田某某系通过窃取方式获取的信息，最终法院认定田某某构成侵犯商业秘密罪，判处有期徒刑1年10个月。

如李某等人侵犯商业秘密案①：李某等人在北京注册成立M有限公司，从事与北京世纪奥科某生物技术有限公司商城县分公司、北京盈泽某化工技术研究院经营种类相同的标准物质试剂销售。北京世纪奥科某生物技术有限公司商城县分公司、北京盈泽某化工技术研究院同属于北京世纪J集团，共用一台内网服务器，内网服务器的应用程序为肖某3独立研发，产品数据和客户资料是长期经营过程中积累的商业信息。2017年三四月份，李某用300元维修电脑耗材折抵了北京盈泽某化工技术研究院淘汰的一台华硕笔记本电脑。李某等二人技术处理该台笔记本电脑后，从中秘密获取了北京盈泽某化工技术研究院网站的内网服务器的用户名和密码，登录了北京盈泽某化工技术研究院网站的内网服务器，下载了北京盈泽某化工技术研究院网站内网服务器的应用程序和数据，经过删改，作为M有限公司内网服务器的应用程序和数据，供其经营活动使用。法院经审理认为，行为人通过收购被害人的笔记本电脑，以不正当手段获取了受害人采取保密措施的源代码和数据库表结构及相关客户信息，后套用该技术信息和经营信息搭建自己的网络平台，对外销售和受害单位同样的产品，构成侵犯商业秘密罪。

如唐某侵犯商业秘密案②：唐某于2016年7月11日入职衡阳某公司，签订了保密切结书和知识产权暨保密协议书，后在衡阳某公司供应链原物料管理科工作。其利用公司计算机系统管理上的漏洞，通过办公电脑访问公司公共盘，多次非法窃取公司机密文件，并通过QQ邮箱发送给一名微信好友，之后于2019年8月8日在美国的“中国劳动观察”网站发布文章，标题为《亚马逊非法用工，强迫实习生加班》。随后该文章被其他网站转发，对衡阳某公司的声誉造成严重

① 参见河南省信阳市浉河区人民法院刑事判决书，（2019）豫1502刑初250号。
② 参见湖南省衡阳市蒸湘区人民法院刑事判决书，（2020）湘0408刑初151号。

影响。法院经审理认为，结合鉴定意见涉案经营信息文件具备了构成商业机密的全部要件，且在2019年8月8日前是不为公众所知悉的；衡阳某公司因商业秘密被侵犯而调薪造成2019年8月正式用工成本损失1407039元。唐某在衡阳某公司工作期间，违反保密协议书有关保守商业秘密的要求，利用衡阳某公司计算机系统管理漏洞，窃取公司的商业秘密并泄露给他人发布至国外网站，其行为已构成侵犯商业秘密罪。

上述三个案例中，行为人均采取了利用权利人计算机系统的漏洞或者窃取相关账号、密码等方式，侵入了计算机信息系统并获取了其中的涉案信息。法院在作出判决时，均强调了“利用不正当手段”这一情节，可以从侧面印证涉案信息的“不为公众所知悉”。

（二）第二步：审查涉案信息是否具备相应价值

当特定的信息被认定为具备不为公众所知悉的秘密性后，仍需继续对其进行价值性角度的评估，判断该信息是否具备相应的商业价值，即该信息是否能够给权利人带来实际的或潜在的经济利益及竞争优势，这也是商业秘密获得法律保护的根本原因。

根据《最高人民法院关于审理侵犯商业秘密民事案件适用法律若干问题的规定》第7条第1款的规定①，当技术信息或者经营信息因不为公众所知悉而具有现实的或潜在的商业价值（包括生产经营活动中形成的阶段性成果）时，该信息即符合价值性的标准。同时，根据2020年发布的《最高人民检察院、公安部关于修改侵犯商业秘密刑事案件立案追诉标准的决定》，从侵犯商业秘密罪的立案追诉标准角度出发，无论行为人为商业秘密权利人造成的损失数额大于30万元，还是因侵犯商业秘密产生违法所得的数额大于30万元，均符合予以追诉的要求。就损失数额或者违法所得数额而言，可以通过合理许可使用费、销售利润损失、研究开发成本、实施收益等因素计算。互联网场景下的侵犯商业秘密罪中，源代码、数据库等电子数据信息往往是权利人生产运营中的核心要素，通过投入大量研发成本，成为权利人的主要产品、盈利来源或者经营基础，司法实践中相对容易得出这类信息具备高度商业价值的结论。综合而言，始终应当根据电

① 《最高人民法院关于审理侵犯商业秘密民事案件适用法律若干问题的规定》第7条第1款规定：权利人请求保护的信息因不为公众所知悉而具有现实的或者潜在的商业价值的，人民法院经审查可以认定为反不正当竞争法第九条第四款所称的具有商业价值。

子数据的研究开发成本与实施、利用后的收益进行综合确定。具体而言，司法实践中衡量特定电子数据的信息价值时，主要包括三个方面的考量。

第一，成本考量，电子数据形成过程中权利人投入的研发成本或者支付的商业秘密许可费、转让费等。如某某侵犯商业秘密案①：行为人从某电子股份有限公司离职后，将持有的含有原公司软件源代码的汽车电池管理系统（BMS）技术文件拷贝后修改、使用，并披露给新公司的技术人员使用，法院对涉案电子数据的价值评估系鉴定机构对被害单位研发投入的成本进行的统计计算，且仅仅统计了被害单位开发人员的薪资投入，作为开发投入的一部分予以考量。因此，司法实践中通常根据相关的成本投入确定电子数据的价值。

第二，收益考量，电子数据被权利人实施后，体现于会计账簿、财务分析报告中的相应收益、利润、市场占有率等反应销售价值的指标。如孙某、项某侵犯商业秘密案②：孙某、项某系甲公司的软件工程师，开发了某电子邮件系统软件。后项某离开甲公司加盟乙公司，并与孙某预谋，由孙某将甲公司开发的系统软件通过项某交给乙公司。同月6日，孙某按约定，通过邮件将该软件的源代码发送给项某，项某将该软件源代码下载后，即安装到乙公司服务器上并进行了软件的功能演示。法院明确指出，甲公司投入人力、物力开发了涉案技术信息，且不断进行更新完善，并以高价将涉案技术信息的复制品销售给其他公司的门户网站，说明涉案软件具有实用性并能给权利人带来较大的商业利润。可见，司法实践中不仅会考虑权利人对电子数据的前期大量投入，还会计算电子数据的实际经营利润，认定电子数据具备高度商业价值。

第三，损失考量，电子数据被他人取得或公开后，权利人将面临的损失。以源代码为例，源代码是用源语言编制的计算机程序，是计算机软件的核心内容和软件设计方案的具体表现，源代码一旦被公开，软件的核心技术即泄露，从而会失去应有的商业价值。如黄某等侵犯商业秘密案③：黄某等6人于2006年3月入职某存储甲技术公司，担任副总经理或工程师；2008年4月，6人离职后成立乙数据科技公司，利用甲技术公司的源代码生产固态硬盘在市场上销售。法院提出，商业秘密一旦被他人公开、披露、使用，权利人势必受到成本流失、预期利润无法取得等损失，基于对损失的考量，涉案源代码具备商业价值。

---

① 参见广东省深圳市宝安区人民法院刑事判决书，(2018) 粤0306刑初229号。

② 参见《刑事审判参考》指导案例第233号。

③ 参见广东省深圳市中级人民法院刑事判决书，(2013) 深中法知刑终字第35号。

（三）第三步：审查权利人是否对涉案信息采取保密措施

审查涉案信息秘密性与价值性后，第三个审查步骤是判断权利人是否对涉案信息采取了相应的保密措施。

实践中，涉案信息仅仅不为公众所知悉并具备商业价值，仍不足以成为商业秘密；只有当权利人为防止涉案信息泄露，已经提前对涉案信息采取了合理的保密措施时，涉案信息才能被认定为商业秘密。

结合《最高人民法院关于审理侵犯商业秘密民事案件适用法律若干问题的规定》的描述，实践中侦查人员一般根据保密措施的可识别程度、保密措施与商业秘密的对应程度与权利人的保密意愿等因素予以综合认定，具体而言，当出现下列情形时，通常可以认定权利人已经对涉案信息采取了保密措施：（1）权利人与接触涉案信息的员工等人员签订保密协议或者在劳动合同中约定保密义务；（2）权利人通过章程、培训、规章制度、书面告知等方式，对能够接触、获取商业秘密的员工、前员工、供应商、客户、来访者等明确提出了保密要求；（3）权利人对涉密的厂房、车间等特定生产经营区域作出标识、限制来访者或进行区分管理；（4）权利人以标记、分类、隔离、加密、封存、限制相关人员范围等方式，对涉案信息及其载体进行区分和管理；（5）权利人对能够接触、获取涉案信息的计算机设备、电子设备、网络设备、存储设备、软件等信息系统，采取了禁止或者限制使用、访问、存储、复制等措施；（6）权利人要求其离职员工登记、返还、清除、销毁其接触或者获取的涉案信息及其载体，继续承担保密义务。

另外，实践中一般认为权利人针对涉案信息的保密措施需要达到合理程度，才可认定权利人已经采取了对应的保密措施，具体的合理标准须围绕涉案信息的商业价值、权利人的自身情况等予以综合确定。

如郑某某、丘某某侵犯商业秘密案①：郑某某在担任A公司研发部门负责人、参与研发期间，产生利用公司“最佳的压缩器”技术另立公司自行生产数字调音台销售牟利的念头，并拉拢丘某某（A公司电子工程师）等人入伙。郑某某、丘某某自2017年开始利用A公司的技术设备试产样机，丘某某还窃取了“最佳的压缩器”技术的源代码。2018年，郑某某、丘某某先后离职，并利用郑

① 参见浙江省宁波市中级人民法院刑事判决书，(2021) 浙02刑初35号；浙江省高级人民法院发布2021年度十大知识产权案件之八：郑某某、丘某某侵犯商业秘密罪案。

某某离职时违反公司保密规定带走的存有“最佳的压缩器”技术等相关资料的“加密狗”U盘，生产侵权数字调音台。2019年，郑某某指使他人成立公司，利用“最佳的压缩器”技术专门生产、销售侵权数字调音台。至2019年11月案发，共生产、销售侵权数字调音台1205台，给A公司造成损失91.43万元。法院审理认为，A公司制定了知识产权管理办法，明确规定员工离职前须将所掌握的商业秘密资料交回公司，有义务保护公司知识产权，并在工作电脑上张贴警示标语，设置专门的保密室。侦查机关在郑某某的移动硬盘中还提取到名为“保密制度”的文件；A集团公司、A电声公司在与郑某某、丘某某签订的劳动合同中，均约定了郑某某、丘某某具有保守A公司商业秘密的义务，离职后须继续承担保密义务，不得擅自使用相关技术秘密。A电声公司根据该案技术信息表现为计算机程序这一特点，有针对性地采取了专人保管、“加密狗”U盘加密、设置初始化程序秘钥、硬件解锁、激活等加密程序。上述事实、证据足以证实A公司对该案的技术信息采取了必要保密措施。

实务中，由于商业秘密背后的技术特性，认定商业秘密往往需要较为复杂的过程。通过依次审查涉案信息是否不为公众所知悉、涉案信息是否具备相应价值、权利人是否对涉案信息采取保密措施，可以准确有效认定商业秘密。其中，在认定涉案信息是否不为公众所知悉时，在利用鉴定手段的同时，若行为人存在不正当手段尤其是存在以危害计算机信息系统类手段获取涉案信息的情形，也可进行侧面印证。

008 网游私服独立开发的武器、地图等元素是否侵犯正版游戏的著作权

在架设网络游戏私服营利的侵犯著作权的刑事案件中，常见的行为人辩解是其私自架设的游戏私服中的一些武器、地图等若干元素是根据玩家需求独立创作的，因此该部分未侵犯原正版网络游戏的著作权。依此辩解，行为人架设网络游戏私服后出售独立创作的武器、地图等数额应该从违法所得或非法经营数额中扣除。再引申，如行为人架设私服并不收取玩家费用，仅对其独立创作的武器、地图等收取费用，则不能认定行为人有违法所得，且不能认定有非法经营数额，只可能通过注册会员或点击数量等认定行为人“有其他严重情节”；在罚金刑上，则不能以违法所得与非法经营数额作为依据，而适用浮动的罚金数额。

对该辩解，本书的观点是：首先分析该辩解的目的；其次审查该辩解是否符合客观事实或是否有相关依据；最后论证该辩解是否成立，以及是否会有其他例外的情形等。

一、辩解的目的

一是将游戏私服的整体与部分元素相分割，即部分元素能够独立。如部分元素能够独立于整体游戏，虽游戏私服系侵犯正版游戏的著作权，但其中部分元素因有独创性，能够独立于整体游戏，则该部分不属于侵犯正版网络游戏的著作权。

二是强调分割后部分元素的原创性，即部分元素在游戏中有新颖的设计和独特的作用，是具有原创性的作品，而著作权保护的一个主要内容就是原创性。因此，这些武器、地图等元素是有别于原正版网络游戏。

三是因该部分元素具有原创性且可与游戏整体分割开，故游戏玩家购买这些武器、地图等元素所得的资金，不属于行为人的违法所得或非法经营数额。

二、辩解是否符合客观事实或是否有相关依据

（一）本书的几个观点

要认定游戏私服中武器、地图等元素的性质，首先需要在审查时明确关于网络游戏（包括正版与私服）的一些属性及认定性质的观点：

1. 游戏私服的定义及性质

根据2003年《新闻出版局、国家版权局关于开展对“私服”“外挂”专项治理的通知》的规定，“私服”“外挂”违法行为是指未经许可或授权，破坏合法出版、他人享有著作权的互联网游戏作品的技术保护措施、修改作品数据、私自架设服务器、制作游戏充值卡（点卡），运营或挂接运营合法出版、他人享有著作权的互联网游戏作品，从而谋取利益、侵害他人利益。

一般来说，架设游戏私服绝大多数具有营利目的，如行为人只是为了炫耀技术等并未以任何方式营利，虽也侵犯著作权，但不宜认定为刑事犯罪，相关权利人可以通过民事程序维护其权利。需要注意的是，其中的营利既可能是收取游戏玩家费用，也有可能是虽不收取费用但通过收取广告费等方式获利。

实践中，行为人架设私服的行为模式大多为将网络游戏服务端程序予以复制并架设在自己的服务器上进行运行，之后向玩家提供进入网络游戏路径的客户

端。其中，该客户端有可能是行为人创制的，也有可能是行为人在原正版网络游戏客户端增加私服路径使用。无论何种方式，行为人均是以营利为目的，未经权利人授权，复制并发行权利人的网络游戏，属侵犯著作权的行为。

2. 认定游戏私服侵犯著作权并不需要与正版游戏完全相同

实践中，设立游戏私服的行为人为吸引玩家加入，往往也会加入原版游戏以外的元素，常见的如正版网络游戏中没有的武器、地图等；也有的会进行一些美化，如重新绘制一些人物等。因此，行为人往往会以游戏私服中部分元素有别于正版游戏，是对游戏的再创作作为辩解理由。

对此，认定行为人设立游戏私服，并修改或增加正版游戏的元素之后，是否还构成侵犯著作权罪的复制行为，关键在于游戏私服是否与正版游戏为实质性相似。如果游戏私服网站上的武器、地图等元素是从正版网络游戏中直接复制或者修改后的衍生作品，那么就侵犯了正版游戏网站的著作权，因为正版游戏网站拥有原游戏的版权，未经授权使用正版网络游戏中的部分或全部内容都是侵权行为。因此，对游戏元素进行修改后是否构成“复制行为”，取决于游戏私服与正版网络游戏是否在实质上相似，如果游戏私服经修改、增加相关元素等后，与正版网络游戏在游戏玩法、游戏内容、游戏界面等实质方面都非常相似，那么对游戏程序进行修改后仍然可以构成“复制行为”，因为私服游戏的修改可能只是为了让游戏运行在不同的服务器上，而并没有实质性地改变游戏的内容。

但是，如游戏私服与正版网络游戏在实质上存在较大的差异，在游戏玩法、游戏内容、游戏界面等方面都与正版游戏有很大的不同，那么对游戏程序进行修改后就可能不构成“复制行为”。因为游戏私服已经发生了实质性的改变，即使其中游戏名称、人物名称仍与正版网络游戏相同，也与正版网络游戏存在了实质上的不同。当然，这类私服虽然因不属于“复制行为”而不构成侵犯著作权罪，但因可能属未经批准出版网络游戏作品，属非法经营的行为，可能构成非法经营罪，这需要具体案件具体分析。

因此，实践中认定游戏私服构成“复制行为”时，要求实质上相似而不要求完全相同，即使一些元素不相同，能够确认游戏私服与正版网络游戏为实质上相似的，亦构成侵犯著作权罪中的“复制行为”。

3. 武器、地图等元素的本质属性

武器、地图等在网络游戏中起主要作用。例如，武器通常包括攻击力、射程、装填速度、精准度等，这些属性决定了武器在游戏中的战斗效果和使用方法。而地图则包括大小、地形、障碍物、资源分布等，这些属性决定了地图在游戏中的玩法和策略。在游戏设计和平衡方面，开发者通常会根据这些元素的本质属性来进行调整和平衡，以保证游戏的公平性和趣味性。同时，玩家也会根据这些元素的本质属性来选择战斗策略、进行装备选择等。需要注意的是，许多正版网络游戏的武器、地图等均是开放的，即可以由游戏程序随机生成，有的可能也允许特邀的游戏开发者甚至玩家进行开发。因此，了解武器、地图等元素的本质属性对于玩家在游戏中的表现和胜负结果具有重要的影响。

本书认为，武器、地图等元素属于网络游戏实质性内容，在判断游戏私服中的武器、地图是否与正版网络游戏实质相似时，不仅要判断其图形、名称等，更应注重审查其是否与正版网络游戏原设计的本质属性相同。如武器装备的本质是提升玩家角色的各项属性，有的武器在角色图形中也随之更换，而绝大多数游戏私服中的武器装备无论名称、图形如何改变，其实质仍是提升玩家角色的各项属性，并不会产生新的游戏玩法、游戏内容、游戏界面；同理，有的地图虽然在外形、大小等上有所不同，但实质仍与正版网络游戏中的地形、障碍物、资源分布等规则相同。以上的武器、地图等仍与正版游戏实质上相同，本质上不会让玩家感到是一款不同的游戏。

因此，判断武器、地图等元素本质属性时要结合是否符合游戏整体规则的部分、是否给玩家产生不同游戏体验等进行综合判断。

（二）对行为人辩解的分析

1. 行为人开发武器、地图等元素与游戏整体性的问题

行为人辩解主要为主张根据《著作权法》第 3 条，其开发的武器、地图为“具有独创性并能以一定形式表现的智力成果”，强调其开发武器、地图的原创性。对此，本书认为该辩解只强调了武器、地图的外在表现，忽略了武器、地图系根据游戏已设立的规则创立并服务于游戏的本质特征，即外表具有独创性而实质还是游戏规则的衍生品。主要理由如下：

（1）武器、地图等元素的基本属性分类。

网络游戏中无论是正版还是私服，武器、地图等元素通常都由多个程序和数据构成。以武器装备为例，又可分为外观呈现、本质属性两方面，包括不同类型的数据或程序。

外观呈现主要为：一是模型文件，用于描述武器装备的 2D 或 3D 模型，包括模型的外观、大小、形状等；二是贴图文件，用于给武器装备的模型添加纹

理、颜色和细节，以提升其视觉效果。外观呈现是行为人在网络游戏私服中更改或创立武器装备的主要方面，主要还是通过更改或创设贴图文件，再以模型文件表现在设备终端上。

本质属性主要为：一是物理引擎，用于模拟武器装备的物理行为，如重量、惯性、碰撞等；二是逻辑程序，用于控制武器装备的各种行为，如攻击力、射程、攻击速度等；三是数据库，用于设置武器装备的属性信息，如名称、等级、稀有度、价值等；四是网络通信协议，用于实现武器装备在游戏中的交互和同步，如玩家之间的交易、武器的掉落等。对于武器属性即使是在私服中，行为人一般也不会去更改，只可能“作弊”地加大或减少一些数值，但本质仍是遵循游戏开发者设立的规则范畴。

本书认为，在案件审查时首先要分清楚行为人开发的是外观呈现还是本质属性，外观呈现的不同虽然最为直观，但不宜因外观不同就认为可属独立作品，否则就是以偏概全。

（2）行为人开发武器、地图等元素本质上属游戏规则的部分。

网络游戏中武器、地图等元素，本质上仍是一组数据或是一串源代码。而且，行为人开发的武器、地图等系数据输出于设备终端上，呈现外表上虽有差异，但实质上是体现游戏的规则，而该规则又是正版游戏开发者所设定的，需要注意的是该规则系服务于游戏的整体，为游戏玩法、游戏内容重要部分。

因此，行为人架设网络游戏私服，只是将网络游戏服务端程序予以复制并架设在自己的服务器上进行运行，游戏基本规则大多不会改变。如有重大改变导致在游戏玩法、游戏内容、游戏界面等方面都与正版游戏有很大的不同，则可以认定为新的网络游戏，可能另外构成非法经营罪等，在此不作讨论。

2. 行为人开发武器、地图等元素是否为独创性作品问题

行为人辩解称其开发武器、地图等元素具有独创性，以独创性确定形成独立的著作权。对此，本书认为一般可根据以下几点判断网络游戏中武器、地图等元素的独创性问题：

一是是否直接复制了原正版游戏中的元素。如果在私服游戏中的武器、地图等元素与原正版游戏中的元素完全一致，或者只是稍作修改，那么这些元素完全没有独创性，也没有与原正版游戏区分开来的特点。

二是是否属原创。私服游戏中的武器、地图等元素如果是行为人的独立创作，某种程度上与原正版游戏的元素不同，具有新颖的设计和独特的特点，可能

会认定属独立创作。

三是是否为善意。是否为善意也是判断行为人行为性质的其中一个重要因素。如果行为人设立这些武器、地图等元素是以使游戏私服营利为目的，实质是为“更好地侵犯他人著作权”，并非为了表达创意而创作，这就与著作权所保护的意图不符，因此在网络游戏私服整体已侵犯他人著作权的前提下，即使开发的武器、地图等元素有一定新颖性，仍不属于著作权所保护的原创性，不属于新的作品。

3. 行为人开发武器、地图等元素实为对游戏的一种美化

在私服游戏开发中，使用的武器、地图等源代码通常不会与正版游戏完全一致，注意是“不会完全一致”，因为如前所述，为吸引更多的玩家，私服游戏开发者大多会对游戏的一些元素特别是武器、地图等进行修改和定制，经过对源代码等的“作弊”修改和定制让玩家有更大的乐趣，以提供不同的游戏体验。这些修改和定制主要是添加新的武器、地图等，或者对现有的武器、地图等进行调整和优化，故私服游戏中的源代码与正版游戏的源代码之间可能存在一定的差异。但是，认定一款软件是否侵犯其他软件的权利时，是采取实质性的相似而不是完全相同标准，要通过比较两款软件的源代码或者是目标代码来认定。经比较为实质性相似的，不宜认定为新的作品。

一般而言，网络游戏私服本身已构成侵犯著作权，而开发武器、地图等元素的源代码等与正版游戏有实质性相似且均是为了服务于游戏整体，一些贴图文件仅起到美化作用而不会对游戏造成实质性影响。对此，可以参照的案例是著名的“番茄花园软件案”，行为人对微软 XP 系统破解后推出番茄花园版的 Windows XP 系统，其不仅安装时不用输入 CD－KEY 或本身可以自动生成 CD－KEY，可以不需要通过正版验证软件进行升级，而且还可以关闭或卸载不常用程序，使运行速度更快，同时增加了一些常用软件，界面也更加美观。该案中，虽然行为人破解 XP 系统时改变甚至美化了正版 XP 系统的外观及附属的一些程序软件，但其“复制发行”的破解版 XP 系统不仅源代码与正版 XP 系统实质相似，作用与正版 XP 系统功能相同，而且提供给他人的目的实质也是使用该 XP 系统，增加的软件实质也是为提升他人使用破解版 XP 系统的体验感，并不会产生新的作品，他人使用破解版 XP 系统的本质也是基于 XP 系统而不是为了破解后的美化。另外，行为人对破解版 XP 系统进行美化，不是为了表达创意而是为了更好地“以营利为目的”（收取广告费等），故也不宜认为美化的部分形成新的作品。

但是，如行为人在网络游戏私服中绘制了不同的游戏贴图文件，该游戏贴图有可能是原创属于该私服游戏开发者，但私服游戏仍是正版游戏的修改版本，开发的任何新内容都遵守原始游戏的版权和使用条款。也就是说，图形呈现内容的本质并不属于新的作品，如一把新的剑，除图形外其他源代码均与正版相似，其伤害值等在游戏中的体现及规则均服务于游戏整体，只是图形本身可能是独立作品，但其置于游戏中则属游戏的一个部分，随着武器的掉落、交易等进入游戏的整体中，也不宜将图形本身的原创性从游戏整体中区分出来。

综上，网络游戏私服中开发的不同武器、地图等元素本身为游戏的数据，本质上仍是体现游戏开发者设立的规则，源代码仍与正版网络游戏相同，实质系对网络游戏私服的美化，虽有不同的外观呈现，但不宜将其从游戏整体中独立出来，进而也不能区分哪些是“美化”因素的违法所得或非法经营数额。

三、综合判断行为人的辩解

综合上述分析，行为人辩解的目的是将网络游戏私服中的武器、地图等元素从游戏整体中区分出来，进而将玩家购买武器、地图等元素的资金从案中分离出来。

对于行为人的辩解，本书认为：一是虽然行为人使用不同的贴图，使武器、地图等元素呈现不同的外观，但因其本质仍是根据正版游戏而设立，起的是美化作用，也因其设立的目的是“更好地”侵犯他人著作权，故不宜将行为人设立的武器、地图等元素中的贴图视为独立的作品；二是其源代码与正版游戏实质相似，其本质仍是服务于游戏整体，也是根据游戏设立的规则制作，即使贴图部分有原创因素但仍在游戏整体之中，故不宜从游戏整体中分离；三是网络游戏私服本身已是侵犯他人著作权，其中武器、地图等元素又不是游戏的一部分，玩家购买武器、地图等元素只是为了更好地进行游戏体验，故购买的资金不宜从行为人的违法所得或非法经营数额中分离出来。

009 制作、销售网络游戏外挂行为的刑法规制

“外挂”一词源自我国台湾地区，原意是指与主体程序同时运行，并扩展主体程序功能的附加程序，英文为“Add - on”“Plug - in”。外挂程序原本是中立的程序，但是随着互联网环境的发展，外挂程序被广泛、集中使用于网络游戏中，逐渐演变成为利用计算机信息技术针对游戏运行程序进行非原设操作或者改

变部分程序，修改游戏的正常设定，可在网络游戏中拥有规则设计外的能力、获取超越常规的奖励的作弊程序。因实践中网络游戏外挂可能造成游戏运营商、游戏玩家的损失，因此进入了刑法规制的视线范围内。基于外挂使用方式、作用场景的特殊性，实践中围绕对外挂应当如何予以刑法规制存在争议。

一、根据技术原理的差异，外挂可被区分为辅助操作型与数据修改型

根据游戏的运行过程是否依赖互联网环境，电子游戏可以被分为单机游戏与网络游戏。其中，单机游戏指的是所有数据均存储在玩家本地的计算机信息系统中的游戏，玩家可以在脱离网络环境的情况下正常运行游戏；网络游戏则是必须依赖互联网进行的游戏，玩家必须通过互联网进入运营商提供的游戏环境中进行操作。进入刑法规制范畴的外挂主要应用于后者。

网络游戏的运行主要由两类程序实现：一是客户端程序，由玩家通过互联网下载，在本地计算机信息系统中安装运行；二是服务器端程序，其是实现网络游戏运行的主要载体，在游戏服务器中运行，受到运营商的控制。运营商通过架设游戏服务器，使得所有玩家的客户端程序都与统一的游戏服务器实现数据流通，所有玩家均需要通过互联网进入游戏环境，通过游戏服务器实现多人实时在线互动。

因此，与单机游戏不同，网络游戏中的所有重要资料，包括角色属性、武器装备等玩家数据均在游戏服务器中存储，玩家客户端仅显示存储于服务器中的数据状态。在网络游戏正常运行的情况下，玩家实现游戏操作的过程，是由客户端与服务器端进行交互，实现游戏数据的生成、显示、修改等结果。具体而言包括：（1）玩家在本地运行客户端程序，使用鼠标、键盘等进行物理操作，输入移动、战斗等不同指令；（2）客户端接收指令后，利用数据封包的技术，将指令以数据包的形式传送至服务器端，发出请求；（3）服务器内存储了所有游戏数据，服务器端在内部处理数据包后，将相应结果以数据形式反馈给客户端；（4）玩家客户端显示相应的数据状态与处理结果（见图6－1）。

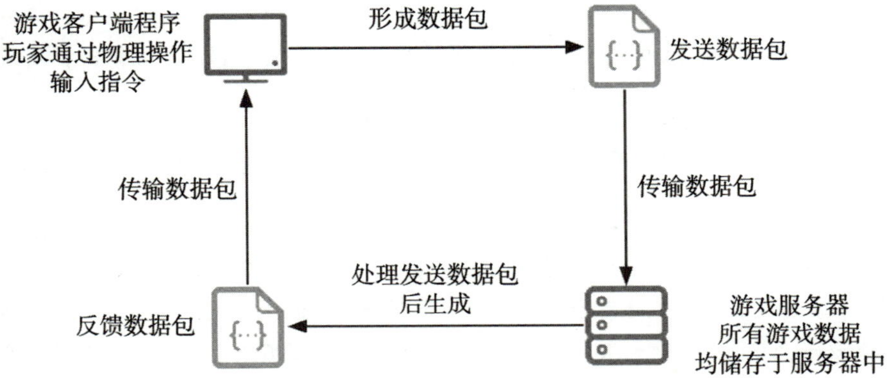

图6-1　网络游戏操作过程

实践中，根据作用的程序与背后的技术原理差异，一般分为两类外挂。

第一，辅助操作型外挂，这类外挂主要作用于客户端，核心原理是辅助或者模拟人类控制计算机时的键盘、鼠标操作。具体而言，玩家实现控制游戏人物等游戏操作的过程，本质上是玩家在客户端使用鼠标、键盘对程序输入不同的指令，由计算机根据指令执行并返回结果的过程。基于此，辅助操作型外挂将地图、方位等游戏要素编入其程序脚本，并监控玩家的实时游戏进程，自动确定游戏中需要由玩家触发的按键等物理操作，由外挂直接将对应的按键值等应当输入的指令作为输入参数导入“Keybd_ event（）”等基本的系统函数模块，实现对玩家实体操作的模拟或辅助。例如，某游戏中需要玩家持续不断点击鼠标进行“钓鱼”操作，此时玩家可利用辅助操作型外挂代替自身完成重复性操作。

第二，数据修改型外挂，这类外挂可以作用于游戏数据流通的各个环节，核心原理是直接以技术手段修改互联网游戏中的数据，包括：（1）作用于客户端，一般为通过反向编译工具，监控客户端内存中的游戏进程，定位某种游戏数值（例如血量、金币等），直接在内存中修改该数值，实现超越游戏规则的效果，另外还包括控制客户端程序进程、删除客户端生成的数据等其他作用于客户端的形式；（2）作用于游戏数据包的传递环节，通过破译并使用客户端与游戏服务器的通信协议，[①] 监听客户端所发出的网络数据包，识别其中的目的 IP 地址是否为服务器 IP 地址，从而截获客户端与服务器之间的交换数据，予以修改，实现服务器错误地识别玩家操作等效果。

二、实践中一般以侵犯著作权罪对制作、销售外挂行为予以刑事规制

网络游戏外挂程序的危害在于：一是影响网络游戏服务器需要处理的数据与运行速度；二是影响网络游戏客户端的运行；三是影响网络游戏运营商的预期经济收益。但是，外挂程序本质上只是依附于网络游戏运行系统，不会对系统整体造成破坏，导致无法运行等危害结果，其现实中也更多被用于个人享受快感或者利用游戏内道具牟利，对于计算机信息系统与社会秩序的危害程度都有限。

（一）制作、销售外挂的行为不成立非法经营罪

早期司法实践中，存在以非法经营罪规制制作、销售外挂行为的做法，近年来逐渐被抛弃。非法经营罪的保护对象是特定商品经营、特定许可证制度、特定行业准入制度以及其他特定市场经营方面的管理秩序，外挂程序并非特许经营商品，销售外挂程序的行为也并未违反任何特许专营专卖的规定，此类行为至多影响游戏运营商的营收利益，未破坏任何特定市场经营管理秩序，不可能纳入非法经营罪的规制范畴。实践中，非法经营罪的口袋化入罪趋势已被多方批评，最高人民法院更是明确指出，非法经营犯罪案件需要严格把握兜底条款的适用范围。

如金某某、李某某提供侵入、非法控制计算机信息系统程序、工具案[②]：行为人在网络上购买《绝地求生》游戏外挂程序“88888. exe”卡密，并销售给他人，一审法院认定行为构成非法经营罪，二审法院改判，认为销售该游戏外挂程序的行为，不属于非法互联网出版行为，亦未严重扰乱我国市场秩序，不构成非法经营罪。该案中，二审法院的立场代表了目前实践中的基本立场，制作、销售外挂的行为并未影响市场秩序，不成立非法经营罪。

（二）制作、销售外挂的行为不成立提供侵入、非法控制计算机信息系统程序、工具罪

根据《办理计算机案件解释》第 2 条的规定，具有避开或者突破计算机信

---

① 通信协议是指通信双方对数据传送控制的一种约定，即对数据格式、同步方式、传送速度、传送步骤、检纠错方式以及控制字符定义等问题作出统一规定，通信双方必须共同遵守。

② 参见江苏省淮安市中级人民法院刑事判决书，（2019）苏 08 刑终 272 号。

息系统安全保护措施，未经授权或者超越授权获取计算机信息系统数据，或者对计算机信息系统实施控制的功能的，属于专门用于侵入、非法控制计算机信息系统的程序、工具。但实践中制作、销售外挂的具体情形均不符合上述构成要件。

（1）当涉案外挂属于辅助操作型外挂时，此类外挂虽然作用于客户端，但是在技术原理上并不需要进入客户端内存，只需要在游戏程序上附加可模拟人体输入指令的外挂程序即可，不会涉及任何计算机信息系统数据。故制作、销售此类外挂的行为无法被该罪名所规制。

（2）当涉案外挂属于作用于数据流通阶段的数据修改型外挂时，尽管此类外挂在技术原理上会截取客户端与服务器端之间传递的游戏数据，但是由于该截取行为发生于数据流通过程中，客户端、服务器端的运行实际上均没有受到直接负面影响。本质上，此类外挂并未作用于任何计算机信息系统，只是通过替换真实数据实现了对游戏服务器端的“欺骗”“作弊行为”，不属于专门用于侵入、非法控制计算机信息系统的程序、工具。

（3）当涉案外挂属于作用于客户端的数据修改型外挂时，尽管此类外挂会直接作用于玩家的客户端内存中，实时监控游戏客户端程序的运行进程，但是由于现实中玩家均为自愿安装外挂，如果将制作、销售此类外挂的行为认定为提供侵入、非法控制计算机信息系统程序、工具罪，则意味着玩家对本人使用的客户端实施了非法获取计算机信息系统数据或者非法控制计算机信息系统的行为，需要同步规制，显然有悖于刑法原理与司法实务的要求。综上，制作、销售此类外挂的行为无法成立提供侵入、非法控制计算机信息系统程序、工具罪。

如朱某某、梁某某等非法经营案①：行为人于2013年至2016年期间，未经授权或者许可，单独或合伙自行编制针对福建某计算机网络信息技术有限公司出版、运营的网络游戏《魔域》的外挂软件并在社会上发行、销售。福建中证司法鉴定中心出具的电子数据鉴定意见认定，涉案外挂软件依附于《魔域》游戏客户端，通过向游戏客户端注入动态链接库文件的方式，在游戏中实现原客户端不具有的自动刷副本的功能，对游戏客户端的正常操作流程和正常运行方式造成了干扰。但是法院指出，涉案外挂软件并未对计算机信息系统应用程序进行删除、修改、增加的操作，也并非使用外挂软件造成他人侵入、非法控制计算机信息系统，

---

① 参见江苏省徐州市云龙区人民法院刑事判决书，（2017）苏0303刑初173号；江苏省徐州市中级人民法院刑事裁定书，（2018）苏03刑终377号。

故不符合提供侵入、非法控制计算机信息系统程序、工具罪的情形。

（三）制作、销售外挂的行为可能成立侵犯著作权罪的两类情形

根据《刑法》第217条的规定，以营利为目的，未经著作权人许可复制发行、通过信息网络向公众传播其计算机软件的行为或故意避开或者破坏权利人采取的保护著作权或者与著作权有关的权利的技术措施的行为，可以成立侵犯著作权罪。上述规定已经明确了制作、销售外挂行为涉嫌侵犯著作权罪的两类情形：第一，外挂程序复制了游戏程序中自成体系、可以独立实现特定功能的部分代码的情形；第二，外挂程序故意避开或者破坏了运营商对游戏程序设置的技术保护措施的情形。

1. 外挂程序故意避开或者破坏了运营商对游戏程序设置的技术保护措施的情形

上文中的第二种情形源于《刑法修正案（十一）》的最新规定，符合外挂程序的作用原理，认定时较为明确、清晰，涵盖范围广，基本排除了实践中将侵犯著作权罪适用于制作、销售外挂行为的障碍。

具体而言，根据外挂的不同类型分析如下：（1）辅助操作型外挂，由于其本质上仍然遵守运营商所设计的游戏规则，只是减轻了人力操作的负担，可以将这类外挂的运行理解为玩家让机器人帮助完成游戏中的机械操作，并没有突破游戏程序中的任何技术保护措施，制作、销售此类外挂的行为不符合该情形；（2）数据修改型外挂作用于客户端时，对于游戏客户端程序在客户端内存中生成的数据乃至程序运行本身均产生直接影响，必然会避开或者破坏游戏程序中的各类技术保护措施，制作、销售这类外挂符合第二种情形，涉嫌侵犯著作权罪；（3）数据修改型外挂作用于数据流通过程时，为了监视、修改客户端与服务器端交互过程中的数据包，需要破解、利用运营商设置的通信协议，同样属于避开或破坏技术保护措施的范畴，涉嫌侵犯著作权罪。

以上，除了辅助操作型这一“非典型”外挂以外，主流的数据修改型外挂无论作用于何种环节，运行的基本原理均为通过破坏相应技术保护措施实现作弊目的，“突破技术保护措施”是其本质属性。因此，依据我国《刑法》第217条第6项的规定，对网络外挂程序案件宜以侵犯著作权罪为基本罪名。①

---

① 参见喻海松：《网络外挂罪名适用的困境与转向——兼谈〈刑法修正案（十一）〉关于侵犯著作权罪修改的启示》，载《政治与法律》2021年第8期。

2. 外挂程序复制了游戏程序中自成体系、可以独立实现特定功能的部分代码的情形

除了避开或破坏游戏程序的技术保护措施以外，外挂程序还可能对游戏程序中自成体系、可以独立实现特定功能的部分代码予以复制，此种情形下也可能成立侵犯著作权罪。

实践中，基于不同类型外挂的运作方式，具体复制内容有所不同：（1）辅助操作型外挂为了模拟人体的物理操作，可能需要复制游戏程序中关于地图、方向、人物动作等游戏操作要素的代码；（2）数据修改型外挂作用于客户端时，为了改变游戏客户端内存中的运行数据，可能需要复制游戏程序的部分源代码；（3）数据修改型外挂作用于数据传递过程时，为了破译游戏数据通信协议并监听、抓取数据包，可能需要复制游戏程序的部分源代码。因此，所有类型的外挂程序均可能存在复制游戏程序源代码的情形。

但是，复制行为本身并不必然代表制作、销售外挂程序的行为成立侵犯著作权罪。根据《计算机软件保护条例》第 8 条对复制和发行的定义，计算机软件的复制、发行意味着复制品和原件基本相似并进行传播，换言之，在涉嫌犯罪的情形下，外挂程序与游戏程序需要达到一定的相似度。

实践中，通常从两个方面考虑认定外挂程序是否实现了对游戏程序的复制：

（1）外挂的基本功能目标。所有类型的外挂目标均在于令使用者游玩游戏时获取额外的便利或优势，部分外挂在原有游戏玩法之上完全形成了新的功能，但是，部分外挂的基本功能目标仍然建立于游戏程序设计的规则之上。例如，单纯使玩家在相同情况下获取更多血量、相同条件下得到更多金币等。这类外挂所实现的基本功能目标实际上并没有超出原有游戏程序的范畴，只是额外实现了“作弊”的效果，与游戏程序的相似程度较高；

（2）外挂代码的具体内容。如上文所述，为了实现“作弊”的效果，外挂程序代码一般均需要复制游戏程序的代码，但并非所有复制行为都可以被纳入刑法规制范畴，通常认为，当外挂程序复制了游戏程序中可以单独形成某种效果、自成体系的代码时，才属于高相似度的复制行为。此时外挂的功能目标往往也不存在独特性，对于游戏程序功能的依附性较强。

如肖某某等 7 人侵犯著作权案①：《新惊天动地》系某网络科技（北京）有

① 参见四川省成都市武侯区人民法院刑事判决书，（2015）武侯刑初字第 55 号。

限公司自韩国进口并运营的一款网络游戏，2012年，肖某某制作并向李某某提供了《新惊天动地》游戏的外挂程序，后多人共同使用《新惊天动地》游戏的外挂程序刷取游戏币出售牟利。法院认为，行为人为了谋取非法利益，在《新惊天动地》游戏客户端不具备自动进行游戏、完成自动创建游戏角色、自动执行任务、自动打怪、自动捡取物品、自动使用物品等功能的情况下，增加了以上自动实现的功能，该功能的实现必须复制互联网游戏程序的源代码，而被告人肖某某所制作的网络游戏外挂程序与《新惊天动地》游戏程序具有高度的相似性，其行为已构成侵犯著作权罪。该案中，涉案外挂程序虽然增加了部分原有游戏程序不具备的功能，但显然只是让本应由玩家操作实现的功能转变为自动实现，实际并未真正突破原有游戏程序功能的涵盖范围，同时，法院也指出，功能效果上的高依附性也意味着外挂程序的代码与游戏程序的源代码相似程度较高，已经满足"复制发行"的要求。

三、总结

针对制作、销售外挂行为的刑事规制，必须从多方面予以考虑：首先，该行为存在经营的性质，但是并未影响国家专营专卖制度，无法以非法经营罪规制；其次，考虑外挂程序的运行原理，其并非专门用于侵入、非法控制计算机信息系统的程序、工具。随着《刑法修正案（十一）》的出台，故意避开或者破坏权利人采取的保护著作权或者与著作权有关的权利的技术措施成为侵犯著作权的犯罪行为，制作、销售外挂的行为完全符合该情形的规制范畴，自然应当以侵犯著作权罪予以规制。

附：相关规定

《中华人民共和国刑法》第二百一十九条、第二百四十六条、第二百五十三条之一

《中华人民共和国民法典》第一百一十一条、第九百九十九条、第一千零三十四条至第一千零三十九条

《中华人民共和国网络安全法》（主席令第53号，2017年6月1日起施行）

《中华人民共和国个人信息保护法》（主席令第91号，2021年11月1日起施行）

《最高人民法院关于适用〈中华人民共和国刑事诉讼法〉的解释》（法释〔2021〕1号，2021年3月1日起施行）

《最高人民法院、最高人民检察院关于办理侵犯公民个人信息刑事案件适用法律若

干问题的解释》（法释〔2017〕10号，2017年6月1日起施行）

《检察机关办理侵犯公民个人信息案件指引》（高检发侦监字〔2018〕13号，2018年11月9日起施行）

《信息安全技术 术语》（GB/T 25069—2022）

《电话用户真实身份信息登记规定》（工业和信息化部令第25号，2013年9月1日起施行）

《互联网用户账号信息管理规定》（国家互联网信息办公室令第10号，2022年8月1日起施行）

第七章　网络秩序类犯罪案件办理

001 “团队计酬”与组织、领导传销活动罪的界分

一、“团队计酬”特殊化处遇的由来及影响

（一）“团队计酬”作为多层次传销模式有限合法化

20世纪八九十年代传销作为一种多层次直销模式传入我国。传入之初，因对此新生事物了解较少，政府采取严格限制、谨慎试点的政策发展了一批传销企业。然而，传销经营模式基于其强大扩散能力，很快即有燎原之势。① 随着传销风靡，利用传销活动从事诈骗、销售伪劣产品、偷税漏税、走私等违法犯罪活动日益猖獗，其中“拉人头”“收取入门费”等违法活动尤其严重。为此，1994年8月10日，原国家工商行政管理局发出《关于制止多层次传销活动中违法行为的通告》（已失效），剑指以多层次传销名义从事“拉人头”“收取入门费”“虚假宣传”等的违法活动。可以说，当时“拉人头”“收取入门费”等活动是被作为一种利用多层次传销名义从事的违法活动来看待的，并不属于正常的传销经营活动，所以又被称为“非法传销”“违法传销”“变质传销”等。其与欧美的“庞氏骗局”“金字塔销售术”（Pyramid Sales Scheme），日本及我国台湾地区的“老鼠会”（Rat Club）等相似，② 而与“团队计酬”式多层次传销经营活动有着本质区别。③

鉴于当时对于传销活动的认识尚不深入，而“金字塔销售术”常寄生于多

---

① 参见高庆林：《直销——扑面而来的风》，载《瞭望新闻周刊》1994年第1期。

② 关于“庞氏骗局”的介绍，参见百度百科网，https：//baike. baidu. com/link？url＝07SZvewKTiQNGaCHyPSyE35Fdi79kg－TltqKD71QI2evqqonlQdfVTCoJXLkS－Ll_ eH02IP9YfzAuRQBTwFlL5upypy3UPfMB5iyB_ lZhTbBr31EFqgp0sxRflkk7TPH，最后访问时间2022年11月27日。

③ 参见单文华：《多层次传销的法律问题及对策》，载《政治与法律》1995年第6期。

层次传销活动中难以区分，1994 年 9 月 2 日，原国家工商行政管理局发出《关于查处多层次传销活动中违法行为的通知》（已失效），不仅严查、取缔擅自从事多层次传销活动的企业、单位，而且对多层次传销活动本身原则上也予以限制，要求停止多层次传销经营方式，确需采用的，应重新报批核准。鉴于当时我国关于传销经营方式的法律、法规尚未建立健全，对传销活动很难规范和管理，加之广大消费者的消费心理还不够成熟，并不具备开展多层次传销的条件，1995 年9 月22 日，国务院办公厅发布《关于停止发展多层次传销企业的通知》，再次强调要立即停止批准成立多层次传销企业。此后，非法传销活动得到有效遏制，但传销活动本身仍在迅速发展。期间政府管制主要针对传销活动中存在的违法犯罪行为，对传销活动本身并未全面禁止。

之后，随着经济管制政策的进一步宽松，1997 年 1 月 10 日我国第一个专门规范传销活动的部门规章《传销管理办法》出台。该办法第 2 条第 1 款将传销定义为“生产企业不通过店铺销售，而由传销员将本企业产品直接销售给消费者的经营方式”，并将其分为多层次传销和单层次传销两类。其中单层次传销被定义为“生产企业不通过店铺销售，而通过发展一个层次的传销员并由传销员将本企业的产品直接销售给消费者的一种经营方式”，相当于国外的单层次直销。多层次传销被定义为“生产企业不通过店铺销售，而通过发展两个层次以上的传销员并由传销员将本企业的产品直接销售给消费者的一种经营方式”。“团队计酬”即属于此种多层次传销经营模式，相当于国外合法存在的多层次直销业务。[①] 至于不以销售商品为目的的“拉人头”“收取入门费”等“金字塔销售术”“老鼠会”等属于利用传销名义而从事的违法活动，并不属于《传销管理办法》规定的传销行为。

（二）“团队计酬”被作为非法经营活动全面禁止，并纳入刑事规制范畴

《传销管理办法》的出台赋予传销活动以合法地位，并明确其定义、分类、登记注册资格、条件、法律后果等，对于认识和规范传销活动具有重要意义。然而，赋予传销经营以合法地位并不符合我国当时国情，由于传销具有组织上的封闭性、交易上的隐蔽性、传销人员的分散性等特点，加之当时我国市场发育程度低，管理手段比较落后，群众消费心理尚不成熟，传销活动极易被不法分子利用

① 参见吴洪林：《对禁止传销的法律分析》，载《华东政法学院学报》2003 年第 2 期。

进行各种违法犯罪活动，与传销活动相关的震惊全国的违法大案时有发生，严重影响我国社会稳定，破坏社会秩序。于是，1998 年 4 月 18 日国务院发布《国务院关于禁止传销经营活动的通知》，要求禁止任何形式的传销经营活动。

自此，传销的含义发生很大变化，所有无店铺人销模式均被统称为“传销”或“变相传销”活动而予以全面禁止，包括《传销管理办法》中规定的单层次传销、“团队计酬”及利用多层次传销进行的“拉人头”“收取入门费”等各种形式的“庞氏骗局”“金字塔销售术”“老鼠会”等。此后，传销一度被作为一种非法经营活动而予以处理。1999 年 10 月 18 日，国家工商行政管理局发出《关于查禁传销及变相传销活动的紧急通知》，2000 年 8 月 13 日国务院办公厅转发国家工商行政管理总局、公安部、中国人民银行联合发布的《关于严厉打击传销和变相传销等非法经营活动的意见》，要求工商行政管理机关对“经营者通过发展人员、组织网络从事无店铺经营活动，参加者之间上线从下线的营销业绩中提取报酬”等传销或变相传销行为，采取有力措施坚决予以取缔；对情节严重涉嫌犯罪的，要移送公安机关，按照司法程序对组织者依照《刑法》第 225 条的有关规定处理。

2001 年 4 月 10 日最高人民法院在答复广东省高级人民法院《关于情节严重的传销和变相传销的行为是否构成非法经营罪问题的请示》时作出《传销行为定性批复》（已失效），明确对于 1998 年 4 月 18 日国务院《关于禁止传销经营活动的通知》发布以后，仍然从事传销或者变相传销活动，扰乱市场秩序，情节严重的行为，应当依照《刑法》第 225 条第 4 项的规定，以非法经营罪定罪处罚。2003 年 3 月 21 日最高人民检察院法律政策研究室在答复湖南省人民检察院研究室《关于 1998 年 4 月 18 日以前情节严重或特别严重的非法传销行为是否以非法经营罪定罪处罚问题的请示》时指出，对 1998 年 4 月 18 日国务院发布《关于禁止传销经营活动的通知》以前的传销或者变相传销行为，不宜以非法经营罪追究刑事责任。行为人在传销或者变相传销活动中实施销售假冒伪劣产品、诈骗、非法集资、虚报注册资本、偷税等行为，构成犯罪的，应当依照刑法的相关规定追究刑事责任。

为进一步规范打击传销活动，2005 年 8 月 23 日国务院颁布《禁止传销条例》，其中第 2 条规定传销是指组织者或者经营者发展人员，通过对被发展人员以其直接或者间接发展的人员数量或者销售业绩为依据计算和给付报酬，或者要求被发展人员以交纳一定费用为条件取得加入资格等方式牟取非法利益，扰乱经济秩序，影响社会稳定的行为。其中《禁止传销条例》第7条明确将传销分为三类：第一类是组织者或者经营者通过发展人员，要求被发展人员发展其他人员加入，对发展的人员以其直接或者间接滚动发展的人员数量为依据计算和给付报酬，牟取非法利益。第二类是组织者或者经营者通过发展人员，要求被发展人员交纳费用或者以认购商品等方式变相交纳费用，取得加入或者发展其他人员加入的资格，牟取非法利益。第三类是组织者或者经营者通过发展人员，要求被发展人员发展其他人员加入，形成上下线关系，并以下线的销售业绩为依据计算和给付上线报酬，牟取非法利益。其中前两类不以销售产品为目的的"拉人头""收取入门费"式传销被学者称为"诈骗型传销"，第三种以销售商品为目的的多层次传销被称为"团队计酬"、"原始型传销"① 或"经营型传销"②，三种传销行为均属行政禁止范畴。基于我国加入世界贸易组织与国际市场接轨的需要，单层次传销并未在《禁止传销条例》的禁止之列，而且2005年8月23日国务院颁布《直销管理条例》，对直销活动予以明确和规范，其中第3条规定直销是指直销企业招募直销员，由直销员在固定营业场所之外直接向最终消费者推销产品的经销方式。自此《传销管理办法》中的无店铺"单层次传销"被授予"直销"的名义完全合法化。

在直销走向合法化的同时，打击原始型传销和诈骗型传销的活动亦更加深入、规范。2006年8月31日国务院办公厅印发《全国打击传销专项行动方案》(已失效)，要求严厉打击、坚决取缔以"拉人头""团队计酬""收取入门费"等方式以及通过互联网、假借直销名义进行的传销活动。"拉人头""团队计酬""收取入门费"等简称概念开始在官方文件中被广泛使用。

(三)"团队计酬"出罪化

为严密法网，2009年2月28日公布的《刑法修正案（七）》增设组织、领导传销活动罪，将"拉人头""收取入门费"式诈骗型传销纳入组织、领导传销活动罪规制范畴，也由此出现了《刑法修正案（七）》与2001年《传销行为定性批复》共存的局面。司法实务中对于"团队计酬"究竟是否构成犯罪产生激烈争议。不少人认为，"团队计酬"与诈骗型传销可谓形影相随，"团队计酬"可以随时转化为诈骗型传销，属于国家严令禁止的行为，同样具有严重的危害

---

① 陈兴良：《组织、领导传销活动罪：性质与界限》，载《中国检察官》2016年第9期。

② 时方：《互联网传销刑法规制研究》，载《国家检察官学院学报》2019年第6期。

性。刑法修正案增设组织、领导传销活动罪并不导致 2001 年《传销行为定性批复》失效，对于情节严重的“团队计酬”式传销活动，应当以非法经营罪予以处理，[①] 从而形成对“团队计酬”采取组织、领导传销活动罪与非法经营罪并行的“双规制”刑事规范体系。[②]

但也有观点认为，传销活动并不属于经营行为，使用非法经营罪予以规制违反罪刑法定原则。[③]“团队计酬”和诈骗型传销社会危害性明显不同，且不具有“骗取财物”的特性，《刑法修正案（七）》实施以来，2001 年《传销行为定性批复》自然失效。“团队计酬”不应作为犯罪处理，只能予以行政处罚，否则会导致罪刑失衡，有违公正。[④]

鉴于实务中在理解和适用组织、领导传销活动罪时存在较大分歧，2013 年 4 月 8 日起施行的《最高人民法院关于废止 1997 年 7 月 1 日至 2011 年 12 月 31 日期间发布的部分司法解释和司法解释性质文件（第十批）的决定》将 2001 年《传销行为定性批复》予以废止，随后 2013 年《传销意见》，该意见对“团队计酬”的含义予以明确，并明确对其不作为犯罪处理。

2001 年《传销行为定性批复》废止及 2013 年《传销意见》出台后，实务中虽仍有质疑之声，但意见基本趋于统一，“团队计酬”式传销不再作为犯罪处理。实务对多层次传销活动双规并行的刑事规制转变为行政、刑事手段阶梯式运用的双层规范制。[⑤] 由此，一个传销组织是否属于以销售商品为目的的“团队计酬”式传销关乎罪与非罪的判断，对于当事人权益影响重大，对组织、领导传销活动罪的准确适用具有重要意义。

二、“团队计酬”式经营型传销与“金字塔销售术”式诈骗型传销的辨别

国家对于“团队计酬”式多层次传销作出无罪化处理主要是基于其不同于

---

① 参见张建：《组织、领导传销活动罪刍议》，载《华东政法大学学报》2009 年第 3 期。

② 参见蔡勇、季伟：《对团队计酬型传销行为应如何定性》，载《中国检察官》2010 年第 24 期。

③ 参见阎慧鸣：《组织、领导传销活动罪司法实务问题研析——基于对 2014 年判决的 160 个案例的考察》，载《北京警察学院学报》2017 年第 1 期。

④ 参见姜德鑫：《传销行为的犯罪化问题探析》，载《政治与法律》2009 年第 8 期。

⑤ 参见林亚刚：《刑法修正案（七）“组织、领导传销罪”的解读》，载《政法论丛》2009 年第 6 期。

"金字塔销售术"式诈骗型传销的特殊本质。在与传销活动斗争的过程中，理论和实务界总结了"团队计酬"式经营型传销与"金字塔"式诈骗型传销的一些典型区别。[①]

(一) 是否要求新成员交纳费用或认购商品

"金字塔销售术"式诈骗型传销模式的投资计划往往被设计得非常复杂，加入、晋升、返利规则难以让普通民众所理解，并故意掺杂"倍增市场学"、"区块链"、"虚拟货币"、"数字货币增值服务"、"E 网商务网站"[②]、"资本运作"、"人力资源开发"、"股权众筹"、"债权众筹"[③] 等概念混淆视听，实质上是为了掩盖其通过后加入者的投资来回报先加入者的盈利模式。所以，是否从后加入者身上"骗取财物"是辨别二者的重要标志。传销活动发展初期的"拉人头"式传销往往以介绍工作、旅游、学技术等名义邀约到新成员，再通过拘禁、谈心、讲课、参加成功经验分享会等方式滚动灌输传销是"辉煌的事业""一种新生事物""商业新模式"等思想进行洗脑，刺激新成员加入组织实现一夜暴富、改变家族及世界命运的欲望，之后胁迫、引诱新成员出资投入项目成为传销组织成员，实际上相当于是一种"先加入、后收费"的方式。之后的"收取入门费"式传销较"拉人头"式传销更为便捷，以投资"比特币"、"华强币"、"恒星币"[④]、"Link - World 世界通软件卡"[⑤] 等有实物或无实物的方式要求新成员交纳一定的费用或者认购一定量的产品以获取加入、晋升、返利的权限和资格。其中的实物或商品，要么完全作为道具展示供吸引新人使用，要么价格严重背离价值，实际上相当于变相将产品合理利润之外的虚价作为入门费。此种"金字塔销售术"式传销不仅不创造经济效益，反而严重冲击实业，扰乱市场秩序，侵犯群众的财产权益，具有严重的社会危害性。

而正常的"团队计酬"式传销属于多层次直销模式，其实质是销售产品。传销员同时兼任销售员和培训员的角色，其在吸收新成员加入时只是为了让新成员帮助其扩大产品销售，所以并不从新人处收取入门费或要求新成员购买其产

---

① 参见王涛：《"团队计酬"式传销的前世今生》，载《犯罪研究》2014 年第 2 期。

② 参见江苏省南通市中级人民法院刑事裁定书，(2010) 通中刑二终字第 85 号；重庆市第一中级人民法院刑事判决书，(2010) 渝一中法刑终字第 117 号。

③ 参见北京市第二中级人民法院刑事裁定书，(2017) 京 02 刑终 349 号。

④ 参见广东省中山市第二人民法院刑事判决书，(2017) 粤 2072 刑初 1381 号。

⑤ 参见江苏省镇江市中级人民法院刑事裁定书，(2011) 镇刑二终字第 12 号。

品。但鉴于产品销售周期性强、利润有限，“团队计酬”在发展过程中极易受到利益的诱惑，脱离销售产品的初衷，诱导传销员将主要精力用于发展新成员并要求新成员自购产品以获取所谓的“销售业绩”，走向变相“收取入门费”式诈骗传销的道路。“团队计酬”往往成为“收取入门费”式传销的预备阶段、初级阶段，与“金字塔销售术”相伴相随。例如，我国曾在2011年发现有个别保险代理机构将一批保险中介机构联合起来，成立了名为“环球年愿景保险联盟”（以下简称环球联盟）的组织。加入其中的保险中介机构分布在北京、山东、河南等多个地区，共30余家。环球联盟内部采用金字塔结构，在各中介机构之间形成了明显的“上线”和“下线”的隶属关系，上级机构以直接或间接发展的下级机构销售业绩作为计酬依据，额外提取相关的激励费用。这种经营模式具有复式计酬的特点，不注重培训、管理和销售，片面追求发展下级机构，偏离了保险营销的本质，已经走向了“金字塔销售术”式诈骗型传销的行列，而被原中国保险监督管理委员会基于“打早打小”的考虑而查处。①

（二）上线收入的来源不同

“金字塔销售术”式诈骗型传销上线的收益主要依靠直接或间接收取新成员交纳的入门费，源源不断、层层剥削。一旦没有下线加入或被查处取缔，整个传销大厦会立即崩塌，最后一批加入者便成为受害人。所以，每一个传销组织成员要想弥补自己损失的“入门费”或进一步获利，必须寄希望于胁迫、引诱新成员加入，避免自己成为大厦崩塌前的“接盘侠”“最后一只老鼠”。对于上下线关系中“骗取财物”的实质把握对于辨别“团队计酬”与“金字塔销售术”有着至关重要的作用。基于“金字塔销售术”传销活动的此种独特性，对组织、领导传销活动罪中的“骗取财物”进行理解时应作出符合传销活动特性的解释。这里的“骗取财物”并不指某个成员或某次具体的虚构事实、隐瞒真相的行为，而是指胁迫、引诱新成员加入并交纳费用或认购商品。具体的购买者究竟是基于无知被骗加入还是基于牟利的贪婪被骗加入并不影响组织、领导传销活动中“骗取财物”要素的判定。② 相较而言，“团队计酬”式传销上线的收益来自下线销售产品的盈利，如果没有产品销售，一般也不会有人成为受害者。因这种收

---

① 参见《关于环球年愿景保险联盟涉嫌传销，严重违反有关法律法规的公告》（保监公告〔2011〕19号）。

② 参见李翔：《组织、领导传销活动罪司法适用疑难问题解析——兼评〈中华人民共和国刑法〉第224条之一》，载《法学杂志》2010年第7期。

益受制于下线工作的积极性、产品的质量、消费的周期等多种因素的影响，上线的获利有限且并不稳定。

（三）产品交易的目的不同

“金字塔销售术”所交易的产品要么系毫无价值的概念产品、道具产品，要么产品价格严重背离价值，而且没有退货的保障。其销售产品的主要目的在于以产品交易的形式变相收取入门费，掩盖其“骗取财物”的实质。产品的购买者亦并无真实消费意图，或者偏离其真实消费意图，发展成为“抢位”“占点”“升级”而大量购买“产品”，为了囤货而囤货，甚至不交接产品，产品逐步成为堆放于库房中的数字概念。这些产品购买者要么成为受害者要么发展成为加害者，诱骗更多的人购买更多无用的产品。这样的商业模式显然不利于培育公平竞争的市场环境，造成劣币驱逐良币，严重扰乱市场秩序。而“团队计酬”传销模式是以销售产品为目的，产品定价相对合理，由于省去了中间店铺经销的成本，可能具有竞争优势，物有所值，新加入者即使自购商品也是基于自身消费需求，并不以获取加入或晋升资格为主要目的。

“团队计酬”式经营性传销和“金字塔销售术”式诈骗型传销还存在有无退货保障、有无退出自由、传销员有无职业保障等多方面区别。[①] 一般而言，从形式上判断，只要存在投资虚拟概念、以交纳费用或购买产品作为加入条件，并形成上下线关系，上线从下线处获取收益，基本即可断定属于“金字塔销售术”式诈骗型传销。

当然，随着传销活动的更迭升级，“拉人头”“收取入门费”等手段亦在不断变异，一些借助实体店与传销模式相结合的传销在定性上仍有较强的迷惑性。[②] 诸如“北京亿霖案”“辽宁蚁力神案”等，它们打着“合作造林”“托管造林”“委托养殖”等旗号吸引投资，其中既有真实的林木等产品，又有空买空卖的道具林木，如何定性一直存有争议。

[案例一][③] 被告人李某先以销售西安康多药业生产的“金皇后”等产品为名，先后成立或以康多公司、慨尔慷公司、辽宁天道助康保健品营销有限公司（以下简称天道助康公司）等名义销售“金皇后”产品。其间，李某先设定了以

---

① 参见王恩海：《组织、领导传销活动罪的司法认定》，载《法学》2010 年第 11 期。

② 参见贾宇：《论组织、领导传销活动罪》，载《人民检察》2010 年第 5 期。

③ 参见安徽省蚌埠市禹会区人民法院刑事判决书，（2014）禹刑初字第 00249 号。

"金字塔"型"拉人头"、层层返利、无限发展为手段的销售模式，并联系他人设计了相对应的软件程序。上述公司基本经营模式是，加入者必须购买该公司产品才能成为公司会员，且个人交纳280元购买1盒（以下均是指"金皇后"）成为普通消费者，交纳1400元购买5盒成为铜卡级会员，交纳2800元购买10盒成为银卡级会员，交纳5600元购买20盒成为彩卡级会员，交纳8400元购买30盒成为金卡级会员，交纳14000元购买50盒成为钻卡级会员。该产品进价事实上在每盒30元左右，后涨价至50元左右。康多公司基本返利模式为：一是零售利润，即公司以280元1盒产品销售给会员，会员向普通消费者销售价格为330元，每盒利润50元。二是推广费，即只要直接介绍人员成为公司会员，均可获得他们购买盒数×50元的奖励。三是服务费，即一个会员下面可以放两个人，以此类推，无限发展，会员在组织内按发展和被发展的关系建立上下线层级关系，下一层会员购买产品的，上一层会员均可以获得返利，此返利也称"碰碰奖"。也就是说，如果已交纳5600元购买20盒产品成为会员，上线会员发展成功的两个下线会员同时交纳5600元购买同样20盒产品，20盒碰20盒，上线会员就可以得到20盒×50元=1000元奖励；如果下线会员其中一人交纳5600元购买20盒产品，而另外一人交纳8400元购买了30盒，20盒碰30盒，上线会员只能获得购买数20盒×50元=1000元奖励，未计算返利的10盒可以累计留存，用于新加入下线会员购买产品后与之再对应碰撞获得该10盒的返利，总之，只要有留存未碰撞的均可用于下一次碰撞。但这种碰撞后的返利有最高额限制，且当日结清，第二天再重新按上述方式计算当天的奖励，以此循环。四是管理费，即只要是上线会员直接推广的人员再推荐别人加入，均可得到他们每人服务费的20%，服务费就是指以第三种方式计算出来的其下线的返利。此模式经营到2012年11月左右。截至案发时，康多公司约有会员2700余人，慨尔慷公司约有代理商320余人，天道助康公司约有会员470余人。

被告人李某先及其辩护人对起诉书指控本案存在传销活动的事实没有异议，但认为本案不应当作为犯罪处理，其符合2013年《传销意见》第5条规定。其理由是：本案是以公司名义销售产品，公司的所有工作人员均不直接发展代理商，他们只拿工资不拿代理商销售产品的返利。公司和代理商之间是代理合同关系，而不是控制与被控制关系，是否购买产品、购买哪种产品、购买多少产品，均是自愿，购买产品后是否加入公司销售，代理商也是自愿。虽然公司设立了"金字塔"型的销售模式，但这只是适用于代理商而不适用于公司工作人员，包括被告人李某先。代理商根据自己或者其发展的代理商销售产品数额，提取相应返利模式，虽然涉嫌传销，但否定不了其是为了激励代理商或者消费者购买更多产品。公司计酬模式公开，返利透明，且公司严格按照自己制定的返利模式给代理商返利，没有欺诈、胁迫行为。因此认为这种以销售产品为目的，以产品销售业绩作为返利依据的单纯的“团队计酬”式传销活动，不应当作为犯罪处理。

法院认为，康多公司、慨尔慷公司、天道助康公司先后均是以高价购买“金皇后”“玉皇后”产品作为取得公司会员或者代理商资格的唯一先决条件，进价和售价之间过于悬殊，产品难以销售，且不许退货。其经营方式上是直接或者间接以发展人员的数量及其所谓“购买”产品数额作为计酬或者返利依据。每名被发展进入公司的所谓会员或者代理商，以“下线发展越多，提成越多”来诱骗新的人员加入，且按照各自发展的人数（包括下线及下下线的人数总和）来确定其等级地位，并呈“金字塔”型，在组织结构上具有明显的层级性。故上述三公司为传销组织。被告人李某先构成组织、领导传销活动罪，且达到情节严重。

[案例二][①] 2014 年 2 月 24 日，被告人马某等成立山西古道农业科技有限公司（以下简称古道公司），公司自成立至 2015 年 12 月，以推销有机农产品为名，要求参与公司的人员分别以 4000 元、8000 元、12000 元购买以上产品来获得加入公司的资格。公司以日分红和月分红两种形式给会员进行返利。古道公司的系统分为种植系统和消费系统。种植系统进行日分红，消费系统进行月分红。

在种植系统（日分红）中，如果交 4000 元可成为一星会员，如果交 8000 元可成为两个一星会员，如果交 12000 元可成为三个一星会员，一个二星会员。种植系统是按照 1000 元一个点位，进行排放点位的。会员在种植系统排的点位满足一定条件时就可以升级星级。以会员 A 为例，会员 A 交 4000 元成为古道公司的会员，其中 2000 元进入种植系统，有两个点位，这两个点位上下排列，上面的点位就是一个一星会员点位。在会员 A 的左右两边一个 B、一个 C，如果 B、C 都是一星会员，这时会员 A 就成为二星会员。A 会员下面发展的 B、C、D 如果都成为二星会员，A 就成为三星会员。如果会员 A 下面通过排放点位，使 B、C、D 都成为三星会员，会员 A 就可以成为四星会员。每个一星会员的点位，每四天返利一次，返利到 2000 元为止；每个二星会员的点位，每四天返利两次，

---

① 参见内蒙古自治区包头市青山区人民法院刑事判决书，（2017）内 0204 刑初 39 号。

返利到8000元为止（包括一星会员时的分红）；每个三星会员的点位，每四天返利三次，返利到40000元为止（包括一星会员、二星会员时的分红）；每个四星会员的点位，天天返利，返利到100000元为止（包括一星会员、二星会员、三星会员时的分红）。日分红是以古道公司每天的销售利润的一半给公司会员分红。不同星级的会员获得日分红频率是不一样的，不同星级每天分红的金额是一样的。星级分布和发展会员多少没有直接关系但是间接发展会员越多，布的点位越多，星级越高，获得的返利越多。

在消费系统中，古道公司会给会员进行月分红。月分红的主要分红模式为组织奖和拓展奖。组织奖是将每个会员发展的部门分为左市场和右市场，当左右市场达到1∶2或者2∶1的比例时，按照小市场（左右市场业绩为1∶2时，比例为1的市场业绩）新增业绩的15%来给会员发放组织奖，该返利模式不限层级，始终返利。拓展奖是会员获得自己发展左右市场新入会员组织奖的4.5%，最多拿到团队发展层级的6层。古道公司的日分红系统也就是种植系统是以电子币的形式给会员发放，电子币和人民币兑换比例是1∶1。

经从古道公司后台提取数据并审计，该公司仅消费系统显示发展会员63320人，总业绩639623030元，会员实发返利448105528元，发展会员人数均超过120人、会员层级远超3层。

被告人及其辩护人的主要辩护意见为，其公司的消费模式是消费众筹、实物众筹，消费者成为消费股东，享受公司利润分配，与传销有着本质区别。其公司的利润是通过向会员销售产品得到的，是用不断销售商品获得的利润给前面的会员进行分红，不是依据会员的人数进行分红。古道公司的销售分红是以销售为目的的“团队计酬”。会员交纳的不是取得发展他人资格的“入门费”，而是购买粮食的款项，会员可以选择零售购买或累计购买，也可以选择推荐或不推荐他人。会员购买的粮食也不是道具商品，价格适中，没有欺诈消费者，会员重复消费，从未出现断货，有退换货机制，购买目的均是自身消费的需要。古道公司消费系统业绩6.4亿元，会员返利4.5亿元，产品毛利率80%，消费系统的利润约5.04亿元，足以支撑返利。所有在平台消费的都是真实的消费者，成为会员享受折扣不能被绝对地认定为刑法意义上的引诱，与“入门费”有本质区别。介绍人享有的只是购买价格优惠和分红，这个分红对于介绍人和被介绍人来说是一视同仁的，不存在传销活动的上线吃下线的情形。新客户可以到公司的任何一个实体网点去购买公司产品或者通过电子商务平台直接向公司购买，而不是从老客户那里购买。

法院认为，被告人马某等以推销有机农产品为名，要求参加者以购买农产品的方式获得加入资格，并按照一定顺序组织层级，直接或间接以发展人员的数量作为计酬或返利依据，引诱参加者继续发展他人参加，实施牟取非法利益，骗取财物，扰乱经济与社会秩序的传销活动，均已构成组织、领导传销活动罪。

诸如上述此类将“人头”和药酒、“金皇后”、“有机粮”等产品捆绑在一起的传销模式，无论是控方站在“要求新人认购商品以变相收取入门费”的角度还是辩方站在“激励新人提升销售业绩共享利润”的角度均可能自圆其说。因为“直接或者间接以发展人员的数量作为计酬或者返利依据”与“以销售业绩为计酬依据”完全可以在文义逻辑上并存，“以推销商品为名”与“以销售商品为目的”在客观行为表现上也并无多大区别，所以从法条的字面含义并不能有效辨别上述案例究竟属于“团队计酬”还是“金字塔销售术”。而且“庞氏骗局”自诞生之日即具有反投资规律、反消费周期等特点，想要掩盖这一特点，必须将返利模式设计得尽量复杂。

想要解决这一问题，仍需从“团队计酬”式传销特殊处遇的由来、本质属性、出罪目的上去探寻。正如前文所述，“团队计酬”本质上是一种多层次直销模式，它是利用多层次的传销员或直销员将产品销售到消费者手中。也就是说“销售团队”与“消费者群体”并不重合。如果允许这种重合，“团队计酬”与“金字塔销售术”就将水乳交融无法区分了。如此理解与《直销管理条例》第14条所规定的“不得以交纳费用或者购买商品作为成为直销员的条件”意旨相吻合。所以，“团队计酬”式传销中即使存在销售团队与消费者的重合，也是偶尔、个别、静态、平面的重合。对“团队计酬”而言，销售团队并不指望依靠这种重合来维持生存。因为规范化的市场销售，其产品利润率是有限的，每件商品都有其使用周期，受季节、政策、物流等因素的影响，还可能形成积压甚至亏损。一个正常的销售团队，随着上下线链条的不断扩展，该收益就像能量传递一样逐级递减，是相当有限的。团队要想发展，必须依靠产品的质量、消费者的自发推荐、销售团队“走街串巷”的推销等才能完成。

“金字塔销售术”式诈骗型传销是利用一套返利机制将“销售团队”与“消费者”捆绑在一起，形成一种必然的、普遍的重合。让销售团队成为消费者，让消费者成为“经销商”“代理商”，实际上达到“收取入门费”的效果。这种传销模式虽然极具诱惑性、迷惑性，打着“不仅可以免费吃粮食还可以获利”

等口号进行宣传，诱导消费，但试想，如果每个消费者均实现免费吃，那么企业效益从何而来？答案恐怕还是通过源源不断的新加入者，来维持这种机制性的返利。这种模式突破了生产、销售中各种客观条件的制约，通过“人传人”实现旱涝保收，这恰恰就是传销活动扰乱市场秩序的本质体现。

从表面上看，消费者可以“自愿”选择是否推荐新人，是否消费或退货，似乎不存在“受害人”，不会扰乱市场秩序。但正如前文所言，上述案例中的消费者为了“布局”“碰奖”“升级”而反复购买所谓的产品，将所购货物“寄存”在公司而不领回，已远离消费目的。从首次被他人诱导消费，到之后不必要的重复消费，再到后来诱导他人消费，完全可以解释为组织、领导传销活动罪中引诱他人加入以“骗取财物”。无论此类产品被冠以何种名义，既然购买后有如此可观的“返利”，就说明有较大的“水分”。如若任由此种产品可以通过传销这种不正当的途径占领市场，无非起着“劣币驱逐良币”的效应。如若企业关注的重点围绕在维持庞大的返利系统及引诱更多人成为企业的“会员”“业务员”“代理商”“股东”“投资人”上，产品质量的提档升级在企业生产中会变得越来越微不足道，仅剩“道具”“样品”价值，价格反而越来越高，退货困难，售后服务欠缺，一旦链条断裂，必然严重扰乱市场秩序，应予以惩处。

002 网络传销活动中“组织者”“领导者”的认定

为规范打击传销活动，《刑法修正案（七）》在我国《刑法》第 224 条之一增设了组织、领导传销活动罪。随后，2010 年《立案追诉标准的规定（二）》及 2013 年《传销意见》对如何认定组织、领导传销活动罪中的“组织者”“领导者”进行了细化规定。但随着传销活动的更迭升级，利用网络组织、领导传销活动迅速蔓延，危害巨大，而且网络传销活动出现了犯罪组织链条化、扁平化、松散化等特点，从而引发实务中对如何判定组织、领导传销活动的“组织者”“领导者”的争议，有必要深入探讨。①

① 参见于冲：《有组织犯罪的网络“分割化”及其刑法评价思路转换》，载《政治与法律》2020 年第 12 期。

一、单纯发展下线者能否认定为“组织者”“领导者”

对于直接和间接发展人数及层级达到立案标准，但并非传销组织的发起人、策划人、操纵人亦未承担管理、协调、宣传、培训等职责的人员，能否认定为“组织者”“领导者”？

如陈某、刘某等组织、领导传销活动案①：2010 年，被告人赵某经人介绍加入“97 东方商城”传销组织，成为会员。之后发展被告人王某、陈某加入。2011 年，被告人赵某、王某、陈某向被告人刘某介绍在“97 东方商城”网站上买化妆品便宜，还有好处和奖励，被告人刘某给其女儿交纳 300 元，并安排为被告人陈某的下线。后被告人刘某又交给被告人王某 3000 元成为“诚信渠道商”，加入其女儿的下线。被告人赵某、王某在乌兰浩特地区组织、宣传、培训加入人员，并进行网上购物等活动。被告人刘某亦积极参与，发展下线加入和购物。被告人赵某、王某、刘某、陈某从中获取利益。其中被告人陈某直接发展下线高某等 4 人，间接下线共 134 人，共计 12 层；被告人刘某直接发展下线 17 人，间接下线共 113 人，共计 11 层。

一审法院经审理认为，被告人赵某、王某、刘某、陈某的行为已构成组织、领导传销活动罪。一审宣判后，陈某提出上诉，认为其并非传销活动的组织者、领导者。二审法院经审查认为，原审法院定罪准确，但鉴于陈某、刘某犯罪情节较轻微，社会危害性较小，判处缓刑不致再危害社会，故改判二人缓刑。陈某申诉称，其为了购物有折扣优惠交纳 300 元成为“97 东方商城”会员，该级别的会员并不能从其他人的购物或加入会员交费中获利，其并未参与过传销活动的组织、宣传等活动，即使认定其参与传销活动，也仅是普通参与者，认定其构成组织、领导传销活动罪明显缺乏证据支持。刘某申诉称，其虽然交纳了 3000 元成为“97 东方商城”的“诚信渠道商”，但其加入该“商城”的目的主要是使购物有优惠，因其从事保险行业，接触的人较多，故介绍加入的会员人数较多，但其并未参与传销活动的组织、宣传等活动，仅是普通的传销参与人员，认定其构成组织、领导传销活动罪明显缺乏证据支持。

内蒙古自治区检察院抗诉及出庭意见认为，组织、领导传销活动罪的核心关键是行为人系传销活动的组织者、领导者。根据 2010 年《立案追诉标准的规定

① 参见内蒙古自治区高级人民法院刑事判决书，（2018）内刑再 5 号。

（二）》第 78 条（2022 年修订后为第 70 条）的规定，构成组织、领导传销活动罪，必须符合发展传销人数在 30 人以上且层级在 3 级以上的组织者、领导者的条件，对一般参加者不追究刑事责任。根据 2013 年《传销意见》之规定，本案陈某、刘某发展下线人数和层级达到了 2010 年《立案追诉标准的规定（二）》的立案标准，但原审被告人陈某、刘某对于“97 东方商城”在兴安盟地区传销组织的建立、扩大并没有起到关键作用，也没有在传销组织中承担管理、宣传、培训等职责，更没有曾因组织、领导传销活动受过刑事处罚，只是普通传销人员，认定二人是传销活动组织者、领导者证据不足。

内蒙古自治区高级人民法院再审认为，赵某经他人介绍后，将本案所涉传销组织“97 东方商城”引入乌兰浩特地区，并与王某共同在乌兰浩特地区组织、宣传、培训加入传销组织人员，二人发展下线的层级、人数均远超“30 人以上且层级在 3 级以上”的立案追诉标准，二人对本案所涉传销活动在兴安盟地区传销组织的建立、扩大起到关键作用，故原审认定二人构成组织、领导传销活动罪的事实清楚，定罪准确，量刑适当。本案二审生效裁判作出时，2013 年《传销意见》尚未颁布实施，故本案再审中不能依该司法解释的规定认定原判是否有误。按照查明的“97 东方商城”的会员条件和奖励制度看，陈某这一层级的会员除有购物优惠外，并不因其下线销售商品或发展会员而间接获利。刘某虽交纳会费 3000 元成为“诚信渠道商”，但能够认定其参与的传销活动仅为积极参与、发展下线加入和购物。本案现有证据无法证实陈某、刘某系涉案传销组织的发起人、决策人、操纵人，亦无法证实二人在传销组织中担负策划、指挥、布置、协调等重要职责，或者在传销活动实施中起到关键作用。参照 2010 年《立案追诉标准的规定（二）》第 78 条之规定，认定二人系传销活动的组织者、策划者缺乏事实及法律依据。本案现有证据仅能认定二人是传销活动的一般参与人员，原一、二审判决认定二人构成组织、领导传销活动罪的证据不足。抗诉机关提出按照 2013 年《传销意见》认定二人不属传销活动的组织者、领导者的抗诉理由虽有不妥，但认为原审认定二人构成组织、领导传销活动罪的证据不足的抗诉意见能够成立，故改判刘某、陈某无罪。

关于类似陈某、刘某此种单纯发展下线的行为能否认定为组织、领导传销活动罪中的“组织者”“领导者”，本书在此介绍两种较有代表性的观点。一种观点认为，单纯发展下线的行为本身属于传销的实行行为，并不属于对传销活动的

"组织""领导"行为。[①] 组织、领导传销活动罪作为典型的必要共同犯罪，刑法打击的重点是其中的"组织者""领导者"，对于只是积极发展下线的"一般参加者""积极参加者""骨干分子"等均不予处罚。[②] 组织、领导传销活动罪要求行为人除直接或间接发展下线的层级及人数符合立案标准外，还必须附加实施了发起、策划、操纵、宣传、培训、管理、协调等"组织""领导"行为。[③] 这也是2013年《传销意见》第2条第4项规定的应有之义。对于那些传销组织成员只发展了个别下线，但其下线积极引诱新成员加入，导致上线的层级"被动"上升从而达到立案标准的情况，该结果不应归结为上线的责任。上述案例中抗诉机关及再审法院即秉持了这样的观点，要求控方提交证实陈某、刘某系涉案传销组织的发起人、决策人、操纵人或在传销组织中担负策划、指挥、布置、协调等重要职责，或者在传销活动实施中起到关键作用的证据。

此种思路相对缩小了打击范围，保持了刑法的足够谦抑。但在应对网络传销案件时，因传销活动发起人、策划人等对传销组织的管控及传销组织成员对传销组织的依赖在逐步淡化，传销组织成员"经销商""高级会员"等身份不再具有管理职能方面的意义。实践中传销活动发起团队只需设计好宣传口号，搭建起交易平台，明确加入传销组织及晋升、返利等的条件和规则，之后即主要依靠组织成员自发通过转发微信朋友圈、通讯群组等途径发展下线。每个传销组织成员有时既属参与者又实际发挥"宣传""培训"等作用。如果只针对传销活动的最初发起人、策划人、操纵人或专门从事管理、协调职责等人员，打击力度似不足以有效遏制网络传销活动蔓延。

另一种观点认为，在确定组织、领导传销活动罪中"组织者""领导者"的范围时，一要注意区分《刑法》分则第224条之一的"组织""领导"和《刑法》总则第26条的"组织""领导"，[④] 二要注意区分组织、领导"传销组织"与组织、领导"传销活动"，三要注意区分组织、领导"职责"和组织、领导"作用"。[⑤] 进言之，即《刑法》分则组织、领导传销活动罪中的"组织""领

---

① 参见许佳：《组织、领导传销活动罪主体的司法认定》，载《人民检察》2014年第19期。

② 参见王恩海：《组织、领导传销活动罪的司法认定》，载《法学》2010年第11期。

③ 参见张建：《组织、领导传销活动罪刍议》，载《华东政法大学学报》2009年第3期。

④ 参见林亚刚：《主犯若干问题的探讨》，载《法制与社会发展》2003年第5期。

⑤ 参见张小虎：《论必要共犯适用总则共犯处罚原则的规则》，载《当代法学》2012年第5期。

导”主要是针对“传销活动”而言的，而非对传销组织犯罪集团的“组织”“领导”。所以，既要考虑传销组织成员在传销组织犯罪集团中的分工职责，又要考虑其对“传销活动的实施、传销组织的建立及扩大”所起的作用。而该作用的发挥主要依赖发展新成员而非在传销活动中的分工职责，传销活动的危害性也主要体现在引诱、胁迫加入的新成员数量及收取“入门费”的多寡。这种引诱、胁迫新人加入的“发展行为”可以解释为《刑法》分则中的“组织、领导传销活动”的行为，如果其发展下线人数及层级达到相应规模，属于“间接发展”的成果，将之认定为对传销活动的实施、传销组织的建立及扩大起关键作用并无不妥。而且对每个传销组织成员而言，其发展的下线再引诱、胁迫其他人员加入，这一危害后果完全在上线的主观希望或放任范围之内，由其承担相应责任亦属正当。[①] 2013 年《传销意见》第 2 条第 1 款第 4 项规定旨在强调将构罪门槛降低为 15 人，而非指只有曾因传销犯罪活动受过处罚的一般参加者才可定罪。

依此观点，只要证明传销组织成员的下线人数及层级达到立案标准，即使其并非发起人、策划人、操纵人，亦未承担管理、协调、宣传、培训等职责，仍可以认定为“其他对传销活动的实施、传销组织的建立及扩大等起关键作用的人员”或认为此种积极发展下线的行为实际发挥“管理”“宣传”等作用。此种扩张解释的思路更有利于打击网络传销活动，较为契合网络传销犯罪活动客观模式的变化形势。本书倾向于支持该观点，但在原则上肯定网络传销犯罪分子积极发展下线的行为符合“组织”“领导”传销活动构成要件的同时，对于那些直接发展下线人数较少或参与管理、协调、宣传等活动次数较少、作用较小的人员等，尽量认定为从犯予以从轻或减轻处罚。当然，对传销活动的“组织者”“领导者”中能否再划分主从犯在实务中一直存有争议，有必要进行深入探讨。

二、“组织者”“领导者”可否继续区分主从犯

如邓某开设赌场罪及组织、领导传销活动罪，姜某、左某等组织、领导传销活动罪案[②]：2012 年 4 月，邓某创立了名为香港宝马俱乐部有限公司的网络传销组织。公司成立之初，以静态投资的高额、及时回报为诱饵，吸引人员参加。2012 年 6 月，该俱乐部推出动态系统，在邓某的号召下，被告人郭某某等 17 名

---

① 参见时方：《互联网传销刑法规制研究》，载《国家检察官学院学报》2019 年第 6 期。

② 参见江苏省淮安市中级人民法院刑事裁定书，(2019) 苏 08 刑终 33 号。

宝马网站元老级会员一起注册了一批以“武则天”“给力”“南波万”等网名为用户名的动态账号，并以这17个动态账号为基础，搭建出该传销组织动态网络的上层基干进行传销活动。自此形成了传销模式，即静态投资和动态积分回馈计划：先以静态投资高额、及时回报为名吸引人员参加，继而要求参加人员加入该组织的动态发展运作模式即动态积分回馈计划，要求参加者交纳每单5500元的费用获得加入资格，并按照一定顺序组成层级，直接或间接以发展人员的数量作为计酬或返利依据，引诱参加者继续发展他人参加，骗取巨额财物。

为诱骗会员发展更多的下线参加该传销组织，该俱乐部还设立聊天室网站、黄马高层会议室等网站。前者面向普通会员和希望了解该传销网络的人，由公司指定会员每日在该聊天室内讲课、分享心得体会、开展文艺活动等一系列活动，灌输加入公司能快速挣钱、能挣大钱的思想，对会员进行长期的洗脑；后者面向公司黄马以上层次的高层，由被告人郭某某总负责，下设讲师培训部、顶贴部、广告部、学做教部、答疑部、维权部、维稳部、公屏管理部、调麦室、新闻部、英语部（被告人陈某某为英语部讲师）等十余部门，每日召开会议，安排工作，制定发展计划以及研究如何对抗公安机关侦查等内容。

截至案发，该俱乐部共发展传销人员近4万人，形成了层级达30余层的传销网络。涉案资金约14.823亿元，非法获利5亿余元。郭某某等19名被告人通过担任聊天室或会议室负责人或主持人、给会员讲课、进行传销宣传答疑、从事财务工作、管理组织日常事务、充当报单中心、发展和引诱他人发展下线等方式，均不同程度地参与了该公司的上述传销活动和部分管理工作。

法院审理认为，香港宝马俱乐部有限公司通过网络发布虚假信息，以投资为名，通过静态投资和动态积分回馈计划的方式运作，要求参加者以交纳费用获得加入资格，并按照一定顺序组成层级，直接或间接以发展人员的数量作为计酬或返利依据，引诱参加者继续发展他人参加，骗取财物，扰乱了经济社会秩序，故该公司为传销组织。郭某某等19名被告人明知该公司系传销组织仍积极参与，并在传销组织中担任管理人员，通过讲课、宣传、鼓动、利诱等方式组织实施传销活动、开展传销管理工作、发展和引诱他人发展下线，其行为符合组织、领导传销活动罪的犯罪特征，均已构成组织、领导传销活动罪。因郭某某等19名被告人在网络传销的共同犯罪中起次要、辅助作用，系从犯，故依法可以减轻处罚。最终判处郭某某等6个月到11个月不等的有期徒刑并处罚金。宣判后，公诉机关未抗诉，被告人未提出上诉，判决已发生法律效力。

对于如何评价诸如郭某某等19人之类在各级传销组织中承担行政、后勤、财务等职责的人员的行为性质历来争议较大。有观点认为，《刑法》分则的规定已经表明立法旨在对在传销组织中起组织、领导作用的主犯予以打击，实际上排除了起次要作用的从犯人员。所以对于诸如郭某某等19人中未直接参与宣讲、协调、管理等组织、领导传销活动的人员，不宜评价为“组织者”“领导者”，理应判决无罪。但也有观点认为，组织、领导传销活动罪本质上仍属于集团犯罪，《刑法》分则规定的“组织”“领导”行为与《刑法》总则中的“组织”“领导”行为可谓“和而不同”。组织、领导传销活动罪中并不排除从犯的存在。① 本书赞成后一种观点，认为在传销活动的“组织者”“领导者”中划分主从犯不仅合理而且很有必要。诸如在一个传销组织纵向发展的过程中，“全国”“全省”“全市”“全县”“全乡”各层级传销组织的发起人、策划人、操纵人等均应认定为“组织者”“领导者”，但彼此之间明显可划分主从关系。只不过在实务中基于传销活动的特殊性，不同级别的“组织者”“领导者”其直接或间接发展的下线人数或层级清晰有别，为便于诉讼而将大的传销组织犯罪集团分级切割为各个小集团，以发展下线的人数及层级为标准，依照《刑法》第26条第3款“对组织、领导犯罪集团的首要分子，按照集团所犯的全部罪行处罚”的规定即可高效量刑，没有必要进行主从犯的划分。但对于在不同级别的传销组织中承担行政、后勤、财务等职责的工作人员或者在同一层级的传销组织中单纯积极发展新人加入的“组织者”“领导者”与传销组织的发起人、策划人、操纵人或身兼数职的宣讲者、管理者，上级传销组织中承担宣讲、培训的人员与下级传销组织中的发起人、策划人、操纵人等，有必要考虑其加入的时间及在支持传销活动发展、壮大中发挥的作用等因素，合理地划分主从犯，方能实现公平正义的需求。

003 侦查网络传销犯罪

互联网时代下，随着跨境电商、网络微商、虚拟货币等新型概念的发展与广泛传播，催生出了一批新型的网络传销行为，发展出了多种样态与模式，名目繁多，其类型包括消费返利型、积分拆变型、金融互助型、游戏型、虚拟货币型等。实践中，无论是何种类型的传销活动，通常均包含四个发展阶段。

---

① 参见董邦俊：《刑法中的主犯研究》，载《现代法学》2003年第5期。

第一阶段为策划、准备阶段。该阶段一般初步产生早期的传销团队，人数较少，此时传销团队人员主要进行准备活动，包括：（1）通过工商注册或者借壳皮包公司取得传销活动的主要“载体”公司及相关营业执照；（2）通过非法购买、虚假注册等手段获取对公账户、法人信息等必要材料；（3）策划传销活动的思路与模式等，为后续扩张建立基础。

第二阶段为宣传发展阶段。传销团队人数逐渐增加，有些组织形成了专门的市场推广团队，这一阶段主要从事的行为是：（1）购买服务器、建立互联网平台（包括各类投资平台、游戏网站、网购平台、赌博网站等），专门用于传销活动；（2）通过互联网、移动终端、线下宣传等多样态的媒介，根据不同的面向人群进行针对性的广泛宣传，不断拉拢人进入传销组织，迅速、大量扩张；（3）建立专门的微信群、QQ 群等网络群组用于网络宣传、管理。

第三阶段为组织壮大阶段。此时传销组织已经吸引了较多人群，传销组织者通常会在这一阶段：（1）组织旅游研讨、社会慈善等活动进一步包装自身，充分取得传销参与者的信任，使参与人群深陷于传销活动中；（2）给予参与者一定的“投资回报”或者其他形式的经济利益，以吸引更多人参与。

第四阶段为暴雷损失阶段。这一阶段中，传销组织者已经取得了大量的资金，逐步进行转移资金、洗钱等操作；同时伴随传销网站关闭、传销参与人员资金无法提现、“客服”失联的现象出现。部分传销参与者可能察觉自己受骗，开始集群报案。

相较于传统的线下传销行为，网络传销存在隐蔽性强、涉及人员多、传播速度快、涉案金额大等特点，具备更强的社会危害性。网络传销的侦查相较于传统传销也有不同的侧重点，笔者针对网络传销的特点总结了五大侦查重点方向。

一、侦查网络传销活动所依托的公司

实践中，传销参与人员主要接触的往往并未传销组织人员自身，而是实际对外接触、具体从事各类活动的公司。通常情况下，无论传销组织人员是自己或借用他人名义进行工商注册，还是直接利用已存在的“空壳公司”，公司都是真实存在的，或者至少公司资格、经营业务等部分关键要素是真实的。例外情况下，公司是虚构的，传销组织人员事实上只利用设立的网络平台实施相关活动。

传销参与人通常举报对象为某某公司，传销活动进行过程中最先被注意到的异常情况，也往往是某家公司异常，聚集了有前科的人员等情形。因此，司法实践中通常首先侦查网络传销活动所依托的公司情况。

具体而言：（1）在初步线索搜集阶段，可以通过线上渠道，利用官方要求企业进行备案的机构系统或者各种企业信息查询软件了解涉案公司的工商登记、备案以及信息变更的基本情况，包括国家企业信用信息公示系统、企查查、爱企查等网站，可查询的内容包括涉案公司的注册地、注册资本、法定代表人、经营范围、经营异常状态、行政处罚情况、涉诉情况等。若没有对应的查询结果，则有必要考虑涉案公司虚假的可能性。（2）在取证深挖阶段，可以直接调取涉案公司的员工信息、公司章程、股东及股权变更情况、财务报表、内部文书等更为核心的证据材料，以及公司储存的、与传销活动紧密关联的商品、宣传手册、合同协议等材料，从而整体把握公司的综合情况及其与传销活动的具体联系。

如施某等组织、领导传销活动案①：2015 年 11 月，施某等人预谋由施某提供网络技术，其余四人拉人进入传销组织，以互联网为载体实施网络传销。施某根据运行规则开发了"诚信买卖宝"网站。2015 年 12 月 12 日该网站上线运行。该网站以互助理财为名，以高额回报相诱惑，采用会员推荐加入的形式，发展传销组织。"诚信买卖宝"网站涉及活动会员共 934963 个，自然层级共 55 层，含 M1 级以上会员总数 528122 个，M0 级会员总数 406841 个。涉案资金数额达 193 亿余元，非法获利 39604.69 万元。

法院判决认为，行为人以互联网为载体，以高额回报相诱惑，采用会员推荐加入的形式发展传销网络，并按照一定顺序组成层级，直接或间接以发展人员的数量为计酬或返利的依据，引诱参加者继续发展他人参加，骗取财物，扰乱经济社会秩序，其行为均已构成组织、领导传销活动罪，且属于情节严重。

该案中，法院通过原河南省工商行政管理局文件与被告人施某的供述，认定"诚信买卖宝"网站仅在河南省通讯管理局网站备案，没有工商、税务登记，没有依托公司运营，没有固定营业场所，也没有可销售的商品或者投资，将其作为认定行为人涉嫌传销犯罪的重要依据，体现了传销组织所依托公司在犯罪认定中的重要性。

二、侦查确定传销活动具体的运作模式

基于传销活动的自身属性与特点，为了大量吸纳人员进入，传销活动组织者

---

① 参见河南省许昌市中级人民法院刑事判决书，（2017）豫 10 刑终 351 号。

必然对于传销活动的运作模式进行设计，形成特定的外观，而这类运作模式往往是判断涉案行为是否符合传销犯罪构成要件的关键特征之一。司法实践中通常对具体的运作模式予以总结、梳理，继而明确涉案行为的传销属性。

具体而言，可收集并分析涉案公司的宣传页、微信聊天记录、涉案人员往来邮件等在案证据，积极询问报案人与知情人，主要方向包括：（1）整体判断涉案行为属于消费返利型、积分拆变型等多种传销模式中的何种模式；（2）具体了解涉案活动的运作细节，重点关注参与人员的收益模式，包括所谓稳定投资获利的静态收益情况与依赖参与人员发展下线获取的动态收益情况。完成上述步骤后，通常可以对涉案行为的传销属性作出初步认定。

如刘某某等组织、领导传销活动案①：lpacoin 数字货币（中文名“艾尔发币”）系由一韩国公司发行的一种虚拟数字货币，该公司还在互联网上建立了“艾尔发币”会员管理平台（LUXALPA 会员系统），形成金字塔式的网络化布局与上下线关系。2016 年四五月，姜某某等人决定将“艾尔发币”引入国内。2016 年 6 月 17 日，姜某某等人注册成为国内首批“艾尔发币”会员，先后通过在微信群、公众号、朋友圈、互联网网站等渠道发布“艾尔发币”的相关信息及召开发布会等形式进行公开宣传推广，宣称“艾尔发币”具有基于比特币、区块链的点对点、去中心化支付，开源代码，限量发行，唯一获得虚拟货币牌照，与支付宝对接，可以在国际交易平台自由交易、自由提现等特点，利用“艾尔发币”币值被人为制造的不断上涨的假象及其会员制度、推广奖励制度及提现制度，引诱他人购买“艾尔发币”及继续发展下线成员，还通过组织召开交流会、分享会，举办特训营、组织旅游、军训等活动汇聚会员，吸引更多的人加入，以达到骗取财物的目的，内部存在会员制度、推广奖励制度、提现制度等收益模式。

法院判决认为，行为人以投资购买“艾尔发币”的网络虚拟货币为名，要求参加者投入资金获得加入资格，并按照一定顺序组成层级，直接或间接以发展人员的数量作为计酬或返利的依据，以此引诱参加者继续发展他人参加，实施骗取财物，扰乱社会经济秩序的传销活动，情节严重，其行为均已构成组织、领导传销活动罪。

该案中，法院根据涉案虚拟数字货币的相关证据，针对传销组织内部会员制

① 参见湖南省怀化市中级人民法院刑事判决书，（2021）湘 12 刑终 315 号。

度、推广奖励制度、提现制度三类收益模式的重点考察，并结合江西省鹰潭市市场监督管理局、怀化市市场监督管理局作出的认定，认定涉案传销组织的行为模式为以虚拟货币为名义的、“团队计酬拉人头”式的传销行为。可以看到，具体的行为与收益模式成为法院认定传销行为的重要依据。

三、侦查传销活动相关的网络数据

网络传销活动最本质的特征是行为人在互联网平台完成大多数活动，因此在传销行为的发生过程中，必然会形成海量网络数据留痕与网络活动记录。通过对网络数据进行针对性侦查，可以有效实现对网络传销行为的监控、掌握以及证据固定。相较于传统传销的侦查思路，这是网络传销活动侦查的最大特征。

第一，在初步线索搜集阶段，可以与电信、移动等网络服务运营商、腾讯等互联网社交平台运营企业展开深度合作，共同组建网络传销敏感词库，根据以往的案件经验与实践情况，整理、提炼在网络传销活动中被广泛用于宣传或群组沟通的敏感词，如“消费返利”“网上兼职”“网络投资”等，形成网络传销敏感词库。组建网络传销敏感词嗅探平台，利用网络服务提供者的力量，定期将网站内容或者群组聊天记录与网络传销敏感词库进行嗅探、比对，及时发现并确定部分高频次出现网络传销敏感词的网站与群组，并迅速介入，从源头上处理网络传销案件。另外，部分传销活动人员会有意使用“商业”“生意”等中性词或者使用“黑话”、英文等替代性表述，司法实践中还应当针对性地及时更新敏感词库，或者利用计算机技术，自动生成敏感词库。

第二，在证据深挖阶段，一般重点关注传销人员建立的、专门用于实施传销相关活动的网站，寻求对于网站后台数据的获取。实践中一般包括下列三个步骤。

首先，定位传销网站平台的服务器。由于传销活动进行过程当中，极为可能被予以行政或刑事规制，为了逃避查处，传销组织人员可能随时将传销网站关闭，甚至将后台数据销毁，从而导致关键证据流失，因此在发现传销网站后，应特别注重对网站服务器的监测与定位活动。一般情况下，可以通过对涉案传销网站平台的域名、管理员等信息的把握，确定网站平台所使用的服务器，确定包括服务器的类型属于云服务器还是线下实体服务器，服务器位于境内还是境外等在内的情况。

其次，从服务器中提取并恢复后台数据。在运用技术手段定位服务器后：

(1) 若为境内厂商的云服务器，则可以直接通过境内服务器厂商调取服务器内保存的后台数据；(2) 若为境内实体服务器，则可以在扣押后直接提取后台数据；(3) 若为境外服务器，则可以根据电子数据取证规则，经上级批准后进行远程镜像技术调取。经过上述手段取得原始的后台电子数据后，由于后台数据通常以源代码的形式存在，无法直接查看，因此需要：(1) 完成对原始电子数据的备份工作；(2) 通过有司法鉴定资质的专门机构或者公安机关内部的电子鉴定部门，利用技术手段，将原始的后台数据重新于本地合适的运行环境运行，呈现涉案网站平台的原貌，使其中的文字、图片等数据均处于可视可用的状态。

最后，对恢复的后台数据进行系统整理与审计。由于传销网站平台的后台数据一般包含海量信息，直接涉及传销行为相关的人员、资金、交易记录等多个方面，且网络传销案件往往涉案人员多、时间跨度长、空间区域广，催生出庞大的数据量，司法实践中必须投入一定的警力、物力，对于上述后台数据进行专门审计、梳理，提取并分类所需的证据材料。

由于此项侦查工作的复杂性，实践中可以选择与具有司法鉴定资格的数据审计事务所或数据分析企业合作，由外部企业完成涉案传销网站平台的数据审计工作，出其审计报告，从而高效、完整地形成证据材料。

就传销网站平台的后台数据内容而言，一般包含较为完整、丰富的传销组织信息，如涉案传销团伙的运作模式、运行规则，在涉案网站上进行交易的信息，涉案网站开发、涉及人员的信息，涉案网站管理人员与会员的信息，涉案网站中会员返利、充值、提现的信息，传销相关的虚拟货币、网络赌博、网购信息等众多关键证据。掌握上述信息后，一般可以明确涉案传销行为的大致完整情况。

值得注意的是，根据2013年《传销意见》的表述，在后续具体证明案件事实的过程中，可以无须对所有涉案人员逐一制作笔录、取得言词证据，而是可以直接利用通过上述步骤取得的、系统的各类网络数据完成整体的事实证明。

如陈某某等组织、领导传销活动案①：2014年初，马某某等人成立北京国宏金桥财星创业投资中心等公司，利用其拥有“高能镍碳超级电池”等相关专利技术对外进行夸大宣传，以“国宏金桥”基金和“因为·所以”咖啡屋消费众筹名义，采用“双区发展、多层次资金分配”传销运作模式进行私募股权的“融资”行为。该模式设立以信息津贴为主，管理津贴、区域津贴为辅的多项

① 参见陕西省汉阴县人民法院刑事判决书，(2018) 陕0921刑初61号。

“资金”制度，诱导会员双区平衡发展，不断增加投资，积极发展会员实现“资金”利益最大化。为便于管理和返利结算，该公司将所有投资者纳入公司的国宏众筹基金会员管理系统，对投资者的层级关系、获取酬金情况通过该系统进行操作。

2017 年 4 月 21 日，经贵州省黔东南苗族侗族自治州凯里市公安局委托，福建中证司法鉴定中心对公司会员管理系统电子数据进行检验，陈某某共有 3 个会员账号，在推荐关系组织结构中，会员编号 12503166 为另 2 个账号上线，会员编号 12503166 处于整个组织结构的第 22 层，直接推荐会员数为 13 人，下线会员数为 686 人，下线层数为 10 层，根据身份证号排重后的下线会员数为 680 人，本人投资金额为 34.5 万元，下线会员投资总额为 4464 万元，总投资额为 4498.5 万元，获取奖金总额为 182.9604 万元。沈某某共有 2 个会员账号，在推荐关系组织结构中，会员编号 15211130 处于整个组织结构的第 23 层，直接推荐会员数为 12 人，下线会员数为 225 人，下线层数为 9 层，根据身份证号排重后的下线会员数为 224 人，本人投资金额为 25.5 万元，下线会员投资总额为 1465.5 万元，总投资额为 1491 万元，获取奖金总额为 85.4796 万元。陈某某共有 1 个会员账号，在推荐关系组织结构中，会员编号 17526765 处于整个组织结构的第 23 层，直接推荐会员数为 19 人，下线会员数为 243 人，下线层数为 6 层，根据身份证号排重后的下线会员数为 242 人，本人投资金额为 22.5 万元，下线会员投资总额为 1666.5 万元，总投资额为 1689 万元。获取奖金总额为 49.4160 万元。

法院判决认为，陈某某等人以非法牟利为目的，以投资理财获取高额回报为名，在亲戚、朋友、熟人中采用当面介绍、集中讲课、组织培训学习、邀请参加国宏推介会及考察实体等方式积极、广泛宣传“国宏金桥”传销活动，积极发动他人加入该传销组织，并按一定顺序形成层级，直接或间接以发展人员的数量作为奖励依据，引诱已投资人积极发展他人参加，直接或间接发展下线会员，行为均已构成组织、领导传销活动罪。

该案中，涉案传销组织设有“会员管理系统”，保存着传销组织相关的电子数据，负责侦查的公安机关委托福建中证司法鉴定中心，对电子数据进行检验，可以直接得到犯罪嫌疑人在组织结构中的会员编号、层级、直接推荐会员数、下线会员数、下线层数、本人投资金额、下线会员投资总额、总投资额、获取奖金总额等大量信息，成为法院认定犯罪的关键证据。

四、侦查传销活动相关的账户与资金情况

任何传销活动都伴随着资金的大量流转，对于网络传销活动而言，无论形式如何变化，仍然需要依托不同账户进行资金运作。同时基于传销活动的独特运作模式，资金流转往往具备高度的特征性，为侦查工作提供了重要的突破口。

由于传销组织的运作模式，其资金存在两种基本的流通模式：（1）向上汇集，即各下级会员受骗后投入资金——资金进入中转的归集账户——资金经过一个或几个通道账户，进入资金池，由传销组织上级人员实际支配；（2）向下返利，即传销组织在早期阶段，会向下级会员发放一些返利资金，资金从资金池账户出发——经过一个或几个通道账户，进入中转的归集账户——进入各个不同的下级会员账户。

司法实践中，一般通过传销参与人员的身份证号码、手机号、银行卡等信息，尽可能全面掌握这类信息所对应的、传销组织用于资金流转的不同账户，对于其中的多个第三方支付账户、多个银行账户均进行反复查询，使得形成的资金流证据可以彼此衔接、对应。

具体而言，在处理银行账户时可以：（1）关注可疑银行卡及关联账户，及时取现、转账等异常的资金动向；（2）通过银行调取完整的交易流水信息并分析研判，进一步锁定深层可疑账户及线索，得到链状甚至网状的账户间资金流转情况；（3）积极使用银行临柜查询、视频追踪等方法开展线下的资金追踪。面对第三方支付账户时，还可以直接与第三方支付服务提供商彼此配合，取得所需第三方支付账户的交易情况及资金流水。多方信息汇合可以获得较为全面的传销组织各账户信息表，掌握传销组织资金的具体流通情况，包括资金如何逐步向上级流通、返利如何逐步向下级流通、资金池如何沉淀等信息。

另外，由于上文中特定资金流通模式的存在，传销组织内必定形成部分资金特征明显、作为节点存在的账户，如收取下级会员费用的账户，用于资金池汇集资金的账户，发放返利的中转账户等，呈现出发散资金（1－N）或者汇总资金（N－1）的显著特点。因此实践中还可以关注资金数额的特征性（是否为888、999这类特定数字）、资金转入或转出的频繁性、交易明细的备注内容等要素，研判节点账户与存在联系的其他账户的资金情况。

如李某某组织、领导传销活动案①：李某某以其子龚某身份在深圳京广和电子商务控股有限公司（以下简称京广和公司）注册成为会员，并实际使用李某某、龚某在京广和公司注册的会员账户，发展多人成为京广和公司会员。根据京广和公司计酬业绩计算，李某某与龚某的会员账户均为七星董事。九江某会计司法鉴定所及江西警察学院物证鉴定所出具的司法会计鉴定意见书、司法鉴定意见书证明：（1）通过对京广和公司资金流入和流出情况、资金运作情况及商城运作情况进行鉴定分析可知，京广和公司截至2017年4月20日账户存款结余359520054.58元，其最大可支付资金及最小应支付给会员的资金差额为7279860877.36元，京广和公司商城无法产生利润；（2）通过对京广和公司网络平台数据库及涉案账户银行流水进行鉴定分析可知，李某某董事星级为7级，下线单数为210571单，下线人数为58989人，最大下线层级为220层，获利合计人民币2294330.09元，其中，已实现获利2294329.58元，未实现获利0.51元。

法院判决认为，京广和公司以销售商品为名，引诱参加者以“报单”的方式获得加入资格，并按照一定顺序组成层级，同时间接以发展人员数量作为返利依据，引诱参加者继续发展他人参加，骗取会员“报单”资金，扰乱经济社会秩序。李某某在成为公司会员后，积极对外宣传、发展下线会员，对传销活动的实施、传销组织的扩大起关键作用，情节严重，李某某行为已构成组织、领导传销活动罪。

该案中，公安机关委托会计司法鉴定所及物证鉴定所出局司法会计鉴定意见书，针对涉案传销组织（包含相关公司与个人）的资金情况展开侦查，得到相关公司商城无法产生利润的结论与犯罪嫌疑人实际取得利益的情况，从而确切认定涉案行为构成传销犯罪以及本案犯罪嫌疑人获利的具体情节。

五、侦查传销组织内部的人员结构

根据2022年《立案追诉标准的规定（二）》第70条的规定，涉嫌组织、领导的传销活动人员在30人以上且层级在3级以上的，对组织者、领导者，应予立案追诉。实践中，传销组织内部的人员结构也是认定传销行为的重要因素。

一般来说，传销组织内部人员会形成层级，传统上可能形成3层甚至更多的层级结构，最上层为传销组织的最初创始人与策划人，根据加入时间的先后、获

① 参见天津市南开区人民法院刑事判决书，（2019）津0104刑初62号。

取收益的多少逐步向下扩展，产生多个层级，形成近似于金字塔的结构。

司法实践中，通过传销公司内部的规章与流程，传销网络平台的宣传与介绍、参与传销人员的言词证据以及传销组织的资金流通情况等多种证据材料，大致可以得到传销组织内部的人员结构图，进行整体的判断。

如谢某某等组织、领导传销活动案①：2012年下半年，谢某某经介绍加入“IPC国际集团”进行网络传销，随后以推销“IPC国际集团”B计划、珠宝计划项目为名，以只要入股18870元或16900元即可每月获得高额分红为诱饵，在贵港市覃塘区大力发展他人加入“IPC国际集团”进行网络传销，并以直接推荐一人加入可获得960元提成，推荐人再推荐他人加入可获得16元的领导奖作为计酬依据，形成上下线层级关系。至案发时止，被告人谢某某发展的直接或间接下线累计超过30人且层级在3级以上，吸收并向其上线叶某甲转移了大量的传销资金。

贵港市公安局覃塘分局经侦大队绘制的传销人员结构图证实，谢某某发展的传销人员已达4个层级，人数为105人；谢某某绘制的传销人员结构图证实，其为叶某甲的下线，其发展的下线为陈某甲等21人；闭某甲绘制的传销人员结构图证实，闭某甲的上线为谢某某，发展的下线为闭某乙等人。

法院判决认为，谢某某以推销“IPC国际集团”传销组织的投资理财项目为名，要求参加者以入股方式获得加入资格，并按照一定顺序组成层级，直接或者间接以发展人员的数量作为计酬依据，引诱参加者继续发展他人参与骗取财物，扰乱经济和社会秩序，其行为已构成组织、领导传销活动罪。

该案中，为了确定涉案行为人相关的传销组织人员结构，负责侦查的公安机关结合其他证据，绘制了传销人员结构图，成为证明行为人发展传销人员情况的重要证据。此外，公安机关还取得了涉案行为人自己绘制的结构图，同样作为证据予以印证。

六、总结

网络传销犯罪具备自身的发展阶段及模式，从依托公司、运作模式、网络数据、账户资金情况及组织人员结构五个角度出发进行侦查，有助于快速掌握传销组织的整体情况及其所实施的行为事实，获取相应证据。

---

① 参见广西壮族自治区贵港市覃塘区人民法院刑事判决书，（2020）桂0804刑初28号。

004 组织、领导传销活动犯罪中参加者的损失应否退赔

在打击传销犯罪活动过程中，可能会从组织者、领导者处查获大量违法所得，这些违法所得财物归根结底无非来源于下线受损的参加者。实务中对于从上线处追缴到位的违法所得应否退赔给下线受损的参加者，尤其是其中尚未继续发展下线的最后一批参加者，存有较大争议。以下介绍几种较为典型的处理方式。

一、依法没收，上缴国库

此类做法可谓实务主流，案例较多，本书不再赘录。归纳而言，将追缴到位的违法所得依法没收，上缴国库，而不返还给受损传销组织成员的主要理由如下：

其一，《禁止传销条例》早在2005年即已颁布，至今已近20年，其间政府投入大量资源进行普法宣传，警示传销活动的严重社会危害性，社会上已经形成了传销活动系违法行为的普遍认识。传销活动参加者在明知传销系违法犯罪活动的情况下为牟取高利而加入，属于典型的违法活动参与人，[①]传销资金如赌资一样应予没收。一般传销组织成员之所以未被追究刑事责任，是因为传销活动被及时取缔，其尚未达到相应层级，否则同样面临牢狱之灾，根本谈不上向其退赔损失的问题。甚至有的法院认为“参与传销活动系违法行为，组织、领导传销活动案中无刑法意义上的被害人，传销组织的资金系非法财物，被告人在此过程中的获利亦系违法所得，被告人私下返还参与传销人员钱款的行为不属于退赃行为”[②]。

其二，传销组织参加者交纳入会费成为其中的一员，意图通过继续胁迫、诱使他人加入以获取更多利益，相应的资金投入属于违法犯罪的成本，不属于“被害人的合法财物”。[③]传销组织成员对参与违法活动心知肚明，仍自陷风险，不可能获得退赔。《刑法》第64条明确规定，供犯罪所用的本人财物应当没收。该条款规定的“犯罪”仅是从破坏法规范的行为性质而言的，并不要求必须实际送到应当追究刑事责任的“犯罪”程度。

---

① 参见江苏省南京市浦口区人民法院刑事判决书，(2015)浦刑初字第507号。

② 参见江苏省无锡市惠山区人民法院刑事判决书，(2020)苏0206刑初561号。

③ 参见贵州省高级人民法院刑事通知书，(2020)黔刑申54号。

其三，传销活动极具煽动性，蔓延速度极快，每个传销组织成员对于传销组织的宣传、扩大都有着重要的作用。最后一批参加者只是因为偶然的因素成为受损人，使其违法犯罪行为止于未获利状态，但其行为本身有着严重的社会危险性，不宜得到刑法的保护，否则不利于有力打击传销活动，容易使本已被取缔的非法传销活动“另起炉灶”“死灰复燃”。

其四，传销组织成员可能系“被骗”加入，但并非基于认识错误而交付财物，相反是在完全明知需要通过既定的传销规则获利的情况下选择加入。组织、领导传销活动罪作为扰乱市场秩序的犯罪，参加者交纳费用、意图发展下线的行为本身就侵害了法益，不能因刑法基于缩小打击范围的考虑而不予处理的行为理解为应予保护的法益。

其五，传销活动极具特殊性，传销组织成员形成庞大的多层网络结构，其社会影响要比普通的非法集资案件更大。传销组织各层级之间资金往来、人员更迭频繁，法律关系复杂。按照传销组织的返利模式推算出组织者、领导者吸收的资金及违法所得数额已属相当不易，如果再要求确认组织者、领导者之外的传销组织参加人员各自的损失数额，取证工作量将呈几何倍数增加，诉讼程序过分冗长，不符合司法实际，不具可行性。

二、依法追缴，退赔给受损参与者

陈某华组织、领导传销活动案①：2013 年至 2014 年 3 月，被告人陈某华自称陈某之首席弟子、亚洲催眠大师，以推销其微信营销课程为名，打着“月入百万、微信营销、商业模式”的口号，陆续在上海、杭州等地开展以微信营销为主要内容的免费授课，要求参与者交纳不同数额的代理费成为其不同级别的微信营销课程的代理商，以发展人员交纳的代理费作为计酬或者返利依据。其大肆宣传，发展他人加入、交钱成为其代理商，代理商通过手机微信软件，吸引更多的人参加此会，成为陈某华的新代理商，骗取他人代理费，并形成包括其本人在内的多级组织层次。经查明，已有 329 人作为陈某华的代理商参与了陈某华领导的传销组织，收取参与传销活动人员交纳的资金 461.5364 万元。

法院经审理认为，被告人陈某华犯组织、领导传销活动罪，判处有期徒刑 8 年，罚金人民币 10 万元；责令被告人陈某华退赔被害人损失人民币 461.5364 万元。

---

① 参见江苏省南京市玄武区人民法院刑事判决书，(2015) 南玄刑初字第 2 号。

此类做法较少，散见于江苏南京、陕西汉中、广东中山①、宁夏固原②等地，但社会影响很大，不少传销组织成员将上述裁判文书视为至宝，要求其他地方法院参照执行，返还损失。归纳而言，认为可以将追缴到位的违法所得返还给受损参与人的理由如下：

其一，组织、领导传销活动罪的罪状中有“骗取财物”这一要素，意味着最后一批加入者既可以定性为违法活动的参与者同时也并不妨碍认定为被骗取财物的“被害人”。这与非法集资案件中的“集资参与人”的地位是相似的。而相关司法解释对于集资参与人受损的本金是予以保护的。

其二，传销活动本身往往极具欺骗性，通过推销商品、提供服务、投资项目等噱头予以掩盖，甚至还邀请退休政府职员、明星艺人、媒体等大肆宣传包装，参加者并非轻易即可判断出所参与的事项系传销活动，这与参与嫖娼、赌博活动有着显著不同，所以对于刚加入不久的最后一批参加者来说，将其认定为被骗的受害人并无不妥。

其三，不能将最后一批参加者交纳会费的行为理解成促进传销组织发展壮大的行为。因为其本人尚未实施胁迫、诱骗他人加入传销组织的实行行为，不具有社会危害性。其交纳的费用仍属于其合法财产、“血汗钱”。而且实务中在量刑时一般会对组织者、领导者在案发前退还下线损失的行为予以考虑，也不会继续向获得退赔的下线传销组织成员追缴，这其实足以反映法院认为这部分损失的弥补对于社会具有积极意义。

其四，《刑法》第 64 条虽规定犯罪分子违法所得的一切财物应当追缴，但追缴之后未必一律没收。存在被害人的，需要优先返还被害人。参加传销组织并不属于犯罪活动，不能以“供犯罪所用的成本”为依据来没收最后一批参与者交纳的费用。

其五，如果将取缔传销组织所查获的巨额资金收归地方政府，可能从某种程度上导致政府部门缺乏及时查处、遏制传销组织发展壮大的积极性。传销组织成员可能会将受损责任归咎于政府不作为，长期各处信访举报，甚至聚集扰乱国家机关工作秩序，不利于维护社会稳定。

其六，不能因为取证工作量大而拒绝返还被害人损失。非法集资、传销活动

---

① 参见广东省中山市中级人民法院刑事裁定书，（2017）粤 20 刑终 108 号。

② 参见宁夏回族自治区固原市原州区人民法院刑事判决书，（2020）宁 0402 刑初 285 号。

本身就具有参与人数多、涉案资金量大的特点，对此类案件可以多注入相应的司法资源，或完善涉案财产处置特别程序，以加快诉讼程序进程，而不能因为案件难度大就采取“一刀切”的方式将查获的全部财产予以没收。

三、其他处置方式

除上述主要处置方式外，还有观点认为，应当由相关行政机关处理。此类观点认为，传销活动组织者、领导者非法吸收的资金必然来自下线，对于该违法所得根据《刑法》第 64 条的规定，应当追缴。但追缴只是一种程序性控制措施，意图剥夺犯罪分子的不当获利，对于追缴到位之后，该如何实体处置，立法并未作出完全明确的规定。因为《刑法》第 64 条只规定了“被害人的合法财产”“违禁品”“供犯罪所用的本人财物”的实体处置方式，传销活动组织者、领导者的违法所得无法纳入上述三种财产的范围，故应当由工商管理部门、公安机关等相关行政机关依据《禁止传销条例》等行政法规依法处理。

还有折中见解认为，有必要根据传销活动的不同模式、手段，参与人的参与时长、认知能力、认知程度等具体情况进行细化分类。如果属于“胁迫型”“诈骗型”传销活动，参加者在加入当时具有被动性，系“被迫”“误入”传销。此种情形下，已发展下线的参与者的损失可以不予退赔，但未发展下线的最后一批加入者可以认定为被害人，赋予相关诉讼权利，其损失可予以弥补。对于“牟利型”传销，组织者、领导者在入会资格、盈利模式等内容的宣传上已经明确需要加入者以不断“拉人头”，发展“分销商”“下级代理”，推销“道具产品”等方式获利，此时参加者意图通过传销牟利而投资加入的，不能认定为被害人，对其交纳的费用应予以否定性评价，不予返还。

上述做法可谓各有道理，实务中可根据个案实际情况及当地司法惯例、刑事政策参照执行。从长远来看，立法的明确化、司法的精细化似是最优路径，力争确保不同的情形得到不同的处理，民众对行为的法律后果有较为统一的预期，以便维护法律之尊严，提升司法权威。

005 网络服务提供者的刑事责任认定

网络服务行为是网络犯罪得以实施不可缺少的环节，这是网络活动的基础环境，是网络犯罪的前提条件。近年来，随着网络犯罪日益猖獗，给犯罪分子提供网络服务的网络平台经营者甚至互联网运营商是否也应承担相应刑事责任的问题引起广泛关注。虽然相关司法解释及有关文件作出了一些规定，但这些规定往往针对的是具体案件或者在具体罪名中适用，属于“头痛医头，脚痛医脚”的方法，对司法办案人员而言，准确把握在网络服务领域适用刑事措施的原则与限制，从而在没有专门规定情况下，也能合适妥当处理有关案件，便显得尤为重要。对此，本书将从一般规律和基本原则角度对网络服务领域刑事责任的适用规则进行讨论，以便更好指导办案实践。

一、网络服务提供者的类别

我国的法律规定和刑法理论对网络服务提供者存在不同的分类方法：在法律规定上，我国已有多部法律、法规和部门规章对网络服务提供者作出分类，但是这些法律规范基本是从电信业务角度进行区分的，不仅没有涉及网络服务在技术上的实质差异，而且分类结论也不尽相同。而德国和欧盟法律中以技术作为分类依据，“将网络服务提供者划分为内容提供者、接入服务提供者、缓存服务提供者、存储服务提供者等四类”①。在刑法理论上，多数观点认为，可以将网络服务提供者（ISP）分为接入服务提供者（IAP）、网络内容提供者（ICP）和网络平台提供者（IPP）三种。② 2019 年《办理非法利用信息网络、帮助信息网络犯罪活动案件解释》第 1 条规定：“提供下列服务的单位和个人，应当认定为刑法第二百八十六条之一第一款规定的‘网络服务提供者’：（一）网络接入、域名注册解析等信息网络接入、计算、存储、传输服务；（二）信息发布、搜索引擎、即时通讯、网络支付、网络预约、网络购物、网络游戏、网络直播、网站建设、安全防护、广告推广、应用商店等信息网络应用服务；（三）利用信息网络提供的电子政务、通信、能源、交通、水利、金融、教育、医疗等公共服务。”可见，该解释将网络服务提供者划分为信息网络基础服务提供者、信息网络应用服务提供者和信息网络公共服务提供者等三大类，每个类别中又包括很多具有差异的子类别。可以说，不同类别的网络服务提供者，其技术能力、义务范围等都存在一定差异，所以承担的刑法义务和刑事责任大小也相应有所不同。本书结合我国理论通说和司法实践情况，将网络服务提供者分为连接服务提供者、内容服务提供者、平台服务提供者、存储服务提供者四类，这也是目前最主要的网络服

---

① 王华伟：《网络服务提供者的刑法责任比较研究》，载《环球法律评论》2016 年第 4 期。

② 参见皮勇：《网络服务提供者的刑事责任问题》，载《光明日报》2005 年 6 月 28 日。

务提供者主体。随着互联网业务不断扩增，还出现了一些新兴网络服务主体，同时，上述主体可能会出现重合，如网络平台服务提供者为了扩展业务，将一些音视频等信息上传到自己设立的网络服务平台上，即在为他人提供网络平台服务的同时也向用户提供网络内容，像新浪网站、搜狐网站等都是既具有网络平台身份又具有网络内容提供者身份。

二、网络连接服务提供者的刑事责任

网络连接服务，是指提供路由器、交换机等硬件基础设施，使网络用户能够访问互联网的行为。对于网络连接服务者而言，其提供的互联网接入、服务器托管、通信传输等服务行为，具有业务中立性，原则上不应受到刑事处罚。第一，从互联网行业分工角度看，网络连接服务提供者提供的是从事网络活动最基础的帮助行为，并不涉及网络活动的具体内容，因此，没有事先审查的义务。第二，通常情况下，认定网络连接行为与危害结果之间存在因果关系并进而追责，是未对“条件说”因果关系进行规范评价的错误结论。虽然网络接入是与网络犯罪行为之间“多因一果”联系中的一环，但是其行为是针对所有网络用户实施的，没有互联网接入就无法开展任何网络活动，整个网络世界将面临瘫痪，所以网络连接行为具有独立于犯罪行为之外的社会意义，具有典型的业务中立性，其行为并没有创设或增加法所不容许的风险。第三，网络连接服务提供者也无法对网络空间中的海量信息进行辨别审查，要求其履行此种义务将会使现代社会的网络运营处于瘫痪状态。① 也就是说，通常情况下的网络连接行为虽然可能造成一定的社会危害，但系立法进行价值衡量后为促进互联网行业发展所要容忍的必要代价，网络连接行为并没有制造法所不容许的危险。需要注意的是，我国《刑法》第286条之一所规定的网络服务提供者的刑事责任并没有具体细分网络服务提供者主体类别，也就是并没有将网络连接服务提供者予以排除。对此，本书认为应通过法律解释方式对网络连接服务提供者的刑事责任加以明确，同时，在司法上应严格限制上述罪名对网络连接行为的适用，即便根据2011年“两高一部”《关于办理侵犯知识产权刑事案件适用法律若干问题的意见》等规定构成共同犯罪，也应以网络连接服务提供者对他人犯罪行为具有“特别认知”为前提，即如接到有关监管部门通知或者网络用户的投诉，仍然继续为犯罪人提供网络接入

---

① 参见周光权：《网络服务商的刑事责任范围》，载《中国法律评论》2015年第2期。

服务，则可按共同犯罪处理。

三、网络内容服务提供者的刑事责任

网络内容往往是体现违法犯罪行为的载体，内容服务提供者与一般的刑法主体之间并没有显著差别，本就应对信息的合法来源和内容的真实性等具有明确认识，不履行相应审查等职责的，理应承担相应的法律责任。网络内容服务提供者当然负有对其所提供的内容进行事先审查等全部义务并承担完全的刑事责任，这也是传统刑法责任原则中“个人责任”的要求。例如，新浪网对于自己发布的新闻报道，自然应承担保证信息真实与合法等审查义务和相应的刑事责任。

如“园丁丁”论坛大麻交流网站案①：“园丁丁”论坛是一个从事大麻种植经验交流，大麻种子、种植设备、肥料、吸食用具及大麻成品买卖等非法活动的网络论坛。该论坛须通过邀请码加入，共有会员1585人，成员结构自上而下为站长、超级管理员（超级版主）、版主、会员，其中超级管理员、版主负责维持秩序，具有禁言、删帖等权限。该论坛共有园丁论坛、大麻品种/大麻种子、种植论坛、种植用具/农具、收成论坛、飞行用具/装备、科普/教育等10个分区共38个版块。通过成员在论坛中发帖、回帖、站内信交流等，已形成交流大麻种植知识、大麻种子买卖、大麻种植设备及肥料买卖、大麻吸食用具买卖、成品大麻买卖的一条龙黑色产业链，该网站还传授站内人员反侦查手段以逃避法律责任。其中，被告人王某、黑某、郑某系论坛超级版主，被告人曹某、刘某骧、莫某涛系论坛版主，管理该论坛社区，多次发布、回复有关种植大麻技术知识的主题帖。在该案中，上述被告人作为大麻交流网站的管理人员对该网站的内容理应负有审查和监管义务，并承担相应刑事责任。最终，上述被告人均被以非法利用信息网络罪定罪处罚。

四、网络平台服务提供者的刑事责任

提供各类网络平台是最常见的网络服务行为，为社会公众的工作和生活带来极大方便的同时也逐渐成为滋生违法犯罪行为的温床。例如，平台经营者不作为，导致第三方通过网络平台发布以高息、互联网金融、互助、慈善等为噱头的虚假宣传广告，实施扰乱金融市场秩序的行为，也造成群众巨额经济损失。对于

---

① 参见浙江省绍兴市中级人民法院刑事裁定书，(2019) 浙06刑终633号。

作为互联网平台管理方的网络服务提供者而言，为充分保护和促进信息网络技术的健康发展、积极应对和惩治网络违法犯罪行为的现实危害，其理应承担相应的法律责任，[①] 但由于网络平台服务所具有的业务中立性，对其刑事责任的认定成为司法实践中颇为疑难的问题。

对于网络平台服务提供者的刑事责任认定，关键在于判断其平台服务行为与正犯行为之间的关系是否具有犯罪意义上的关联。实践中需要注意的问题是，网络平台往往存在异化行为，在设立初期作为普通中介信息平台具有中立性，不具有可罚性，但在经营发展过程中出现了犯罪化表现。例如，P2P 网贷平台本来应属于信贷服务中介性质，其本身不参与融资、投资行为，地位具有中立性，但很多 P2P 网贷平台后期通过自融或者变相自融、债权转让、设立资金池等方式，具备了应专属于银行等金融机构的吸储、放贷及理财等诸多金融功能，相当于具有民间融资功能的“特殊金融机构”，[②] 违背了职业相当性，可能构成擅自设立金融机构、非法经营、非法吸收公众存款等犯罪；甚至有一些 P2P 网贷平台设立的目的就是实施犯罪或者明知他人意图实施犯罪而提供服务行为，除了用于犯罪外，不具有其他社会意义，具有典型的犯罪关联性，其平台经营者可能会构成洗钱罪、集资诈骗罪等犯罪的帮助犯。在上述情况下，一般便可以认为网络平台服务行为制造或增加了法禁止的危险。

进一步，还应考虑平台经营者行为的职业相当性，网络平台是为网络用户提供各种网络服务的，其行为应具有日常经营属性，只要按照被广泛接受的职业准则进行经营，行为就具有中立性，便能够否定与正犯之间的不法关联。如美国最高法院在 1984 年通过著名的索尼案，确立了“实质性非侵权用途”原则，即如果产品主要是被应用于合法的、不受争议的用途，具有非专门用于侵权的实质性用途，即使经营者知道其产品可能被用于侵权，也不能认定其具有帮助他人侵权的故意，应否定构成帮助犯。[③] 相反，若某一网络平台的经营行为主要或只能用于违法犯罪用途，其行为便属于严重脱离职业相当性的违法犯罪行为，具有刑事归责的客观基础。

---

① 参见吴舟：《论我国网络犯罪刑法规制体系的立法完善》，载张平、黄绅嘉主编：《网络法律评论》第 14 卷，北京大学出版社 2012 年版，第 150 页。

② 参见俞小海：《P2P 网络借贷平台的刑事责任问题研究》，载《汕头大学学报（人文社会科学版）》2015 年第 5 期。

③ 参见王华伟：《避风港原则的刑法教义学理论建构》，载《中外法学》2019 年第 6 期。

如雷某、林某破坏计算机信息系统案：[1] 2017 年 10 月起被告人雷某通过互联网推广具有手机语音骚扰功能的“云呼”App，并以出售软件授权码的方式获利。后被告人林某根据雷某提出的要求制作和“云呼”平台配套使用的专门针对手机用户进行短信和语音骚扰的“呕死他”软件并进行后期维护。二被告人通过“云呼”平台，制作、传播具有拨打骚扰电话、发送骚扰短信功能的“呕死他”软件。而“呕死他”软件具有呼叫手机的功能，影响被呼叫手机的通讯功能与其他功能的正常使用。“云呼”平台为实施打击报复、敲诈勒索、强买强卖、非法追债等违法犯罪行为提供了便利，严重侵害他人的隐私甚至生命健康。2018 年 12 月，深圳市南山区人民法院对“云呼”平台破坏计算机信息系统案件进行了判决，以破坏计算机信息系统罪分别判处两名被告人有期徒刑 5 年和 7 个月。

需要强调的是，职业相当性的判断应当以网络平台服务提供者的技术能力为事实依据，以法律规定（包括行业惯例）为规范依据，也就是说，我们是否要求网络平台承担相应的监管义务应考察其技术上的能力。如果从网络技术上看，平台经营者根本无法对网络信息内容进行审查、删除、屏蔽，或者即便可以进行技术管控但是成本过高、严重影响企业正常经营，应认为该平台对第三方的违法犯罪行为不具有技术上的可控性。在规范依据上，应适用我国现有法律规定对网络平台经营者的行为进行评价，若其行为违反法律的强制性规定，便存在背离职业相当性之处。当然，我国关于网络服务提供者义务范围的规定还存在一些亟须完善之处，这对认定网络平台服务提供者刑事责任带来一定影响。

五、网络存储服务提供者的刑事责任

无论提供长期存储服务还是缓存服务，实际上都是网络服务提供者将自己所有的部分存储空间让渡出去为第三方提供帮助，但是存储空间被占的事实并没有改变该部分空间的所有权性质和支配关系。虽然网络存储空间具有一定的封闭性和排他性，但是存储空间并不能当然产生作为义务，仅就提供存储空间而言，并不能使提供服务者产生防止提供对象从事犯罪的义务。这是因为网络存储服务针对的往往是不计其数的网络用户和浩如烟海的数据文件，要求空间管理者对所存储的文件进行事先审查，显然超出了其技术可控性，如果对其提出过高义务要

① 参见广东省深圳市南山区人民法院刑事判决书，（2018）粤 0305 刑初 1673 号。

求，势必将使网络存储业务难以为继。在此有一个典型的例子就是360云盘系统，这个曾经具有较大知名度且拥有大量个人用户的网络云盘于2016年10月20日对外发布公告称将停止个人云盘业务并于2017年2月1日关闭所有云盘账号并清空数据。360云盘服务转型公告称："由于云盘存储的私密性，管理的复杂性，部分不法分子利用360云盘存储传播盗版、淫秽色情信息等非法文件从事违法犯罪活动，严重侵犯版权人的合法权益，更给社会带来了巨大的危害，在未找到安全解决这些问题的方案之前，决定停止云盘个人版服务。"与之命运相同的还有新浪、华为、腾讯等多家网络运营商旗下的存储平台，这些平台选择终止服务的原因均是认为难以对存储内容进行审核、难以对网络用户的违法行为进行监管，因法律风险过大而选择退出。

但是，当网络存储服务提供者明知委托存储的是淫秽视频等违法内容时，其管理人的义务便随之产生，这不仅是考虑到其针对特定违法信息文件在技术上具有的支配性可控能力，也是促进网络安全和秩序与网络服务提供者自由经营之间相协调的妥当结论。因此，应当合理配置网络存储服务提供者的刑事责任，既维护其经营自由又能够在合理范围内有力预防和打击犯罪。这里的刑事责任大体可以分为两类：一类是存储平台基于对存储用户犯罪行为的监管义务产生的刑事责任，另一类是存储平台自身实施犯罪行为而承担的刑事责任。对于前者而言，存储平台提供服务的行为没有违反法律的规定，其行为具有业务中立性，原则上无须对用户的犯罪行为承担刑事责任，这犹如出租房的房主将房屋出租后，对于租户在房屋内实施的贩卖毒品行为不应承担刑事责任。但在一些特殊情况下，如房主对他人利用自己房屋实施犯罪活动事先明知或者对承租人应具有相应监管责任情况下，房主也不必然被排除在刑事责任之外。同样道理，若网络存储服务提供者明知用户存储违法信息文件，或者利用存储平台实施犯罪，当然也应受到刑事责任的评价，但评价的对象主要是其对于监督管理责任的履行情况，而不是与用户相同的传播淫秽物品或者侵犯知识产权的刑事责任。具体而言，第一，网络存储服务提供者查明存储平台内的违法犯罪行为，并采取一切必要技术措施防止这种情形发生的，就无须承担刑事责任；第二，其根据有关主管部门的要求采取了相应措施的，也无须承担刑事责任；第三，其明知用户利用其平台从事违法犯罪活动并在有能力履行监管义务的情况下，经有关主管机关责令改正而拒不改正的，应承担拒不履行信息网络安全管理义务的刑事责任。后一类存储平台因自身犯罪行为而承担的刑事责任主要是指网络存储服务行为违背了业务中立性，由单纯的平台服务演变为具有主观故意的犯罪行为。例如在快播案件中，快播公司的技术行为和监管行为与淫秽视频被大量传播之间具有因果联系，虽然这其中还有网络用户上传、下载及传播的行为，使因果关系呈现出“多因一果”的复杂状态，但是在整个淫秽视频传播链条中，快播公司采用 QVOD 资源服务器程序供网络用户上传淫秽文件，采用播放器对各种格式的文件进行解码，并且采取缓存服务器保存、碎片化存储及根据点播量缓存加速等中先进的技术行为所发挥的关键作用是毋庸置疑的。并且其通过配置缓存服务器以及开发文件碎片化存储的方式来逃避监管，表明其对快播播放器被大量用户用来传播淫秽物品具有特别认知，上述行为与传播淫秽物品行为具有犯罪意义上的关联，具有刑事违法性。特别是，在被多次告知或行政处罚后仍然拒不履行监管义务，其行为已经严重偏离业务正当性，不具有中立性，已具有刑事可罚性。

综上，对于网络存储服务提供者而言，其承担的义务主要有以下几种：一是警告义务，以各种方式提示用户禁止存储、传播淫秽、色情、侵犯知识产权等的非法信息或文件，否则将承担相应法律责任。二是检查义务，建立非法信息核查制度，组织专门人员定期对存储平台内容合法性进行检查，这种义务仅限于初步排查，如工作人员利用关键词检索、截屏审查、哈希值搜索等技术进行排查，对于发现异常的文件可交技术人员进行进一步查验处理。三是采取必要技术措施义务，作为网络服务提供者均具有专业的网络技术和专业的技术团队，在不断探索改进核心业务的同时，也应同步跟进对于非法内容的报警、过滤、屏蔽等系统程序，为非法利用网络存储的行为设置技术屏障。四是审核限制义务，对于海量存储信息进行全面审查确实存在技术难度，但对于信息传输等用户操作行为应进行必要的审核，如在用户向不特定对象群发文件或者设置共享链接时，存储平台应进行审核，对于非法行为或者存在一定危险的行为加以限制。五是整改清理义务，对于事后发现的非法信息应进行清理，因监管不力被有关主管部门责令整改的，应及时有效整改。

需要特别关注的是，缓存服务行为与一般的网络存储行为之间还存在一定的技术性差别。所谓缓存，“就是在设备中设置一个运行速度极高的区域作为数据交换的缓冲区，用于存储被频繁访问的数据，在某一硬件要读取数据时，优先从缓存中查找需要的数据，如果找到了则直接执行，找不到则再从内存中找的一种数据存储、交换模式”①。可见，缓存不单单是存储，缓存除了具有存储信息功能和目的外，还具有提高信息数据传输、交换效率、效果的目的，是一种数据交换的优化模式，其作用的发挥与调度规则（也称算法）密切相关。因此，在判断网络缓存服务提供者刑事责任时，还要特别注意缓存服务过程中数据的调度行为是否具有职业相当性，是否具有网络技术行为的中立性。如在快播案件中，快播公司为了让网络用户下载视频速度更快，便在全国设置了千余台缓存服务器，并且设计了一套特殊的调度规则，即当网络用户通过快播播放器软件播放某一视频次数达到设置的标准后，缓存调度服务器便指令上述缓存服务器抓取、储存该视频文件，并且该视频文件是以碎片化方式被储存于多处缓存服务器中。此后，若该视频文件再次被人播放，缓存调度服务器便会从分别保存该视频片段的多个缓存服务器中调取该视频，为网络用户提供最佳的播放路径，进而提高视频播放的速度和效果。正是基于上述缓存调度算法，部分淫秽视频由于被网络用户大量播放而被缓存服务器抓取、储存，从而能够更加流畅的下载和播放，实际上达到了传播的效果，造成淫秽视频被大量播放、传播。② 一审法院正是考虑到快播公司上述特殊的缓存调度规则，才认定该公司通过缓存服务器抓取、存储，再提供播放和下载服务的一系列行为构成专门针对淫秽视频的有意识的主动行为，进而认定快播公司构成传播淫秽物品牟利罪的正犯而不是帮助犯。

006 通过网络传播违法犯罪方法行为的司法认定

互联网的快速发展，加速了当今信息化时代的步伐，各种网络信息纷至沓来，特别是近年来网络直播的兴起，更加剧了网络信息传播的复杂性，不仅传播渠道变宽、传播范围变大、传播深度拓展，传播内容也异常多样。其中在网络贴吧、通信群组及直播空间等网络平台中传播违法犯罪方法的行为需要引起司法机关和社会群众高度关注，司法实践表明这类信息往往会引发违法犯罪行为，严重扰乱社会秩序。

一、通过网络传播违法犯罪方法行为的类型

经过对司法实践的总结，从传播信息的内容上看，当前传播违法犯罪方法的

① 吴沈括、何露婷：《网络缓存的法律认定及其规制——以快播案为分析视角》，载《财经法学》2019 年第 5 期。

② 参见北京市海淀区人民法院刑事判决书，（2015）海刑初字第 512 号。

行为主要可以分为以下几种类型，之所以将该行为类型化，是因为这样更有助于司法实践中准确把握行为的社会危害性，确定分类处置策略，依法稳妥办理相关案件。

（一）传播犯罪方法

通过网络传播犯罪方法，是指行为人通过网络平台散布能够使人直接实施犯罪行为的方法和技巧的行为。如王某传授犯罪方法案①：2013 年初至 2014 年 10 月间，被告人王某伙同他人利用位于北京市某小区的服务器，开设“稀有录像馆论坛”网站，通过在该网站上传以歪曲宗教教义等具有极强煽动性、示范性、恐吓性和暴力性的暴力、恐怖活动犯罪为内容的视频，向网站注册会员传授犯罪方法，经审查其中多部视频属于暴力恐怖宣传品，危害程度极大。2015 年 12 月 18 日，被告人王某被北京市丰台区人民法院以宣扬恐怖主义罪，判处有期徒刑 2 年。通过网络传播犯罪方法的行为是所有行为类型中危害后果最为严重的。

（二）传播违法方法

由于网络监管日益严格规范，通过网络传播犯罪方法的行为实施越发困难，网络平台通过设置屏蔽监管措施等加强对网络信息内容的审核把关，通常传播一般违法行为的情形较多。如近年来一个舶来词汇“PUA”屡现公众视野，特别是北大女生包某自杀事件更将“PUA”这一手段推上风口浪尖。“PUA”的全称是“Pick - up - Artist”，译为中文可理解为“搭讪艺术家”“撩妹达人”，随着“PUA”文化的变迁，“PUA”的定义已经从简单的搭讪扩展到了整个两性交流过程，从最初帮助人们提高情商、改善人际关系的交往学转变为骗取钱财、臭名昭著的“泡学”，不良“PUA”被称为精神鸦片。在一些案件中，所谓的不良“PUA”是指一套利用人性弱点进行情感欺骗、心理操控的理论、方法或技巧，其目的在于骗取财色。在全国发布的首例违规违法“PUA”信息案件②中，徐某通过在其设立的网站上兜售“自杀鼓励”和“宠物养成”等系列违法违规“PUA”教程，通过文字、语言、图像、视频和其他方法，故意向购买者传授实施包括骗取女性钱财、故意伤害女性身体、诱导女性自杀等的所谓经验、技能。后公安机关根据《网络安全法》相关规定，给予其行政拘留 5 日并处罚款 5 万

---

① 参见蒋惠岭主编：《网络司法典型案例（刑事卷 · 2017）》，人民法院出版社 2018 年版，第 222 - 231 页。

② 参见马诗清：《网上发布非法 PUA 信息的法律规制》，载《中国检察官》2020 年第 2 期。

元的处罚。在这类传播方法行为类型中，由于传播方法的内容并不当然违反刑法规定，多数是一些违反行政法、治安管理处罚法，甚至仅仅是违反伦理道德、公义观念的内容，因此，在办案中对这类行为的评价要特别注意坚持罪刑法定原则，但同时，也不要过分拘泥于对传播方法行为的片面考察，还要注意审查该方法是否引发了其他犯罪行为，从而全面客观地评价行为的危害性。

（三）传播既属于违法又可构成犯罪的方法

在“园丁丁”论坛大麻交流网站案中，该论坛发布的信息均为吸食、种植大麻等违法行为内容，但根据刑法相关规定，无论吸食还是种植，在符合一定条件时均可能触犯刑法，构成犯罪。此外，论坛交流也极易催生毒品交易行为。因此，“园丁丁”论坛管理人员等传播的方法既属于实施违法行为的方法，也可能用于实施犯罪，具有双重属性。对于这类方法，司法实践既要关注其行为的内容、本质，又要充分考察其社会危害性，关注传播行为给网络受众带来的负面影响、是否进一步实施了犯罪行为等，从而准确判断上述方法的法律性质属于违法方法还是犯罪方法。

（四）传播技术方法

在根据传播信息性质不同进行上述分类的基础上，司法实践中还要特别关注一类常见的传播违法犯罪方法行为，即通过网络传授特定技术方法的行为，这也是网络空间一种极其常见的现象，通常流行于网络技术论坛、贴吧及为数众多的技术“发烧友”之间。司法实践中，确实存在很多技能、方法并非专门用于实施违法犯罪的，而是在生产、生活中也发挥着重要作用，特别是一些新型计算机网络技术。因此，司法办案中，经常会有人提出“技术无罪”的意见。

如赵某某盗窃、传授犯罪方法案①：被告人赵某某在互联网上学习使用FD软件操作技巧并在各互联网平台查找相关漏洞。FD软件可在网络环境中实现抓取数据包并修改数据的功能。后赵某某发现上海诺诺镑客金融平台存在充值漏洞，伙同被告人杨某某，利用FD软件抓取充值数据包并修改充值数据，进而实施盗窃。此后，赵某某不计后果向他人传授盗窃该公司钱款的技术。在得知漏洞及操作方法被他人在网络上发布后，赵某某又指使白某某予以传播。随后几小时内即发生多起针对上海诺诺镑客金融平台的异常充值及提现操作，作案手法与赵

---

① 参见上海市徐汇区人民法院刑事判决书，（2017）沪0104刑初1137号；上海市第一中级人民法院刑事裁定书，（2018）沪01刑终1275号。

某某传播的漏洞及操作获利方法一致。应当说，传播技术方法的行为与前述行为类型有所不同，因为涉案的技术方法既可以用于违法犯罪，也可以用于正当合法的行为，从技术本身看具有“中立性”或“中性”。因此，在办理相关案件时，应当全面审慎审查涉案方法的通常来源、具体用途、应用场合等事实，在准确认定相关行为有无社会危害性的前提下，明确行为性质。

二、通过网络传播违法犯罪方法行为入罪考量因素

每种行为入罪与否考察的核心因素是这种行为的社会危害性，对于司法机关而言，特别是在立法上没有作出特别明确规定的情况下，更要注重通过搜集证据来查明行为的社会危害性是否达到了需要予以刑事处罚的程度。在考察行为社会危害性之前，首先要对该行为的特性具有全面充分的认识和评价，因为某一社会危害性的有无、大小会受到其本质属性和主要特性等因素的影响。

（一）通过网络传播违法犯罪方法行为的特性

通过网络传播违法犯罪方法的行为与一般线下传播行为相比，具有显著的差异和典型行为特征：

第一，受众具有广泛性和不确定性。相比于通过书面、口述等传统方式传播的违法犯罪方法，网络传播的速度更快、受众范围更广，从而产生的社会影响更大。同时，任何网民都可能会接触到上述信息，成为潜在的受众进而受到影响，传播范围和对象具有不确定性和随机性。上述特点决定了通过网络传播违法犯罪方法行为具有严重的社会危害性，需要司法机关全面考察其对受众、被害人乃至社会的负面影响，以明确司法打击的范围。

第二，通常具有一定牟利性。传播者往往为了谋求一定经济利益而上传、发布违法犯罪的方法，并通过网络浏览量、点击量、“打赏”、“刷礼物”等方式实现获利，甚至有的人专门兜售相关课程，直接明码标价进行销售。司法实践中，行为人是否是为了牟取非法利益，是衡量其犯罪动机，认定其犯罪主观故意内容及形态的重要考量因素。

第三，具有极大的诱发性。这些信息虽然不是全部为犯罪方法，但很多方法在特定情景下仍具有诱发犯罪的性质。易言之，上述通过网络传播违法犯罪方法的行为是诱发个体产生犯意、实施犯罪的动因，其行为本身易引发危害社会的结果需要引起高度重视。

（二）入罪考量因素

所谓入罪考量因素，就是在办理相关案件时，通过对行为社会危害性的全

面、客观、准确评价，从而确定其是否触犯刑法规定时所通常考量的案件事实和情节。本书认为，对于传播违法犯罪方法的案件，办案人应通过审查在案证据重点考察以下事实情节：

第一，传播的内容，即考察行为人在网络平台上传播的方法具体是什么。首先，从性质上看，该方法有无违反法律强制性规定的内容，是违背刑法还是一般行政法律、法规。其次，从用途上看，该方法通常用于日常生产、生活，还是也可以同时用于违法犯罪活动，抑或只能用于实施违法犯罪活动。通常而言，对于仅传播一般违法方法的行为，不应认定为犯罪。只有当行为人所传播的方法为犯罪方法，或者在特定情况下可用于实施犯罪时，才可以认定传播行为触犯刑法。特殊情况下，对于是否构成组织卖淫罪，引诱、教唆、欺骗他人吸毒罪，引诱幼女卖淫罪等不以实行行为构成犯罪为前提的犯罪，则应当结合下述内容再进行综合认定。

第二，传播的手段。需要通过调取证人证言、进行电子数据检查、远程勘验等方式确定行为人用于传播的网络平台的规模和性质，网民或粉丝人数，浏览、转发、评论的人数及数量等。同时还需要查明，行为人是采取直接传播方式还是采取一些隐蔽手段，是否指明或积极暗示该种方法是实行某种犯罪的方法。如冯某钊传授犯罪方法案[①]：被告人冯某钊通过搜集炸药制作方法并以上传文档方式传播犯罪的方法，从传播的方法看，该方法属于一般爆炸物制作方法且能够通过正常渠道获取，并非专门用于某种犯罪的技能和经验，其也并未明确宣传此为实施爆炸的方法。但其将一些涉及恐怖的言词穿插于炸药制造方法之中，特别是行为人将其命名为《恐怖分子手册》，从而使浏览者很自然地将该炸药制造方法与恐怖活动联系起来，这显然使制造炸药这种原本的技术方法异化为实施恐怖犯罪、爆炸犯罪的方法。因此，司法办案中，要结合网络环境、前后语境、事件背景等实质性地认定行为人所传播的方法到底是否为犯罪方法。

第三，传播的目的。要通过收集审查证据，查明行为人的身份等个人情况，有无受过行政、刑事处罚，其通过网络传播违法犯罪方法的原因是什么，其是作为发烧友单纯分享经验技巧，还是意图使其他网友学习一定方法，甚至是通过这种方式教唆、煽动他人去实施特定违法犯罪行为，其对行为危险性及可能造成的

---

① 参见《冯庆钊传授犯罪方法案［第 688 号］——在互联网上散布关于特定犯罪方法的技术知识，能否构成传授犯罪方法罪》，载熊选国主编：《刑事审判参考》（总第 79 集），法律出版社 2011 年版。

后果有无认识，主观心态如何等。

第四，传播的后果。通过收集证人证言、被害人陈述、电子数据、有关机关单位的证明材料等证据，证实行为人通过网络传播违法犯罪方法行为对网络空间秩序、现实公共秩序造成的破坏程度，网友等被传播对象是否学习了这种违法犯罪方法，是否利用该方法实施了违法犯罪行为，违法犯罪行为有无对被害人造成损害及损害大小等。在刑事案件中，还要特别注意传播犯罪方法与特定危害后果之间的因果关系问题，这是对犯罪嫌疑人、被告人追究刑事责任的前提和基础。司法实践中，往往通过收集传播者和被传播者的口供来证实上述因果关系，但当犯罪嫌疑人、被告人拒不供述或者证人证言无法印证时，要积极挖掘客观证据采取刑事推定的证明方法。如在前述赵某某盗窃、传授犯罪方法案中，被告人赵某某将通过 FD 软件抓取上海诺诺镑客金融平台漏洞充值的方法传授他人，并指使他人在网上传播后，在随后几个小时内即发生多起针对上海诺诺镑客金融平台的异常充值及提现操作，作案手法与赵某某所传播的漏洞及操作获利方法一致，在时间上也具有紧密关联性，据此可以推定赵某某系本案中犯罪方法的源头制造者，证明其具有传播故意，理应对其定罪处罚。

综上，在具体案件办理中，只有从上述几个方面综合判断，认为行为人通过网络传播违法犯罪方法的行为具有严重的社会危险性，特别是传授犯罪方法，且情节严重的，才应当予以刑事处罚；对于其他传播违法方法的行为，一般应当给予行政处罚或者治安管理处罚等。

三、刑法规制的路径选择及困境

司法实践中，可以考虑从以下几个路径对传播犯罪方法的行为予以处罚。

（一）以共同犯罪认定

1. 认定为教唆犯

在网友接受传播的方法实施了犯罪行为的情况下，可以考虑传播者是否构成教唆犯，通过传播特定犯罪方法的方式教唆他人去实施犯罪行为。但这种认定思路存在以下困境：第一，查证传播者主观方面是否具有教唆他人犯罪的故意存在困难。第二，即便有证据证实传播者具有教唆他人犯罪的故意，但网络传播具有“一对多”的特点，通常教唆犯是指教唆特定的一人或多人去实施犯罪，而在网络空间中教唆不特定多人去犯罪，难以认定共同犯罪人之间的“共同犯意”及意思联络。第三，难以查证网友何时产生的犯罪故意，是否在行为人传播犯罪方法之后，如果此前便已产生犯罪故意，则难以认定行为人构成教唆犯。

2. 认定为帮助犯

如果能够证实网友先产生了实施特定犯罪的故意，而行为人传播犯罪方法的行为恰恰对其起到促进作用，可以考虑认定传播者构成帮助犯。但该认定思路也存在一定障碍：第一，共同犯罪人之间的意思联络难以查证，特别是难以证明传播者明知他人要实施犯罪行为仍向其传播犯罪方法，这与司法实践的客观实际存在一定差异。第二，这种情况也不属于片面帮助犯，片面帮助犯是指犯罪实行人并不知道有人对其“暗中相助”，而帮助者对其助力他人实施犯罪是明知的。那么，具体到本书此处讨论的情形，便应是帮助者（传播者）对于实行人（网友）实施犯罪明知且提供客观帮助，但实行人（网友）对此并不知情。但这与实际情况不符，网友既然接受学习了犯罪方法，其理应知道传播者的存在，并对帮助行为有所认知。第三，帮助犯中，一般先发生实行行为，后发生提供帮助的行为，这与传播犯罪方法涉嫌犯罪的情形恰恰相反。

（二）以传授犯罪方法罪认定

《刑法》第 295 条规定的传授犯罪方法罪是指故意使用各种手段向他人传授犯罪方法的行为。很明显，该罪的适用前提是，行为人在网络上传播的内容只能是犯罪方法，对于传播一般违法方法的，不能适用该罪名。因此，在适用传授犯罪方法罪时，需要重点审查并证明以下几个方面：第一，传播的内容为犯罪方法，对此应当进行实质审查，对于加以包装、掩饰但本质上仍为实施犯罪的技能、方法的，依法可以认定。第二，行为人具有“传授”的主观故意。根据共同犯罪的原理，此处在主观故意的认识因素上，应证明两个方面：一是行为人对其传播的内容属于犯罪方法具有认识；二是行为人对其传播行为可能会造成他人实施犯罪的危害具有认识，也就是说，其对自己的传播行为将要引起的危害后果具有认识。在意志因素上，行为人对他人会利用其传播的方法去犯罪持有希望或者放任态度。因此，对于没有犯罪意图的传播行为，即便传播的属于犯罪方法，也不应认定为犯罪。当然对于犯罪意图的认定往往成为办案中的难点，一般可以结合行为人的个人学习和生活经历、前科情况，传授的对象，网络聊天交流所反映的主观意图，行为人与被传播对象之间的交往联系情况，行为人和被传播对象的言行倾向性等方面去综合分析认定。第三，在客观上主要涉及通过网络传播犯罪方法行为是否属于传授行为，二者是否具有质的同一性，针对网络不特定对象的传播行为，能否认定为通常向特定对象进行的传授行为，对象的不特定性是否会产生实质影响。对此，本书将在下一部分具体展开分析论证。总之，当传播的内容为犯罪方法时，以传授犯罪方法罪对传播行为人进行规制，具有一定合理性和可行性，但需要结合当前网络犯罪的新形势新特点进行进一步分析论证。

（三）以非法利用信息网络罪认定

《刑法修正案（九）》规定了非法利用信息网络罪，并规定了三种构罪情形，较好解决了网络犯罪中共同犯罪主观方面认定难等问题。对于通过网络传播违法犯罪方法的行为，可以考虑认定为非法利用信息网络罪。

1. 特定情形可适用《刑法》第 287 条之一第 1 款第 1 项规定

《刑法》第 287 条之一第 1 款第 1 项规定，设立用于实施诈骗、传授犯罪方法、制作或者销售违禁物品、管制物品等违法犯罪活动的网站、通信群组的，可以构成非法利用信息网络罪。这种情形要求行为人客观上设立的网站、通信群组主要用于实施诈骗、传授犯罪方法等犯罪，且主观上具有设立网站、通信群组实施相关犯罪活动的故意。由于在通过网络传播违法犯罪方法案件中，多数情况下行为人是利用已有的网络平台或 QQ 群、微信群等通信群组传播，仅仅是利用而不是设立，且主观上也并不是为了自身实施诈骗等犯罪，所以难以适用该项规定。但在特殊情况下，行为人专门设立了用于传播违法犯罪方法的网站或通信群组，如前述“园丁丁”论坛大麻交流网站案，且意图实施传授犯罪方法犯罪的，便可以适用非法利用信息网络罪来定罪处罚。

2. 一般情形均可适用《刑法》第 287 条之一第 1 款第 2 项规定

《刑法》第 287 条之一第 1 款第 2 项规定，发布有关制作或者销售毒品、枪支、淫秽物品等违禁物品、管制物品或者其他违法犯罪信息的，构成非法利用信息网络罪。该项所规定的行为方式与通过网络传播违法犯罪方法行为较为契合，特别是该项所规定的违法犯罪信息范围较广，立法上规定了兜底条款，能够依法处罚通过网络传播违法犯罪方法的行为。但需要注意两点：第一，非法利用信息网络罪中的“违法”原则上不是任何违反法律的行为，根据《办理非法利用信息网络、帮助信息网络犯罪活动案件解释》第 7 条规定，该罪中规定的“违法犯罪”，包括犯罪行为和属于《刑法》分则规定的行为类型但尚未构成犯罪的违法行为。可见，对于传播一般违法方法，该方法所对应的违法行为尚未被《刑法》分则所规定的，仍不应认定为非法利用信息网络罪。第二，构成本罪要求“情节严重”，上述司法解释进一步规定了“情节严重”的具体标准。在办案中，应注意收集审查行为人发布信息的实际传播面，如发布信息的数量、访问的次数、实际的违法所得数额、引发的社会影响等因素，进而综合全案来认定是否满足“情节严重”。

3. 通常不适用《刑法》第 287 条之一第 1 款第 3 项规定

《刑法》第 287 条之一第 1 款第 3 项规定，为实施诈骗等违法犯罪活动发布信息，可以构成非法利用信息网络罪。这充分体现出本罪“预备犯实行化”的特征，即行为人为了自己实施诈骗等犯罪而预先在网上发布相关信息。但通过网络传播违法犯罪方法的行为人，并不想亲自实施特定违法犯罪，即便是传授犯罪方法或者教唆，也不是为了自己将来犯罪而实施预备行为，因此，通过网络传播违法犯罪方法行为并不符合该项的规定，无法适用。

四、具体罪名适用分析与证成

通过上述分析，可以看出，刑法规制通过网络传播违法犯罪方法的行为，针对不同情形可以有不同的罪名供选择，但上述罪名在适用中不仅存在需要针对网络犯罪进行调整适用问题，也存在相互之间的交叉竞合等现象，需要结合案件情况具体分析。

（一）传授犯罪方法罪认定障碍的纾解

如前所述，在适用传授犯罪方法罪时，还需要解决的障碍有：

一是网络传播行为是否属于《刑法》第 295 条规定的“传授”。本书认为，从刑法概念内涵、外延来看，将网络传播行为认定为传授行为，并未突破“传授”这一词语的内涵与外延边界，不属于类推适用，不违反罪刑法定原则。很简单的道理是，在新冠疫情期间，各类学校均开设网课，老师们通过网络授课或上传网络课件方式进行教学，很显然这是传授知识，可见传授知识与传播信息已经合二为一，通过网络传播犯罪方法完全可以认定为传授行为。究其实质，利用信息网络传播犯罪方法，无外乎是信息网络时代，传授犯罪方法行为的网络化表现，不过是赋予传授行为一种新的方式或途径，本质上与传统的传授行为并无不同。

二是网络传播对象的不特定性是否影响该罪适用。本书认为传授犯罪方法罪不要求传授对象具有特定性。理由在于：首先，从刑法条文罪状分析，传授犯罪方法罪并未明确要求向特定人员传授，也并未限定传授对象和方式。司法实践中传授的方式方法很多，特别是随着网络时代的到来，任何现实生活中的行为都可能出现网络化变异，通过网络传授犯罪方法有其现实基础，而网络的开放性属性，必然使这种传授行为的对象具有不特定性。其次，从法益侵害性上看，通过网络向不特定对象传播犯罪方法的行为比向特定人员传授犯罪方法的社会危害性还要大，可能导致难以估量的人产生犯罪故意，进而实施犯罪行为。

三是无法查明传播的犯罪方法是否被网友接受使用是否影响本罪适用。本书认为，传授犯罪方法罪是行为犯，不是情节犯，也不是结果犯，只要行为人实施完毕传授犯罪方法的行为，犯罪即成立且既遂，至于他人是否接受并使用该犯罪方法并不影响本罪的成立。需要注意的是，在互联网时代，通过网络传授犯罪方法的，因网络的虚拟性、开放性及受众的广泛性，决定了要准确收集网民是否接受被传播的犯罪方法及是否实施了相应犯罪方面的证据具有极大难度，如果以此为构成要件，势必严重影响该罪适用，无疑过度放纵犯罪。司法实践中，被传授人接受并使用所传授的犯罪方法实施犯罪，该情节及造成的危害后果应当作为重要量刑情节加以考虑。

（二）法律适用中法条竞合问题

通过前文分析，可以看出对于通过网络传播犯罪方法的行为，在一定条件下既可以适用传授犯罪方法罪，也可以适用非法利用信息网络罪，从而出现法条竞合的问题。这与刑法规定非法利用信息网络罪的立法初衷有一定关系，规定该罪名是为了适应网络时代犯罪变化，通过预备行为实行化的方式提前打击端口，从而堵截法律适用漏洞问题。也就是说，无法适用刑法中其他罪名规制一些利用网络实施的违法犯罪行为时，可以考虑适用非法利用信息网络罪，因此，本罪与刑法中其他罪名通常属于法条竞合的关系。《刑法》第 287 条之一第 3 款也规定，有前两款行为（非法利用信息网络行为），同时构成其他犯罪的，依照处罚较重的规定定罪处罚。因此，当通过网络传播违法犯罪方法行为同时构成传授犯罪方法罪和非法利用信息网络罪时，应当按照处罚较重的传授犯罪方法罪定罪处罚。

（三）犯罪认定中想象竞合问题

通过网络传播的犯罪方法本身可能带有一定煽动性，或者其内容本身就具有淫秽性、暴力性等特征，所以该行为还可能会同时触犯刑法中规定的其他罪名，如煽动分裂国家罪，煽动民族仇恨、民族歧视罪，故意传播虚假信息罪，传播淫秽物品罪，传播淫秽物品牟利罪，宣扬恐怖主义、极端主义、煽动实施恐怖活动罪等。这是犯罪行为的复杂性所造成的，属于想象竞合犯，根据刑法理论应当择一重罪处罚。

007 互联网领域“恶意注册”产业链的规制

一、恶意注册的含义

互联网账户是指个人或机构在各类互联网活动中注册及使用的账户，分为互联网个人账户和互联网企业账户。类比线下活动中通过身份证、营业执照来证实个人或机构的身份，线上则通过互联网账户来进行认定。出于隐瞒真实网络身份等需求，个别个人、机构“恶意注册”账户，“恶意注册”也被网络黑灰产广为利用。

因恶意注册的行为不同，恶意注册分为狭义的恶意注册和广义的恶意注册。狭义的恶意注册，是指不以正常使用为目的，违反国家规定和平台注册规则，使用虚假的身份信息、机构信息（如企业营业执照等）或冒用他人身份、企业信息，突破平台安全防护措施，以手动方式或通过程序、工具自动创设互联网账号的行为。使用虚假信息注册的账户由于信息的虚假性，被互联网公司识别继而被限制、取消账户权限的可能性极大，因此又出现通过盗窃、诱骗、购买等多种方式获得他人真实的身份信息或企业信息并进行注册的行为，即冒用他人信息进行恶意注册，通过此类途径注册的账户被称为“非实人账户”。此两类行为是“恶意注册账户”的主要来源。随着互联网公司安全防护措施的升级，不少公司需要手持证件照、人脸识别来进行账户的注册（部分公司又细分为账户注册和账户认证两部分，本书不加以区分，将生成账户并获得账户权限之前的行为统称为注册），由此又产生了广义的恶意注册，即账户注册形式正当但注册目的恶意。具体操作方式上，广义的恶意注册个人账户系由自然人本人按照正常流程进行注册产生正常的互联网账户，但该账户生成后非该自然人本人使用，而是出售、出租、出借给他人使用。广义的恶意注册企业账户则是注册一家真实企业，并完成企业账户注册和银行对公账户申请，但此后交由他人使用。也就是说，此类账户由真实的申请者以真实信息注册取得，但账户的实际使用人与申请人非同一主体。

二、恶意注册所需程序、工具

互联网个人账户的一般注册流程为：使用手机或邮箱进行申请，并通过手机验证码、邮箱验证码等验证方式验证后，填写申请人基本信息、设置密码后完成注册。互联网企业账户的一般注册流程为：通过邮箱申请并完成手机验证、邮箱激活后，填写法定代表人及相关信息后完成注册。

互联网公司为了防止恶意注册，会采用一系列的风控策略，如通过对注册的设备信息、网络环境和软件环境等进行检测，判定是否为本人、本公司通过真实身份、真实信息进行注册。一旦发现信息虚假或者违反了“同一台手机只能注册一定数量的账户”等安全规则，即会致使注册失败。而为了完成恶意注册，黑灰产团伙需要大量的手机号（俗称黑卡）、邮箱、身份信息等原料和各种程序、工具，这类程序、工具又细分为突破安全风控策略和提升效率两大类。

（一）突破安全风控策略类程序、工具

互联网公司对账户注册进行安全检测的要素一般包括三类：第一类是设备信息，如 MAC 地址、手机序列号、硬盘序列号、IMEI 等；第二类是网络环境信息，如 WiFi、MAC 地址、IP 地址、LBS 信息等；第三类是软件环境信息，如 Cookies、OS 版本、浏览器信息等。

1. 改机工具

各互联网公司通过调用手机的各种接口来获取设备基本信息，如手机型号、串码、IMEI、GPS 定位、MAC 地址、无线名称等，以判断进行操作的手机设备信息。而改机工具则可以通过劫持系统函数对上述三类设备信息、网络环境信息、软件环境信息进行篡改，当 App 调用接口获取设备各项参数时，实际并未获取到手机的真实参数而是改机工具伪造的数据。因此，同一台手机在使用改机工具后，每次都会被认为是一台新的手机，从而达到绕过“同一台手机只能注册一定数量的账户”之类安全风控要求的目的。

2. IP 切换

IP 地址是互联网公司识别是否系恶意注册的重要维度，恶意注册团伙为突破此类安全防控，则需要进行 IP 切换。代理 IP 提供商提供大量代理 IP 资源（利用大量的拥有公网 IP 地址的服务器），使用代理 IP 服务器作为跳转（跳板），可以隐藏真实 IP；通过不断切换 IP，可以破解互联网公司在 IP 维度的风控策略。目前在代理 IP 领域，发展出一种新型代理 IP 资源——秒拨服务，即动态拨号虚拟机（可以理解为拨号 VPS），可以通过拨号形式来不停切换 IP。相对于传统代理 IP，通过秒拨机拨出的 IP 为真实宽带拨号 IP，更难被检测和防控。

（二）提升效率类程序、工具

人工进行恶意注册成本高、效率低，因此出现不少程序、工具以自动化形式辅助注册的某些环节，提高注册效率，亦被称为批量恶意注册。

1. 打码平台

打码平台，即提供识别图片验证码的平台。互联网公司为了防止黑灰产通过机器、自动化注册软件等批量注册账户，一般会以要求用户输入图片中数字或字母的风控策略来对抗机器行为，而利用打码平台可以突破该风控策略。传统的打码平台主要依赖招聘“码工”进行人工打码，即由人工识别验证码，再将识别出的验证码信息回传给恶意注册的程序，但这种形式的“打码”在效率、运营成本上都无法满足日益增长的业务需求。随着机器学习和深度学习在图像识别领域的发展，打码平台也不断升级自身的验证码识别技术，AI 技术的运用越来越广泛，从简单的数字、字母验证码到汉字、计算题以及各种验证码的组合均可识别，在识别速度和准确率上也远高于传统打码平台。

2. “猫池”

短信验证码校验同样是一项安全风控策略，用户需要接收短信验证码并在注册环节输入，“猫池”设备则可以实现对手机卡的批量管理。在“猫池”上插入手机卡便可以模拟手机进行收发短信、拨打接听电话、呼叫转移等。目前市场上销售的“猫池”设备，多为 16 口、32 口、64 口等，即一台“猫池”可以同时管理 16、32、64 张手机卡。黑灰产团伙使用“猫池”长期供养大量的手机卡，模拟通信活动，使手机号码在形式上处于正常活跃状态。

3. 接码平台

接码平台是连接手机卡提供者（也称为卡商）和恶意注册人员等有手机验证码需求的群体的中间（云服务）平台，提供代为收发短信验证码、业务结算等服务。卡商利用软件将大量黑卡通过“猫池”接入接码平台，下游恶意注册人员通过接码平台提供的客户端、API 获取能用于注册的黑卡卡号和对应的短信验证码，从而完成恶意注册。

随着验证码对抗的升级，注册环节由传统的接收短信验证码升级为主动发送验证码或语音验证码。接码平台也随之升级，衍生出接收语音验证码、发送短信等服务。同时还支持对接码手机号进行卡商、号段、运营商、归属地的筛选。

4. 群控系统

互联网注册流程中需要进行“输入信息、多次点击按钮”等操作，此类操作若由人工对单台手机完成则成本高、效率低，基于此，群控系统应运而生。群控是一整套包含多台 root 安卓手机（或越狱的苹果手机）、专用主机、集线器和操作硬件的相关软件的集合，每套群控通过一台专用主机电脑（一台专用服务器）连接多部手机，通过屏幕映射方式，用该主机控制多台手机，实现多部手机同时执行同一操作的功能，简单而言，即通过控制主机实现同时控制多台手机。由于手机与电脑间通过数据线进行全部信息的传输，传统单套群控系统的上限在百台手机左右，过多会产生操作延迟等问题；新型群控突破了硬件限制，可扩展至上千台，但由于技术、资金成本高，目前运用并不广泛。

三、恶意注册的危害

其一，破坏网络实名制规定，影响监管实效。2015 年 3 月 1 日，《互联网用户账号名称管理规定》第 5 条第 1 款规定："互联网信息服务提供者应当按照'后台实名、前台自愿'的原则，要求互联网信息服务使用者通过真实身份信息认证后注册账号。"2017 年 6 月 1 日施行的《网络安全法》第 24 条第 1 款规定："网络运营者为用户办理网络接入、域名注册服务，办理固定电话、移动电话等入网手续，或者为用户提供信息发布、即时通讯等服务，在与用户签订协议或者确认提供服务时，应当要求用户提供真实身份信息。用户不提供真实身份信息的，网络运营者不得为其提供相关服务。"《互联网新闻信息服务管理规定》《非经营性互联网信息服务备案管理办法》等相关部门规章均对网络实名制提出了明确的规范。

恶意注册则破坏了"网络实名制"的要求，或使用虚假信息，或冒用他人（企业）信息，账户实际使用人与注册信息不一致，即互联网公司无法准确识别、认定账户的真正使用者，影响监管部门对互联网用户账号、网络信息、网络支付等网络活动的监管效率和监管实效，影响和谐健康网络环境的维护。

其二，增加互联网公司安全防护成本，扰乱正常网络经营秩序。互联网公司为了限制使用虚假信息、冒用他人（企业）信息进行恶意注册，会采取一系列的安全规则和安全策略。恶意注册者则利用各种工具、通过各种途径进行攻击和突破，此时产生双方不断对抗的过程。互联网公司需要投入大量的人力、技术、财力对各类规则、模型进行优化，一定程度上增加了安全防护成本。

同时，互联网公司为了保障各类网络交易、网络活动的正当性，需要准确识别账户使用者的真实身份，而虚假账户的存在则扰乱了网络秩序，不仅影响正常的网络经营活动、损害互联网公司声誉，也损害了正常用户的合法权益。

其三，为各类下游违法犯罪行为提供便利，危害网络生态。恶意注册账户规避网络实名制，实质上是给各类下游违法犯罪行为提供账户便利，因此黑市也出现大量虚假账户的买卖。或利用使用者身份的隐匿性，进行网络造谣、网络诽谤；或利用各种工具突破互联网公司的安全防护措施，进行“刷单”、广告营销、“薅羊毛”等活动获得非法利益；或利用侦查机关的侦查难度加大，为盗窃、诈骗、敲诈勒索等违法犯罪行为提供资金流转的通道，给相关违法犯罪活动的查处、赃款赃物的追缴带来极大的困难和障碍。

四、恶意注册互联网账号的刑事规制路径

恶意注册互联网账号的环节多、涉及面广，上游主要是非法提供、买卖个人、企业信息，以及为恶意注册提供各类程序、工具，中游是虚假注册、冒名注册，下游是提供、出售恶意注册的账号。在针对恶意注册互联网账号的上游环节，实践中多以侵犯公民个人信息罪、非法利用信息网络罪等规制。如郑某等人盗窃、非法利用信息网络案①：郑某开发建立 PEAS 云网络交易平台，在明知他人利用该平台进行个人信息账号交易的情况下，仍设立并维护该网站，提供网站存储、通讯传输等技术支持，并通过收取 2% 的交易手续费获得非法利益，后郑某被法院以非法利用信息网络罪判处有期徒刑。

针对恶意注册互联网账号的下游环节，实践中多以侵犯公民个人信息罪来规制。如张某、卢某侵犯公民个人信息案②：两被告人通过 QQ 联系低价购入企业支付宝账号，其中包含真实的居民身份证照片或电子扫描件、公民手持居民身份证拍摄的正面照等公民个人信息共计 70 组，后以高价转售给他人，共计获利 3 万余元。上述公民个人信息转售后，被他人用于实施电信网络诈骗，后张某、卢某被法院判定构成侵犯公民个人信息罪。

结合司法实践，笔者认为，可以区分恶意注册互联网账户的类型，从以下刑法罪名探寻规制路径。

（一）恶意注册互联网个人账户的规制路径

1. 帮助信息网络犯罪活动罪

恶意注册互联网账号行为所侵犯的法益已远远超出了网络实名规则，对下游诸多法益构成了普遍性的威胁，是网络犯罪的源头所在。行为人明知他人从事信息网络违法犯罪，仍将恶意注册的互联网账号出租出售，情节严重的，可适用帮

---

① 参见浙江省绍兴市中级人民法院刑事裁定书，(2018) 浙 06 刑终 270 号。

② 参见浙江省丽水市中级人民法院刑事裁定书，(2017) 浙 11 刑终 272 号。

助信息网络犯罪活动罪加以规制。因网络犯罪链条长、隐蔽性强、“去中心化”，尤其在恶意注册互联网账号已形成“产业”的情况下，对恶意注册人“明知”的认定可拓展为“概括明知”“推定明知”，即只要认识到自己违反《网络安全法》实施了虚假注册账号的行为，也认识到该虚假账号将被他人用于不法目的，就可以推定恶意注册人具有帮助他人实施网络犯罪活动的“明知”。对于上述“明知”应当允许恶意注册人提出反证；反证是否足以推翻“明知推定”，可根据社会公众的一般认知作出认定。

2. 破坏生产经营罪

实践中，部分恶意注册互联网账号行为与下游的具体法益侵害较难建立清晰的因果关联，表现为“既无实害结果，又无具体危险”，具有抽象危险犯的特质。从互联网账号恶意注册行为本身的危害性出发，建议将多次实施恶意注册特别是以此为业，并造成严重后果的行为认定为破坏生产经营罪。

首先，恶意注册互联网账号行为对网络平台造成了巨大损害，严重影响网络平台的运营秩序，具有较大的法益侵害性。以 12306 网站系列抢票案为例，黄牛党大量恶意注册账号后，网络被迫升级，采用验证码的方式拦截抢票软件，但不久又被破解；之后 12306 网站再次升级，采用了双向验证的“奇葩”验证码，正常营业秩序受到严重干扰。此外，恶意注册的账号还大量占用服务器资源，产生的冗余数据加大了网络平台的运营成本。

其次，产生于工农业时代的破坏生产经营罪应当在网络时代焕发出新的生机。进入网络时代以来，互联网不断改变与重塑生存方式与行为方式，网络时代的诸多生产经营方式已经脱离了物理形式，但其与工农业时代具有同质性，都对生产经营形成了实质的妨碍，影响到生产经营者的利益。因此，对“破坏生产经营罪”的行为模式、罪状理解上，也应置于网络时代的背景下从实质层面加以解释，以破坏生产经营罪惩治反向刷单炒信的案例①已为司法实践开创了标杆。

3. 侵犯公民个人信息罪

恶意注册若使用真实的公民个人信息，如真实的身份证号、联系方式、手机验证码等，仍有可能符合侵犯公民个人信息罪的犯罪构成。如在信息所有人不知情的情况下，行为人通过窃取、骗取、非法交易等手段获得真实身份信息，如恶意注册人通过贿赂企业获得真实的个人信息，这属于典型的侵犯公民个人信息的

---

① 参见《中华人民共和国最高人民法院公报》2018 年第 8 期（总第 262 期）。

行为，情节严重的应认定为侵犯公民个人信息罪。实践中，通讯行业营业厅工作人员利用业务便利，非法获取他人手机号和随机验证码，并出售给恶意注册人的，多以侵犯公民个人信息罪处罚。同时，如该行为涉及公民个人信息众多，存在致使大量人群个人信息安全遭到侵害，损害社会公共利益的情形的，行为人还将承担刑事附带民事公益诉讼赔偿的责任。

实践中，还存在信息所有人知情并自愿出售真实身份信息的情形，如黑灰产人员通过给付一定的对价，获得信息所有人的信息使用许可，这种情形在恶意注册产业链中愈加常见。虽然侵犯公民个人信息罪被规定在“侵犯公民人身权利、民主权利罪”一章，但其法益并非仅为公民个人的信息自由与安全，而是具有公共性、宏观性的信息与社会安全，当前信息安全的地位不断提升、公共属性更加突出，侵犯公民个人信息罪的法益也应上升为超个人法益。因此，恶意注册人即便在征得信息所有人同意的情况下获取其个人信息，仍不排除侵犯公民个人信息罪适用的可能。

（二）恶意注册互联网企业账户的规制路径

互联网企业账户因金额限制额度高、下游黑灰产人员更容易利用企业信用实施合同诈骗、集资诈骗、贷款诈骗等犯罪活动，恶意注册互联网企业账户具有更大的社会危害。但相对公民个人信息，对企业信息的保护尚显不足。

从恶意注册互联网企业账户流程看，行为人往往先注册空壳公司，然后利用空壳公司再注册互联网企业账户，最后将注册的企业账户出售、提供给黑灰产人员。笔者认为，可区分信息来源是否知情，分别予以规制：

1. 信息来源不知情的

注册空壳公司是为了获得公司营业执照和公司银行对公账户，进而完成对互联网企业账户的注册和认证。在注册空壳公司过程中，行为人的手段行为可能触犯刑法规定，如果行为人非法获取、出售、提供公民身份证信息，达到一定数量或情节的要求，构成侵犯公民个人信息罪；如果行为人通过技术手段侵入计算机信息系统，从而非法获取相关信息，其行为构成非法获取计算机信息系统数据罪；由于注册公司需要提交自然人股东、法定代表人的身份证等资料，行为人在这一过程中若实施伪造、变造、买卖居民身份证等行为，则构成伪造、变造、买卖身份证件罪。

2. 信息来源知情的

如果行为人在事先取得他人同意的基础上，利用他人的身份信息完成公司注册，即便其在非法目的的指引下注册的是空壳公司，根据罪刑法定原则，注册行为不构成犯罪；但如注册人将公司营业执照和公司银行对公账户出售，仍可能构成买卖国家机关证件罪、帮助信息网络犯罪活动罪等。同时，针对注册行为，建议加强行政监管：如在公司登记注册环节，要求申请人提供足够的材料以证明其真实经营意图；在公司登记注册后，建立健全巡查机制，定期或不定期对公司运营情况进行调查，根据《市场主体登记管理条例》第 44 条规定，提交虚假材料或者采取其他欺诈手段隐瞒重要事实取得市场主体登记的，由登记机关责令改正，没收违法所得，并处 5 万元以上 20 万元以下的罚款；情节严重的，处 20 万元以上 100 万元以下的罚款，吊销营业执照。此外，市场监督管理部门、税务部门、银行之间可以建立信息共享平台，对未按规定报送年度报告、未依法申报纳税以及银行账户资金往来异常的企业重点关注，加大对可疑企业的检查力度。

008 深度链接行为的司法认定

一、“深度链接”的界定

深度链接，是指网络服务提供者将原本已经发布在网络上的文字、图片、视频等信息嵌入自己的平台上进行展示，使网络用户在无“跳转感知”的情况下获得所需要的内容。在深度链接行为是否具有刑事可罚性、是按照正犯处罚还是共犯处罚的问题上学术界始终存在较大争议。在司法实务界，被称为我国深度链接侵犯著作权刑事第一案的张某雄侵犯著作权案中，虽然法院判决被告人张某雄构成侵犯著作权罪，但是关于该案的争议却从未消弭。

如张某雄侵犯著作权案：2009 年底，被告人张某雄申请注册网站域名后设立 www.1000ys.cc 网站（网站名称为“1000 影视”），并在浙江绍兴租用服务器，通过安装相关软件，完成网站和服务器的连接。嗣后，被告人张某雄未经著作权人许可，通过 www.1000ys.cc 网站管理后台，链接至哈酷资源网获取影视作品的种子文件索引地址，通过向用户提供并强制使用 QVOD 播放软件的方式，为 www.1000ys.cc 网站用户提供浏览观看影视作品的网络服务。为提高网站的知名度和所链接影视作品的点击量，被告人张某雄在 www.1000ys.cc 网站以设置目录、索引、内容简介、排行榜等方式向用户推荐影视作品。2010 年 2 月，被告人张某雄加入“百度广告联盟”，由“百度广告联盟”在其设立的 www.1000ys.cc 网站上发布各类广告，从而获取广告收益。经鉴定，www.1000ys.cc

网站链接的影视作品中，有941部与中国、美国、韩国、日本等相关版权机构认证的具有著作权的影视作品内容相同。①

二、我国关于深度链接行为的争议焦点

在刑法理论界和司法实务界，关于深度链接行为的性质及入罪方式存在不同观点：第一种观点认为，深度链接行为属于中立帮助行为，并没有制造或增加法所不容许的危险，不应对其定罪处罚。② 第二种观点认为，深度链接并未直接侵犯现有知识产权的作品本身，是对侵权行为的一种帮助，但是由于网络空间中设链者与直接侵权者在意思联络上的特殊性难以根据我国《刑法》认定为共同犯罪，但可以认定为片面共犯。③ 第三种观点认为，不应将所有深度链接行为认定为犯罪，只有突破技术措施的深度链接才属于网络传播行为，构成侵犯著作权罪。④ 第四种观点认为，深度链接行为已经具有了独立于共犯的属性，无论是运用共犯理论还是片面共犯理论都不能解决恶意链接行为所带来的司法困境，而深度链接行为已经具有了独立的属性，可以对其加以正犯化，共犯正犯化将成为今后的优先选择。

三、准确把握深度链接行为的社会危害性

提供网络服务行为本身是以信息网络技术为核心的中性业务行为，互联网时代也确实应鼓励技术创新和发展，但新技术不应被用来实施违法犯罪行为。网络链接⑤行为本身属于正常的网络服务行为，但社会生活中经常被用来实施侵犯知识产权等犯罪活动，既具有有益性又具有有害性，属于中立帮助行为。但深度链接行为却偏离了网络链接行为的业务相当性，以侵犯知识产权犯罪为例，深度链接虽不是直接对知识产权内容的复制，但是也是一种传播信息的方式。在网络技术支持下，深度链接行为可以将大量分散的侵权作品集聚在一个网络平台上，由

---

① 参见上海市普陀区人民法院刑事判决书，(2013) 普刑（知）初字第11号。

② 持该种观点的学者主要是陈洪兵教授，参见陈洪兵：《网络中立行为的可罚性探究——以P2P服务提供商的行为评价为中心》，载《东北大学学报（社会科学版）》2009年第3期。

③ 参见林清红、周舟：《深度链接行为入罪应保持克制》，载《法学》2013年第9期。

④ 参见欧阳本祺：《论网络时代刑法解释的限度》，载《中国法学》2017年第3期。

⑤ 网络链接可以分为普通链接和深度链接，前者直接跳转至被链接网站的首页，完整显示被链接网站的内容，属于合法行为；后者则回避了被链接网站的首页，直接链接到媒体文件的所在地址。

于网络平台与网络用户之间是“一对多”的关系，通过大量网络用户在该平台上的点击、浏览、下载等行为，深度链接行为的社会危害性产生了叠加、聚拢和倍增效应，其所造成的社会危害性显然要比单纯的直接复制或传播行为更为严重。同时，这个过程也生动地反映了网络服务提供者在整个违法犯罪过程中发挥作用之大，实际上已经处于整个违法传播链条的核心位置，显然具有了刑事归责的必要性。①

与此同时，近年来的民事诉讼案件表明，法院判处侵权方承担的赔偿数额相对其因深度链接而获得的非法收入而言简直“不值一提”，根本不足以削弱其再实施侵权行为的经济基础，也不足以抑制其再实施侵权行为的动机。这种尴尬结果的出现足以表明，民事、行政等非刑事制裁措施已经不足以有力打击深度链接侵权行为，确有必要动用刑事制裁措施。②

四、深度链接行为定罪的法律障碍与分析

既然深度链接行为具有刑事处罚必要性，那么按照什么罪名来处罚深度链接行为呢，对此法律和司法解释并没有作出明确规定。2004 年制定的《最高人民法院、最高人民检察院关于办理侵犯知识产权刑事案件具体应用法律若干问题的解释》第 11 条第 3 款规定：“通过信息网络向公众传播他人文字作品、音乐、电影、电视、录像作品、计算机软件及其他作品的行为，应当视为刑法第二百一十七条规定的‘复制发行’。”可见，网络传播行为属于侵犯著作权罪中的“复制发行”行为，从而可以构成侵犯著作权罪。而 2020 年出台的《刑法修正案（十一）》更进一步在《刑法》第 217 条第 1 项、第 3 项中增加了“通过信息网络向公众传播”的规定，即将“通过信息网络向公众传播”作为与“复制发行”并列的侵犯著作权罪的行为方式。接下来的问题就是，深度链接行为是否属于网络传播行为？

目前刑法学界对“传播”行为内涵存在不同理解，很多观点在一开始便以链接行为根本不属于传播行为为理论论证出发点，所以才会得出深度链接行为不构成犯罪或者仅成立帮助犯的结论。而关于深度链接是否属于诸如传播淫秽物品

---

① 参见刘宪权：《论信息网络技术滥用行为的刑事责任——〈刑法修正案（九）〉相关条款的理解与适用》，载《政法论坛》2015 年第 6 期。

② 参见徐松林：《视频搜索网站深度链接行为的刑法规制》，载《知识产权》2014 年第 11 期。

罪中的“传播”这一实行行为，争议的焦点实际上主要是以下两个方面。

（一）是否只有上传、共享等直接提供行为才属于“传播”？

肯定的观点主要因袭于民事法律规范，在民事法律语境下，传播就是一种向外界提供作品的行为，而最高人民法院在《关于审理侵害信息网络传播权民事纠纷案件适用法律若干问题的规定》第3条中明确规定，上传、设置共享文件或者利用文件分享软件等方式均属于提供行为，这其中并不包括链接行为。提供行为与链接行为的显著区别之一在于是否上传作品，链接只是像索引一样指引网络用户找到文件，客观上起到帮助提供文件者扩散的效果而已。

否定观点认为，最高人民法院上述规定只能说明提供行为属于一种传播行为，但不能认为是唯一的传播方式，也不能否认其他行为也可以构成传播。提供行为是传播的最初阶段，而后续传播环节可能涉及多种不同类型的行为。实际上，“传播行为的本质是扩大信息的被知悉范围，只要能够使公众直接获知该信息的任何方法、手段都属于传播行为，深度链接、P2P等网络服务提供行为，也具有导致公众与信息接触的功能，本质上属于一种网间的传播行为，这种行为使得信息被公众捕获并扩散，本身就是一种信息传播行为”①。

（二）传播行为是否要求对文件具有控制性？

肯定的观点认为，传播行为中文件提供者对文件内容具有控制性，可以对文件进行增减、删改，而链接行为者无法对链接内容进行控制，一旦提供者将文件删除或者进行加密、收费，链接者便无法进行所谓的传播。而否定的观点则认为，传播并不以控制为前提和基础，是否能够实际控制所传播的文件并不能影响传播行为性质的认定。

实际上，上述肯定观点受到了民事法领域处理原则的深刻影响，如在利用深度链接技术侵犯他人著作权的侵权案件中，司法实践中通常采取“服务器标准”，即认为“只有将作品上传或者以其他具有同样效果的方式将作品置于向社会公众开放的服务器上的行为，才属于传播行为，同样，侵权人也只有以上述方式才可能构成对他人享有知识产权作品的非法传播，才属于侵犯他人网络传播权的行为”②。可见，该标准相对比较严格，强调侵权人须具备对作品存储的实际

---

① 孙万怀：《慎终如始的民刑推演——网络服务提供行为的传播性质》，载《政法论坛》2015年第1期。

② 王迁：《网络环境中的著作权保护研究》，法律出版社2011年版。

支配。但近年来随着网络侵犯知识产权行为多发，司法实践中对该原则的运用出现了一定的动摇，如有的案件①中采纳了“用户感知标准”，即以网络用户在点播、浏览、下载网络信息文件时的认知为标准。由于网络用户点击深度链接地址时，并不会出现页面跳转、网络地址变更或显示被链接地址等情况，所以网络用户仍会认为其点播、浏览、下载的信息文件来自设链网址，因此，只要网络用户对于内容的来源产生了误认，就可以认定为属于“提供”内容行为，构成传播行为。同时，在有的案件②中还采用了“实质替代标准”，即如果设链网站使网络用户产生误认、减少了被设链网站的访问量、广告收益等及产生其他损害后果，便认为深度链接实质改变了被设链作品的呈现方式，被设链网站被实质替代了，从而可以认为深度链接行为构成“提供”行为，符合“传播”所要求的本质要件。可以看出，在民事领域关于深度链接是否构成传播行为的认识正在发生变化，这对刑事法领域对深度链接行为的定性具有重要指引意义。

对比三个标准，本书倾向于在刑事司法中采纳“实质替代标准”，该标准通过对传播本质的实质考察并通过危害后果来加以限制，一方面克服了“服务器标准”比较机械，会导致处罚范围相对过窄的弊端；另一方面又防止了“用户感知标准”过于模糊、可能造成处罚范围过大的弊端，从而有利于维护著作权人合法权利与网络服务经营自由之间的平衡。③

五、对深度链接行为的定罪思路及定罪形式

（一）定罪思路分析

本书认为，深度链接行为属于传播行为，理由在于：第一，深度链接行为是否属于“提供行为”，也可以从受众对象角度考虑。“提供”的对向行为是“获取”，网络用户仅仅通过深度链接就可以点播、浏览、下载被链接的信息文件，实现了直接获取的效果，即便该网络用户不知道也未进入被链接的网址和文件的原始存储位置。这原本是不可能的，但由于深度链接行为的存在变为现实，所以认为深度链接行为向网络用户事实上“提供”了文件信息，将其认定为提供行

---

① 参见北京市朝阳区人民法院民事判决书，(2013) 朝民初字第6662号。

② 参见北京市海淀区人民法院民事判决书，(2015) 海民（知）初字第40920号。

③ 参见欧阳本祺、罗玮：《深度链接应属侵犯著作权罪中的发行》，载《检察日报》2018年10月21日，第3版。

为并不难以令人接受，从罪刑法定主义角度审视，也符合社会公众的预测可能性。[①] 第二，深度链接行为通过指引获取文件路径的方式，使被上传、共享的文件被大量浏览、下载，实际上起到了扩散作用，从本质上具有了传播的实质属性。传播的本质就是扩散，无论是人与人之间的点对点扩散，还是群体之间、平台之间的点面扩散、面面扩散，只要同样实现了信息在广阔范围内的流动可能性和可知性，就都属于传播行为。[②] 如前述张某雄侵犯著作权案中，判决书认为被告人张某雄提供的深度链接网络服务行为，可以使公众随时选定时间和地点通过点击设链网站获得被侵权作品，符合信息网络传播行为的实质性要件，属信息网络传播行为。第三，传播不应以实际控制为必要，传播只是扩散行为，对于他人控制之下的信息也可以进行传播。从我国《刑法》中对具有传播性质的一些罪名[③]规定来看，如在编造并传播证券、期货交易虚假信息罪，编造、故意传播虚假恐怖信息罪及编造、故意传播虚假信息罪等规定中，传播行为均不要求对信息的实际控制，作为刑法用语的“传播”行为理应保持统一性。第四，从深度链接的工作原理上看，设链者是绕过被链接网站的首页而直接链接到分页的内容，网络用户在浏览、下载时候并没有脱离设链网页，浏览器地址栏也不跳转至第三方网站，用户通常误认为显示的是设链网页内容。可见，设链者深度链接行为相当于在未被允许情况下，将第三方网站存储的文件复制到自己网站进而提供给网络用户，实际上就是一种非法传播行为。[④]

（二）定罪形式分析

在深度链接行为的入罪方式上，主要会以帮助犯和直接正犯两种模式入罪，在共犯正犯化模式下一般不会入罪。

---

① 参见余秀宝：《视频聚合 App“深度链接”行为性质的司法认定——以司法实践中的热点案例为分析素材》，载《社会科学动态》2018 年第 3 期。

② 参见李源粒：《网络安全与平台服务商的刑事责任》，载《法学论坛》2014 年第 6 期。

③ 有学者将我国《刑法》中的传播行为作出如下分类：（1）煽动、惑众类，如第 103 条、第 105 条、第 249 条、第 373 条、第 378 条、第 433 条。分则条文用语为“煽动”“造谣惑众”“动摇军心”。（2）造谣并加以散布类，如第 181 条、第 221 条、第 222 条、第 246 条、第 291 条之一。分则条文用语为“编造并传播”“捏造并散布”“故意传播”等。（3）出版、复制、发行、传播类，如第 217 条、第 250 条、第 363 条、第 364 条。分则条文用语为“复制发行”“出版”“制作”“出售”“传播”等。（4）泄露类，如第 398 条。（5）非法获取类，如第 111 条、第 282 条。参见李源粒：《网络安全与平台服务商的刑事责任》，载《法学论坛》2014 年第 6 期。

④ 参见曾莉、陈晴：《搜索引擎服务商著作权侵权问题探析》，载《重庆理工大学学报（社会科学版）》2018 年第 5 期。

1. 帮助犯模式

对于帮助犯模式，由于正犯行为是必不可少的，所以被链接者同样应实施了侵犯著作权等犯罪活动，即 A 明知道 B 上传至网络上的影视作品未经著作权人授权，仍向 B 的网站设置深度链接，进一步扩大了 B 犯罪行为的损害后果，A 以片面共犯的途径构成侵犯著作权的帮助犯。对帮助犯共同犯意可以采取推定方式，在设链者与被设链者之间存在商业合作或利益分配协议，设链者与被设链者的网络平台存在经营上的参股、隶属、管理、控制关系等情况均可以推定双方之间具有共同犯罪的故意。

2. 直接正犯模式

直接正犯模式中要求被设链者为权利人，是设链者深度链接行为的直接受害者，这种模式体现了深度链接行为具有的独立性特征。对于设链者主观故意的推定可以从是否通过技术手段破坏被设链者的技术保护措施，设链者对被链网站的作品主动进行设置目录、索引、推介、排行打榜等主动编辑行为等方面来进行推定。① 此外，如果设链者被权利人通知、举报和有关主管机关责令改正等也都可以证明设链者主观的“明知”状况。

3. 共犯正犯化模式

对于共犯正犯化模式，一方面，司法实践中往往是设链者先设置深度链接而后才会有大量网络用户利用该链接进行违法点播、浏览、下载等行为，而帮助信息网络犯罪活动罪中，要求行为时即具有对他人实施网络犯罪行为的主观“明知”，这势必要求先有犯罪的正犯行为后有提供网络帮助行为。另一方面，该罪要求被帮助者实施犯罪行为，但网络用户即便存在侵权行为也不一定符合犯罪构成。如在著作权人将自己创作的作品上传到本人网站上后，设链者通过深度链接行为导致大量网络用户在未经授权许可情况下下载、阅览该作品，但是这些分散的网络用户因不具有谋利的目的，尚不符合刑法规定的侵犯著作权的犯罪构成，如此一来，深度链接行为便不符合帮助信息网络犯罪活动罪的构成要件。

---

① 参见徐松林：《视频搜索网站深度链接行为的刑法规制》，载《知识产权》2014 年第 11 期。

009 网络开设赌场行为的司法认定

互联网技术的快速发展也给赌博犯罪提供了可乘之机，近年来，利用网络实施赌博和开设赌场的犯罪活动越来越猖獗，给司法机关认定和打击犯罪带来极大困难和挑战。利用网络开设赌场，是传统赌博犯罪活动的网络化，是一种利用互联网等相关技术和现代金融交易手段实施的违法犯罪，严重妨碍社会管理秩序，引发多种犯罪，严重危害我国经济安全和社会稳定。近年来，“两高”等先后颁布了多部司法解释相关文件，为办理网络开设赌场犯罪案件提供了具体指引，但在司法实践中仍有一些问题需要进一步研究解决。

一、网络开设赌场的界定和行为类型

（一）网络开设赌场行为的规范界定与演进

开设赌场本身是一个具有现实性和空间性的行为，网络开设赌场行为是在网络空间性、场域性特点被认可后逐渐独立出来的一种犯罪行为。关于什么是网络开设赌场行为，《刑法修正案（六）》虽然将其独立成罪，但并未通过叙明罪状等加以表述，而司法解释等相关司法文件通常是通过列举方式来对其加以界定的。

《办理赌博刑事案件解释》第 2 条规定：以营利为目的，在计算机网络上建立赌博网站，或者为赌博网站担任代理，接受投注的，属于《刑法》第 303 条规定的“开设赌场”。2008 年《最高人民检察院、公安部关于公安机关管辖的刑事案件立案追诉标准的规定（一）》第 44 条第 2 款规定，在计算机网络上建立赌博网站，或者为赌博网站担任代理，接受投注的，属于该条规定的“开设赌场”。《办理网络赌博犯罪案件意见》规定，利用互联网、移动通讯终端等传输赌博视频、数据，组织赌博活动，具有下列情形之一的，属于《刑法》第 303 条第 2 款规定的“开设赌场”行为：（1）建立赌博网站并接受投注的；（2）建立赌博网站并提供给他人组织赌博的；（3）为赌博网站担任代理并接受投注的；（4）参与赌博网站利润分成的。2014 年 3 月“两高一部”《办理利用赌博机开设赌场案件意见》第 1 条规定，设置具有退币、退分、退钢珠等赌博功能的电子游戏设施设备，并以现金、有价证券等贵重款物作为奖品，或者以回购奖品方式给予他人现金、有价证券等贵重款物组织赌博活动的，应当认定为《刑法》第 303 条第 2 款规定的“开设赌场”行为。据此，司法实践中又增加了以设置赌博机方式开设赌场的行为类型。此后，《办理跨境赌博意见》第 2 条在跨境赌博犯罪的认定部分，又列举了几种跨境开设赌场的行为，虽然《刑法修正案（十一）》已将组织参加国（境）外赌博行为独立出来，单独设立了新罪名，导致《办理跨境赌博意见》中部分规定与其冲突而无法适用，但该意见关于跨境开设赌场行为的界定仍具有较强的参考意义。《办理跨境赌博意见》规定，以营利为目的，利用信息网络、通讯终端等传输赌博视频、数据，组织中华人民共和国公民跨境赌博活动，有下列情形之一的，属于《刑法》第303条第2款规定的“开设赌场”：（1）建立赌博网站、应用程序并接受投注的；（2）建立赌博网站、应用程序并提供给他人组织赌博的；（3）购买或者租用赌博网站、应用程序，组织他人赌博的；（4）参与赌博网站、应用程序利润分成的；（5）担任赌博网站、应用程序代理并接受投注的；（6）其他利用信息网络、通讯终端等传输赌博视频、数据，组织跨境赌博活动的。该规定的指导意义在于：一是明确规定了利用应用程序开设赌场的行为类型；二是增加了购买、租用赌博网站、应用程序开设赌场的行为类型；三是进一步明确了担任代理必须接受投注才能成立开设赌场罪；四是增加了兜底条款，为司法实践中打击新型、变异型开设赌场行为提供了法律依据。

综上，本书认为，开设赌场是指利用互联网、移动通信终端、赌博机等传输赌博视频、数据，组织赌博活动的行为，可以具体分为建立型、提供型、买租型、代理型、分成型等行为类型。

（二）网络开设赌场行为类型分析

1. 建立型开设赌场行为

所谓建立型开设赌场是指“建立赌博网站、应用程序”并“接受投注”的行为，这两个行为是缺一不可的。由于网络赌博时空上的特殊性，司法实践中赌博网站又多搭建在境外，建立者、组织者往往躲在幕后，故抓获网站建立者的案例并不常见，抓获的多数犯罪嫌疑人往往为其雇用的打工人员。对于该类型开设赌场行为，需要注意以下两方面：

第一，赌博网站、应用程序的典型特点。赌博网站与一般的游戏网站、棋牌网站的本质区别在于是否提供游戏积分与法定货币的兑换服务。我国网络服务游戏作为一种娱乐活动，只允许通过向游戏充值的方式实现现实货币向游戏积分的单向转化，而不能反过来，即如果网站违法提供游戏积分与法定货币的双向兑换通道，则属于“赌博网站”。

第二，建立的网站或应用程序既可以是非法性质，也可以是在合法的网站、应用程序上开设部分用于赌博违法活动的链接、应用等情形。如被告人林某某、余某等成立工作室，利用相较于网络平台更为划算的价格为相关人员提供充值（上分服务），供相关人员在上述平台中从事“捕鱼”“扎金花”“牛牛”“龙虎斗”等活动，相关人员赢了游戏分或者输分尚有剩余，便会及时通过工作室提现（下分）。被告人以上述手段在网络平台为相关人员提供兑换筹码服务，所得利益由各被告人按比例进行分配。经法院审理，各被告人均被认定为非法开设赌场罪。① 从该案情况来看，被告人并未自行建立赌博网站，也不是为赌博网站担任代理，而是对“龙皇棋牌”等合法网络平台及游戏规则加以利用，从字面含义来看，难以适用《办理网络赌博犯罪案件意见》的规定。但从实践情况来看，尽管犯罪人一般是自行设置专门用于赌博的网络平台并接受赌博，但建立赌博网站并接受投注并不必然要求建立的是专门用于赌博的网站，只要该网站具有赌博的功能即可，如上述各被告人对平台及游戏规则加以改造利用，并加入了下分服务后，该网站俨然已具有赌博功能，合法平台也就具有了赌博网站性质，其在实质上便是建立了赌博网站。

2. 提供型开设赌场行为

此类型的开设赌场行为一般可以分为两种情形：一是行为人自己建立赌博网站后，将赌博网站以出售、租赁、投资或其他付费方式提供给他人，由他人实施赌博活动。二是行为人为赌博活动的组织者提供帮助，其不直接通过互联网组织赌博活动，而是协助赌博活动组织者建立赌博网站，并将网站交给组织者进行运营。此种行为更偏向于一种对网络开设赌场的直接帮助行为，实际上是一种帮助行为。

3. 买租型开设赌场行为

此类型的开设赌场行为是提供型的对向犯，二者往往成立共同犯罪。但在司法实践中，由于网络具有虚拟性、非对应性的特点，对于网站的开发设计者与购买经营者而言，其主观认知内容和主观目的可能具有差异性，如网站设计者出于谋利目的接受委托设计网站或者应用程序，但其并不明知租赁者用于组织赌博活动，其不成立开设赌场罪。特别是要考虑到，技术行为具有中立性质，在认定提供型与买租型开设赌场行为时，要高度关注行为人主观故意的内容。

4. 代理型开设赌场行为

该种类型是网络开设赌场案件中最为常见的行为模式，本质上属于一种参与

① 参见重庆市第二中级人民法院刑事判决书，（2020）渝02刑终53号。

赌博经营的行为，同样是在共犯层面加以认定。认定赌博网站代理需要注意以下几点：第一，行为人在赌博网站上注册账号。第二，该账号下设有下级账号，正是因为存在上下层级账号，才能够实现代理人和参赌人的互动和管控，实现赌博信息和资金的流转和交换。第三，行为人应当接受投注，如果不接受投注，即使注册了账户，担任了赌博网站的代理，也不属于刑法规定的“开设赌场”的实行行为。司法实践中，为赌博网站担任代理的情形较为复杂，代理之间也存在总代理、一级代理、二级代理等不同层级之分，但构成开设赌场罪，并不区分代理的层级、投注的人数和金额，只要担任赌博网站代理并接受投注即可。因为无论是哪一层级的代理，都是围绕着赌博网站来招揽、接受下级代理或者参赌人员的投注的，其并无本质上的区别，都是作为赌博网站的代表与参赌人员发生业务关系。

5. 分成型开设赌场行为

该种类形并不要求行为人直接参与建立或者运营赌博网站，只要行为人明知网站的赌博性质，并从中获取分成即可以认定，实践中主要针对的是投资、入股赌博网站但并不实际参与经营的行为。

二、网络开设赌场行为定罪疑难问题

（一）利用微信开设赌场的行为认定

微信作为人们常用的聊天通信工具，在便利人们生活的同时也被犯罪分子用于实施赌博、开设赌场等犯罪活动。司法实践中，利用微信开设赌场的行为主要有以下两种情形：一是行为人以营利为目的，通过邀请人员加入微信群的方式招揽赌客，根据竞猜游戏网站的开奖结果等方式进行赌博，设定赌博规则，利用微信群进行控制管理，在一定时间内持续组织网络赌博活动的，构成开设赌场罪。[①] 二是行为人以营利为目的，通过邀请人员加入微信群，利用微信群进行控制管理，以抢红包方式进行赌博的，构成开设赌场罪。[②]

（二）网络开设赌场行为与聚众赌博的区别

开设赌场与聚众赌博从客观方面看，均具有一定组织性，均存在大量涉案人

---

① 参见洪小强、洪礼沃、洪清泉、李志荣开设赌场案，最高人民法院指导案例 105 号（2018 年）。

② 参见谢检军、高垒、高尔樵、杨泽彬开设赌场案，最高人民法院指导案例 106 号（2018 年）。

员，在司法实践中有时容易混淆，特别是聚众赌博与代理型网络开设赌场行为之间更是难以区分。这二者的最主要区别在于行为人是否发展了下级代理人，如果行为人仅仅是通过提供赌博网站的账号和密码来招引参赌人员，并没有发展下级代理人，其行为仅仅起到聚集人员的作用，应当认定为聚众赌博行为；而如果行为人在招引参赌人员过程中还将其发展为下级代理人，其行为就应当认定为开设赌场行为。

三、网络开设赌场行为的共犯认定

所谓共同犯罪，是指二人以上共同故意实施犯罪的情形，要求各共犯人之间具有共同的犯罪故意和共同的犯罪行为。司法实践中，网络开设赌场案件中，最常见的共同犯罪行为就是为开设赌场者提供网络、通信或者资金的行为，这类人员对于网络开设赌场行为的实施往往起到重要作用，因此，2010 年《办理网络赌博犯罪案件意见》中对此作出明确规定，即明知是赌博网站，而为其提供下列服务或者帮助的，属于开设赌场罪的共同犯罪依照《刑法》第 303 条第 2 款的规定处罚：（1）为赌博网站提供互联网接入、服务器托管、网络存储空间、通讯传输通道、投放广告、发展会员、软件开发、技术支持等服务，收取服务费数额在 2 万元以上的；（2）为赌博网站提供资金支付结算服务，收取服务费数额在 1 万元以上或者帮助收取赌资 20 万元以上的；（3）为 10 个以上赌博网站投放与网址、赔率等信息有关的广告或者为赌博网站投放广告累计 100 条以上的。

由于网络犯罪的特点，在认定网络开设赌场犯罪共犯时需要注意以下两方面问题：

第一，必须有证据证明行为人明知他人在实施开设赌场犯罪，这是行为人主观上存在沟通故意的前提。与普通的共同犯罪要求事前通谋相比，网络犯罪一般要求达到“明知”程度即可。所谓“明知”包括知道和应当知道两种情形，前者是指犯罪人对其主观故意及意思联络情况进行供述，后者指在犯罪人没有供述的情况下，根据相关案件事实可以推定其知道或者应当知道的情况。因为“明知”属主观认知，无论在举证还是论证上均有困难。为此，《办理网络赌博犯罪案件意见》规定了法律推定，法律推定虽然降低了证明标准，但同时赋予被告人“有证据证明确实不知道”的抗辩权。有下列几种情形的可以推定为“明知”：（1）收到行政主管机关书面等方式的告知后，仍然实施上述行为的。对于该推定事项，要注意的是，行政主管机关的告知往往仅针对负责人，且不限于书面方式，对于被指派具体从事技术、资金帮助的公司工作人员等，无法确定是否知道告知事宜或告知内容的，不能简单以有“告知”行为就推定所有人都“明知”。(2) 为赌博网站提供互联网接入、服务器托管、网络存储空间、通讯传输通道、投放广告、软件开发、技术支持、资金支付结算等服务，收取服务费明显异常的。本推定事项是通过证明服务费用明显超高来认定主观上“明知”。但要注意，某一项网络服务行为可能缺少政府指导价格，服务质量、服务效率、服务技术、服务人员专业水平等都决定着收费的高低，故不能仅仅以高于同类服务价格就草率认定“明显异常”，进而推定为“明知”。如果当事人能够对收费异常进行举证或作出合理解释，则阻却“明知”的推定。(3) 在执法人员调查时，通过销毁、修改数据、账本等方式故意规避调查或者向犯罪嫌疑人通风报信的。对于该推定事项，要注意有些人确实事先不知道他人实施开设赌场行为，而是在执法人员调查时或者随着调查的深入才知道，对于有证据证明行为人事先确实不知情的，即便其实施了上述逃避调查、通风报信行为，也不能按网络开设赌场罪共犯予以认定。

第二，认定为共同犯罪，行为人必须提供了资金、计算机网络、通信、费用结算等直接帮助。这里的“直接帮助”，是指帮助行为对开设赌场的实行行为具有直接推动作用，属于实施开设赌场行为过程中必不可少的环节，而不是日常生活中提供餐饮、看门值守等无关紧要的帮助行为。司法实践中，有时出现打击面过大的倾向，对开设赌场犯罪的所有相关人员均定罪处罚。在处理网络开设赌场案件时，仍然要坚持区分对待、宽严相济的刑事政策，《办理跨境赌博意见》作出明确规定，对受雇佣为赌场从事接送参赌人员、望风看场、发牌坐庄、兑换筹码、发送宣传广告等活动人员及赌博网站、应用程序中与组织赌博活动无直接关联的一般工作人员，除参与赌场、赌博网站、应用程序利润分成或者领取高额固定工资的外，可以不追究刑事责任，由公安机关依法给予治安管理处罚。对于该规定体现的原则和精神，应当在办理赌博、开设赌场等案件中贯彻。

四、网络开设赌场中赌资数额的认定

（一）赌资的范围

2010 年《办理网络赌博犯罪案件意见》规定，赌资数额累计达到 30 万元以上的，属于《刑法》第 303 条第 2 款规定的“情节严重”。可见，赌资数额计算关系到对犯罪人的量刑问题，至关重要。司法实践中，赌资计算也具有较大难度。在计算赌资时，首先要明确在网络开设赌场犯罪中赌资的范围。对此，《办理赌博刑事案件解释》第8条规定，赌博犯罪中用作赌注的款物、换取筹码的款物和通过赌博赢取的款物属于赌资。需要注意的是，在现实赌博和开设赌场的案件中，行为人可能还随身携带一些尚未用作赌注或者换取筹码的现金、财物包括信用卡内的其他资金等，这些财物原则上不能认定为赌资，但这些资金的用途、来源和性质等往往难以辨别，因此，《办理赌博刑事案件解释》规定，对赌博犯罪分子所有的专门用于赌博的资金应当依法予以没收。对于网络赌博和开设赌场案件，也应当加以注意，即便很少像线下赌博案件一样能够查扣到上述财物，但一旦查扣或者查明属于专门用于赌博的资金，即便尚未用作赌注或换取筹码，也应当予以没收。

（二）赌资的认定标准

《办理网络赌博犯罪案件意见》中对“赌资数额”规定了三种认定标准：第一种是以在网络上下注或赢取点数乘以每一点代表的实际金额计算；第二种是按照购买虚拟物品所需资金数额或者实际支付资金数额认定；第三种是若犯罪嫌疑人或被告人无法说明其用于接收、流转赌资的银行账户资金合法来源，则将该账户内资金予以全部认定。这三种模式中，第一种模式是最常见的方式，因为在网络赌博中，为了方便客户投注，用作投注的对象往往只是点数，而不是真实的资金。只有在结算时才按照每一点实际代表的金额来计算输赢数额，然后再发生真实的资金转移关系。网络赌博中，点数相当于现场赌博中的筹码。用这种计算方法计算网络赌博中投注的款物数和赌博赢取款的数额，能够客观反映并准确计算网络赌博中真实的投注数和赢取数额。但在这种模式中，由于行为人会用虚拟点数投注后获取新的点数，用新的点数再次投注，在认定中要注意避免重复计算。在计算赌资时可对每次赌局中用于赌资的资金进行累计计算，从本次赌局转出的资金不再计算为赌场资金，再次投入赌局的资金可以计算为新投入的赌博资金。在第二种模式中，由于比特币、网络游戏装备等虚拟物品没有市场公允价值，而不同节点市场价值变动较大，因此在计算赌资时应选取合适的时间节点，通常而言，抓获时间的市场价值和投注时间的市场价值可能会差别很大，上述规定采用了投注时或者购买时作为计算赌资的标准时较为适宜。因此，用比特币进行投注时，计算投注赌资额可以直接按照兑换比特币时实际购买的价格。在第三种模式中，以犯罪嫌疑人或被告人“能说明资金的合法来源”为标准认定涉案账号中资金的性质。在司法实践中，由司法机关来证明涉案账号中每一笔资金的来源和性质，是不易操作，甚至是不可能的，因为涉案账号中的资金流向往往非常庞杂，犯罪嫌疑人或被告人往往提出诸多辩解，这些辩解有些是无法查证的，有些是既不能证实也不能证伪的，这样很多案件侦查无法继续，会放纵犯罪。由于涉案账号本身具有高度嫌疑性，为了加大对网络赌博犯罪的打击力度，只要犯罪嫌疑人、被告人不能说明资金的合法来源，就应当认定为赌资，当然犯罪嫌疑人、被告人的说明应通过充足证据来证实，此处的举证责任并没有倒置，犯罪嫌疑人、被告人负有作出说明的责任，而司法机关负有通过证据证明的责任。

（三）需要注意的问题

1. 利用赢取的数额重复投注情况下的赌资计算

在线下赌场中，由于参赌人员均使用现金当场下注，现场查获的所有资金自然都可以视为赌资。但网络赌博的特殊性在于输赢与结算之间往往存在时差，并非输赢立即会变现。参赌人员一般是通过赌博网站先购买点数等，再使用点数等虚拟额度进行下注，然后定期根据一段时间内的总的输赢结果进行资金结算，也就是说，参赌人员可能因反复投注而积累巨额投注点数，但客观上却没有与累计投注点数相对应的真实资金，并且二者往往差额巨大。因此，在网络赌博情形下，若以累计投注额计算赌资可能会造成重复认定，如何计算应当区分不同的主体而定。对于一般的参赌人员而言，这些点数或者赌码只要没有最终结算，便不应重复计算，构成赌博罪的赌资数额应以其为购买点数实际投入的资金为准。但对于赌博网站的代理人员及其上线而言，由于这些点数等赌码产生新的交易密码与信息，从而产生新的资金流动和新的代理费用，因此，这些点数应当重复计算赌资数额。

2. 同一笔赌资在上下级代理账户中的数额计算

司法实践中往往通过涉案人员账户资金流水来进行赌资数额计算，但要注意的是，在网络赌博中，同一笔赌资经由多个不同银行账户或多种支付工具转账，完全可能不止一次地被计入流水。网络赌博基本是进行层层代理，形成“总代理”“一级代理”“二级代理”等不同层级，上下级代理之间按照比例分配赌资及盈利。因此，处于中间环节的二级代理通常需要分别和总代理、三级代理进行赌资结算，而这两次赌资结算实际上包含了同一笔赌资的双向流动，不应重复计算。同样道理，针对同一笔赌资每一级代理对上对下进行赌资结算的，一般按照流经该代理账号的较高的部分认定即可。

从上述分析可以看出，在审查赌资数额时，往往需要进行双向审查：一是审查涉案人员的供述和证言；二是审查记账单、银行流水、赌博网站资料等书证、电子数据。其中，供述和证人证言的偏差较大，真实性上存在欠缺，而且由于时间、行为次数等原因，被告人、证人往往不能提供对投注金额准确的言词证据，多数仅是陈述输赢的情况。然而，书证、电子数据的记载相对更为客观、详细、准确，但在审查时需要排除重复的记录。因此，在审查赌资数额时，应更多以客观证据审查为主，并结合供述和证人证言，对与主客观证据相一致的部分，均应予以认定；对于客观证据不全的，应当审慎根据供述和证人证言，对与言词证据一致或相互印证部分进行认定。

010 网络销售彩票行为的司法认定

网络的快速发展，深刻改变着人们的社会生活，传统的销售业也面临互联网时代的巨大冲击，当前绝大多数商品可以通过网购的形式购买，网络销售的规模越来越大，销售商品的种类、范围也不断扩展。在这种背景下，网络销售彩票便应运而生。为了迎合互联网时代的浪潮，彩票主管部门曾经鼓励网络销售彩票行为，但实践中随之出现了很多问题，后来网络销售彩票不得不受到严格限制，甚至被禁止。如此一来，司法实践中网络销售彩票行为的罪与非罪、此罪与彼罪区分便经常出现争议，成为实践中的一大难点。

一、彩票的种类和特性

彩票是一种博彩方式，以购买彩票后等待开奖结果来决定是否获得奖金为主要特征。根据《彩票管理条例》第 2 条规定，彩票是指国家为筹集社会公益资金，促进社会公益事业发展而特许发行、依法销售，自然人自愿购买，并按照特定规则获得中奖机会的凭证。根据发行主体不同，彩票分为体育彩票和福利彩票两类，前者由国家体育总局发行，后者由中国福利彩票中心发行，特殊情况下一些地方彩票公司在审批后也可以在相应区域内发行彩票。

彩票业作为一种特殊行业，一方面为国家和社会提供了资金支持，另一方面也存在一定的风险和责任。因此，彩票具有以下特征：一是行政特许性，即开展彩票业务必须经过相关国家行政机关审批许可，否则不得开展彩票业务。二是公益性，彩票是国家为募集资金用于发展公益事业而发行的，公益性是彩票的本质特征，发行、销售彩票一旦偏离公益性，就可能会触犯法律底线。三是合法性，彩票虽然具有赌博性质，但属于经过国家允许的特殊“赌博”。从法律上看，购买彩票的行为使彩民与彩票机构之间建立起一种射幸合同关系，这种关系的合法性已经得到《彩票管理条例》等相关规范性文件的确认。四是不确定性，彩票能否中奖是一个不确定因素，属于一种未来的期待利益。如果人为操控了彩票，使其具有确定性，同样也偏离了彩票的特性，可能构成欺诈行为。五是规范性，彩票的发行、销售应当按照国家制定的规则、程序进行，严格按照国家规定的种类、范围、兑奖方式等进行。

二、网络销售彩票行为的基本模式及法律规定

（一）网络销售彩票行为的基本模式

司法实践中，网络销售彩票多数是行为人注册成立网络科技公司或者信息技术咨询公司等，并与众多线下彩票销售点合作，由上述公司提供网络应用程序App代为销售彩票，并从中赚取一定以“服务费”为名义的返点利润。彩民通过App购买彩票后，资金进入公司账户或者通过第三方支付等方式，在事先扣除返点款后直接打入彩票点经营者的账户中，购买彩票信息也同步传输到线下网点，并由线下彩票销售点予以真实出票。一旦彩民中奖，也由线下彩票销售点代为兑付。

可以看出，上述模式实际上是通过网络途径扩大了线下销售彩票的规模。但司法实践中，有一些网络销售彩票的公司或经营者并未完全按照上述基本模式经营，出现了收到彩民支付的彩金后未及时出票的情况（吃票），或者销售的并非法定的彩票种类，出现了发行、销售“私彩”的情形。

（二）网络销售彩票的法律规定

我国有关主管机关对网络销售彩票行为的态度曾发生过转变，从起初支持鼓励通过网络渠道销售彩票到限制甚至禁止通过网络销售彩票，具体的法律规定变化过程如下：

（1）2009年5月，国务院出台《彩票管理条例》，该条例未禁止利用互联网销售彩票的行为。

（2）2010年9月，《财政部关于印发〈互联网销售彩票管理暂行办法〉的通知》，规定未经财政部批准，任何单位不得开展互联网销售彩票业务。同时，该办法规定，彩票发行机构可以与单位合作或者授权彩票销售机构开展互联网销售彩票业务，也可以委托单位开展互联网代理销售彩票业务。该办法还对审批管理、销售管理、资金管理等事宜作出了具体规定。

（3）2015 年 1 月，财政部、民政部、国家体育总局印发《关于开展擅自利用互联网销售彩票行为自查自纠工作有关问题的通知》，要求对彩票市场中存在的擅自利用互联网销售彩票现象开展自查自纠。

（4）2015 年 4 月，财政部、民政部、国家体育总局等八部委出台《关于制止擅自利用互联网销售彩票的公告》，要求未经财政部批准，任何单位（个人）不得擅自委托或者自行开展互联网销售彩票业务。

（5）2016 年 4 月，财政部、公安部、原国家工商行政管理总局、民政部、国家体育总局印发《关于做好查处擅自利用互联网销售彩票工作有关问题的通知》，规定彩票销售机构不得擅自与其他单位、个人进行合作，通过互联网经营彩票业务。

（6）2017 年 2 月，财政部、民政部、国家体育总局印发《关于对擅自利用互联网销售彩票问题整改落实情况进行督查有关事宜的通知》，禁止擅自利用互联网销售彩票或以 O2O（online to office，线上到线上）等形式违规利用互联网销售彩票。

（7）2018 年 8 月，财政部、民政部、国家体育总局印发《关于修改〈彩票管理条例实施细则〉的决定》，将擅自利用互联网销售的福利彩票、体育彩票纳入《彩票管理条例实施细则》第 7 条第 1 款中规定的“非法彩票”的范围。

（8）2018 年 8 月，财政部、中央文明办、国家发展改革委、工业和信息化部、公安部、民政部、文化和旅游部、中国人民银行、市场监管总局、国家体育总局、国家网信办、原银保监会发布《关于综合治理擅自利用互联网销售彩票行为的公告》，要求坚决禁止擅自利用互联网销售彩票行为。该公告指出，截至目前，财政部尚未批准任何彩票机构开通利用互联网销售彩票业务。未经财政部批准，福利彩票和体育彩票机构及其代销者不得以任何形式擅自利用互联网销售彩票，任何企业或个人不得开展任何形式的互联网销售彩票相关业务。严厉打击以彩票名义开展的网络私彩、网络赌博等任何形式的违法违规经营活动。

从上述规定可以看出：第一，针对网络销售彩票行为，有关部门先后多次出台规定，但除了《彩票管理条例》属于行政法规外，其他仅为部门规章，甚至规范性文件，其效力较低。第二，从调整的政策上来看，前期对于网络销售彩票行为持支持的态度，允许公司（个人）经批准后从事网络销售彩票行为，但后期逐渐限制、禁止从事互联网销售彩票活动。第三，在所有禁止网络销售彩票的规定中，对于网络销售彩票行为的不利后果规定仅仅是行业内的清理、整顿，最严厉的也仅是行政处罚，均没有规定刑事罚则。

三、网络销售彩票行为的定性分析

对于在互联网上擅自发行、销售彩票的行为，司法实践中多数案件将其纳入非法经营罪的兜底条款予以规制，但这种做法值得商榷。

（一）关于赌博罪、网络开设赌场罪的适用

由于彩票具有一定“赌博”性质，很多案件中行为人虽然打着销售、购买彩票的名义，但实际上是在从事开设赌场或者变相赌博活动，主要是在一些销售“私彩”的案件中。此类行为具有刑事违法性和社会危害性，应当予以惩处。所谓“私彩”，是一种在地下交易的非法彩票，之所以称为“彩票”，是因为其开奖结果以彩票中心发布的中奖信息为依据，而之所以认定其为非法，是因为其未经政府主管部门批准。举例而言，在购买私彩时，购买者往往随机投注几个数字，若该数字内容、顺序与某一指定的合法彩票的开奖结果数字前几位相同，即为中奖，根据投注数字的多少、定位等不同，中奖比例也有所不同。

需要注意的是，私彩与没有经过批准发行的彩票，还是存在一定区别的。通常而言前者根本都不存在彩票这一介质，只不过是相关人员利用官方公布的彩票开奖信息而制定输赢规则，并进而实施的赌博活动，本质上是赌局和赌博规则，而不是“发行、销售彩票”行为；而后者本质上仍属于彩票，具有一定公益性和规范性，只不过尚未获取行政审批许可，缺乏合法性而已。

实践中，组织私彩活动，通常也分为大庄家、小庄家、代理人、彩民等不同的人员，按照上述等级依次形成多个层级，各层级人员在组织体系中发挥着不同的作用，其所承担的刑事责任理应也有所不同。主要涉及以下罪名：

（1）开设赌场罪。2005 年 5 月 11 日发布的《办理赌博刑事案件解释》第 2 条规定：以营利为目的，在计算机网络上建立赌博网站，或者为赌博网站担任代理，接受投注的，属于《刑法》第 303 条规定的“开设赌场”。因此，如果行为人在某彩票网站上建立赌博链接，或者建立私彩网站、担任私彩网站代理并接受投注，虽然名义上是为了销售彩票而接受彩金，但实际上属于建立赌博网站或者担任赌博网站代理并接受投注的行为，应当认定为开设赌场罪。一般而言，开设赌场罪适用于组织私彩活动的上层人员，如大小庄家等。

（2）赌博罪。《刑法》第 303 条第 1 款规定，以营利为目的，聚众赌博或者以赌博为业的，构成赌博罪。在私彩案件中，对于那些聚众从事赌博活动，达到

司法解释规定立案标准，或者长期以此为业的，应当认定为赌博罪。同时，在适用过程中还要注意体现宽严相济刑事政策，因为购买私彩的人员往往也会遭受巨额经济损失，对于一般参加人员应当慎重适用该罪名。

（二）关于非法经营罪的适用

《办理赌博刑事案件解释》第 6 条规定，未经国家批准擅自发行、销售彩票，构成犯罪的，依照《刑法》第 225 条第 4 项的规定，以非法经营罪定罪处罚。因此，司法实践中，部分网络销售彩票案件被认定为非法经营罪，但这种认定结论实际上仍存在商榷的空间。

第一，网络销售彩票行为不应属于司法解释规定的擅自发行、销售彩票。根据对非法经营罪罪状的实质解释，司法解释中规定的构成犯罪的“未经国家批准擅自发行、销售彩票”行为，应当严格限制在新彩票的发行和销售层面，因为彩票具有行政特许性质，未经审批而发行、销售的彩票不具有合法性，该行为属于扰乱市场秩序的行为；而那些已经国家有关行政机关审批允许发行、销售的彩票，即便改变销售方式，也不会严重扰乱市场秩序，二者在社会危害性上具有本质差别，因此，司法解释中规定的行为不能当然扩充到包含网络销售彩票行为。

实际上，网络销售彩票本质上属于转代销行为，因为通过网络形式销售的相关彩票均在线下的实体彩票店全部出票，而这些出票的彩票均由国家体彩或福彩中心依法发行，各省市体彩或福彩中心依法销售，并由依法取得代销资质的线下实体彩票店进行代销。换言之，利用互联网 App 售卖彩票，实质上就是通过互联网扩大了传统线下销售彩票的彩民来源，即将投注彩民的来源方式从往常的门店线下获取扩展至互联网线上平台获取，但前述任何规定都没有限制彩票销售的地域范围，也没有限制彩民的来源范围。

转代销彩票行为在我国目前法律体系下不应构成犯罪。首先，《彩票管理条例》第 41 条虽然对彩票转代销行为作出禁止性规定（“彩票代销者有下列行为之一的，由民政部门、体育行政部门责令改正，处 2000 元以上 1 万元以下罚款；有违法所得的，没收违法所得：（一）委托他人代销彩票或者转借、出租、出售彩票投注专用设备的……”）但该条规定针对彩票代销者的转代销行为，只是规定了彩票代销者的行政责任，并没有规定刑事责任。其次，在转代销的模式中，作为彩票代销者的彩票站与涉案公司之间是一种合作关系，在刑法上彩票代销行为和转代销行为属于对向行为，若构成犯罪属于对向犯。虽然在刑法的对向犯中，存在入罪上不对应的情况，如受贿者构成犯罪，行贿者未必构成，但在网络销售彩票案件中，代销者与转代销者的行为、危害性基本一致，除了犯罪数额有所区别外，难以认定二者在入罪方面存在本质差异，甚至可以说代销者的行为是网络销售彩票得以实现的关键，而《彩票管理条例》及上述相关规定均没有就代销者的刑事责任作出规定，那么在代销者不构成犯罪的情况下，单纯对转代销者定罪处罚明显不具有合理性。

第二，网络销售彩票行为没有在刑事责任方面违反“国家规定”。根据《刑法》第225条的规定，构成非法经营罪要求“违反国家规定”。《刑法》第96条对“违反国家规定”作了进一步解释：“本法所称违反国家规定，是指违反全国人民代表大会及其常务委员会制定的法律和决定，国务院制定的行政法规、规定的行政措施、发布的决定和命令。”2011年4月8日印发的《最高人民法院关于准确理解和适用刑法中“国家规定”的有关问题的通知》进一步指出，国务院规定的行政措施应当由国务院决定，通常以行政法规或者国务院制发文件的形式加以规定。对于违反地方性法规、部门规章的行为，则不得认定为“违反国家规定”。按照该规定，前述关于网络销售彩票行为的规定中，只有《彩票管理条例》可以作为认定构成非法经营罪的法律依据，而上述“办法”“通知”“公告”法律位阶较低，不属于“国家规定”，不能据此认定是否构成非法经营罪。虽然《彩票管理条例》第38条规定，“违反本条例规定，擅自发行、销售彩票，或者在中华人民共和国境内发行、销售境外彩票构成犯罪的，依法追究刑事责任；尚不构成犯罪的，由公安机关依法给予治安管理处罚；有违法所得的，没收违法所得”，但该条款并没有对网络销售彩票行为进行具体明确规定，也未禁止利用互联网销售彩票的行为。

第三，网络销售彩票行为不存在“私彩”“吃票”行为。在通常的网络销售彩票案件中，彩民通过网络或者App软件购买的彩票种类与线下实体彩票店的彩票种类是一致的，也就是说不存在私彩行为，所购买的彩票也全部能够在线下彩票店进行真实出票，不存在“吃票”行为，这也可以从侧面印证网络销售彩票行为的社会危害性是非常有限的。

第四，应当慎重认定网络销售彩票行为的社会危害性。从前文梳理可以看出，国家有关机关对互联网销售彩票行为的管理政策发生多次变化，如2010年财政部《互联网销售彩票管理暂行办法》中曾规定，彩票发行机构可以与单位合作或者授权彩票销售机构开展互联网销售彩票业务，也可以委托单位开展互联网代理销售彩票业务，但后续又逐渐限制、禁止。

在互联网信息技术正在快速融入并深刻影响社会生产和人民生活的今天，网络销售彩票行为是否严重扰乱市场秩序，如何认识网络销售彩票行为的社会危害性，其危害性是否严重到需要刑罚处罚的程度等问题，既受到行业政策因素影响又具有专业性，在相关行政法规未作出明确禁止性规定的情况下，刑事司法应当保持适当克制，体现刑法的谦抑性。

同时，非法经营罪在司法实践中逐渐成为口袋罪的趋势也愈发明显，对该罪的适用同样应当严格限制。2011 年最高人民法院出台的《关于准确理解和适用刑法中“国家规定”的有关问题的通知》第 3 条规定，各级人民法院审理非法经营犯罪案件，要依法严格把握《刑法》第225 条第4 项的适用范围。对被告人的行为是否属于《刑法》第 225 条第 4 项规定的“其他严重扰乱市场秩序的非法经营行为”，有关司法解释未作出明确规定的，应当作为法律适用问题，逐级向最高人民法院请示。

四、网络销售彩票案件的证据审查

针对上述网络销售彩票案件定性争议，在具体办案中应结合争议焦点收集、审查证据。一般而言，在网络销售彩票案件中，应重点收集、审查以下证据。

（一）物证

物证包括侦查机关扣押的涉案公司为进行网络销售彩票提供技术支持的服务器设备，出票商的相应出票机，用来传输投注信息的硬件设备等，以及彩民购买的相应彩票等。

（二）书证

（1）涉案公司的工商登记材料，证实涉案公司的经营状况、经营人员，特别注意审查经营范围是否包括彩票销售业务。

（2）涉案公司与彩票销售商、彩票网点等的合作协议，查明双方的合作事项、内容，网络销售彩票的具体模式、资金结算方式等。

（3）涉案公司的财务台账、出票公司的财务账目、银行账户资金流水明细、审计报告等，证实涉案公司非法销售彩票数额和非法获利数额。

（4）犯罪嫌疑人之间的聊天记录，证实其对网络销售彩票行为违法性的认识，相关销售的模式、营利情况，具体分工、职责，有无逃避法律打击等情况。

（5）涉案人员工资明细、银行卡交易明细等，证实犯罪嫌疑人获利情况。

（三）证人证言

（1）涉案公司工作人员的证言，证实涉案公司的出资成立情况、实际经营状况、研发维护网络销售彩票 App 情况、与出票商签订协议情况、实际运作模式及销售情况、返点和利润分配情况、公司管理及人员职责等情况。

（2）出票商的证言，证实涉案公司与其合作事宜、签订的协议内容及执行情况，实际合作销售彩票情况，有无销售私彩、有无不出票情况及资金流转情况等。

（3）相关彩民的证言，证实其通过涉案公司经营、开发的 App 等购买彩票并从中兑奖的情况，使用 App 的具体操作流程，有无销售私彩和不出票的情况等。

（四）鉴定意见

对涉案 App、网站进行电子数据勘查，对涉案服务器提取电子数据、进行审读等，审查涉案网站、App 运行的网址与涉案公司及其服务器的 IP 地址是否匹配等。

（五）犯罪嫌疑人供述和辩解

各犯罪嫌疑人供述主要用于证实涉案公司出资成立情况，研发涉案 App 软件、经营网站、运营维护情况，通过互联网销售彩票，与出票商签订协议进行出票情况，以及双方合作模式、相关人员分工、利润分配等具体情况。

附：相关规定

《中华人民共和国刑法》第二百一十九条、第二百四十六条、第二百五十三条之一

《中华人民共和国民法典》第九百九十条

《传销管理办法》（国家工商行政管理局令第 73 号，1997 年 1 月 10 日起施行）

《禁止传销条例》（国务院令第 444 号，2005 年 11 月 1 日起施行）

《直销管理条例》（国务院令第 443 号，2017 年 3 月 1 日修订）

2022 年《最高人民检察院、公安部关于公安机关管辖的刑事案件立案追诉标准的规定（二）》（公通字〔2022〕12 号，2022 年 5 月 15 日起施行）

《最高人民法院、最高人民检察院、公安部关于办理组织领导传销活动刑事案件适用法律若干问题的意见》（公通字〔2013〕37 号，2013 年 11 月 14 日公布）

《最高人民法院、最高人民检察院关于办理赌博刑事案件具体应用法律若干问题的解释》（法释〔2005〕3 号，2005 年 5 月 13 日起施行）

《最高人民法院、最高人民检察院、公安部关于办理利用赌博机开设赌场案件适用法律若干问题的意见》（公通字〔2014〕17 号，2014 年 3 月 26 日发布）

《办理跨境赌博犯罪案件若干问题的意见》（公通字〔2020〕14 号，2020 年 10 月 16 日印发）